高中生物学精讲

刘毅 周伟香 谷旭 编著

清华大学出版社
北 京

图书在版编目(CIP)数据

高中生物学精讲/刘毅，周伟香，谷旭编著. —北京：清华大学出版社，2022.8(2024.11重印)
ISBN 978-7-302-59382-9

Ⅰ. ①高… Ⅱ. ①刘… ②周… ③谷… Ⅲ. ①生物课－高中－教学参考资料 Ⅳ. ①G634.913

中国版本图书馆 CIP 数据核字(2021)第 216745 号

责任编辑：陈　明
封面设计：常雪影
责任校对：王淑云
责任印制：沈　露

出版发行：清华大学出版社
网　　址：https://www.tup.com.cn，https://www.wqxuetang.com
地　　址：北京清华大学学研大厦 A 座　　**邮　　编**：100084
社 总 机：010-83470000　　**邮　　购**：010-62786544
投稿与读者服务：010-62776969，c-service@tup.tsinghua.edu.cn
质量反馈：010-62772015，zhiliang@tup.tsinghua.edu.cn
印 装 者：北京联兴盛业印刷股份有限公司
经　　销：全国新华书店
开　　本：210mm×285mm　　**印　　张**：23.5　　**字　　数**：470 千字
版　　次：2022 年 9 月第 1 版　　**印　　次**：2024 年 11月第15次印刷
定　　价：76.00 元

产品编号：093076-02

高中生物学的特点和学习建议

一、高中生物学是一门学习难度很大的学科

如果你是一名高智商的学生，你可能通过翻看教材自行练习就能获得令人满意的分数，但是这在高中生物学学科中很难实现。高中生物学是一门“神奇”的学科，你一遍又一遍地翻看高中生物学教材，甚至熟悉到知道任意一句话在第几页，但还是难以在考试中取得满分。原因何在呢？

（一）生物学学科自身具有复杂性

“生物学中只有一条规律，那就是所有的概括都有例外。”——恩斯特·迈尔

生物学研究的对象是活生生的、多姿多彩的、千变万化的生物世界，这就决定了生物学科必然包含庞大的知识体系和不断被修正、完善的生物学观点。

生物学是一门自然科学，所以“高中生物学”在现有高中教学体系中被划分到“理科”。但是如果你就此认为可以用纯理性的思维去学习高中生物学，那就大错特错了。虽然生物学有很多“理性”的成分存在，但是它首先是一门以大量科学事实和概念构建起来的学科。**推动生物学发展的手段主要是观察和实验，而不是逻辑推理！**随着现代生物学的发展，科学家不断发现很多原先认为正确的生物学观点是存在争议的。大学生物学教材不得不经常修改，但是仍然无法反映出浩瀚而复杂的生物学事实，更何况是高中生物学教材。固然，我们可以根据一定的逻辑将生物学知识点联系起来从而有助于记忆，但是我们首先必须承认，学习高中生物学的方法主要是记忆和熟练运用所记忆的知识。

与纯粹的理科如数学、物理、化学不同，生物学是很难获得满分的，即使是生物学教师也是如此。因为在一张试卷中难免会存在几道文字表达上有歧义或对一个事实存在不同看法的题目。大学的生物学教授遇到高中生物学题目也会因为缺乏应试技巧或研究领域的限制无从下手。有些教授曾公开表示，高中生物学的题目太难了，很多题目他们也不会做。

现代生物学在发展过程中，应用了大量数学、物理、化学的知识。这就不难理解在生物学领域中做出重大贡献的科学家往往并非生物专业出身，也不难理解生物学科学习的难度。

“生物学学习中，永远不要认为自己一定是正确的。”这是我提醒生物学学习者以及各位教师的肺腑之言。面对生物学，我们知道得太少，而不是太多。

（二）没有教师指引的高中生物学学习容易误入歧途

1. 从高中生物学教科书和课堂教学的角度分析

现行的高中生物学教科书较之以往有很大的进步，教材编写以培养学生的生物学科

学素养为目的，而不是单为考试服务。但是，在考试题目越来越难的现实背景下，这将导致教材与试题之间的鸿沟越来越大，反而加深了学生学习的困境。课堂教学遵循新课程改革的理念，倡导使学生学习的过程和科学家探索的历史过程相吻合，但事实上，学习的过程和规律难以与科学家探索的过程和规律一致。众多科学家穷其毕生精力进行实验，屡经挫折，想破脑袋得出来的假设或结论，却希望我们的学生在热火朝天的生物课堂探究模式中，用一节课甚至几分钟自主讨论得出。这既不符合科学史，也并不是真正的探究。况且不是所有的学生都善于学习，也不是所有的学生都对科学探究感兴趣。

生物学使用文字来表述复杂的科学事实。对于同一个生物学事实，不同科学家的观点经常不一致；甚至有时候大家其实是同一个观念，但表达出来的文字不同，而文字有时是存在歧义的。大学生物学教材主要是呈现生物学事实，而不在语言描述的细节处周旋。高中生物学教材参考大学教材进行编写，为方便高中学生理解，难免会“断章取义”。如旧浙科版高中生物学教材中“细胞核是最大的细胞器”和“细胞分为细胞膜、细胞质、细胞核”其实是分别从细胞器广义和狭义的理解上做出的看似矛盾的两段表述。细胞核是否归类为细胞器并不会影响生物学的研究和发展，但是某些高中生物学题目习惯于在这种毫无意义的地方做文章，增加了学生学习生物学的负担。

2. 从高中生物学教辅材料的角度分析

目前许多生物学科教辅材料在描述关键知识点、突破重难点等方面非常出色，但是缺乏对知识的系统化整理和对知识逻辑前因后果的推断，而且其最大的缺点在于习题编排和答案解析。市面上教辅众多，质量难免参差不齐；题目挑选方式过于粗放，答案解析部分更是不敢恭维，很多解析完全是根据标准答案倒推出解答过程，非常勉强。所以就会出现一模一样的题目在这套教辅上是这个答案，在另一套教辅上是另一个答案，而且两处解析都说得头头是道的情况。也有一些答案解析写了一大段文字，仔细一看都是空话、套话，与解题八竿子打不着，学生看了自然一头雾水。所以，一名合格的生物教师应该甄选典型的题目，在解答题目时少讲显而易见的空话和套话，对于重难点，应该多角度、多层次地进行阐述，帮助学生真正通过解题突破重难点。

3. 从高中生物学题目的角度分析

每年高考结束后，专家们都会评论当年的生物高考试题，每年的大意都是说试卷考查了生物学科的主干知识，考查了学生的思维品质，甚至还考查了学生的各种能力和情感、态度、价值观。而我们来看一道高考选择题：“细胞呼吸过程中化学能转变为热能和ATP”，出题者认为此选项错误，因为ATP是一种物质，此选项应该改为“ATP中的能量”才能算对。且不论教材本身就经常使用ATP来代表能量，这种题目简直是替语文教师出考题。

比如高中教材中使用洋葱的外表皮细胞观察植物细胞的质壁分离，于是就有题目：“使用洋葱的内表皮细胞进行观察植物细胞的质壁分离的实验，此陈述是否正确?”如果学生没有看清楚“内”“外”的区别，就会白白丢失分数。况且洋葱内表皮细胞的液泡没有颜色就观察不到质壁分离现象了吗？实验证明，适当调暗光线可以清晰地看到洋葱内表皮细胞的质壁分离现象，也可以通过让外界溶液带有颜色来辅助观察。生物学的复杂性决定了生物学不适合采用字斟句酌的选择题和填空题的考查模式，而适合名词解释和论述题等开放性的题型，但是这在现阶段较难实现。

（三）要解答高中生物学的题目需要知晓大量的“默认前提”

经常有学生感叹：“为什么看了高中生物学教材，依然不会做题？为什么试卷上要考的知识，教材上都没提及？”高中生物学中其实存在大量的“教材外知识”或“教材外规则”，我们且称它们为解答生物学题目的“默认前提”。这些知识和规则在教科书上是没有叙述的，只能通过解大量的题目才能总结出来。这些默认前提是高中生物学最近20年来逐渐形成和发展出来的。有些“默认前提”的确有一定的科学道理，有些是为了简化复杂的生物学知识，有些是为了统一答题规范，有些则是以讹传讹的结果。而学生通过教材是学不到这些“默认前提”的。

比如，教材中描述“染色质和染色体是细胞分裂不同时期形状各异的同一种物质，细胞分裂间期或不分裂的时候应该是染色质，而分裂过程中应该是染色体”。据此推断，分裂间期只有染色质而没有染色体，但是在做关于“细胞周期中染色体的数量变化”的题目时，答案给出的间期染色体的数量居然不是0。这样的题目就存在默认前提。原来，高中生物学中对染色体进行数量统计时，会忽略掉染色体和染色质形态上的差别，认为染色质就是染色体。有经验的生物学教师就会解释清楚这些默认前提，让学生清楚出题者的本意是什么，从而在生物学知识和生物学题目之间建立一个真正的通道；而没有教师指点的学生在解这类题目时将一头雾水。

二、高中生物学学习和解题技巧

（一）通过联想、谐音等方式记忆必要的生物学事实和概念，使知识形成网络体系

比如线粒体和叶绿体两种细胞器在结构和功能上具有很多共同点和关联，所以两种细胞器可以通过对比和联系来学习。比如遗传口诀的背诵有助于快速判断遗传病类型，等等。依靠死记硬背难以应对高中生物学海量的知识点，找到知识内在的逻辑是生物学知识识记的最主要的手段。还必须将这些知识点整合到你原有的知识网络中，这样才能内化为你自己的知识。绘制思维导图是一个非常好的将知识网络化的方式。

（二）高中生物学的选择题选择的是最佳答案

高中生物学的选择题题干中经常是“下列选项中正确的是”或“下列选项中错误的是”，其实高中生物学的选择题考的是“最佳答案是什么”，而不是正确或错误的是什么。

比如：“下列关于光合作用的叙述中正确的是哪项？”其实你应该把这句话翻译成：“下列关于光合作用的叙述中，相对而言哪个选项是最佳答案？”**生物学的复杂性决定了一部分生物学题目或多或少存在一些科学性问题，这是无法避免的，答题者应该试图揣摩出**

题者的意图。

（三）高中生物学填空题的答题技巧是尽量使用专业词汇作答，一定要注意完整性

比如，光合作用中________阶段产生ATP。必须填写“光反应”，而不能填写光合作用的第一阶段，因为“光反应”是一个专业名词。所以，有同学戏谑称，高中生物学填空题千万不要填心里话，要说官腔。再比如，叶肉细胞中________产生ATP。必须填写“细胞溶胶（细胞质基质）、线粒体和叶绿体”，缺一不可。所以，高中生物学填空题，一定要答得完整、全面。其实同学们的很多答案是符合语法和语言逻辑的，但是无法得分，主要就是由于不够规范或是不够完整。另外，有些填空题的答题线索出现在下文中。

（四）高中生物学学习不要死抠字眼、钻牛角尖

高中生物学是对庞大而复杂的生物学知识体系的简化，简化就必然会略去很多真实细节。如果仔细推敲，几乎没有一道高中生物学题目是完美的，存在科学性错误、文字有歧义、伪逻辑、超纲等情况都可能出现。所以解答习题时不要过分去钻牛角尖。

比如，人教版课后习题“在细胞有丝分裂过程中，DNA、染色体和染色单体三者数量比是2∶1∶2的时期是（　　）”，其实这里的DNA是指核DNA，这个问题在许多高考题中都存在。

（五）从高中生物学的水平和角度来解题

作为高中学生，更全面、更深入地学习生物学知识的确是不容易的。况且，学习越深入、知道越多，就有可能越不会解高中生物学题目。比如对病毒的理解，有些科学家认为它不是生命体，而另一些科学家认为它是生命体。在高中生物学中我们只有把它理解成生命体才有助于我们解题。比如呼吸作用的过程中产生的[H]，其实至少应该是$FADH_2$和NADH两种，而高中生物学忽略前一种，这样才能解题。另外，线粒体中也发现了NADPH，而并不是原先认为的“NADPH只存在于叶绿体中”。

（六）持续性学习

高中生物学的知识庞杂而琐碎，切忌“三天打鱼，两天晒网”。很多同学习惯于努力一段时间，懒散一段时间。但是，生物学既不比物理记忆的内容少，也不像英语可以建立语感，所以生物学需要持续地学习。

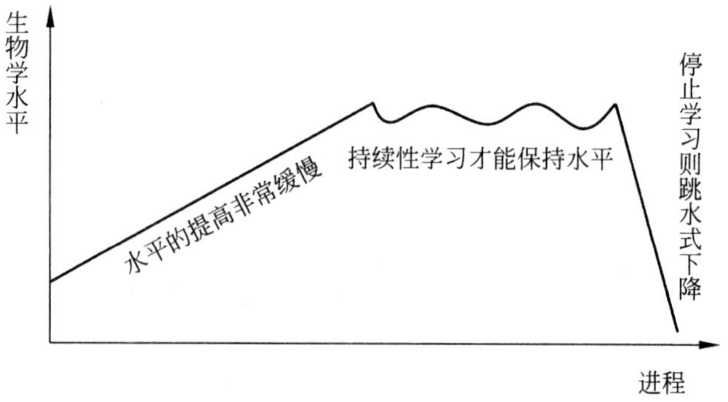

三、学好高中生物学的重要性

有些同学因为害怕记忆而放弃生物学学习是极不理智的行为。因为虽然生物学获得满分的难度较大，但是通过努力在生物考试中获得基本分还是轻而易举的事情。

更何况生物学是一门“实用”的学科，是一门与健康、环境密切相关的学科。**生物学是最接近生命本质的学科，能帮助学习者形成正确的世界观、价值观、生命观和生态观。**学习生物学所获得的精神上、态度上的收获要比知识上的收获更加重要。

文科的学生更需要学习生物学，因为人文学科研究的内容都是以人为主体，简要地说，历史是研究人在什么时候做出了什么行为，地理是研究人发生行为的场所，哲学是研究人发生行为的原因，艺术和语言是研究人发生行为的手段和途径。所以，要研究人文，首先就要对人的本质有一定的了解。人的本质是一种生物，只有学习了一定的生物学知识，才能更好地理解人文学科。

四、学习生物学不应以获得分数为最终目的

生物学的研究对象是活生生的生命世界，生物学的学习理应是妙趣横生、引人入胜的。诚然，为了分数，我们需要去研究高中生物学的学习方法和答题技巧。但如果你没有把生物学学习的所有目标都定位在成绩本身，你会发现生物学还是很有意思的学科，甚至有那么一点点可爱。因此，我想表达我个人对学习高中生物学的最核心的观点：**“学习生物学不应以获得分数为最终目的，生物学知识的学习本身远远比获取生物学考试分数重要。”**

不必迷信教科书和高考题，也不要受限于个别教材中的专业名词与部分论断。生物学是不断发展的学科，10 年前的某些说法在当下看来可能就存在科学性错误。生物学教材中的“概念”不是神圣而不可侵犯的，生物学是一个复杂的学科，很多概念只可意会，很难用语言精确地进行表述（定义），所以，不同的科学家和教材对同一概念下的定义难免有差别。比如，中学教材都是从是否存在生殖隔离的角度来解析物种的概念，但是过分解读文本会导致机械、呆板地理解物种概念，而生物学是生动和复杂的。至少，这个概念不适合解释无性繁殖的生物。在无性繁殖的生物中每个个体之间都存在生殖隔离，因此将其中每个个体称为单独的物种将是十分荒谬的。可见，从“语法”上解析定义，容易断章取义，曲解教材作者的本意。

教师的教学目标和学生的学习目标首先应该定位在通过学习生物学领悟到，应珍惜自己和其他任何生命形式、保护自然和人文环境、尊重和畏惧自然规律、尊重生物多样性，然后才是技能的提高和知识的学习。

五、本书的编写目的和特色

本书的编写目的是分享一线教师的教学经验，还原高中生物学真实的、高效的学习方法。本书力图将高中生物的知识讲深、讲透，呈现知识的原理，厘清知识的前因后果，而不是列出知识提纲让学生去背诵。

本书主要具有以下特色：

1. 描述主干知识，但也非常注重知识细节的精雕细琢。

2. 强调知识点之间的相互联系和比较。

3. 全面给出前文所述的解答生物学题目所需的“默认规则”。

4. 注重多版本（主要是新、旧人教版和新、旧浙科版）教材的比较。

5. 坚持生物学知识的科学性，让读者拨云见日。

本书的有些章节内容，高考不会直接考查，但是有助于理解高考必考内容。如植物的双受精和种子的发育等内容，有助于解遗传题。也有些章节是高中生应该知道的生物学常识，如动植物的分类。还有些章节是参

加竞赛或对生物学感兴趣的同学，想进一步学习生物学所须掌握的内容，如遗传学中的连锁交换定律。这部分内容用 * 的形式来标示。生物学基础薄弱的学生可以跳过这些章节。高中生物教材中的知识不是太多了，而是太少了，缺少必要的关联信息就会导致学生无法理解某些知识，只能死记硬背；而本书不惜笔墨让学生了解知识的来龙去脉，减少机械的背诵。我不相信知识能够速成，也不相信题海战术能应对千变万化的题目，只有将知识系统化、网络化，搞清楚知识的来龙去脉，才能以不变应万变。

本书用**加粗**和波浪下划线的形式呈现高中生必须掌握的重点内容、知识难点和易错知识点。平时经常翻看书，考试前回顾粗体字部分。容易遗漏的细节书中则用下划线标出。

本书按照学科的知识结构逻辑进行知识陈述，包括高中生物学的所有知识和生物学常识，学习者需要根据实际情况选择学习顺序。

六、致谢与反馈

本书的内容参考了高中生物学的新旧浙科版教材、新旧人教版教材、北师大版教材、苏教版教材和上海版教材，还参考了《普通生物学》(陈阅增)、《生物化学》(沈同)、《普通生物化学》(郑集)、《细胞生物学》(翟中和)、《细胞生物学》(汪堃仁)、《分子生物学》(杨荣武)等大量的书籍，数量太多无法一一列出。

非常感谢参与本书审稿和编辑工作的中学教师，同时感谢不愿意具名的各位教师。

感谢以下教授和相关专家对相关知识的指导(为尊重个人意愿，部分专家不具名)：植物生理学家薛红卫，生物进化学家苗德岁，华中农业大学严顺平，首都师范大学盛仙永，浙江大学章春芳等。

本书的写作还得到网络平台上多位老师的支持和帮助，在此一并表示感谢。

2013 年《高中生物学学生读本》出版后，凭借其独创性在师生之间口口相传，达到了今天的知名度，也有大量教材、教辅资料和论文借鉴了其思路和叙述。本书在《高中生物学学生读本》的基础上，经历将近 10 年的反复修改与打磨，叙述更加科学准确，内容更加全面，也更注重知识的结构化和网络化。希望本书能切实地帮学生在“素质”和“应试”中找到平衡点。

生物学知识博大精深而且更新速度极快，本书中描述的有的知识也不一定科学和准确。比如关于酶的非竞争性抑制和生长素的极性运输等问题，已经经过多次修改。本书难免还存在不当之处甚至错误，热切希望读者多提意见，以利于进一步改进与提高。

目前某些高中生物学教师所教授的内容和考试习题可能仍存在科学性错误，如误认为核糖体在执行功能时会产生水，误认为尿素被双缩脲染成紫色等。所以本书不但适合高中学生阅读，也适合教师备课时参考。

知识是用来分享的，如果你觉得这本书让你有所收获，也请分享给你身边的朋友。

谨将本书献给那些真正热爱生物学，勇于挑战，追求真理的老师和同学们！

作　者

2022 年 7 月

目　录

第1章　生物学基础

第1节　生物和生物学

本节知识框架：

1. 生命的基本特征
2. 生物学的概念
3. 生命系统的结构层次
4. 生物学的发展
5. 研究生物学的两种基本方法

1. 生命的基本特征

1）什么是生物

生物的定义是什么呢？简而言之，生物是指具有生命的物体。那么生命的定义是什么呢？生命是生物体所特有的现象。我们会看到这是一个循环定义。多细胞生物体内的一个细胞，实验室里培养了半个多世纪的海拉细胞系，蜥蜴逃避敌害时自动断下来的尾巴：这些是生物吗？但是如果我们换一个思路，“什么是生物”这个问题等同于“找出生物体和非生物体的不同点”，如人和机器人到底有哪些不同，就会发现生物具有非生物所没有的一些基本特征。

2）生物的基本特征

（1）以细胞为基本结构单位和功能单位

除病毒以外的所有生物都是由细胞（包括活细胞和死细胞）和细胞的代谢产物构成。

（2）具有相同的物质基础

所有的细胞生物都含有水、无机盐、糖类、蛋白质、脂质和核酸。非细胞生物如病毒可能只含有其中几种化合物。

（3）都有细胞代谢作用

细胞代谢简称代谢，是细胞中全部有序化学变化的总称。具有细胞代谢是生物的最基本特征。细胞代谢分为合成代谢（又叫同化作用，如光合作用）和分解代谢（又叫异化作用，如呼吸作用）。合成代谢是生物体内简单分子合成生物大分子物质组成成分的过程，分解代谢是将生物体内复杂大分子降解成小分子的过程。当合成代谢大于分解代谢的时候，生物体表现为生长。

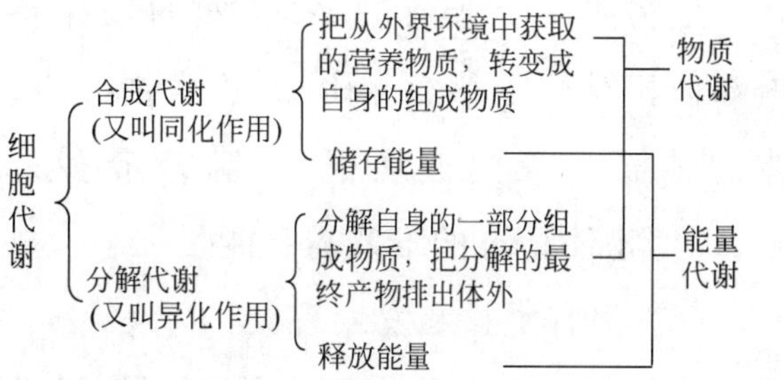

细胞代谢是一切生命活动的基础，因为有了细胞代谢，生物体才具有生命。离开了细胞代谢，生物就不会表现出应激、生长、发育、繁殖等现象。因此，**我们不能根据生物整体（宏观上）动还是不动来判断生物的死活，而应该根据细胞内（微观上，细胞水平和分子水平）是否在“动”，即细胞代谢，来判断生物的死活**。如我们吃的苹果，因为细胞内仍在进行细胞代谢，所以我们吃的新鲜果实是生物体活的部分。

（4）都有应激性

应激性是指生物对外界各种刺激（如光、温度、声音、食物、化学物质、机械运动、地心引力等）所发生的反应。应激性是一种动态反应，在比较短的时间内完成。举例：

① 草履虫躲避有害刺激、趋向有利刺激是对化学物质的应激（如下页图）。

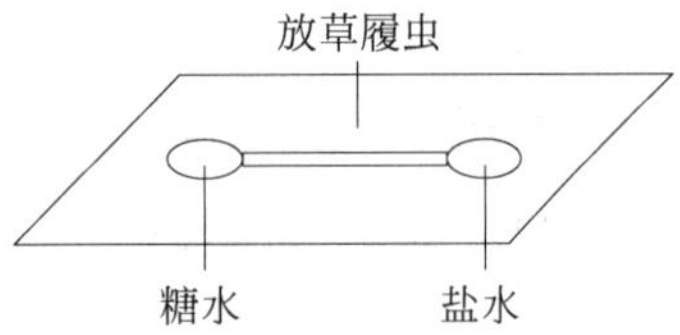

② 含羞草受到刺激会合拢叶片是对机械力的应激。

③ 植物根的向地性和茎的背地性是对地心引力的应激。

④ 多细胞生物的神经反射，如膝跳反射。

(5) 都能维持生物体内的稳态

生物体是个开放的系统，然而又保持着内部的相对稳定状态。比如，正常情况下，人体的体温一天内波动很小，温差最多只有1℃。生物体稳态的维持需要能量。

(6) 都有生长和发育现象

生长源于生物体中细胞体积和数量的增加(即细胞生长和细胞分裂)，发育源于生物体中细胞的结构和功能发生改变(即细胞分化)。前者是一种量变，后者是一种质变。发育以生长为基础，但生长不一定都表现为生物个体的发育。

(7) 都有生殖和遗传现象

生命是有限的，没有一个生物个体能永远存活，为了物种的延续，生物体必须通过生殖繁衍后代。但不是所有的生物个体都具有生殖能力，如骡、工蜂。

生物亲子代间的相似现象称为遗传。中国有俗语："种瓜得瓜，种豆得豆""龙生龙，凤生凤，老鼠生儿打地洞"。这些都是遗传现象的印证。

(8) 都有变异、进化和适应环境的能力

亲代与子代间或子代个体间存在差异的现象称为变异。中国有俗语："一母生九子，连母十个样"。这就是变异的印证。遗传是相对的，变异是绝对的。

如果只有遗传而没有变异，就不会存在生物进化；如果某些进化的进程终止，人类的屁股上可能还长着长长的尾巴。

进化的历程就是自然选择的过程，所以生存在这个地球上的个体都具有一定的适应环境的能力，否则早就被自然界所淘汰了。

3) 只有同时具备这些基本特征才能称为生物

比如，石钟乳有"生长"现象，火焰会跳动，声控电灯对声波有响应。但这些物体都不具有其他的基本特征，所以都不是生物。

4) 生物的最基本特征

生物的基本特征中哪些是最基本的特征呢？首先应该是具有代谢活动，其次应该是具有生殖能力。我们甚至可以认为生物的"生"在字面上就应该具有两层意思，一个是"活生生"的，即有生命的意思，另一个是"生生不息"，即生殖的意思。前者是维持生物个体的生命，后者是生命的延续。

5) 病毒是一个例外

许多生物学家认为病毒是处于生命与非生命体的交叉区域的存在物。这是因为病毒没有细胞结构，只有寄生于细胞内才能进行代谢和繁殖。但是国内的高中生物学中，**把病毒定义为一种特殊的生物，一种无细胞结构且不能独立进行代谢和繁殖活动的生物体**。只有把病毒作为一种生物才能理解后文中噬菌体侵染大肠杆菌的实验证明了DNA是生物的遗传物质。**病毒的主要成分是核酸和蛋白质**，还可能含有脂质和多糖。病毒虽然没有细胞结构，但是其结构也很严整。病毒虽然无法独立地体现生物的基本特征，但是通过寄生于细胞中，可以间接地体现出生物的基本特征。

6）高中生物学不是研究具体的某个生物的特性，而是围绕生物的基本特征或者说生物的共性展开的。

2. 生物学的概念

生物学是研究生命现象及其活动规律的科学。具体一点说，是研究生物（包括植物、动物、微生物等）的结构和功能、发生和发展以及生物与生物之间的相互关系、生物与环境之间的关系的科学。

3. 生命系统的结构层次

生命系统来源于非生命系统，所以生物具有和非生物共同的属性，包括具有一定的结构层次。下图中的“多分子体系”在有些教材中写为“细胞器”。

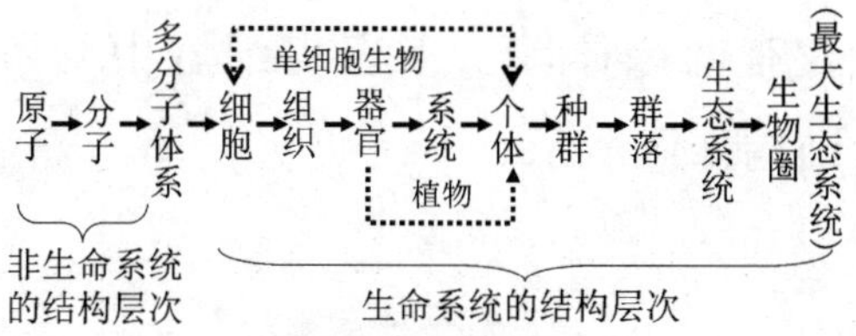

结构层次	概　念	举　例
细胞	生物体结构和功能的基本单位	心肌细胞
组织	由形态、结构、功能相似的细胞组成的结构	心肌（肌肉组织）
器官	不同的组织按照一定的方式结合在一起，具有特定功能	心脏
系统	能够共同完成一种或几种生理功能的多个器官组合在一起。植物没有系统，由器官直接构成生物体	循环系统
个体	由各种器官或系统协调配合共同完成复杂的生命活动的生物。单细胞生物由一个细胞构成生物体	龟
种群	在一定的自然区域内，同种生物的所有个体是一个种群	某区域内同种龟的所有个体的总和
群落	在一定的自然区域内，所有的种群组成一个群落	某区域内龟的种群和其他所有生物的种群的总和
生态系统	生物群落与它所在的非生命环境相互作用而形成的统一整体	龟生活的水生生态系统
生物圈	由地球上所有的生物和这些生物生活的环境共同组成	地球上只有一个生物圈

1）植物体的结构层次

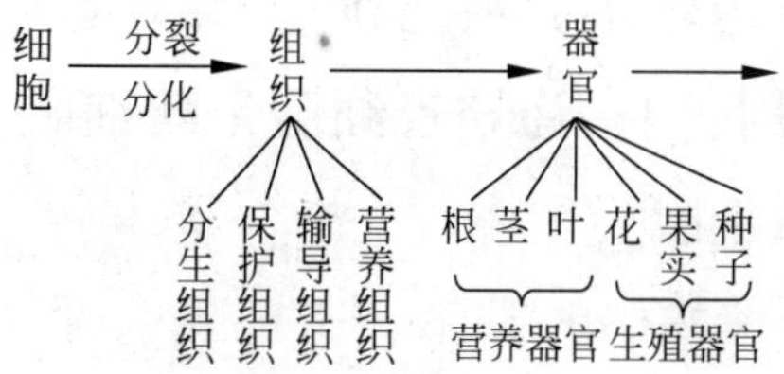

（1）植物体的组织

植物组织是由形态结构相似、功能相同的一种或数种类型细胞组成的结构和功能单位。

根据组织的发育程度、生理功能和形态结构的不同，通常将植物组织分为分生组织和成熟组织两大类。分生组织是一群具有分生能力的细胞，分为顶端分生组织（位于根尖和茎尖，使植物伸长）、侧生分生组织（位于形成层，使植物变粗）和居间分生组织（由顶端分生组织衍生而来，位于成熟组织之间，使植物分化的组织区域仍能伸长）。分生组织细胞分裂后，小部分细胞继续保持高度分裂能力，依旧作为分生组织细胞，大部分细胞经过生长、分化，形成成熟组织细胞。成熟组织细胞失去分生能力，又可分为薄壁组织（营养组织）、保护组织、机械组织（厚角组织和后壁组织）、输导组织和分泌结构（见下页图）。

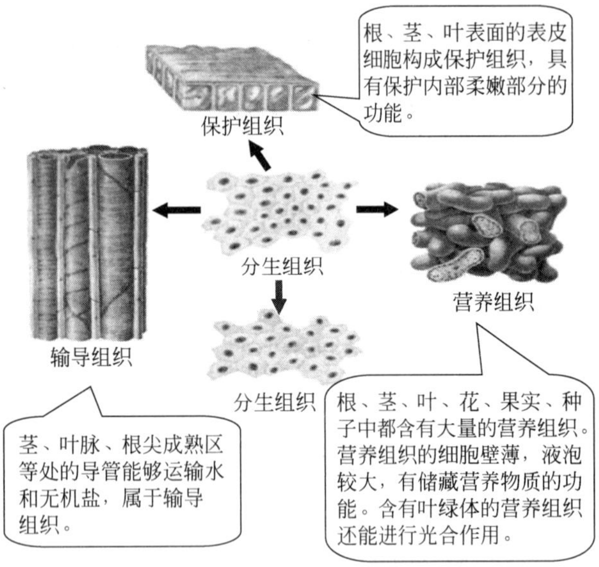

导管运输水分和无机盐，筛管运输有机物。一般我们认为导管细胞是死细胞，筛管细胞是活细胞。

(2) 植物体的器官

花、果实和种子与植物的生殖有关，称为生殖器官。根、茎和叶与植物制造自身营养物质及生长有关，称为营养器官。

根是植物吸收水分和矿质的主要器官。根尖是根的尖端，分为4个区。根冠起到保护的作用。**分生区的细胞能够分裂，细胞呈正方形，无大液泡，其他3个区的细胞都是由分生区的细胞分裂、分化而来**。伸长区细胞是长方形的细胞，细胞中含有液泡。成熟区的细胞也含有大液泡。根尖成熟区的表皮细胞是根吸收水分和矿质最活跃的部位。成熟区细胞壁外突形成大量的根毛，这些根毛能够增加吸收水分和无机盐的面积，所以成熟区又叫根毛区。成熟区表皮细胞吸收矿质元素和渗透吸水是两个相对独立的过程。根细胞膜对矿质元素的吸收受到细胞膜上载体的种类和数量的限制。

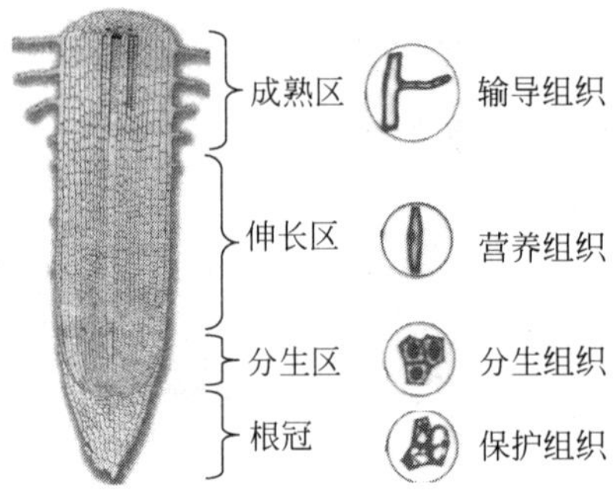

<版本差异>

以前有“根冠细胞都是死细胞”的说法，但是如果认为根冠是死细胞，无法解释根冠感受重力、分泌多糖黏液等功能。

根细胞可以直接吸收尿素，但是进行的简单扩散(自由扩散)的速度很慢，所以需要经过土壤微生物中的脲酶作用，将尿素水解成碳酸铵或碳酸氢铵后再被吸收。

叶肉细胞分为栅栏组织细胞和海绵组织细胞。气孔是由保卫细胞围成的，当保卫细胞吸水膨胀，气孔就打开。保卫细胞吸水失水与K^+、蔗糖浓度有关。叶肉细胞和保卫细胞中含有叶绿体，上、下表皮细胞中则不含。叶片结构如图所示。

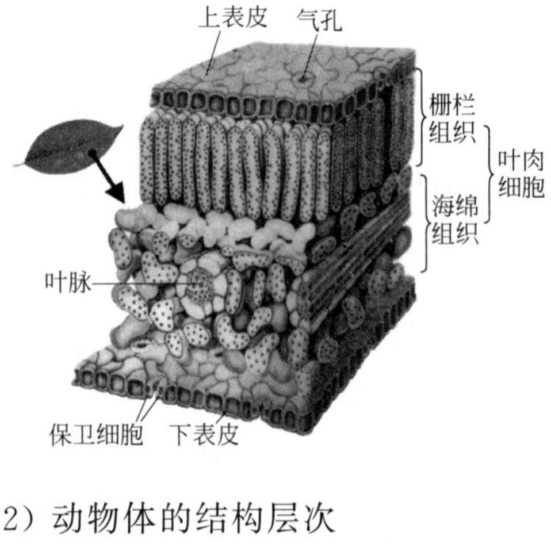

2) 动物体的结构层次

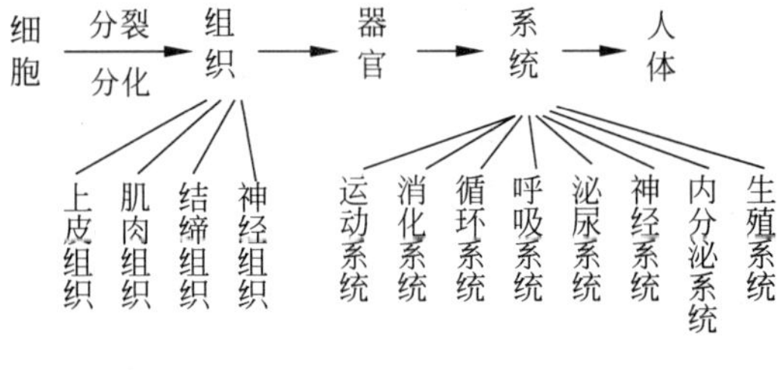

[知识扩展]

排泄和排遗的区别：排泄是通过呼吸系统、泌尿系统、皮肤等排出代谢废物（多余的水、二氧化碳、尿素）；排遗是通过消化系统排出未能消化吸收之物（食物残渣）。

4. 生物学的发展

生物科学的发展阶段经历了三个时期：描述性生物学阶段、实验性生物学阶段、分子生物学阶段。

当代生物科学向微观和宏观两个方向发展。**在微观上，生物学从细胞水平向分子水平（DNA和蛋白质）发展**。科学家已经利用基因工程等生物技术生产出乙肝疫苗、抗虫棉等产品。**宏观上，是生物学中生态学的发展**。生态学是研究生物与其生存环境之间相互关系的科学。研究生态学有利于解决人口爆炸、环境污染、资源匮乏、能源短缺、粮食危机等问题。

5. 研究生物学的两种基本方法

观察与实验是研究生物学的两种基本的科学方法。观察是按生物的本来面貌反映、描述生物的状况。实验是人为地改变某些条件来考察生命现象的变化，以探究生命现象内在的因果关系，认识生命活动的内在规律的方法。

除此以外，高中生物学中所涉及的科学方法还有：假说—演绎法（如在“孟德尔的遗传定律的发现”中体现）、数据收集和分析、推理（如在“遗传的染色体学说”中体现）、数学建模（如在“种群的增长方式”中体现）、物理建模（如在“DNA的分子结构”中体现）等。

第2节 生物的分类和物种的概念

本节知识框架：

1. 生物的分类
2. 物种的概念

1. 生物的分类

面对庞大的生物类群，将它们分门别类地进行系统整理，就是分类学的任务。生物分类学家常用界、门、纲、目、科、属、种加以分类。不同科学家的分类体系有所不同。

2. 物种的概念

“没有物种概念，整个科学便都没有了！”——恩格斯

遗传学和进化论的研究中，把能够在自然状态下相互交配并且产生可育后代的一群生物称为一个物种，简称种。不同物种之间一般是不能相互交配的，即使交配成功，也不能产生可育的后代，这种现象叫作生殖隔离。**生殖隔离是隔离的一种，隔离包括地理隔离和生殖隔离**。

物种是生物分类的基本单位。物种和我们日常所说的“种”可能是两个不同的含义，我们日常所说的“种”有可能是亚种，或者说是品种。如北京巴儿狗、德国猎犬、澳大利亚牧羊犬、西伯利亚雪橇狗是四个品种，但属于同一个物种。

中学阶段，我们可以简单地认为**物种就是不存在生殖隔离的一群生物，存在生殖隔离的就不是同一种生物**。马（64条染色体）和驴（62条染色体）虽然可以交配，但是产生的后代骡（63条染色体）是不可育的，所以马和驴存在生殖隔离，属于不同的物种。骡之所

以不可育是因为**骡的染色体在减数分裂时发生联会紊乱，不能形成正常的生殖细胞**。[1]

三倍体西瓜、骡、狮虎兽等不具有繁殖的能力，按照中学生物学关于物种的定义，不能算是一个物种。

［**知识扩展**］

瑞典著名的植物学家林奈在《自然系统》这本书中正式提出科学的生物命名法——双名法。

第2章 细胞的分子组成

第1节 组成细胞的化学元素

本节知识框架：

1. 生物界与非生物界具有统一性和差异性
2. 元素含量比较
3. 同位素和同位素示踪技术

1. 生物界与非生物界具有统一性和差异性

组成生物体的化学元素，在无机自然界都可以找到，没有一种化学元素是生物界特有的，生物界和非生物界具有统一性。**生物界（生命）与非生物界（非生命）具有统一性表现在：组成生物体的化学元素在无机环境中都能找到**。

地壳和细胞中的元素含量差异很大，特别是细胞中非常重要的C元素在地壳中含量很少。**生物界（生命）与非生物界（非生命）具有差异性表现在：生物体与无机环境中的各种化学元素的相对含量差别很大**。

2. 元素含量比较

1）动植物细胞干重中元素含量的比较

不同的生物体内元素种类大体相同，但是元素含量可以相差很大。植物干重中O元素最多；动物干重中C元素最多。植物中之所以O

[1] 从严格意义上说，骡属于高度不育，而不是完全不育，因为在极其小的概率下，在骡的生殖细胞减数分裂时，来自驴和来自马的两组染色体刚好分别移向细胞两极，形成的两种配子分别相当于马和驴的配子。

元素最多是因为植物中含有丰富的纤维素$(C_6H_{10}O_5)_n$，纤维素富含O元素。动物的N元素比植物的N元素多，这是因为动物中的蛋白质比植物中的蛋白质含量多，蛋白质富含N元素。

2）人体的干重和鲜重[①]中元素含量的比较

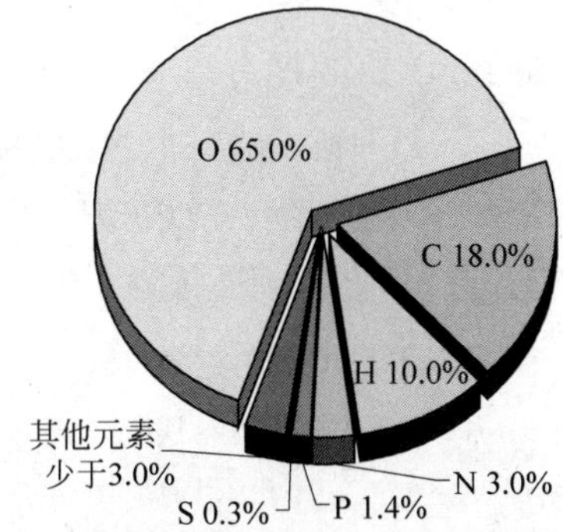

组成人体细胞的主要元素及占细胞鲜重的百分比

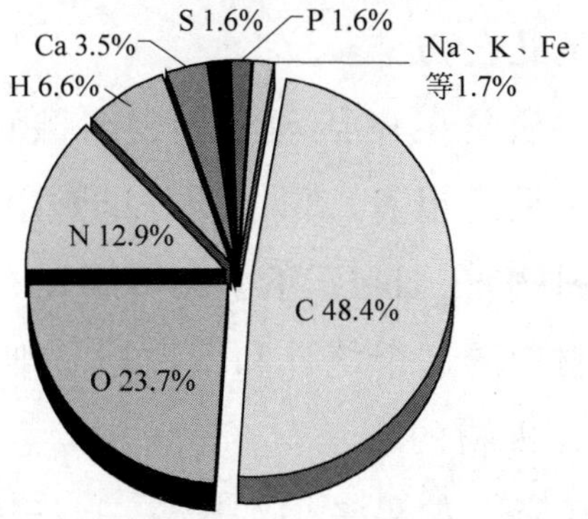

组成人体细胞的主要元素及占细胞干重的百分比

H_2O是生物体内含量最多的化合物，所以O在人体鲜重中含量最大。注意：**生物学中元素含量是指质量分数，而不是指物质的量。**

在人体细胞鲜重中化学元素含量：O＞C＞H＞N；在人体细胞干重中化学元素含量：C＞O＞N＞H。注意：除非指明是干重，否则质量和含量都是以鲜重计的。

生物体内的必需元素按含量可分为大量元素和微量元素。**含量占生物体总质量万分之一以上的元素为大量元素**，有C、H、O、N、P、S、K、Ca、Mg等。**含量占生物体总质量万分之一以下的元素为微量元素**，如Fe、Mn、B、Zn、Mo、Cu等。Fe是微量元素，但又可以称为半微量元素，因为它的含量比一般微量元素多些，大约占万分之一。**微量元素是生物体所必需的元素**，所以Ag这样的非必需元素不能称为微量元素。不同的生物的微量元素会有所不同。

3）C是最基本元素

C是最基本元素，又称核心元素。因为C原子通过共价键形成碳链，即碳骨架，也可以与其他原子进行连接。碳链的几种结构如下：

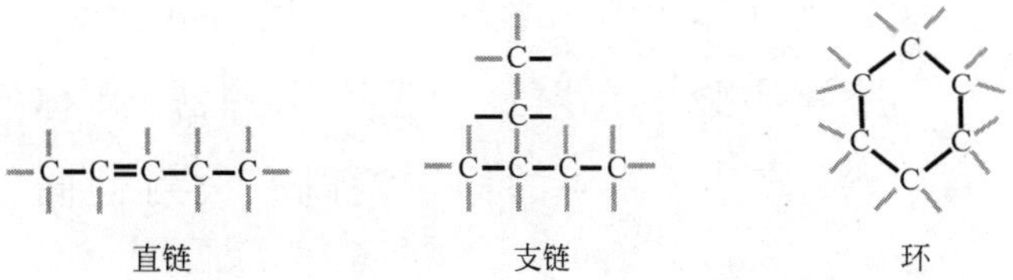

每个C原子与周围原子之间形成4个共价键，这是因为C原子的第二电子层有4个电子，需要周围原子共享给它4个电子才会形成稳定结构，这是书写有机物化学式的一个重要线索。

3. 同位素和同位素示踪技术

同位素是指原子核内质子数相同，中子数

① 鲜重是细胞正常生活状态下的质量。

不同的一类原子。它们有相同的原子序数，在周期表上占据同一位置，所以称为同位素，如^{1}H(氕)、^{2}H(氘)、^{3}H(氚)。

同位素包括稳定同位素和放射性同位素。稳定同位素是指原子核结构稳定，不会或极不易发生衰变的同位素，如^{15}N、^{18}O、^{13}C等；放射性同位素的原子核很不稳定，会不间断地、自发地放射出射线，直至变成另一种稳定同位素，这就是所谓的"核衰变"，如^{3}H、^{14}C、^{32}P、^{35}S、^{131}I、^{42}K等。放射性同位素在进行核衰变的时候，可能放射出α射线（氦原子核粒子流）、β射线（高速电子流）、γ射线（高能电磁波）等。核衰变的速度不受温度、压力、电磁场等外界条件的影响，也不受元素所处状态的影响，只和时间有关。放射性同位素衰变的快慢，通常用"半衰期"来表示。半衰期即一定数量放射性同位素原子数目减少到其初始值一半时所需要的时间。

生物实验中常用到同位素示踪法，又称同位素标记法，使用的同位素既有放射性同位素，也有稳定同位素。

放射性同位素标记法是指在生物实验中利用放射性同位素标记某一特定物质，然后利用自显影技术或液体闪烁计数器等射线测量、分析、记录仪器进行追踪的方法，它是同位素标记法的一种。如卡尔文用^{14}C研究光合作用中的碳反应；赫尔希和蔡斯用^{32}P和^{35}S标记T2噬菌体侵染大肠杆菌的实验；用^{3}H标记亮氨酸，从而追踪分泌蛋白的合成、加工和转移过程。

在生物实验过程中若使用稳定同位素标记，则不能用自显影等技术来示踪同位素去向，只能用测量分子质量或离心技术来区别同位素。如鲁宾和卡门用^{18}O判断光合作用释放的O_2中的O是来自H_2O还是CO_2；用^{15}N探究DNA复制的方式。

所以部分教辅材料把同位素标记法等同于放射性同位素标记法是错误的。

第2节　组成细胞的化合物

对不同种类的细胞进行化合物含量（指质量分数）的统计如图所示。

组成细胞的化合物
- 无机化合物（简称无机物）
  - 水　60%～90%
  - 无机盐　1%～1.5%
- 有机化合物（简称有机物）
  - 脂质　1%～2%
  - 蛋白质　7%～10%
  - 核酸、糖类　1%～1.5%

水是生命之源，水是生物体（细胞）中含量最高的化合物。

蛋白质是生命活动的体现者，也是生命活动的主要承担者。蛋白质是细胞中含量最高的有机物，在细胞干重中比例最大。

教材中的这个统计和蛋白质是细胞含量最高的有机物的说法，应该没有考虑植物细胞的细胞壁。如果考虑细胞壁，则纤维素（一种多糖）是植物细胞中含量最多的有机物，也是整个自然界中含量最多的有机物。另外，有些植物虽然已经死了，但是其细胞壁留下来做成了家具等物件。但是，我们一般认为细胞壁是没有生命活力的。

不同的细胞中化合物的含量有差别，有些甚至差别很大。不同的教材统计结果也不一致，如关于水的含量，浙科版中为60%～90%，旧人教版中为85%～90%，新人教版中为70%～90%。

第3节　水的特性和功能

本节知识框架：

1. 水分子的化学特性
2. 生物体的含水量
3. 水的存在形式
4. 水的生理功能

1. 水分子的化学特性

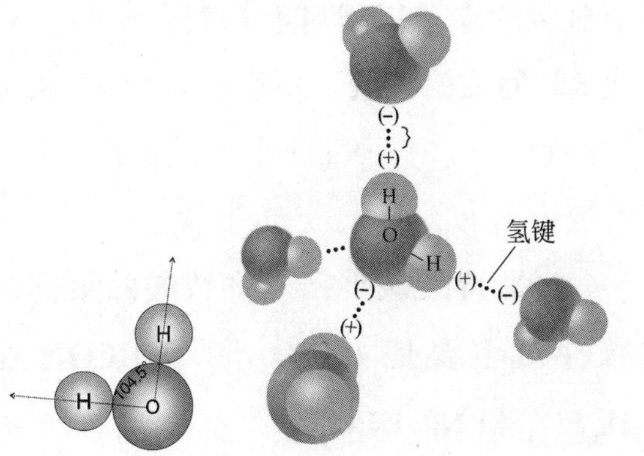

在化学中学习过水分子的结构和特性(如上图)，水分子中O和H之间共用电子对，O对电子的吸引力比H大，O略带负电，H略带正电，所以**水分子是极性分子**。与生物学有关的主要有两点：

第一、正是因为水分子是极性分子，水才能够与其他极性共价化合物或离子结合，成为溶解它们的溶剂。

第二、因为水是极性分子，所以水分子之间存在相互作用。每个水分子中的O可以与另外2个水分子中的H形成2个氢键，每个H可以与其他1个水分子中的O形成氢键，所以每个水分子可以与4个水分子通过氢键相连。**氢键不是化学键**，只是一种非常微弱的作用力，比范德华力稍微强一点儿。正是因为氢键的存在，液态水才具有表面张力和较大的比热。

2. 生物体的含水量

水母的含水量为97%，藻类为90%，高等植物为60%～80%，鱼类为80%～85%，蛙为78%，哺乳动物为65%。从中看出水是生物体中含量最多的化合物，但是不同的生物体内含水量是不相同的。

同一个体在不同的发育阶段和不同性别个体含水量是不同的，同一生物体不同组织或器官含水量也是不同的。含水量越高，细胞代谢越旺盛。

3. 水的存在形式

细胞中呈游离状态的水，可以自由流动，称为自由水；细胞中与亲水性有机大分子(如蛋白质、淀粉等)结合的水，不能自由流动，称为结合水。

＜版本差异＞

人教版中描述结合水大约占细胞内水分的4.5%。而浙科版中叙述，细胞溶胶含水量占细胞的70%，多数水分子以结合水的形式存在。

辨别技巧：自由水可由晾干而蒸发；结合水只能由烘烤去除，同时留下焦状物。有教师认为心脏呈坚韧的形态而血液却呈流动的液态，是因为心脏含高比例的结合水，而血液含高比例的自由水。笔者不赞同此意见，笔者认为这主要是自由水在细胞内外的分配不同引起的。

自由水/结合水的比值与代谢的关系密切。**自由水/结合水的比值越高，代谢越旺盛，抗逆性越弱；自由水/结合水的比值越低，代谢越弱，抗逆性越强**。抗逆性是指生物具有的抵抗不利环境的某些性状，如抗寒、抗旱、抗盐、抗病虫害等。所以当环境恶劣的时候,生物体往往降低自由水相对含量,代谢变缓。

4. 水的生理功能

结合水是细胞结构的重要成分。

自由水的功能有以下几个方面:(1)**因为水是极性分子能溶解同样是极性的分子和离子,所以水是细胞内的良好溶剂**。代谢的本质是细胞内的化学反应,需要在水中进行。(2)**循环系统中的水能运输养料和代谢废物**。(3)升温或蒸发时,热能必须先破坏氢键,因此水能吸收很多的能量。降温时,水形成更多的氢键,释放出热能,缓解水温下降的速度。**事实上,水的比热是常见物质中最大的,所以水具有缓和温度变化的作用**。(4)**水参与细胞内的某些生化反应,如光合作用、需氧呼吸(有氧呼吸)、水解反应等都需要水作原料**。

第4节　无机盐及其功能

本节知识框架:

1. 无机盐的含量和存在形式
2. 无机盐的功能

1. 无机盐的含量和存在形式

1) 无机盐在细胞中的含量很低,占1%~1.5%。

2) 无机盐主要以离子形式存在。阳离子有 Na^+、K^+、Ca^{2+}、Mg^{2+}、Fe^{2+}、Fe^{3+} 等;阴离子有 Cl^-、SO_4^{2-}、PO_4^{3-}、HCO_3^- 等。

[**知识扩展**]

很多教师认为有些无机盐不一定以离子形式存在。如人体中的钙元素主要存在于骨骼和牙齿中,以羟基磷酸钙晶体[$Ca_{10}(PO_4)_6(OH)_2$]形式存在,浙科版则简称为磷酸钙。但是这样理解将“离子形式”和“溶解在水溶液中的离子”两个完全不同的概念搞混了。离子是相对于游离原子、单质等而言的概念,不是溶解在水里的离子才能称为离子。

2. 无机盐的功能

1) 维持生物体的生命活动

(1) **维持血浆渗透压,保持细胞形态。人体中血浆的渗透压相当于0.9% NaCl生理盐水或5%葡萄糖溶液**。所以挂吊瓶时,需要将药物溶解在0.9% NaCl生理盐水或5%葡萄糖溶液中。

(2) **维持酸碱平衡。维持酸碱平衡的酸碱缓冲对主要是 H_2CO_3 和 $NaHCO_3$,还有 NaH_2PO_4 和 Na_2HPO_4**。

(3) **维持神经肌肉兴奋性。如 Ca^{2+} 过多会引起重肌无力,Ca^{2+} 过少会引起抽搐**。

2) 细胞某些复杂化合物的重要组成成分

Fe^{2+} 是血红蛋白的组成成分,Mg^{2+} 是叶绿素的组成成分,I是甲状腺激素的组成成分,Ca^{2+} 是骨骼的组成成分,F是牙齿的组成成分,Zn^{2+} 是有些酶的组成成分。

第5节　糖类的种类和功能

本节知识框架:

1. 糖的化学本质
2. 糖的分类和功能
3. 多糖的合成和水解
4. 检测还原糖的实验

1. 糖的化学本质

当我们说到糖类的时候，我们首先想到的是"甜"这个词。但是，并非所有甜的物质都是糖，甘油、糖精、甘露醇和木糖醇都具有甜味但不是糖。同时，糖类中淀粉、纤维素、糖原等没有甜味。蔗糖、麦芽糖、乳糖、果糖等都具有甜味，其中果糖是甜度最高的天然糖。

糖类曾经被称为碳水化合物，因为糖类在很长的时间里被认为一定符合 $C_n(H_2O)_m$ 的分子式通式。但是后来发现脱氧核糖（$C_5H_{10}O_4$）不符合此分子通式，而符合此分子通式的乙酸（$C_2H_4O_2$）不是糖类。**糖类的化学本质是多羟基的醛或酮**。

一般认为，糖类有且只含有 C、H、O 三种元素。糖类衍生物可能含有 N 元素，如乙酰氨基葡萄糖（高中阶段不考虑）。

2. 糖的分类和功能

糖类根据能否水解及水解的产物数量分为单糖、二糖和多糖。①

1）单糖

种类		分子式	分布	功能
五碳糖	**核糖**	**$C_5H_{10}O_5$**	几乎所有细胞	组成 RNA
	脱氧核糖	**$C_5H_{10}O_4$**	几乎所有细胞	组成 DNA
六碳糖	**葡萄糖**	**$C_6H_{12}O_6$**	所有细胞	主要的能源物质
	果糖	$C_6H_{12}O_6$	**主要在植物细胞中**	提供能量
	半乳糖	$C_6H_{12}O_6$	**主要在动物细胞中**	提供能量

单糖主要包括三碳糖（丙糖）、五碳糖（戊糖）和六碳糖（己糖），其中，葡萄糖是最重要的单糖。

2）二糖

种类	分布	组成
麦芽糖	**植物**（在发芽的小麦、谷粒中含量丰富）	**葡萄糖＋葡萄糖**
蔗糖	**植物**（在甘蔗、甜菜中含量丰富）	**葡萄糖＋果糖**
乳糖	**主要是动物**（在乳汁中含量丰富）	**葡萄糖＋半乳糖**

3）多糖

种类		分布	功能
淀粉		**植物**（植物粮食作物的种子、变态茎或根等储藏器官中）	能源物质（储存能量）
纤维素		**植物**（植物细胞的细胞壁中）	支持保护细胞
糖原	**肝糖原**	**动物**（动物的肝脏中）	储存能量，调节血糖
	肌糖原	**动物**（动物的肌肉组织中）	储存能量

生物体内的糖类绝大多数以多糖形式存在，其中最常见的是淀粉。

肝糖原由葡萄糖合成，又可以水解成葡萄糖，而肌糖原由葡萄糖合成，但是不能水解成葡萄糖，只能在缺氧时分解成乳酸。肌肉中的乳酸会随循环系统进入肝脏，在肝脏细胞中转换为丙酮酸，再进一步转换为糖类，此过程称为糖异生，需要消耗能量。

[知识扩展]

肝脏细胞中，糖原分解形成的6-磷酸葡萄糖在6-磷酸葡萄糖酶的作用下分解成葡萄糖和磷酸。葡萄糖可以释放进入血液。但是肌肉细胞缺少这个酶，所以无法产生葡萄糖，6-磷酸葡萄糖不会进入血液，而是进入糖酵解途径，形成乳酸。

新浙科版中描述的"肌糖原分解产生的

① 也有教科书把糖类分为单糖、寡糖和多糖。寡糖又称低聚糖，一般含有2～10个单糖单位。细胞膜上糖蛋白中的修饰糖链就是寡糖。

葡萄糖只能在肌肉细胞内参与代谢，不能升高血糖”中的葡萄糖其实是6-磷酸葡萄糖。

纤维素是由葡萄糖合成的大分子多糖，不溶于水及一般有机溶剂，是植物细胞壁的主要成分。**纤维素是世界上碳含量最丰富的天然有机物**，占植物界碳含量的50%以上。棉花的纤维素含量接近100%，为天然的最纯纤维素来源。

<**生活情景**>

汉堡包中的面包富含淀粉，肌肉(牛肉、鸡肉等)中含有肌糖原，生菜富含纤维素。淀粉和糖原能够被人消化，但是纤维素不能被人消化。淀粉中的葡萄糖主要以α-1,4糖苷键相连形成直链，以α-1,6糖苷键相连形成支链。糖原的结构与淀粉相似，只是具有更多的支链，所以糖原又称动物淀粉。纤维素中的葡萄糖主要以β-1,4糖苷键相连，没有支链。人体中有分解α-1,4糖苷键的酶，而缺乏分解β-1,4糖苷键的酶，所以人不能消化纤维素。牛能消化纤维素，是因为牛的瘤胃里面共生着能消化纤维素的纤毛虫和细菌。白蚁能消化纤维素，是因为白蚁体内共生着能分解纤维素的披发虫(一种鞭毛虫)。

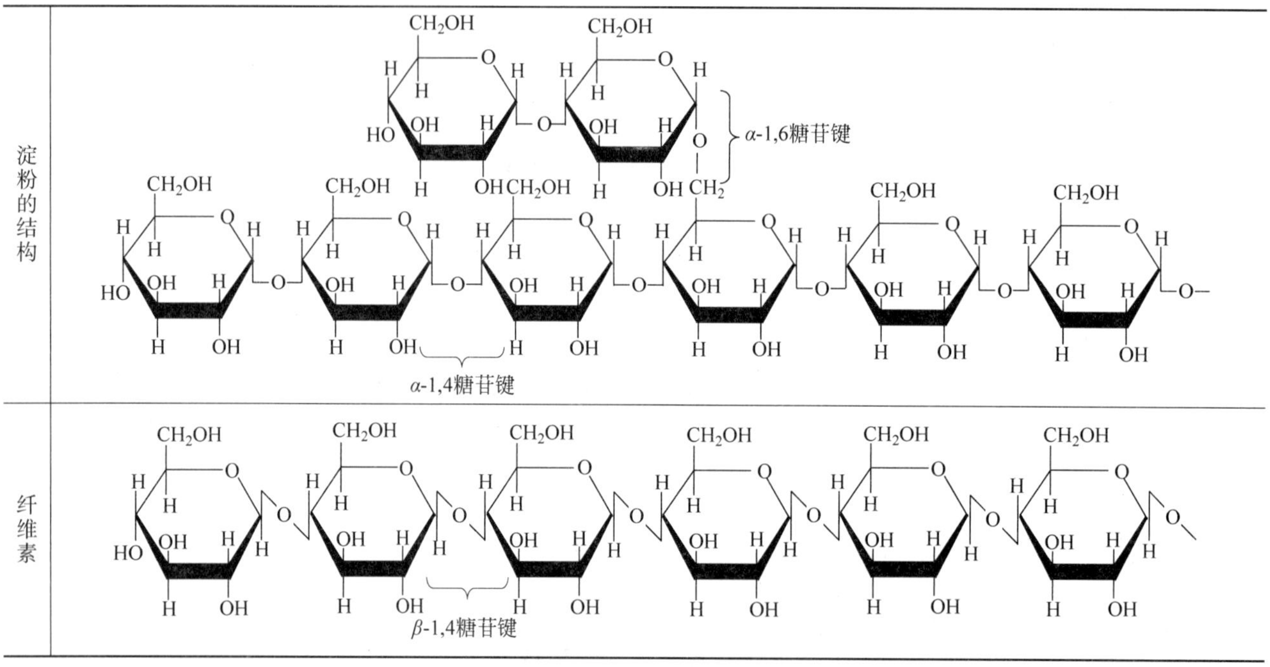

<**知识细节**>

笼统的说法是：糖类是主要的能源物质。葡萄糖是能源物质；淀粉、糖原是储能物质；纤维素不是储能物质，而是结构物质。

人摄入的淀粉和蔗糖在消化道内被水解成单糖。而消化道属于人体的细胞外环境，所以，人体细胞内没有淀粉和蔗糖。

[**知识扩展**]

单糖还有：光合作用的第一个产物——3-磷酸甘油醛，这是一种三碳糖——甘油醛的磷酸化，生物学中简单地把3-磷酸甘油醛当作一种三碳糖。核酮糖二磷酸(RuBP)也是一种糖类衍生物。二糖还有：纤维素的人工降解产物——纤维二糖。多糖还有：真菌的细胞壁的主要成分——壳多糖，植物细胞壁的成分——果胶和半纤维素。淀粉、纤维素、糖原的基本单位是葡萄糖。[①] 但是，组成壳多糖的基本单位是 *N*-乙酰葡糖胺；组成果胶的基本单位是半乳糖醛酸和半乳糖醛酸甲酯；组成半纤维素的基本单位有很多种，既有五碳糖又有六碳糖。

“糖类有且只含有 C、H、O 三种元素”是指高中阶段常见的几种糖类，而不包括壳多糖等糖类。

3. 多糖的合成和水解

1）多糖的合成是一种脱水缩合反应。

两个己糖脱水缩合形成二糖：

$$2C_6H_{12}O_6 \longrightarrow C_{12}H_{22}O_{11} + H_2O$$

三个己糖脱水缩合形成三糖：

$$3C_6H_{12}O_6 \longrightarrow C_{18}H_{32}O_{16} + 2H_2O$$

以此类推 10 个葡萄糖脱水缩合形成的多糖的相对分子质量。如 10 个葡萄糖在脱水缩合时，将脱去 9 个水分子：

$$10 \times 180 - 9 \times 18 = 1638$$

2）多糖的水解：淀粉和肝糖原只有水解成葡萄糖才能被分解、提供能量（如下图）。

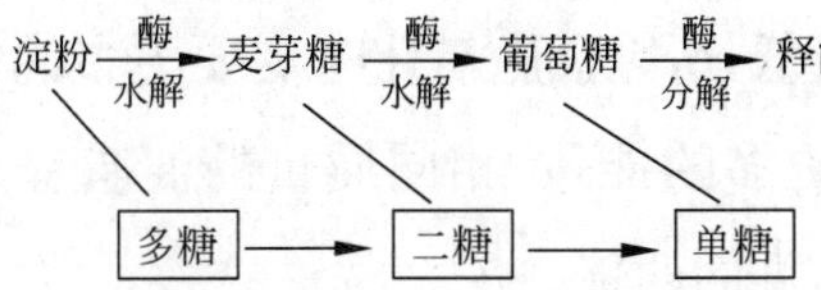

4. 检测还原糖的实验

1）**原理：还原糖是一种具有还原能力的糖，分子中含有游离的羰基（即醛基），通过检测醛基来检测还原糖的存在。注意蔗糖和多糖（如淀粉、糖原）不是还原糖**。淀粉的检测可以马铃薯匀浆液为检测对象，滴加碘-碘化钾溶液（非高温），摇匀后呈现蓝色。刚果红能与培养基中的纤维素形成红色复合物。

2）**材料：梨、苹果等白色或浅色水果的匀浆，也可以用白萝卜匀浆，甚至直接使用葡萄糖溶液。注意西瓜等有颜色的水果不能用来做实验材料，因为水果原有的颜色会干扰还原糖的显色反应**。取试管中的上清液（组织样液）2mL 用于检测。

3）**药品：人教版中为取 1mL 斐林试剂 0.1g/mL NaOH 溶液和 0.05g/mL $CuSO_4$ 溶液等量混合，浙科版中为取 2mL 本尼迪特试剂（又称班氏试剂，是斐林试剂的改良试剂，可以存放备用，规避了斐林溶液必须现配现用的缺点。配制的原料为水、$CuSO_4$、柠檬酸钠和无水 Na_2CO_3）**。

4）**反应：用热水浴**（人教版为 50～65℃下 2min 或煮沸 1min，浙科版为 80～100℃下 2～3min），**还原糖在碱性环境下还原 Cu^{2+} 生成 Cu_2O（砖红色沉淀）**。

＜版本差异＞

旧浙科版中将 Cu_2O 描述为红黄色沉淀。

［知识扩展］

果糖，从其结构本身来说是没有还原性的，但是在碱性溶液中果糖会通过酮式-烯醇式转换形成有还原性的醛糖，所以溶液中果糖是具有还原性的。

---

① 这三种多糖可以表示为 $HO\text{-}[C_6H_{10}O_5]_n\text{-}H$，但它们是高聚物，*n* 值较大，所以可以将通式写作$(C_6H_{10}O_5)_n$。

第 6 节　脂质的种类和功能

本节知识框架：

1. 脂质的元素组成
2. 脂质的分类及主要生理作用
3. 脂质的代谢
4. 检测油脂的实验步骤

1. 脂质的元素组成

所有的脂质都含有 C、H、O。有的脂质只含 C、H、O，如油脂、胆固醇。有的脂质还含有 N、P 两种元素，如磷脂。

2. 脂质的分类及主要生理作用

脂质包括油脂、磷脂、植物蜡和固醇。

1）油脂

（1）油脂的结构和功能

油脂有且只含有 C、H、O 三种元素。

油脂是由一分子甘油和三分子脂肪酸合成的，所以油脂的化学名称是甘油三酯或三酰甘油。油脂水解后产生一分子甘油和三分子脂肪酸。形成油脂的三个脂肪酸的种类可以相同也可以不同。

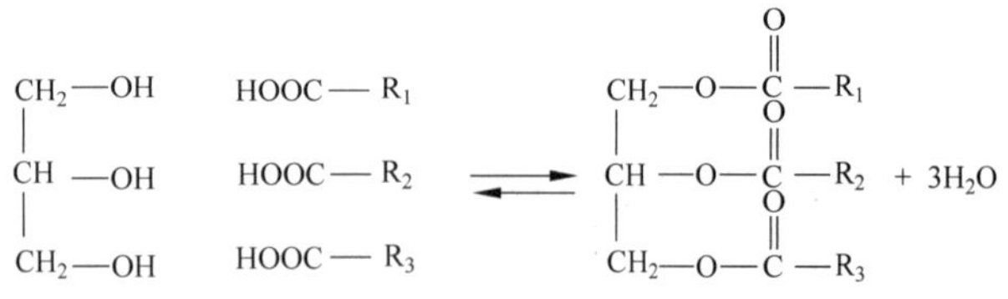

1分子甘油 ＋ 3分子脂肪酸 ⇌ 1分子甘油三酯 ＋ 3分子水

油脂是一种储能物质，能够保温，还能够缓冲机械压力。

［知识扩展］

脂肪酸根据碳氢链饱和与否，分为饱和脂肪酸和不饱和脂肪酸。在室温时，以饱和脂肪酸为主组成的甘油三酯呈固态，多为动物脂肪；以不饱和脂肪酸为主组成的甘油三酯呈液态，多为植物油。所以，我们常见的猪油呈固态，而大豆油呈液态。亚油酸、亚麻酸等动物体内不能合成、必须从植物中摄入的不饱和脂肪酸，称为必需脂肪酸。

羧酸或无机含氧酸与醇反应生成的一类有机化合物叫做酯。

（2）糖类和油脂的关系

糖类和油脂都有且只含有 C、H、O 三种元素。

糖类和油脂可以在一定条件下相互转换，糖类容易转变为油脂，但是油脂较难转变为糖类。

人类需要能量的时候，一般先利用糖类，然后利用油脂供能。

糖类是主要的能源物质，淀粉和糖原也是储能物质，但油脂是主要的储能物质。储能物质中的能量不能被直接利用，需要水解成小分子有机物才能被氧化分解产生能量。

（3）油脂相对糖类有更高的储能效率

① 从元素含量的角度

糖类是多羟基醛或多羟基酮，O 元素含量高。**油脂相对于糖类，C、H 两种元素含量高，O 元素含量低，所以油脂氧化时需要更多的氧气参与，释放更多的能量，**相同质量的油脂释放的能量约为糖类的两倍。

糖类氧化，以葡萄糖氧化为例（多糖需先水解成单糖）：

$$C_6H_{12}O_6 + 6O_2 \xrightarrow{\text{酶}} 6CO_2 + 6H_2O + \text{能量}$$

油脂氧化，以油酸酯（$C_{57}H_{111}O_6$）为例（油脂需先水解为甘油和脂肪酸）：

$$C_{57}H_{111}O_6 + 81.75O_2 \xrightarrow{\text{酶}} 57CO_2 + 55.5H_2O + \text{更多能量}$$

② 从体积的角度

脂肪是非极性分子，以无水的形式储存在体内；而糖原是极性分子，以高度水合的形式储存在体内。1g 脂肪在体内储存所占的体积是 1g 糖原体积的 1/4，且脂肪储存量大，可储存在动物的皮下、大网膜和肠系膜等部位。有些动物还能储存在特殊的部位，如骆驼的驼峰。

2）磷脂

磷脂是组成细胞膜、液泡膜等生物膜的重要成分之一。磷脂包括磷酸甘油酯（又称甘油磷酸酯）和鞘磷脂两类。

3）植物蜡

植物蜡多存在于叶、果实、茎和枝的表面，对植物细胞起保护作用。

4）固醇

固醇类物质（也称类固醇）包括胆固醇、维生素 D、性激素。

胆固醇（只含 C、H、O 元素）：动物和微生物细胞膜中含有胆固醇；胆固醇与卵磷脂、某些蛋白质一起参与肝脏中脂肪的向外运输。胆固醇还是合成维生素 D 和性激素的原料。

维生素 D 能促进肠道对钙和磷的吸收。

性激素包括雄激素、雌激素和孕激素。

<知识细节>

脂质包括油脂，要注意勿把脂质等同于油脂。

[知识扩展]

血液中的胆固醇和反式脂肪酸过高，会导致低密度脂蛋白积聚于血管壁，血管管腔变窄，引起粥状动脉硬化。

3. 脂质的代谢

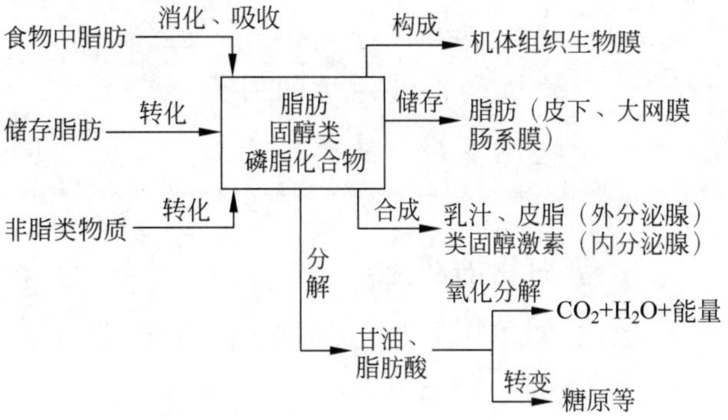

4. 检测油脂的实验步骤

1）**取材：将经过浸泡的花生种子的子叶削成薄片。**

2）**选片：在培养皿的水中取理想薄片，置于载玻片中央。**

3）**染色：吸水纸吸去水分，滴苏丹Ⅲ染液**（棕红色），染色 2～3min，**吸水纸吸去多余染液，滴 50% 乙醇溶液去浮色。**

4）**制片：用吸水纸吸去乙醇溶液，滴水，盖上盖玻片，制成临时装片。**

5）**观察：此实验需使用显微镜，先低倍镜观察再用高倍镜观察。细胞内油脂颗粒被染成橙黄色（浙科版）/橘黄色（人教版）。**因为有些细胞发生破碎，所以有些油脂颗粒可能位于细胞外。

第 7 节　蛋白质的结构和功能

本节知识框架：

1. 蛋白质的功能
2. 蛋白质的基本单位——氨基酸
3. 蛋白质的元素组成
4. 蛋白质的脱水缩合

5. 蛋白质的代谢
6. 蛋白质的多样性
7. 影响蛋白质活性的因素
8. 检测蛋白质的实验步骤

1. 蛋白质的功能

蛋白质的英文是 protein，源于希腊文的 proteios，是“头等重要”意思，表明蛋白质是生命活动中头等重要物质。**蛋白质是生命活动的主要承担者。**

生物性状的形成离不开蛋白质。蛋白质有很多功能。

1）**构成细胞和生物体结构的重要成分，称为结构蛋白，如肌蛋白（准确地讲是肌动蛋白和肌球蛋白）、角蛋白。**

2）**催化生物体内的化学反应，称为酶。**

3）**参与免疫活动，如抗体、细胞因子。**

4）**参与运输，如细胞膜上的转运蛋白，运输气体的血红蛋白。**

5）**调节生命活动，如蛋白质类激素（如胰岛素、生长激素等）。**

6）**与多糖结合形成糖蛋白，参与细胞识别。受体蛋白可以接受激素、神经递质、抗原等。**

2. 蛋白质的基本单位——氨基酸

组成蛋白质的基本单位是氨基酸（amino acid，所以氨基酸可以在草稿中简写成 AA/aa）。但是，并不是所有的氨基酸都可以组成蛋白质，能**组成蛋白质的氨基酸（称为编码氨基酸或蛋白质氨基酸）有 20 多种，其中常见氨基酸（或称基本氨基酸）只有 20 种。**

［**知识扩展**］

目前发现有 22 种氨基酸能够组成蛋白质，这里的 22 种还不包括氨基酸在组成蛋白质后被化学修饰的情况。硒代半胱氨酸（Sec）是被发现的第 21 种编码氨基酸，又称硒半胱氨酸，相当于半胱氨酸中的 S 被 Se 取代，存在于被称为硒蛋白的少数酶中。吡咯赖氨酸（Pyl）是被发现的第 22 种编码氨基酸，这种氨基酸更加少见，只存在于产甲烷菌中。所以新人教版说人体中有 21 种编码氨基酸。

下面列出五种组成蛋白质的氨基酸，观察这些氨基酸有何共性？

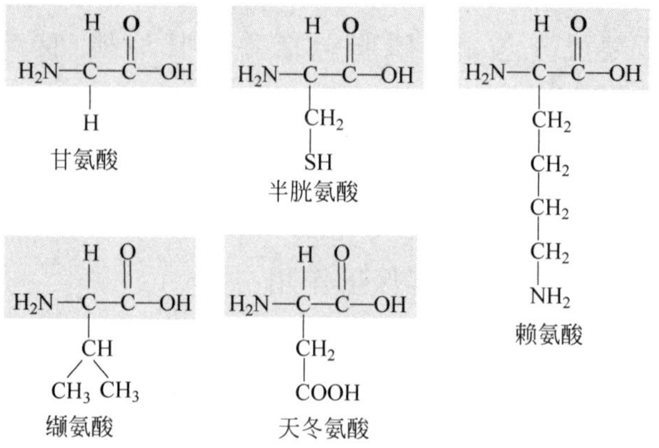

1）**每种编码氨基酸（除了脯氨酸，Pro）至少含有一个氨基（—NH_2）和一个羧基（—COOH），且有一个氨基和一个羧基连接在同一个碳原子上。**这种氨基酸在化学学科上称为 α-氨基酸。—NH_2 展开后写成 —N(H)—H，—COOH 展开后写成 —C(=O)—OH 。

2）**氨基酸的不同是由于 R 基的不同。**有机化学中用 R 基代表基团有多种可能性，类似数学上的未知数 x。理论上，R 基可以是任何基团，但是编码氨基酸的 R 基事实上只有 20 多种。R 基中可能含有除了 C、H、O 以外的其他元素，如半胱氨酸（Cys）的 R 基中含有 S 元素。R 基中也可能含有氨基（—NH_2）或羧基（—COOH），如赖氨酸（Lys）的 R 基含有氨基(—NH_2)，谷氨酸(Glu)的 R 基含有羧基(—COOH)。所以说氨基酸可能含有多于一个氨基(—NH_2)和一个羧基(—COOH)。

绝大多数组成蛋白质的氨基酸的结构通式如下：

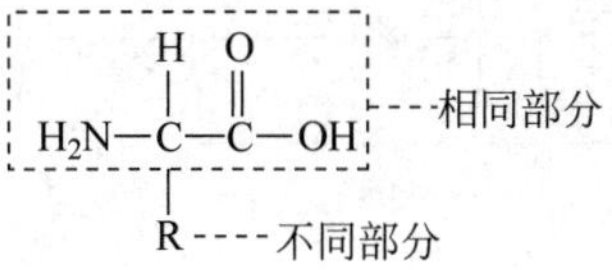

[知识扩展]

(1) 人体中有 160 多种(整个生物界有 300 多种)氨基酸不参与组成蛋白质而执行其他功能，被称为非蛋白质氨基酸。组成蛋白质的氨基酸都为 α-氨基酸。人体中还有一些氨基酸不是 α-氨基酸，比如 γ-氨基丁酸(简称 GABA，$NH_2CH_2CH_2CH_2COOH$)是一种抑制性神经递质，但不能组成蛋白质。α、β、γ 指的是碳原子的位置，离官能团最近的碳原子称为 α 碳，由近及远，相邻的依次为 β 碳、γ 碳。甘氨酸(Gly)、谷氨酸等编码氨基酸也可以作为神经递质。

(2) 人体中组成蛋白质的编码氨基酸可以分为必需氨基酸和非必需氨基酸。

① 非必需氨基酸指在人和动物体内能够合成的氨基酸，如丙氨酸(Ala)、甘氨酸等。

② 必需氨基酸指在人和动物体内不能够合成的，只能从食物中获取的氨基酸。成人的必需氨基酸有 8 种，婴儿的必需氨基酸有 9 种。成人的必需氨基酸有异亮氨酸(Ile)、亮氨酸(Leu)、色氨酸(Trp)、苏氨酸(Thr)、苯丙氨酸(Phe)、赖氨酸、甲硫氨酸(又称蛋氨酸，Met)和缬氨酸(Val)。婴儿的必需氨基酸还包括组氨酸(His)。

(3) 常见编码氨基酸列表：

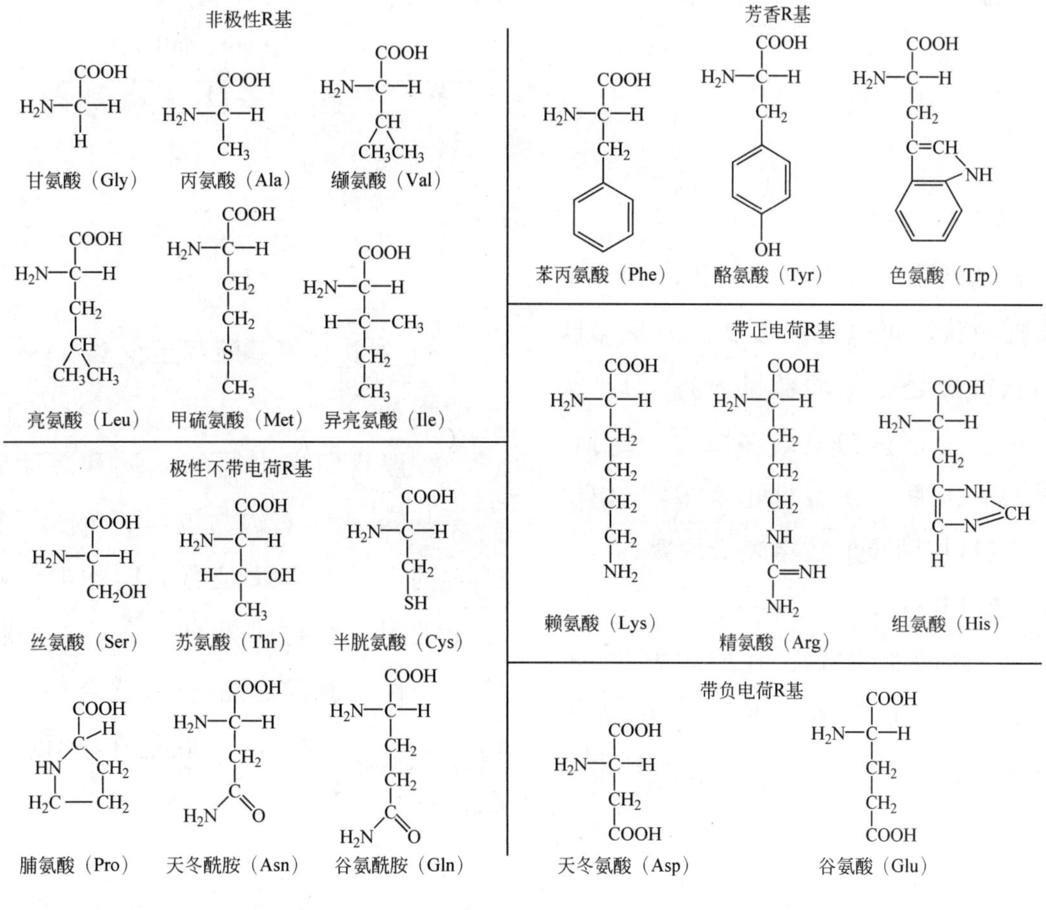

脯氨酸比较特殊，没有氨基。脯氨酸是一种亚氨基酸，它发生了自身环化，使氨基中N和甲基中C连接起来了。

（4）并不是所有的蛋白质都含有所有种类的编码氨基酸，比如含51个氨基酸的胰岛素只含17种氨基酸。动物蛋白所含的氨基酸种类比植物蛋白齐全，所以，长期吃素会造成营养不良。

3. 蛋白质的元素组成

通过分析氨基酸的结构，我们可以得出，蛋白质一定含有C、H、O、N四种元素。蛋白质翻译的起始密码子AUG所编码的是蛋氨酸，半胱氨酸构成了维系蛋白质结构的二硫键，所以很多蛋白质含有蛋氨酸和半胱氨酸，而这两种氨基酸的R基含有S元素，所以^{35}S可以被用来标记蛋白质。

4. 蛋白质的脱水缩合

1）氨基酸脱水缩合的过程

（1）两个氨基酸脱水缩合成二肽的过程

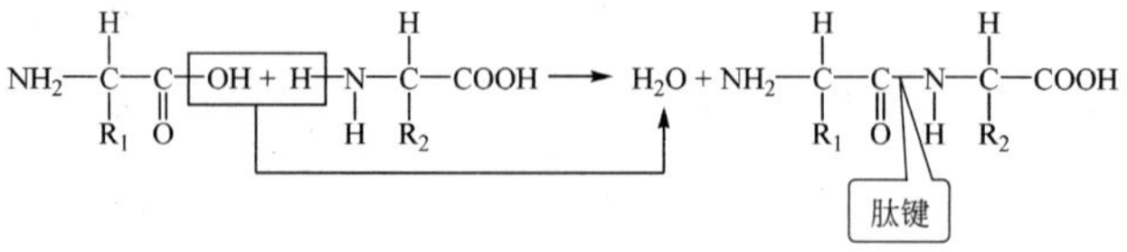

1个氨基（—NH_2，又称为游离的氨基）和1个羧基（—COOH，又称为游离的羧基）在参与肽键形成后消失。合成蛋白质的脱水缩合反应称为缩聚反应。

（2）多个氨基酸脱水缩合成多肽的过程

由此类推：三肽＋氨基酸→四肽＋H_2O；……；N肽＋氨基酸→$(N+1)$肽＋H_2O。

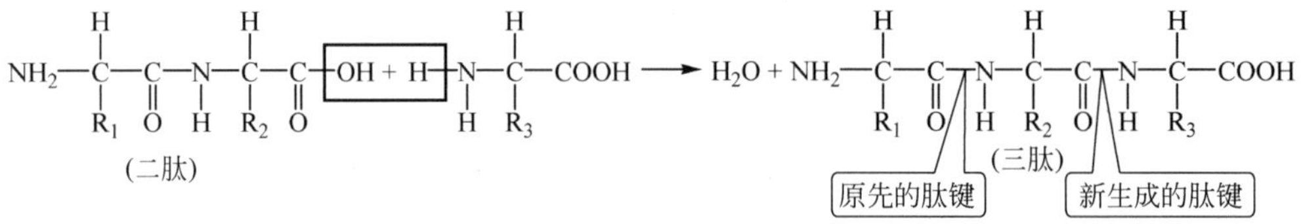

2）多肽的命名规则

***N*个氨基酸构成的肽链叫*N*肽，3个以上氨基酸构成的肽链可以称为多肽。一条多肽链含有的肽键数是氨基酸数目−1**。如4个氨基酸通过3个肽键构成的多肽称为四肽，注意不要写作4肽。在有机化学中，用中文数字表示数量，用阿拉伯数字表示位置。

3）肽键的书写

肽键也被称为酰胺键。在旧教材中，肽键是指一种官能团，有多种书写方法，如下图。**新教材认为C和N之间的化学键才是肽键**。

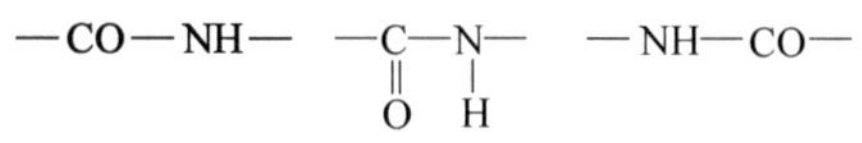

4）多肽与氨基酸都至少含有一个氨基和一个羧基

一般我们在书写氨基酸和多肽时，左边为氨基（N端），右边为羧基（C端）。这样的写法有利于理解**多肽是有方向性的**，类似于数学上的射线。射线是有方向性的，线段则没有方向性。也就是说，三肽化合物“甘氨酸—谷氨酸—丙氨酸”和三肽化合物“丙氨酸—谷氨酸—甘氨酸”是两种不同的三肽。

5）氨基酸、多肽与蛋白质的关系

氨基酸$\xrightarrow{\text{脱水缩合}}$多肽$\xrightarrow{\text{空间折叠}}$蛋白质

如果脱水缩合形成的多肽具有生物活性，称为活性肽，活性肽不会因为高温等原因而失去活性，从而说明多肽的空间结构对功能没有影响，或者说不需要考虑多肽的空间结构。但是，刚形成的肽链一般是没有生物活性的，当肽链按不同形式进一步折叠和盘曲形成具有特定空间结构的蛋白质分子时才表现出生物活性。反过来，蛋白质的空间结构因为环境因素被破坏时，蛋白质就失去了生物活性。

［**知识扩展**］

氨基酸、多肽和蛋白质都含有氨基和羧基，是两性电解质。

蛋白质的一级结构是指氨基酸的排列顺序。

蛋白质的二级结构是指主链折叠产生的、由氢键维系的、有规则的构象。有α-螺旋、β-折叠、β-转角、无规卷曲等多种形式。

蛋白质的三级结构是指在二级结构基础上，肽链的不同区段的侧链基团相互作用在空间进一步盘绕、折叠形成的包括主链和侧链构象在内的特征三维结构。

蛋白质的四级结构是指由多条各自具有一、二、三级结构的肽链通过非共价键连接起来的结构形式。

如果我们用电话线作比喻，α-螺旋很像固定电话的话筒与主机的连接线。蛋白质各级结构关系示意如图所示：

蛋白质的一级结构

蛋白质的二级结构

蛋白质的三级结构

蛋白质的四级结构

6）氨基酸数目与肽键数的关系

<**探究性问题**>

氨基酸的平均相对分子质量为 a（一般设定为 128），n 个氨基酸组成含有 m 条多肽的蛋白质，求此蛋白质的肽键数和相对分子质量？

探究材料：仔细观察当蛋白质中分别含有 1、2、3 条多肽时，氨基酸数目与肽键数的关系。

（1）1 条肽链，5 个氨基酸，4 个肽键，肽键数＝氨基酸个数－1。

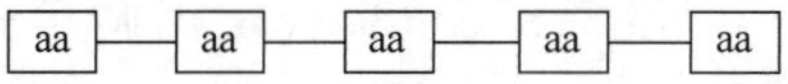

（2）2 条肽链，11 个氨基酸，9 个肽键，肽键数＝氨基酸个数－2。

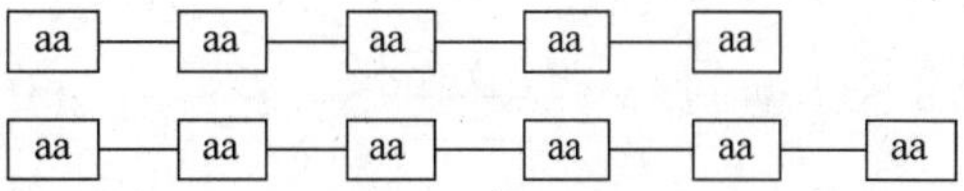

（3）3 条肽链，17 个氨基酸，14 个肽键，肽键数＝氨基酸个数－3。

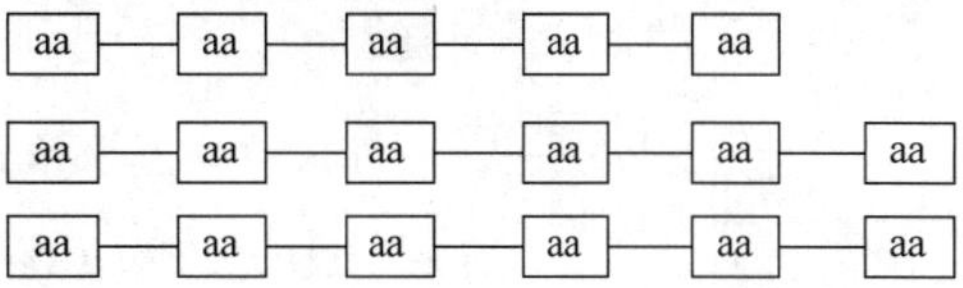

总结：肽键总数为 $n-m$；蛋白质的相对分子质量为 $n\times a-(n-m)\times 18$。

<知识细节>

自然界中有些肽不是线性的而是环形的，如鬼笔环肽。环肽与线性多肽的相关计算方法不同（如图）。如果没有特殊指明是环肽，题目中出现的肽链都认为是非环状的，即线性的。

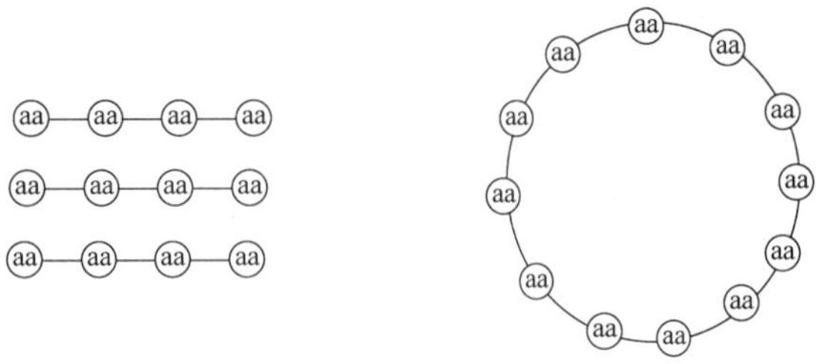

形成线性肽时，脱去的水分子=氨基酸的数目－肽链数目

形成环肽时，脱去的水分子=氨基酸的数目

7）肽链之间的作用力

肽链之间的作用力主要有两种：氢键和二硫键。

（1）我们曾在水分子一节中学习到氢键不是化学键。氢键不单存在于肽链内部，也存在于肽链之间。

（2）**二硫键（—S—S—）是由两个巯基（—SH）脱氢合成的。**巯基存在于氨基酸的R基中，可以用于形成二硫键。二硫键既可以存在于肽链之间，也可以存在于肽链内部。

$$—SH + HS— \xrightarrow{脱氢} —S—S— + 2H$$

5. 蛋白质的代谢

1）氨基酸的来源和去路如下：

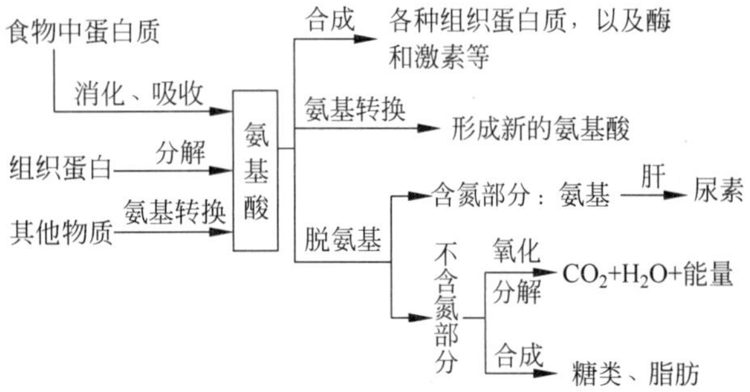

2）通过转氨基作用，一种氨基酸可以转变为新的氨基酸：

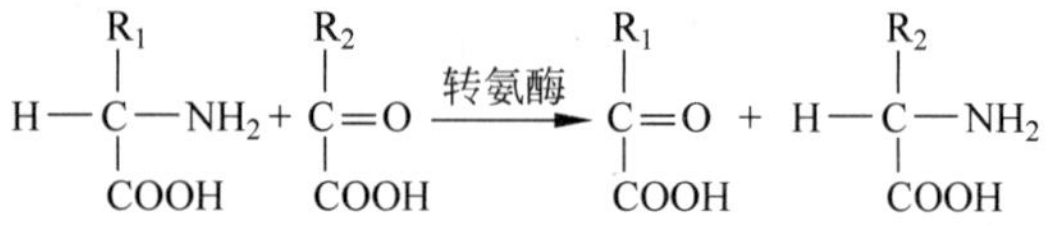

3）经过脱氨基作用，产生的不含氮部分可以转变为糖类、脂肪等化合物：

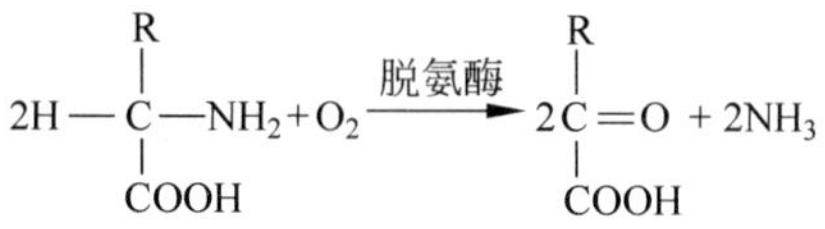

$$2NH_3 + CO_2 \xrightarrow{酶} CO(NH_2)_2 + H_2O$$

尿素

6. 蛋白质的多样性

1）蛋白质多样性的原因和蛋白质的变性

多肽的多样性：氨基酸种类不同；氨基酸数目不同；氨基酸排列顺序不同
以上三项再加上肽链的空间结构不同 → **蛋白质的多样性**

造成多肽的多样性的原因包括：多肽中氨基酸种类不同；氨基酸数目不同；氨基酸排列顺序不同。蛋白质的多样性的原因除了前面三个原因外还包括肽链的空间结构不同。

当我们考虑多肽的多样性时，不需要考虑肽链的空间结构，一方面是因为多肽强调的是氨基酸的排列顺序；另一方面，多肽的空间结构对多肽的功能没有影响，多肽没有变性的说法。比如促甲状腺激素释放激素是下丘脑分泌的三肽，无论空间结构怎么变，此三肽都有活性。当我们考虑蛋白质的多样性时，需要考虑肽链的空间结构，因为同一条肽链在不同条件下可能折叠成不同的三维结构。

蛋白质在高温、过酸、过碱、遇重金属等

情况下发生变性，此时空间结构发生不可逆变化，但是此时氨基酸的种类、数目、排列顺序不变，肽键没有水解。变性的蛋白质丧失活性，无法执行功能，食物中的**蛋白质变性则有利于消化吸收**。

［**知识扩展**］

1个蛋白质分子可能由1条或多条多肽组成。肌红蛋白（肌肉中携带氧气的蛋白质）由1条多肽组成，胰岛素由2条多肽组成，IgG抗体由4条多肽组成，血红蛋白由4条多肽组成。

［**知识扩展**］

蛋白质根据形状和溶解度大体分为三大类：纤维状蛋白质、球状蛋白质和膜蛋白。纤维状蛋白质是动物体的基本支架和外保护成分，包括胶原蛋白、角蛋白、丝蛋白等不溶于水的类型和肌球蛋白等溶于水的类型。胶原蛋白存在于结缔组织中，由三股缠绕的肽链组成，是人体内含量最丰富的蛋白质，占全身总蛋白质的30%以上。角蛋白来源于外胚层细胞，包括皮肤以及皮肤的衍生物。球状蛋白质包括肌红蛋白、血红蛋白和抗体等。

2）关于蛋白质多样性的相关计算

关于蛋白质多样性的相关计算经常要用到数学学科中排列组合的知识。

（1）以3种氨基酸（比如甘氨酸、丙氨酸、苯丙氨酸）为原料，合成一条线性十肽，问可以合成多少种多肽？

解析：每个氨基酸位置都有3种可能性，所以10个氨基酸可以组成3^{10}种蛋白质。注意，多肽是有方向性的，所以多肽（aa1—aa2—aa3）与多肽（aa3—aa2—aa1）不是同一种多肽。

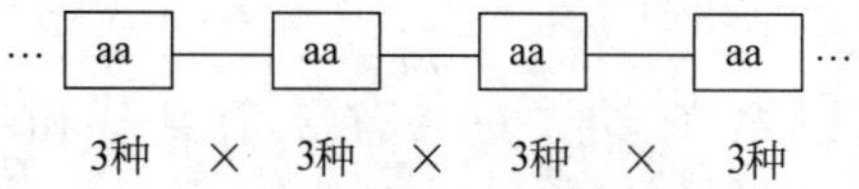

（2）某线性三肽含有3种氨基酸（比如甘氨酸、丙氨酸、苯丙氨酸），问此多肽有多少种可能性？

解析：此多肽一定含有3种氨基酸，且每种氨基酸1个。第1个氨基酸有3种可能性，第2个氨基酸有2种可能性，第3个氨基酸有1种可能性。从数学上分析，应该有$A_3^3=6$种可能性。

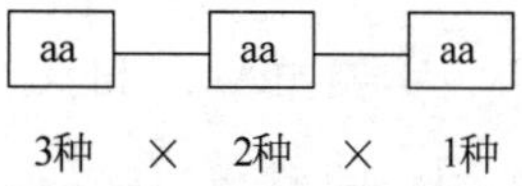

（3）$C_{63}H_{103}O_{45}N_{17}S_2$为一条线性多肽，其中含2个特殊的氨基酸，每个氨基酸原本含有2个$—NH_2$，问此多肽水解时，将消耗多少水分子？

解析：此多肽的R基上含有的N为$(2-1)\times2=2$个，所以氨基酸的数量为$17-2=15$个。所以消耗$15-1=14$个水分子。

（4）某线性多肽$C_{10}H_{17}O_6N_3S$由谷氨酸、甘氨酸、半胱氨酸构成，已知谷氨酸分子式：$C_5H_9O_4N$；甘氨酸分子式：$C_2H_5O_2N$；求半胱氨酸的分子式。

解析：因为此多肽为三肽化合物，所以在缩合时脱去2个H_2O，也就是脱去了4个H和2个O。所以半胱氨酸中$C=10-5-2$，$H=17+4-9-5$，$O=6+2-4-2$，$N=3-1-1$，半胱氨酸的分子式为$C_3H_7O_2NS$。

（5）有800个氨基酸，其中氨基810个，羧基808个，构成含2条线性多肽的蛋白质，问该蛋白质共有多少肽键，多少氨基，多少羧基？

解析：肽键数为$800-2=798$。

每条多肽的左端1个氨基，右端1个羧基。所以2条多肽一共有2个氨基和2个羧基在肽链的两端。

800个氨基酸共有800个氨基在氨基酸的左端，所以810－800＝10个氨基一定是在R基上。同样800个氨基酸共有800个羧基在氨基酸的右端，所以808－800＝8个羧基一定是在R基上。

氨基数：2＋(810－800)＝12；羧基数：2＋(808－800)＝10。

(6) 某线性多肽$C_{55}H_{70}O_{19}N_{10}$水解产生4种氨基酸，丙氨酸$C_3H_7O_2N$，甘氨酸$C_2H_5O_2N$，苯丙氨酸$C_9H_{11}O_2N$，谷氨酸$C_5H_9O_4N$，问含有几个谷氨酸？

解析：观察这4种氨基酸，发现每种氨基酸只含有1个N，而多肽中含有10个N，所以此多肽由10个氨基酸组成。又发现要求解的谷氨酸有4个O，而其余的3种氨基酸都只有2个O，所以可以建立脱水缩合反应前后的氧原子数的平衡方程。若以C、H建立反应前后原子数量平衡方程，则因为4种氨基酸的C、H数都不一样，无法建立方程。

设谷氨酸的数量为x个。

$$\underbrace{4\times x}_{\text{谷氨酸中的氧}}+\underbrace{(10-x)\times 2}_{\text{其他氨基酸中的氧}}-\underbrace{(10-1)}_{\text{脱去水中的氧}}=19$$

解得$x=4$。

再思考：其他3种氨基酸的数量如何计算？

解析：将4种氨基酸分别设为4个未知数，然后分别建立关于C、H、O、N反应前后原子数量守恒的方程式。

设丙氨酸有x个，甘氨酸有y个，苯丙氨酸有z个，谷氨酸有w个。

$3x+2y+9z+5w=55$，$7x+5y+11z+9w-9\times 2=70$，$2x+2y+2z+4w-9\times 1=19$，$x+y+z+w=10$。

再思考：有一种十二肽，分子式为$C_xH_yN_zO_d(z>12)$，如果将其水解得到丙氨酸($C_3H_7NO_2$)、赖氨酸($C_6H_{14}N_2O_2$)、天冬氨酸($C_4H_7NO_4$)和苯丙氨酸($C_9H_{11}NO_2$)，则水解后共有几个赖氨酸生成？

分析：可以设赖氨酸数目为未知数，然后建立关于反应前后N元素的平衡。也可以根据此肽中R基上的N元素只可能来源于赖氨酸，推知赖氨酸数为$z-12$。

(7) 已知氨基酸的平均相对分子质量是a，现有某蛋白质分子由n条线性肽链组成，其中有m个二硫键，相对分子质量为b，则此蛋白质分子中的肽键数？

设肽键数为x个，则氨基酸的总数为$x+n$个，形成肽键时脱去的水的分子量为$18x$，形成二硫键时脱去氢的分子量为$2m$。

$(x+n)\times a-18x-2m=b$，则$x=(b+2m-an)/(a-18)$。

7. 影响蛋白质活性的因素

大多数蛋白质的功能性作用需要在温和的条件下实现，很多环境因素的改变都会引起蛋白质活性的下降。低温能降低蛋白质的活性，称为失活；但是这种改变是可逆的，当温度恢复到正常范围，蛋白质又会恢复到正常活性。**但是当遇到高温、过酸、过碱以及接触重金属、有机溶剂(如乙醇，俗称酒精)后，蛋白质的空间结构发生<u>不可逆改变</u>而失去活性，称为变性(如下页图)**。变性的蛋白质即使在温度等条件复原后也不能恢复活性。**不是蛋白质**

发生的任何空间结构的改变都是变性，空间结构的不可逆改变才是变性，在合理范围内的改变不是变性。比如蛋白质类的酶和蛋白质载体在执行功能时空间结构本来就会发生改变。

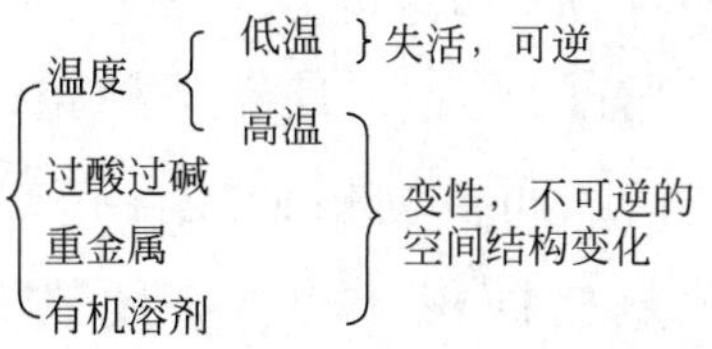

8. 检测蛋白质的实验步骤

1）制备组织样液：稀释的蛋清液（蛋清如不稀释，发生反应后会黏附在试管壁上）或黄豆组织样液（黄豆浸泡→去皮→研磨→过滤）。

2）检测：取2mL组织样液加入试管。加入2mL双缩脲试剂A，摇荡均匀，再加入3～4滴双缩脲试剂B，摇匀。

3）观察：蛋白质与双缩脲试剂发生颜色反应，溶液变成紫色。

＜版本差异＞

人教版中，先加入1mL双缩脲试剂A（0.1g/mL NaOH），后加入4滴双缩脲试剂B（0.01g/mL $CuSO_4$）。浙科版中，先加入2mL双缩脲试剂A，后加入5滴双缩脲试剂B。

［知识扩展］

双缩脲（NH_2—CO—NH—CO—NH_2）是两分子脲（即尿素）经180℃左右加热，放出一个分子氨（NH_3）后得到的产物。双缩脲反应实质是在碱性环境下的 Cu^{2+} 与双缩脲形成紫色络合物。蛋白质分子中含有很多与双缩脲相似的结构，所以可以用双缩脲试剂鉴定蛋白质的存在。双缩脲试剂可以使二肽以上的多肽（就是说含有两个连续的肽键）和蛋白质呈现紫色反应，但是不能使二肽和尿素呈现紫色反应。有些教师认为的"双缩脲试剂使尿素呈现紫色"是错误的，应该是出现蓝色络合物沉淀。蛋白质在加热变性后尽管空间结构发生改变，但是仍然含有肽键，所以仍然会发生显色反应。

用茚三酮可以检测氨基酸、多肽和蛋白质，呈现出来的颜色因氨基酸种类和pH的不同而不同。

第8节　核酸的种类和功能

本节知识框架：

1. 核酸的功能
2. 核酸的元素组成
3. 核酸的基本单位
4. 核酸的水解
5. 核酸的分类：脱氧核糖核酸（DNA）和核糖核酸（RNA）

1. 核酸的功能

核酸是最早由瑞士科学家米歇尔于1869年在脓细胞细胞核中发现和分离出来的富含磷元素的酸性物质，当时被命名为nuclein（核质，核素）。**核酸是生物体中的遗传物质。**

2. 核酸的元素组成

核酸有且只有C、H、O、N、P五种元素。

3. 核酸的基本单位

核酸的基本单位是核苷酸。一分子核苷酸由一分子五碳糖（戊糖）、一分子含氮碱基、一分子磷酸基团组成。

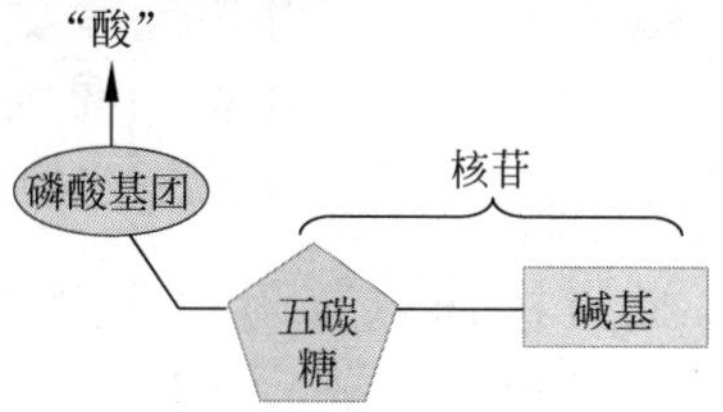

“核酸”意为细胞核中的酸性物质，“核苷酸”意为核苷＋酸（磷酸基团）。

4. 核酸的水解

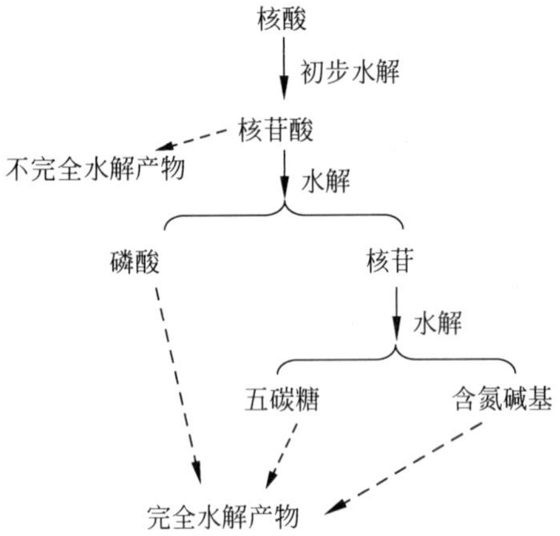

从图中可以看出**核酸的水解产物（初步水解产物）为核苷酸，完全水解产物为磷酸、五碳糖和碱基**。

5. 核酸的分类：脱氧核糖核酸（DNA）和核糖核酸（RNA）

1）DNA 和 RNA 的基本单位比较

<table>
<tr><th rowspan="3">核酸类型</th><th colspan="4">核苷酸的组成</th><th rowspan="3" colspan="2">核苷酸的名称</th></tr>
<tr><th colspan="3">核苷</th><th rowspan="2"></th></tr>
<tr><th colspan="2">碱基</th><th>戊糖</th></tr>
<tr><td rowspan="4">脱氧核糖核酸（DNA）</td><td rowspan="2">嘌呤</td><td>腺嘌呤（A）</td><td rowspan="4">脱氧核糖</td><td rowspan="8">磷酸基团</td><td rowspan="4">脱氧（核糖）核苷酸</td><td>腺嘌呤脱氧（核糖）核苷酸</td></tr>
<tr><td>鸟嘌呤（G）</td><td>鸟嘌呤脱氧（核糖）核苷酸</td></tr>
<tr><td rowspan="2">嘧啶</td><td>胞嘧啶（C）</td><td>胞嘧啶脱氧（核糖）核苷酸</td></tr>
<tr><td>胸腺嘧啶（T）</td><td>胸腺嘧啶脱氧（核糖）核苷酸</td></tr>
<tr><td rowspan="4">核糖核酸（RNA）</td><td rowspan="2">嘌呤</td><td>腺嘌呤（A）</td><td rowspan="4">核糖</td><td rowspan="4">核糖核苷酸</td><td>腺嘌呤核糖核苷酸</td></tr>
<tr><td>鸟嘌呤（G）</td><td>鸟嘌呤核糖核苷酸</td></tr>
<tr><td rowspan="2">嘧啶</td><td>胞嘧啶（C）</td><td>胞嘧啶核糖核苷酸</td></tr>
<tr><td>尿嘧啶（U）</td><td>尿嘧啶核糖核苷酸</td></tr>
</table>

其中，**脱氧核糖核苷可以简称为脱氧核苷，脱氧核糖核苷酸可以简称为脱氧核苷酸，但是脱氧核糖核酸不能简称为脱氧核酸**。

脱氧核糖核苷酸和核糖核苷酸的相同之处是都有一个磷酸基团，另外 A、G、C 三种碱基是通用的。脱氧核糖核苷酸和核糖核苷酸的区别之处有两个：一是碱基种类（脱氧核糖核苷酸含有 T，而核糖核苷酸含有 U），二是戊糖种类（脱氧核糖核苷酸含有脱氧核糖，而核糖核苷酸含有核糖）。

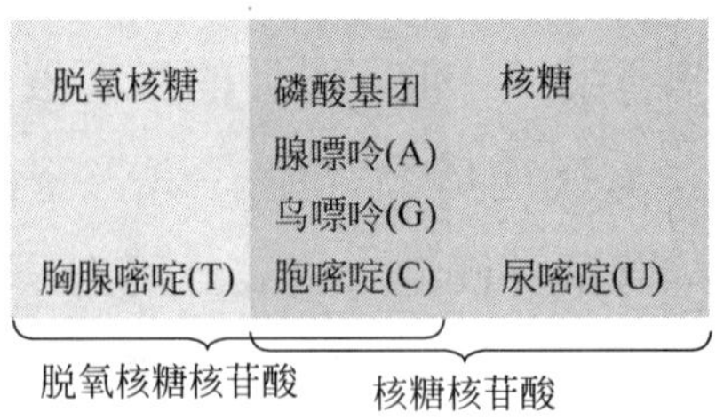

<**知识细节**>

在做题时，一定要区分核酸（生物大分子）、核苷酸（基本单位）和核糖（组成核苷酸的 3 个成分之一，是一种糖类）。

（1）DNA 的基本单位

脱氧核糖核苷酸的分子结构：

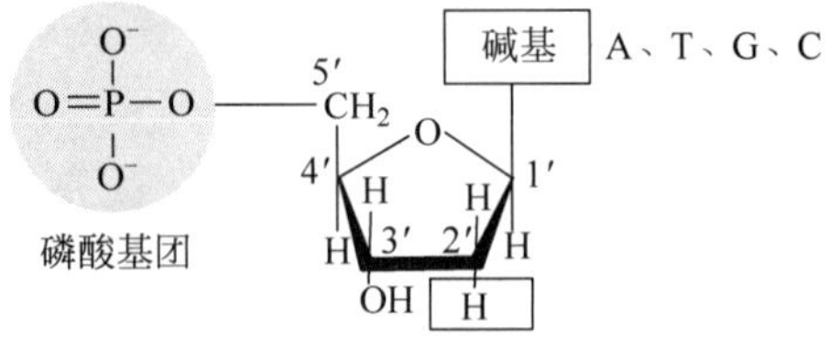

四种脱氧核糖核苷酸的种类：

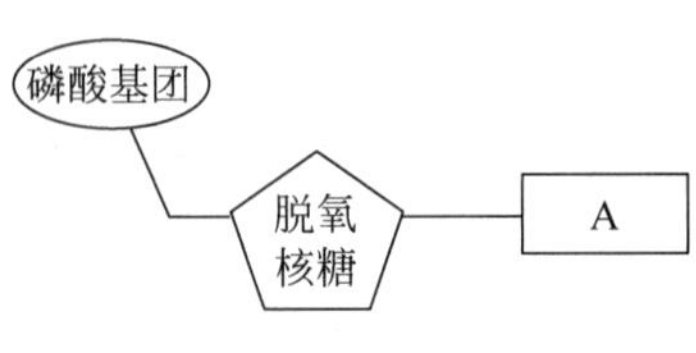

腺嘌呤脱氧核苷酸

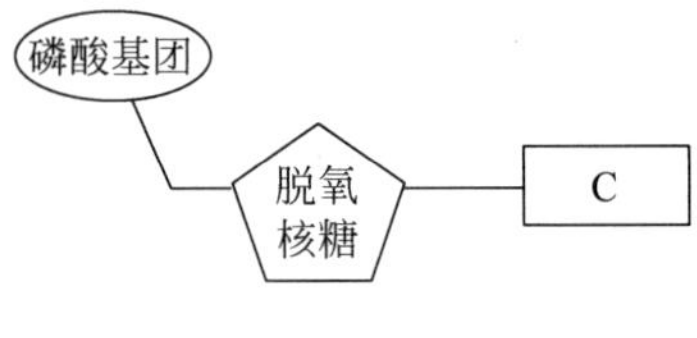

胞嘧啶脱氧核苷酸

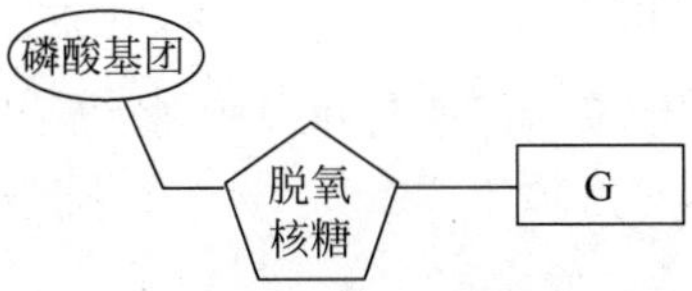

乌嘌呤脱氧核苷酸

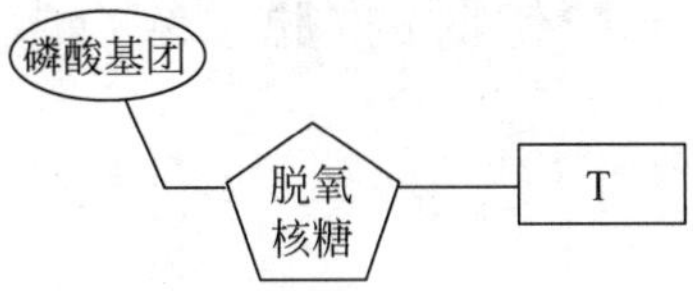

胸腺嘧啶脱氧核苷酸

(2) RNA 的基本单位

核糖核苷酸的分子结构：

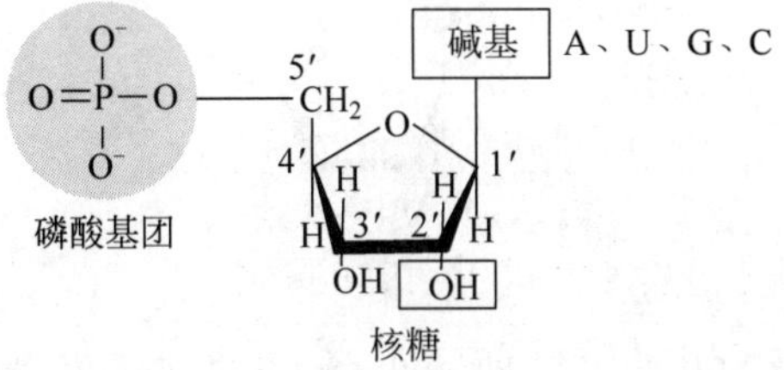

四种核糖核苷酸的种类：

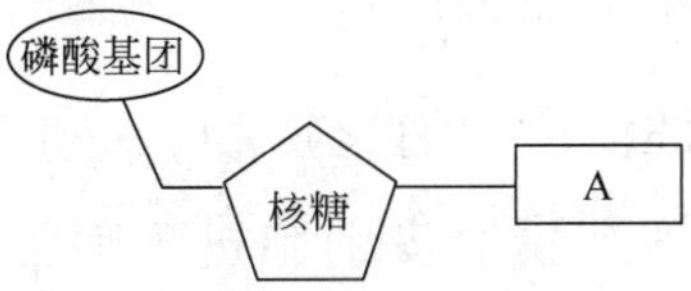

腺嘌呤核糖核苷酸

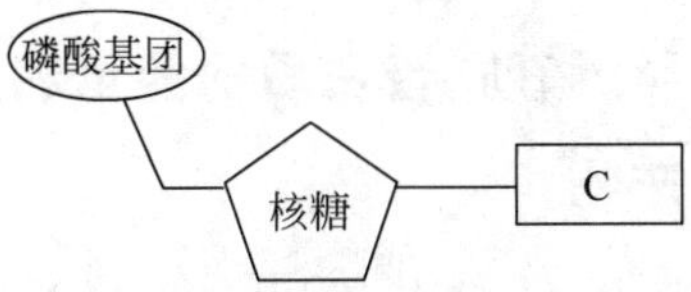

胞嘧啶核糖核苷酸

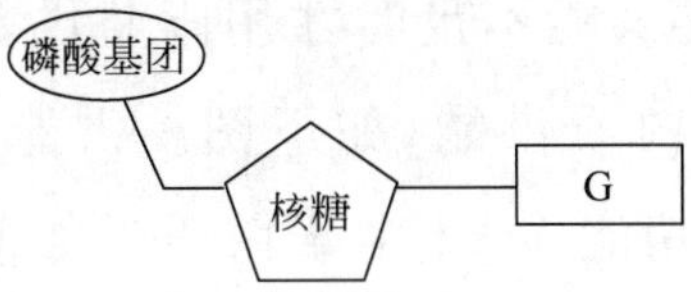

乌嘌呤核糖核苷酸

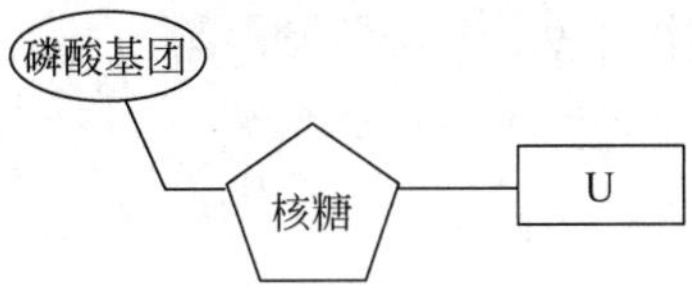

尿嘧啶核糖核苷酸

2) DNA 和 RNA 的空间结构比较

一般 DNA 由 2 条核苷酸链组成，而 RNA 由 1 条核苷酸链组成。

3) DNA 和 RNA 的功能不同

在细胞中 DNA 作为遗传物质，RNA 在从 DNA 中的信息传递到蛋白质的过程中起中介作用。

第 9 节　有机物的总结和比较

本节知识框架：

1. 生物大分子的种类
2. 生物大分子以碳链为骨架
3. 生物大分子的“脱水缩合”
4. 糖类、脂肪、蛋白质的消化和吸收
5. 糖类、脂肪、蛋白质的能量利用和代谢终产物
6. 糖类、脂肪、蛋白质的转换
7. 四大类有机物的元素组成比较
8. 糖类、油脂、蛋白质检测实验的对比

1. 生物大分子的种类

多糖、蛋白质、核酸属于生物大分子（高分子）。

[**知识扩展**]

脂质的相对分子质量没有这三类化合物大，并且脂质没有基本单位，但是也有资料将脂质归为生物大分子。

2. 生物大分子以碳链为骨架

生物大分子是由许多单体（基本单位）连接而成的多聚体。每一个单体都以若干个相连的碳原子构成的碳链为基本骨架。所以说，**碳是生命的核心元素**。没有碳，就没有

生命。

3. 生物大分子的“脱水缩合”

高中阶段，肽键、糖苷键、酯键的形成都简单地认为存在“脱水”。

1）形成肽键时的“脱水缩合”（以形成二肽为例）：

氨基酸 + 氨基酸 $\longrightarrow$ 二肽 + H_2O

2）形成糖苷键时的“脱水缩合”（以形成二糖为例）：

$$C_6H_{12}O_6 + C_6H_{12}O_6 \longrightarrow C_{12}H_{22}O_{11} + H_2O$$

3）形成酯键时的“脱水缩合”（以二核苷酸为例）：

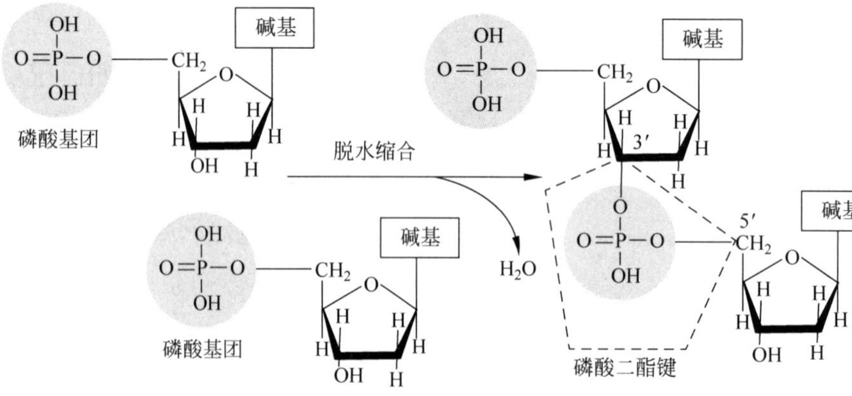

有些教辅将磷酸二酯键（3′，5′-磷酸二酯键）理解成一个键，这其实是错误的，磷酸二酯键应该包括两个酯键，缩合时，形成的是 3′ 端的酯键。

4. 糖类、脂肪、蛋白质的消化和吸收

消化是食物在消化管内的分解过程。消化把食物成分中不能溶解、分子结构复杂的大分子物质水解为简单的、可溶的小分子物质，使其能透过消化管上皮。

1）淀粉需要消化分解成葡萄糖才能被吸收（消化场所：口腔、小肠）。

2）蛋白质需要消化分解成氨基酸才能被吸收（消化场所：胃、小肠）。

3）脂肪需要消化分解成甘油和脂肪酸才能被吸收（消化场所：小肠）。

吸收是食物的消化产物、水和无机盐等，通过消化管黏膜上皮细胞进入血液和淋巴的过程。

5. 糖类、脂肪、蛋白质的能量利用和代谢终产物

生物体在饥饿状态下，分解自身物质来供能有一定的先后顺序。生物体先利用糖类供能，糖类供能不足时才用脂肪供能，脂肪不足时用蛋白质供能，如下图。供能不是蛋白质的主要功能，人体中蛋白质供能前，氨基酸先脱氨基，脱下的氨基主要转变成尿素，尿素要及时排出体外。

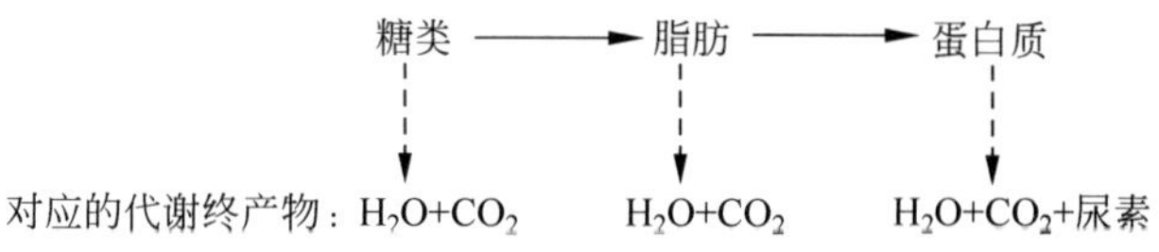

糖类、脂肪、蛋白质需先分别水解成单糖、甘油和脂肪酸、氨基酸后才能供能。

代谢产物和水解产物的含义不同，如淀粉的代谢产物是 CO_2 和 H_2O，而水解产物是葡萄糖。

6. 糖类、脂肪、蛋白质的转换

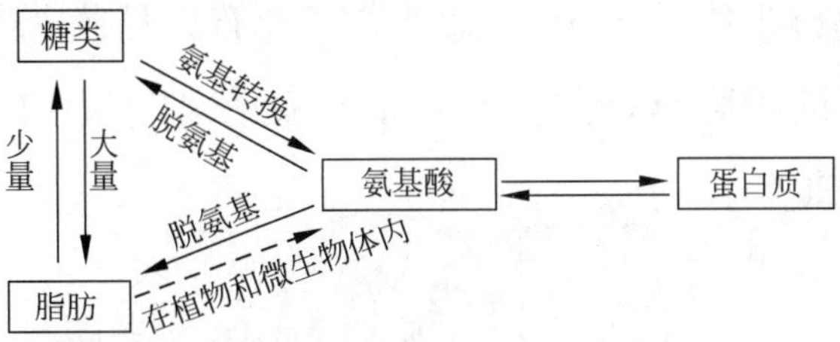

7. 四大类有机物的元素组成比较

物　质	必含元素	可能元素
糖类	C、H、O	
脂质	C、H、O	N、P
蛋白质	C、H、O、N	S、P(Fe 等)
核酸	C、H、O、N、P	

脂质中的油脂和胆固醇只含 C、H、O，磷脂则含有 C、H、O、N、P。

8. 糖类、油脂、蛋白质检测实验的对比

1）**需要使用显微镜：油脂的检测。**

2）**需要热水浴加热：还原糖的检测。**

3）**检验还原糖的斐林试剂、本尼迪特试剂和检验蛋白质的双缩脲试剂都含有 Cu^{2+}，呈现蓝色。**

4）**双缩脲试剂 A 和双缩脲试剂 B 需要依次加入并摇匀，先加入试剂 A，后加入试剂 B。**

第3章　细胞的种类和结构

第 1 节　细胞学说与细胞种类

本节知识框架：

1. 细胞学说
2. 细胞的种类

1. 细胞学说

＜**生物学史**＞

（1）人眼的分辨力只有 0.1mm。而光学显微镜的分辨力为人眼的 500 倍，即 0.2μm。1665 年，罗伯特·胡克（又译虎克，物理学中的胡克定律以他命名）用自制的显微镜观察热水瓶的栎树软木塞薄片，发现软木塞由一个个小室组成，并命名为“cell”（意为小室，后译为细胞）。其实他观察到的是死细胞的细胞壁。

（2）列文虎克开始通过透镜观察微观世界。列文虎克一生中制作了 200 多台显微镜和 500 多个镜头。他是第一个看到活细胞的人，观察过原生动物、人类精子、鲑鱼的红细胞、牙垢中的细菌等。

（3）1838 年德国植物学家施莱登发表《植物发生论》，认为所有的植物都是由细胞组成的，细胞是植物各种功能的基础。

（4）德国动物学家施旺于 1839 年出版《动植物的结构和生长一致性的显微研究》，提出了“所有的动物也是由细胞组成”的观点。

(5) 德国病理学家魏尔肖明确指出动物细胞分裂的普遍性,并总结出"一切细胞来自细胞"的名言。在此之前,施莱登和施旺都错误地认为新细胞是从细胞核中产生的。"一切细胞来自细胞"这句话当然不考虑生物界的第一个细胞是从非细胞进化过来的。

1) 细胞学说的主要内容

浙科版:

(1) 所有的生物都由一个或多个细胞组成;

(2) 细胞是所有生物的结构和功能单位;

(3) 所有的细胞都必定由已存在的细胞产生。

人教版:

(1) 细胞是一个有机体,一切动植物都由细胞发育而来,并由细胞和细胞产物所构成;

(2) 细胞是一个相对独立的单位,既有它自己的生命,又对与其他细胞共同组成的整体的生命起作用;

(3) 新细胞是由老细胞分裂产生的。

2) 细胞学说的意义

细胞学说论证了整个生物界(当时还不知道病毒的存在)在结构上的统一性,以及在进化上具有共同起源。细胞学说、达尔文的进化学说、能量守恒定律被恩格斯誉为19世纪①自然科学的三大发现。

3) 细胞学说的局限性

细胞学说无法说明生物的多样性,而进化论既能说明多样性又能说明统一性。

提出细胞学说的年代,人们只知道生物界包括动物和植物,还并不了解微生物,特别是病毒。病毒没有细胞结构,所以,**病毒不符合细胞学说。**

2. 细胞的种类

具有细胞结构的生物分为原核生物和真核生物。**植物细胞和动物细胞等有以核膜为界限的细胞核,称为真核细胞,真核细胞构成真核生物。细菌和蓝细菌等没有以核膜为界限的细胞核,称为原核细胞,原核细胞构成原核生物。**

- 生物
  - 有细胞结构的生物
    - 原核生物(无核膜包被的拟核)
      - 细菌
        - 球菌:双球菌、乳酸链球菌等
        - 杆菌:大肠杆菌、乳酸杆菌等
        - 螺旋菌
      - 蓝细菌
      - 放线菌
      - 支原体……
    - 真核生物(有核膜包被的真正的细胞核)
      - 真菌
        - 酵母菌
        - 霉菌
        - 食用真菌:蘑菇、木耳等
      - 动物、植物
      - 原生生物:变形虫、草履虫等
  - 非细胞结构的生物:病毒等

有核膜是真正细胞核的标志。原核细胞没有核膜所以没有真正的细胞核,原核细胞中DNA集中的区域称为拟核,拟核内没有核仁、染色质。

<知识细节>

蓝细菌(旧称蓝藻)包括色球蓝细菌、颤蓝细菌,如螺旋藻、念珠蓝细菌,如发菜②等。因为其具有细胞壁,含有叶绿素(同时还含有藻胆素),能进行光合作用,所以最初被归为藻类。后来发现它没有真正的细胞核,所以又将其归为细菌。

---

① 注意,细胞学说是19世纪提出来的,但是17世纪已经发现了细胞。

② 发菜为我国西北地区的特产,谐音"发财",深受广东一带人们的喜爱。

支原体是体积最小的细胞，没有细胞壁。而其他所有原核细胞都具有细胞壁。

细菌的名称一般带有形状描述，如球菌、杆菌、链球菌。乳酸菌为一类可利用碳水化合物发酵产生大量乳酸的细菌，包括乳酸杆菌、乳酸链球菌等。所以尽管“乳酸菌”本身不包括形状描述，但属于细菌。名字带有“霉菌”字样的不一定是霉菌，如链霉菌属于放线菌。

病毒没有细胞结构，所以病毒既不是原核生物也不是真核生物。

第2节 细胞的大小

本节知识框架：

1. 细胞尺寸
2. 细胞大小之最
3. 细胞体积小的原因

1. 细胞尺寸

细胞大小通常以微米（μm）计（如图所示）。不同生物的个头可能差别很大，但是细胞体积可能差不多。比如大象比鼠个头大，不是由于大象细胞的体积比鼠细胞大，而是由于大象细胞的数量比鼠细胞多。**多细胞生物体的长大，也主要是由于细胞数目的增多，而不是细胞的增大。**据估计，一个新生婴儿的细胞数目约为 2×10^{12}，成人的细胞数目约为 2×10^{14}，成人细胞的体积并不比婴儿的大。

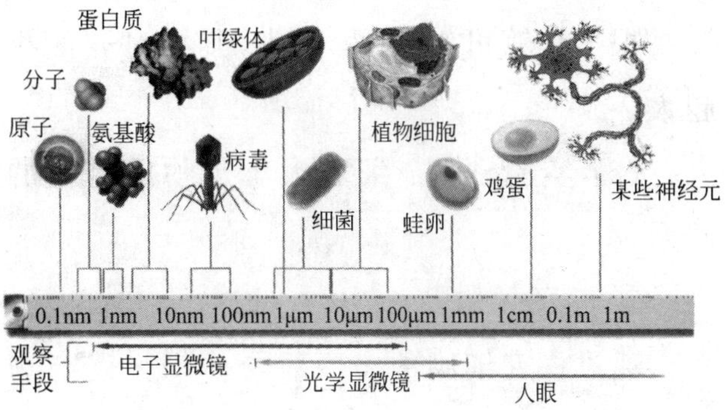

2. 细胞大小之最

鸵鸟的卵细胞[①]直径可达 10cm，是生物界最大的细胞。支原体的直径一般为 100nm 左右，是生物界最小的细胞。棉花的一条纤维是单个细胞，长达 3～4cm，是植物界最长的细胞。西红柿和西瓜的果肉细胞直径可达 1mm，肉眼可见，当然用放大镜能看得更清楚。

人体内最大的细胞是成熟的卵细胞，直径达 200μm；最长的细胞是神经细胞，坐骨神经中的神经元最长可达 1m。

3. 细胞体积小的原因

1）细胞体积越小，其表面积与体积之比（称为相对表面积或比表面积）就相对越大。细胞通过其表面与外界进行物质交换，相对表面积越大，物质交换效率越高。卵细胞因为储存了大量的营养物质体积很大，所以与外界的物质交换效率很低。

（1）数学证明：相对表面积与体积（s/V）的关系

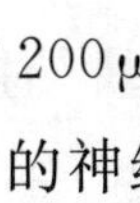

篮球

已知：篮球的半径为$R=24.6$cm，求s/V。

$$s/V=\frac{4\pi R^2}{4/3\ \pi R^3}=3/R=0.12$$

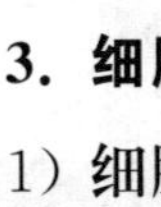

乒乓球

已知：乒乓球的半径为$r=2$cm，求s/V。

$$s/V=\frac{4\pi r^2}{4/3\ \pi r^3}=3/r=1.5$$

① 未受精的鸟蛋中的卵黄是一个卵细胞。

根据计算可知，体积越小，其相对表面积越大。

(2) 实验证明：细胞大小与物质运输的关系

① 目的要求

通过探究细胞的表面积与体积之比与物质运输效率之间的关系，探讨细胞不能无限长大的原因。

② 材料用具

琼脂块，NaOH，酚酞。

③ 方法步骤

制备琼脂块：切取 3 块边长分别为 3cm、2cm、1cm 的含酚酞的琼脂块正方体。

浸泡：用质量分数为 0.1% 的 NaOH 溶液将琼脂块淹没，浸泡 10min。

切割：捞取、干燥并均分琼脂块(注意：每两次操作之间必须把刀擦干)。

测量、记录、计算，得出结果。

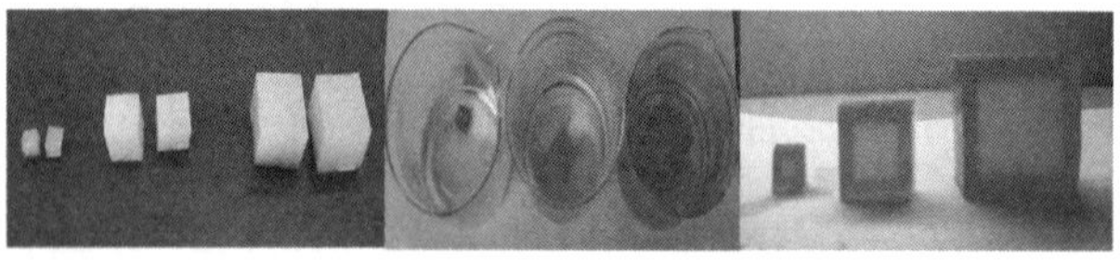

琼脂块边长/cm	表面积/cm^2	体积/cm^3	相对表面积	NaOH 扩散深度/cm	比值(NaOH 扩散的体积/整个琼脂块的体积)
3	54	27	2	0.5	19/27≈70%
2	24	8	3	0.5	7/8≈88%
1	6	1	6	0.5	1/1≈100%

④ 实验结论

细胞体积越小，其相对表面积(比表面积)就越大，物质运输效率越高。**比如，细胞的直径翻倍，细胞的体积是原来的 8 倍，即所需吸收的营养物质和排出的废物均变均为原来的 8 倍，但是细胞的表面积只增长了 4 倍，这样细胞就没有足够的表面积来进行物质的交换**。吹气球时，气球表面积的增长跟不上体积的增长，所以气球表皮的压强不断增加导致气球破裂。

2) 细胞核是细胞的控制中心。一般来说，细胞核中的 DNA 数量是固定的，不会随着细胞体积的扩大而增加。如果细胞太大，细胞核的“负担”就会过重。

3) 细胞越小，细胞内的物质运输所需的时间就越短。细胞如果直径长达 20cm，那么物质需要扩散几个月才能达到细胞中央。

4) 其他原因，如细胞骨架不能太大。

第 3 节　显微镜

本节知识框架：

1. 显微结构和亚显微结构
2. 普通光学显微镜的构造
3. 使用显微镜的基本程序和注意事项
4. 光学显微镜成像的原理和规律

1. 显微结构和亚显微结构

人眼的分辨力只有 0.1mm，而细胞的直径以微米为单位，绝大多数只能在光学显微镜下观察到。受限于可见光的波长，光学显微镜的极限分辨率为 0.2μm，放大倍数一般在 1500 倍以内，在光学显微镜下只能看到大型细胞器和细胞核的轮廓，不能看到核糖体和中心体。一般认为，光学显微镜下能看到叶绿体、液泡、细胞核和核仁的轮廓，染色后也可看到线粒体、染色体(浓缩状态)。

要观察细胞内部的精细结构，要用电子显微镜，电子显微镜利用电子束而不是光线来观察物体，能放大50万倍。电子显微镜下能看到核糖体和中心体，也能看清细胞器结构。

光学显微镜视野下的结构为显微结构，电子显微镜视野下的结构为亚显微结构①。

2. 普通光学显微镜的构造

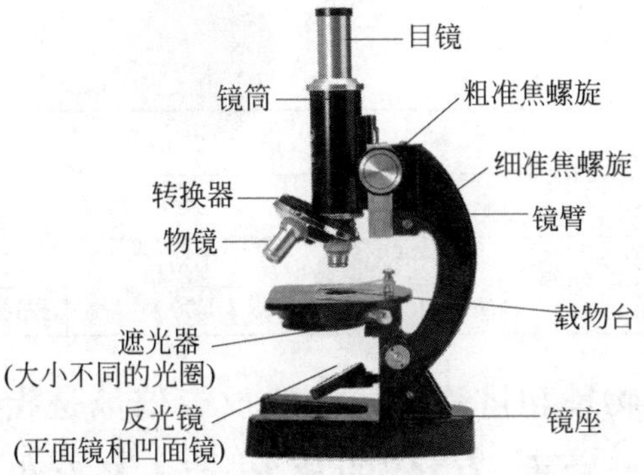

3. 使用显微镜的基本程序和注意事项

1) 使用显微镜的基本程序

(1) 取镜和安放

右手握住镜臂，左手托住镜座。把显微镜放在实验台距边缘5cm左右、略偏左的位置，安装好目镜。

(2) 对光

转动转换器，使低倍物镜对准通光孔(注意不要用手扳物镜!)。把最大的光圈对准通光孔，左眼注视目镜，右眼睁开，同时用两手转动反光镜，使光线通过通光孔反射到镜筒内，直到整个视野呈雪白色为止。当反光镜的调节角度不对或者光圈没有对准通光孔时，可能会出现视野中一半亮、一半暗的情况。

(3) 低倍镜下观察

把所要观察的玻片标本放在载物台上，用压片夹压住，标本要正对通光孔。

转动粗准焦螺旋，使镜筒缓缓下降，直到物镜接近玻片标本为止(此时眼睛一定要看着物镜!)。左眼向目镜内看，同时转动粗准焦螺旋，使镜筒缓缓上升直到看清物像为止。再略微转动细准焦螺旋，使看到的物像更加清晰。

(4) 高倍镜下观察

低倍镜下观察后，先要移动装片，将需要观察的物像移到视野中央，然后用转换器切换到高倍镜，此时可能需要调节光圈和反光镜使视野明亮，最后调节细准焦螺旋，直至物像清晰。

2) 使用显微镜的注意事项

(1) **使用单筒(单目)显微镜时，双眼都要睁开。一般左眼观察镜内视野，右眼关注纸笔画图。**

(2) **转换到低倍镜后，镜筒先下降，然后在上升过程中通过观察目镜内视野来调节焦距。若通过镜筒下降调节焦距，可能会使物镜与玻片相撞。**

(3) **先使用低倍镜看清物体后，把要放大观察的物像移至视野的中央才能转换到高倍镜。**

(4) **低倍镜下看清物体后，直接转动转换器换成高倍镜，而不需要先上升镜筒。**显微镜在设计时，已经保证如果能在低倍镜下能看清物体，转换到高倍镜后也刚好能看清物

① 中学生物学的“亚显微结构”容易造成歧义，如果称为“超微结构”将更合理。

体，只需用细准焦螺旋微调。

(5) **使用高倍镜时，不能转动粗准焦螺旋。**

(6) **不是视野越亮越好。观察透明物体，宜调暗视野；观察深色物体，宜调亮视野。**

<**思考与讨论**>

思考1：是不是放大倍数越大越清晰呢？

如果目镜倍数过大，得到的放大虚像则很不清晰。在低倍镜下能看清楚的物像，不必用高倍镜观察，如观察质壁分离现象用低倍镜即可。

思考2：普通光学显微镜在从低倍物镜向高倍物镜的转换过程中，视野中光的强度有何变化？

低倍镜的视野大，通过的光多，但放大的倍数小；高倍镜的视野小，通过的光少，但放大的倍数高。

<**知识细节**>

植物细胞有细胞壁往往呈现方形，而动物细胞没有细胞壁往往呈现球形。但是，当显微镜放大倍数很高时，视野可能小于一个植物细胞而看不到细胞壁，加上显微镜下的视野呈圆形，可能会把植物细胞误以为是动物细胞。

4. 光学显微镜成像的原理和规律

1) 光学显微镜的光路图

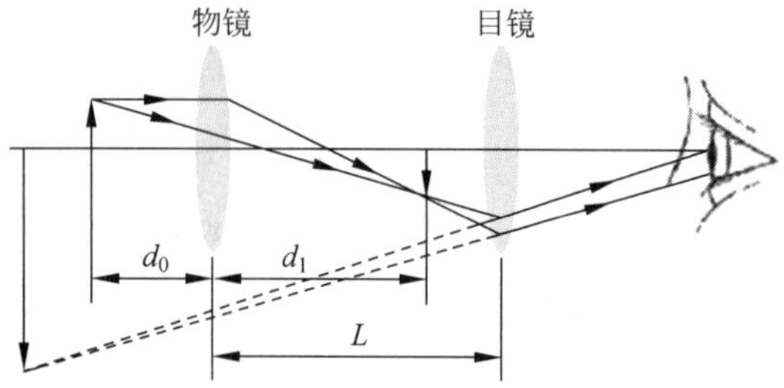

可见：物镜成实像，目镜成虚像。**显微镜中观察到的像与被观察的实际物体上下颠倒，左右颠倒，即平面旋转了180°，或者说关于视野中心点对称。**

2) 目镜和物镜的结构及其长短与放大倍数之间的关系

目镜是直插式，无螺纹，长度越长放大倍数越小。物镜有螺纹，长度越长放大倍数越大。放大倍数和物镜与盖玻片之间的距离成反比。

3) 显微镜的放大倍数

放大倍数＝目镜放大倍数×物镜放大倍数

物镜放大倍数	目镜放大倍数		
	5×	10×	16×
10×	50×	100×	160×
40×	200×	400×	640×

物镜和目镜上标注的放大倍数是指线性(长度、宽度、直径)的放大，而不是面积的放大，面积的放大倍数是此值的平方。

第4节 细胞壁的结构和功能

1. 植物的细胞壁主要由纤维素和果胶构成。

纤维素分子$\xrightarrow{\text{组成}}$纤维$\xrightarrow{\text{成层排列}}$植物细胞壁

细胞壁的作用是保护细胞，支撑植物体。由纤维素分子组成的纤维之间空隙大，水、离子和其他分子都极易通过，因此，细胞壁具有全透性。

2. 细菌的细胞壁主要由肽聚糖构成。有的教材认为蓝细菌的细胞壁除肽聚糖外，还含有纤维素。

3. 真菌的细胞壁由壳多糖(又称几丁质)构成。

[知识扩展]

果胶和壳多糖都属于多糖。细胞壁中，纤维素是主要成分，果胶起着将植物细胞粘在一起的作用。植物中纤维素的合成场所有多种说法，笔者赞同由细胞膜合成，而不是有些资料所说的纤维素由高尔基体合成。植物细胞壁中半纤维素和果胶是在高尔基体中合成的。肽聚糖是由乙酰氨基葡萄糖、乙酰胞壁酸与四五个氨基酸短肽聚合而成的多层网状大分子结构，可以简单地认为是糖和氨基酸分子交联的产物，也称黏肽。

第5节 细胞膜的结构和功能

本节知识框架：

1. 细胞膜结构的发现史
2. 生物膜的流动镶嵌模型
3. 细胞膜具有选择透过性的验证实验
4. 细胞膜的功能
5. 物质进出细胞的方式
6. 动植物细胞的吸水和失水

1. 细胞膜结构的发现史

细胞膜（又叫质膜）的平均厚度只有7～8nm，所以很长时间内人们不能直接看到细胞膜，而只能逻辑推理细胞膜的存在。

1）欧文顿对植物细胞的通透性的研究

细胞膜应该由哪种化学物质组成呢？从逻辑上推断，只有不溶于水的物质才能起到细胞边界的作用。19世纪末，欧文顿用500多种化学物质对植物细胞的通透性进行了上万次实验，发现细胞膜对不同物质的通透性不同。脂溶性物质比非脂溶性物质更容易通过细胞膜。**根据相似相溶原理，可以推理出细胞膜是由脂质组成。**

[知识扩展]

相似相溶中的“相似”是指溶质与溶剂在结构上相似；“相溶”是指溶质与溶剂彼此互溶。极性分子组成的溶质易溶于极性分子组成的溶剂（如水），非极性分子组成的溶质易溶于非极性分子组成的溶剂（如汽油）。大多数有机物难溶于水，这是因为水为极性分子，而大多数有机物分子为非极性或弱极性分子。沾满机油的手用汽油洗而不用水洗就是这个道理。

2）细胞膜中脂质分子层数的研究

1925年荷兰科学家戈特和格伦德尔用丙酮从人的成熟红细胞膜中提取脂质，在空气—水界面上铺展成单层分子，测得单分子层的面积恰为红细胞表面积的2倍①。**根据此实验，可以推测出细胞膜由双层脂质分子组成。**

实验材料采用人的成熟红细胞，这是因为**哺乳动物成熟的红细胞不仅没有细胞核，而且没有任何细胞器，此细胞中唯一的膜是细胞膜，有利于对细胞膜的组分进行分析。**而细菌具有细胞壁，去除困难。

构成细胞膜的主要脂质是磷脂，那么磷脂为什么要以双层的方式构成细胞膜呢？这就需要先了解磷脂的分子结构。磷脂包括磷

① 当初的实验方法有一定问题，“恰是2倍”是实验中多个错误恰好抵消的结果。

酸甘油酯（又称甘油磷酸酯）和鞘磷脂两类。下图展示了磷酸甘油酯的结构。

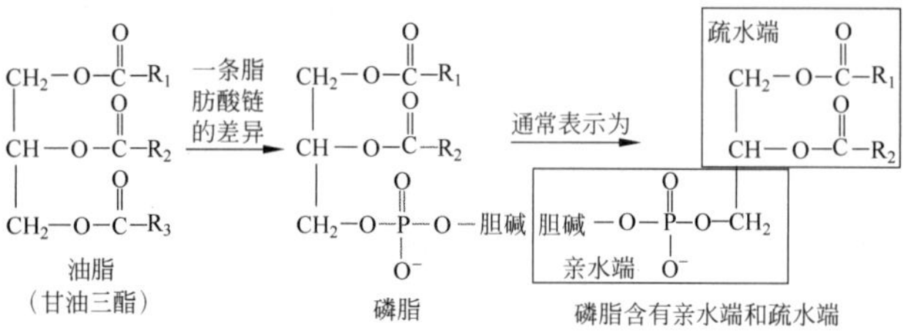

油脂的三条脂肪酸链都是非极性的，称为疏水端或疏水基团，所以整个油脂都是不溶于水的。而磷酸甘油酯既含有两条非极性的脂肪酸链，又含有极性的磷酸基团和含氮碱，所以它既有疏水端，又有亲水端（如下图）。鞘磷脂结构上虽有不同，但是也含有疏水端和亲水端。

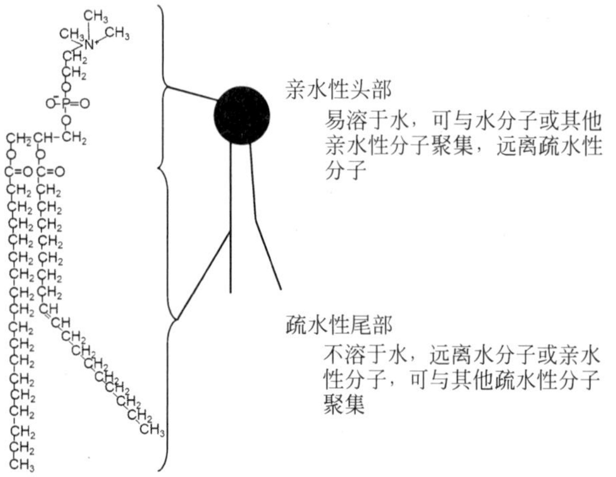

知道了磷脂具有疏水端和亲水端后，就可以分析磷脂分子在自然界的可能排列方式。

如果让磷脂从空中掉落到空气与水的界面上，将会出现怎么样的排列形式呢？磷脂会出现亲水端进入水中，疏水端留在空中的单行排列方式。

如果在水中搅动让磷脂从水表面进入水中，会形成怎么样的排列方式呢？一种可能性是在水中形成单层脂分子围成的球形脂质体，另一种可能性是形成双层脂分子组成的球形脂质体。两种推测都是合理的。第一种外面是水，所以亲水端朝外，里面没有水，所以疏水端相互靠近。第二种里面和外面都有水，就必须要有两层磷脂，两层的亲水端分别朝向外面和里面的水，而两层磷脂的疏水端相互靠近（如下图）。

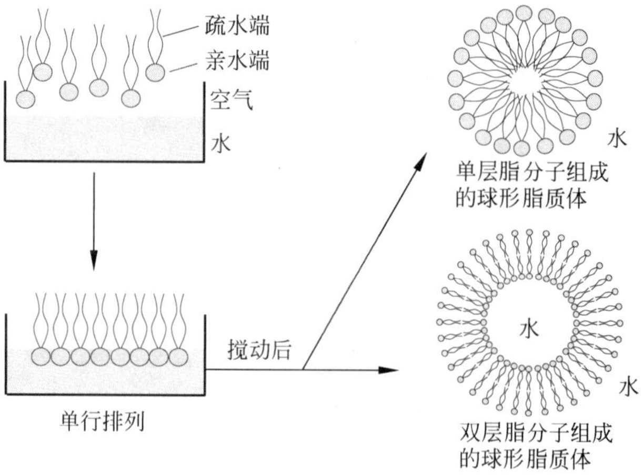

磷脂在细胞膜上应该如何分布？要了解这个问题，就必须了解我们的人体细胞生存的环境。人体内的细胞生活在一个水环境中，细胞的外部和内部都是水。所以细胞膜有两层磷脂分子，脂双层自发形成亲水性头部朝外的结构，与细胞内外有水的环境相接触，疏水性尾部朝膜的内部，膜内部形成亲脂的环境。

正是利用磷脂的两亲特性，细胞膜将细胞内外的水环境隔开。

磷脂双分子层构成了细胞膜的基本骨架。**由脂双层组成的膜称为单位膜**，就是意味着，不单是细胞膜，所有的生物膜都是由具有脂双层结构的单位膜构成的。

＜生活情景＞

医学上，利用单层的脂质体或双层的脂

质体包裹脂溶或水溶性药物或营养物质，有利于细胞的吸收。

3）细胞膜中蛋白质的研究

科学家在实验中发现，细胞膜不但会被脂质的溶剂溶解，也能被蛋白酶破坏结构，说明细胞膜的化学成分除了脂质还有蛋白质。

1935年，戴维森和丹尼利发现细胞膜的表面张力明显低于油—水界面的表面张力。因为当时已经知道了油脂粒表面如果吸附有蛋白质表面张力会降低，因此他们推断细胞膜附有蛋白质，并进一步提出膜的“三明治”模型，即磷脂双分子层夹在两层球蛋白之间。1959年，罗伯特森在电镜下观察到细胞膜的暗—亮—暗的三层结构，他们在“三明治”模型的基础上提出了“单位膜”模型，认为所有的生物膜由厚约3.5nm的双层脂分子和内外表面各厚约2nm的蛋白质构成。

科学家用了冰冻蚀刻电镜技术观察细胞膜上的蛋白质。该技术是把细胞膜冷冻，使其变脆，然后用刀断裂，在电子显微镜下就可以看到细胞膜上的蛋白质了。

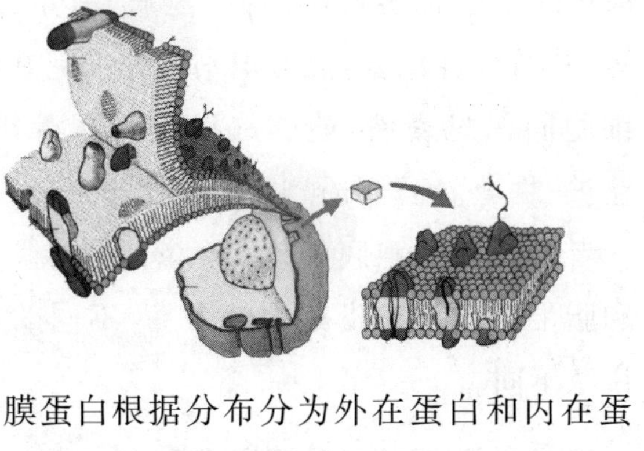

膜蛋白根据分布分为外在蛋白和内在蛋白：外在蛋白镶在脂双层表层；内在蛋白有的部分或整个嵌入脂双层中，有的贯穿（横跨）脂双层（如上图）。所以说，**蛋白质也和磷脂分子一样，有亲水性部分和疏水性部分**。

［**知识扩展**］

膜蛋白（细胞膜上的蛋白质）的含量差异很大，功能越复杂，膜蛋白含量越高，甚至可高达50%以上。

膜蛋白具有多种功能：(1)膜转运蛋白可以控制物质进出细胞。(2)膜中的酶是生物催化剂，如线粒体内膜和原核细胞的质膜上存在需氧呼吸第三阶段所需的酶。有些酶还分布于细胞膜的外表面，如小肠上皮细胞的膜外侧存在分解二糖的酶。(3)细胞膜上的糖蛋白可以参与细胞识别和信息交流，如细胞膜表面受体，免疫有关的MHC（主要组织相容性复合体）、HLA（人类白细胞抗原）。

4）细胞膜流动性的研究

“单位膜”模型把生物膜描述为静态的统一结构，认为磷脂双分子层组成的膜是固定的、静止的。但是这没有办法解释膜的许多复杂功能。因此不少科学家对静态细胞膜的观点提出质疑：如果是这样，细胞膜的复杂功能将难以实现，就连细胞的生长、变形虫的变形运动这样的现象都不好解释。

1970年费雷和埃迪登等科学家将人和鼠的细胞膜蛋白质用不同荧光染料标记后融合，现象如下。

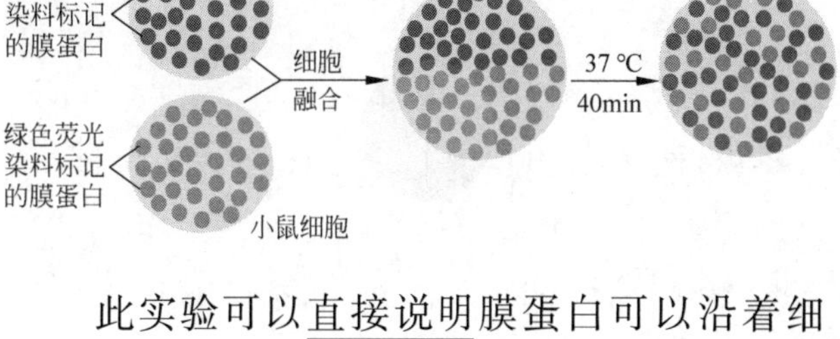

此实验可以直接说明膜蛋白可以沿着细胞膜的表面进行横向移动。究其原因，是磷脂分子间可以发生相对的移动，带动膜蛋白

移动，从而使整个膜具有一定的流动性。

＜**知识细节**＞

科学家发现，磷脂分子会发生以下几种运动：侧向移动、旋转运动、伸缩振荡运动、左右摆动和翻转运动。膜蛋白有两种运动方式：侧向扩散和旋转运动。膜蛋白的移动能力不如磷脂分子。

此实验中人和鼠细胞的融合，可以间接说明生物膜上的组成成分是可以流动的，因而可以实现膜的融合。膜融合的示意图如下。科学家发现膜的融合需要膜上专门的蛋白质起作用，将两层膜拉近，然后改变膜的构象。

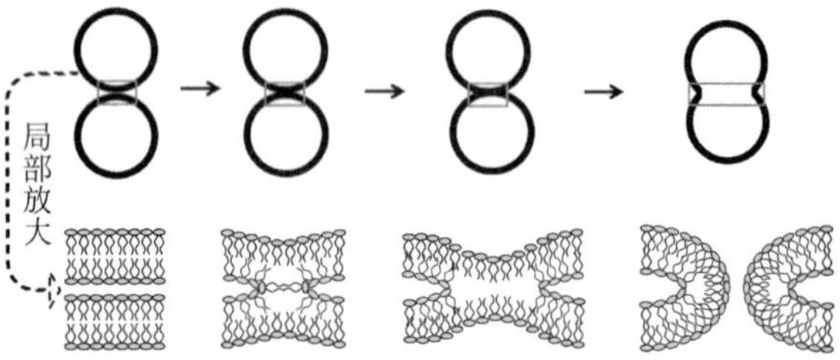

5）细胞膜中胆固醇的研究

动物细胞膜中有胆固醇。酵母菌和支原体细胞膜中也有胆固醇；细菌、蓝细菌等原核细胞和植物细胞膜中一般没有胆固醇。

胆固醇是两性分子，只不过亲水的羟基（—OH）所占部分很小，在脂双层中，羟基靠近磷脂的亲水性头部，胆固醇分子结构如下图所示。

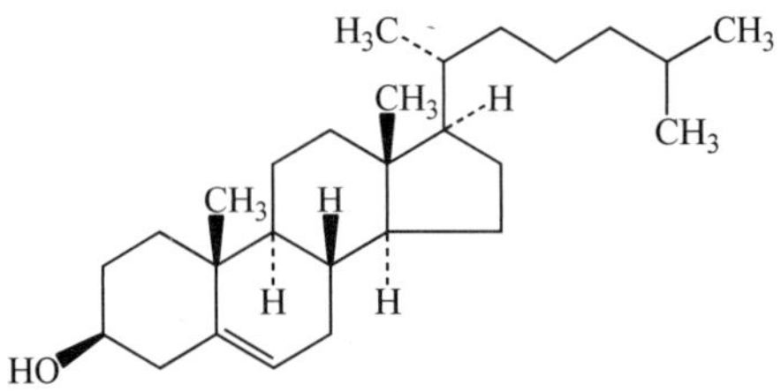

胆固醇可以让细胞膜在柔性和刚性之间进行平衡。胆固醇在温度较高、磷脂分子运动较强时，可以降低膜的流动性；在温度较低、磷脂分子运动较弱时，又可以提高膜的流动性。这样使细胞膜在很大温度范围内能保持相对稳定的半流动状态。

＜**版本差异**＞

因为受到旧浙科版教材表述的影响，有资料误认为胆固醇只是让细胞膜具有刚性，有资料误认为胆固醇完全亲脂。

6）细胞膜中多糖的研究

1907 年，威尔逊用机械方法把海绵分离成了单个细胞。当把颜色不同、种属不同的两种海绵细胞在体外混合时，分离的细胞迅速聚集成团，结果发现同种细胞形成独立的聚合体，每种聚合体只含有一种颜色的海绵细胞。这就说明细胞能够相互识别。通过对细胞表面成分的分析，发现两种海绵细胞表面的多糖成分不同。

在细胞膜的外表面，还有存在多糖。多糖与膜蛋白或膜脂相结合形成糖蛋白或糖脂。糖蛋白和糖脂中的多糖链像“天线”一样伸出膜外，暴露于细胞间隙，能够识别细胞外液中的某些化学物质（神经递质、激素、抗原等）并特异性结合，能够识别其他细胞并参与细胞间信息交流，能够起保护和润滑作用。糖被、糖萼、细胞外被这三者的概念，以及这三者指的是细胞膜外表面的糖蛋白、糖蛋白和脂蛋白还是只指其中的多糖，不同的教材说法不同。

2. 生物膜的流动镶嵌模型

1972 年，桑格和尼克森提出的“流动镶嵌模型”被大多数人所接受（如下页图）。

生物膜是包括细胞膜在内的细胞中所有膜的总称，细胞膜的流动镶嵌模型自然也就

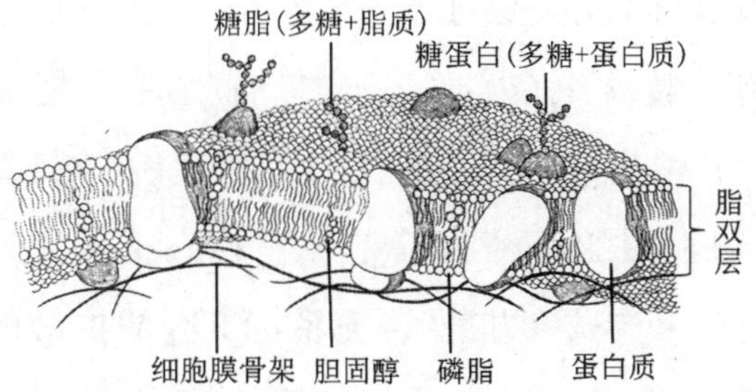

是生物膜的流动镶嵌模型。

1）膜的基本支架是脂双层（磷脂双分子层）。

2）膜的主要成分是磷脂和蛋白质，还含有胆固醇、多糖。

3）蛋白质分子有的镶在脂双层表面，有的嵌入、贯穿（横跨）在脂双层中。

4）糖蛋白主要位于细胞膜外表面，参与细胞识别、信息传递。

5）因为各成分的分布不同，膜结构内外是不对称的。

6）膜的结构特性：具有一定的流动性。也就是说，构成膜的磷脂分子和蛋白质分子大多数是可以运动的。膜的流动性体现在膜能够动，能够变形，能够发生相互融合。

7）膜的功能特性：具有选择透过性。它主要取决于载体蛋白的种类和数量。生物膜具有一定的流动性是表现其选择透过性的结构基础。这是因为膜转运蛋白的移动和变形必须依赖于膜的流动性。

［知识扩展］

流动镶嵌模型忽视了蛋白质分子以及其他因素对脂质分子流动性的控制作用。流动镶嵌模型提出后，人们又相继提出了晶格镶嵌模型、板块镶嵌模型和脂筏模型等模型。

3. 细胞膜具有选择透过性的验证实验

细胞都具有细胞膜，可以将细胞与周围环境分开。

有些物质为细胞所需，可以进入活细胞，如葡萄糖、氨基酸等；而有些物质不为细胞所需则不能进入细胞，如红墨水中的色素分子。同时，有些物质需要及时排出到细胞外，如代谢废物；而另一些物质不能排出到细胞外，如液泡中的色素。

细胞膜具有只允许某些物质透过的特性，这种特性称为细胞膜的选择透过性，简称选择透性。

＜探究性实验＞

将玉米籽粒先在温水中浸泡，恢复细胞活力，然后纵向切开，从而使胚和胚乳能与红墨水直接接触，观察染色情况。实验表明胚由活细胞组成，有完整细胞膜，不会被染色，胚乳由死细胞组成，无完整的细胞膜，会被染色。

4. 细胞膜的功能

1）将细胞与外界环境分隔开

人们普遍认为生命起源于原始的海洋，原始海洋中的有机物逐渐聚集并且相互作用，演化出原始的生命。在原始海洋这盆稀薄的热汤中，膜的出现是生命起源过程中至关重要的阶段，它将生命物质与外界环境分隔开，产生了原始的细胞，并成为相对独立的系统。细胞膜保障了细胞内部环境的相对稳定。

2）控制物质进出细胞

细胞膜像海关或边防检查站，对进出细胞的物质进行严格的“检查”。细胞需要的营养物质可以从外界进入细胞。细胞不需要，或者对细胞有害的物质不容易进入细胞。抗体、激素等物质在细胞内合成后，分泌到细胞外，细胞产生的废物也要排到细胞外，但是细胞内的核酸等重要成分却不会流失到细胞外。当然，细胞膜的控制作用是相对的，环境中一些对细胞有害的物质有可能进入。有些病毒、病菌也能侵入细胞，使生物体患病。

3）进行细胞间的信息交流

细胞间的信息交流发生在多细胞生物体内，各个细胞都不是孤立存在的，它们之间必须保持功能的协调，才能使生物体健康地生存。这种协调性的实现不仅依赖于物质和能量的交换，也有赖于信息的交流。

在"细胞膜的结构"中我们已经了解了在细胞膜的外表面有一层糖蛋白参与细胞间的信息交流。

5. 物质进出细胞的方式

1）知识准备：扩散

扩散是分子或离子从高浓度处向低浓度处运动的现象，随着扩散的进行，分子或离子趋于均匀分布，达到平衡后，扩散停止。扩散停止后，分子和离子继续保持无规则的运动，从整体上看，体系保持平衡的状态。

2）知识准备：渗透和渗透装置

（1）渗透的概念：**溶剂分子（一般是指水分子）通过半透膜的扩散称为渗透**。

（2）半透膜的概念：半透膜是一类可以让某些物质通过，而不让另一些物质通过的薄膜。**半透膜包括生物膜和非生物膜**。非生物膜是通过膜上的孔隙大小来控制是否让物质通过，小分子可以通过，而大分子不可以通过。**生物膜既具有非生物半透膜的物理性质，又具有主动的选择性，所以又称为选择透性膜。细胞膜是否具有选择透性是检验细胞是否存活的一个重要标志**。当细胞膜的完整性被破坏，就失去了选择透性，可以判断为死细胞。玻璃纸（赛璐玢）、火棉胶膜等是非生物膜；种皮、肠衣、蛋壳膜、膀胱膜、鱼鳔、青蛙皮、细胞中的各种膜等是生物膜。

（3）渗透和扩散的关系：**渗透是扩散的一种，所以渗透自然也具备扩散的特点。渗透时，水分子从其分子数相对较多处向相对较少处扩散（单方向性），渗透在达到动态平衡时会停止。**

（4）渗透装置

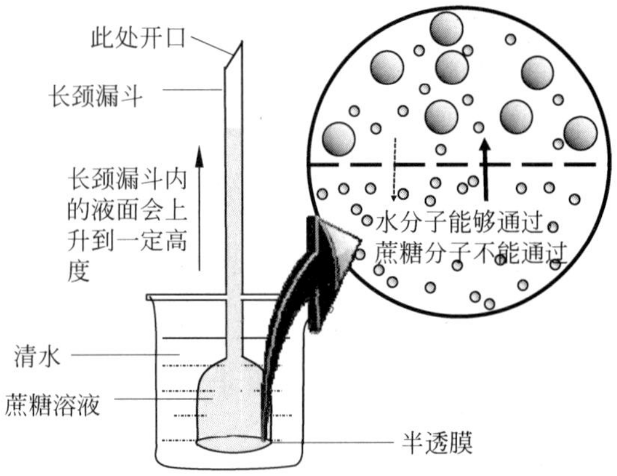

＜**思考与讨论**＞

① 漏斗管内的液面为什么会升高？（漏斗外的溶液浓度低，漏斗内的溶液浓度高，水分子总体向内移动。）

② 漏斗中的溶液浓度和烧杯中的溶液浓度如何变化，变化到何种程度？（漏斗内的溶液浓度逐渐降低，漏斗外的溶液的浓度变高，如果漏斗外是清水则浓度始终为0。达到平衡时，漏斗外的溶液浓度一定比漏斗内的溶液浓度低，两者间的浓度差产生的水势差与漏斗内外的液面差产生的水压刚好大小相等，作用方向相反。）

③ 达到平衡时，水分子是否停止运动？（无论何时，水分子（微观层次）都在不停地运动，达到平衡时，两个方向的水分子移动量相等，所以水（宏观层次）不再移动。）

④ 用纸张或纱布代替半透膜，能造成这个现象吗？（不行，因为会让溶质通过。）

⑤ 用不透水的保鲜膜能造成这个现象吗？（不行。）

(5) 渗透现象产生的条件

① 具有半透膜；②半透膜两侧存在浓度差（物质的量浓度差）。

(6) 渗透压

① 渗透压的概念

简单地说，渗透压是指溶液中溶质微粒对水的吸引力。纯水的渗透压为零。

② 渗透压的大小

渗透压大小取决于单位体积溶液中溶质微粒数目的多少，而与溶质的相对分子质量、半径等特性无关。溶质微粒越多，即溶液的物质的量浓度越高，对水的吸引力越大，溶液渗透压越高。例如，1mol/L 的 NaCl 溶液和 1mol/L 的 KCl 溶液的渗透压相等，是 1mol/L 的葡萄糖溶液的渗透压的 2 倍，因为 NaCl 和 KCl 在溶液中会发生电离。

③ 影响细胞外液渗透压大小的因素

渗透压包括两个部分：Na^+、Cl^- 等无机盐和葡萄糖等小分子引起的晶体渗透压，蛋白质等大分子胶体物质引起的胶体渗透压。

(7) 浓度、渗透压、水势的概念和关系

溶液的浓度（物质的量浓度）越高，溶液中水分子的相对含量越少，即水的纯度越低，水势就越低，溶液对水的吸引力就越强，即渗透压越高。因此，水由低浓度溶液流向高浓度溶液。

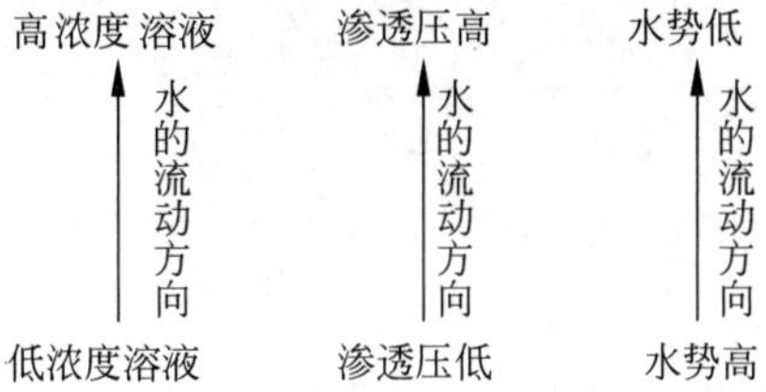

3）物质出入细胞方式的种类

细胞进行细胞代谢，需要原料不断地进入细胞，并把产物或废物排出细胞。物质出入细胞的方式有以下几种。

- 物质出入细胞的方式
  - 穿膜运输（只能是小分子或离子，不能是大分子）
    - 被动转运
      - 简单扩散（又叫自由扩散）
      - 易化扩散（又叫协助扩散）
    - 主动转运
  - 膜泡运输（主要是大分子或颗粒，也有小分子）
    - 胞吞
    - 胞吐

4）被动转运之简单扩散

(1) 简单扩散的概念：物质通过简单的扩散作用进出细胞称为简单扩散，又称自由扩散。

＜版本差异＞

有些题目和教辅对浙科版断章取义，将扩散等同于简单扩散。

(2) 简单扩散的例子：脂肪酸、胆固醇、性激素、维生素 D 等小分子脂溶性物质、气体分子（O_2、CO_2 等）、水分子、尿素、乙醇和甘油等。磷脂分子的流动性以及带电荷的磷脂亲水性头部之间的静电斥力造成了磷脂分子之间存在一些细小的缝隙，导致水分子等极性小分子和脂溶性物质能够通过（如下图）。

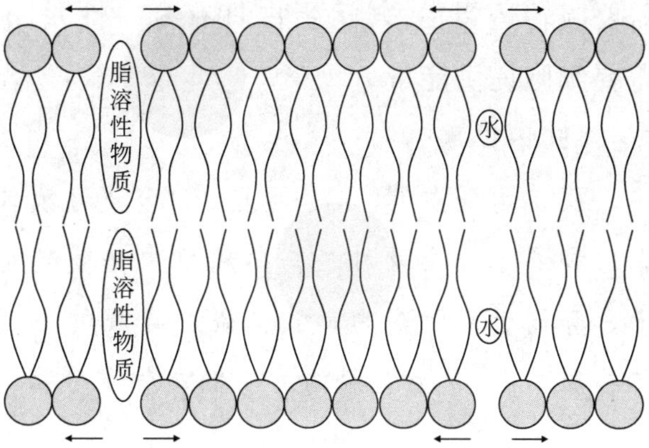

(3) 简单扩散的特点：高浓度到低浓度；

不需要细胞提供能量①；方式直接，不需要载体。

＜知识细节＞

简单扩散与渗透作用有区别：渗透作用的主体是溶剂水，简单扩散的主体除了水还有其他物质。

5）被动转运之易化扩散

（1）易化扩散的概念：进出细胞的物质借助膜转运蛋白的扩散，叫做易化扩散，又叫协助扩散。

（2）**易化扩散的例子：葡萄糖进入红细胞。注意，葡萄糖进入红细胞是易化扩散，但是葡萄糖进入其他细胞不一定是易化扩散。**过去认为，水分子都是通过脂质分子间的间隙进行缓慢的简单扩散，但是后来发现，某些动物细胞如肾脏细胞的细胞膜上存在水通道蛋白（水孔蛋白），能够让水分子快速通过。

［知识扩展］

在第7章第2节“神经系统与神经调节”部分中我们将学习到神经细胞内K^+排出神经细胞形成静息电位和Na^+进入神经细胞产生去极化时也是一种易化扩散。

（3）易化扩散的特点：高浓度到低浓度；需要膜转运蛋白（转运蛋白具有专一性）；不需要细胞提供能量。

［知识扩展］

膜转运蛋白（又叫膜运输蛋白）分为载体蛋白和通道蛋白两种。一些题目中将膜转运蛋白等同于载体蛋白。载体蛋白在膜的一侧与物质结合，然后在膜的另一侧与物质分离，期间，载体蛋白一定会发生空间构象的改变，也可能发生位置的移动。而通道蛋白的内部形成一个通道，物质会通过通道运输，不需要与通道蛋白结合。

［知识扩展］

通道蛋白的转运效率往往比载体蛋白（包括主动转运和易化扩散中的载体蛋白）高很多。通道蛋白分为门控通道和非门控通道，大多数是门控通道。非门控通道始终处于开放状态。门控通道分为电压门控通道、化学门控通道（又叫配体门控通道）和机械门控通道，三者必须分别接受相应的电压变化、化学物质和机械压力信号后才会开放。电压门控通道在可兴奋细胞的兴奋发生和传导过程中起重要作用，化学门控通道在兴奋从一个可兴奋细胞传递至另一个可兴奋细胞中起重要作用。

6）简单扩散和易化扩散的比较

（1）简单扩散和易化扩散的共同点：都不需要细胞消耗能量，两者都是顺物质的浓度梯度进行运输的，都属于被动运输。

（2）简单扩散和易化扩散的不同点：简单扩散不需要膜转运蛋白协助，而易化扩散需要。

一般来说，与简单扩散相比较，易化扩散速率快，如下图。但细胞膜上的转运蛋白具有

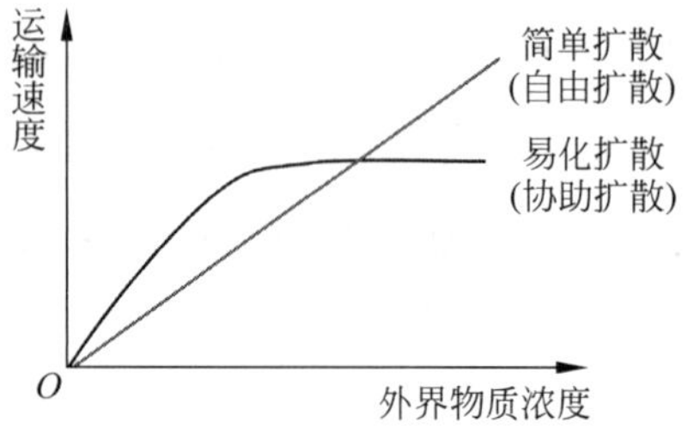

① “不需要细胞提供能量”经常简化成“不需要能量”。

饱和性。膜转运蛋白就像渡船，而被运输的物质相当于旅客，当旅客过多的时候，旅客过河的速度受到了渡船数量的限制。

7）主动转运

＜**情景导入**＞

被动转运只能将物质从高浓度转运到低浓度，但是有的时候物质需要从低浓度转运到高浓度。比如人的红细胞中 K^+ 是血浆的 30 多倍，但是红细胞仍旧可以不断地吸收 K^+。这种逆浓度的物质转运依赖于主动转运。

（1）主动转运的例子：**Na^+、K^+ 等离子和葡萄糖、氨基酸等分子的逆浓度梯度运输**。海水鱼的鳃需要将体内的盐从盐浓度较低的体液中排到盐浓度较高的海水中；植物的根需要从土壤溶液中吸收离子，而土壤溶液中该离子的浓度往往**低于根细胞中的浓度**[①]。（浙科版）

（2）主动转运的特点

① 需要载体蛋白（具有专一性）。

主动转运利用的膜转运蛋白没有通道蛋白，只有载体蛋白。

② 需要消耗细胞的能量来克服逆浓度梯度。

③ 可以从低浓度到高浓度。

主动转运是物质进出细胞最常见的方式。主动转运的最重要的特点是需要消耗细胞的能量，其次是需要载体蛋白。这是因为主动转运需要消耗能量来克服逆浓度梯度。

细胞会采用经济实惠的方式运输物质，如果能够利用浓度梯度的势能进行被动转运，细胞就一般不再去消耗能量进行主动转运（植物体内的生长素极性运输可能是一个例外）。

［**知识扩展**］

哺乳动物体内的单糖转运体分为两大家族，分别为 Na^+ 依赖性单糖转运体（sodium dependent glucose transporter，SGLT）和易化性单糖转运体（facilitated glucose transporter，GLUT），即 Na^+ 非依赖性单糖转运体。

一般的资料都认为，葡萄糖由消化道进入小肠上皮细胞是主动转运（一种间接的主动转运，称为协同转运；因为淀粉水解需要一定的时间，并且小肠上皮的面积很大，所以肠腔内还是低浓度），而从小肠上皮细胞进入组织液是易化扩散。但是 *Advanced Nutrition and Human Metabolism*（6th Edition）认为当肠腔中的单糖浓度高于小肠上皮细胞时，进行的是易化扩散，如下图。

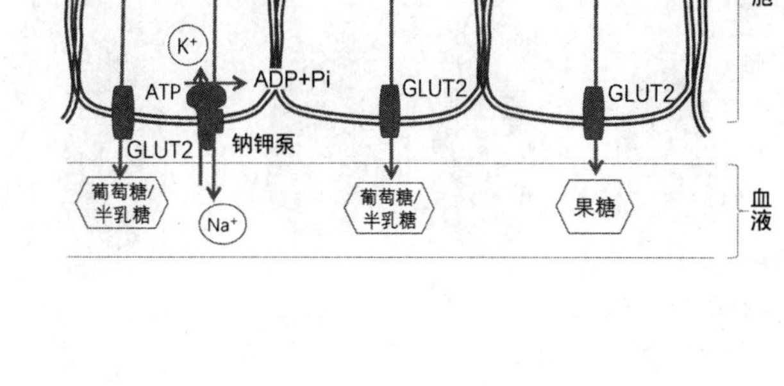

① 当土壤中离子浓度高于根细胞中的浓度时，进行易化扩散。

研究表明，葡萄糖进入小肠上皮和肾小管上皮细胞存在主动转运，其余皆为易化扩散。

(3) 主动转运的类型

主动转运按照是否直接利用 ATP 水解释放的能量分为直接主动转运和间接主动转运。国内教材中，将间接主动转运等同于协同转运，而国外有些教材认为协同转运就是两个物质一起转运的意思，与主动还是被动转运无关。

下图中的钠钾(Na^+-K^+)泵和钙(Ca^{2+})泵直接消耗 ATP 进行主动转运。可兴奋细胞中的钠钾泵消耗 ATP 用来构建细胞膜内外离子浓度差，这是可兴奋细胞发生兴奋的离子基础。真核细胞生物膜上的钙泵不仅关系着肌肉的收缩，还与细胞中的信息传递有关。

协同转运则是利用直接主动转运建立起来的膜两侧某种离子的电化学浓度梯度来逆浓度转运另一种物质。按照被协同转运的物质与释放浓度差势能的离子转运方向的不同，分为同向协同转运和反向协同转运。如动物利用消耗 ATP 形成的 Na^+ 浓度梯度，植物和细菌利用消耗 ATP 形成的 H^+ 浓度梯度，来转运葡萄糖、氨基酸等物质。细胞呼吸中，丙酮酸通过线粒体内膜是利用 H^+ 梯度协同运输的。

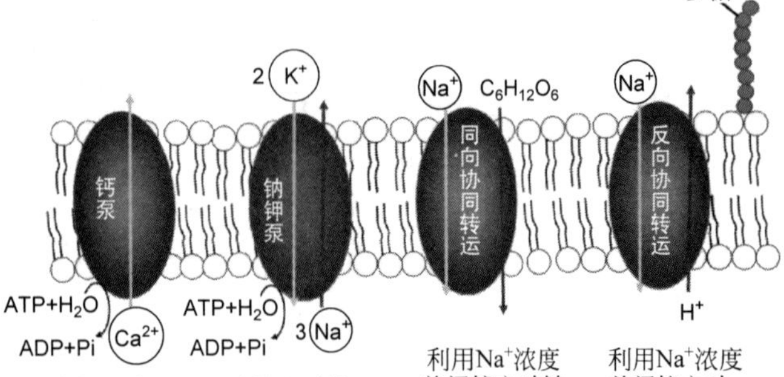

8) 简单扩散、易化扩散、主动转运比较

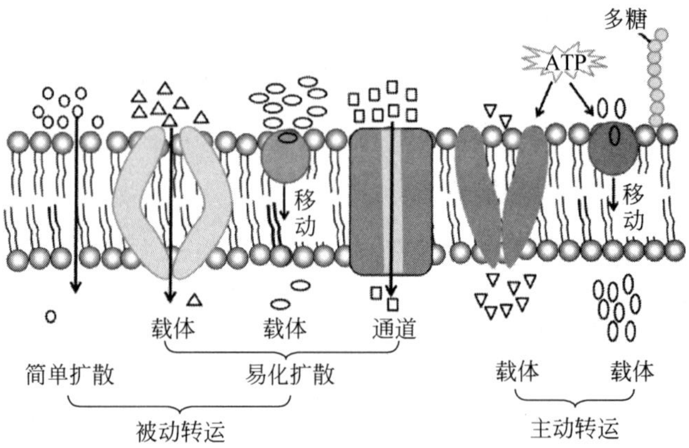

上图中，移动型载体(或称为穿梭型载体)可能在现实中找不到，只是一种载体模型而已。

特　点	被动转运		主动转运(主要方式)
	简单扩散	易化扩散	
运输方向	一定从高浓度到低浓度		可以从低浓度到高浓度
细胞能量	不消耗		消耗
转运蛋白	不需要	需要载体或通道蛋白	需要载体蛋白
举例	H_2O、CO_2、O_2、甘油、脂肪酸、酒精等	葡萄糖进入红细胞；Na^+ 进入细胞，K^+ 出细胞；H_2O 通过水孔蛋白进出细胞	葡萄糖、氨基酸等分子进入细胞，Na^+ 出细胞，K^+ 进入细胞

被动转运的“被动”就体现在转运的方向只能是从高浓度到低浓度，而无法进行自主选择。主动转运则具有很强的主动性。被动转运和主动转运均能体现膜的选择透过性[①]，但是主动转运最能体现出膜的选择透过性。膜的选择透过性主要依赖于膜蛋白来实现，

① 简单扩散能否体现膜的选择透过性，存在争议。笔者个人觉得可以体现，但是体现程度很低，因为并非所有的小分子微粒都可以出入细胞膜。

但也离不开脂质的协助。

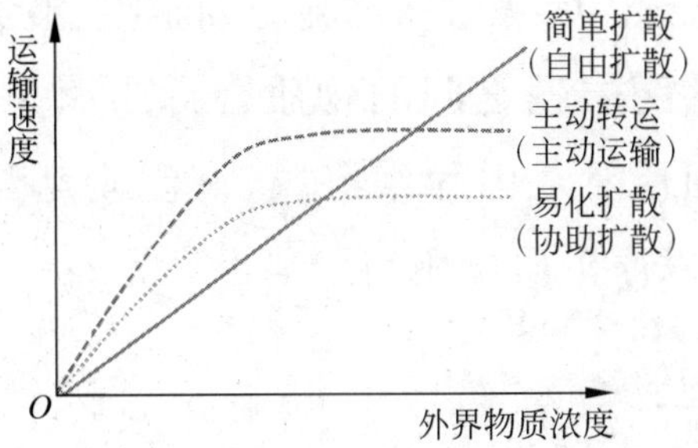

由上图可见，易化扩散和主动转运都会受到转运蛋白数量的限制。

主动转运还会受到能量供给的限制，如下图。在习题中，能量供给常用 O_2 浓度来表示。但是需要注意的是，O_2 浓度为 0 时，供能不一定为 0；O_2 浓度越高，供能不一定越多。这是因为供能还受到呼吸酶的数量和活性的限制；厌氧呼吸也能产生能量，如哺乳动物成熟的红细胞通过厌氧呼吸为主动转运提供能量；转运的物质本身可能就是 O_2，而 O_2 的转运是被动运输，不需要能量。

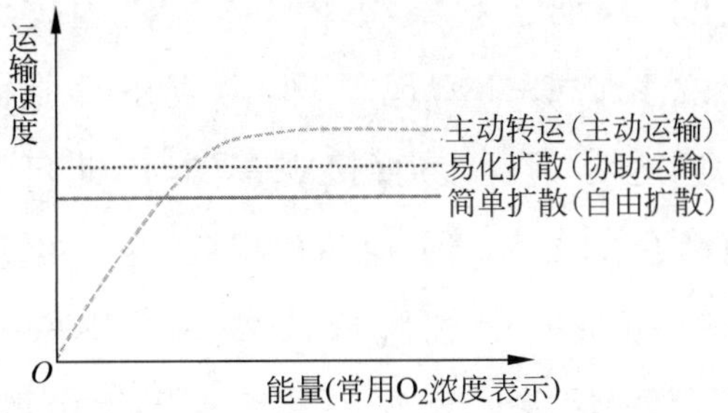

［**知识扩展**］

简单扩散、易化扩散、主动转运的比喻：

简单扩散如同圆形货物滚下山（顺浓度梯度）；易化扩散如同方形货物放在小推车（转运蛋白）上，自动滑下坡（顺浓度梯度）；主动转运如同货物放在小推车（载体蛋白）上，用力（利用能量）推上山（逆浓度梯度）。

9）胞吞和胞吐

大分子或颗粒物出入细胞并不通过穿膜的方式进行，也就是说，被转运物质并未穿过（通过）磷脂双分子层。注意，胞吞、胞吐也是可以转运小分子的。胞吞、胞吐需要消耗能量，并依赖于两部分生物膜的融合，体现出生物膜具有一定的流动性。

被胞吞和胞吐的物质除了可以是固体，也可以是液体。在胞吞和胞吐大分子或颗粒物的过程中，小分子和离子可能会被卷入。也有些胞吞和胞吐过程是专门运输小分子的，如小分子的神经递质和激素的分泌。

＜**版本差异**＞

关于胞吞、胞吐有很大的争议。比如，有些教材中认为胞吞和胞吐因为需要细胞耗能，属于主动转运。又比如，浙科版认为胞吞和胞吐不属于跨膜运输，人教版则认为属于跨膜运输。主流观点是胞吞和胞吐属于跨膜运输而不属于穿膜运输。

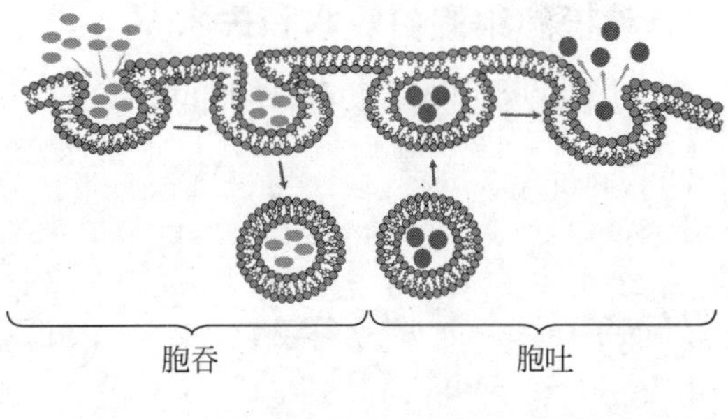

胞吞（又叫内吞）是细胞膜内陷而成的（如上图），**液体的胞吞也称为胞饮**。有些胞吞还需要蛋白质受体介导，如变形虫吞噬草履虫，吞噬细胞吞噬病原体，婴儿上皮细胞吸收母乳中的 IgG 抗体。胞吞时，受体也随着进入细胞内部，但是可以返回细胞表面被重复利用。单细胞生物的内吞用于消化食物，而多细胞生物的内吞主要用于吞噬自身衰老、死亡细胞和外来病原体。

胞吐（又叫外排）是细胞膜与小泡膜融合

完成的。如分泌蛋白的分泌就是胞吐。今后学习的抗体、非脂质的激素、细胞因子、消化酶和神经递质都是通过胞吐排出细胞。

[**知识扩展**]

胞吞容易与膜融合入胞途径混淆。胞吞进入细胞内的物质会被细胞膜包起来形成吞噬泡，而膜融合入胞途径则没有，如下图所示。

胞吐则容易与出芽出胞途径混淆。物质被胞吐之前在细胞内是一个被膜包被的结构，而出芽在出细胞后才形成外面的膜结构，如下图所示。

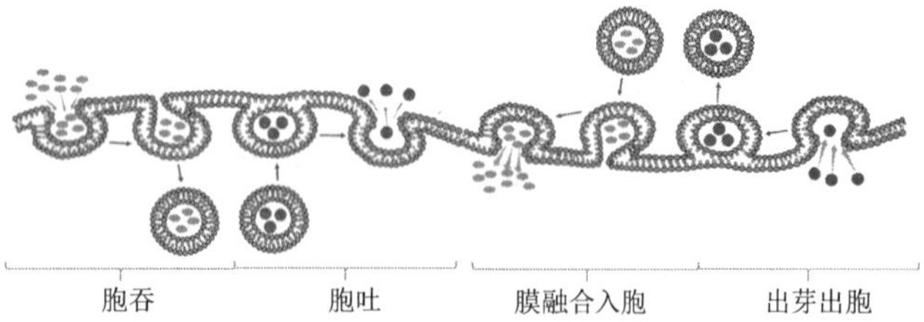

6. 动植物细胞的吸水和失水

1）动植物细胞吸水和失水的现象

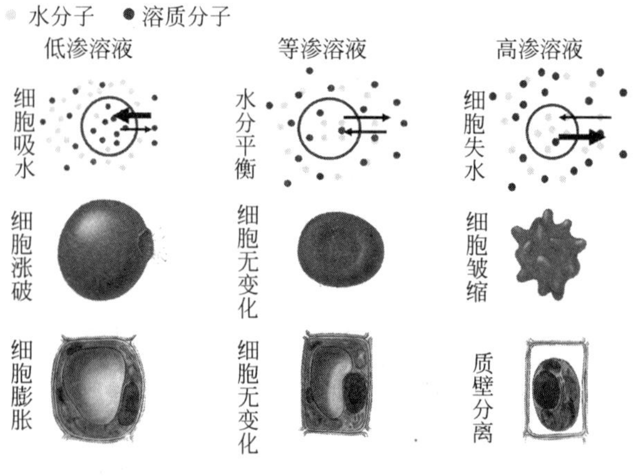

2）植物细胞吸水和失水的过程

植物吸收和丧失水分主要是通过成熟植物细胞中的液泡进行的。人教版提出原生质层的概念：**成熟植物细胞的细胞膜、液泡膜和介于这两层膜之间的物质合称为原生质层**，如下图所示。因为细胞膜、液泡膜都是半透膜，所以原生质层相当于半透膜。

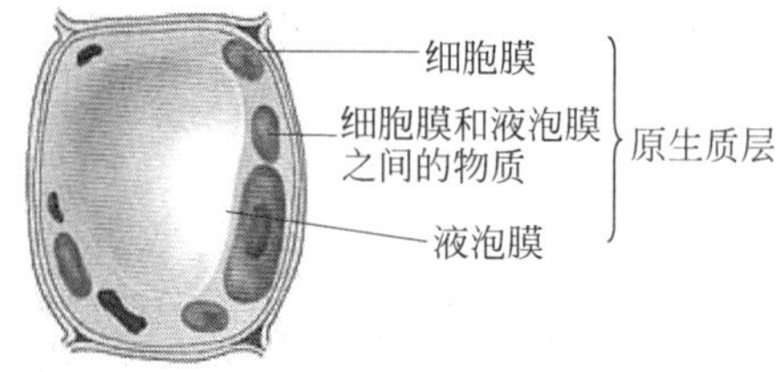

3）实验：观察洋葱外表皮细胞的质壁分离与复原[①]

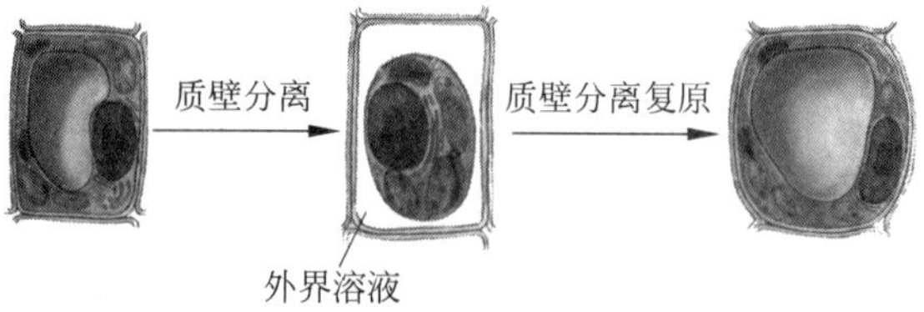

（1）取材

洋葱鳞茎的鳞片叶外表皮细胞的液泡是紫色的，有利于观察现象。洋葱内表皮细胞也会发生质壁分离现象，但内表皮细胞的液泡无色透明，不容易直接观察到，因此可以使用有颜色的外界溶液辅助观察。也可以取材紫色鸭跖草叶肉细胞或成熟的黑藻叶肉细胞，成熟的黑藻叶肉细胞的液泡是无色的，但可以通过观察叶绿体的分布范围间接观察。

（2）步骤

① 在载玻片上滴一滴水，剥取洋葱鳞茎的鳞片叶，外表皮紫色较浓的更好。用刀片在叶片外表皮划 0.5cm 见方的“井”字。用尖

---

① 此配图并非是洋葱外表皮细胞，只是用于示范原理。洋葱外表皮细胞的紫色液泡大到几乎占据整个细胞的体积，细胞质的其他部分和细胞核几乎无法被观察到。

嘴镊从“井”字中央的一角小心地将洋葱鳞片叶外表皮撕下，平铺在载玻片中央，盖上盖玻片。盖盖玻片时应让盖玻片的一侧先触及载玻片，然后轻轻放平，防止装片时产生气泡。

② 先观察正常细胞，与后面的“质壁分离”起对照作用。液泡含花青素呈紫色，所以，观察洋葱细胞可看到大型紫色液泡，原生质层紧贴着细胞壁。

③ 观察质壁分离现象。从盖玻片的一侧滴入0.3g/mL(质量百分浓度30%)的蔗糖溶液，在另一侧用吸水纸吸引，重复几次，使细胞完全浸入蔗糖溶液中。镜检可以观察到：**液泡由大变小，颜色由浅变深，原生质层与细胞壁分离**。原生质层与细胞壁之间充满蔗糖溶液。

④ 观察细胞质壁分离的复原现象。发生质壁分离的装片不能久置，否则细胞失水过久死亡，无法发生复原。从盖玻片的一侧滴入清水，在另一侧用吸水纸吸引，重复几次。镜检可以观察到：**液泡由小变大，颜色由深变浅，原生质层恢复原状**。

(3) 质壁分离原理分析

质壁分离的“质”最好理解为原生质层，而不要理解为细胞质。发生质壁分离的内因是原生质层的收缩程度比细胞壁大，外因是细胞外的溶液浓度比细胞液大，导致细胞失水。具有大液泡的成熟植物细胞的质壁分离现象明显，不具有大液泡的植物未成熟细胞(如根尖分生区细胞)、原核细胞(如细菌)的原生质体失水能力较弱，原生质体收缩不明显，质壁分离可以发生但较难观察。

＜**版本差异**＞

浙科版没有提及原生质层，描述为细胞膜以及细胞膜以内的部分。

＜**知识细节**＞

原生质层与原生质体含义不相同。原生质体是指动物细胞或除去细胞壁的植物细胞。

＜**思考与讨论**＞

是否能把外部0.3g/mL的蔗糖溶液换成0.6g/mL或者0.01g/mL的蔗糖溶液呢？(0.6g/mL的蔗糖溶液会使植物细胞失水过多而死，0.01g/mL的蔗糖溶液浓度太低不会发生质壁分离。)

(4) 质壁分离复原原理分析

质壁分离复原是指发生质壁分离的植物细胞因吸水而复原。植物细胞失水太多、太久，可能会导致细胞膜破碎，无法完成质壁分离复原。

当外界溶液是蔗糖溶液时，需要滴入清水才会发生质壁分离复原。但是当外界溶液是尿素、KNO_3、甘油等溶液时，质壁分离复原可以自动发生。

[**知识扩展**]

当外界溶液为KNO_3时，K^+和NO_3^-会逐渐被植物主动吸收到液泡中，从而造成液泡内的浓度大于外界溶液浓度，液泡吸水，质壁分离复原。

当外界溶液为甘油时，甘油通过简单扩散进入液泡，最终细胞液中的甘油会与外界溶液中的甘油浓度一致，但是液泡中原本就含有其他的溶质，从而造成液泡中的各种溶质的总浓度大于外界溶液浓度，液泡吸水，质壁分离复原。

[**知识扩展**]

(1) 能发生质壁分离及复原的植物细胞

是活细胞；不发生的是死细胞。

(2) 教材和资料一般都认为，将待测细胞置于一系列浓度梯度的蔗糖溶液中并分别用显微镜进行观察，则细胞液浓度介于未发生质壁分离和刚刚发生质壁分离的外界蔗糖溶液的浓度之间。

浙科版简单地描述成引起约50%的细胞发生初始质壁分离的蔗糖浓度就是细胞液的浓度。初始质壁分离是指细胞的角隅处开始出现质膜及其以内部分离开细胞壁的状态。

(3) 施肥过多，作物变得枯萎发黄的现象，俗称“烧苗”，其原因是植物细胞失水过多而死亡。

(4) 动物细胞会吸水涨破，植物细胞则因为有细胞壁的存在不会发生吸水涨破的现象。

第6节　细胞质的结构和功能

本节知识框架：

1. 细胞质的概念和构成
2. 细胞器的结构和功能
3. 细胞溶胶
4. 细胞骨架

1. 细胞质的概念和构成

细胞质是由细胞膜包被的细胞内的大部分物质。**细胞质包括细胞器、细胞溶胶（又叫细胞质基质）和细胞骨架**。细胞器具有一定的形态、结构和功能，而细胞溶胶是细胞质中除了细胞器和细胞骨架外的液体部分。

2. 细胞器的结构和功能

一件优质产品是通过各车间和部门之间的配合生产出来的。细胞内也存在类似的部门或车间，可以完成复杂的功能。细胞器包括内质网、核糖体、高尔基体、溶酶体、线粒体、叶绿体、液泡、中心体等。

1) 内质网

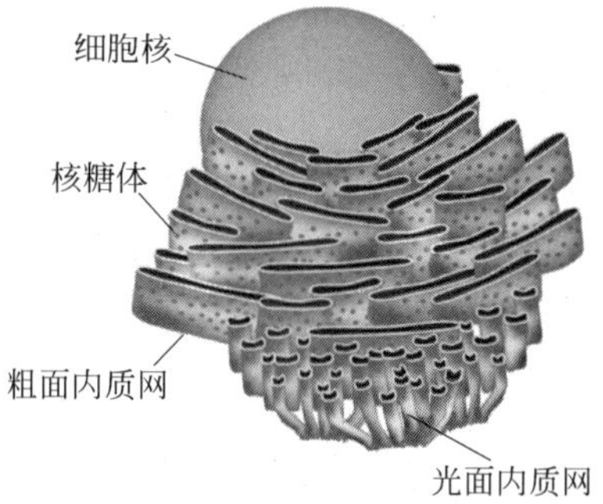

(1) 分布：真核细胞。

(2) 结构：由一层单位膜围成管状、泡状、扁平囊状结构，这些结构连接形成一个连续的内腔相通的网状分布的管道系统。

(3) 种类和功能：**内质网分为粗面内质网和光面内质网。粗面内质网上附有核糖体，是某些蛋白质加工的场所**[①]**。光面内质网上没有核糖体，是合成脂质（包括脂肪、磷脂和包括性激素等固醇类激素在内的固醇）和某些多糖的场所，肝脏细胞的光面内质网还能解毒（如氧化酒精）**。一个细胞中的粗面内质网和光面内质网是相连在一起的，而且可以相互转换，光面内质网有核糖体附着就可以转变为粗面内质网，粗面内质网上的核糖体离开则转变为光面内质网。（粗面）**内质网向内与细胞核膜相连，向外与细胞膜相连，是分布**

① 人教版中描述为蛋白质合成和加工的车间，需注意的是，合成蛋白质的细胞器是核糖体，只不过有些核糖体在粗面内质网上。

最广的细胞器，是生物膜的转换中心。内质网增大了细胞内的膜面积，从而可以附着更多的酶。

＜**版本差异**＞

从人教版的示意图来看，粗面内质网靠近细胞核，而光面内质网靠近质膜。苏教版提到："内质网膜与线粒体膜之间也存在一定的联系，有的细胞的内质网膜甚至与线粒体的外膜相连。"

2）核糖体

（1）种类：核糖体存在于几乎所有的真核细胞和原核细胞中，是细胞内数量最多的细胞器，仅哺乳动物成熟的红细胞等极个别高度分化的细胞内没有核糖体。**真核细胞的有些核糖体附着在粗面内质网上（也有些附着在核外膜上），原核细胞的有些核糖体附着在质膜内侧，称为附着核糖体。游离在细胞溶胶中的核糖体称为游离核糖体。**真核细胞的叶绿体和线粒体内也含有核糖体。

（2）**结构：无膜结构，为椭球形的颗粒状结构。**一个完整的核糖体由大、小两个亚基组成，核糖体的大、小亚基在执行合成蛋白质的功能时，才聚合成一个整体。

（3）**化学组成：由 rRNA（核糖体 RNA）和蛋白质**（称为核糖体蛋白）**组成。**因此被命名为核糖核蛋白体，简称为核糖体。

（4）**功能：合成蛋白质**[①]**（即翻译的过程）的场所。**

3）高尔基体

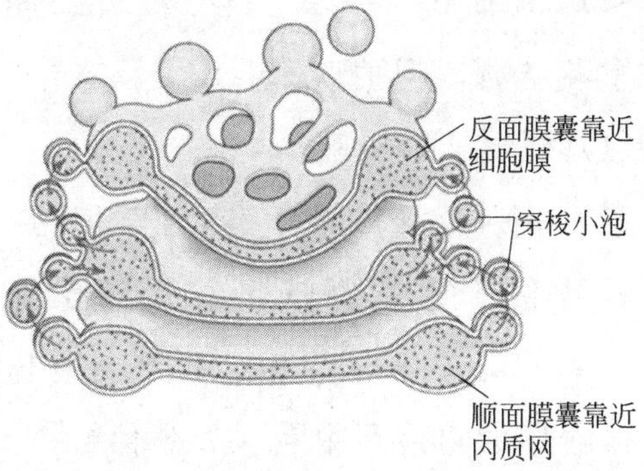

（1）分布：真核细胞。

（2）结构：由一系列**一层单位膜**构成的扁平膜囊和囊泡组成。各个膜囊和囊泡间都是独立的，而不像内质网那样内腔相连通。

（3）主要功能：动植物细胞中，高尔基体的功能有很大不同。

在动物细胞中，内质网小泡会运输某些蛋白质到高尔基体进行再加工，再由高尔基体分拣并运输到其他部位或驻留在高尔基体中。因为这些蛋白质往往是分泌蛋白，所以我们经常说，动物细胞的高尔基体与动物细胞分泌蛋白的加工和运输有关。动物细胞内的高尔基体还会参与加工由内质网运输而来的脂质，进而运输到质膜、溶酶体膜等部位。动物细胞内的高尔基体还能产生小泡形成溶酶体。

在植物细胞中，高尔基体能够在细胞分裂的后期和末期合成非纤维素类多糖（半纤维素和果胶），**用于在末期形成细胞板，细胞**

① 更精确地讲，核糖体合成的是多肽，多肽需要经过修饰、空间折叠、拼装才形成有活性的蛋白质。细胞内有些短的多肽不是在核糖体上合成的，而是直接受细胞溶胶中酶的催化而合成的。

板是植物细胞壁的前身，所以我们经常说，植物细胞的高尔基体与细胞分裂末期细胞壁的形成有关[①]。

<**知识细节**>蛋白质合成、加工和运输过程中各结构之间的联系

(1) 科学家的实验

利用放射性同位素示踪，科学家用^{3}H标记亮氨酸供给豚鼠的胰腺细胞以合成蛋白质。结果发现，3分钟后标记的氨基酸出现在附有核糖体的内质网中[②]。17分钟后，标记的氨基酸出现在高尔基体中。117分钟后，标记的氨基酸出现在靠近细胞膜内侧的运输蛋白质的小泡及细胞外的分泌物中。

(2) 真核细胞蛋白质的分选的主要途径

教辅资料经常简单地认为分泌蛋白是由附着核糖体合成，胞内蛋白是由游离核糖体合成，其实这种说法不完整、不科学。

所有的蛋白质都是由游离核糖体开始初始合成(翻译)的，见下图。

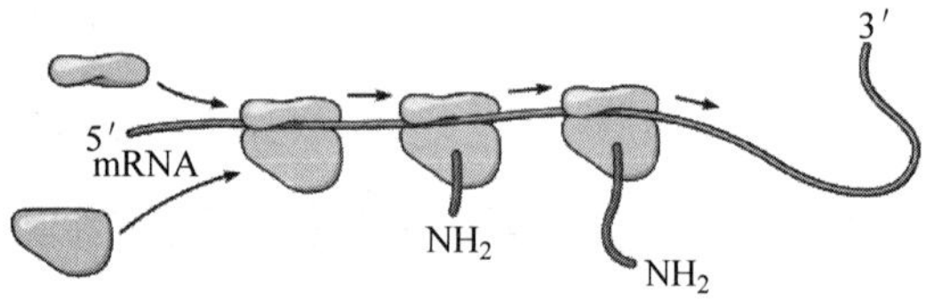

有些蛋白质(多肽)含有一段特殊的氨基酸序列，称为信号肽序列，在此序列的引导下，核糖体会附着到粗面内质网上继续未完成的翻译工作；而没有此序列的核糖体会一直保持游离状态。

含有信号肽序列的多肽的信号肽序列一般位于N端(氨基端)，在游离核糖体上合成后，会被粗面内质网上的受体识别，于是正在合成此多肽的核糖体会附着到粗面内质网上。然后在多肽继续合成的同时，已合成部分通过内质网膜上的蛋白质孔道穿过内质网膜。进入内质网后，信号肽序列被酶切除。但是，膜蛋白(指质膜、溶酶体膜等膜上的蛋白质，而不是高尔基体、溶酶体等结构内部的蛋白质)在合成时被插入到内质网膜中，而不是释放到内质网腔。因为翻译和穿过内质网膜的过程同时进行，所以此途径被称为共翻译转运途径。这些蛋白质经内质网、高尔基体进行膜泡运输，运输的目的地包括内质网、高尔基体、溶酶体、细胞质膜和细胞外等。分泌到细胞外的蛋白质称为分泌蛋白，包括蛋白质激素、消化酶、抗体、血浆蛋白等。由此我们还可以发现：游离和附着的核糖体，以及光面和粗面的内质网可以相互转换。见下图。

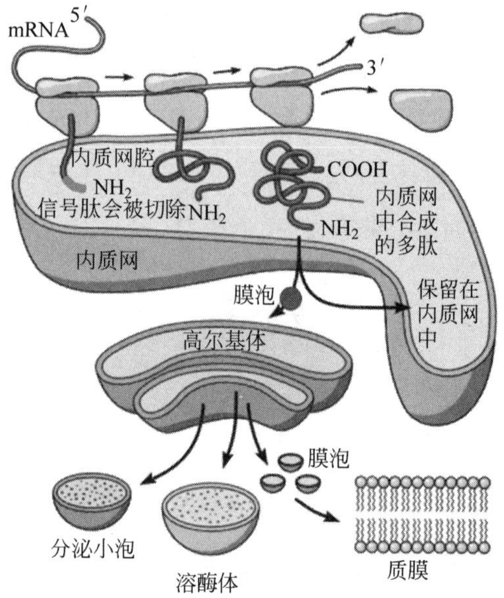

---

① 有些教参认为的纤维素由高尔基体合成的说法是错误的。资料显示，纤维素很有可能由质膜合成。细胞板的形成还与纺锤丝在赤道板堆积形成的成膜体有关，成膜体作为支架使来自高尔基体的小泡形成细胞板。

② 理论上最早出现放射性的细胞器应该是核糖体，但是中学教材都没提到这点。这也许是因为核糖体太小，并且在合成分泌蛋白过程中多数时间附着在粗面内质网上，难以单独检测。

定位在线粒体、叶绿体、细胞核、细胞溶胶、过氧化物酶体①的胞内蛋白不含信号肽序列，始终在游离核糖体上合成。合成后的多肽被释放到细胞溶胶中，有的就保留在其中，有的通过后翻译转运途径（即翻译完成后再进行转运）被转运到特定的细胞器。见下图。

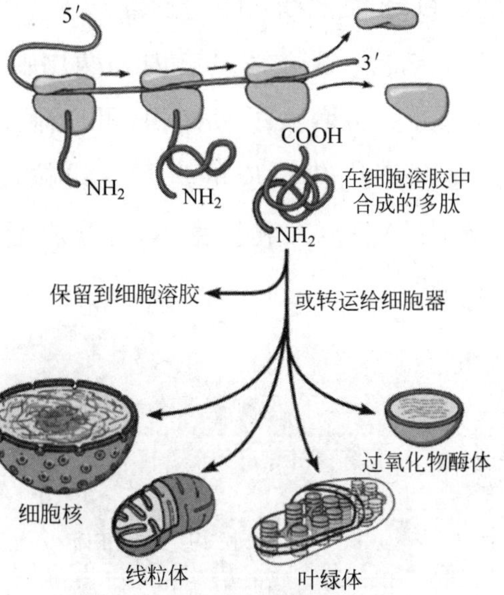

总之，并不是所有的蛋白质都需要经过内质网和高尔基体的加工、包装、分拣。比如与细胞呼吸有关的酶始终是在游离的核糖体上合成的。也不是说不经过内质网和高尔基体的蛋白质就不需要加工，细胞溶胶中的某些蛋白质（分子伴侣）可以帮助多肽折叠成蛋白质。

除了留在细胞溶胶中的蛋白质，其他蛋白质都含有特定的靶向序列，有利于运输到各种结构。蛋白质进入细胞核通过核孔运输，进入线粒体、叶绿体、内质网等通过跨膜转运，进入高尔基体、质膜等通过膜泡运输。

（3）分泌蛋白产生、加工和分泌过程中，多种细胞结构的协同

与分泌蛋白的合成、加工、运输、分泌直接有关的细胞器有核糖体、粗面内质网、高尔基体，间接相关的有线粒体，因为此过程所需要的能量主要来自线粒体。注意，如果只考虑此过程，放射性物质没有进入线粒体。与此过程相关的结构除了细胞器还有细胞膜和细胞核，细胞核中的DNA指导蛋白质合成，但是在此处一般不考虑。

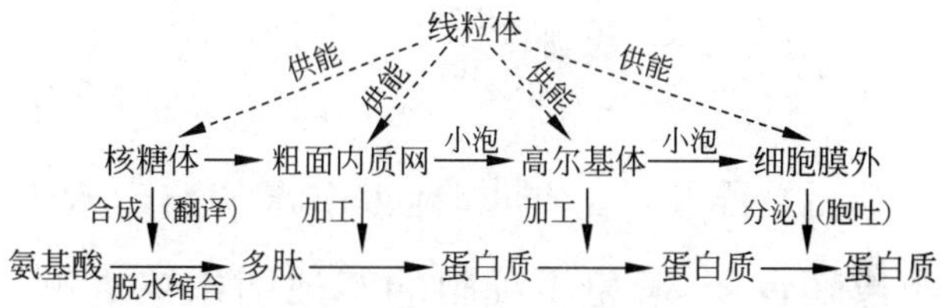

（4）分泌蛋白的加工和分泌过程中，各种膜结构的转换

在这个过程中，内质网膜可通过小泡转化成高尔基体膜，高尔基体膜又可通过分泌小泡形成细胞膜。所以在这个过程中，内质网膜面积不断变小，高尔基体膜面积基本不变，细胞膜面积不断变大（如下图）。当然为了保持细胞中各种生物膜面积的平衡，还存在另一个方向相反的过程，此处不讨论。

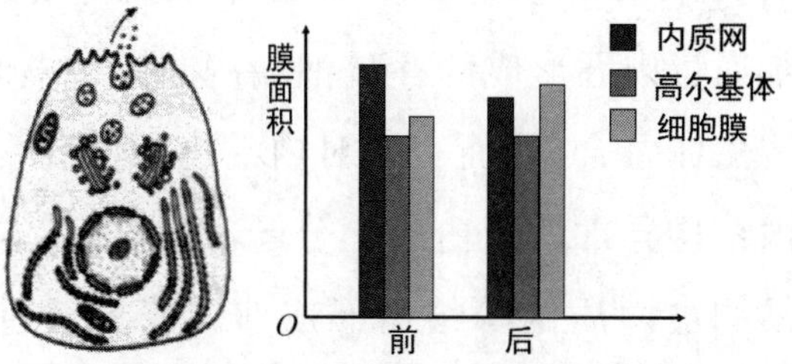

4）溶酶体

（1）分布：主要分布于动物细胞。旧人教版和旧浙科版认为某些植物细胞中有溶酶

① 过氧化物酶体在高中阶段暂不介绍。

体，但是主流的观点认为植物细胞中存在的是与溶酶体类似的结构，如圆球体、糊粉粒和蛋白体。旧浙科版还认为真菌中有溶酶体。

(2) 结构：**高尔基体断裂形成的由一层单位膜包被的小泡**。

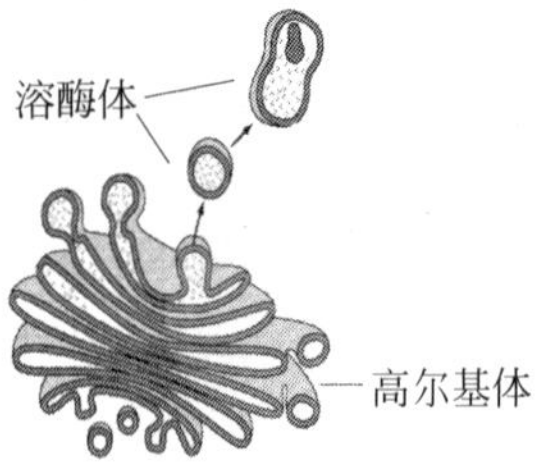

(3) 特点：含有 60 种以上**水解酶**。**水解酶被膜包裹，避免了细胞的其他结构被水解，保证了细胞中其他结构的完整性**。溶酶体膜蛋白多为糖蛋白，保护自身不被酶水解。内含的酶都为酸性水解酶，在 pH=5 左右时活性最佳，但其周围胞质 pH=7.2，这是因为溶酶体膜含有一种特殊的转运蛋白，可以利用 ATP 水解的能量将胞质中的 H^+ 泵入溶酶体，以维持其 pH=5。

(4) 功能：**消化细胞从外界吞入的颗粒，如细菌、病毒等病原体，消化衰老或损伤的细胞器**。水解产物可以重新被用来构建细胞。细胞通过内吞形成的吞噬泡（吞噬体、食物泡）与溶酶体融合，从而实现对内吞物的消化。细胞内结构异常的蛋白质等分子，衰老的线粒体等结构被内质网等结构形成双层膜的膜泡包围，形成自噬体，再与溶酶体融合，形成自噬溶酶体，进而消化。所以，**溶酶体发挥作用的过程中体现了膜的流动性**。有时，溶酶体也会消化所在的细胞，从而参与细胞的凋亡。

<**知识细节**>

溶酶体和高尔基体小泡都由高尔基体产生，溶酶体用于水解，而高尔基体小泡主要用来运输。

5) 线粒体

(1) 形状：颗粒状或短杆状（或椭球形、短棒状、圆球状、线形、哑铃形等）。

(2) 结构：线粒体具有**内外两层膜，内膜折叠成嵴**，从而增大了表面积，可以附着更多的酶，有利于生化反应的进行。线粒体基质含少量 DNA、RNA 和核糖体，可合成蛋白质。

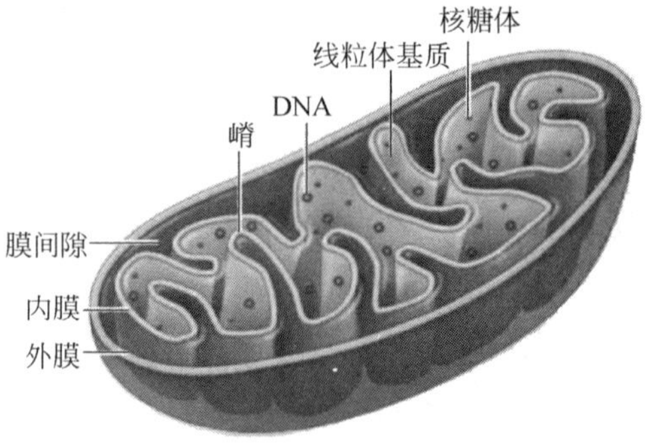

(3) 功能：**细胞呼吸（也称呼吸作用）和能量代谢的中心**，是真核细胞有氧呼吸的主要场所。

(4) 线粒体的数量和分布

能量需求大的细胞所含线粒体数量较多，如心肌细胞中线粒体比腹肌细胞多，飞翔鸟类胸肌细胞中线粒体比不飞翔鸟类的多，运动员肌细胞线粒体的数量比缺乏锻炼者多。

蛔虫等体内寄生虫进行厌氧呼吸，蛔虫细胞内无线粒体[①]。

线粒体在细胞中可以移动，细胞内细胞

① 蛔虫细胞内无线粒体其实是比较陈旧的观点。蛔虫的幼虫是进行有氧呼吸的，所以蛔虫细胞内具有线粒体，只不过成体蛔虫细胞内线粒体退化。

代谢旺盛的部位分布较多，如精子中的线粒体主要集中在尾的基部，可以为精子游动提供能量；受精卵分裂面附近线粒体较集中。

（5）实验：观察线粒体

健那绿染液是专一性染线粒体的活细胞染料（健那绿是高中生物学中唯一的活体染色剂），**可以使活细胞中的线粒体呈现蓝绿色**，而细胞质接近无色。线粒体能在健那绿染液中维持活性数小时，通过染色，可以在高倍显微镜下观察到生活状态的线粒体的形态和分布。健那绿具有脂溶性，可以通过生物膜。健那绿有染色能力的基团带正电，可与线粒体带负电的内膜内侧结合，内膜上的细胞色素C氧化酶使健那绿保持呈蓝绿色的氧化状态。

6）叶绿体

（1）分布：进行光合作用的植物细胞（主要是叶肉细胞）。蓝细菌虽然能进行光合作用，但是没有叶绿体。

（2）结构：**两层单位膜**、基质（基质中含少量DNA和RNA、核糖体和有关酶）、**类囊体**。

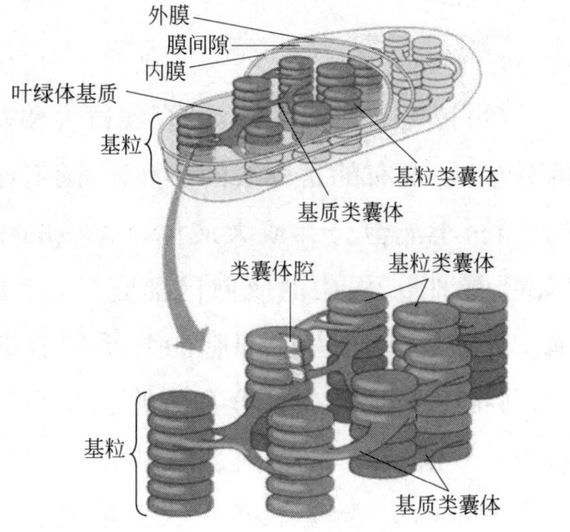

每个基粒都由一个个圆饼状的囊状结构堆叠而成，这些囊状结构称为基粒类囊体，基粒间的类囊体称为基质类囊体。吸收光能的四种色素就分布在类囊体的薄膜中，光合作用的产物 O_2 是在类囊体腔中产生的。类囊体膜也称为囊状结构薄膜，属于光合膜。叶绿体的类囊体极大地扩展了受光面积。据估算，1g菠菜叶片中的类囊体的总面积高达 $60m^2$ 左右。

（3）功能：真核生物进行光合作用的场所。叶绿体是养料制造工厂。

（4）叶绿体的数量和方向性：不同植物中叶绿体的数目相对稳定，大多数高等植物的叶肉细胞含有几十到几百个叶绿体，可占细胞质体积的40%。

高等植物的叶绿体呈椭球状，在不同的光照条件下，叶绿体可以运动改变朝向，这样既能接受较多的光照，又不至于被强光灼伤。在强光下，叶绿体以其椭球体的侧面（面积小）朝向光源；在弱光下，叶绿体以其椭球体的正面（面积大）朝向光源。

（5）实验：观察叶绿体。

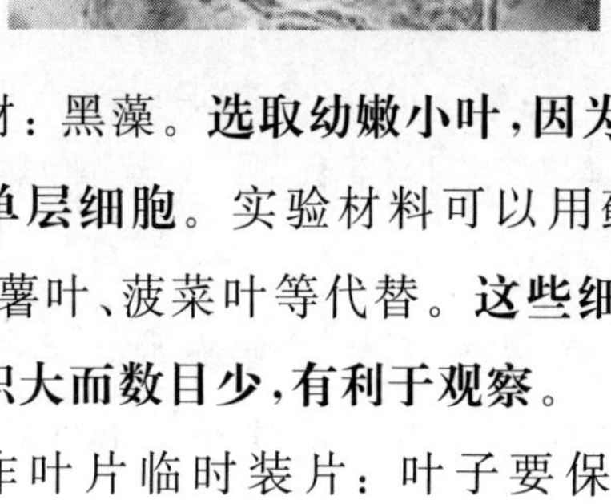

取材：黑藻。**选取幼嫩小叶，因为幼嫩小叶只有单层细胞**。实验材料可以用藓类、鸭跖草、番薯叶、菠菜叶等代替。**这些细胞中叶绿体体积大而数目少，有利于观察。**

制作叶片临时装片：叶子要保持带水状态。

用低倍物镜观察叶绿体的形态和分布情况：选择靠近叶脉或接近叶片基部的部位观察。

用高倍物镜观察叶绿体的形态和分布情况：**叶绿体随着胞质环流而运动**。

[**知识扩展**]

胞质环流与细胞骨架的拆装有关，是个耗能的过程。

黑藻不是藻类而是一种水草(水鳖科沉水植物)。此实验也可以以同为水鳖科的外来种——伊乐藻为观察材料。

<**知识细节**>线粒体和叶绿体的比较

(1) 线粒体和叶绿体的共性

线粒体和叶绿体的功能都和能量转换有关，在结构上也有很多相似的地方：线粒体和叶绿体都有双层膜，内有巨大面积的膜、DNA、RNA和核糖体。注意，叶绿体和线粒体有双层膜，每层膜有两层磷脂分子层。所以叶绿体和线粒体都有四层磷脂分子层。

并非所有的植物细胞都有叶绿体，叶肉细胞、幼嫩的茎、保卫细胞、C_4 植物的维管束鞘细胞才有叶绿体，大多数的植物细胞(根细胞、正常的表皮细胞等)无叶绿体；并非所有的动物细胞都有线粒体，蛔虫(成体)只进行无氧呼吸，无线粒体。

虽然，线粒体和叶绿体的内膜和外膜之间存在基质，但是线粒体基质和叶绿体基质一般都是指内膜所围空间内的液体部分。

(2) 线粒体、叶绿体起源的内共生假说

线粒体和叶绿体中除含有DNA外，还有RNA、核糖体等，具有独立进行转录和翻译的功能。但叶绿体仅能合成13种蛋白质，线粒体能合成60多种蛋白质，而参与组成线粒体和叶绿体的蛋白质分别有上千种，说明大多数蛋白质是由核基因编码，在细胞质中由核糖体合成的。因此，线粒体和叶绿体的生长和增殖受核基因组和自身的基因组两套遗传信息系统控制，故称之为半自主性细胞器。

内共生假说认为线粒体是由被吞噬的好氧细菌变化而来，而叶绿体是由被吞噬的蓝细菌变化而来(见下图)。这个假说能很好地解释线粒体和叶绿体为何具有两层膜，其中外膜与真核细胞质膜相似而内膜与原核细胞质膜相似；为何线粒体内膜和细菌质膜上都存在电子传递链；为何线粒体、叶绿体内含DNA、RNA、核糖体；为何线粒体和叶绿体中的核糖体比真核细胞细胞溶胶中的核糖体小而与原核细胞中的核糖体相似等疑问。根据这个假说，蓝细菌的光合膜演化为叶绿体的类囊体膜。

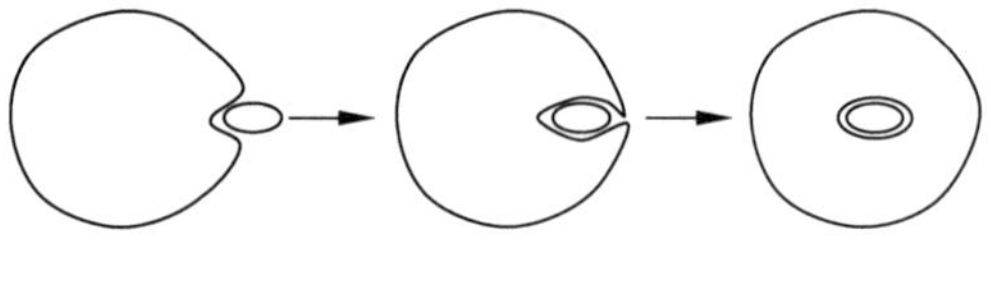

7) 液泡

(1) 分布：**刚分裂的细胞(如根尖和茎尖的分生区)含有的是分散的小液泡，随着细胞的生长，小液泡合并成大液泡。成熟的细胞(如叶肉细胞、根尖的成熟区细胞)才有大液泡。大液泡有时占据细胞的几乎所有的空间，将细胞质的其他部分和细胞核挤得紧贴质膜**。一般情况下，液泡就是指高等植物的成熟细胞的大液泡，又称中央大液泡。在成熟的植物细胞中，细胞质的流动是围绕中央大液泡进行的环形流动模式，这种流动称为**胞质环流**。

（2）主要功能：内含色素，使植物呈现一定的颜色；参与成熟植物细胞的吸水，吸水后，植物细胞膨胀，使植物保持坚挺；储存原料和废物，调节渗透压、酸碱平衡、离子平衡。还含有水解酶，有类似动物溶酶体的功能。

（3）结构：**由一层单层膜包被，内部的液体称为细胞液**①，含有无机盐、糖类、氨基酸、色素（如花青素）、有机酸（如柠檬酸）、蛋白质等物质。

＜**版本差异**＞

旧浙科版中描述，刚分裂形成的植物细胞中只有很少几个分散的小液泡，而新浙科版中描述为“液泡很小，但数量很多”。有资料说“分生区的小液泡4～5个”。

［**知识扩展**］

花青素在酸性溶液中呈红色，在中性溶液中呈紫色，在碱性溶液中呈蓝色。所以叶绿体和液泡中花青素的颜色有所差别：叶绿体中一般为绿色和黄色，液泡中一般为红色、蓝色、紫色等鲜艳的颜色。液泡中的色素溶解在水中，是水溶性的；而叶绿体中的色素定位于膜上，是脂溶性的。

8）中心体

（1）名字来源：该细胞器经常位于细胞核附近的细胞质中。

（2）分布：**动物细胞、某些低等植物（如真核藻类和地衣）的细胞中含有，一般为1个，分裂时为2个**。

（3）结构：**每个中心体由两个相互垂直排列的中心粒及其周围物质组成，无膜包被。化学成分为微管蛋白**。

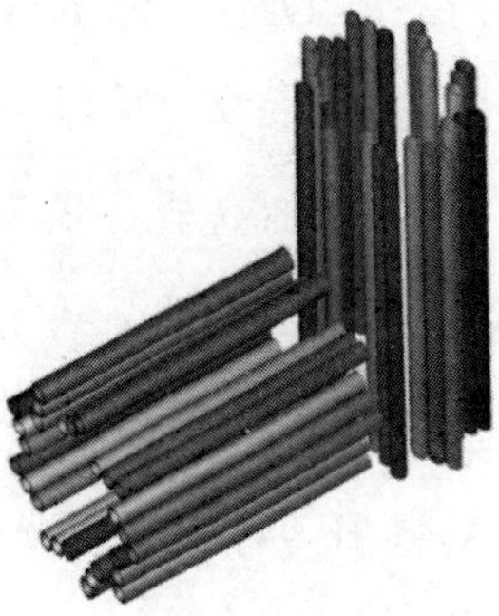

（4）功能：与某些细胞的分裂方向的决定及纺锤丝的组装有关。

（5）中心体的复制：中心体在分裂间期进行复制，复制时，一个中心体的两个中心粒先彼此分离，再复制成两个子代中心体。每个子代中心体中一个中心粒是原来的，另一个中心粒是新组装的，即**中心体进行半保留复制**。

＜**知识细节**＞细胞器总结

细胞器的种类和数量的差异能表明各种细胞之间功能差异。比如胰岛细胞含有丰富的高尔基体，而肌肉细胞的高尔基体较少。

（1）具有双层膜结构的细胞器：线粒体、叶绿体。

（2）具有单层膜的细胞器：内质网、高尔基体、液泡、溶酶体。

（3）不具膜结构的细胞器（即不含磷脂的细胞器）：中心体、核糖体。

（4）与能量转换有关的细胞器：线粒体、叶绿体。

（5）与分泌蛋白（质）合成、运输、分泌有关的细胞器：核糖体、内质网、高尔基体、线粒体。高尔基体是枢纽，线粒体在过程中提供

① 动物细胞内部的液体称为细胞内液。

能量。

(6) 含有少量 DNA 和 RNA 的细胞器(半自主细胞器):线粒体、叶绿体。

(7) 含 DNA 的细胞器:线粒体、叶绿体。

(8) 含 RNA 的细胞器:线粒体、叶绿体、核糖体。

(9) 含核糖体的细胞器:线粒体、叶绿体。

(10) 含有可见色素的细胞器:叶绿体、液泡。

(11) 细胞内分布最广的细胞器:内质网。

(12) 动植物细胞中功能很不一样的细胞器:高尔基体。

(13) 能自我复制的细胞器:线粒体、叶绿体、中心体。

*(14) 与主动运输有关的细胞器:核糖体、线粒体。

*(15) 与植物吸水、失水有关的细胞器:液泡。

*(16) 能产生水的细胞器:叶绿体、线粒体①。

*(17) 能合成多糖的细胞器:叶绿体、内质网、高尔基体。

[**知识扩展**]细胞器的"外号"(人教版):

(1) 动力工厂:线粒体。

(2) 养料制造车间,能量转换站:叶绿体。

(3) 有机物合成车间:内质网。

(4) 蛋白质加工、分类、包装车间,发送站:高尔基体。

(5) 蛋白质装配机器:核糖体。

(6) 消化车间:溶酶体。

3. 细胞溶胶

细胞溶胶(细胞质基质)是细胞质中除了细胞器以外透明、黏稠、流动的液体。**细胞溶胶含有多种酶**,是多种代谢活动进行的场所。

<版本差异>

旧人教版和浙科版都认为细胞溶胶是细胞代谢的主要场所。

4. 细胞骨架

我们曾经认为细胞器是漂浮在细胞溶胶中的,但是后来发现细胞质内存在细胞的支架——细胞骨架。细胞器沿着细胞骨架运动,如同运输汽车沿着公路一样。

真核细胞中有维持细胞形态、保持细胞内部结构有序性的细胞骨架②。细胞骨架是由蛋白质纤维组成的网架结构,与细胞运动、分裂、分化以及物质运输、能量转换、信息传递等生命活动密切相关(如下图)。

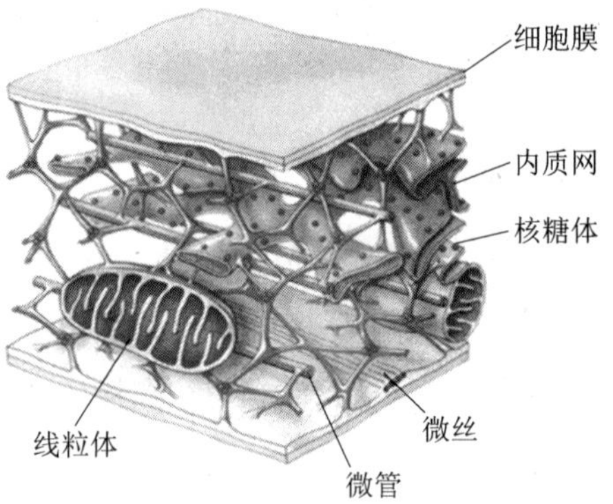

① 高中阶段的大多数题目认为核糖体、内质网和高尔基体参与合成和加工生物大分子(蛋白质、多糖、脂质),也能产生水。

② 长期以来,人们认为细胞骨架仅为真核生物所特有的结构,但近年来的研究发现它也存在于细菌等原核生物中。

构成细胞骨架的蛋白有微管（微管蛋白）、微丝（肌动蛋白和肌球蛋白）和中间纤维（5 种蛋白质，常见的有波形蛋白、角蛋白）。

细胞骨架系统与细胞内的遗传系统、生物膜系统，并称“细胞内的三大系统”。细胞骨架也被认为是一种广义上的细胞器。

［**知识扩展**］

分离各种细胞结构的方法——差速离心法：在密度均一的介质中由低速到高速逐级离心，在不同转速下，沉淀下来的结构是不同的。如下图中的四次离心，转速依次增加。S 代表上清液，P 代表沉淀。P_1 中含有细胞核和细胞壁碎片，P_2 中含叶绿体，P_3 中含线粒体，P_4 中含核糖体。

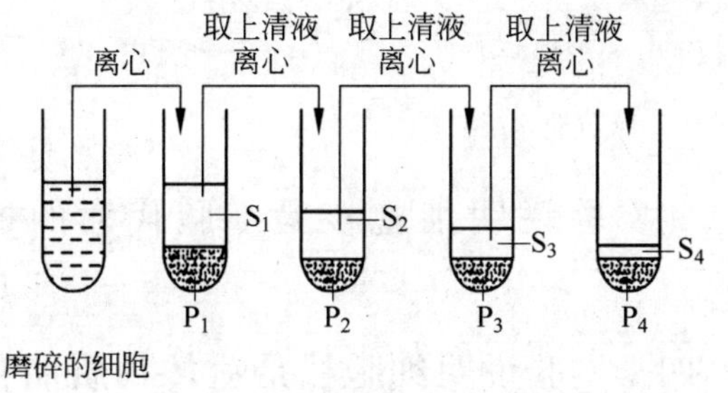

第 7 节　细胞核的结构和功能

本节知识框架：

1. 细胞核的数量
2. 细胞核的功能
3. 细胞核的结构
4. 细胞核与细胞质的关系（核质关系）

1. 细胞核的数量

绝大多数细胞只有一个细胞核；真核生物体内某些高度分化的成熟细胞没有细胞核，这些细胞在最初也是有细胞核的，后来在发育过程中消失了，比如**植物成熟的筛管细胞和哺乳动物成熟的红细胞**；也有**少数细胞有多个核，如横纹肌（浙科版中的横纹肌是指骨骼肌）细胞**。

＜**知识细节**＞

哺乳动物成熟的红细胞没有细胞核，也没有任何细胞器，所以无法增殖。哺乳动物成熟的红细胞是由造血干细胞分裂和分化而来，只有约 125 天的寿命。因为无线粒体，所以哺乳动物成熟的红细胞进行厌氧呼吸。植物成熟的筛管细胞由筛管细胞邻近的伴胞提供营养物质。

2. 细胞核的功能

实验 1：多莉羊的培育过程

多莉羊与提供细胞核的绵羊的相似度非常高，而与提供细胞质的绵羊的相似度很低，与提供子宫的绵羊没有任何遗传上的关系。此实验说明生物的性状是由细胞核决定的。

实验 2：伞藻嫁接与核移植实验

伞藻是单细胞藻类，分为假根、伞柄、伞帽三个部分。细胞核位于细胞的假根部。不同伞藻的帽的形状不同，如伞形帽和花朵帽。如果将帽去除，伞藻能很快长出与原来一致的帽形。

（1）伞藻嫁接实验

如果将一种伞藻的柄与另一种伞藻的假根相连，将会长出同时带有两种伞藻特征的新帽，将这个新帽切除，第二次长出的帽与后一种伞藻的帽相同。

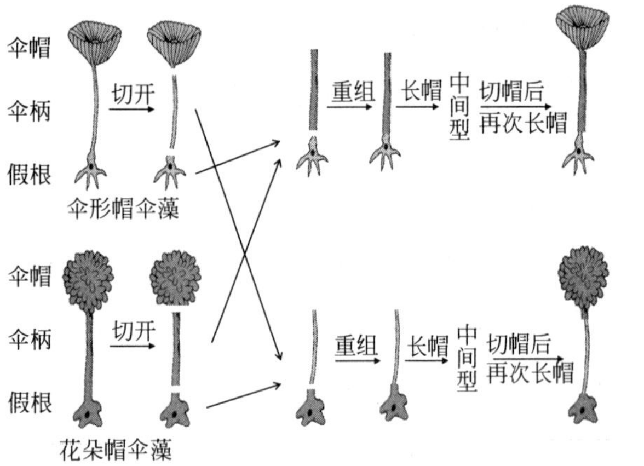

（2）伞藻核移植实验

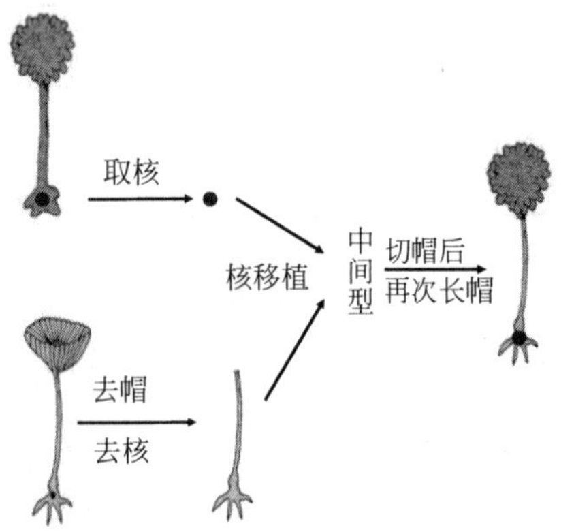

伞藻的几个实验说明了伞藻的形态结构取决于细胞核。

［**知识扩展**］

但是为什么第一次长出来的是中间型的帽呢？这涉及基因表达的相关知识。柄中留有原先伞藻的基因转录和表达产物——mRNA和蛋白质，这些物质和新核共同控制帽的形状。而时间一长，原先伞藻基因的相关产物含量下降，几乎不产生影响，此时把帽再次切除，第二次长出的帽的形状就只取决于新核。

实验3：蝾螈受精卵横缢实验

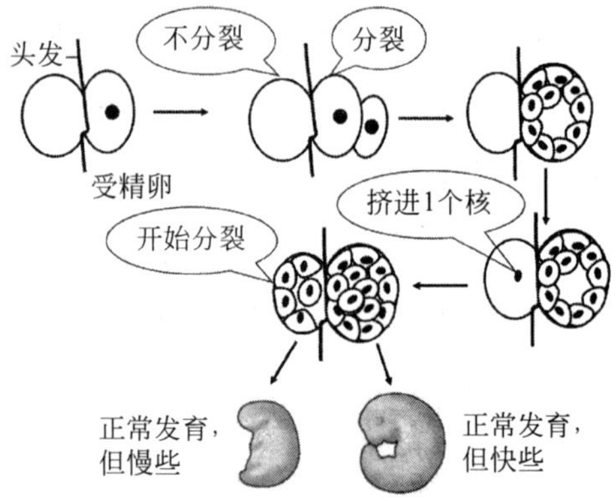

此实验说明蝾螈的细胞分裂和分化受细胞核控制。

实验4：变形虫去核及核移植实验

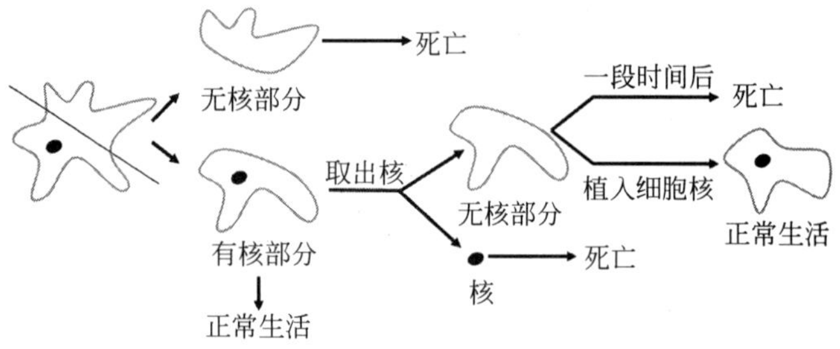

此实验说明细胞核是细胞代谢的控制中心。

四个实验说明**细胞核是遗传物质储存和复制的场所，是细胞遗传特性和代谢活动的控制中心**。

3. 细胞核的结构

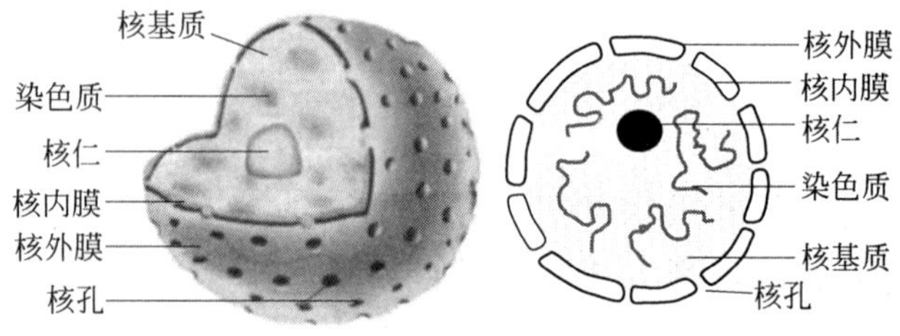

细胞核的立体结构图　　细胞核的平面结构图

1）**染色质（染色体）是指细胞核内容易被碱性染料染成深色的物质。**

染色质主要是由 DNA 和蛋白质组成的极细的丝状物，还含有少量的 RNA。蛋白质分为组蛋白和非组蛋白。组蛋白是染色质中的碱性蛋白质，其中精氨酸和赖氨酸等碱性氨基酸含量特别高，二者加起来约为氨基酸残基总量的 1/4。组蛋白与带负电荷的双螺旋 DNA 结合成 DNA-组蛋白复合物。非组蛋白是酸性蛋白质，包括酶和调节基因表达的蛋白质等。细胞核中的 DNA 长度惊人，如何将它容纳在细胞核小小的空间内？就像毛线绕着一个转轴，DNA 也绕着组蛋白，再通过蛋白质的其他包装形式，DNA 被收纳到小小的核空间中。原核细胞没有组蛋白，所以无法形成染色质(染色体)。

细胞分裂时，细胞核解体，染色质高度螺旋化，缩短变粗，成为光学显微镜下清晰可见的圆柱状或杆状的染色体。我们可以把染色质比喻成是一条长绳，而把染色体比喻成是长绳通过不断螺旋折叠加粗后形成的短绳。细胞分裂结束时，染色体解螺旋，重新成为细丝状的染色质，被包围在新形成的细胞核里。所以说，**染色质和染色体是细胞分裂不同时期形状各异的同一种物质**，不能同时出现在同一个细胞中。如果细胞没有分裂能力，或暂时脱离分裂周期，该物质也是以染色质形式存在的。

分裂期，染色质需要浓缩成染色体，因为高度浓缩的染色体易于平均分配给两个子细胞(如下图)。分裂间期，染色质高度分散，因此与 DNA 复制有关的酶就可以进入 DNA 分子之间的间隙，并与 DNA 结合。相同道理，在染色体状态时，转录也很难进行。

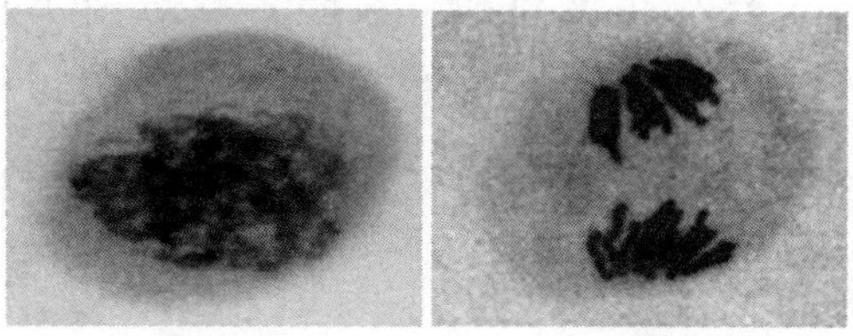

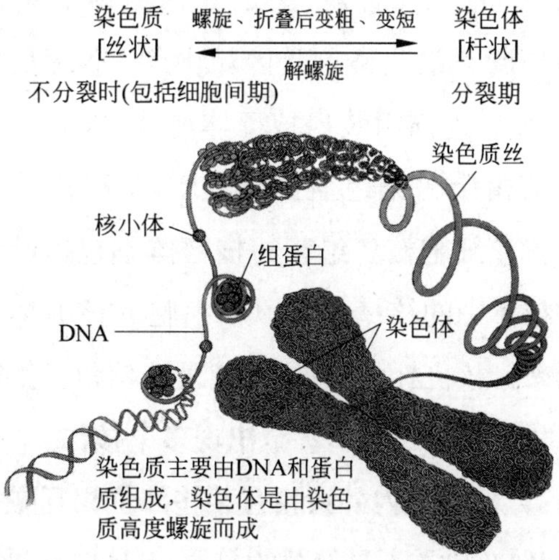

染色体的结构和数目的稳定性对于生物而言非常重要，当发生改变时，生物的性状往往会发生巨大改变，甚至死亡，这说明染色体在遗传中具有重要作用。

2) **核被膜(核膜)有两层**，两层核膜之间 15～30nm 的间隙称为核周腔。外膜常与粗面内质网相连，因为生物膜具有流动性，所以**外膜上也会附着有核糖体**。核膜不是连续的，而是存在核孔。核膜将真核细胞的细胞核和细胞质分开，DNA 复制、RNA 转录和加工在核内进行，而蛋白质翻译则在细胞质中进行，避免了相互干扰，保证了对基因表达的精确调控。核膜还能保护核内 DNA 免受细胞骨架运动产生的机械力的损伤。

[**知识扩展**]

可以简单地理解成细胞核内的物质是如此重要，以至于需要两层膜来保护。一般认为核膜是由一种原始的内质网演变而来。

3）**核仁折光性强**，在光学显微镜下较周围更亮。尽管水是无色透明的，但是我们仍然能发现瓶子中的水，显微镜下能看到核仁也与光的物理性质有关。

真核细胞细胞质中的核糖体来源于核仁，它是rRNA合成、加工和核糖体亚单位装配的场所。某些染色质区域中的DNA负责转录rRNA，进而组装出核糖体前体，因此核仁区域包括相应的染色质区域、rRNA和核糖体前体。真核细胞核仁组装的核糖体不包括叶绿体和线粒体中的核糖体。原核细胞的核糖体也不可能来自核仁，因为原核细胞没有核仁。**细胞代谢越旺盛，核仁越大，甚至出现多个核仁。**

4）**核孔是内外核膜在某些部位相互融合形成的开口，它并不是简单的孔洞，而是由多种核孔蛋白（糖蛋白）组成的复合体，又叫核孔复合体。**

核孔的功能是实现细胞核和细胞质之间的物质交换和信息交流。某些蛋白质通过核孔进入细胞核，RNA通过核孔出细胞核。核孔具有一定的选择性，物质通过核孔时可能还需要消耗能量。

组成染色质的成分之一是蛋白质，细胞核内DNA的复制和转录所需要的酶也是蛋白质，这些蛋白质通过核孔进入细胞核。细胞核内DNA转录生成的RNA（可能需要先进行加工）通过核孔出细胞核。核糖体亚单位在核仁组装完成后通过核孔出细胞核。细胞被病毒入侵后，病毒DNA也是通过核孔进入细胞核。细胞代谢越旺盛，核孔越多。

［**知识扩展**］

碱性染料是指在水溶液中显色基团是阳离子的染料。如能将染色体染成红色的醋酸洋红和能将染色体染成紫色的甲紫溶液（龙胆紫），都是酸性（pH＜7）溶液，但仍属于碱性染料。值得注意的是，很多出题老师误以为碱性染料溶液pH大于7。

＜**知识细节**＞

染色试剂归纳：碱性染料用于染色质的染色，甲基绿（死细胞染色）和二苯胺（沸水浴）用于DNA的染色，双缩脲试剂用于蛋白质的染色。

＜**知识细节**＞

受浙科版叙述“核孔复合体是蛋白质、RNA等大分子出入细胞核的通道”的影响，很多教辅误认为小分子物质进出细胞核是不通过核孔的。其实小分子也可以通过核孔进出细胞核，而且可以不需要细胞提供能量和载体，即自由扩散，包括离子、核苷酸、葡萄糖、氨基酸甚至小型蛋白质。但是大分子的通过需要能量和载体。

4. 细胞核与细胞质的关系（核质关系）

细胞核在细胞的生命活动中起控制作用，细胞核内储存的遗传物质携带着遗传信息，可以控制细胞质中蛋白质的合成。同时，细胞质为细胞核提供必要的物质与能量。这就是细胞核与细胞质的关系，简称核质关系。

＜**版本差异**＞

有教材认为细胞核是一种特殊的细胞器，并认为细胞核是最大的细胞器，比如翟中和的《细胞生物学》、汪堃仁的《细胞生物学》等。但是主流的高中生物学教材还是不把细胞核作为细胞器，这样更有利于学习细胞结构。事实上，细胞器很难定义，细胞核、细胞骨架，甚至有人认为细胞膜都属于广义的细胞器范畴。

［**知识扩展**］

有些材料用哺乳动物成熟的红细胞寿命很短来论证细胞核的重要性，不太具有说服力。因为，人体中无核的红细胞寿命为 120 天，有核的白细胞的寿命为 5～7 天。

第 8 节　动物细胞与高等植物细胞结构的比较

本节知识框架：

1. 动植物细胞模式图
2. 动植物细胞比较

1. 动植物细胞模式图

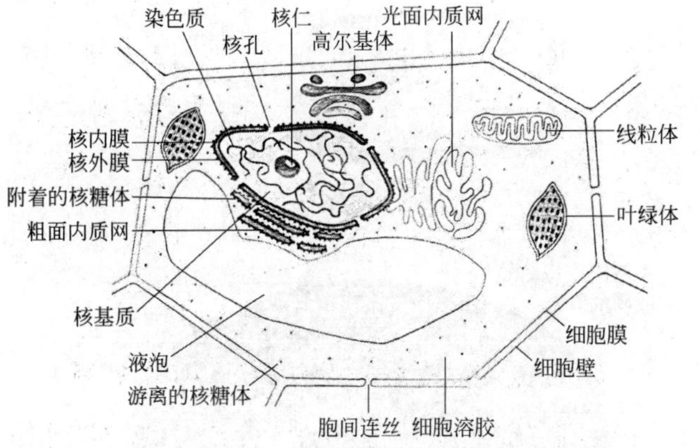

植物细胞

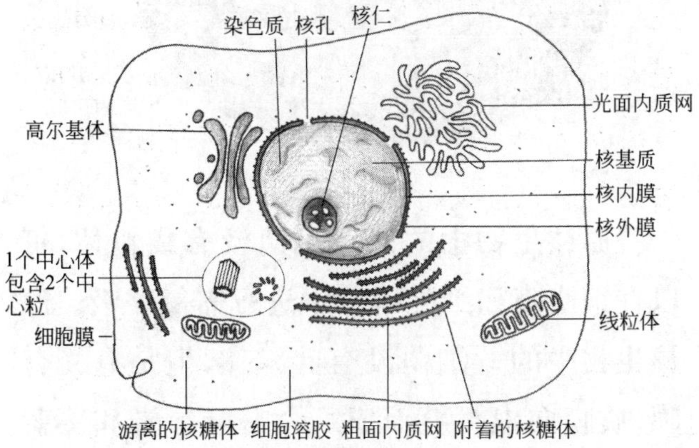

动物细胞

2. 动植物细胞比较

动植物细胞的结构有较大的不同：

1）几乎所有植物细胞都有细胞壁，动物细胞没有细胞壁；有没有细胞壁是动物细胞和植物细胞的最主要差别。

2）植物的叶肉细胞和保卫细胞有叶绿体，动物细胞一般没有。

3）成熟的植物细胞有大液泡，动物细胞没有大液泡。

4）动物细胞有中心体，高等植物细胞中没有中心体。

［**知识扩展**］

有的植物中存在胞间连丝，示意图如下。胞间连丝是贯穿两个相邻植物细胞的细胞壁，并连接两个原生质体的胞质丝。胞间连丝使整个植物的细胞连为一体，互通物质和信息，成为共质体。

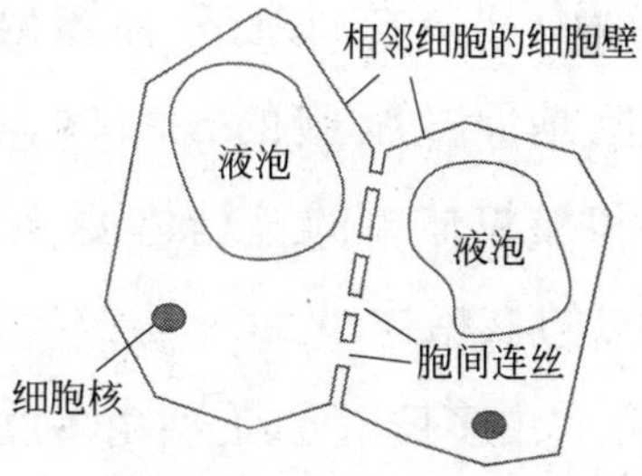

第 9 节　原核细胞和真核细胞的比较

本节知识框架：

1. 原核细胞的结构
2. 原核细胞的种类
3. 原核细胞和真核细胞的区别
4. 真核细胞的生物膜系统
5. 原核生物与原生生物的比较

1. 原核细胞的结构

- 原核细胞
  - 基本结构
    - 细胞壁：由肽聚糖等成分组成
    - 质膜
    - 细胞质：只有核糖体一种细胞器
    - **拟核(区)：DNA 没有被包装成染色质，无核膜，无核仁**
  - 特殊结构
    - 荚膜(具有保护作用)
    - 鞭毛(用于运动)
    - 菌毛(又称纤毛，有吸附等功能)

有些资料中有“细菌的细胞核”的说法，但是这个说法是不确切的。真核细胞的细胞核具有核膜；**原核细胞没有核膜，遗传物质集中的区域称为拟核**。

尽管有些资料中有“细菌的染色体”的说法，但是**原核细胞实际上没有真正的染色体结构**。原核细胞拟核区的DNA尽管会被拟核蛋白包装，但是没有发展成染色质的结构。因为拟核蛋白含量较少，所以有些教科书和习题中有**“拟核区内裸露的DNA”**的说法。这些DNA是大型的环状双链DNA分子。

原核细胞和真核细胞都有核糖体，功能也相同。但是原核细胞的核糖体、真核细胞的叶绿体和线粒体中的核糖体要比真核细胞细胞溶胶中的核糖体小。

荚膜有些由多糖组成，有些由多肽组成。荚膜可以协助细菌对抗免疫系统，有利于细菌的黏附作用，也可以作为养分协助细菌度过饥饿。

菌毛（纤毛）和鞭毛由微管蛋白组成。

细菌的细胞壁由肽聚糖组成，但是因为含量和排列方式不同，对革兰氏染色反应的情况不同。染色后，革兰氏阳性菌呈现紫色，而革兰氏阴性菌呈现红色，两者对不同抗生素的敏感度也不同。

原核细胞的模拟图示如下。

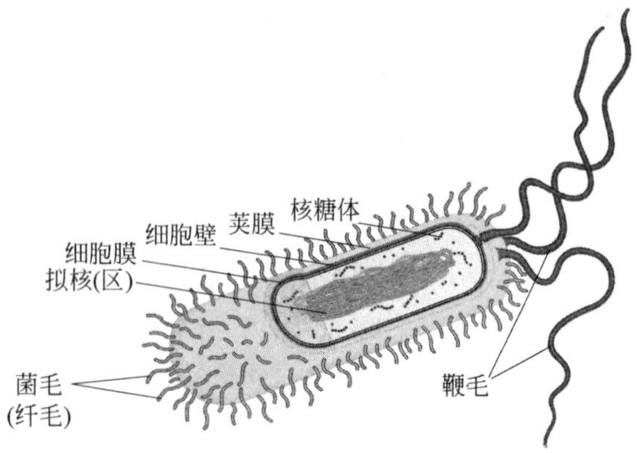

2. 原核细胞的种类

原核细胞有细菌、蓝细菌、支原体、衣原体、放线菌、立克次氏体等种类。

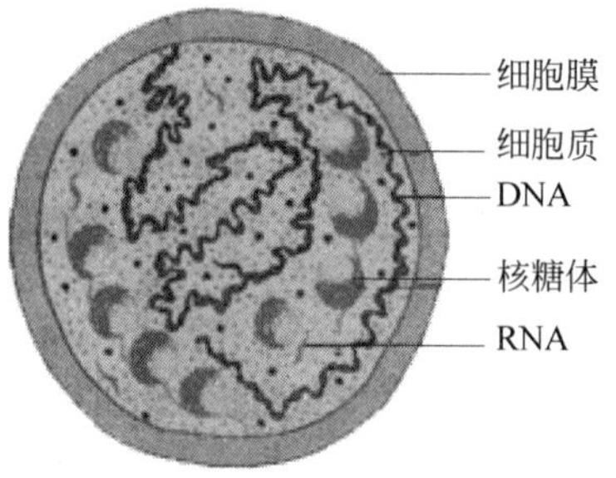

支原体模式图

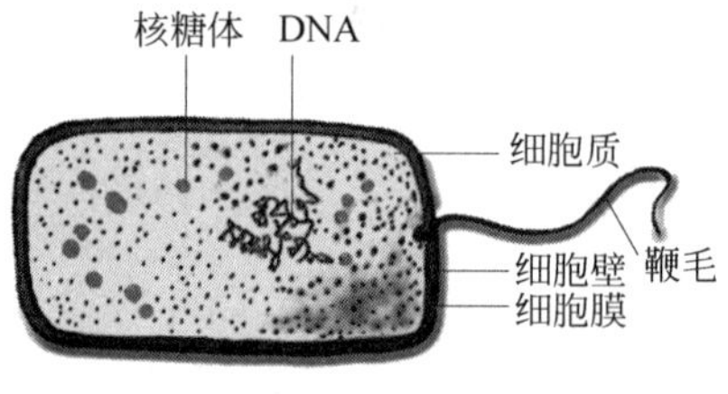

细菌模式图

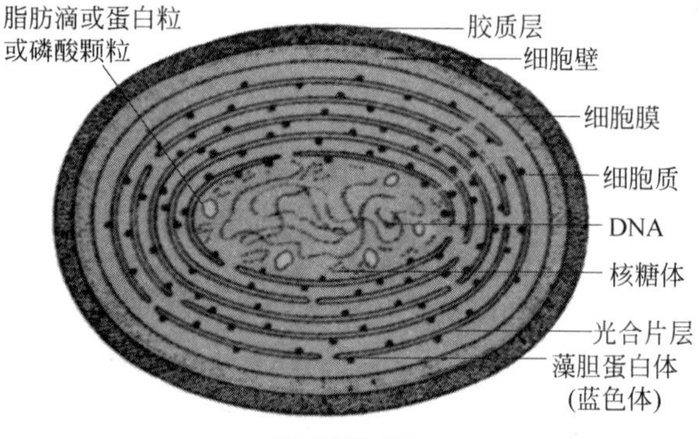

蓝细菌模式图

原核生物中的好氧细菌没有线粒体，可以在细胞膜和细胞溶胶中进行需氧呼吸。原核生物中的蓝细菌没有叶绿体，但是有光合膜（质膜向内折叠而成），含有叶绿素和藻蓝素，也可以进行光合作用。

3. 原核细胞和真核细胞的区别

类　型	原核细胞	真核细胞
细胞大小	相对较小	相对较大
细胞核	无真正的细胞核，有拟核；无染色质、核仁、核膜；不遵循遗传学的三大基本规律	有细胞核，有染色质、核仁、核膜

续表

类　型	原核细胞	真核细胞
细胞质	除核糖体外,无其他细胞器	有多种细胞器
细胞壁	主要成分为肽聚糖,支原体没有细胞壁	主要成分为纤维素、果胶(植物)或壳多糖(真菌)
有氧呼吸场所	主要是质膜	主要是线粒体
光合作用场所	光合膜、质膜	叶绿体
举例	细菌、蓝细菌	动物、植物、真菌

4. 真核细胞的生物膜系统

1）生物膜系统的概念

质膜、细胞器膜和核膜在结构和功能上形成的统一整体构成细胞内的生物膜系统。生物膜系统一般指的是真核生物的膜系统,因为原核细胞的生物膜除了细胞膜和蓝细菌的光合膜没有其他膜。

2）生物膜之间结构和功能的联系

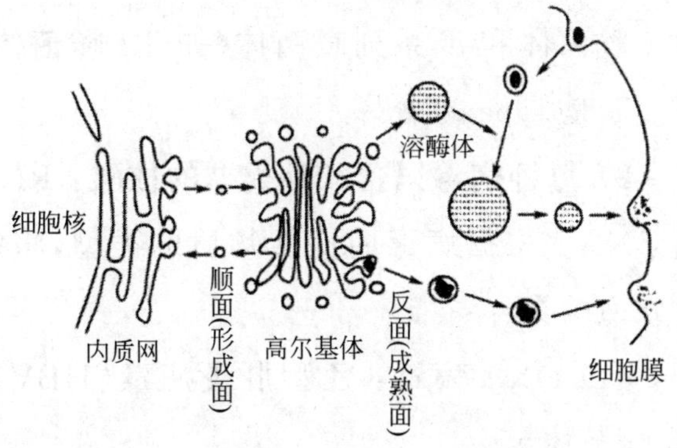

内质网膜在结构上与外核膜和细胞膜直接相连,但是内质网膜、高尔基体膜和细胞膜之间通过小泡间接相连。外核膜因为与内质网相连而组成相似,常附有核糖体。高尔基体具有极性,呈弓形或半球形,凸出的一面对着内质网称为形成面或顺面,凹陷的一面对着质膜称为成熟面或反面。高尔基体的形成面与内质网膜组成相似,而成熟面与质膜组成相似。生物膜间的关联如下图所示。

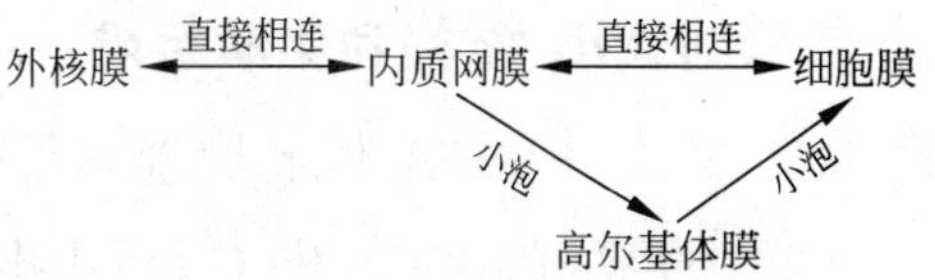

3）生物膜系统的功能(人教版)

(1) 细胞膜使细胞具有一个相对稳定的内环境,并使细胞与周围环境进行物质运输、能量交换和信息传递。

(2) 为酶提供大量的附着位点,这些酶需要附着在生物膜上才能起作用。

(3) 将细胞分成一个个小室,使生化反应互不干扰,为生化反应的有序进行创造条件。

5. 原核生物与原生生物的比较

原生生物是最简单的真核生物,大部分为单细胞生物,如草履虫、变形虫(又叫阿米巴,Ameba)。

原核生物的细胞没有核膜包被的细胞核,即无成形的细胞核。

第10节　非细胞结构的生命体——病毒

本节知识框架:

1. 病毒的发现史
2. 病毒的大小、结构和化学组成
3. 病毒不能独立生存
4. 病毒的种类
5. 病毒的起源
6. 病毒的危害和利用
7. 其他非细胞结构的生命体

1. 病毒的发现史

俄国生物学家伊凡诺夫斯基间接地证明了病毒的存在。美国生化学家斯坦利第一次将病毒提纯出来。

2. 病毒的大小、结构和化学组成

病毒的尺度常用纳米来度量，在 10～300nm 之间，通常在 100nm 左右，须用电子显微镜才能观察到其具体形态和大小。大约 10 亿个细菌等于一颗小米粒大，大约 3 万个病毒等于一个细菌大。病毒与细菌的大小相比相当于篮球与摩天大厦。

病毒是无细胞结构的生物，其主要成分是蛋白质和核酸，蛋白质构成衣壳，核酸位于内部。衣壳和核酸合称为核衣壳。体积相对较大的病毒，如人流感病毒的衣壳还可能外包着由多糖、脂质、蛋白质等成分构成的被膜。病毒的形态、侵染类型、侵染方式直接取决于衣壳蛋白。剥离病毒的外壳后，剩下的核酸部分可能仍然具有感染能力，但是感染能力下降。

3. 病毒不能独立生存

1）病毒没有代谢所需的酶和蛋白质合成系统，不能进行独立的代谢活动。病毒中可能含有溶菌、逆转录酶等，这些酶是在宿主细胞中合成的。

2）**病毒只有寄生在活细胞中才能完成生命活动。因此，培养病毒的培养基中必须有活细胞。**如用鸡胚培养流感病毒，从而制备疫苗。

3）离体条件下，病毒能以无生命的大分子状态存在，可形成结晶，不具有生命现象，并可长期保持侵染活力。

4）**病毒有自己的遗传信息，但必须利用宿主细胞内的物质，以自己的遗传物质为模板制造子代病毒。**

［**知识扩展**］

许多生物学家认为病毒是处于生命与非生命体的交叉区域的存在物。但是在中国高中生物学中，需要将病毒作为一种特殊的生物，一种无细胞结构和不能进行独立代谢和繁殖活动的生物体。只有把病毒作为一种生物，才能理解教材后文中噬菌体侵染大肠杆菌的实验证明了 DNA 是生物的遗传物质的推理过程。

4. 病毒的种类

1）根据病毒寄生的细胞不同，将病毒分为三类。

（1）动物病毒：人类免疫缺陷病毒（艾滋病病毒，HIV）、禽流感病毒、SARS 冠状病毒等。

（2）植物病毒：烟草花叶病毒（TMV）、小麦黄矮病毒等。

（3）噬菌体（细菌病毒）：侵染大肠杆菌的 λ-噬菌体和 T 系列噬菌体（如 T2 噬菌体）等。T 是 type 的缩写。

2）**每种病毒只含一种类型的核酸**：RNA 或 DNA。根据病毒内遗传物质的类型，将病毒分为两类：

（1）DNA 病毒：乙型肝炎病毒（HBV）、T2 噬菌体等。

（2）RNA 病毒：甲型肝炎病毒（HAV）、**人类免疫缺陷病毒**、**烟草花叶病毒**、车前草病毒（HRV）、**SARS 冠状病毒**、脊髓灰质炎病毒、脑炎病毒、流感病毒、寨卡病毒、劳氏肉瘤病毒（RSV）等。因为通常情况下 RNA 是单链，DNA 是双链，所以 RNA 比 DNA 不稳定，更容易发生变异。人类免疫缺陷病毒变异种类非常多，不单因为它的遗传物质是 RNA，而且它的逆转录酶没有校对功能，以至于到目前都没有相应的有效疫苗。

5. 病毒的起源

病毒无完整的酶系统，不能制造 ATP 和独立生活，但确有控制特定活细胞代谢的遗传信息。所以多数学者认为，病毒不可能是“前细胞”生物，而是细胞出现后的产物。又发现某些病毒的核酸与其宿主细胞核酸序列近似，由此认为，病毒可能是生物细胞中逃脱出来的某些核苷酸片段，故现今几乎所有生物都能被一种或多种病毒侵染。这也能解释为何宿主细胞质膜上的受体可以与病毒结合，然后摄入病毒。

6. 病毒的危害和利用

病毒会导致动植物生病，但同时病毒也可以被利用于防治虫害、基因工程等。比如，澳大利亚的兔子由于没有天敌而泛滥，成为澳大利亚一害。政府曾采用多发性黏液病毒消灭兔子，取得了一定效果。又比如，绿脓杆菌噬菌体能有效地控制烧伤病人的绿脓杆菌感染。

7. 其他非细胞结构的生命体

世界上还存在其他非细胞结构的生命体，如类病毒、朊病毒和拟病毒。同病毒一样，这些生命体是否能称为生命是存在争议的。

第4章 细胞的代谢

第1节 生物催化剂——酶

本节知识框架：

1. 酶的作用
2. 酶的发现和酶本质的探索
3. 酶的催化机理
4. 酶的特性
5. 影响酶促反应速率的因素
6. 酶的命名规律

1. 酶的作用

代谢离不开酶的催化作用，因为有酶的催化作用，生物体内各个化学反应能在常温常压下有条不紊地进行。发生在生物体内的生物化学反应几乎都需要酶的催化[①]。

2. 酶的发现和酶本质的探索

1）鹰对肉的化学性消化

以前，人们一直认为胃只有物理性消化，而没有化学性消化。那么消化道内究竟有没有化学性消化？

意大利科学家斯帕兰扎尼进行了实验：把肉装在金属笼里，然后让鹰吞食，一段时间后笼中的肉消失。

（1）为什么把肉放入金属笼内？（避免鹰胃对肉进行物理性消化。）

（2）是什么物质使肉块消失了？（胃内的

① “光合色素吸收光能”和“物质出入细胞”不是生化反应，不需要酶的催化。

化学物质将肉块分解了。）

＜**思考与讨论**＞

我们回顾一下初中学习的“实验的一般设计思路”并结合本实验进行分析。

提出问题：胃除了物理性消化，还有化学性消化吗？

作出假设：有化学性消化。

设计实验：验证假设。

得出结论：胃内有一种能消化肉的物质。

2）酒精发酵、酵母菌与酶

19世纪，人们开始认识到酵母菌与酒精发酵有着密切的关系。科学家发现正在发酵的葡萄酒中有酵母菌。

微生物学家巴斯德（法国，微生物学之父）认为酒精发酵是酵母菌代谢活动的结果，主要强调细胞的整体作用。

化学家李比希（德国，有机化学之父）认为发酵仅仅是一种化学反应，与酵母菌的活动无关，最多只是需要酵母菌中某种物质的参与而已。

巴斯德和李比希的这场争论到底谁是正确的呢？德国化学家毕希纳通过实验结束了争论。毕希纳把酵母细胞研磨破碎，加水搅拌，加压过滤得到不含酵母细胞的酵母汁，最后加入葡萄糖。实验可以观察到气泡的产生，所以促使酒精发酵的是酵母中的某种物质（称之为酿酶），而不是酵母菌本身，李比希的推论是正确的。

3）对于酶的本质的探索

1926年，美国科学家萨姆纳从刀豆种子中得到脲酶的结晶，并且通过化学实验证实脲酶是一种蛋白质。而后，科学家相继得到多种酶的结晶，都证实是蛋白质。

20世纪80年代，美国科学家切赫和奥尔特曼发现极少数RNA也有生物催化作用。

所以酶的本质是**活细胞**产生的一类具有**催化作用**的**有机物**。

活细胞是酶的产生来源，催化作用是酶的功能，有机物是酶的化学本质。注意酶只能由活细胞产生，但是酶可以在细胞外发挥作用。

绝大多数酶是蛋白质，极少数特殊的酶是RNA，这类酶称为核酶。需与RNA酶区别开，RNA酶即RNA水解酶。高中阶段所有能列举的酶都是蛋白质。

［**知识扩展**］

核酶是具有催化功能的RNA分子，是生物催化剂，可降解特异的mRNA序列。核酶又称酶RNA。绝大多数RNA催化剂以自身为底物进行自体催化，进行自我剪切或剪接。核酶的发现打破了酶是蛋白质的传统观念。有科学家认为核糖体的实质是核酶，rRNA处于活性中心，蛋白质起辅助作用。

3. 酶的催化机理

分子从常态转变为容易发生化学反应的活跃状态所需要的能量称为活化能。**催化剂的原理是改变活化能**，加快反应速度的催化剂可以降低活化能，降低反应速度的催化剂可以增加活化能。生物体内的酶无一例外的都是降低活化能，加快反应速度（如下页图）。

酶作为一种生物催化剂，其催化机理与无机催化剂相同。催化剂在反应前后化学性质不变，但是在具体催化反应过程中，会与底物发生化学反应，产生中间产物。

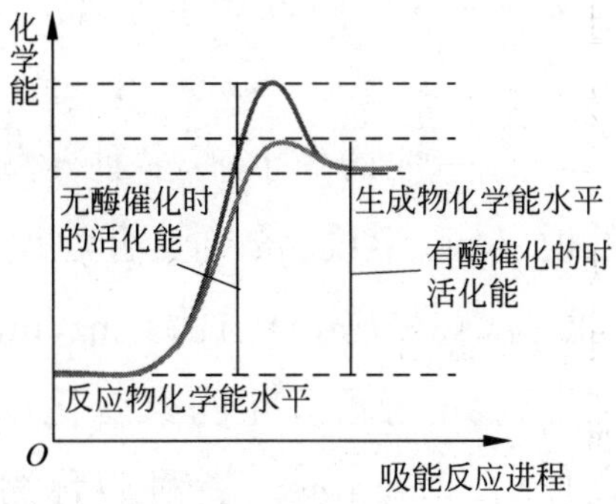

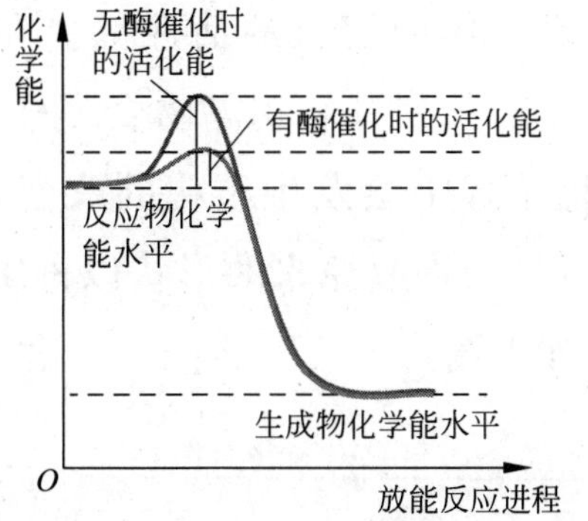

与无机催化剂一样，酶能缩短达到化学平衡所需的时间，而不改变化学平衡点，因此酶能加速生成物的产生速度，但是无法改变最终生成物的量，如下图。

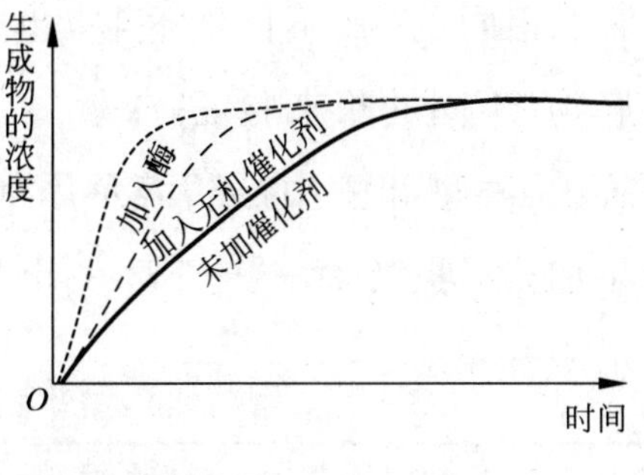

4. 酶的特性

酶的催化功能具有高效性、专一性，其活性易受多种因素影响(人教版：酶的作用条件较温和)。

1）酶的高效性

(1) 酶的高效性体现在酶降低活化能的能力比无机催化剂强。

H_2O_2 分解的条件	活化能/($kJ \cdot mol^{-1}$)
没有催化剂	75
用胶态铂催化	54
用过氧化氢酶催化	29

(2) 探究酶具有高效性的实验

过氧化氢的化学式为 H_2O_2，是一种强氧化剂，其水溶液俗称双氧水。

生物体内的 H_2O_2 是细胞内某些反应的副产物，会对细胞带来伤害。而生物体内含有过氧化氢酶，能及时催化 H_2O_2 分解。当用双氧水处理皮肤上的小伤口时，能观察到有气泡产生，就是因为人体细胞产生的过氧化氢酶能将 H_2O_2 分解成 H_2O 和 O_2，这气泡就是 O_2。反应式为：$2H_2O_2 \longrightarrow 2H_2O + O_2$。

利用过氧化氢溶液可以设计实验，比较过氧化氢酶和无机催化剂的催化效率，从而证明酶的高效性。三支试管中均添加等量同浓度的 H_2O_2 溶液，其中试管 1 为空白对照组，试管 2、3 为实验组，加入的催化剂溶液体积远小于 H_2O_2 溶液体积，引起的浓度变化忽略不计。实验操作和结果如下图。

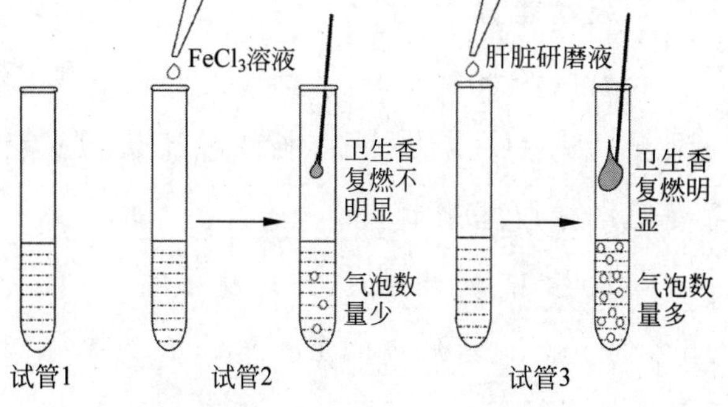

动物细胞中都含有过氧化氢酶，肝脏细胞和血细胞中含量特别高。本实验使用新鲜肝脏(猪肝或鸡肝)的研磨液，研磨是为了将酶从肝脏细胞中释放出来，使其与 H_2O_2 充分接触，加快反应。实验中，肝脏研磨液可以用马铃薯匀浆代替，$FeCl_3$ 溶液可以用二氧化锰粉末代替。

本实验中的自变量是催化剂种类（过氧化氢酶与无机催化剂），因变量是产生 O_2 的速度。**本实验有两个观测因变量的指标：气泡的产生速度和点燃后无明火的卫生香的复燃程度**。实验要遵循单一变量原则，控制无关变量，比如 H_2O_2 溶液的体积就属于无关变量，所以各组试管添加的 H_2O_2 溶液需要等量。

实验设计要注意遵循对照原则，设置对照组。只用试管 3 不能证明酶具有高效性。**酶的高效性是与无机催化剂的效率比较，而不是与不加任何催化剂的空白对照组比较**，试管 3 与试管 1 的结果比较不能说明酶具有高效性，试管 3 与试管 2 的结果比较才能说明酶具有高效性。

〈知识细节〉

注意，吸取肝脏研磨液和无机催化剂溶液的滴管不能共用。H_2O_2 有腐蚀性，不要让它接触皮肤。

〈版本差异〉

人教版还设置了一个高温处理组来验证高温会促进 H_2O_2 分解。浙科版还认为试管需要使用橡胶塞来封口。

人教版中列出数据：1 滴质量分数为 3.5%的 $FeCl_3$ 溶液中的 Fe^{3+} 数，大约是 1 滴质量分数为 20%的新鲜肝脏研磨液中过氧化氢酶分子数的 25 万倍。

2）酶的专一性

酶具有专一性是指每一种酶只能催化一种或一类化学反应。细胞代谢能够有条不紊地进行，与酶的专一性是分不开的。目前发现的酶有数千种，它们分别催化不同的化学反应。

对酶的专一性的解释有多种学说，如中间产物学说、锁钥学说、诱导契合学说等。一般认为，底物（substrate）与酶（enzyme）的活性部位结合，会诱导酶发生构象变化，形成酶-底物复合体（ES complex，浙科版称为 SE 复合体）。复合体中酶上的活性部位在结构上与底物互补，正如锁和钥匙吻合一样。可见，**酶在催化过程中会发生结构的改变，但是反应结束后又会恢复原来的形状以再次结合新的底物**（如下图）。

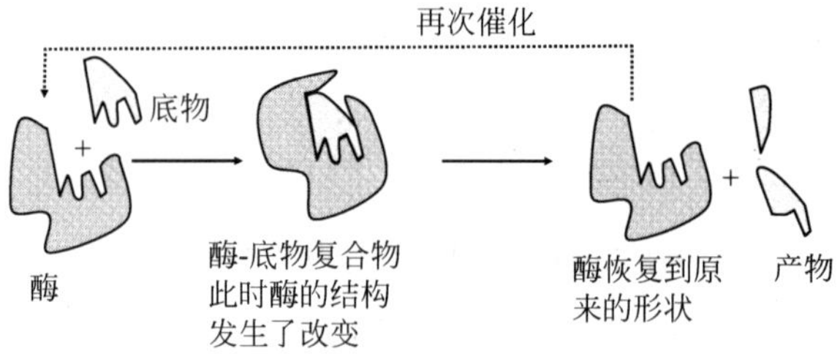

验证酶的专一性可以有两种不同的实验思路：采用相同的酶、不同的底物，也可以用相同的底物、不同的酶来验证。

下表中，底物和酶中“+”表示添加，“−”表示未添加；实验结果中“+”表示阳性反应，“−”表示阴性反应。

试剂	试管编号							
	1	2	3	4	5	6	7	8
淀粉溶液	+	−	−	−	+	−	+	−
蔗糖溶液	−	+	−	−	−	+	−	+
淀粉酶	−	−	+	−	+	+	−	−
蔗糖酶	−	−	−	+	−	−	+	+
水浴保温后，用试剂检测还原糖								
实验结果	−	−	−	−	+	−	−	+

〈版本差异〉

人教版的实验只采用前一个思路，而浙科版同时采用了两个思路。

人教版和浙科版中,淀粉和蔗糖溶液浓度不同,量不同,它们所使用的淀粉酶也是不同的。

新鲜的唾液需稀释200倍。浙科版使用的酶是唾液淀粉酶,最适温度为37~40℃[①]。人教版使用的是α-淀粉酶,化学试剂商店出售的α-淀粉酶是从微生物中提取出来的,最适温度为50~75℃。而蔗糖酶的最适温度是45~50℃,从这个角度看,人教版对酶的选择更合理。而浙科版的实验中,让添加蔗糖酶和唾液淀粉酶的反应都在37℃下催化,很不合理。

浙科版溶解淀粉用的0.3%氯化钠溶液,因为氯离子是唾液淀粉酶的激活剂。但是浙科版没有同时在蔗糖溶液中加入氯化钠,明显不符合单一变量原则。

＜**知识细节**＞

在检验酶的专一性实验中,当底物有蔗糖时,不能使用碘液,因为碘液可以检测淀粉是否被分解,却无法检测蔗糖是否被分解。

试管1、2作为对照,可以用来检测淀粉和蔗糖是否变质,即有没有被微生物分解产生还原糖。有些教辅认为试管1、2需添加蒸馏水,否则各试管的溶液体积不一致。

试管5、6能证明淀粉酶的专一性,因为验证了淀粉酶能水解淀粉而不能水解蔗糖;试管5、7能证明酶的专一性,因为验证了淀粉能被淀粉酶水解但是不能被蔗糖酶水解。但是,试管5、7不能证明淀粉酶的专一性,因为试管5只能证明淀粉酶能水解淀粉,但是没有证明淀粉酶不能水解蔗糖等其他物质。其他组的相互对照也是如此分析。

3）酶的作用易受多种因素影响

绝大多数酶是蛋白质,而蛋白质的活性易受温度、pH、重金属、有机溶剂等因素的影响。

(1) 温度的影响

酶作用的强弱可用酶活性表示。**酶的活性通常用酶促反应速度来反映**,即底物或产物浓度的变化速率,所以人教版中酶活性用$v/(\mathrm{mmol}\cdot \mathrm{s}^{-1})$来表示。**但是酶促反应速度并不能准确反映出酶的活性**。比如H_2O_2没有酶的催化,也会发生分解。另外,**酶促反应速度除了受酶活性的影响,还受到其他因素的影响,如底物浓度、酶浓度**。

任何化学反应的反应速度都是随温度的上升而加快,但是酶在一定温度以上随着温度上升而加快失活,所以酶的活性曲线是这两个趋势的综合效果。在最适宜温度下,酶的活性最高;温度偏高或偏低,酶的活性都会明显降低(如下图)。

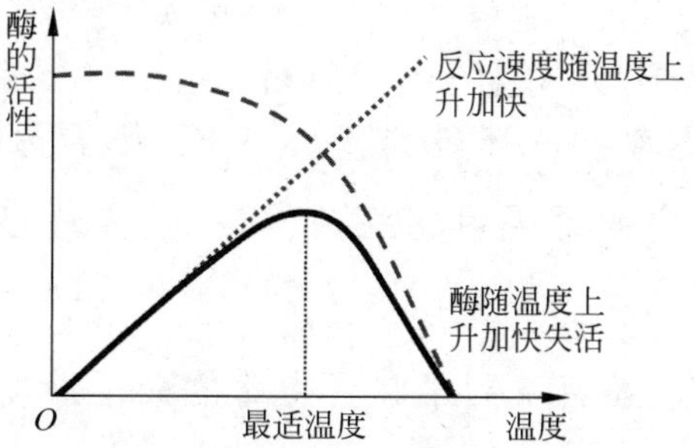

酶活性受温度影响的实验:

项　目	试管		
	1	2	3
稀释唾液	1mL(37℃温水保温)	1mL(沸水保温)	1mL(冰块保温)
淀粉溶液	2mL(37℃温水保温)	2mL(沸水保温)	2mL(冰块保温)

① 浙江省高考题曾经出现的37℃是唾液淀粉酶的最适温度的说法是不准确的。

续表

项　目	试管		
	1	2	3
溶液混合	各自混合	各自混合	各自混合
碘液	1 滴	1 滴	1 滴
结果现象	不变蓝	冷却后变蓝	立即变蓝

底物和酶需要分别保温在特定温度下，然后混合后继续保温在特定温度下。常见的错误是只对底物和混合物进行保温，而没有事先对酶溶液进行保温。比如将常温下的酶加入到0℃的底物中，酶在温度下降过程中还是会起到催化作用。

＜**思考与讨论**＞

① 本次实验你得出的结论是什么？

高温、低温都降低了酶的活性。

② 高温、低温降低酶活性的原理是否相同？

高温和过酸、过碱一样，能使酶的空间结构遭到不可逆破坏。虽然低温使酶活性明显降低，但是酶的空间结构没有被破坏，在适宜的温度下可以恢复。

思考：当环境温度从90℃降低为40℃时，其中的胃蛋白酶的活性增加、降低还是不变？（不变。）

③ 如何找到某种蛋白酶的最适温度？

先进行预实验：先设置较宽的温度梯度，如间隔10℃，用蛋白酶在不同温度下处理肉块，观察肉块消失时间，如下表。

温度	10℃	20℃	30℃	40℃	50℃	60℃
肉块消失时间	3h	2h	40min	20min	2.5h	＞10h

可以判断，蛋白酶的最适温度应该在30～50℃的温度区间。然后再在这个区间内设置较小的温度梯度，如间隔2℃，如下表。

30℃	32℃	34℃	36℃	38℃	40℃	42℃	44℃	46℃	48℃	50℃
40min	30min	22min	16min	17min	20min	30min	35min	50min	2.0h	2.5h

＜**知识细节**＞

如果用碘液来检测，检测的是底物淀粉被水解的程度，水解程度越大颜色越浅，水解程度越小颜色越深。这种方法的缺点是如果淀粉的浓度很高，淀粉虽然有少量水解，但是仍然呈现蓝色，不易观察。如果用斐林试剂或本尼迪特试剂来检测，检测的是产物还原糖的生成。这种方法的优点是少量的淀粉水解也能被检测到。

如果底物只有淀粉，如验证淀粉酶和蔗糖酶的专一性，可以用斐林试剂或本尼迪特试剂来检测是否有水解产物，也可以用碘液根据颜色的深浅（比色法）来判断淀粉的水解程度。

如果利用淀粉和淀粉酶来探究酶的最适温度，宜选用碘液。因为斐林试剂与本尼迪特试剂使用时需热水浴加热，而该实验中需严格控制温度。比如0℃下的酶活性极低，无明显产物生成，但是因为斐林试剂和本尼迪特试剂反应需要热水浴条件，而在水浴的过程中体系温度升高，酶的活性恢复，继而发生催化反应。

(2) pH 的影响

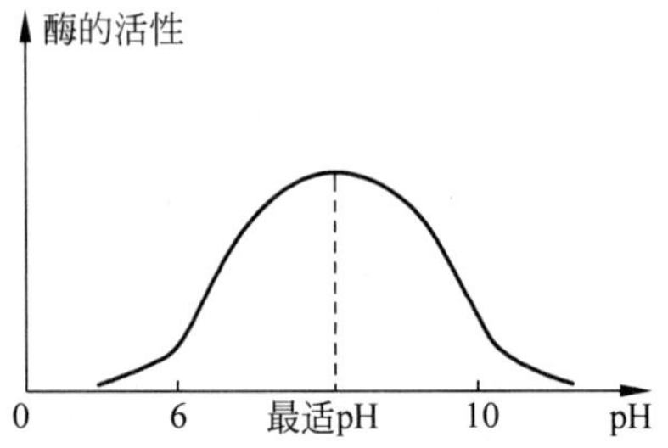

在最适宜pH下酶的活性最高，pH偏高或偏低都会破坏酶的空间结构，酶的活性明显

降低(如上图)。

不同酶的最适 pH 可能不同。**肝细胞中过氧化氢酶的最适 pH 为 6.8,唾液淀粉酶为 6.8,脂肪酶为 8.3,胰蛋白酶为 8.0~9.0,胃蛋白酶为 1.5~2.2(人教版中为 1.5)。**

<思考与讨论>

高温、低温、过酸和过碱对酶活性的影响,其本质相同吗?

不同。过酸、过碱或温度过高,会使酶的空间结构遭到破坏,使酶永久失活;低温使酶活性明显下降,但在适宜温度下其活性可以恢复。

思考:当环境溶液中 pH 从 10 降低为 2 时,胃蛋白酶的活性是升高、降低还是不变?(不变。)

[知识扩展]

用过氧化氢酶来验证温度对酶活性的影响是不合适的,因为过氧化氢随着温度上升会加速分解。

用斐林试剂或本尼迪特试剂来检测 pH 对淀粉酶活性的影响是不合适的,因为酸性环境会破坏试剂。并且,淀粉在酸性条件下易自发水解。

<知识细节>

浙科版教材中"探究 pH 对过氧化氢酶的影响",pH 只有 5.0、6.0、7.0、8.0 四组,最高只有 8.0,这是因为过氧化氢在酸性条件下稳定,在碱性条件下容易分解。可以用 Na_2HPO_4 和 KH_2PO_4 来配置具有 pH 梯度的缓冲液。依次向反应小室中加入含有酶的滤纸片(粘在内壁上)、pH 缓冲液和 3%过氧化氢溶液,在缓冲液和过氧化氢溶液混合后,将反应小室旋转 180°,让滤纸片接触混合液(如下图)。

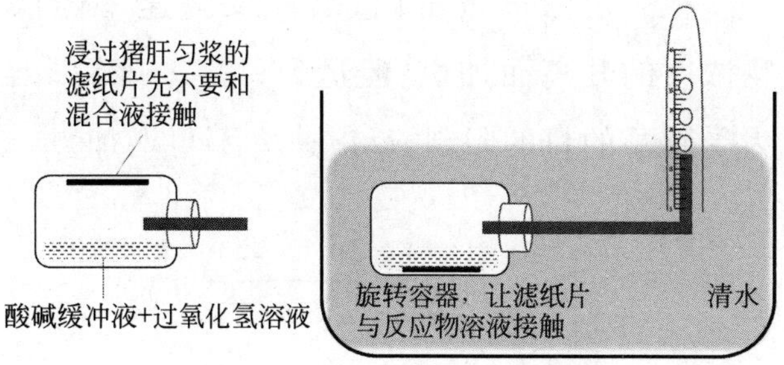

5. 影响酶促反应速率的因素

温度、酸碱度、重金属等因素会通过影响酶活性改变酶促反应速度;同时酶作为催化剂,催化反应速率也受到酶浓度和底物浓度的影响。

1) 酶的浓度

在有足够底物的情况下,酶促反应速率随酶浓度的升高而加快(如图 A)。高中生物学中默认:正常反应体系中,酶的用量远远少于反应物的量,也就是说,底物的量非常充裕,所以不存在受底物浓度的限制。

当纵坐标为反应速率时,若没有酶的催化,反应几乎不会进行,则曲线是从原点出发(如图 B);若没有酶的催化,反应也可以进行,则曲线不是从原点出发(如图 C)。

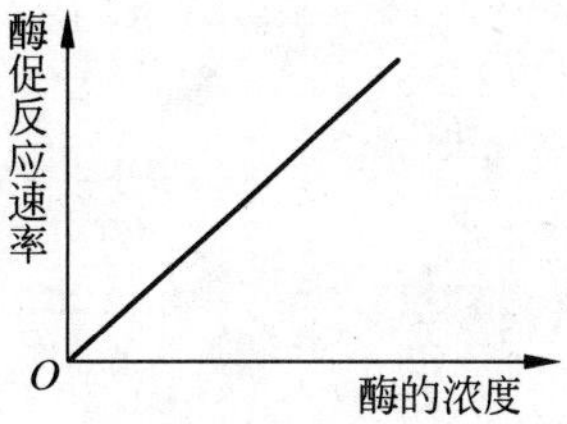

图 A

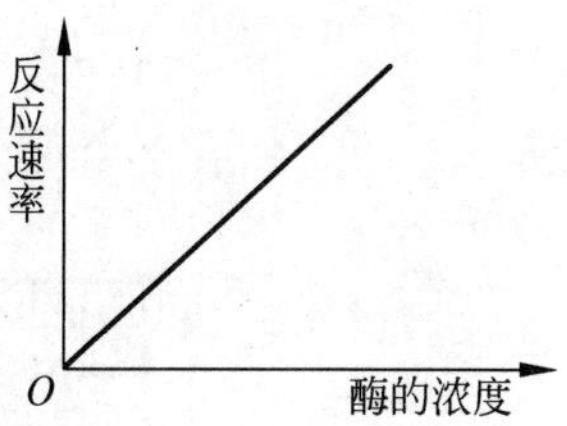

图 B

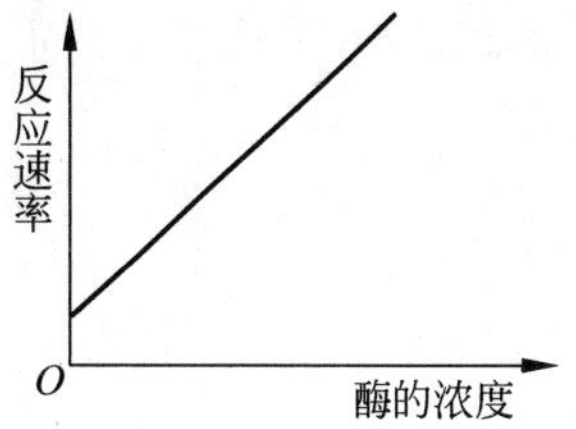

图 C

2）底物的浓度

在一定浓度范围内，酶促反应速率随底物浓度的升高而加快，但达到一定浓度后，因为受到酶的量的限制，反应速率不再增加。

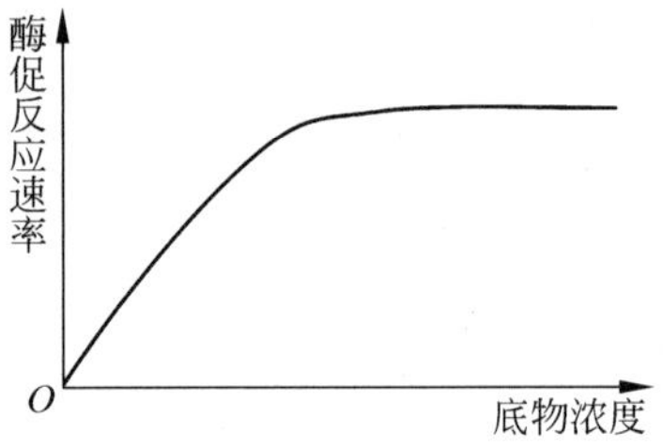

6. 酶的命名规律

一般根据酶所催化的底物命名酶：如水解淀粉的酶称为淀粉酶，水解蛋白质的称为蛋白酶，分解过氧化氢的称为过氧化氢酶。有时还加上来源，以区别不同来源的同一类酶，如胃蛋白酶、胰蛋白酶等。

［**知识扩展**］

固定化酶技术就是将水溶性的酶用物理或化学的方法固定在某种介质上，使之成为不溶于水而又有酶活性的制剂。酶的固定化的方法有吸附法、交联法、包埋法、共价偶联法（如下图）。

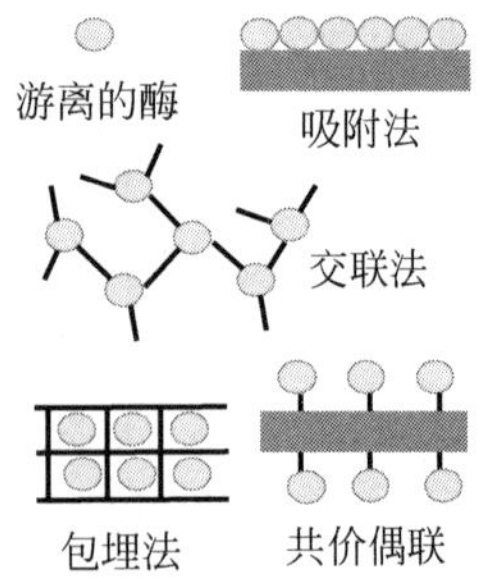

细胞也可以进行固定，固定化细胞技术多采用包埋法，比如酵母菌的固定化已经非常成熟。

第2节　细胞中的能量通货——ATP

本节知识框架：

1. ATP的功能
2. ATP的结构
3. ATP功能的实现机理

1. ATP的功能

研究发现糖类、脂肪等能源物质不能直接为生命活动提供能量，**ATP才是绝大多数生命活动的直接能量来源**。

［**知识扩展**］

除了供能外，ATP还可以作为神经递质。

另外，ATP在细胞信号转导的过程中也起重要作用。在蛋白激酶的催化下，ATP将磷酸基团转移给蛋白质，蛋白质被磷酸化，空间结构发生改变，蛋白质的活性发生改变，或被激活，或被抑制（如下图）。蛋白质磷酸化是调节和控制蛋白质活力和功能的最基本、最普遍、也是最重要的机制。

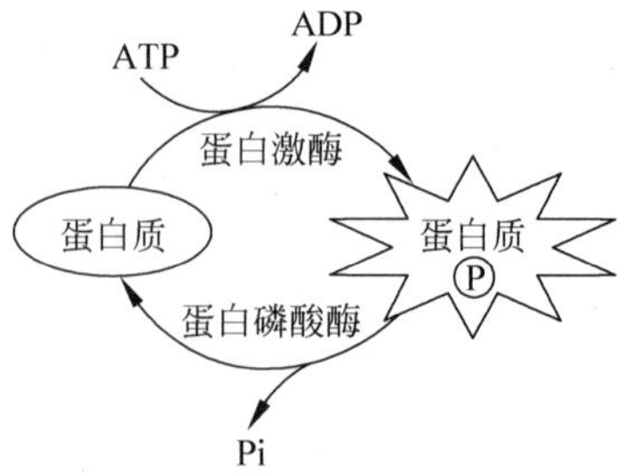

2. ATP的结构

组成RNA的基本单位是4种核糖核苷酸，其中一种是腺嘌呤核糖核苷酸（AMP），而ATP的结构就是在腺嘌呤核糖核苷酸结构的基础上加入2个磷酸基团，如下图所示。

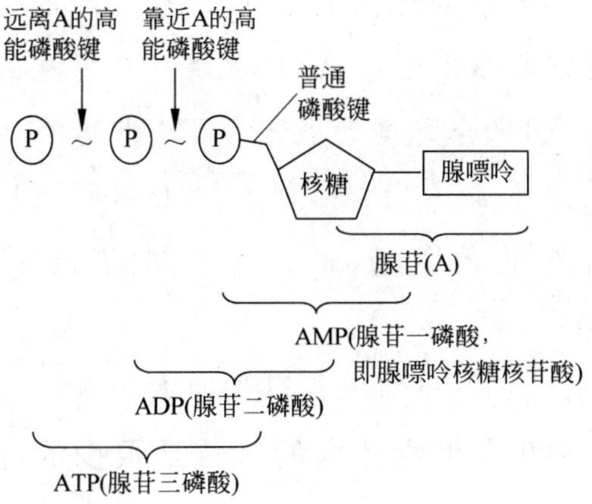

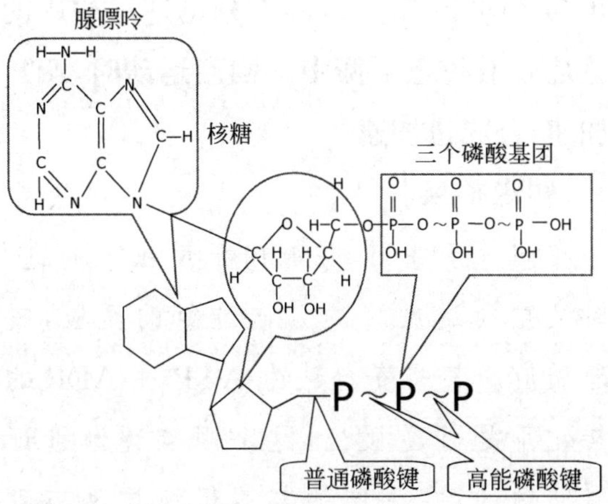

因为腺嘌呤和核糖组成的结构称为腺苷，所以 ATP 就是腺苷结合 3 个磷酸基团，称为腺苷三磷酸，也称三磷酸腺苷。ATP 英文全称是 adenosine triphosphate。

ATP 结构简式：A—P～P～P。其中 A 代表腺苷而不是腺嘌呤，T 代表 3 个，P 代表磷酸基团。

ATP 含有 2 个高能磷酸键和 1 个普通磷酸键。远离 A 的高能磷酸键水解后产生 ADP(腺苷二磷酸)和 Pi(磷酸)，ADP 中的 D 代表 2 个；靠近 A 的高能磷酸键水解后产生 AMP(腺苷一磷酸)和 2Pi，其中，M 代表一个。AMP 即腺嘌呤核糖核苷酸，其余 3 种核糖核苷酸可以分别表示为 UMP、GMP 和 CMP。

3. ATP 功能的实现机理

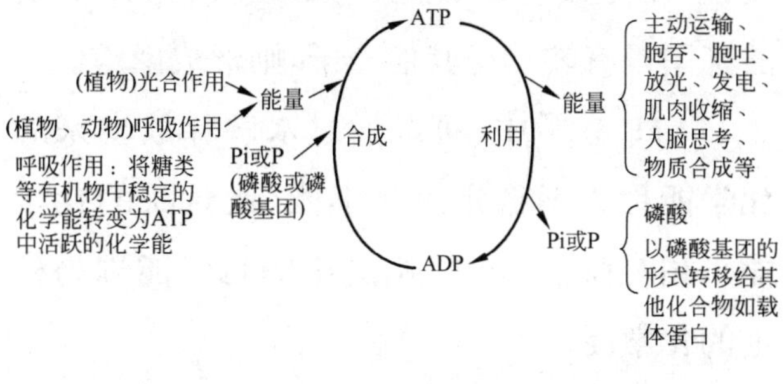

1）ATP 的利用

ATP 在供能时要先进行水解。高能磷酸键不稳定，在对应酶的催化作用下，**ATP 分子中远离 A 的高能磷酸键更容易水解**①**释放出能量**(高达 30.54kJ・mol^{-1}，因此，ATP 是一种高能磷酸化合物)，而靠近 A 的高能磷酸键不容易水解。传统的观点是，催化两个高能磷酸键水解的酶不一样，动物体内主要存在水解远离 A 的高能磷酸键的酶。现在的主流观点是，远离 A 的磷酸基团因电离带两个负电荷，而另外两个磷酸基团因电离带一个负电荷，磷酸基团之间的磷酸键因静电斥力不稳定，特别是远离 A 的磷酸基团与中间的磷酸基团之间的静电斥力特别大，所以它们之间的磷酸键特别不稳定，容易水解(如下图)。

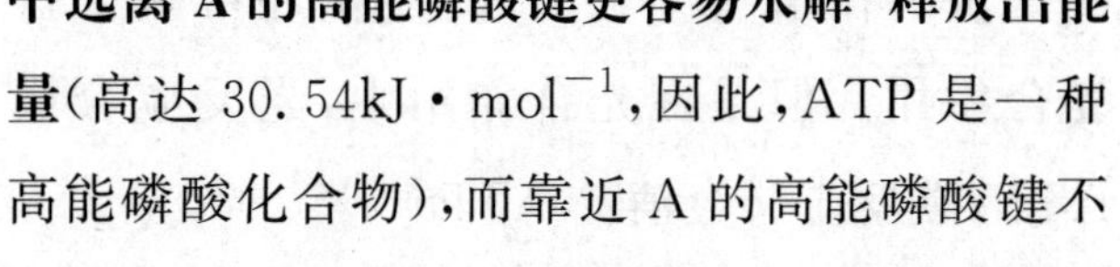

① 注意是“高能磷酸键的水解释放能量”而不是“高能磷酸键的断裂释放能量”。任何化学键的断裂都需要能量，而化学键的形成都释放能量。高能键是生物化学家在讨论能量代谢过程中常用的术语，它是高能分子结构特征的反映；化学工作者则常用键能参数来表征分子结构的特征。两者讨论的着重点不同，所以概念的含义也不一样。但是人们往往容易将化学中谈到的键能概念与高能键混淆起来。在化学中键能越高，说明化学键越稳定；而高能键则正好相反，它表示键所含的能量高，不稳定，这样的键称为高能键，而含有高能键的分子称为高能分子。

ATP 水解后，脱离下来的磷酸基团有可能转移至其他分子，同时将能量转移至其他分子。如磷酸基团转移至进行主动运输的载体蛋白，载体蛋白磷酸化后，空间结构发生改变，进而完成物质转运。如果脱离下来的磷酸基团没有转移至其他分子，则形成磷酸。

ATP 分子中，可以通过水解释放出来的化学能称为不稳定的化学能（或活跃的化学能），相对而言，糖类、脂肪中的化学能称为稳定的化学能。

2）ATP 的合成

合成 ATP 所需的能量可以来自细胞呼吸，即糖类、脂肪等化合物的氧化分解所释放的能量。在植物细胞内，**此能量还可以来自光合作用**。但是在光合作用中，光反应合成 ATP，碳反应又会消耗 ATP。

［知识扩展］

合成 ATP 的方式分为氧化磷酸化和底物磷酸化。化学渗透假说认为，氧化磷酸化是通过电子传递链（细胞呼吸中的称为呼吸链，光合作用中的称为光合链）建立膜两侧的 H^+ 浓度差，然后 H^+ 顺浓度通过膜的 ATP 合酶中的 H^+ 通道，H^+ 的势能被转换为合成 ATP 所需的能量（如下图）。底物磷酸化是指 ADP 接受来自其他磷酸化合物的磷酸基团，转变为 ATP。

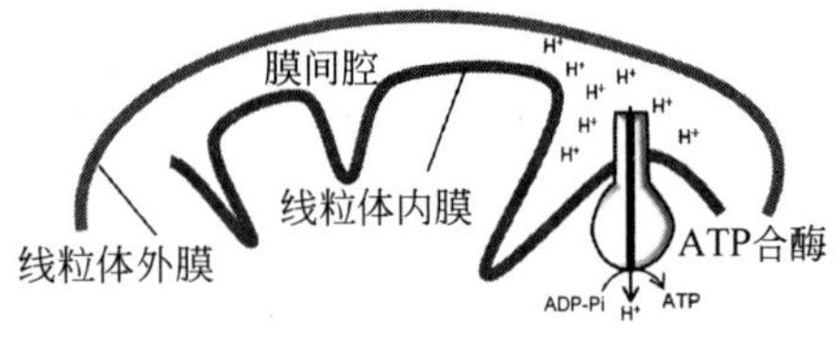

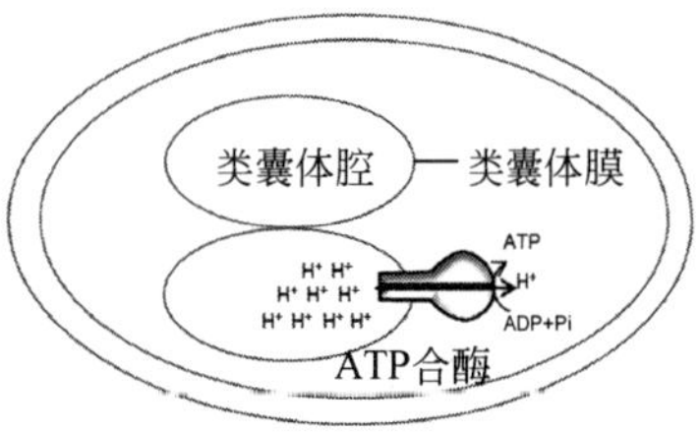

尽管很多教材使用 ATP 合成酶的说法，但规范的称呼应是 ATP 合酶。有意思的是，这种 ATP 合酶同时具有 ATP 水解酶活性，所以它也是 ATP 酶，能反过来利用 ATP 水解所释放的能量建立膜两侧的 H^+ 的浓度差。

3）ATP—ADP 循环的速度

ATP 在生物体内的含量是很少的，因为 ATP 与 ADP 的相互转换十分迅速。ATP 的含量总是处于动态平衡中。剧烈运动时，ATP 消耗加速，合成也加速。

［知识扩展］

在同一条件下，既能向正反应方向进行，同时又能向逆反应的方向进行的反应，叫做可逆反应。某些资料认为 ATP 和 ADP 的相互转化不是可逆反应，这个观点逐渐被证明是有问题的，在细胞的某些场所该反应可能是可逆的。科学家已经发现了某些 ATP 酶能同时催化关于 ATP 的正反两种反应。合成 ATP 所需能量来源和水解 ATP 产生的能量用途不一样，曾被用于判断反应不是可逆反应，这是不恰当的，如按此思路，将不可能有可逆反应。

［知识扩展］

产物分子中的势能比反应物分子中的势能高的反应为吸能反应（如图 A），产物分子中的势能比反应物分子中的势能低的反应为放能反应（如图 B）。生物分子如蛋白质、淀粉等的水解反应和氧化反应是放能反应，其中细胞呼吸是最重要的放能反应。而生物分子的合成反应和还原反应是吸能反应，其中光合作用是最重要的吸能反应。

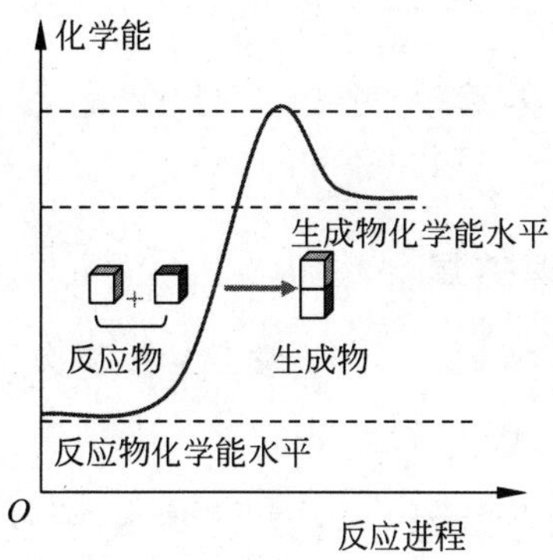

图 A

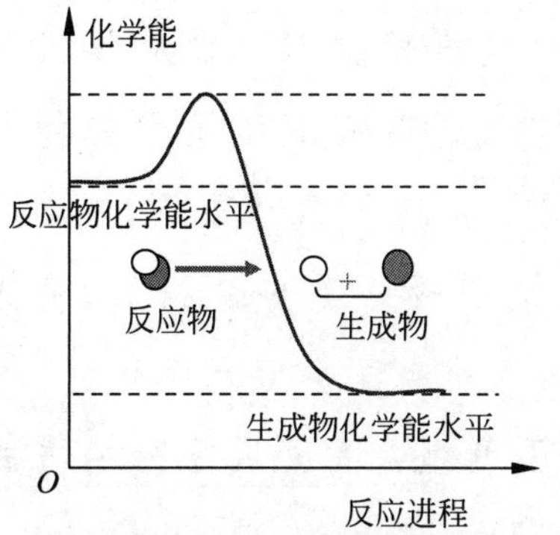

图 B

ATP 的水解本质是一种放能反应，放出的能量可以用于某些吸能反应，如物质合成、主动转运、膜泡运输、大脑思考、肌肉收缩、生物的放光放电等。

ATP 的合成本质是吸能反应，合成所需要的能量往往来自呼吸作用。

大多数吸能反应，如蛋白质的合成，所需的能量不能直接来源于细胞呼吸（最主要的放能反应），而只能来源于特殊的放能反应即 ATP 的水解。所以说，ATP 是细胞中的“能量货币”（人教版）/“能量通货”（浙科版）。

［**知识扩展**］

并非所有的放能反应都能合成 ATP，如大分子有机物的水解只能释放出热能。这是因为放能反应需要和底物磷酸化或氧化磷酸化途径偶联，即需要相关酶的催化，才能合成 ATP。

旧浙科版中有表述“ATP 是放能反应和吸能反应的纽带”，其实这里的放能反应只是指细胞呼吸（呼吸作用），因为只有细胞呼吸（呼吸作用）这种放能反应才能产生 ATP。

＜**版本差异**＞

旧浙科版中叙述：在肌肉收缩过程中，ATP 先使肌肉中的能量增加，改变形状，这是吸能反应；然后肌肉做功，失去能量，恢复原状，这是放能反应。

＜**知识细节**＞

光能 $\xrightarrow{\text{光合作用}}$ 糖类等有机物中稳定的化学能 $\xrightarrow{\text{呼吸作用}}$ ATP 中活跃的化学能

ATP 是最主要的直接能源物质，是细胞中的能量通货，可以比喻成口袋里的钱。糖类是主要的供能物质，可以比喻成家里抽屉里的钱。脂肪是最好的储能物质，可以比喻成存在银行里的钱。太阳能是生命活动的最终能量来源。

［**知识扩展**］

短跑时，通过肌酸激酶的催化，磷酸肌酸能很快地将磷酸基转移给 ADP 以形成 ATP。

除了 ATP、GTP、UTP 和 NADPH 等也能为某些化学反应直接供能。另外，焦磷酸水解也能供能。

第 3 节 ATP 的主要来源——细胞呼吸

本节知识框架：

1. 细胞呼吸的概念和分类
2. 需氧呼吸的三个阶段和场所
3. 厌氧呼吸的两个阶段和场所
4. 需氧呼吸和厌氧呼吸的比较

5. 计算酵母菌进行需氧呼吸和厌氧呼吸的比例

6. 细胞呼吸方式的进化

7. 细胞呼吸的意义

8. 影响细胞呼吸的因素

9. 细胞呼吸原理的应用

1. 细胞呼吸的概念和分类

能源物质即糖类、油脂和蛋白质，主要能源物质是糖类，其中最重要的能源物质是葡萄糖。但是这些物质中的能量都不能被细胞直接利用，ATP才是细胞内直接能源物质。糖类等能源物质中的化学能称为稳定的化学能，ATP中的化学能是指远离A的高能磷酸键内储存的能量，被称为不稳定的化学能(或活跃的化学能)。**能源物质中稳定的化学能转变为ATP中不稳定的化学能需要依赖细胞的呼吸作用**。

呼吸作用是细胞内进行的将糖类等有机物(糖类、脂质、蛋白质等)氧化分解成无机物或者小分子有机物，释放出能量并生成ATP的过程。**呼吸作用是在细胞内进行的，因此也叫做细胞呼吸(cell respiration)。注意细胞呼吸的底物不只有葡萄糖，只是葡萄糖是细胞呼吸最常见的底物**。

根据细胞呼吸是否需要氧气参与，**细胞呼吸分为需氧呼吸(有氧呼吸)和厌氧呼吸(无氧呼吸)两种**。其中需氧呼吸是绝大多数生物的主要细胞呼吸方式。

[**知识扩展**]

细胞呼吸是生物体内的有机物在细胞内氧化分解、释放能量的过程，可以称为内呼吸。生活中我们所说的呼吸是指生物与外界环境之间进行气体交换的过程，即呼气和吸气，可以称为外呼吸。呼吸是细胞呼吸的前提。

[**知识扩展**]

按照细胞呼吸的类型，生物分为需氧型、厌氧型和兼性厌氧型。

(1) 需氧型：主要以需氧呼吸的方式来分解体内的有机物释放能量，以维持生命活动的进行。代表生物有绝大多数动植物、微生物，如醋酸杆菌。因为需氧呼吸从厌氧呼吸进化而来，所以需氧型生物都能进行厌氧呼吸，但是无法以厌氧呼吸维持生存，如人类只能以厌氧呼吸作为应急措施，而无法维持生存，否则人类就不会窒息而死。

(2) 厌氧型：以厌氧呼吸的方式来分解体内的有机物，释放能量，以维持生命活动，代表生物有乳酸菌、破伤风芽孢杆菌及动物体内寄生虫(如蛔虫、钩虫、猪肉绦虫、血吸虫、疟原虫等)。厌氧型生物不能在高氧环境中生存。

(3) 兼性厌氧型：既能需氧呼吸又能厌氧呼吸。代表生物有酵母菌、大肠杆菌。与需氧型生物不同的是，兼性厌氧型生物在无氧条件下也能维持生存，只是它们在有氧条件下会生存得更好。

2. 需氧呼吸的三个阶段和场所

1) 需氧呼吸的本质是氧气参与的有机物的氧化

需氧呼吸和体外燃烧的本质是一样的，都是一种氧化反应。但是体外燃烧过程高温、剧烈，瞬间释放光能与热能。需氧呼吸在细胞内进行，在多种酶的参与下，常温、温和，缓慢逐步(需三大阶段)释放能量，其中一小部分(约 30%)能量储存到 ATP 中，其余大部分能量转变为热能。

2) 需氧呼吸的主要场所是线粒体

线粒体的内膜(嵴)和基质都分布有需氧呼吸有关的酶。**没有线粒体的原核细胞也可能进行需氧呼吸，如好氧细菌，其需氧呼吸场所是质膜和细胞溶胶**。

3) 需氧呼吸的三个阶段

(1) **第一阶段是葡萄糖的初步分解，又称糖酵解**(字面意思为糖的发酵分解)，**场所是细胞溶胶**。糖酵解包括 10 个反应，产生的能量大部分以热能散失，小部分转换为 ATP 中的化学能。这个阶段可以用以下反应式简单地表达：

$$C_6H_{12}O_6 \xrightarrow{酶} 2C_3H_4O_3 + 4[H] + 少量能量$$

(2) **第二阶段是丙酮酸的彻底分解，场所是线粒体基质**。丙酮酸在细胞溶胶中产生，然后穿过线粒体的两层膜进入线粒体进行彻底分解。柠檬酸是此循环中第一个生成物，故此循环又称为柠檬酸循环。**注意此阶段提示我们，进入线粒体的不是葡萄糖而是丙酮酸，线粒体内没有葡萄糖**。这个阶段可以用以下反应式简单地表达：

$$2C_3H_4O_3 + 6H_2O \xrightarrow{酶} 6CO_2 + 20[H] + 少量能量$$

(3) **第三阶段是[H]的氧化，场所是线粒体内膜**。嵌在线粒体内膜中的一些蛋白质复合体内含有电子传递链，又称呼吸链，能将前两个阶段产生的 NADH 分解成 NAD^+、e^- 和 H^+，随着 e^- 的传递，部分 H^+ 从内膜的内侧通过主动运输泵入内膜和外膜的间隙，于是内膜的内外侧形成了 H^+ 势能。H^+ 通过同样嵌在内膜上的 ATP 合酶中的质子通道，其势能就被转换为合成 ATP 所需的能量，$FADH_2$ 也如此，这就是化学渗透假说的观点。这种 ATP 合成的方式称为氧化磷酸化。而需氧呼吸前两个阶段中 ATP 合成的方式称为底物磷酸化，底物磷酸化中 ADP 所接受的磷酸基团来自其他底物。NADH 和 $FADH_2$ 分解产生的另一部分 H^+ 与氧气结合生成水，因此有氧呼吸产物中 H_2O 的 O 来自原料 O_2。这个阶段可以用以下反应式简单地表达：

$$24[H] + 6O_2 \xrightarrow{酶} 12H_2O + 大量能量$$

[**知识扩展**]

细胞呼吸过程中出现的[H]应该包括 NADH 和 $FADH_2$，但是中学阶段往往简单地将呼吸作用中的[H]等同于 NADH。另外，在写一些简化的反应式时，将 H^+ 也写成了[H]的形式，如糖酵解的简化反应式中，将产物 H^+ 也写成了[H]的形式。

4) 需氧呼吸的总反应式

需氧呼吸的总反应式可简单地表达为(教材中没有“大量”)：

$$C_6H_{12}O_6 + 6H_2O + 6O_2 \xrightarrow{酶} 6CO_2 + 12H_2O + 大量能量$$

<版本差异>

人教版中 1mol 葡萄糖经需氧呼吸产生 2870kJ 能量，浙科版中 10g 葡萄糖经需氧呼吸产生 160kJ 能量。两者的其他数据也略有差异。

一分子葡萄糖能生成 30 或 32 个 ATP 第一阶段和第二阶段各产生 2 个 ATP，第三阶段产生 26 或 28 个 ATP。旧浙科版表述为“约 30 个 ATP”，新浙科版表述为“约 32 个 ATP”。与现有的机械相比，需氧呼吸转化为

ATP 中能量的效率（人教版约 34%，浙科版约 30%）是很高的，散失的热能可以用来维持体温。

5）需氧呼吸中反应物和产物的消耗或产生的阶段

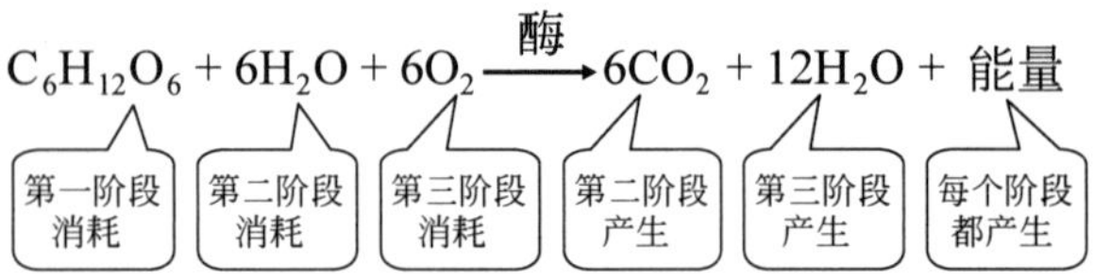

注意，呼吸作用消耗 H_2O，同时又产生 H_2O。

6）需氧呼吸中 O 元素的来源和去路

（1）对原料中的 O_2 用 ^{18}O 同位素标记，在短暂的时间内，产物 H_2O 中发现 ^{18}O。

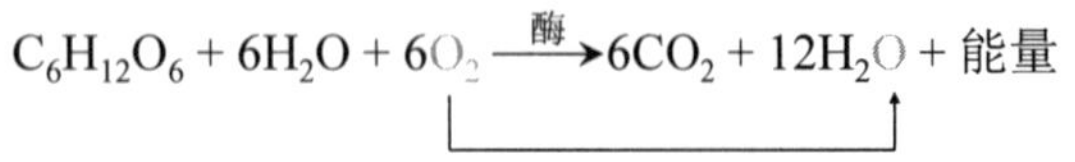

（2）但是时间一长，产物中的 H_2O 可以作为原料 H_2O 使用，所以导致 CO_2 也具有 ^{18}O。

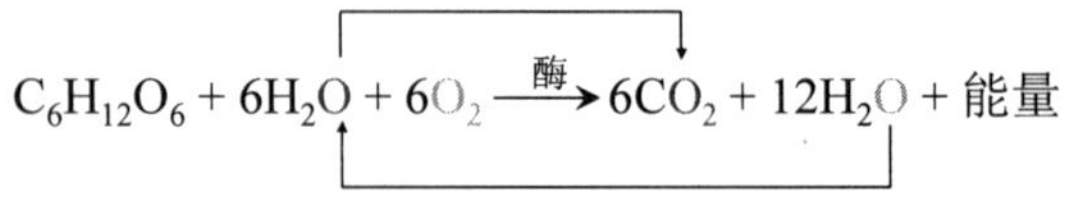

＜思考与讨论＞

（1）需氧呼吸的生成物 CO_2 和 H_2O 分别产生于需氧呼吸的第几阶段？（第二阶段，第三阶段。）

（2）需氧呼吸的生成物 CO_2 中的 C 和 O 分别来自哪里？需氧呼吸的生成物 H_2O 中的 O 从何而来？（葡萄糖，葡萄糖和 H_2O；O_2。）

（3）需氧呼吸过程中哪几个阶段有[H]产生？何时利用？（第一阶段和第二阶段都会产生[H]；在第三阶段被利用。）

（4）需氧呼吸过程中哪几个阶段有 ATP 产生？最多的是哪一个阶段？（三个阶段都产生 ATP；第三阶段。）

（5）需氧呼吸过程中哪些物质是由细胞溶胶转运到线粒体的，哪些物质又是相反？（丙酮酸、[H]由细胞溶胶转运到线粒体，CO_2 的转运方向相反。）

（6）需氧呼吸过程中 $C_6H_{12}O_6$ 是否进入线粒体，真正进入线粒体的是何种物质？（$C_6H_{12}O_6$ 不进入线粒体，丙酮酸和[H]进入线粒体。）

3. 厌氧呼吸的两个阶段和场所

厌氧呼吸的本质是一种没有氧气参与的自身氧化反应。

厌氧呼吸是在细胞溶胶中进行的，而不是线粒体。

1）厌氧呼吸的两个阶段：**第一阶段与需氧呼吸第一阶段完全相同，即糖酵解，场所为细胞溶胶；第二阶段是丙酮酸的不彻底分解，场所为细胞溶胶。**

当氧气充足时，第一阶段产生的 NADH 源源不断地进入线粒体被消耗掉，细胞溶胶中缺乏还原所需 NADH，所以无法进行厌氧呼吸的第二阶段。**因此厌氧呼吸会受到氧气的抑制，而且氧气浓度越大，抑制越强烈，这被称为巴斯德效应。**

当缺乏氧气时，第一阶段产生的 NADH 不进入线粒体而在厌氧呼吸的第二阶段起还原作用。

第二阶段因细胞不同存在两种可能途径，一种是生成乙醇和 CO_2，另一种是生成乳酸。

（1）丙酮酸生成乙醇和 CO_2

丙酮酸经丙酮酸脱羧酶催化先脱去 CO_2

形成乙醛，乙醛经乙醇脱氢酶催化被[H]还原成乙醇。此阶段反应式可简单地表达为：

$$2C_3H_4O_3 + 4[H] \xrightarrow{酶} 2C_2H_5OH + 2CO_2$$

(2) 丙酮酸生成乳酸

丙酮酸经乳酸脱氢酶催化被[H]还原成乳酸，这个阶段反应式可简单地表达为：

$$2C_3H_4O_3 + 4[H] \xrightarrow{酶} 2CH_3CHOHCOOH$$

厌氧呼吸的第二阶段会消耗第一阶段产生的[H]。厌氧呼吸第一阶段产生ATP，第二阶段不产生ATP。

[知识扩展]

剧烈运动后有肌肉酸胀现象，在24～72小时达到最高点。人教版和旧浙科版都提到是乳酸使肌肉酸胀乏力，不过，最新研究表明酸胀感的产生与乳酸没有直接关系，而与肌细胞损伤以及肌细胞周围各种代谢物的增长有关，具体机理还在研究。

2) 厌氧呼吸的总反应式

酵母菌、乳酸菌等微生物的厌氧呼吸也叫发酵。产生乙醇的叫乙醇发酵(又称酒精发酵)，产生乳酸的叫乳酸发酵。

(1) **大多数高等植物、酵母菌进行乙醇发酵，可应用于酿酒工业。**可以用以下反应式简单地表达：

$$C_6H_{12}O_6 \xrightarrow{酶} 2C_2H_5OH(乙醇) +$$
$$2CO_2 + 少量能量$$

在酸性条件下，橙色重铬酸钾可与乙醇发生化学反应变成灰绿色。

(2) **高等动物、乳酸菌、玉米的胚、马铃薯的块茎、甜菜的块根进行乳酸发酵，可应用于酸奶制作、泡菜制作。**可以用以下反应式简单地表达：

$$C_6H_{12}O_6 \xrightarrow{酶} 2C_3H_6O_3(乳酸) + 少量能量$$

3) 厌氧呼吸的意义

(1) 厌氧呼吸是不彻底的氧化分解反应

厌氧呼吸分解不彻底，是指有大量能量储存在乙醇或乳酸这样的有机小分子中未释放出来。

(2) 需氧型生物进行厌氧呼吸的意义

在无氧或缺氧的条件下，需氧型生物的细胞利用厌氧呼吸可以快速地利用较多的葡萄糖产生少量的ATP，在短时间内维持生命。所以，厌氧呼吸是一种克服暂时缺氧的应急措施，是为争取时间而消耗能源物质较多的办法。

(3) 需氧型生物长时间进行厌氧呼吸的危害

长时间的厌氧呼吸会伤害植物的原因是：厌氧呼吸产物积累会使细胞损伤(如蛋白质变性)；厌氧呼吸产生的能量少，不足以长时间维持需氧型生物的生命活动。厌氧呼吸效率低下，在缺氧环境下，为了提供维持必要生命活动所需的能量需要消耗更多的葡萄糖，造成营养物质快速耗尽。

蚯蚓通过体表进行呼吸，雨后如果继续滞留在富含水分的土壤中，蚯蚓会因窒息而死亡，所以它们纷纷爬到地面上来。

4. 需氧呼吸和厌氧呼吸的比较

厌氧呼吸和需氧呼吸的第一阶段完全相同，都在细胞溶胶(细胞质基质)内进行，区别在于需氧呼吸的第二阶段和第三阶段在线粒体内完成，而厌氧呼吸的第二阶段在细胞溶胶(细胞质基质)中完成。

项	目	需氧呼吸	厌氧呼吸
区别	场所	细胞溶胶（次要）、线粒体（主要）	细胞溶胶
	是否需氧	**需氧参与**	**不需氧参与**
	产物	CO_2 和水	乙醇和 CO_2，或乳酸
	分解程度	**彻底分解成无机物**	**分解不彻底**
	释能	相对大量能量，30 或 32ATP	相对少量能量，2ATP
共同点	过程	**第一阶段相同，即都将葡萄糖分解成丙酮酸（糖酵解）**	
	本质	都是氧化分解有机物、释放能量	

需氧呼吸与厌氧呼吸的模式图如下。

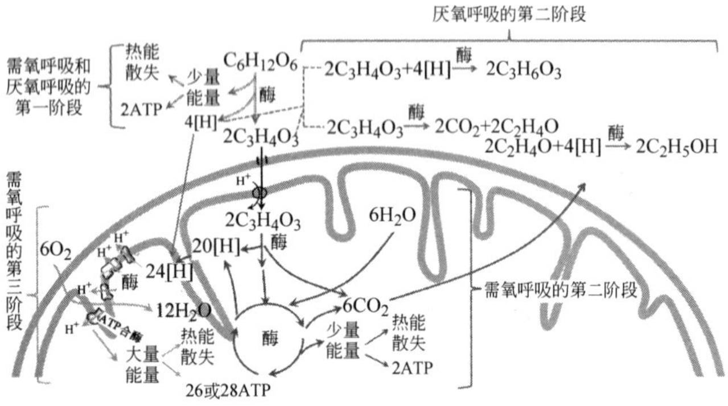

5. 计算酵母菌进行需氧呼吸和厌氧呼吸的比例

1）探究酵母菌进行细胞呼吸的方式

酵母菌属于兼性厌氧型生物，在 O_2 充足和 O_2 缺乏的环境下都能生存。

如下图所示，瓶 A 中的酵母菌始终进行需氧呼吸，NaOH 溶液是为了去除空气中的 CO_2。瓶 B 应封口放置一段时间后，再连通盛有澄清石灰水的锥形瓶，这样可以让酵母菌经过一段时间需氧呼吸将装置内的 O_2 消耗完。实验中，也可以用石蜡油覆盖液面造成无氧环境。

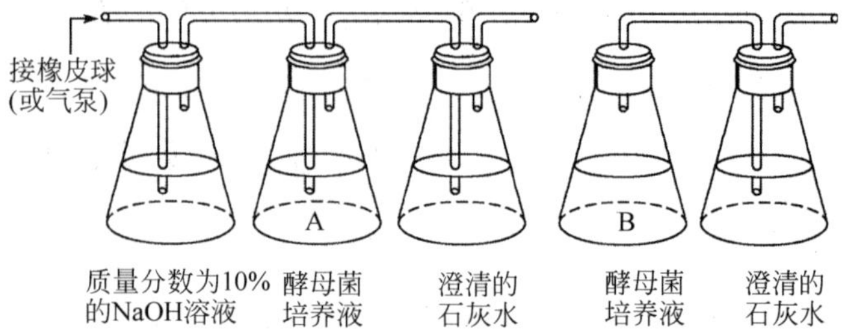

细胞呼吸所产生的 CO_2 可以使澄清石灰水变浑浊，也可以使溴麝香草酚蓝（一种酸碱指示剂，简称 BTB）水溶液由蓝变绿再变黄色。

2）利用气体体积变化判断酵母菌细胞呼吸的方式

判断生物只进行需氧呼吸、只进行厌氧呼吸还是两种方式同时进行，需要设计两组实验：一组用 NaOH 溶液来吸收 CO_2，另一组用等量的清水作为对照，如下图。

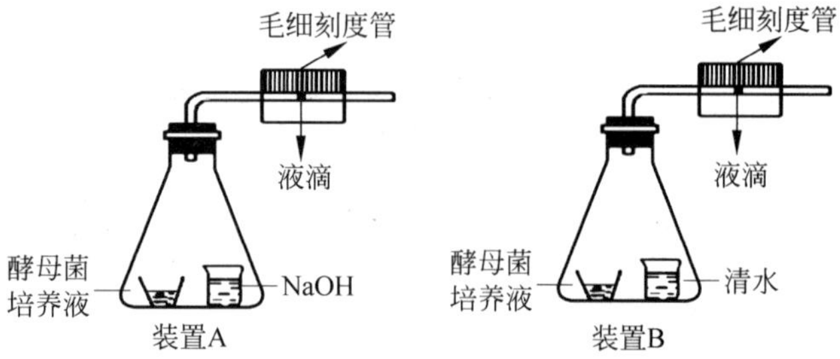

现象		结论
装置 A 的液滴	装置 B 的液滴	
不动	右移	只进行厌氧呼吸
左移	不动	只进行需氧呼吸
左移	右移	需氧呼吸和厌氧呼吸同时进行

如果生物是能够进行光合作用的植物，则装置需要遮光才能进行实验。

实验组也可以用来测定需氧呼吸的速度。

如果装置中的生物厌氧呼吸产生的是乳酸，即如果只进行乳酸发酵，则两个装置的液滴都不移动。但是无法区分只进行需氧呼吸还是同时进行需氧呼吸和乳酸发酵的情况，因为这两种情况下都是装置A液滴左移，装置B液滴不动。

3）酵母菌进行需氧呼吸和厌氧呼吸的比例的计算

$$C_6H_{12}O_6 + 6H_2O + 6O_2 \xrightarrow{酶} 6CO_2 + 12H_2O$$

$$C_6H_{12}O_6 \xrightarrow{酶} 2C_2H_5OH + 2CO_2$$

（1）O_2 的吸收量等于 CO_2 释放量，则只进行需氧呼吸。

（2）不吸收 O_2，但有 CO_2 的释放，则只进行厌氧呼吸。

（3）O_2 的吸收量小于 CO_2 释放量，则生物既进行需氧呼吸，又进行厌氧呼吸。此时哪种细胞呼吸占优势，则要根据化学反应式进行计算。

＜**知识细节**＞

当 O_2 的吸收量小于 CO_2 释放量时，厌氧呼吸和需氧呼吸同时进行，这里有个潜在前提是以糖类为底物的细胞呼吸。如果没有特别指出，我们均认为细胞呼吸的反应物为糖类。

当脂类作为细胞呼吸底物时，因为含氧量很低，氧化时需要更多的 O_2，所以会出现 O_2 的吸收量大于 CO_2 释放量的情况。但是，一般无需考虑脂类的细胞呼吸。

CO_2 的释放量与 O_2 的吸收量的比值，又称为呼吸商（有些资料中的“呼吸熵”是不规范的写法），糖类的呼吸商不会小于1，但是脂质和蛋白质的呼吸商小于1。

［**知识扩展**］

名　称	葡萄糖	丙酮酸	乙　醛	乙　醇	二氧化碳	乳　酸
分子式	$C_6H_{12}O_6$	$C_3H_4O_3$	C_2H_4O	C_2H_5OH	CO_2	$C_3H_6O_3$
结构式	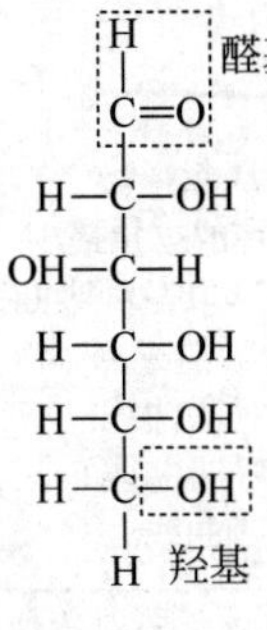	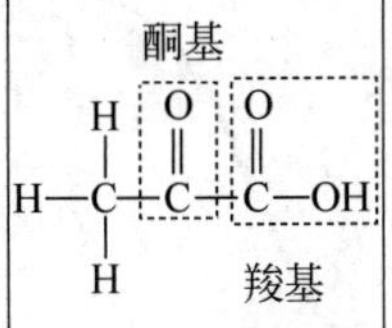	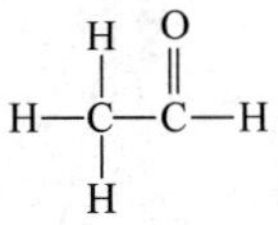	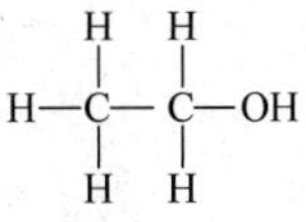	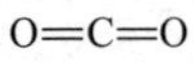	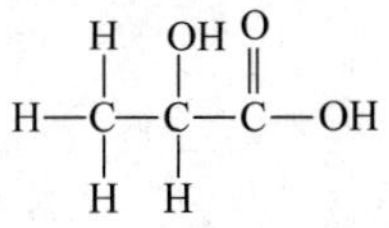

6. 细胞呼吸方式的进化

地球形成初期，大气中不含游离氧。当时的生物（古细菌）进行厌氧呼吸。随着蓝细菌出现，地球上开始出现了 O_2，这对于进行厌氧呼吸的细菌而言是种灾难。但是，因为需氧呼吸释放更多的能量，具有更大的优势，而渐渐发展起来，成为现今生物细胞呼吸的主要形式。

7. 细胞呼吸的意义

1）为生命活动提供能量。如需氧呼吸将糖类中的稳定的化学能转变为ATP中不稳定的化学能，这种转换效率约为30%，另外的约70%以热能形式散失（可以用来维持体温）。也可以理解成1分子葡萄糖经过需氧呼吸一共能释放相当于约 100 个 ATP 的能量，但是实际只合成了约 30 或 32 个 ATP。

＜**知识细节**＞

如将上述说法描述成“需氧呼吸将糖类中稳定的化学能转变为 ATP”则是错误的，因为 ATP 是一种物质，能量不能转变为物质。

2）细胞呼吸是细胞代谢的核心。**细胞内有机物的分解和有机物的生物合成以细胞呼吸为核心**。糖类供能不足的情况下，脂肪和蛋白质也参与供能，它们以各种途径进入糖酵解或柠檬酸循环，所以柠檬酸循环是各种物质氧化的“大火炉”。细胞呼吸中的许多中间产物又可以合成氨基酸、脂肪等其他物质，细胞呼吸为合成这些物质提供了碳骨架和能量，如下图。

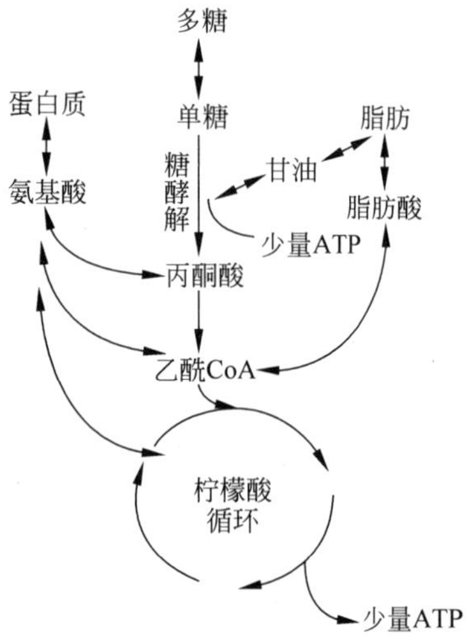

＜**知识细节**＞

在供能或相互转换时，多糖需要先水解成单糖，脂肪需要先水解成甘油和脂肪酸，蛋白质需要先水解成氨基酸。氨基酸在脱去氨基后可转变为各种有机酸，脱下的氨基在肝细胞中变为尿素。

8. 影响细胞呼吸的因素

影响细胞呼吸的因素有温度、O_2 浓度、CO_2 浓度和 H_2O 等。

1）温度

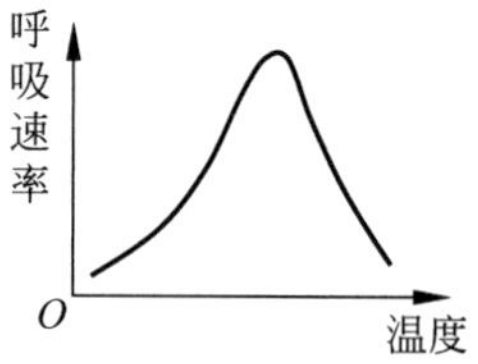

如上图，温度影响细胞呼吸，主要是通过影响呼吸酶的活性。储存水果时，适当降低温度能延长保存时间。

当环境温度下降时，恒温动物的呼吸作用强度增加以维持体温，而变温动物的呼吸作用强度下降。但是体外培养的恒温动物的体细胞没有调节温度的能力，所以当环境温度下降时，细胞的呼吸作用强度也下降。

2）O_2 浓度（也可表述为 O_2 的百分比浓度、氧分压）

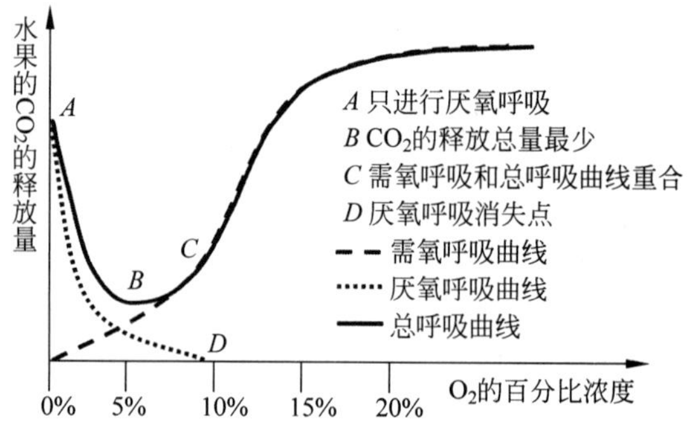

如上图所示，**在无氧条件下水果会进行较强的厌氧呼吸，但是随着 O_2 浓度的增加，厌氧呼吸逐渐减低，当 O_2 浓度进一步提高时，厌氧呼吸速度减少为零。同时，需氧呼吸随着 O_2 浓度的增加而增强。总之，综合需氧呼吸和厌氧呼吸，B 点释放的 CO_2 最少，最适**

合水果的储存[①]。所以低氧浓度最有利于水果的储藏。

3) CO_2 浓度

增加 CO_2 的浓度对细胞呼吸有明显的抑制效应。但 CO_2 过高会导致 pH 降低，引起酸中毒。适当增加 CO_2 浓度有良好的保鲜效果。

4) H_2O

一定范围内，H_2O 会促进细胞呼吸。但是水淹后植物被迫进行长时间厌氧呼吸会造成烂根等现象。

＜**生活情景**＞

细胞呼吸要消耗有机物，使有机物积累减少。因此，对粮食储藏和果蔬保鲜来说，也要设法降低细胞的呼吸强度，尽可能减少有机物的消耗。同时种子呼吸作用增强会使温度升高，种子易发芽、霉变。

粮食储藏应该保持低温、低氧、干燥，果蔬保鲜应该保持低温、低氧、适宜湿度。注意是低氧而不是无氧，是低温而不是零下低温。

因为食品罐头内不是活细胞，所以杀菌后进行真空包装，防止微生物繁殖。

9. 细胞呼吸原理的应用

1) 选用“创可贴”等敷料包扎伤口，既为伤口敷上了药物，又为伤口创造了疏松透气的环境、避免厌氧病原菌(如破伤风梭菌，人教版中称为破伤风芽孢杆菌)的繁殖，从而有利于伤口的痊愈。破伤风梭菌只进行厌氧呼吸，而较深的伤口里缺少氧气，严格厌氧型的破伤风梭菌适合在这种环境中生存并大量繁殖，产生大量毒素后可能致人死亡。所以，伤口较深或被锈钉扎伤后，患者应及时请医生处理，考虑接种破伤风疫苗。

2) 及时对板结的土壤进行松土透气，可以使根细胞进行充分的需氧呼吸，从而有利于根系的生长和对无机盐的吸收。此外，松土透气也有利于土壤中好氧微生物的生长繁殖，能够促使这些微生物分解土壤中有机物，从而有利于植物对无机矿物质的吸收。此外，中耕也能去除杂草，减少杂草对水分、矿质元素和光的竞争。

3) 水稻的根系相对其他植物更适于在水中生长，但水稻根的细胞仍然需要进行需氧呼吸，这是因为水稻的叶和茎能够把从外界吸收来的氧气通过气腔运送到根部各细胞；而且与旱生植物相比，水稻的根也比较适应厌氧呼吸。但是，稻田需要定期排水，如果稻田中的氧气不足，水稻根的细胞就会进行乙醇发酵，时间长了，乙醇就会对根细胞产生毒害作用，使根系变黑、腐烂。

4) **酵母菌是兼性厌氧微生物**。酵母菌在适宜的通气、温度和 pH 等条件下进行需氧呼吸并大量繁殖，在无氧条件下则进行乙醇发酵。

在酿酒过程中，**往往是先让酵母菌进行需氧呼吸大量繁殖，然后密封容器让其进行**

① 目前的高中生物教师基本认为 CO_2 释放量最少的点是水果储存的最佳 O_2 浓度，但是这里有点问题，无论从消耗葡萄糖量最少(需氧呼吸中葡萄糖消耗量与 CO_2 释放量之比是 1∶6，厌氧呼吸中是 1∶2)，还是从酒精毒害的角度来看，应该是 CO_2 释放量最少的点到厌氧呼吸消失点之间的某点最适合储存。

乙醇发酵，但是在发酵过程中需要不时松开密封口排出 CO_2（或者使用装水的安全玻璃管控制气压），避免容器内气压过大引起爆炸。因为需氧呼吸产生水，厌氧呼吸产生酒精，所以有“先来水，后来酒”的说法。

在发酵初期，酵母菌的需氧呼吸还会使发酵瓶内出现负压，这是因为 CO_2 比 O_2 更易溶于水；也有呼吸底物除了糖还有其他物质的原因。

水果表面带有天然的酵母菌，如果使用工业酵母，则可以用高锰酸钾浸泡水果杀灭天然酵母菌，但是使用大量的人工改造的工业酵母会使发酵加速，改变酒的味道。

5）醋酸杆菌是一种好氧细菌，在氧气充足和具有酒精底物的条件下，醋酸杆菌（浙科版：醋杆菌、醋化醋杆菌；人教版：醋酸菌、醋酸杆菌）大量繁殖并将酒精氧化成醋酸。

6）谷氨酸棒状杆菌是一种好氧细菌，在有氧条件下，谷氨酸棒状杆菌能将葡萄糖和含氮物质（如尿素、硫酸铵、氨水）合成为谷氨酸。谷氨酸经过进一步加工，就成为谷氨酸钠——味精。

7）有氧运动是指人体细胞充分获得 O_2 的情况下所进行的体育锻炼，如慢跑。人体细胞通过需氧呼吸可以获得较多的能量。相反，百米冲刺等无氧运动，是人体细胞在缺氧条件下进行的高速运动。无氧运动中，肌细胞因 O_2 不足，要靠厌氧呼吸来补充能量。

<**知识细节**>

人的厌氧呼吸产生乳酸，而不产生乙醇和 CO_2。所以当考虑糖类作为底物时，人产生的 CO_2 与消耗的 O_2 始终一样多，且人产生 CO_2 的场所只能是线粒体。

［**知识扩展**］

下图是各种类型的跑步与细胞呼吸类型的关系。从此图中分析，某些教辅认为人无论何时都以需氧呼吸为主是错误的。

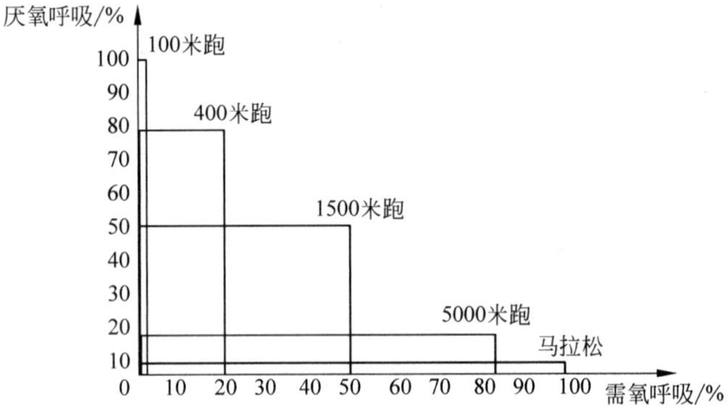

第 4 节　能量之源　光的利用——光合作用

本节知识框架：

1. 光合作用的概念、反应式和意义
2. 光合色素及色素的提取和分离
3. 光合作用的过程——光反应和碳反应
4. 影响光合速率的因素及农业上的应用
5. 光合作用和细胞呼吸的关系及农业上的应用

1. 光合作用的概念、反应式和意义

光合作用的概念：绿色植物通过叶绿体[①]，利用光能把 CO_2 和水转化成储存能量的

① 人教版和浙科版的这个说法不确切，因为原核生物（如蓝细菌）没有叶绿体，在光合膜（也可以是质膜）上进行光合作用。

有机物，并且释放出 O_2 的过程。

$$CO_2 + H_2O \xrightarrow[\text{叶绿体}]{\text{光能}} (CH_2O) + O_2$$

(CH_2O)表示碳水化合物，即糖类。

1）关于原料和产物的科学史

（1）海尔蒙特的柳树栽培实验

植物生长所需的物质来自何处？古希腊哲学家、科学家和教育家亚里士多德认为植物生长发育所需的物质完全来自土壤。

比利时化学家、生物学家海尔蒙特对植物只浇水，5 年后，柳树增重 74.47kg，土壤减少 0.06kg。他当时的判断是：只有水分是建造植物体的原料。现在我们知道，水分是建造植物体的主要原料，植物生长还需要 CO_2 和矿物质。

（2）普里斯特利的关于植物更新空气的实验

英国科学家普里斯特利当时的结论：植物可以更新空气。荷兰科学家英格豪斯通过 500 多次实验发现植物只有在光照下可以更新空气。

（3）德国植物学家萨克斯关于天竺葵叶片产生淀粉的实验

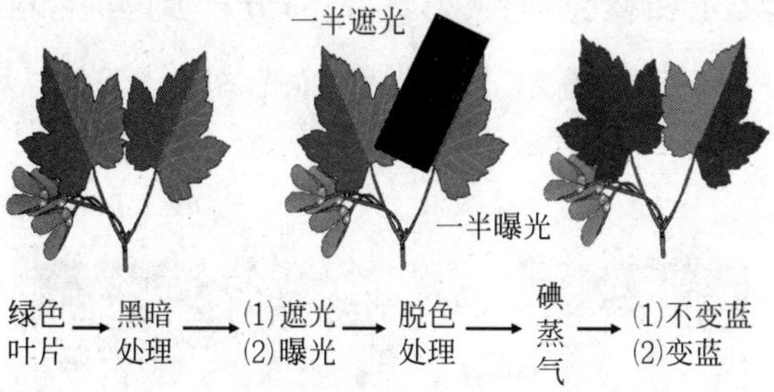

此实验中，遮光的部分为实验组，未遮光的部分为对照组。

（4）光合作用产生 O_2

O_2 可以用排水法收集，如下图。之所以可以用排水法，是因为 O_2 在水中的溶解度远小于 CO_2 在水中的溶解度，所以原本溶解在水中的 CO_2 被光合作用转换为等量的 O_2 后从水中逸散而出。

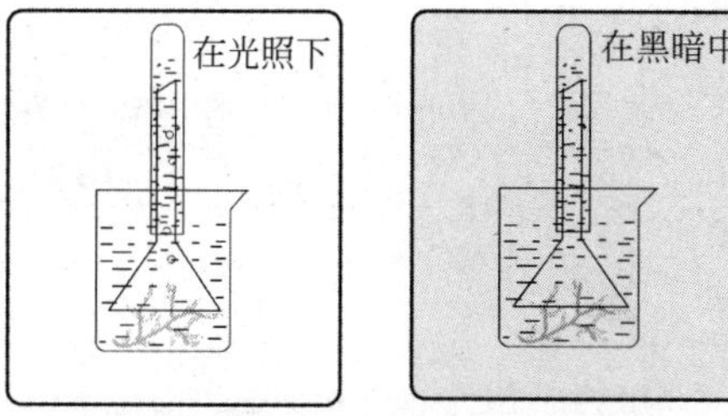

在光照下，水草进行光合作用产生O_2　　在黑暗中，水草不进行光合作用

德国科学家恩格尔曼利用水绵的叶绿体进行光合作用的实验：实验需要以水绵和好氧细菌为材料，同时隔绝空气，培养液中含 $NaHCO_3$，如下图。水绵是一种生活在淡水中的绿藻[1]，含有带状、螺旋形[2]叶绿体。

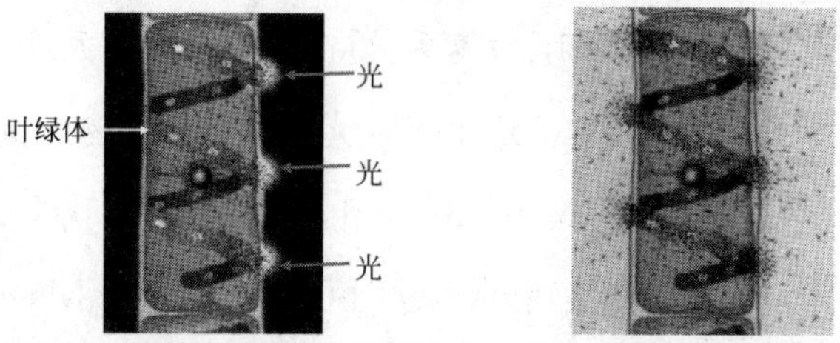

黑暗中，用极细光束照射，好氧细菌集中在叶绿体被光束照到的地方　　完全暴露在光下，好氧细菌分散在叶绿体周围

2）光合作用的意义

光合作用将 CO_2 和水合成有机物，实现巨大的物质转变，同时转化并储存太阳能。**光合作用是生物界最基本、最重要的、规模最**

① 绿藻是真核生物。

② 一般植物的叶绿体是椭球形的。

宏大的物质代谢和能量代谢。而细胞呼吸是代谢过程中一项最基本的生命活动。

除极个别的能利用地热的生态系统外，光能是地球上所有生态系统中能量的最终来源。可见，地球上的物质可以循环利用，但是无法实现能量的自给自足，需要生物圈外的太阳源源不断供给能量。光合作用满足植物自身需求的同时，也满足了动物等异养生物的能量需求（如下图）。

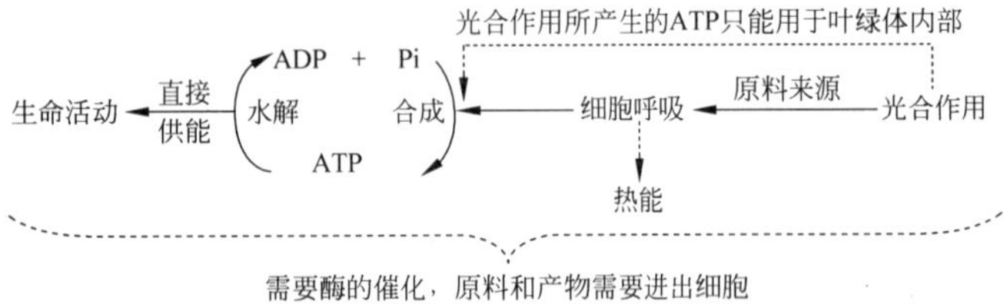

光合作用对生物的进化具有重要作用。没有光合作用，就不会产生 O_2，也就不会出现进行需氧呼吸的生物。

2. 光合色素及色素的提取和分离

1）光合色素的分布和分类

高等植物的光合色素位于叶绿体中的类囊体膜上，分为叶绿素和类胡萝卜素两大类。叶绿素主要吸收红光和蓝紫光，在高等植物的光合色素中约占 3/4，包括叶绿素 a（$C_{55}H_{72}O_5N_4Mg$）和叶绿素 b（$C_{55}H_{70}O_6N_4Mg$）。叶绿素 a 呈蓝绿色，叶绿素 b 呈黄绿色。类胡萝卜素主要吸收蓝紫光，在高等植物的光合色素中约占 1/4，包括叶黄素（$C_{40}H_{56}O_2$）和胡萝卜素（$C_{40}H_{56}$）。叶黄素呈现黄色，胡萝卜素呈现橙黄色（浙科版中描述为橙色）。

2）光合色素的吸收光谱

光合色素的吸收光谱图如下，以对不同波长光的吸收率（可用百分率表示）为纵坐标，以波长为横坐标。

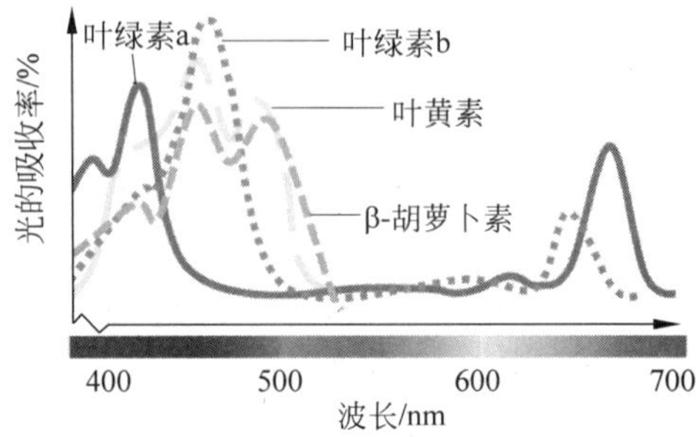

光照到绿色叶片的表面，大部分绿光会被反射，所以我们肉眼看到的是绿色。其实，少部分橙光和黄光也会被反射，而其他颜色的光基本上都被叶片中的色素吸收了。

实验一　利用三棱镜进行光合色素的吸收光谱实验

如下图所示，此实验说明叶绿体中的色素主要吸收红光和蓝紫光。

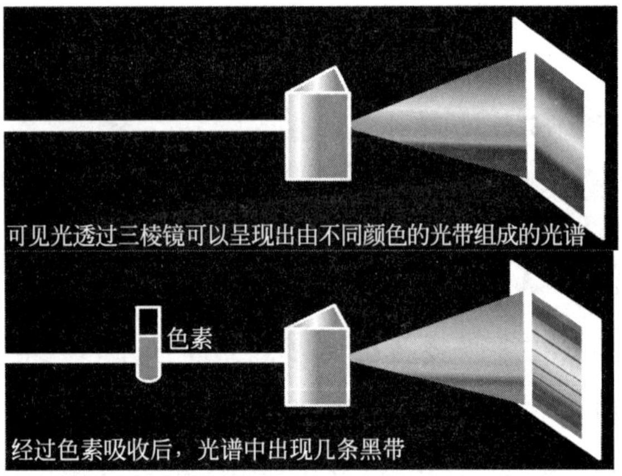

实验二　恩格尔曼的水绵光谱实验

如下图所示，好氧细菌主要集中在水绵被红光和蓝紫光照射到的部分。此实验说明叶绿体中的色素主要吸收红光和蓝紫光。

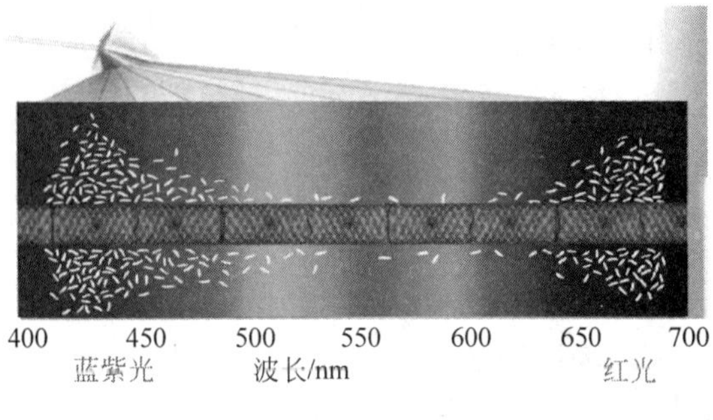

<生活情景>

(1) 为什么植物叶片一般呈绿色?

植物叶子呈现的颜色是叶子中各种色素的综合表现。正常叶子的叶绿素比黄色的类胡萝卜素多,所以正常的叶子总是呈绿色。

(2) 为什么秋天叶片发黄?

秋天降温后,因叶绿素的合成速度减慢,分解速度加快,叶绿素含量相对减少;而类胡萝卜素分子比较稳定,不易破坏。所以叶片逐渐呈现类胡萝卜素的颜色。

(3) 为什么有的叶片秋天呈红色?

秋天降温,植物的液泡内积累较多的糖分以适应寒冷,糖分容易转变为花青素,同时秋天液泡内呈现酸性,使花青素表现出红色。

[知识扩展]

一般情况下,光合作用所利用的光都是可见光(400～760nm)。但科学家已发现某些光合色素(如蓝细菌中)也可以吸收红外光。

3) 光合色素的提取和分离

(1) 实验原理

① **色素提取原理:绿叶中的色素能够溶解在有机溶剂中,可以用乙醇提取绿叶中的色素。**

<版本差异>

人教版中提取色素所使用的溶剂是无水乙醇,如果用体积分数为95%的乙醇,要加入适量的无水碳酸钠,以除去乙醇中的水分。浙科版则直接使用95%的乙醇。

② **色素分离原理:层析液是一种脂溶性很强的有机溶剂,绿叶中的不同色素都能溶解在层析液中,不同色素在层析液中的溶解度不同,溶解度大的色素随层析液在滤纸上扩散的速度快,反之则慢。这样,一段时间后,色素就会在滤纸上分离开来。这种分离色素的方法称为纸层析。**

<版本差异>

人教版中提到层析液由20份石油醚、2份丙酮和1份苯混合而成,93号汽油也可用作层析液。浙科版中提到层析液是乙醚、石油醚等。

<知识细节>

光合色素的提取和分离是两个完全不同的过程,提取用乙醇,分离用层析液。

导致叶子为红色或形成花朵颜色的非光合色素位于液泡中,为水溶性色素,无法用此法进行提取和分离。

(2) 光合色素的提取和分离的实验步骤

① 提取色素

称取几克鲜叶(菠菜),40～50℃下烘干(浙科版)或吸水纸擦干(有些教辅),剪碎(人教版)或粉碎(浙科版),放入研钵中。加少许的二氧化硅、碳酸钙和几毫升95%的乙醇,在研钵中快速、充分研磨。**二氧化硅的作用是增大机械摩擦破碎细胞壁,使研磨更加充分;碳酸钙的作用是防止色素(指叶绿素)被液泡中的有机酸破坏。**

在一小玻璃漏斗基部放一块单层尼龙布,将研磨液迅速倒入漏斗中。收集滤液到一个试管中,及时用棉塞将试管口塞紧(防止乙醇挥发)。

② 制备滤纸条

预先干燥定性滤纸。

制作10cm×1cm的滤纸条。

在距离一端1cm处用铅笔画一条细线。

在画线一端剪去两个角。

③ 画滤液细线(又叫点样)

毛细吸管吸取溶解有色素的滤液。现实中,我们也可以使用钢笔吸取滤液。

沿铅笔细线画一条细而直的滤液细线。

待滤液干后再画一次,共画 3～4 次。

④ 分离色素(又叫纸层析)

取适量层析液置于大试管或烧杯中。

将滤纸条插入层析液中,滤纸条斜靠内壁。层析液要低于滤液细线,如果滤液细线浸没在层析液中,滤纸条上的色素就会溶解在层析液中。

用软木塞塞住试管口或用培养皿盖住烧杯。

层析液沿着干燥的滤纸由下而上扩散,当扩散到细线时,色素便溶解在层析液中,并随着层析液一起向上扩散,而不同的色素溶解度不同,扩散速度也不同,以此可将不同色素分离开。滤纸条被溶液弄湿后变得柔软,在烧杯中容易发生塌陷,而在试管中不容易塌陷,如下图所示。

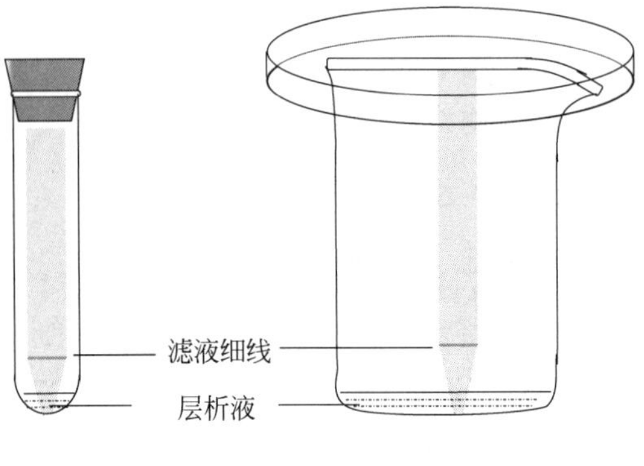

⑤ 观察与记录

条带(上→下)	色素颜色	色素名称	扩散速度	溶解度	色素宽度
第 1 条	橙黄色	胡萝卜素	最快	最高	最窄
第 2 条	黄色	叶黄素	较快	较高	较窄
第 3 条	蓝绿色	叶绿素 a	较慢	较低	最宽
第 4 条	黄绿色	叶绿素 b	最慢	最低	较宽

一般认为,色素带宽窄与色素的含量有关,因为色素含量越多,色素分子间层析速度的差异越大,色素带越宽。当然宽度还与色素本身的溶解性有关。有些资料认为叶黄素的色素带是最宽的。

＜**知识细节**＞

层析液在滤纸条边缘的扩散速度会比在滤纸条中间快,所以层析液在滤纸条边缘会比在滤纸条中央更早达到滤液细线的位置,使最终的色素带呈现明显的"U"字形。为了让沿着滤纸条边沿扩散的层析液和在中央扩散的层析液几乎同步到达滤液细线的位置,就需剪去滤纸条两角从而让层析液在边缘经过更长的距离,如下图所示。

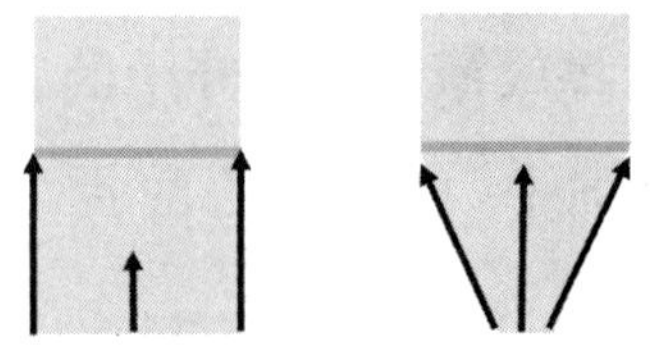

4) 光合色素知识总结

色素的种类		颜色	含量	溶解度	扩散速度	吸收光谱	作用
叶绿素(占总量的 3/4)	叶绿素 a	蓝绿	最多	较低	较慢	红光和蓝紫光	吸收、传递、转化光能
	叶绿素 b	黄绿	较多	最低	最慢		
类胡萝卜素(占总量的 1/4)	胡萝卜素	橙黄	最少	最高	最快	蓝紫光	
	叶黄素	黄色	较少	较高	较快		

3. 光合作用的过程——光反应和碳反应

＜情景导入＞

科学家想要研究光合作用的过程，因为揭开了光合作用的具体过程之谜后，就可能可以进一步提高农作物产量，甚至模拟光合作用，高效率地得到 O_2、能源和有机物。

20 世纪初，光合作用的反应式被解释为 CO_2 裂解为 C 和 O_2，O_2 释放到空气中，而 C 和 H_2O 结合形成碳水化合物（糖类）。如果按照这个猜测，产物 O_2 中的 O 元素都是来自 CO_2。

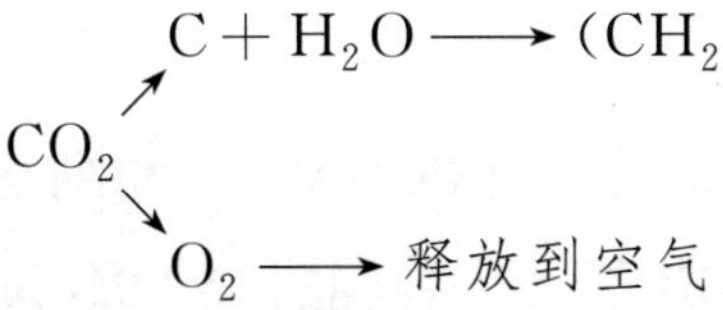

事实是否如此呢？鲁宾和卡门做了著名的同位素标记实验（如下图，在短暂的时间内进行检测）。其实验结果直接表明了光合作用释放的 O_2 全部来自于水，而不来自于 CO_2，也间接表明了光合作用产物葡萄糖中的 O 来自 CO_2。

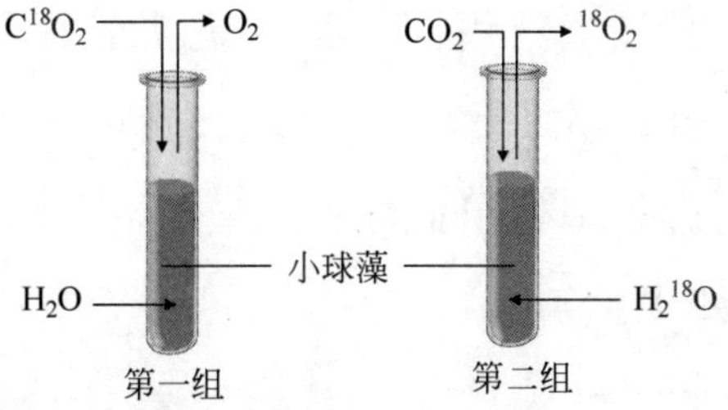

如果用葡萄糖代表光合作用的产物，对化学反应式进行配平，会发现光合作用消耗水的同时也产生水，则可以建立以下的光合作用反应式：

$$6CO_2 + 12H_2O \xrightarrow[\text{叶绿体}]{\text{光能}} C_6H_{12}O_6 + 6H_2O + 6O_2$$

这个反应式有利于解答高中生物题，但是光合作用产生的第一个糖类其实不是葡萄糖，而是 3-磷酸甘油醛。生物学中简单地把 3-磷酸甘油醛当作是一种三碳糖。

因为光合作用和细胞呼吸的场所和酶不一样，所以光合作用和细胞呼吸不是可逆反应。注意光合作用和呼吸作用原料和产物中的水最好不要约去，以表达出光合作用和呼吸作用都消耗水，同时又产生水。光合作用像一个商人，投资了 12 元钱，结果亏了 6 元钱。而呼吸作用则像一个盈利了 6 元钱的商人。通过对同位素示踪实验的分析发现，如果将光合作用产物中的水约去，则反应式中的原料 $6H_2O$ 只含 6 个 O，无法与产物中的 $6O_2$ 一一对应，呼吸作用亦是如此。

此实验还提供了一个线索：光合作用中利用 H_2O 产生 O_2 和利用 CO_2 产生糖类是两个相对独立的过程。

科学工作者从植物细胞中提取叶绿体，放入含有 ADP、磷酸盐以及 $NADP^+$ 等物质的溶液中，按图示控制条件进行光合作用的有关实验并不断测定葡萄糖和 O_2 的含量。

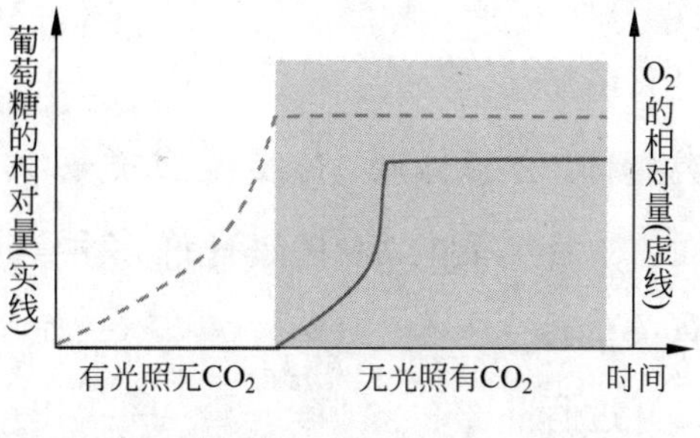

此实验现象说明了什么？葡萄糖的合成不直接需要光，但是光照下的生化反应为葡萄糖的合成提供了某种条件。

由此可以推断光合作用分为两个阶段。第一个阶段直接需要光，称为光反应阶段；第二阶段无需光照，是 CO_2 转变为糖的过程，称为碳反应阶段①。光反应只有在有光的时候才能进行，而碳反应不直接需要光，所以碳反应以前称为暗反应。但是在黑暗中，因为少了光反应为其提供的有关物质，碳反应只能进行很短的时间；而且碳反应在有光情况下也可以进行。总之，碳反应比暗反应更确切。

1）光反应

<**探究性学习**>

在有光照无 CO_2 的情况下，叶绿体到底产生了什么物质。

资料 1：英国剑桥大学的希尔将叶绿体从植物中分离出来，加到具有氢受体②的水溶液中，在无 CO_2 的条件下给予光照，发现叶绿体中有 O_2 放出。此反应被后人称为希尔反应。

资料 2：美国科学家阿尔农用离体的叶绿体做实验，在无 CO_2 的条件下，在给叶绿体照光时发现，当向反应体系中供给 ADP、Pi 和 $NADP^+$ 时，会有 ATP 和 NADPH 产生。

通过对实验的分析发现，光反应阶段不需要 CO_2 的参与，光反应阶段产生了 O_2、ATP 和 NADPH。

（1）场所

类囊体/类囊体膜，其实说成类囊体膜有点片面，因为类囊体腔中含有许多种与水的光解有关的酶。

（2）过程

① 水的光解

$$H_2O \xrightarrow[\text{色素}]{\text{光}} \frac{1}{2}O_2 + 2H^+ + 2e^-$$

植物的光合作用中，色素吸收光不需要酶的催化，其余的阶段包括水的光解都需要酶（水裂解酶）的催化。**水的光解**是指水在光下被氧化分解（裂解）的过程，**是在类囊体腔一侧发生的，O_2 先被释放在类囊体腔中，然后通过扩散出类囊体腔。**

② ATP 的形成③

$$ADP + Pi \xrightarrow{\text{酶}} ATP$$

③ NADPH 的合成

$$NADP^+ + 2e^- + H^+ \xrightarrow{\text{酶}} NADPH$$

光合作用中产生的 NADPH 和细胞呼吸中产生的 NADH 都是一种辅酶，NADH 是还原型辅酶Ⅰ，NADPH 是还原型辅酶Ⅱ。两者都是氢的载体，都可以写成[H]，都能够为其他分子提供氢，具有还原性。区别在于 NADPH④ 具有不稳定的高能磷酸键，包含活跃的化学能，能提供能量，这一点与 ATP 相似；而 NADH 不是高能磷酸化合物，不能提供能量。

鲁宾和卡门用同位素标记实验证明了光合作用释放的 O 全部来自水，我们也可以从光反应过程中看出此规律。

[**知识扩展**]

水的光解产生的 H^+ 并不需要在 NADPH 合成中消耗完，而可以用来形成类囊体膜内外的 H^+ 浓度差。

---

① 在答题时，避免使用光合作用第一阶段和第二阶段这样的表述。也不能将“碳反应”说成“碳循环”，碳循环是指生态系统中碳元素的循环。

② 二氯酚靛酚（DCPIP）在氧化状态呈现蓝色，在还原状态呈现白色。DCPIP 可以接受氢，所以是一种氢受体。浙科版描述为氧化剂（如高铁盐）。

③ 光合作用总反应式中产物水就是在 ATP 合成过程中产生的，因为 ATP 的合成会产生水，但中学阶段的反应式中往往不写出水。

④ 记忆技巧：NADPH 中 P 代表磷酸基团，与 ATP 中的 P 同义。与光有关的英文很多以 P 开头，如光合作用（photosynthesis）、光学（photology）。

水裂解产物和光反应产物不同，水裂解产物是 O_2、H^+、e^-，光反应产物是 O_2、ATP、NADPH。

(3) 光反应阶段的能量转换

光反应阶段的能量转换：光能→ATP 和 NADPH 中活跃的化学能。

［**知识扩展**］

准确地讲，光反应阶段的能量转换：光能→电能→ATP 和 NADPH 中活跃的化学能。能量转换的具体过程见下图。与需氧呼吸的电子传递链(呼吸链)一样，光反应中 ATP 的合成也离不开电子传递链，此处称为光合链。光合链造成的 H^+ 浓度势能被类囊体膜中的 ATP 合酶用来合成 ATP，此过程称为光合磷酸化。

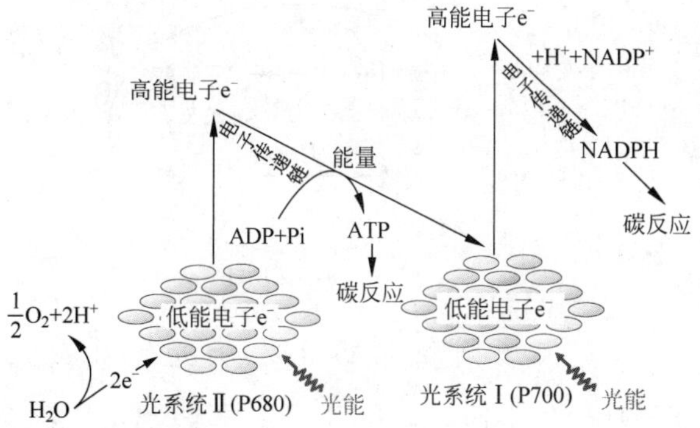

光系统是光合生物中能够吸收光能，并将其转变为化学能的多蛋白质复合物。光系统分为光系统Ⅰ(吸收高峰的波长为 700nm，其作用中心色素为 P700)和光系统Ⅱ(吸收高峰的波长为 680nm，其作用中心色素为 P680)，每个光系统均由含光合色素的捕光复合物和含叶绿素 a 的反应中心所组成(如下图)。每个光系统含大约 200 个叶绿素，其中大概只有 2 个特殊的叶绿素 a 分子(去镁叶绿素 a)可作为作用中心色素。除了作用中心色素，其他的色素都称为天线色素。天线色素只能吸收、传递光能，只有作用中心色素才能转变光能为电能。每个光系统都有聚焦光能的能力，如同放大镜能将光能聚集一样，所有光子的能量都最终传递到反应中心上从而产生强大的能量使水发生光解。因为分散的色素无法聚集光能，色素只能成簇分布并与蛋白质结合形成光系统而固定在膜上，因此，人工提取的色素溶液无法发生水的光解。

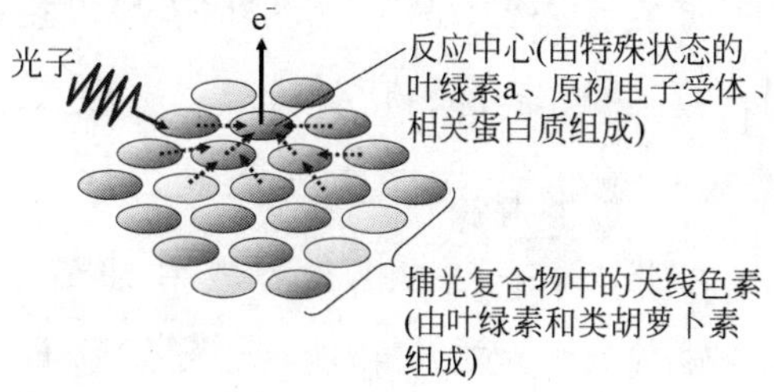

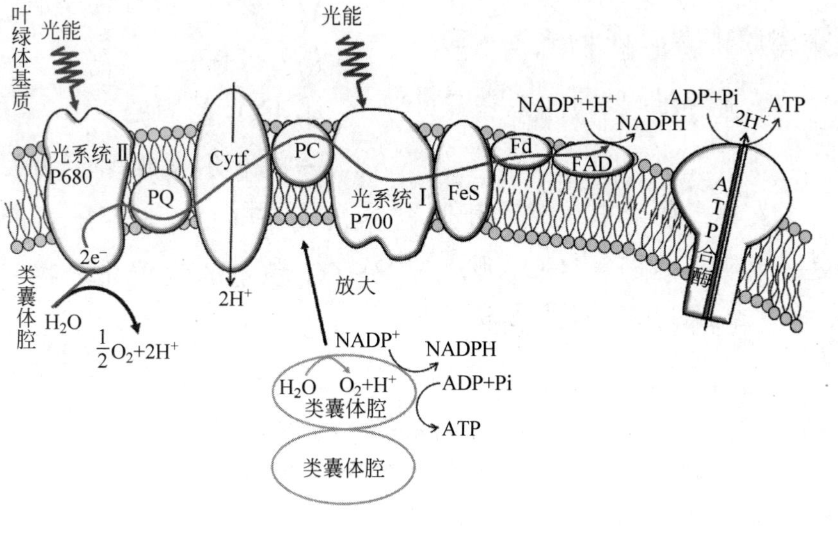

2）碳反应（卡尔文循环）

＜**探究性学习**＞

ATP 和 NADPH 没有在光合作用总反应式中表示出来，这两种物质在光合作用过程中有什么作用？ATP 和 NADPH 可能是光合作用的中间产物，它们为 CO_2 合成糖类提供能量和还原剂。CO_2 中的 C 是＋4 价，而糖类中的 C 平均是 0 价，所以 C 在碳反应中将被还原。另外 CO_2 是气态的，还需要在碳反应中被固定。

资料 1：1954 年，阿尔农继续用离体叶绿体做实验，在黑暗条件下，只要供给 CO_2、ATP 和 NADPH，叶绿体就能将 CO_2 转变为糖，ATP 和 NADPH 含量急剧下降。

资料 2：1946 年，美国科学家卡尔文在一个装置中放入进行光合作用的小球藻悬浮液，注入普通的 CO_2，然后按照预先设定的时间长度向装置中注入 ^{14}C 标记的 CO_2，在每个时间长度结束时，杀死小球藻，使酶反应终止，提取产物进行分析。他发现当把光照时间缩短为几分之一秒时，3-磷酸甘油酸（以下简称三碳酸）占全部放射性的 90%，这就证明了三碳酸是光合作用中由 $^{14}CO_2$ 转化形成的第一个稳定的产物。在经历 5 秒钟的光合作用后，卡尔文发现一种五碳化合物（1,5-二磷酸核酮糖，RuBP，以下简称五碳糖）和六碳糖也带有了放射性①。

资料 3：卡尔文发现三碳酸中最多只有 1 个 C 有放射性，这就说明不是 3 个 $^{14}CO_2$ 形成三碳酸。卡尔文推测存在一种二碳化合物，该二碳化合物与 $^{14}CO_2$ 结合生成三碳酸。卡尔文及其同事通过改变实验条件来搜寻二碳化合物，始终没有找到，然而在研究中却发现有一种五碳糖。卡尔文发现在正常情况下三碳酸和五碳糖保持稳定。如果在光照下突然中断 CO_2 的供应，则五碳糖就积聚起来，三碳酸就减少。当把灯关掉后，三碳酸的浓度急剧升高，同时五碳糖的浓度急剧降低。这个发现启发了卡尔文，卡尔文推断三碳酸和五碳糖处于一种循环体系中，五碳糖与 CO_2 结合生成 2 个三碳酸，2 个三碳酸生成五碳糖和光合产物糖类（CH_2O）（如下图）。有高考卷认为，达到平衡时，三碳酸的量是五碳糖的 2 倍，但是这种看法是有争议的，相关论文也显示并非是 2 倍。

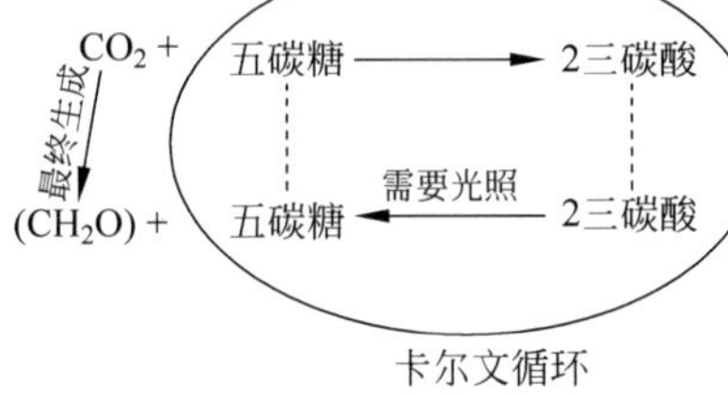

卡尔文循环

卡尔文用同位素标记法研究碳反应，经历了 10 年时间，消耗了 10 吨滤纸，最终获 1961 年诺贝尔化学奖，所以碳反应又叫卡尔文循环。

（1）场所：叶绿体基质

（2）过程

① CO_2 的固定

一次卡尔文循环是从 1 分子五碳糖开始，1 分子 CO_2 与 1 分子五碳糖结合生成 1 分子不稳定的六碳化合物（此化合物极不稳

① 有些资料误以为五碳糖不会出现放射性。这种错误看法相当于把五碳糖当作了 CO_2 的运载体，认为 CO_2 中的碳不会进入五碳糖，而只会形成糖类。

定，所以卡尔文并未检测到），随即分解成 2 分子三碳酸（3-磷酸甘油酸）。因为原料 CO_2 是气体，所以此过程称为 CO_2 的固定。

$$3CO_2 + 3\ 五碳糖 \xrightarrow{酶} 6\ 三碳酸$$

② 三碳酸的还原

三碳酸的羧基最终被还原成三碳糖（3-磷酸甘油醛）的醛基。在这个过程中，ATP 提供能量，NADPH 则除了提供能量还提供氢（**加氢反应就是还原，所以也可表达成提供还原力**）。

③ 五碳糖的再生

三碳酸还原形成的三碳糖，其中的小部分（1/6）离开卡尔文循环用于合成其他有机物，而大部分（5/6）再生成五碳糖。

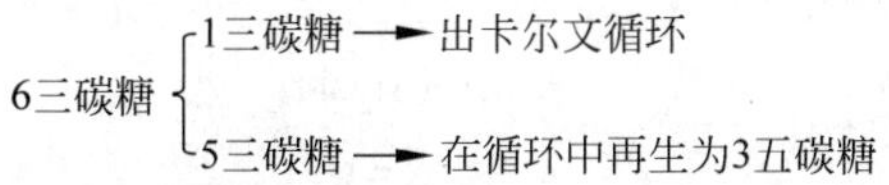

＜版本差异＞

人教版的叙述更科学，因为 3-磷酸甘油醛带有磷酸基团，其实不是真正的糖类。但是，需要指出的是，无论是离开卡尔文循环转变为真正的糖类，还是再生成 RuBP，都需要 3-磷酸甘油醛。

［知识扩展］

名　称	3-磷酸甘油酸	3-磷酸甘油醛	1,5-二磷酸核酮糖（RuBP）
简称	三碳酸磷酸，三碳酸	三碳糖磷酸，三碳糖	二磷酸核酮糖，五碳糖
结构式	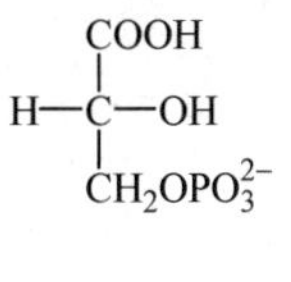	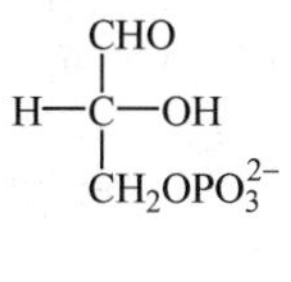	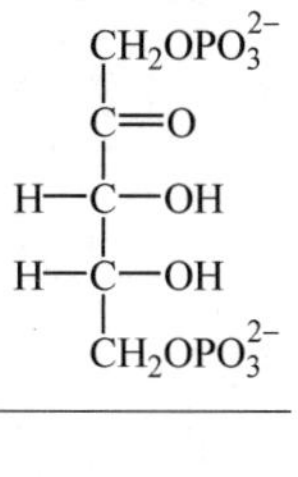
人教版中简写	因为是三碳化合物，人教版中简写为 C_3	接受能量并被还原的 C_3	因为是五碳化合物，人教版中简写为 C_5
浙科版中简称	三碳酸	三碳糖	五碳糖

用 C_3 来表示三碳酸其实欠妥，因为三碳糖也是一种三碳化合物。

有机化学中用阿拉伯数字表示基团位置，而用中文数字表示个数。

（3）碳反应阶段的能量转换

碳反应阶段的能量转换：ATP 和 NADPH 中活跃的化学能→有机物中的稳定的化学能。

（4）碳反应阶段的物质平衡和五碳糖的循环

碳反应产生的第一个糖并非是葡萄糖，而是一种三碳糖。每 3 个 CO_2 进入卡尔文循环与 3 个五碳糖结合就形成 6 个的三碳酸分子，这些三碳酸分子都被还原为 6 个三碳糖。其中 5 个三碳糖分子在卡尔文循环中经过一系列复杂的变化，再生成 3 个五碳糖，从而保证卡尔文循环继续进行。另外 1 个三碳糖分子则离开卡尔文循环，转变为其他有机物如葡萄糖。从中可以看到当光合作用的速率达到平衡时，五碳糖不会增加也不会减少。RuBP 是卡尔文循环的起点，每利用 1 个五碳糖就是循环 1 次，所以固定 3 个 CO_2，需要利用 3 个五碳糖并循环 3 次。

＜版本差异＞

浙科版中认为光合作用产生的第一种糖

类是3-磷酸甘油醛（磷酸化的糖类），而人教版则描述为(CH_2O)，如下表。

浙科版	人教版
包括3个卡尔文循环	包括1个卡尔文循环
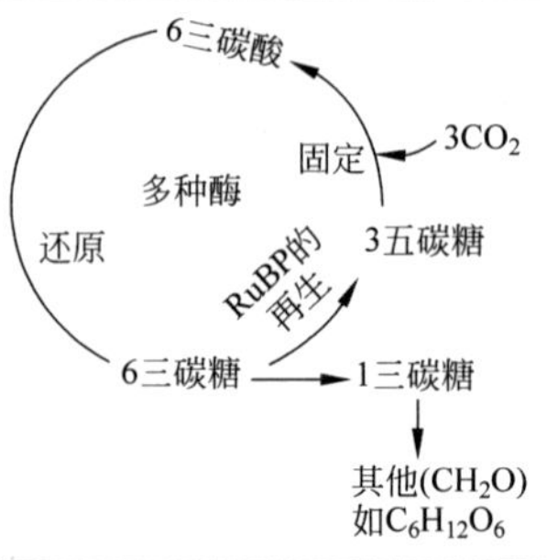	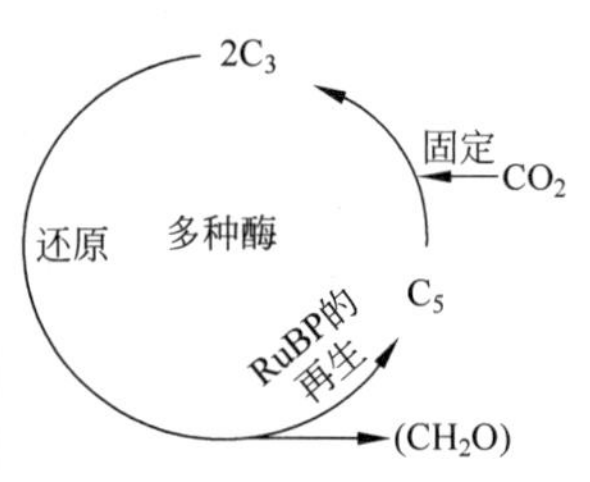

续表

3）光反应和碳反应过程总结

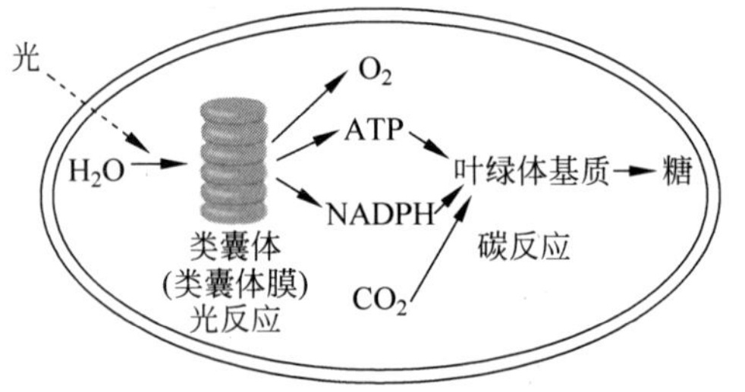

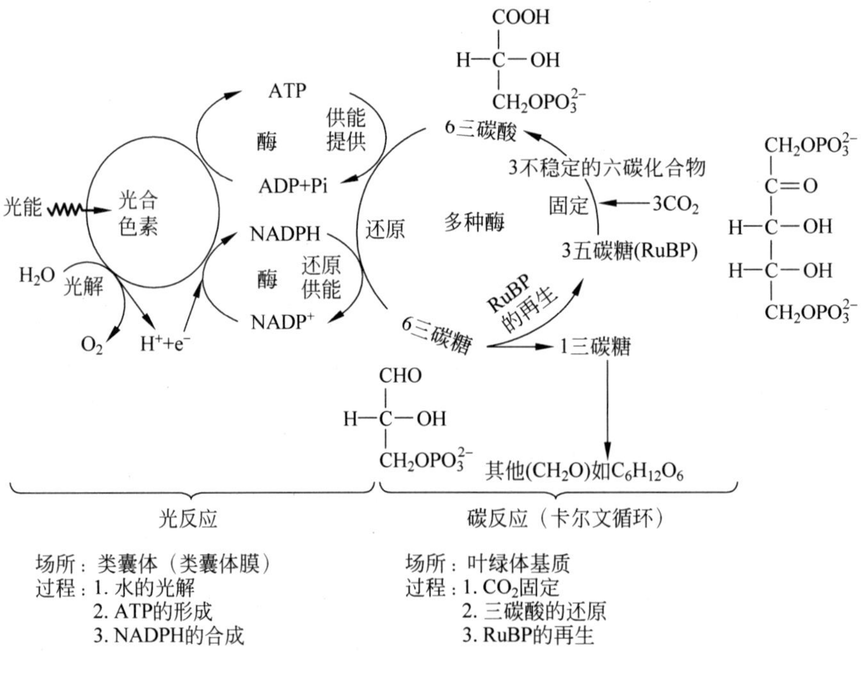

4）光合作用的实质

光合作用中物质变化：无机物合成有机物。

光合作用中能量变化如图所示。

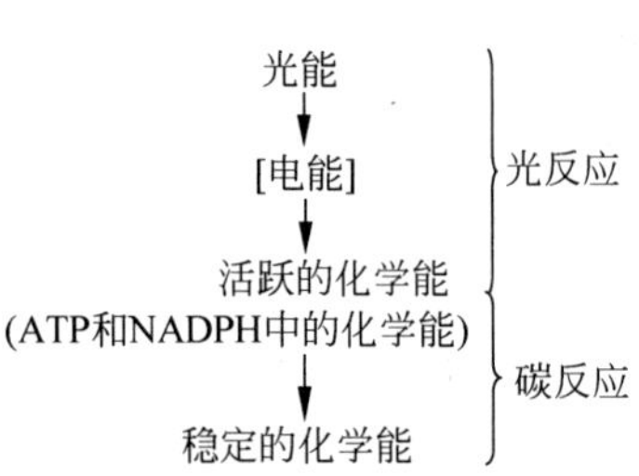

5）三碳糖的转变（浙科版）

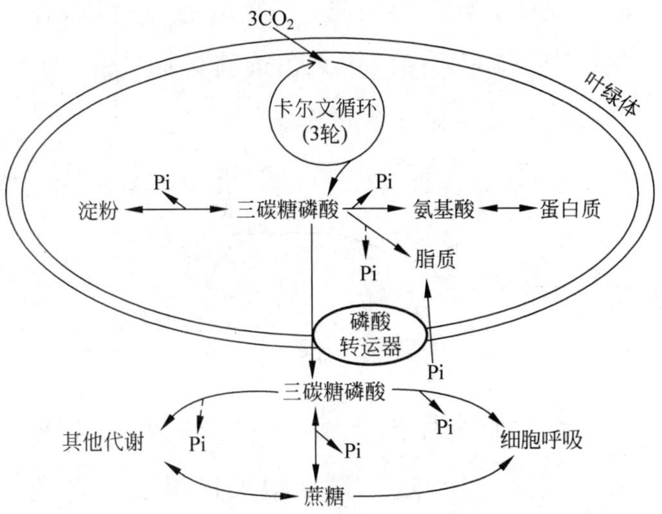

离开卡尔文循环的三碳糖大部分被运至叶绿体外生成蔗糖，小部分在叶绿体内转变为氨基酸、脂质、淀粉等物质。其中三碳糖与淀粉的转化是双向的。

＜知识细节＞

蔗糖是大多数植物长距离运输的主要有机物。与葡萄糖相比，蔗糖作溶质分子时渗透压低，且为非还原糖，性质稳定。

6）光反应和碳反应的比较和联系

（1）光反应和碳反应的联系

光反应为碳反应提供 NADPH 和 ATP，碳反应产生的 ADP、Pi、NADP$^+$ 为光反应提供原料。

（2）光反应和细胞呼吸产生的 ATP 的用途不同

叶绿体内代谢（包括碳反应，酶、DNA 等大分子物质的合成，物质运输等）需要的 ATP 主要由光反应提供，也可以从叶绿体外（即细胞呼吸）少量获取。但是光反应产生的 ATP 无法从叶绿体中出去，无法为叶绿体外的代谢所用。而有些教辅误认为碳反应所需 ATP 只能来自光反应，以及光反应产生的 ATP 只能用于碳反应。当然碳反应所需的［H］只能来自光反应，因为光反应产生的［H］是 NADPH，而细胞呼吸产生的［H］主要指 NADH。

（3）ATP、NADPH 的移动方向

光反应的产物 ATP、NADPH 是在类囊体膜外侧产生的，用于碳反应，因此它们的移动方向是从类囊体到叶绿体基质，而 ADP、NADP$^+$ 和 Pi 是叶绿体基质产生的，用于光反应，因此它们的移动方向是从叶绿体基质到类囊体。

（4）光反应和碳反应的速度

光反应和碳反应的产物互为原料，因此其速度会相互影响。在中学阶段可以简单地认为，一方速度加快，会促进另一方也加快；一方速度减缓，会使另一方也减缓。但实际情况要复杂得多。

（5）各种条件变化后，短时间内五碳糖、三碳酸、ATP、ADP、NADPH、NADP$^+$ 和三碳糖的相对含量变化

条件变化	五碳糖	三碳酸	ATP、NADPH	ADP、NADP$^+$	三碳糖（CH_2O）
CO_2 供应减少，光照不变	增加	减少	增加	减少	减少
不变光照，CO_2 供应增加	减少	增加	减少	增加	增加
CO_2 供应不变，光照减弱	减少	增加	减少	增加	减少
CO_2 供应不变，光照增强	增加	减少	增加	减少	增加

注意物质含量变化与物质合成速度变化的区别：

如 CO_2 供应增加，五碳糖的消耗速度增

加，碳反应速度加快，五碳糖的合成速度也增加，但是由于 CO_2 供应对五碳糖消耗的影响是直接的，而对五碳糖合成的影响是间接的，因此五碳糖消耗速度比合成速度增长更快，五碳糖含量减少。

如光照强度增加后，短时内光反应速度加快，ATP、NADPH 增加，三碳酸的消耗速度增加，三碳酸的合成速度也增加，但是由于光照强度对三碳酸消耗的影响是直接的，而对三碳酸合成的影响是间接的，因此三碳酸消耗速度比合成速度增长更快，含量减少。

长时间下，各物质的变化规律与短时间内的变化不同。因为生物体内的物质存在相互转化，处于动态平衡之中。所以外界条件变好，各物质的含量最终都会增加；条件变差，各物质的含量最终都会减少。如减少 CO_2 供应，短时间内五碳糖会增加，但是时间一长，五碳糖会因转化为其他物质而下降。

4. 影响光合速率的因素及农业上的应用

光合速率又称光合强度，是指一定量的植物（如一定的叶面积）在单位时间内进行了多少光合作用，可以用 O_2 的产生量、释放量，有机物的合成量、积累量，CO_2 的利用量、吸收量来表示。影响光合速率的因素既有环境因素，又有内部因素。光合作用受各因素的综合影响。

1）环境因素

环境因素是指光（包括光质、光照强度、光照时间、光照面积）、温度、CO_2 浓度和矿质营养。

（1）光质对光合速率的影响

光质就是指光的波长。白光为复合光，光合作用能力最强；单色光中，红光光合作用能力最强，蓝紫光次之，绿光最差。所以，在生产中，温室大棚应用无色透明材料。

（2）光强对光合速率的影响

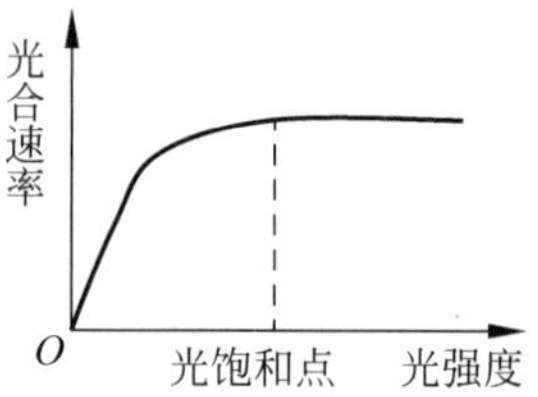

在其他条件都适宜的情况下，在一定范围内，光合速率随光强度增加而增加。**当光强度超过某一强度时，光合速率不再随光强度增加而增加，这种现象叫光饱和现象。达到光饱和时的最低光强度为光饱和点。**自然条件下，大气中的 CO_2 浓度很低且基本稳定，因此在光照充足的条件下，光合作用受碳反应速率所限制，即造成光饱和的因素主要为 CO_2 浓度这一外部因素，其次是色素、酶反应速率等内部因素的限制。

值得注意的是，植物的光饱和点不是固定的，而是随多种因素变化的。**晴天时最大光照强度（浙科版称为全日照）一般会比植物的光饱和点大**，比如水稻的光饱和点在四万至五万勒克斯，但是夏季的最大光强会达到几十万勒克斯。即一般植物在晴天都会到达光饱和点状态。在生产中，可利用人工光照控制大棚中的光照强弱，并人工补充 CO_2。

<探究性实验>

探究光强度对光合强度的影响，可以用叶圆片上浮法。该实验方法需要制备数个统一尺寸的叶圆片，并用减压的方式赶出细胞间的气体，此时的叶片会沉在水底。在光合作用下，叶片产生的 O_2 逐渐在细胞间积累，叶片上浮，依照上浮的快慢可以比较光合作用的强弱。

用打孔器对叶片进行打孔时，要避开大的叶脉。减压操作时，将叶圆片放入注射器内，注射器吸水并排出残留的空气，用手指堵住注射器前端的小孔，多次缓慢抽拉活塞，使叶圆片内原有的气体溢出。处理过的叶圆片由于细胞间隙充满水，会先沉到水底。将叶片放入富含 CO_2 的清水中（通过吹气处理或使用浓度为 1%～2% 的 $NaHCO_3$ 溶液），控制不同的光照强度，可以用不同瓦数的 LED 灯，或控制光源和小烧杯的远近，观察叶片浮起的情况。

(3) 温度对光合速率的影响

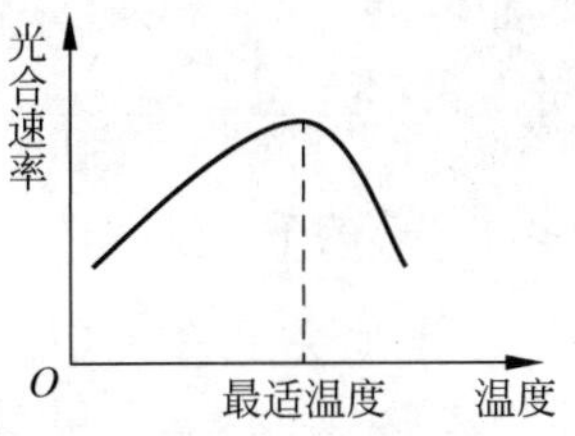

光合作用涉及很多酶，因此也有一个最适温度（如上图）。光合作用有关酶（光合酶）的最适温度往往比呼吸有关酶（呼吸酶）的最适温度要低，如温带植物光合酶的最适温度为 25℃左右，而呼吸酶的最适温度为 30℃左右。**当温度过高时，光合酶的活性下降，气孔关闭，类囊体膜结构遭到破坏。温度对碳反应的影响要比光反应大得多，因为参与光反应的酶较少。**

在生产中常采用适当加大昼夜温差的方法促进植物生长和有机物的积累。白天适当升温可保证光合作用正常进行，晚上适当降温可降低呼吸作用。

［**知识扩展**］

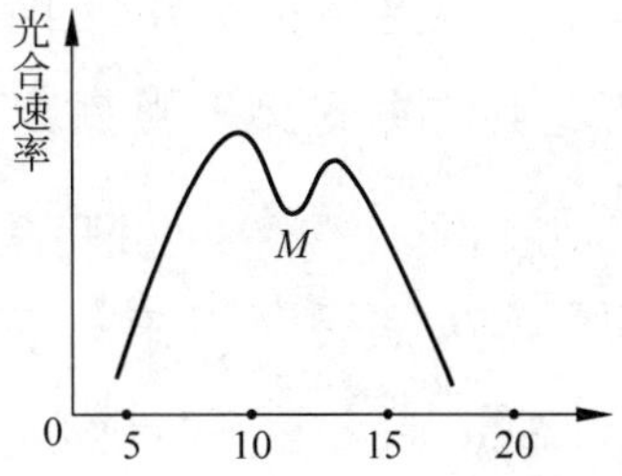

图 A

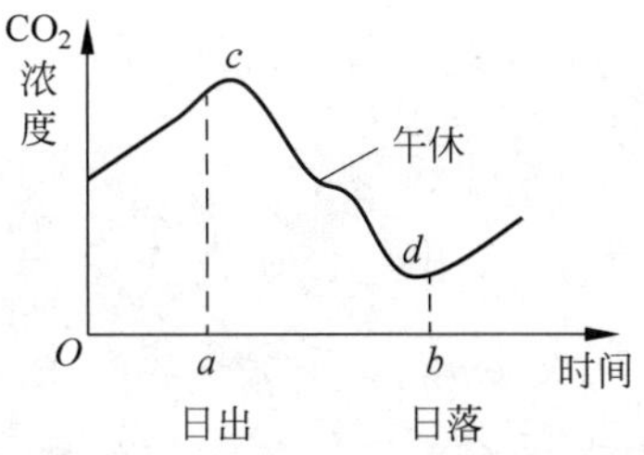

图 B

气孔导度表示气孔的开放程度，与气孔阻力成反比。

炎热的夏天中午，光合作用短暂下降，如图 A 中 M 点。原因是中午温度过高，植物为避免水分过快丧失，会将大部分气孔关闭，CO_2 难以进入叶肉细胞，所以光合速率下降，此现象称为植物炎热夏季的午休现象。注意光合午休时，光合速率下降而不是为零。

因为气孔导度是通过影响胞间 CO_2 浓度进而影响光合速率的，所以当题干中出现施加某种不利因素后气孔导度下降，但是胞间 CO_2 浓度却上升了，这就说明净光合速率下降并不是气孔导度下降引起的，可能是由于呼吸速率升高，或者酶、膜结构、色素等被破坏。

图 B 中 c 点之前，呼吸作用速率大于光合作用速率；cd 段，呼吸作用速率小于光合作用速率；d 点之后，呼吸作用速率大于光合作用速率。所以在 c 点和 d 点，光合作用速率等于呼吸作用速率。

c 点光合作用速率等于呼吸作用速率，所以 c 点时已经具有一定的光照强度，故日出应该在 c 点之前；d 点光合作用速率等于呼吸作用速率，所以 d 点仍然具有一定的光照强度，日落应该在 d 点之后。

尽管 c、d 两点光合速率都等于呼吸速率，但是因为 c 点的 CO_2 浓度比 d 点 CO_2 浓度高，所以 c 点的光照强度比 d 点的光照强度弱。

从数学上讲，图 A 曲线上每点的纵坐标值是图 B 曲线上每点切线斜率的绝对值。

(4) CO_2 浓度对光合速率的影响

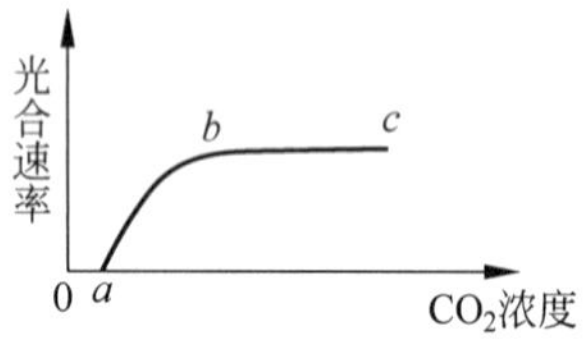

0～a：CO_2 浓度太低，农作物无法光合作用。

a～b：随 CO_2 的浓度增加，光合作用强度增强。光合作用强度达到最大时的最低 CO_2 浓度为 CO_2 饱和点(图中 b 点所对应的 CO_2 浓度)。**因为光反应的速度远远高于碳反应的速度，所以在自然情况下形成 CO_2 饱和点的主要原因是酶的量的限制，当然在光照强度很弱的情况下，也会受到光反应产生的 ATP 和 NADPH 的量的限制**。

b～c：CO_2 浓度再增加，光合作用强度保持不变。

CO_2 浓度超过一定限度，将引起细胞中毒或气孔关闭，抑制光合作用(此种情况很少出现，一般无需考虑)。

在生产上的应用：**空气中 CO_2 含量一般为 330mg/L 左右(约 0.03%)，与植物光合作用所需最适浓度(约 1000mg/L，即 0.1%)相差太远**。所以提高 CO_2 浓度对光合作用的促进效果明显。提高 CO_2 浓度的措施有：

在大田中：①确保良好通风，合理密植；②增施有机肥料；③深施碳酸氢铵。

在大棚中：①施有机肥(农家肥)；②使用 CO_2 发生器，释放干冰等；③开窗通气，补充 CO_2，同时可以降低湿度、温度；④无土栽培时加 $NaHCO_3$，用以调节 pH、释放 CO_2。

注意，增加 CO_2 可以提高光合效率，但是无限制地使用会在全球范围内提高 CO_2 浓度，产生温室效应。温室效应对全球的光合速率影响复杂。

［**知识扩展**］

施用农家肥的好处在于：农家肥被微生物分解成植物所需的矿质营养，增加了土壤肥力；农家肥分解时会产生 CO_2，增加大棚中的 CO_2 浓度；农家肥分解时会产生热量，提高大棚中的温度。

(5) 矿质营养对光合速率的影响

多种矿质元素对光合作用有影响，所以农业上需要适当施加肥料。

N 元素是光合酶及 $NADP^+$ 和 ATP 的重要组分，也是叶绿素的重要组分。P 元素是 $NADP^+$ 和 ATP 的重要组分，也能维持叶绿体正常结构和功能。K 元素能促进光合产物向储藏器官运输，缺 K 会导致叶肉细胞中淀粉积累进而阻碍光合作用。Mg 元素是叶绿素的重要组分。

（6）多因子影响因素中限制因子的分析

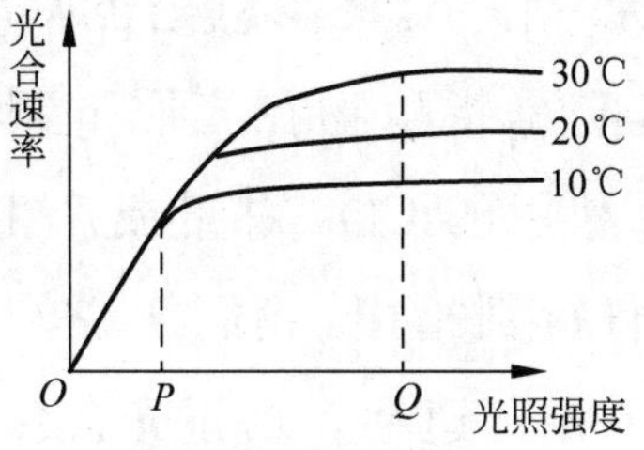

温度对光合速率的影响

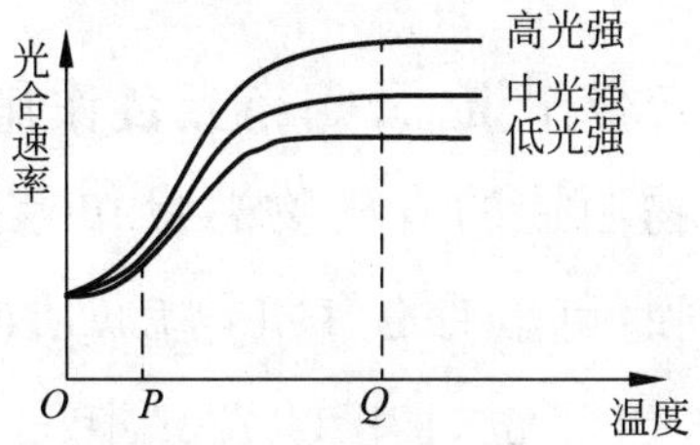

光强对光合速率的影响

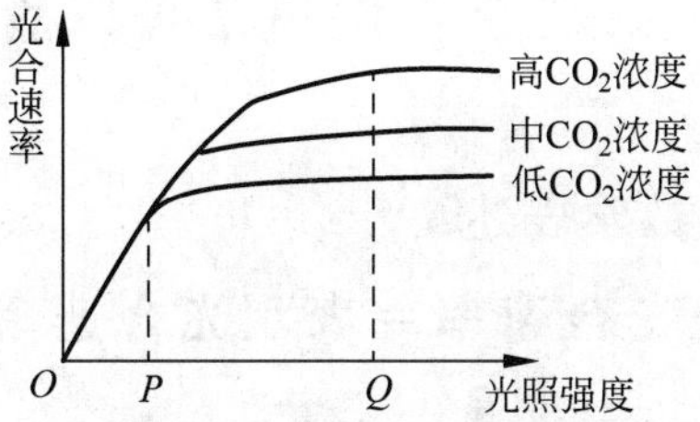

CO_2浓度对光合速率的影响

P 点以前，限制光合速率的因素为横坐标所表示的因子，随着这个因子的不断加强，光合速率不断提高。当到 Q 点时，横坐标所表示的因子不再是光合速率的限制因素，要想提高光合速率可采取适当提高图示的其他因子的方法。P 点与 Q 点之间，多个因子都为限制因子。

2）内部因素

植物类型、年龄不同，其最适温度、光饱和点和 CO_2 饱和点不尽相同。阳生植物与阴生植物、草本植物与木本植物、单子叶植物与双子叶植物对光能的利用能力不同，自身叶面积指数、叶片生长状况等因素也影响对光能的利用。

5. 光合作用和细胞呼吸的关系及农业上的应用

1）植物在进行光合作用的同时也在进行着细胞呼吸

当植物处于黑暗情况下，植物只呼吸不光合；处于弱光情况下，植物呼吸速率大于光合速率；处于稍强光照下，植物呼吸速率等于光合速率；处于强光下，植物呼吸速率小于光合速率。

叶肉细胞的光合速率和呼吸速率的大小关系也有四种情况，示意图如下。

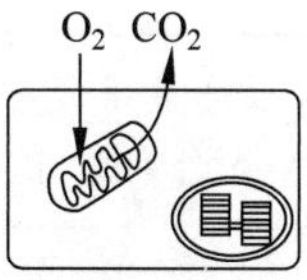

①在黑暗情况下，
只呼吸不光合，
细胞吸收O_2，释放CO_2

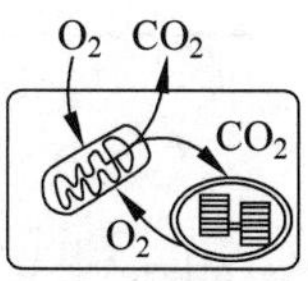

②在弱光情况下，
呼吸速率>光合速率，
细胞吸收O_2，释放CO_2

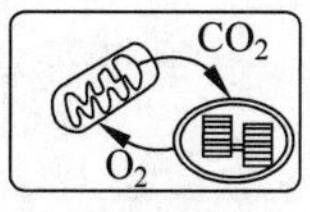

③在稍强光照情况下，
呼吸速率=光合速率，
细胞不与外界进行气体交换

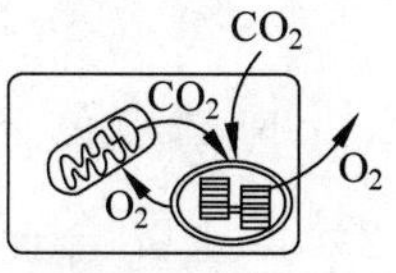

④在强光情况下，
呼吸速率<光合速率，
细胞吸收CO_2，释放O_2

理论上，叶肉细胞无法出现既吸收 O_2 又吸收 CO_2 的情况，也无法出现既释放 O_2 又释放 CO_2 的情况。比如，光合速率大于呼吸速率时，细胞中的 O_2 浓度会大于细胞外，所以 O_2 只能从细胞内扩散到细胞外，CO_2 则相反。

＜知识细节＞

植物整体的光合速率和叶肉细胞的光合速率是不一样的。比如当植物整体处于光合速率等于呼吸速率的状态时，因为植物的根、花、果实等部位的细胞一般不进行光合作用而只进行呼吸作用，所以此时，叶肉细胞的光合速率是大于呼吸速率的，才能补偿其他不进行光合作用的细胞所消耗的 O_2 和有机物。示意图如下页。

以具体的 O_2 利用和产生速度来举例

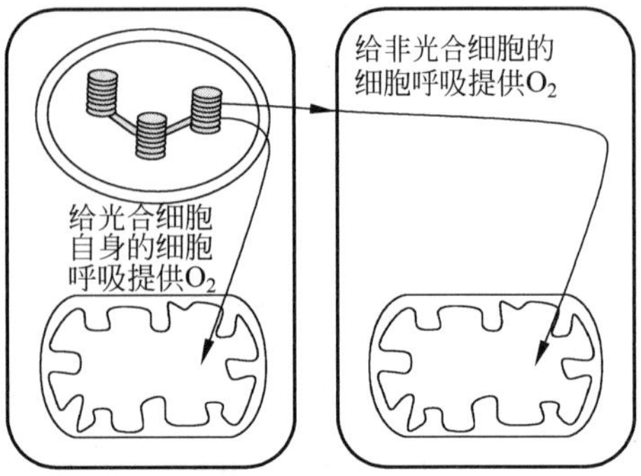

说明：

类　　型	叶肉细胞等光合细胞	根细胞等非光合细胞	植物整体
光合速率/($mL \cdot s^{-1}$)	2	0	2
呼吸速率/($mL \cdot s^{-1}$)	1	1	2

可见，植物整体上光合速率等于呼吸速率时，叶肉细胞的光合速率大于呼吸速率。

2）真正光合速率和表观光合速率

植物光合作用所需的CO_2，除了可以从植物的外部吸收，还可以通过呼吸作用产生；光合作用产生的O_2，除了供给细胞呼吸，还可以释放到植物的外部。

对于叶肉细胞而言，光合作用所需的CO_2，除了可以通过呼吸作用产生，还可以从细胞的外部吸收；光合作用产生的O_2，除了供给细胞呼吸外，还可以释放到细胞的外部。示意图如下。

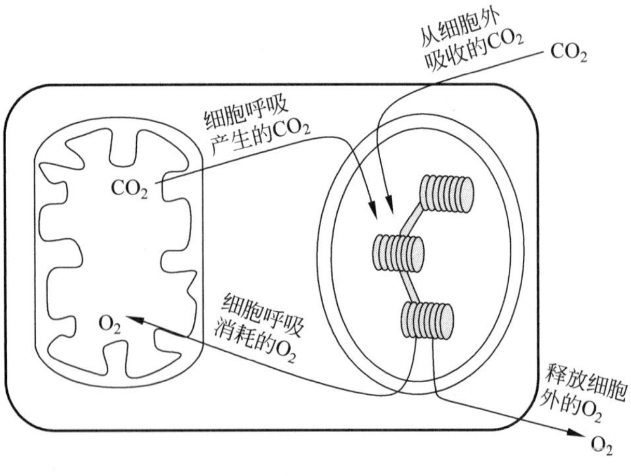

（1）概念辨析

真正光合作用，又叫总光合作用，或实际光合作用，它是指植物在光照下制造的有机物的总量、利用的CO_2总量或产生的O_2总量。**如没有特别指出，我们所说的光合速率都是指真正光合速率。真正光合作用不能直接被测量。**

表观光合作用，又叫净光合作用，它是指光照下植物制造的有机物总量扣除掉植物进行细胞呼吸所消耗的有机物后，所净增的有机物的量，当然也可用CO_2消耗量或O_2产量表示。**表观光合作用是可以直接被测得的。**

（2）数学表述

真正光合速率＝表观光合速率＋呼吸速率

光合作用O_2真正产量＝实测O_2释放量＋细胞呼吸O_2消耗量

光合作用CO_2真正消耗量＝实测CO_2消耗量(吸收量)＋细胞呼吸CO_2释放量

光合作用有机物真正产量＝光合作用有机物净生产量＋细胞呼吸有机物消耗量

＜知识细节＞

做题时，一定要先辨别题干中描述的是真正光合速率还是表观光合速率，表观光合速率会出现负值，而真正光合速率不可能出现负值。两者也可以通过题干中的文字进行辨别。真正光合速率等于0和表观光合速率（光合速率—呼吸速率）等于0是两个不同的概念；当真正光合速率等于0时，表观光合速率为负值；当表观光合速率等于0时，真正光合速率等于呼吸速率。

(3) 文字表述

“光合速率”没有任何提示时是指真正光合速率。某项指标是经过测量的，此测量的值是指表观光合速率，因为真正光合速率无法直接测量得到。

类似以下描述是指真正光合速率：植株(细胞)消耗(固定、利用、同化)的 CO_2 量，产生(制造、生产、合成)的 O_2 量或有机物量。

类似以下描述是指表观光合速率：植株(细胞)吸收的 CO_2 量，植株或细胞释放的 O_2 量，积累的有机物量。

如果叶绿体作为主语，则无论是什么动词，描述的都是真正光合作用，如叶绿体产生糖类、叶绿体固定(吸收)CO_2 量、叶绿体产生(释放)O_2 量。

(4) 曲线表述

真正光合速率和表观光合速率的曲线相互平行，两者的差值是呼吸强度，如下图所示。

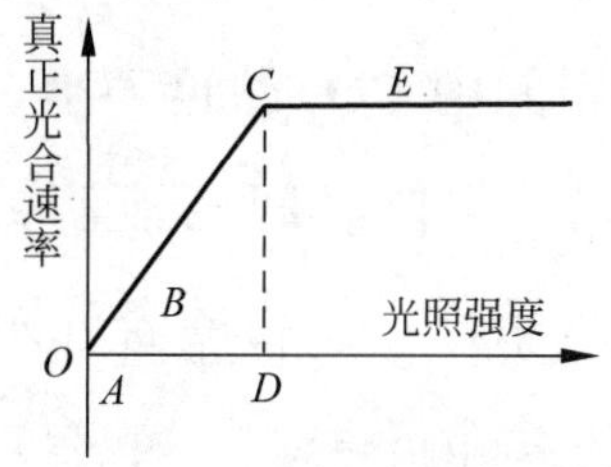

真正光合速率随光照强度变化曲线

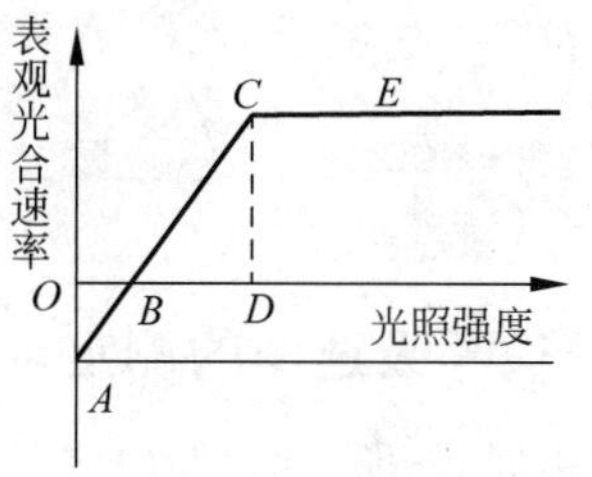

表观光合速率随光照强度变化曲线

(5) 光合曲线中各点的含义

A 点：光照强度(光强)为 0，此时植物没

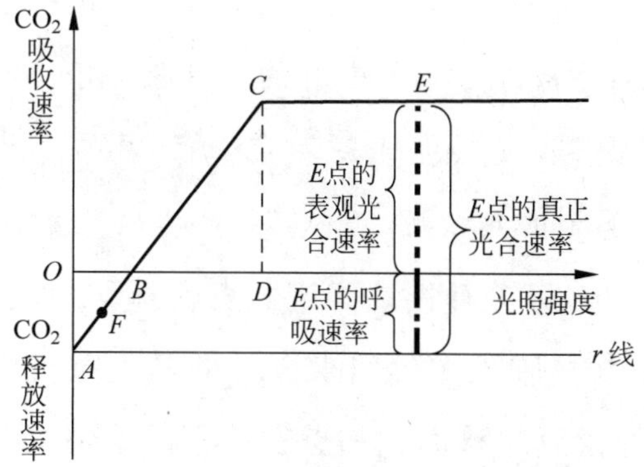

有光合作用，只有呼吸作用，**A 点到 x 轴的距离就是呼吸作用的强度**。在高中阶段的表观光合速率曲线中，可以认为呼吸速率始终不变，即曲线上各点的呼吸速率均为 *A* 点到 *x* 轴的距离。

B 点：光合作用的速率等于呼吸作用的速率。**B 点就是光补偿点，光补偿点是真正光合速率等于呼吸速率时的光照强度**。如果植物长期处于 *B* 点，没有有机物积累，植物不能生长。白天的光照强度必须大于 *B* 点，植物才能生存。

A～*B*：植物理论上不需要从外界吸收 CO_2，因为呼吸作用产生的 CO_2 足够满足光合作用对 CO_2 的需求。

C 点在 x 轴上的投影 D 点就是光饱和点。光照强度增加到光饱和点以后，光合速率不再随光照强度的增加而增加。

曲线上任意一点的纵坐标值是其表观光合速率，如上图中 E 点的表观光合速率为正值，F 点的表观光合速率为负值。

曲线上任何一点到 *r* 线的距离是其真正光合速率，真正光合速率不为负值。

＜**知识细节**＞

高中生物学中，一般不考虑光照强度增加而引起的热效应，也就是说随着光照强度的增加，温度不变，呼吸作用的强度保持不变。探究光照强度对光合速率影响的实验中，要用冷光源，最常用的是LED灯。有题目曾提到，可以在光源和植物之间隔个水缸来缓解光的热效应。

（6）有关补偿点和饱和点的移动问题

当x轴表示的因素以外的其他条件变好时，补偿点左移而饱和点右移；当x轴表示的因素以外的其他条件变差时，补偿点右移而饱和点左移。具体举例如下：

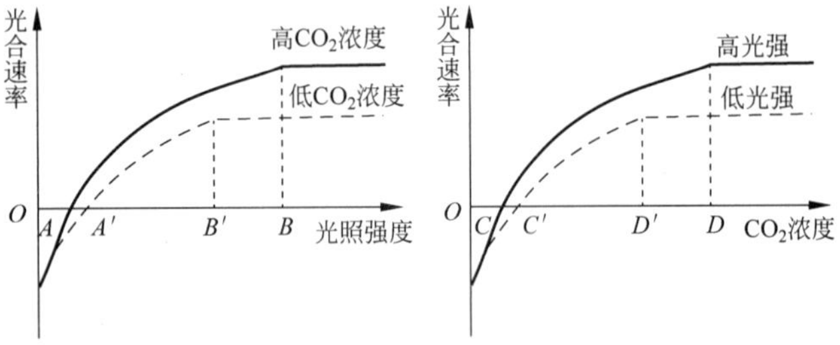

在光补偿点，光合速率等于呼吸速率，光合速率主要取决于光照强度和CO_2浓度两大外界因素。当CO_2浓度增加时，较弱的光强即可维持光合速率与呼吸速率相等，因此，光补偿点左移。当CO_2浓度下降时，光照强度只有增强才能维持光合速率与呼吸速率相等，所以，光补偿点右移。

在光饱和点，碳反应饱和，当CO_2浓度增加，碳反应速度加快，需要消耗更多的ATP和NADPH，因此光反应的速度也需要相应增加，所以需更强的光照才能达到饱和，光饱和点右移。当CO_2浓度下降，碳反应速度减慢，所消耗的ATP和NADPH减少，所以较弱的光照即可生成足够的ATP和NADPH，光饱和点左移。

在CO_2补偿点，光合作用的速率等于呼吸速率。光合速率主要取决于光照强度和CO_2浓度两大外界因素。当光照强度增加时，只有减少CO_2浓度才能使光合速率与呼吸速率相等，所以，CO_2补偿点左移。当光照强度减弱时，只有增加CO_2浓度才能使光合速率与呼吸速率相等，所以，CO_2补偿点右移。

在CO_2饱和点，光反应饱和当光照强度增加，光反应速度加快，产生更多的ATP和NADPH，此时碳反应需要加快才能消耗新增加的ATP和NADPH，所以CO_2浓度增加，CO_2饱和点右移。当光照强度减弱，光反应速度减慢，产生的ATP和NADPH减少，而光反应为碳反应提供ATP和NADPH，故碳反应速度减慢，较低的CO_2浓度就可以满足需求，CO_2饱和点左移。

3）表观光合速率和呼吸速率的测定及真正光合速率的计算

（1）表观光合速率的测定

实验装置如图所示，**饱和$NaHCO_3$溶液能维持密闭空间中CO_2浓度不变**。将装置置于光照条件下，单位时间内液滴的移动距离可用于表示该条件下植物的表观光合速率。

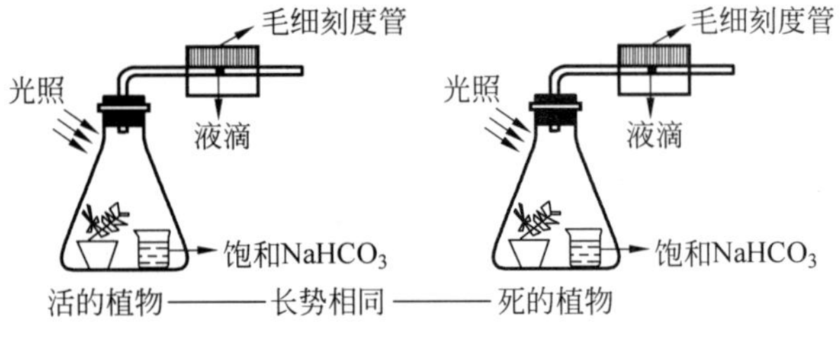

（2）（需氧）呼吸速率的测定

实验装置如图所示，NaOH可以吸收空间中的CO_2。将装置遮光，单位时间内液滴的移动距离可用于表示植物的呼吸速率。此实验测定的实际是植物的需氧呼吸，因为在正常情况下植物厌氧呼吸的速度很弱可以忽略不计。注意，测量植物的呼吸速率和判断酵母菌(兼性厌氧型)的细胞呼吸的方式使用的是不同的设计方案。

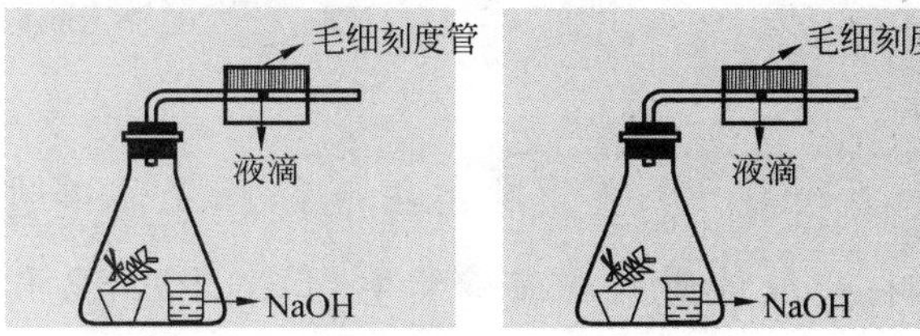

活的植物———长势相同———死的植物

<知识细节>

理论上讲，表观光合速率和呼吸速率的测定都需要一个放置相同大小死亡生物的装置作为对照(死亡生物往往使用煮熟的方法来得到)，从而矫正物理误差(物理误差主要是由于环境温度变化引起的气体体积变化)。

(3) 真正光合速率的计算

真正光合速率无法直接测定，但是可以用表观光合速率和呼吸速率的值进行计算。假设呼吸速率一定的情况下，测定的表观光合速率和呼吸速率之和即为真正光合速率。

[知识扩展]

测定植物光合速率和呼吸速率的方法还有很多，如黑白瓶法、半叶法和叶圆片称重法；还有些方法可以比较光合速率，如叶圆片上浮法。

4) 温度和 CO_2 浓度等环境因素对光合作用和细胞呼吸的影响

(1) 温度对光合作用和细胞呼吸的影响

以测定的 CO_2 吸收量与释放量为指标，研究温度对某绿色植物光合作用与呼吸作用的影响，结果如图所示：

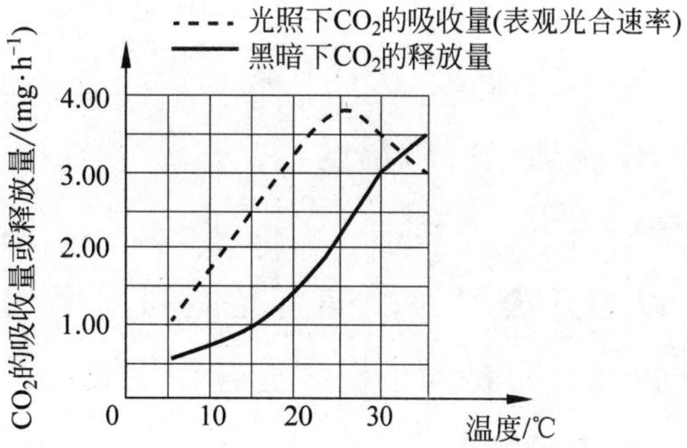

(2) CO_2 浓度对光合作用和细胞呼吸的影响

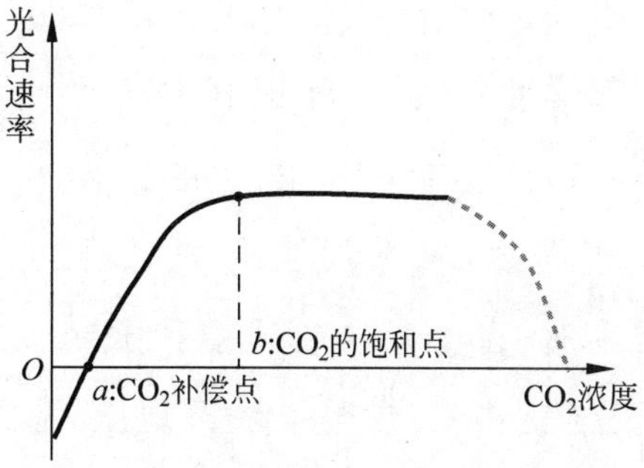

5) 阳生植物和阴生植物的表观光合速率曲线的比较

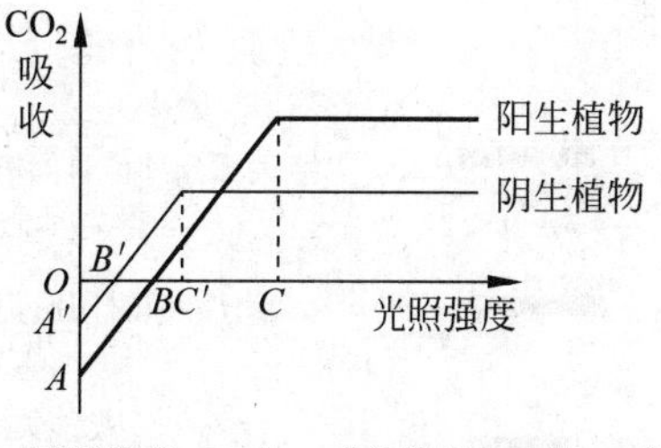

$A(A')$：呼吸速率　$B(B')$：光补偿点　$C(C')$：光饱和点

阴生植物的呼吸速率、光饱和点和光补偿点一般都小于阳生植物。

6) 农业生产上的应用总结

(1) 延长光合作用时间(可采用轮种的方法)。

(2) 增加光合作用面积(可采用间种、套种、合理密植、改变株型的方法)。

(3) 控制光照强弱。

(4) 增加 CO_2 的供应(可采用增施有机肥料、通风的方法)。

(5) 增加必需矿质元素的供应。

(6) 控制温度(大棚作物白天可适当升高温度,夜晚适当降低温度)。

……

以上方法均为了提高光能利用率,其中(3)(4)(5)(6)是为了提高光合作用效率。

[知识扩展]

间种(间作):在一块地上,同时间隔种植两种以上的作物的栽培方式叫间种。间种的两种生物共同生长期长。间种往往是高秆作物与矮秆作物间种,如玉米间种大豆或蔬菜。

套种(套作):在一种作物生长的后期种上另一种作物,其共同生长的时间短。如小麦生长后期,在小麦畦中间播种玉米。

轮种(轮作):在同一块田地上,有顺序地在季节间或年间轮换种植不同的作物或复种组合的种植方式。如轮流种植玉米、大豆可以恢复或提高土壤肥力。

间种、套种、轮种种植期的比较:

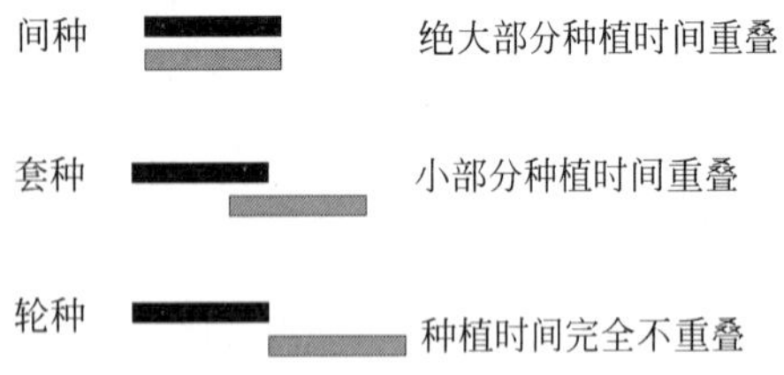

[知识扩展]

(1) C_3 植物

C_3 植物在碳反应阶段形成的第一个化合物是一种三碳有机物。典型的 C_3 植物有小麦、水稻、树木、大部分蔬菜、花卉等。

(2) C_4 植物

C_4 植物在碳反应阶段形成的第一个化合物是一种四碳有机物。典型的 C_4 植物有玉米、高粱、甘蔗、苋菜等产自热带的植物。C_4 植物光合作用的过程如下图所示。

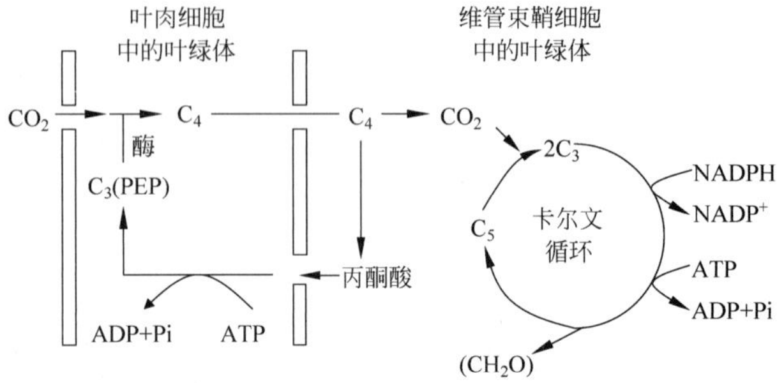

反应在 C_4 植物叶肉细胞的叶绿体中进行,在磷酸烯醇丙酮酸羧化酶(简称PEP羧化酶)的作用下,一个 CO_2 被一个磷酸烯醇丙酮酸(PEP,一种 C_3 化合物)所固定,形成一个草酰乙酸(C_4 化合物),而后又变为苹果酸或天冬氨酸(均为 C_4 化合物)。后一种 C_4 进入维管束鞘细胞的叶绿体中,释放出一个 CO_2,并且形成丙酮酸。释放出来的 CO_2 参与卡尔文循环,丙酮酸则回到叶肉细胞的叶绿体内,通过ATP供能,在有关酶的催化作用下转化成PEP。PEP可以继续固定 CO_2。

C_4 植物利用PEP将 CO_2 固定在 C_4 化合物中,而 C_4 化合物经过一系列的变化后,又把 CO_2 释放出来,这个过程有什么意义呢?

原来,C_4 途径中能够固定 CO_2 的酶对 CO_2 具有很强的亲和力,可以促使PEP把在大气中含量很低的 CO_2 以 C_4 化合物的形式固定下来,并将 C_4 集中到维管束鞘细胞内的叶绿体中,供维管束鞘细胞叶绿体中的 C_3 途径利用。科学家把 C_4 植物的这种独特作用,形象地比喻成"二氧化碳泵"。

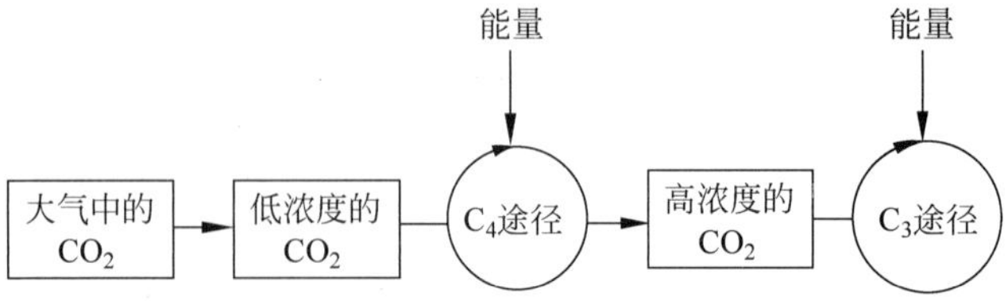

(3) C_3 植物和 C_4 植物的比较

特征	C_3 植物	C_4 植物
植物类型	典型温带植物	典型热带或亚热带植物
叶片结构	 C_3 植物叶片中有由导管和筛管等构成的维管束，围绕着维管束的一圈薄壁细胞叫做维管束鞘细胞；C_3 植物叶片中的维管束鞘细胞不含叶绿体，维管束鞘以外的叶肉细胞排列疏松，但都含有叶绿体	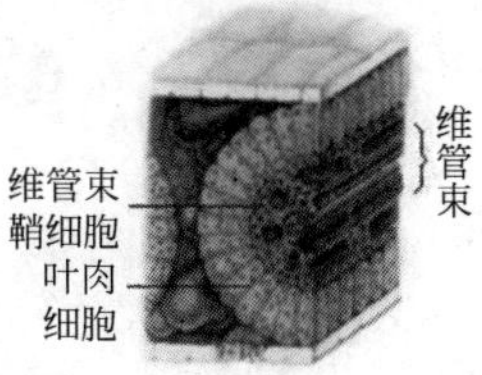 C_4 植物的叶片中，围绕着维管束的是两圈呈“花环形”的细胞：内圈是维管束鞘细胞，外圈是一部分叶肉细胞；C_4 植物中构成维管束鞘的细胞比较大，里面含有无基粒的叶绿体，这种叶绿体不仅数量比较多，而且个体比较大；叶肉细胞则含有正常的叶绿体
CO_2 固定部位	叶肉细胞	叶肉细胞、维管束鞘细胞
CO_2 固定的途径	C_3 途径	C_4 途径和 C_3 途径
CO_2 同化	在叶肉细胞内通过 C_3 途径实现	在维管束鞘细胞内通过 C_3 途径实现

(4) 景天酸代谢(CAM)途径

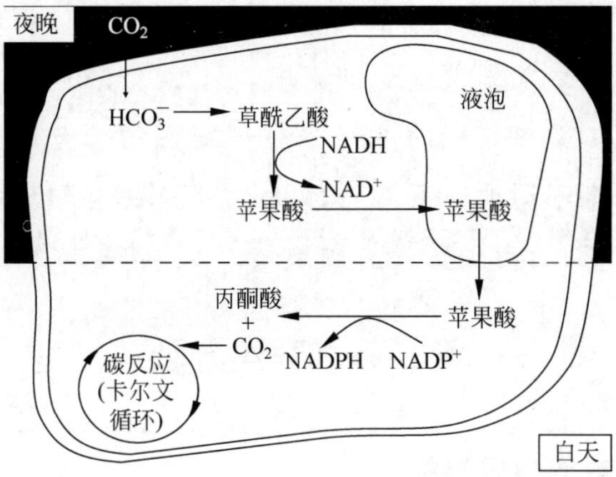

景天酸代谢最早是在景天科植物中发现的。采用这种代谢方式的植物会在夜间打开气孔，吸收 CO_2，使其与体内 PEP 结合生成草酰乙酸，并在酶催化下进一步转化为苹果酸，储存在液泡中。而到了白天，植物气孔几乎完全关闭，此时苹果酸会从液泡中运出，在酶的催化作用下分解并生成 CO_2，CO_2 进入叶绿体中，被固定为糖类(如上图所示)。

普通的 C_4 植物固定 CO_2 时实行的是空间分离(通过两种细胞类型实现：叶肉细胞和维管束鞘细胞)，而景天酸代谢植物实行的是时间分离(昼夜节律)。

(5) 光呼吸

在 1955 年，约翰·德柯尔偶然通过实验观察到烟草叶在光照突然停止之后释放出大量的 CO_2。他当时称之为“CO_2 的猝发”，并认为这是在光照条件下的“呼吸”。光呼吸由此得名。

碳反应中，RuBP 与 CO_2 的结合(即 RuBP 的羧化)是在 RuBP 羧化酶的催化下进行的。这种酶同时是 RuBP 加氧酶，能催化氧气和 RuBP 反应生成 1 分子 3-磷酸甘油酸(三碳酸)及 1 分子磷酸乙醇酸，后者在磷酸酯酶催化下形成乙醇酸。3-磷酸甘油酸还原为糖，乙醇酸则转化为甘氨酸或通过其他途径产生 CO_2。由于 RuBP 是在光下不断循环，所以光呼吸依赖于光。

CO_2 与 O_2 浓度之比将影响 RuBP 羧化酶/加氧酶的作用，CO_2 浓度高促进羧化反应(光合作用)，O_2 浓度高促进氧化反应(光呼吸)。

第5章 细胞的生命历程

第1节 细胞增殖与分裂

本节知识框架：

1. 细胞增殖的意义
2. 细胞分裂的类型

1. 细胞增殖的意义

细胞增殖即细胞数目的增多。细胞增殖具有重要的意义：单细胞生物的细胞增殖是为了产生新个体，多细胞生物则通过细胞增殖产生新的细胞以补充衰老死亡的细胞，并使个体成长。我们在前面已经分析过，细胞生长到一定程度，与外界物质交换的效率降低，所以需通过细胞数量的增加而非细胞体积的增加来产生大型生物。总之，细胞增殖是生物生长、发育、繁殖和遗传的基础。细胞以分裂的方式进行增殖。

2. 细胞分裂的类型

真核细胞的分裂方式有三种：有丝分裂(mitosis)、无丝分裂和减数分裂(meiosis)。有丝分裂可产生体细胞和性原细胞(精原细胞和卵原细胞)，亲代与子代染色体数目一致；无丝分裂的典型的例子是蛙的红细胞的分裂；减数分裂是导致染色体数目减半的分裂方式，动物通过减数分裂产生成熟的生殖细胞(精细胞、卵细胞)。有丝分裂和无丝分裂的"丝"指的是纺锤丝。有丝分裂和减数分裂过程中出现纺锤丝，所以**减数分裂本质上是一种特殊的有丝分裂**。

原核细胞的分裂方式主要是二分裂(勿与真核细胞的无丝分裂混淆)。

[知识扩展]

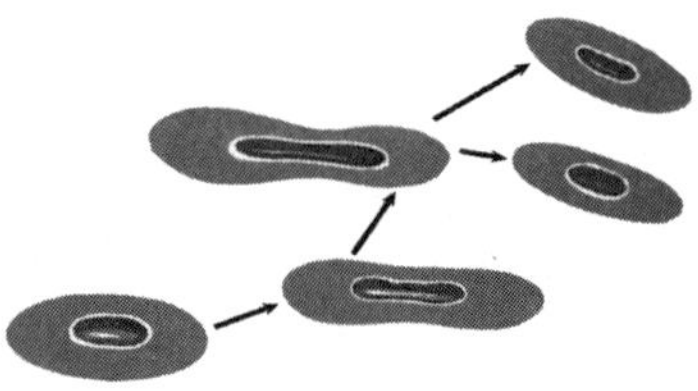

蛙的红细胞进行无丝分裂(如上图)，人的肝细胞在受损时也可以进行无丝分裂，机制相对简单，比有丝分裂速度快。

无丝分裂的早期，球形的细胞核和核仁都伸长，然后细胞核进一步伸长呈哑铃形，中央部分狭细，最后细胞核分裂，细胞质也随之分裂。

在无丝分裂中，核膜和核仁都不消失，没有染色体和纺锤丝的出现，当然也就看不到染色体的规律性变化。但是，这并不说明染色质没有发生深刻的变化，实际上染色质也要进行复制，并且细胞要增大。当细胞核体积增大一倍时，细胞核就发生分裂，核中的遗传物质就分配到子细胞中。与有丝分裂相比，无丝分裂不能保证母细胞的遗传物质平均地分配到两个子细胞中。

真核细胞的无丝分裂和细菌的二分裂是完全不同的。真核细胞的无丝分裂有细胞核的变化，而细菌没有细胞核。

第2节 有丝分裂

本节知识框架：

1. 有丝分裂的特征和意义
2. 观察植物根尖分生区细胞有丝分裂的实验

3. 细胞周期

4. 分裂间期

5. 植物细胞有丝分裂的基本过程

6. 有丝分裂中染色体、核DNA、染色单体的数量变化

7. 动植物细胞有丝分裂的异同

1. 有丝分裂的特征和意义

1）有丝分裂的特征

有丝分裂保证了亲代细胞所产生的两个子代细胞具有相同的遗传物质，并且与亲代细胞的遗传物质相同。因此，有丝分裂的特征可概括为“遗传物质复制后的均分”。

＜**知识细节**＞

本文所述的“遗传物质的均分”是指细胞核内的遗传物质。真核细胞绝大多数的遗传物质位于细胞核中，极少部分位于细胞质的线粒体和叶绿体中。有丝分裂过程中，细胞质中的物质和结构（包括细胞器）不是平均分配，而是随机分配，所以细胞质中的遗传物质也不是平均分配，而是随机分配。

2）遗传物质复制和均分的机理

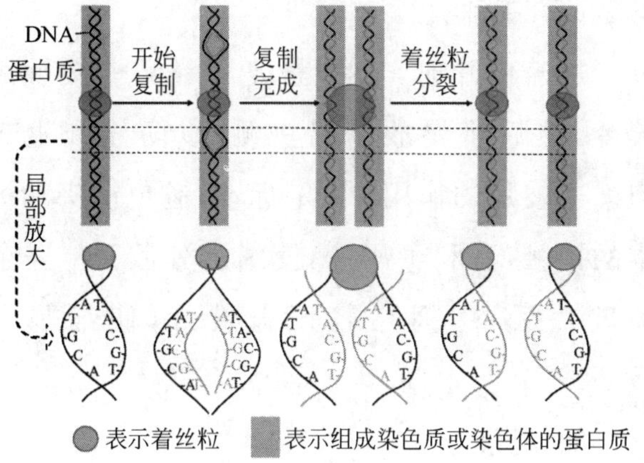

3）染色体与染色质的数目约定

染色质和染色体是细胞分裂不同时期形状各异的同一种物质，在不分裂（包括分裂间期）时为呈丝状的染色质形态，在分裂时主要为呈杆状的染色体形态。

染色体与染色质只是有形态上的差别，**当对染色体或染色质进行计数时，染色质等同于染色体。计数原则为一个着丝粒即一条染色体！**

如人的细胞有23对即46条染色体，无需考虑绝大多数人体细胞实际是因为处于不分裂状态或分裂间期从而呈现染色质的事实。

4）染色单体的概念和计数

姐妹染色单体简称染色单体，是染色体复制后产生的两个通过着丝粒连接的部分。

染色单体必须成偶数存在，且两两连接于着丝粒上（如下图）。染色体复制前染色单体数为0，染色体复制后染色单体数为染色体的两倍，着丝粒分裂后染色单体数又恢复到0。所以姐妹染色单体可以比喻成连体的孪生姐妹，一旦做手术分开，就不能称为连体姐妹。

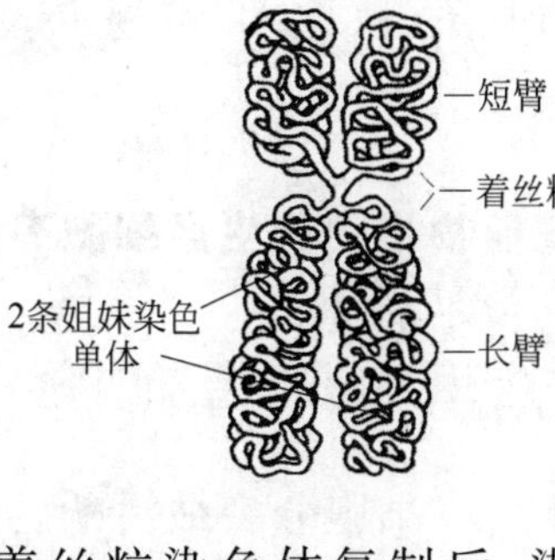

中间着丝粒染色体复制后，染色单体有如下三种画法，不建议采用最后一种画法。

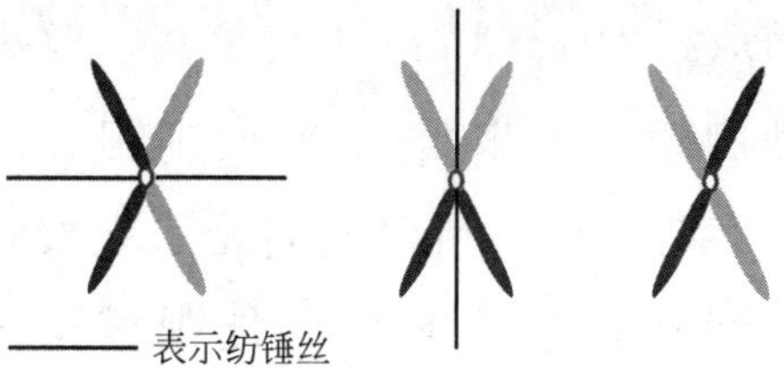

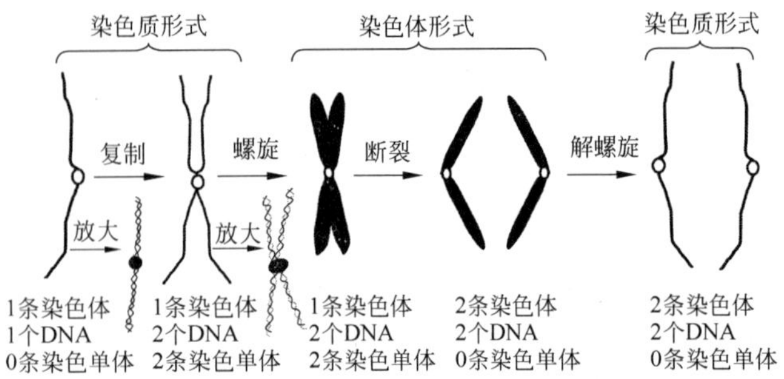

5）绝大多数真核细胞体细胞内染色体的数量规律

绝大多数真核细胞体细胞都是直接或间接由受精卵有丝分裂和分化而来的，而受精卵是由携带相同染色体数目的精子和卵细胞融合而成的，而精子或卵细胞是由性原细胞通过减数分裂产生的。所以绝大多数真核生物体细胞染色体的数量为偶数，用 $2N$（或 $2n$）来表示。

6）有丝分裂的意义

亲代细胞的染色体经过复制后，精确地平均分配到两个子细胞中。由于染色体上有遗传物质 DNA，因而**在亲代和子代细胞之间保持了遗传的稳定性**；浙科版中描述为：遗传物质的稳定性和遗传性状的稳定性。

2. 观察植物根尖分生区细胞有丝分裂的实验

1）洋葱根尖的培养

实验材料是洋葱根尖，一般在每天 10∶00～14∶00 细胞分裂最活跃。

2）装片的制作

（1）解离

剪取根尖 2～3mm 进行解离。解离液可分解细胞壁中的果胶，从而使细胞分离。**解离时，细胞被杀死，所以我们无法观察到根尖分生区细胞的连续分裂，只能观察到各阶段的静态图片**。

＜版本差异＞

人教版：用 15%盐酸和体积分数 95%酒精 1∶1 混合液解离 3～5min。酒精起到迅速杀死细胞、固定细胞分裂相的作用。浙科版：用 10%盐酸解离 3～5min，旧浙科版中为解离 10～15min。还可用果胶酶和纤维素酶分离植物细胞，动物细胞则可用胰蛋白酶解离。

（2）漂洗

盐酸会使染色体中的 DNA 和蛋白质分离，用清水漂洗，可以避免解离过度，使染色体结构破坏。也有观点认为盐酸是强酸，会电离出很多的氢离子，阻止 DNA 中的磷酸基团电离。磷酸基团不电离出氢离子，就不会带负电，无法结合碱性染料中用于显色的阳离子。

［知识扩展］

部分题目认为漂洗是为避免碱性染料被盐酸中和，这种看法是错误的，因为碱性染料的意思是阳离子染料而不是染料本身 pH＞7。

（3）染色

用碱性染料染色几分钟。

（4）制片

加盖玻片时，应将盖玻片一侧先接触载玻片，然后慢慢放下另一侧，以防止产生气泡。盖玻片的作用：固定标本，避免镜头和标本的接触，有利于压片，使细胞分散开。盖上盖玻片后，用拇指轻压盖玻片，使细胞分散开。

3）观察

在低倍镜下找到分生区（**分生区细胞大致呈正方形**），并移到视野中心；转动转换器，在高倍镜下移动装片，观察有丝分裂各时期细胞，视野下间期细胞最多。**间期相对较短、分裂期相对较长的观察材料适合本实验。**

3. 细胞周期

1）细胞周期的概念

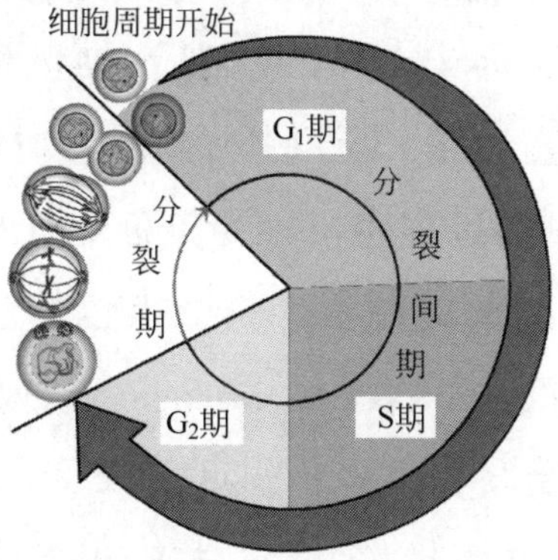

细胞周期（cell cycle）是连续分裂的细胞从一次分裂结束到下一次分裂结束所经历的整个过程，如上图。

并不是所有的细胞都具有细胞周期。植物的分生组织细胞、动物的干细胞和癌细胞等有连续分裂能力，具有细胞周期。**高度分化的细胞如神经细胞、肌肉细胞、哺乳动物成熟的红细胞、有大液泡的成熟植物细胞在生物体内一般不会分裂，所以不具有细胞周期。精子、卵细胞等生殖细胞不具有继续分裂能力，所以进行减数分裂的细胞一般认为没有严格意义上的细胞周期。**

＜**知识细节**＞

细胞周期是从一次细胞分裂结束（完成）到下一次细胞分裂结束（完成），而不是从一次分裂开始到下一次分裂开始，这是因为细胞周期先经历间期，后经历分裂期。

2）细胞周期中的各阶段

细胞周期被人为地分为分裂间期（interphase）**和分裂期**（mitosis，简称 M 期）。**分裂期包括前期、中期、后期、末期。**细胞周期的各个阶段是人为划分的，而且各个阶段之间没有明显的界限，比如细胞分裂前期染色质逐渐螺旋、折叠成染色体，而不是一进入前期就形成染色体。但是高中生物学中经常需要约定明显的界限才能解答某些题目。

细胞周期
- **分裂间期**
  - **G_1 期（DNA 合成前期）**
  - **S 期（DNA 合成期）**
  - **G_2 期（DNA 合成后期）**
- **分裂期（M）**
  - **前期**
  - **中期**
  - **后期**
  - **末期**

3）细胞周期的长短和各阶段的时间占比

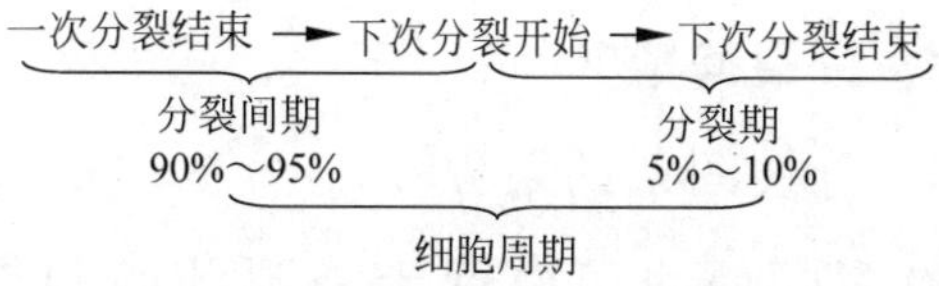

不同生物细胞的细胞周期时间长短有差异，同一生物、同一个体的不同细胞，其细胞周期时间长短也有差异。一般来说，细胞周期越短代表细胞分裂越快，细胞周期越长代表细胞分裂越慢。

各阶段在细胞周期中所占比例越大，显微镜下被观察到的概率也就越大，因而可以用各阶段细胞数目的比例推算各阶段在细胞周期中的时间比例，反之亦然。间期在细胞周期中时间最长，因而显微镜下观察到的间期细胞最多。

细胞的周期长短主要取决于间期中的 G_1 期。胚胎细胞分裂较快，G_1 期很短或缺乏 G_1 期。

4）细胞周期的两种图示

（1）直线图

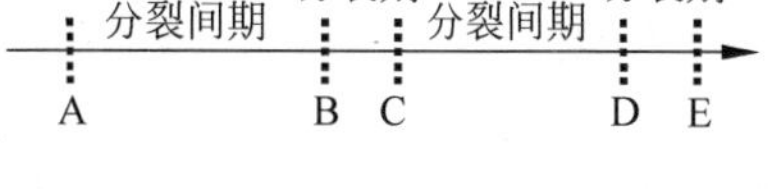

一个细胞应先经过分裂间期再经过分裂期。所以，我们只能认为AC或CE是一个细胞周期，而不能认为BD是一个细胞周期。

（2）圆形图

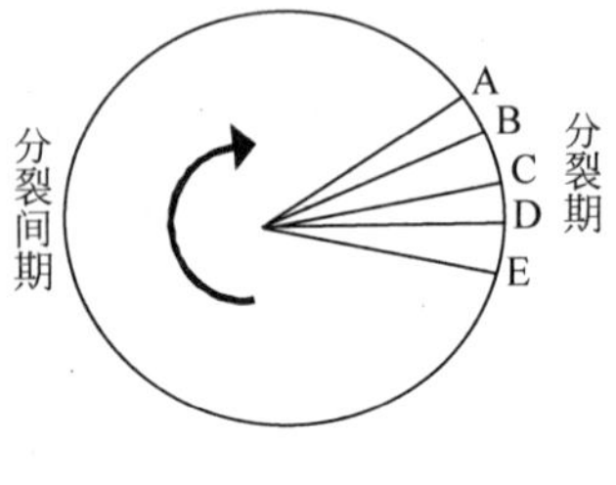

① 细胞周期应该从哪点开始？（E点。）

② 如果把顺时针的方向改为逆时针的方向，细胞周期从哪点开始？（A点。）

4. 分裂间期

1）分裂间期的划分

分裂间期也可以称为分裂前的间期，有丝分裂前的间期和减数分裂前的间期过程和特点是类似的。浙科版把分裂间期分为G_1、S、G_2三个时期，S是DNA合成期（synthesis），即进行DNA的复制；G_1和G_2是S期前后的两个间隙期（gap），如下图。而人教版没有把分裂间期分为三个时期。这就造成了相关题目的细微差别。

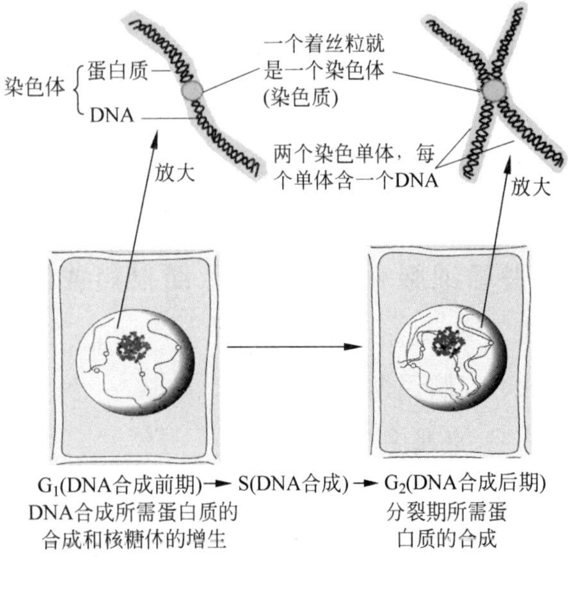

2）细胞分裂间期的特征

（1）**染色体复制：主要完成DNA分子的复制和有关蛋白质的合成。DNA复制所需的酶在G_1期合成，核糖体的增生也是在G_1期，但是组成染色体的蛋白质（主要是组蛋白）在S期合成。因为DNA复制后，染色体中不但DNA含量加倍，蛋白质含量也加倍，所以DNA复制的过程也可称为染色体复制。**

（2）复制的结果：一个染色体包含两条完全一样的DNA、两个完全一样的姐妹染色单体（不考虑复制出错引起的突变）。此时出现的染色单体是丝状的，无法用光学显微镜观察数目。

3）染色体、核DNA、染色单体的数量变化

染色体数目变化：$2N \to 2N$；核DNA数目变化：$2N \to 4N$；染色单体数目变化：$0 \to 4N$。

染色体复制完成后，仍旧是染色质状态！但是在计数时把染色质当作染色体。染色体复制后，新形成的部分和原来的部分通过着丝粒连在一起，所以染色体数目不变，核DNA加倍，染色单体数目从零变为染色体数的两倍。

［**知识扩展**］

浙科版高考试题认为，在缺乏营养物质的培养液中（营养限制性培养）培养细胞，可得到大量的G_1期细胞。但是笔者认为称之为G_0期细胞更科学。G_0期细胞是暂时脱离细胞周期的细胞，往往是由G_1细胞转换而来。

5. 植物细胞有丝分裂的基本过程

1）细胞分裂前期

（1）前期的特征

染色质逐渐螺旋、折叠成染色体。细胞

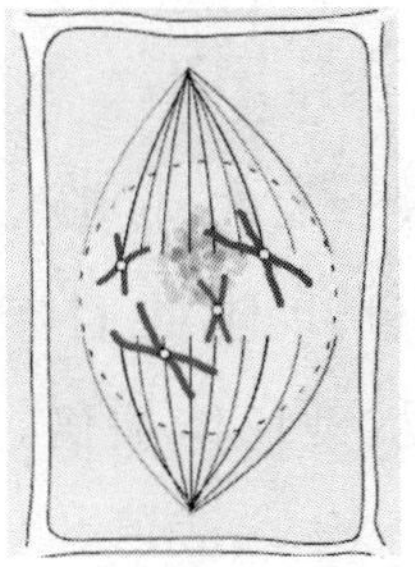

前期的细胞图

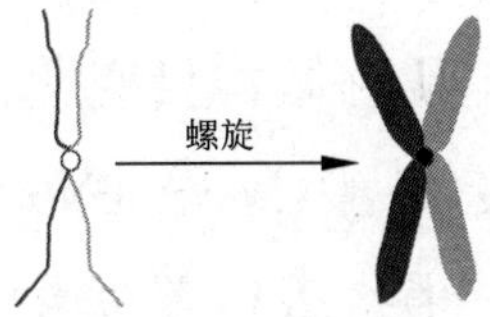

前期的染色体行为

两极发出纺锤丝形成纺锤体。核仁逐渐解体。核膜逐渐解体，形成分散的核膜小泡。可以利用口诀“两体出现，两核消失”帮助记忆。

进入前期，染色质先发生凝集，前期中较晚的时候纺锤体才出现，纺锤体使核膜变形而解体，核仁随之解体。

（2）染色体、核 DNA、染色单体的数量变化

染色体数目变化：$2N \to 2N$；核 DNA 数目变化：$4N \to 4N$；染色单体数目变化：$4N \to 4N$。前期染色体形态有变化，数目无变化！

2）细胞分裂中期

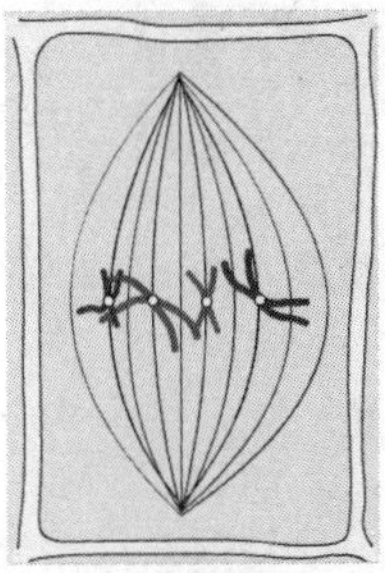

中期的细胞图

中期的染色体行为

（1）中期的特征

在纺锤丝的牵引和推动下，染色体的着丝粒排列在细胞中央赤道板上，赤道板表示中央的一个平面，类似赤道，实际并不存在，无法用显微镜观察到；人教版称为赤道板，浙科版称为赤道面。

染色体继续凝聚变短，染色体和纺锤体在中期最清晰。中期是染色体计数和观察的最佳时期，如产前诊断 21-三体综合征等染色体异常遗传病。观察细胞有丝分裂的实验中观察细胞的有丝分裂可以先找特征最明显的中期，再寻找其他时期的细胞。

可以利用口诀“两体清晰，粒在板”帮助记忆。

要注意中期和前期的染色体位置的区别：前期染色体位置散乱，中期染色体的着丝粒位于同一平面。

＜**知识细节**＞

下图是中期时染色体的各个视图，依次是侧视、俯视和透视图。观察洋葱根尖的细胞分裂时，看到的基本都是侧视图，因为分生区细胞是纵向分裂的。

（2）染色体、核 DNA、染色单体的数量变化

染色体数目变化：$2N \to 2N$；核 DNA 数目变化：$4N \to 4N$；染色单体数目变化：$4N \to 4N$。中期染色体位置有变化，数目无变化。

3）细胞分裂后期

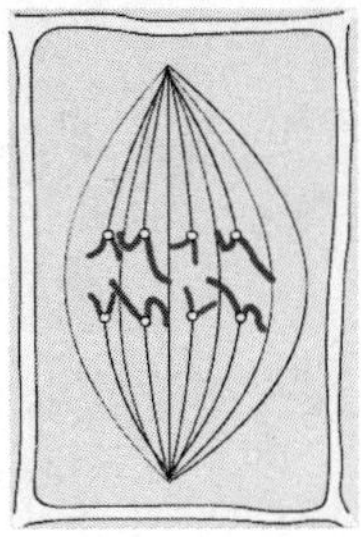

后期的细胞图

后期的染色体行为

（1）后期的特征

着丝粒一分为二，姐妹染色单体分开形成两条子染色体。染色体数目加倍（$2N \to 4N$），染色单体数目重新变为0条。

子染色体平均分为两组，在纺锤丝牵引下，以相同的速度向细胞两极移动。两组子染色体是间期染色体复制的结果，所以理论上完全一样。

可以利用口诀"着丝粒分裂，子染色体分离"帮助记忆。

解题时，一般约定细胞分裂一进入后期着丝粒就分裂。后期着丝粒的分裂不是纺锤丝牵引所致，而是自行分裂。后期在纺锤丝的牵引下子染色体的着丝粒朝向移动方向，如左图。

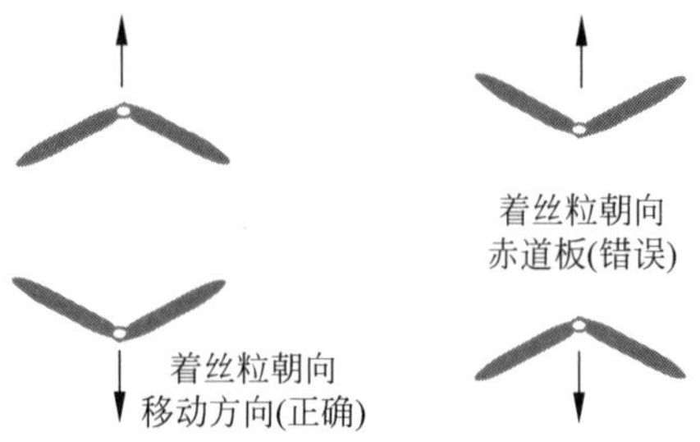

＜**知识细节**＞

前期和中期，每条染色体上有连向两极的纺锤丝。

后期，每条染色体上只有连向一极的纺锤丝。

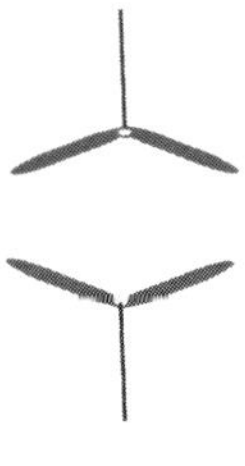

（2）染色体、核DNA、染色单体的数量变化

染色体数目变化：$2N \to 4N$；核DNA数目变化：$4N \to 4N$；染色单体数目变化：$4N \to 0$。后期着丝粒分裂，染色体加倍，染色单体变为0。

［**知识扩展**］

人教版描述的星射线就是星体微管，微管从中心体中发出后，如果捕获到染色体就形成了动粒微管，如果没有捕获到，就形成极体微管，如下图。高等植物细胞没有星体微管。后期，极体微管延伸推开两极，使细胞两极之间的距离加大；动粒微管缩短后，可以拉动染色体。很多资料都没描述区间微管，不知道是后来发现的，还是不一定存在。

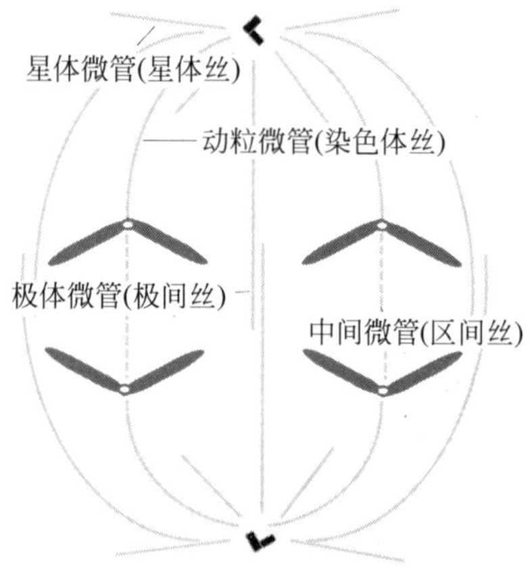

4）细胞分裂末期

末期的细胞形态如下图所示。

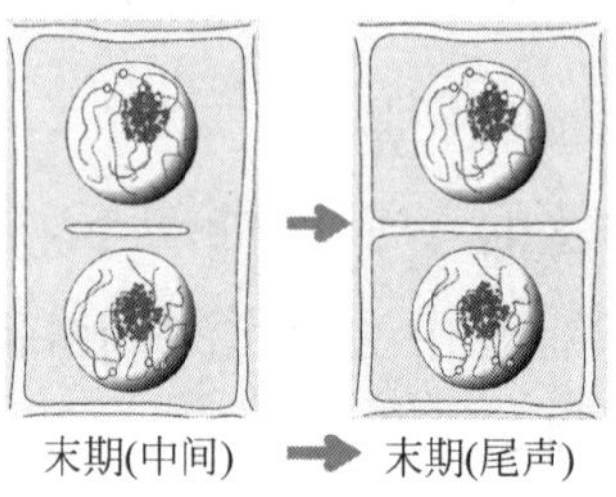

末期的染色体行为如下页图所示。

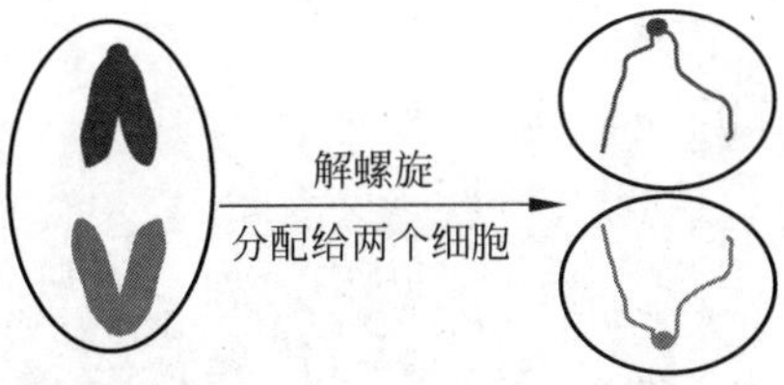

（1）末期的特征

染色体逐渐解螺旋成染色质。纺锤体消失。核仁重新出现。核膜小泡组装成核膜。该过程与前期变化恰好相反，可以用口诀“两体消失，两核出现，出现细胞板”帮助记忆。植物细胞中央出现细胞板，逐渐形成细胞壁后细胞分裂成两个子细胞。细胞板的形成与高尔基体有关，并由线粒体提供能量。

解题时，一般约定细胞分裂一进入末期就形成了两个细胞核（事实上核膜是逐渐形成的），末期结束时才形成两个子细胞。所以做题时要看清楚是“细胞内”还是“细胞核内”，如果没有提示信息，“细胞核内”的可能性较大。

注意植物细胞有丝分裂末期出现的细胞板与中期的赤道板的差别：细胞板是真实存在的；赤道板只是表示一个位置，并非真实存在。

（2）染色体、核DNA、染色单体的数量变化

染色体数目变化：$4N \to 2N$；核DNA数目变化：$4N \to 2N$；染色单体数目变化：$0 \to 0$。末期相关数目变化应与分裂间期的G_1期一致。

由此可见，前面的描述“染色质存在于不分裂的时候（包括细胞间期），染色体存在于分裂期”，应修正为“染色质主要存在于不分裂时（包括分裂间期）和末期，染色体存在于分裂前期、中期和后期”。

6. 有丝分裂中染色体、核DNA、染色单体的数量变化

有丝分裂	间期	前期	中期	后期	末期
染色体行为变化					
染色体	$2N$	$2N$	$2N$	$4N$	$4N \to 2N$
染色单体	$0 \to 4N$	$4N$	$4N$	0	0
核DNA数目	$2N \to 4N$	$4N$	$4N$	$4N$	$4N \to 2N$

在习题中，染色体、核DNA、染色单体的数量变化默认指在单个细胞内的变化，而不是所有细胞内相关物质的总数量。

染色体数会在后期因着丝粒分裂暂时加倍，细胞一分为二后恢复。

染色单体的形成是在间期，但是此时的染色单体没有高度螺旋化，为染色质状态，无法用光学显微镜观察数目，因此需要进入分裂前期才能观察到染色单体的数目。染色单体在复制后或着丝粒分裂前才存在，因此在复制前和着点粒分裂后染色单体数目为零。

核DNA是指染色质或染色体中DNA，不分裂或间期时位于细胞核中；细胞质中的DNA（线粒体和叶绿体中DNA）称为细胞质DNA。核DNA数目在复制完成后加倍，在细胞一分为二后恢复。

［**知识扩展**］

细胞周期是一个动态的连续的过程，而对细胞周期各阶段的划分是人为的。所以“各个着丝粒一进入后期就同时分裂”“一进入末期就形成两个细胞核”，这些约定存在争议。因此，曲线的绘制是一个棘手的问题，各

种画法都有其合理和不合理的方面，读者应该接受自己的教师指导。另外，实际上细胞周期中，间期时间长，分裂期只占很短的时间，在绘图时很难如实反映。

此处建议与人教版保持一致，采用如下几张图的画法。

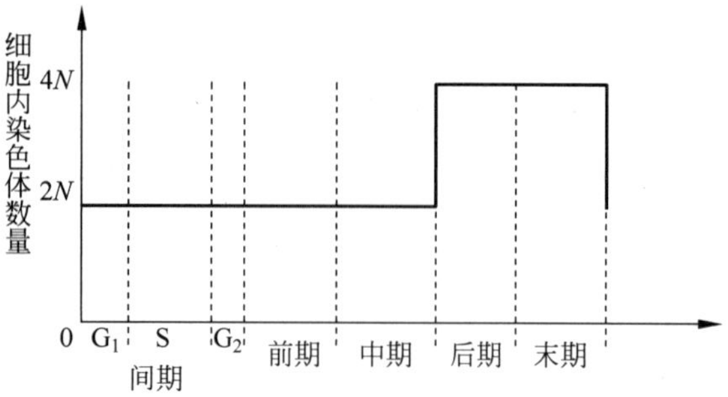

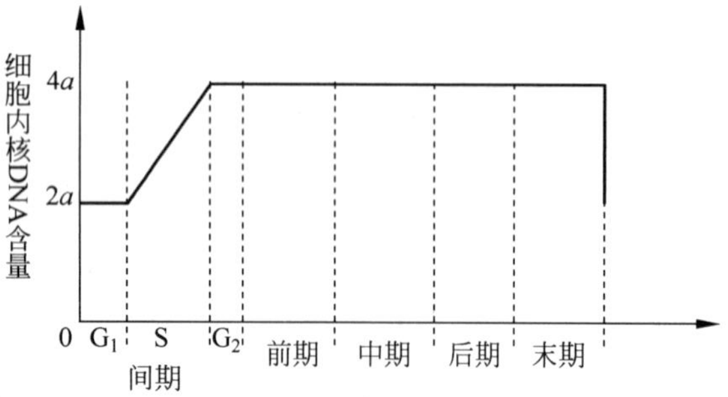

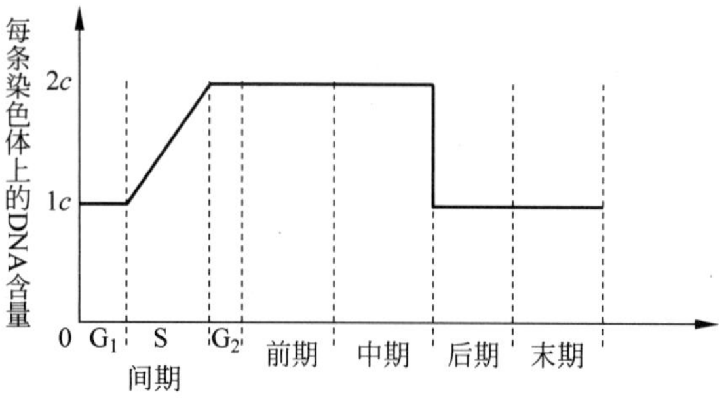

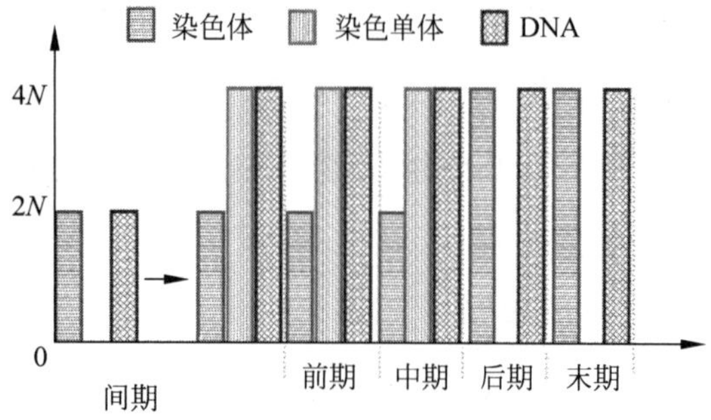

7. 动植物细胞有丝分裂的异同

1）高等植物细胞有丝分裂示意图

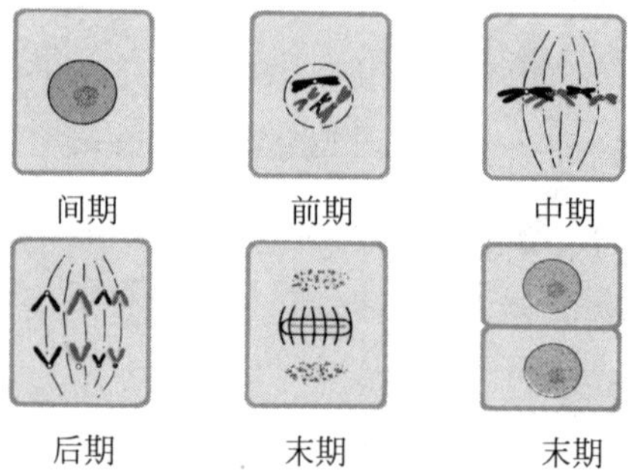

2）动物细胞有丝分裂示意图

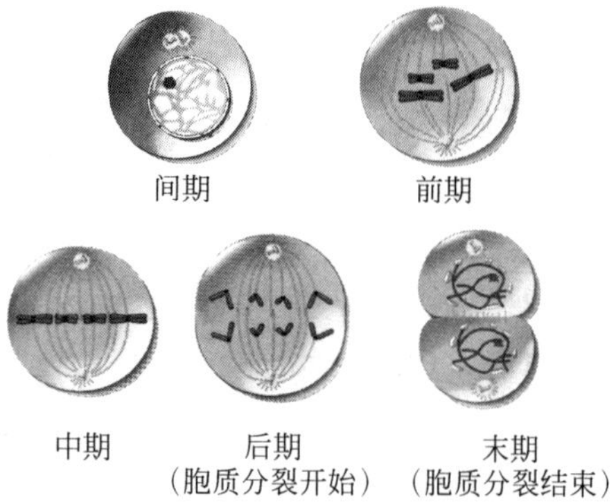

3）高等植物细胞和动物细胞有丝分裂的比较

高等植物细胞和动物细胞有丝分裂的过程基本相同，但是在**形成纺锤体和细胞质的分裂（胞质分裂）的方式上有所不同**。所以，**很多教参描述为两者主要差别表现在前期和末期**。

高等植物细胞的纺锤体是由细胞两极发出的纺锤丝形成的，动物细胞的纺锤体是由中心体发出的纺锤丝形成的。动物细胞平常只含有一个中心体，间期进行复制（与 G_1、S、G_2 都有关，主要在 S），分裂前期复制形成的两个中心体分别移向细胞两极，末期分给两个子细胞。

<**版本差异**>

人教版中描述为动物细胞的中心体发出星射线，其实是不科学的。星射线其实只是纺锤丝的其中一种，即星体微管。

<**版本差异**>

细胞分裂分为细胞核的分裂(核分裂)和细胞质的分裂(胞质分裂)两个过程,一般在核分裂之后随之发生胞质分裂。有些教材中有丝分裂和减数分裂专指核分裂。

关于胞质分裂的开始时间,不同生物、不同部位细胞之间差异很大。对于多数高等植物细胞,高尔基体在后期就开始移向赤道板,而多数动物细胞的细胞膜在后期就开始向内凹陷,即多数情况下,胞质分裂开始于后期,结束于末期。旧浙科版中描述为“胞质分裂起始于后期或末期”,新浙科版中描述为“(植物细胞)胞质分裂一般在末期开始”。人教版也认为胞质分裂在末期开始。

高等植物细胞胞质分裂是通过细胞板扩展成细胞壁实现的。高尔基体向赤道板集中,形成许多包含多糖(果胶、半纤维素)的囊泡。这些囊泡聚集成细胞板,最终发展成细胞壁,将细胞分成两个子细胞。

动物细胞胞质分裂是通过缢裂实现的。缢裂时,动物细胞相当于在中部勒了一根细绳,越勒越紧,最后被勒成两个细胞。

<**知识细节**>与动物或植物细胞有丝分裂有关的细胞器

(1) 线粒体:DNA分子的复制、有关蛋白质的合成、染色体的运动等过程都需要消耗ATP。

(2) 核糖体:合成组成染色体的蛋白质(如组蛋白)、与细胞分裂有关的蛋白质(如DNA聚合酶)和细胞内的其他蛋白质(如组成纺锤丝的微管蛋白)的场所。

(3) 高尔基体:与植物细胞的细胞壁形成有关。

(4) 中心体:与动物细胞纺锤体的形成有关,决定了动物细胞分裂的方向。

第3节 减数分裂

本节知识框架:

1. 同源染色体的概念及与减数分裂的关系
2. 减数分裂的概念及名称来源
3. 精子的形成和减数分裂中的染色体行为
4. 卵细胞的形成以及与精子形成的区别和联系
5. 减数分裂过程中染色体行为的总结
6. 减数分裂形成的成熟生殖细胞的种类和数量
7. 比较有丝分裂和减数分裂

1. 同源染色体的概念及与减数分裂的关系

1) 同源染色体

(1) 同源染色体的概念

一条来自父方,一条来自母方,其形态、大小基本相同的一对染色体称为同源染色体。注意,并非分别来自父方和母方的任意两条染色体都可以称为一对同源染色体,因为它们有可能大小形态不同。也并非大小形态相同的两条染色体都可以称为一对同源染色体,因为它们有可能是一对染色单体因着丝粒分裂形成的子染色体。

同源染色体中“源”的含义是起源,即起源于同一条染色体。在概念中,同源染色体是分别来自于父本和母本,但其实是共同的祖先中同一条染色体复制产生的后代,示意图如下页。

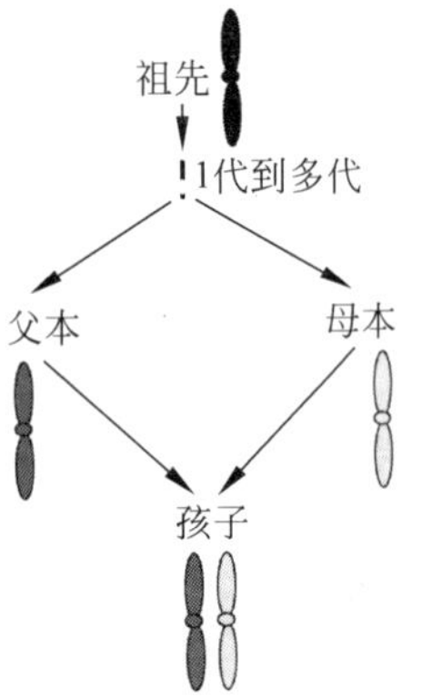

尽管 X 和 Y 染色体形态大小不同，但是它们具有共同的起源，所以也属于同源染色体。

在后文中，**我们将发现同源染色体在减数第一次分裂前期可以发生联会（配对），这才是同源染色体最本质的特征。**

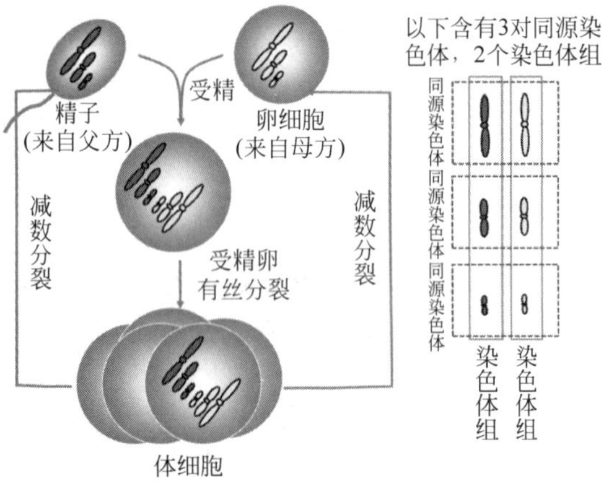

上图中用一种颜色表示来自父方的染色体，用另一种颜色表示来自母方的染色体。但其实，它们在显微镜下是没有明显差异的。

同源染色体对数×染色体组数＝染色体数

（2）人有 23 对同源染色体

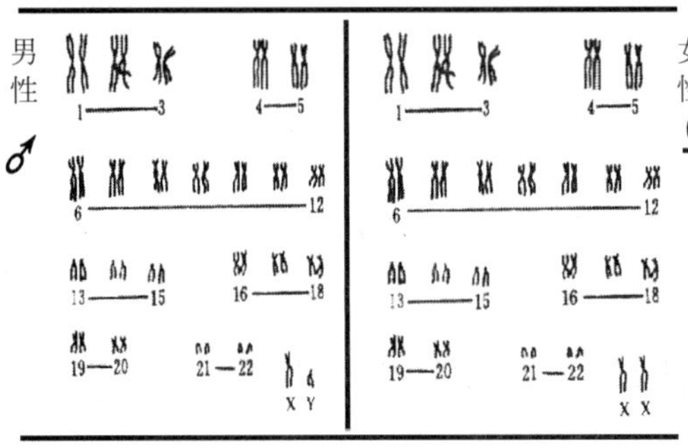

人类的常染色体有 22 对，性染色体有 1 对，雌性为 XX，雄性为 XY。

（3）果蝇有 4 对同源染色体

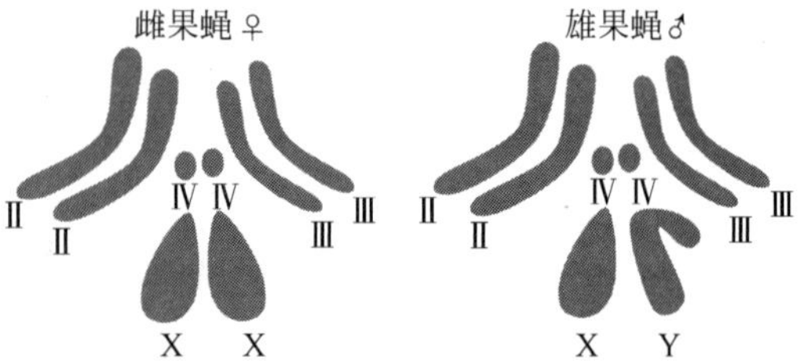

果蝇的常染色体有 3 对：Ⅱ Ⅱ，Ⅲ Ⅲ，Ⅳ Ⅳ。果蝇的性染色体有 1 对，雌性为 XX；雄性为 XY。

［**知识扩展**］

染色体基本是按照从大到小的顺序编号，但是还要考虑到科学研究史的复杂因素。果蝇的 Y 染色体相对较大，常染色体是从Ⅱ开始编号，所以可以简单认为果蝇的性染色体是第一对。人类的 Y 染色体很小，常染色体是从Ⅰ开始编号，所以可以简单地认为人类的性染色体是最后一对。

果蝇中的 Y 染色体比 X 染色体大，而人类中的 Y 染色体比 X 染色体小。有推测认为人类中的 Y 染色体是 X 染色体在长期的进化过程中发生了染色体片段缺失，后期又延伸出了一部分。

（4）常见动植物的染色体数目

生物	体细胞（$2N$）	生殖细胞（N）
人	46	23
果蝇	8	4
豌豆	14	7
水稻	24	12

2）同源染色体在减数分裂过程中的分离

减数分裂必须使同源染色体分离，每个配子只能含有同源染色体数目中的一个，才能使受精后的受精卵中的染色体数目保持前后代一致。也就是说，减数分裂过程中，两套染色体变为一套，才能保证前后代染色体数目的一致性。

3）减数分裂、受精作用、有丝分裂的关系

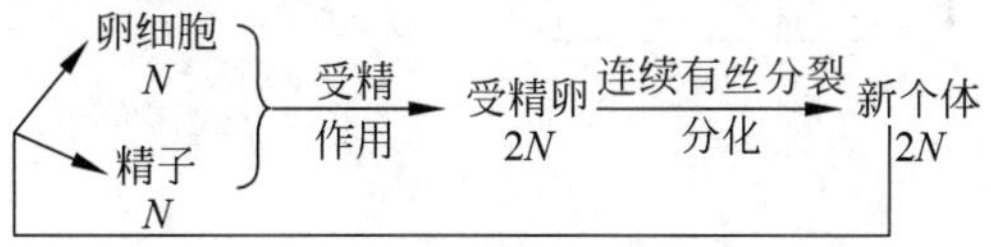

进行有性生殖的真核生物体内的细胞分为体细胞和生殖细胞。二倍体生物的体细胞含有 2N 条染色体。成熟的生殖细胞（成熟的生殖细胞是指配子，包括精子、卵细胞）含 N 条染色体。

精子与卵细胞融合成为受精卵的过程称为受精作用。**受精卵细胞核中的染色体一半来自卵细胞，一半来自精子；细胞质的 DNA 几乎全部来自卵细胞。受精作用的过程体现了细胞膜的流动性及细胞膜的信息交流功能。**

减数分裂（使染色体减半）与受精作用（重新恢复到体细胞中染色体数）对于维持每种生物亲子代体细胞中染色体数目的恒定，对于生物的遗传和变异，都有十分重要的意义。

2. 减数分裂的概念及名称来源

1）范围：成熟的有性生殖细胞（指精子或卵细胞）的形成。

2）特点：细胞连续分裂两次，而染色体只复制一次。

3）结果：细胞中染色体数目比原来减少一半。

4）减数分裂没有细胞周期，因为减数分裂不能连续进行。

5）有性生殖是在无性生殖后出现的，减数分裂是由有丝分裂进化而来，所以减数分裂过程中会出现染色体与染色质的形态转变，核膜、核仁的解体和重新形成，纺锤体的形成和解体，**减数分裂本质上是一种特殊的有丝分裂**。

3. 精子的形成和减数分裂中的染色体行为

1）精子产生的场所和精原细胞的两种分裂方式

精子在精巢（哺乳动物在睾丸内的曲细精管）内产生。

精原细胞通过有丝分裂产生更多的精原细胞，而通过减数分裂产生精细胞（精细胞后来变形为精子），精原细胞的两种分裂方式可以在精巢中同时被观察到。

2）精子的形成过程

（1）减数分裂前的间期

减数分裂前的间期也称为减数第一次分裂前的间期、减数第一次分裂的间期或减数分裂的间期。减数分裂前的间期和有丝分裂前的间期染色体的行为是一样的。精原细胞体积增大，然后染色体复制，形成初级精母细胞。

（2）减数分裂包括两个连续的细胞分裂

减数第一次分裂简称为 MⅠ，减数第二次分裂简称为 MⅡ（如下页图）。**减数第一次分裂切不可称为第一次减数分裂，减数第二次分裂切不可称为第二次减数分裂。**

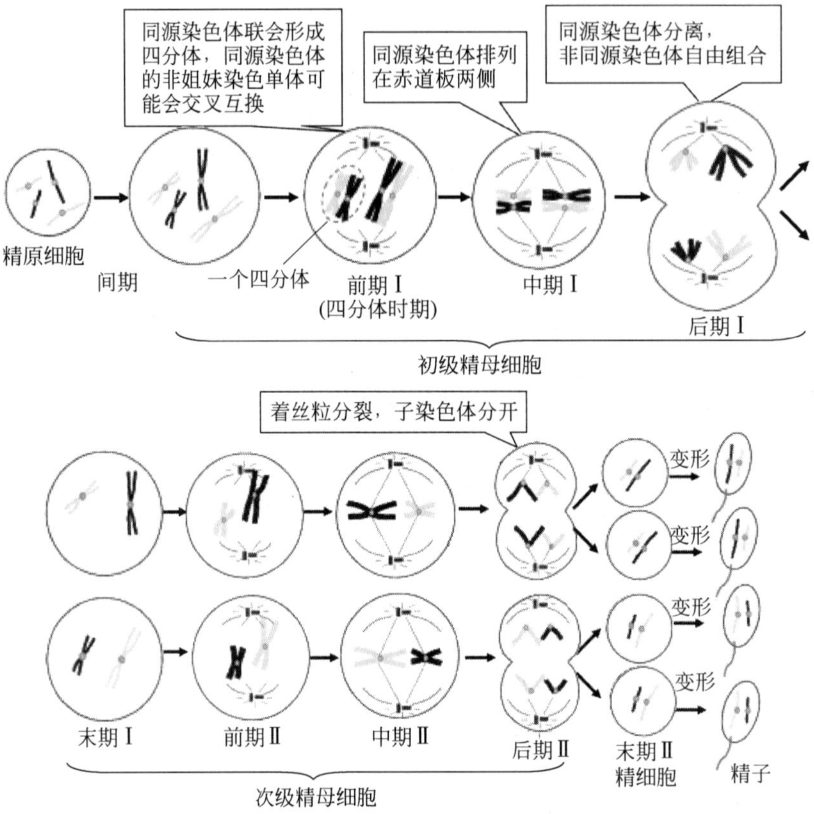

① 减Ⅰ前期(又叫四分体时期，也可简写成前期Ⅰ①)

减Ⅰ前期特征：同源染色体相互配对，也称为同源染色体联会。联会时的同源染色体形成四分体，**同源染色体的非姐妹染色单体间还经常发生部分对应片段的交叉互换**，但并不是所有的减数分裂都会发生交叉互换。

四分体的概念：发生联会后的同源染色体称为四分体，四分体含有四条染色单体(如下图)，这四条染色单体经过减数的两次分裂，最终分给了四个子细胞。这是“四分体”一词的字面含义。减Ⅰ前期出现四分体，所以减Ⅰ前期又叫四分体时期。

一个四分体＝一对同源染色体＝两条染色体＝四条染色单体

注意，四分体是指发生联会(配对)的一对同源染色体，形成于减Ⅰ前期，减Ⅰ中期因同源染色体彼此距离很近也可看作四分体，减Ⅰ后期随着同源染色体的分离四分体消失。有丝分裂时，虽然始终存在同源染色体，但是因为同源染色体没有配对，所以我们认为有丝分裂过程中不存在四分体。

同源染色体联会的实质是由于组成同源染色体的两条染色体具有同源区段。两条染色体的同源区段之间可以发生配对和互换。

交叉互换是指减Ⅰ前期联会时同源染色体的两条非姐妹染色单体间经常发生部分对应片段的交换。

① 减Ⅰ前期又可以细分为细线期、偶线期、粗线期、双线期和浓缩期。

交叉互换的出现是概率事件，如果发生交叉互换，互换的形式较为多样，交叉的次数、互换片段的数目都有很大的变数。

下图演示四种交叉互换类型，其中的第一种和第二种是高中生物学教材和教辅中的常见类型，其他类型不做要求。**在显微镜下看到的交叉现象是互换的结果**。

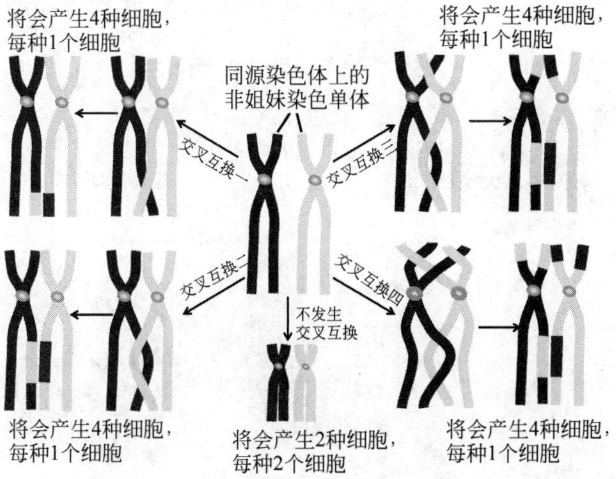

如图所示，交叉互换形成了亲本所没有的重组染色体，丰富了生殖细胞的种类。如果不考虑交叉互换，1个精原细胞最终产生2种精细胞，每种精细胞有2个；如果考虑交叉互换，1个精原细胞最终产生4种精细胞，每种精细胞有1个。

［**知识扩展**］

交叉互换的机理目前有很多学说，共同点在于：染色体需要经历断裂，需要经历同源染色体的非姐妹染色单体的相互缠绕。关于断裂和缠绕的前后顺序，不同学说之间差异很大。

在显微镜下看到的交叉现象（减Ⅰ前期双线期，此时的同源染色体间距加大、染色体变粗，所以才能看清交叉）是互换（减Ⅰ前期粗线期）的结果。鉴于此，“交叉互换”在某些教材（如人教版）中改为了“交换”或“互换”。

② 减Ⅰ中期（可简写成中期Ⅰ）

减Ⅰ中期特征：每对同源染色体的两条染色体的着丝粒分别位于赤道板（人教版）/赤道面（浙科版）两侧，而染色体臂的端部位于赤道板上。

＜**版本差异**＞

旧人教版和浙科版都描述成各对同源染色体（或称四分体）排列在赤道板上，新人教版描述成各对同源染色体排列在细胞中央的赤道板两侧。注意区分减Ⅰ中期和有丝分裂中期。有丝分裂中期时是着丝粒排列在赤道板上。

③ 减Ⅰ后期（可简写成后期Ⅰ）

减Ⅰ后期特征：同源染色体分离，非同源染色体自由组合。

当精原细胞中含有两对同源染色体时，同源染色体分离时，非同源染色体自由组合的示意图如下图。

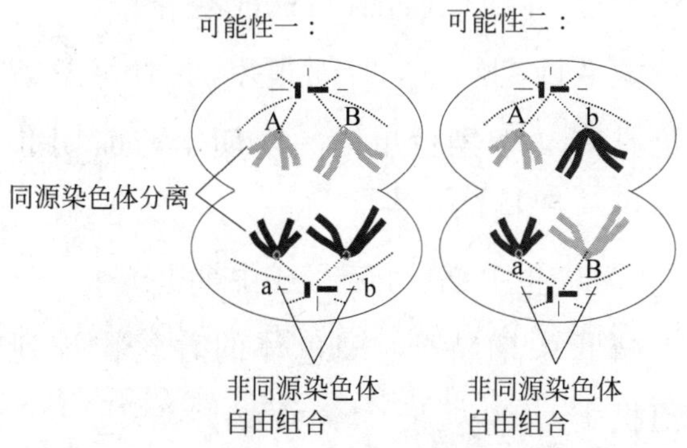

其中，A和a是一对同源染色体，B和b是一对同源染色体。同源染色体分离是指在减Ⅰ后期，A和a必须分离，B和b必须分离。非同源染色体自由组合是指移向每一极的染色体只能含有组成同源染色体的两个染色体中的一个，或者说移向每一极的多个染色体中不能有同源染色体，而只能是非同源染色体。这些移向同一极的非同源染色体相互组合是自由的，即不受约束的。所以，自由组合带来了两种可能性：可能性一是 A 和 B 移向一级，a 和 b 移向另一级；可能性二是 A 和 b 移向一级，a 和 B 移向另一级。

注意，**同源染色体的分离和非同源染色体的自由组合是同时发生的**。**同源染色体（上图中是大小形态相同的染色体）在分离的同时，一定同时在进行非同源染色体（上图中是大小形态不同的染色体）的自由组合**。

注意区分减Ⅰ后期和有丝分裂后期。减Ⅰ后期：同源染色体分离；有丝分裂后期：着丝粒分裂，子染色体分离。

④ 减Ⅰ末期（可简写成末期Ⅰ）

减Ⅰ末期特征：初级精母细胞在减Ⅰ末期形成 2 个次级精母细胞。每个次级精母细胞内的染色体数目只有初级精母细胞中的一半，且没有了同源染色体，此时每条染色体仍具有 2 条染色单体。

⑤ 减Ⅱ前期（可简写成前期Ⅱ）

减Ⅱ前期特征：时间很短，此时每条染色体仍具有 2 条染色单体。末期Ⅰ与前期Ⅱ不需要进行严格的区分。

⑥ 减Ⅱ中期（可简写成中期Ⅱ）

减Ⅱ中期特征：染色体的着丝粒排列在赤道板上。

注意减Ⅱ中期和有丝分裂中期的共同点：着丝粒位于赤道板上。

注意减Ⅱ中期和有丝分裂中期的区别点：减数Ⅱ中期染色体数目为有丝分裂中期的一半，且不存在同源染色体。

⑦ 减Ⅱ后期（可简写成后期Ⅱ）

减Ⅱ后期特征：着丝粒分裂，子染色体分开。

注意减Ⅱ后期和有丝分裂后期的共同点：着丝粒分裂，子染色体分离。

注意减Ⅱ后期和有丝分裂后期的区别点：减数Ⅱ后期染色体数目为有丝分裂后期的一半。

＜**知识细节**＞

着丝粒分裂形成的两条子染色体大小、形态相同，但不是同源染色体。所以大小、形态相同的不一定是同源染色体，也可能是着丝粒分裂形成的子染色体（如下图）。

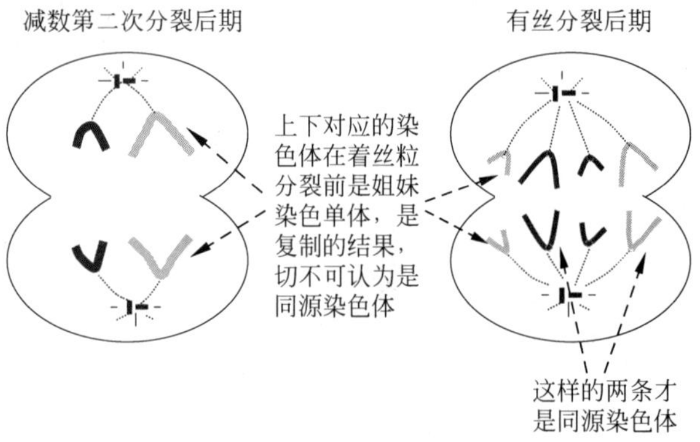

⑧ 减Ⅱ末期（可简写成末期Ⅱ）

减Ⅱ末期特征：2 个次级精母细胞形成 4 个精细胞。

（3）精细胞变形成为精子

精原细胞经过减数分裂形成精细胞后，精细胞是不能参与受精作用的。精细胞丢弃部分细胞质，形成尾巴，**变形**成为 4 个蝌蚪状的精子。变形过程不属于减数分裂。

［**知识扩展**］

减数第二次分裂前的间期，要么没有，要么很短，所以本书不予考虑。

有的生物在末期Ⅰ没有明显可见的染色体去凝集和核膜重建过程，也有的是完全逆转到间期核的状态。因此，前期Ⅱ也有对应的两种类型。人可能属于前者，因为医学细胞学教材中只描述前一种类型。本书绘制的是后一种可能性，即末期Ⅰ是染色质形态，前期Ⅱ是染色体形态，末期Ⅱ即精细胞是染色质形态，这是借鉴了北师大版。但是人教版和浙科版的绘图中这三个时期都是染色体形态。

从理论上讲，减数分裂过程中应该有两次中心体的复制，一次在间期，另一次是在减Ⅰ末期或减Ⅱ前期。但是中心体的化学成分和复制机理非常复杂，不能一概而论。

［**知识扩展**］

在浙科版的“制作减数分裂模型”中，减Ⅱ时的两个纺锤体以减Ⅰ的纺锤体的每一极为中心，且与第一个纺锤体垂直。现实中，有些生物的减数分裂可能真是如此。

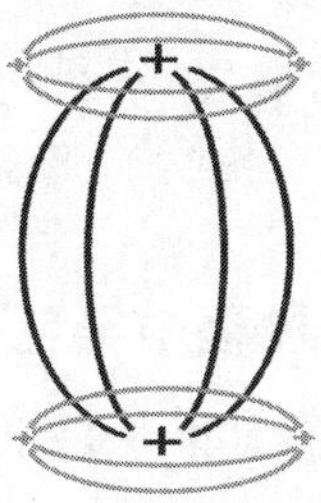

［**知识扩展**］

减数第一次分裂中期的染色体只与来自一极的纺锤丝相连，这点和减数第二次分裂及有丝分裂不同。

中Ⅰ的立体示意图如下：

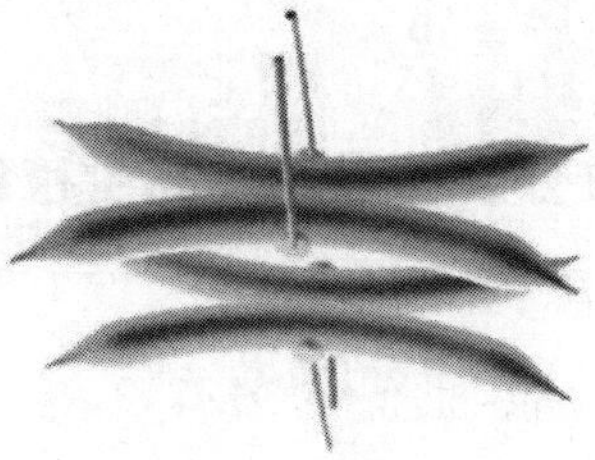

以下依次为中Ⅰ、后Ⅰ、中Ⅱ和后Ⅱ的平面示意图。

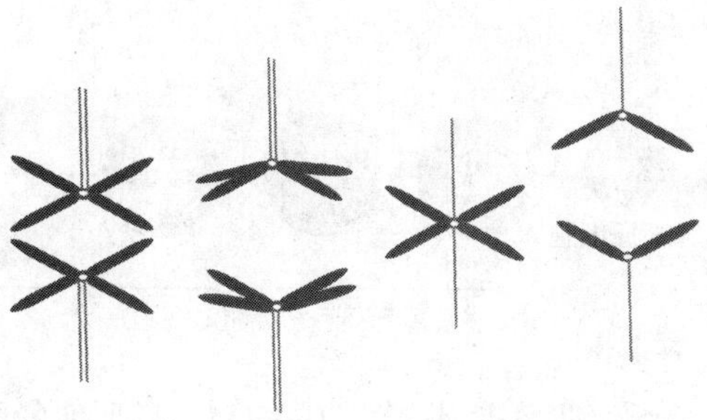

3）精子形成过程中的各种细胞名称和数量

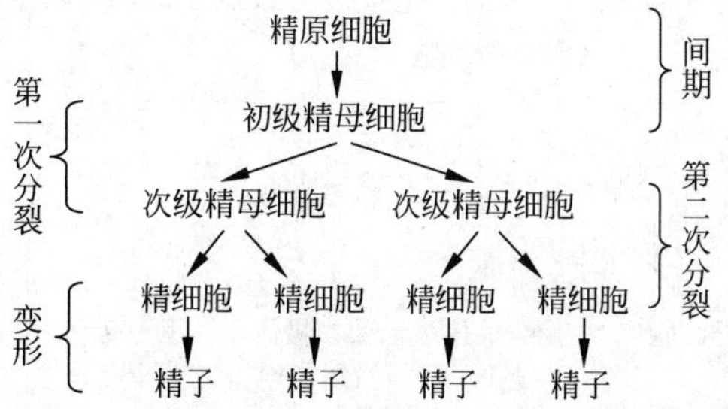

精原细胞和初级精母细胞之间的界定：间期复制前称为精原细胞，复制后称为初级精母细胞。

初级精母细胞和次级精母细胞之间的界定：初级精母细胞经过减Ⅰ末期形成的两个子细胞称为次级精母细胞。

4. 卵细胞的形成以及与精子形成的区别和联系

1）卵细胞产生的场所和卵原细胞的两种分裂方式

卵细胞又称为卵子（不存在像精细胞变形为精子的过程），是在卵巢内产生的。

卵原细胞通过有丝分裂产生更多的卵原细胞，而通过减数分裂产生卵细胞。

2）减数分裂中卵细胞的形成过程

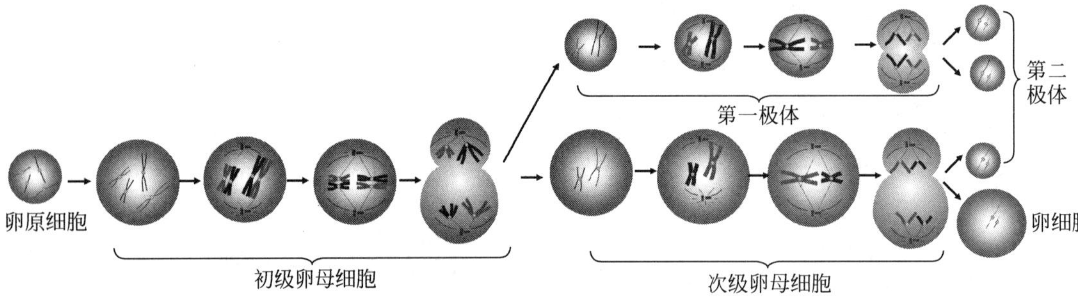

3）卵细胞形成过程中的各种细胞名称和数量

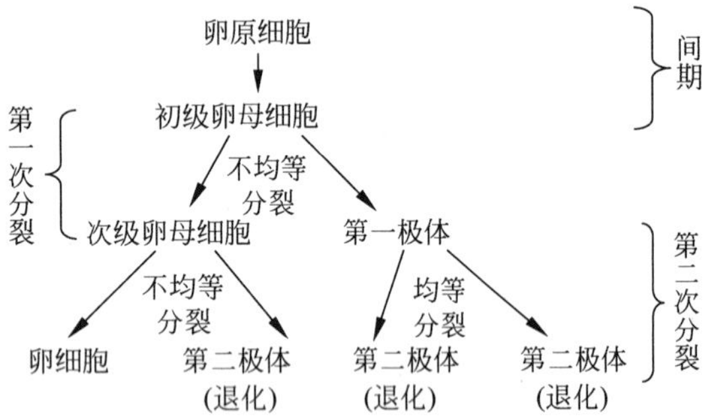

并非所有的第一极体都会分裂，比如多数的哺乳动物的第一极体不会分裂成第二极体。第一极体产生两个第二极体时细胞质均等分裂。

4）卵细胞形成与精子形成的比较

（1）相同点

① 都经过一次减数分裂，分裂过程中均有联会、四分体等现象的出现。

② 卵细胞和精子中的染色体数都比原始生殖细胞减少一半。

（2）不同点

项　目	精子的形成	卵细胞的形成
形成的成熟的生殖细胞数目	4 个精子	1 个卵细胞（3 个极体会退化，不属于生殖细胞）
细胞质是否均等分裂	均等分裂	初级卵母细胞和次级卵母细胞不均等分裂；第一极体均等分裂
是否需要变形	精细胞变形为精子	不变形
初级精（卵）母细胞和次级精（卵）母细胞的数量	初级精母细胞有 1 个，次级精母细胞有 2 个	初级卵母细胞有 1 个，次级卵母细胞有 1 个

续表

＜**知识细节**＞

本小节以及高中生物阶段所描述的生成精子和卵细胞的过程是发生在动物体内，和植物生成精子和卵细胞的过程有很大的不同，前者称为配子减数分裂，后者大部分称为孢子减数分裂。

5. 减数分裂过程中染色体行为的总结

学习减数分裂，重点是关注前期Ⅰ、后期Ⅰ和后期Ⅱ的染色体行为。前期Ⅰ，同源染色体联会形成四分体，并可能发生交叉互换。后期Ⅰ，同源染色体（四分体）排列在赤道板两侧。重中之重是后期Ⅰ，同源染色体分离和非同源染色体自由组合都是在这个阶段发生的，它们是孟德尔的分离定律和自由组合定律的基础。

6. 减数分裂形成的成熟生殖细胞的种类和数量

1）当精原细胞中含有 2 对同源染色体时，非同源染色体自由组合所引起的 2 种可能性，每种可能产生 2 种精子，所以共可能产生 4 种精细胞，如下图所示。

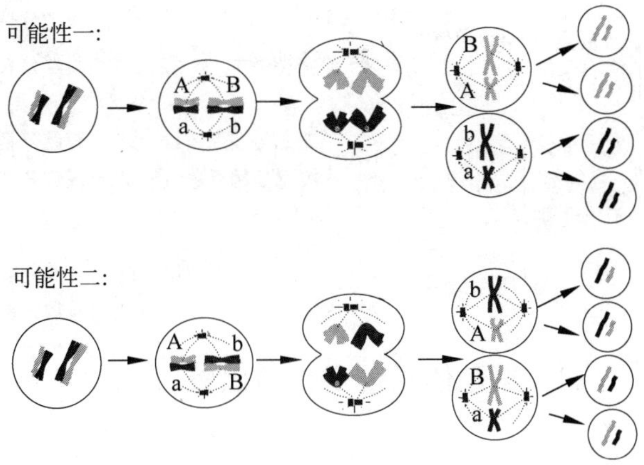

＜版本差异＞

分析上图发现：非同源染色体的自由组合的结果在减Ⅰ中期就被决定了，但是在减Ⅰ后期才发生和表现出来。值得注意的是，自由组合发生在减Ⅰ后期是高中生物学传统的认识，目前有些教材认为自由组合发生在减Ⅰ中期。例如，浙科版中描述为："在减数分裂中期Ⅰ，非同源染色体有两种组合方式，……"笔者认为这两种说法各有道理，分别是从两个角度看问题。

2）当精原细胞中含有3对同源染色体时，非同源染色体自由组合可以产生4种可能性，每种可能产生2种精子，所以共可能产生8种精细胞，如下图所示。

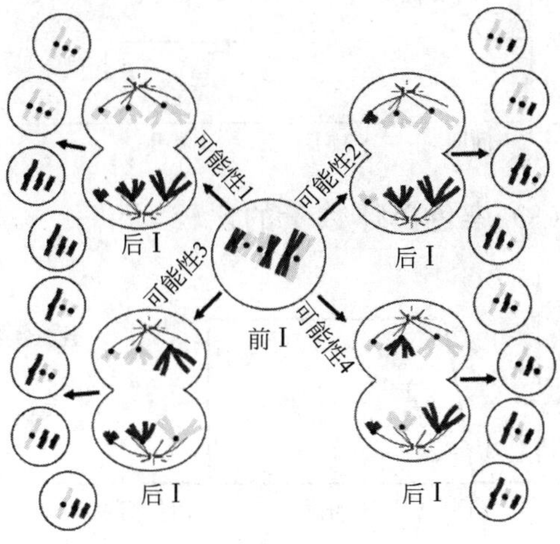

＜思考与讨论＞

（1）如不发生交叉互换，一种含2对同源染色体的精原细胞能产生几种精子？一个含2对同源染色体的精原细胞能产生几种精子？一个精原细胞中含有2对同源染色体的动物能产生几种精子？如发生了交叉互换则以上三个问题的答案分别是？（4；2；4；无限种类；4；无限种类。）

（2）如不发生交叉互换，一种含2对同源染色体的卵原细胞能产生几种卵细胞？一个含2对同源染色体的卵原细胞能产生几种卵细胞？一个卵原细胞中含有2对同源染色体的动物能产生几种卵细胞？如发生了交叉互换则以上三个问题的答案分别是？（4；1；4；无限种类；1；无限种类。）

7. 比较有丝分裂和减数分裂

1）有丝分裂和减数分裂的比较

项　目	有丝分裂	减数分裂
子细胞类型	产生正常体细胞及原始生殖细胞	原始生殖细胞产生成熟生殖细胞
染色体复制及细胞分裂次数	染色体一次复制，细胞分裂一次	染色体复制一次，细胞连续分裂两次
染色体行为	有同源染色体，但无联会、交换和分离等行为	同源染色体有联会、交换和分离等行为
产生的子细胞数	2个子细胞	4个子细胞
子细胞内染色体数	亲子代细胞染色体数目一致	子细胞染色体数目是亲代细胞的一半
相同点	都进行染色体复制，都出现染色体和纺锤丝	

2）动物细胞有丝分裂和减数分裂的模式图比较

观察染色体（如遇后期倒推到中期）
- 无同源染色体（如为奇数条染色体则可快速判断为无同源染色体）……减Ⅱ分裂
- 有同源染色体
  - 同源染色体有联会交叉互换或分离行为……减Ⅰ分裂
  - 同源染色体无联会、交叉互换或分离行为……有丝分裂

一看有无同源染色体　二看同源染色体行为

在模式图中，如果发现同源染色体准备分离（指同源染色体配对）、正在分离（指减Ⅰ后期同源染色体分离）和已经分离（指减Ⅰ末期和减Ⅱ），则一定属于减数分裂。高中题目认为如果有同源染色体，但是没有上述行为则为有丝分裂，也就是说高中阶段不考虑减Ⅰ前期同源染色体的联会需要时间，即认为减Ⅰ前期有段时间同源染色体没有联会。另外，高中题目也不考虑二倍体的单倍体的有丝分裂等特殊情况。

3）有丝分裂和减数分裂过程中相关物质数量变化曲线比较

无论是DNA、染色体还是染色单体，在减数分裂过程中数量都会减少两次；而在有丝分裂过程中，只会出现一次减少。**减数分裂的过程中，染色体数目会减少到1N（减Ⅰ末期和减Ⅱ会出现）；有丝分裂过程中，染色体数目会增加到4N（有丝后期）。**

［**知识扩展**］

与有丝分裂的相关曲线的绘制一样，减数分裂中的相关曲线的绘制也存在一些争议，如细胞一分为二的时刻，着丝粒分裂的时刻等。可以通过下图所示的流程分析判断曲线描述的物质与该细胞所处的阶段。

- 出现零—染色单体
  - 出现两次减少……减数分裂
  - 出现一次减少……有丝分裂
- 不出现零
  - 有斜线—DNA
    - 终点与起点数量一致…有丝分裂
    - 终点是起点数量一半…减数分裂
  - 无斜线—染色体
    - 终点与起点数量一致…有丝分裂
    - 终点是起点数量一半…减数分裂

（1）染色体数量变化的比较

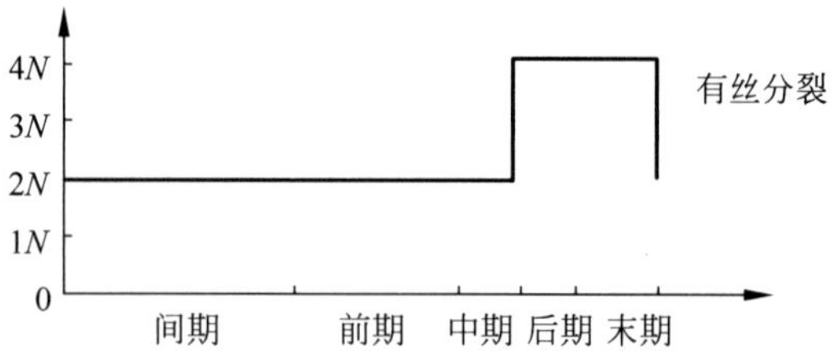

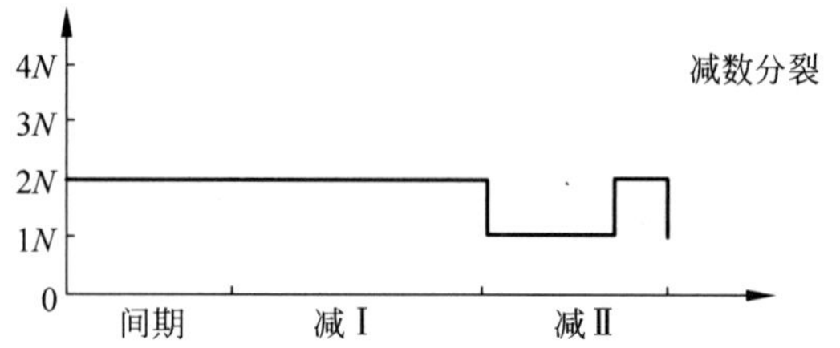

（2）核DNA含量变化的比较

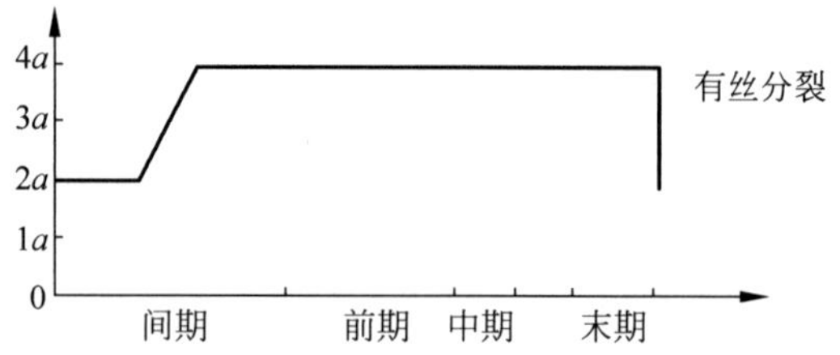

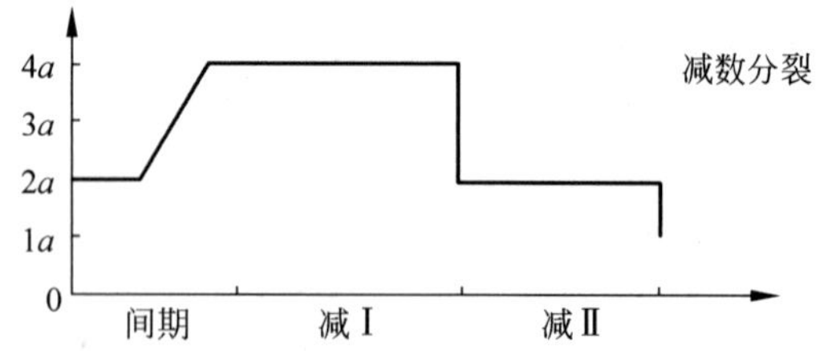

（3）染色单体数量的比较

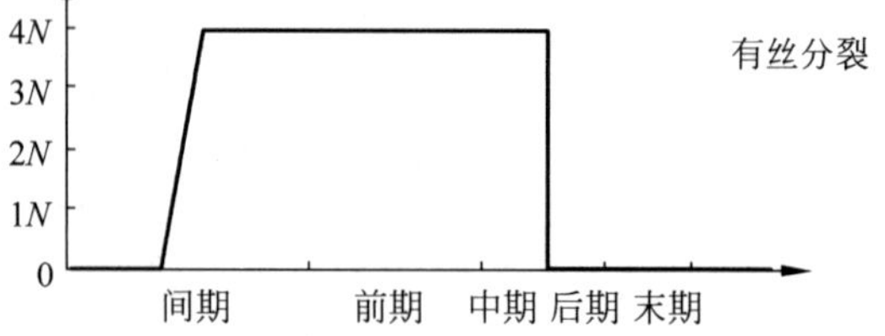

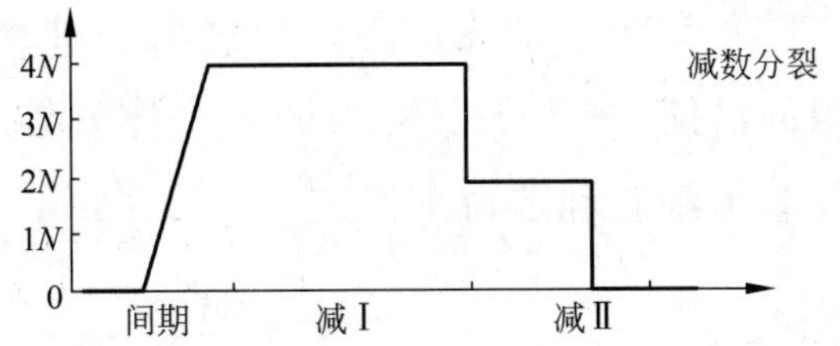

4）在有丝分裂、减数分裂、受精作用、有丝分裂的连续过程中相关物质数量变化

（1）染色体数量变化

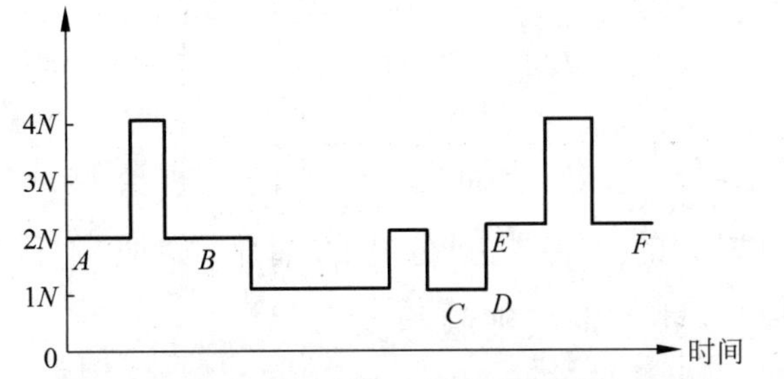

A—B 有丝分裂 B—C 减数分裂 D—E 受精作用 E—F 有丝分裂

（2）核 DNA 含量变化

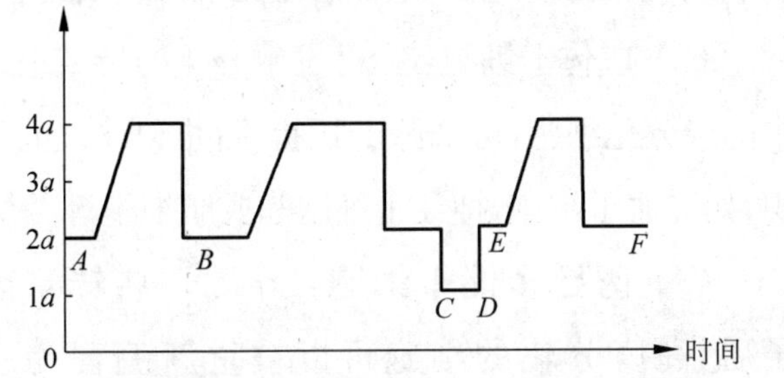

A—B 有丝分裂 B—C 减数分裂 D—E 受精作用 E—F 有丝分裂

第 4 节　细胞的分化

本节知识框架：

1. 细胞分化的意义
2. 细胞分化的概念及与细胞分裂区别
3. 动植物体内具有分化能力的细胞
4. 生物体内细胞分化的特点
5. 细胞分化的本质是基因的选择性表达
6. 植物体细胞的全能性和高等动物体细胞中细胞核的全能性

1. 细胞分化的意义

仅仅依靠细胞分裂无法形成人体，人体中有两百多种细胞，需要依赖于细胞分化进程。动植物中的各种组织和器官的形成都离不开细胞的分裂和分化。

细胞分化是个体发育的基础，能形成具有特定形态、结构和功能的组织和器官。细胞分化使多细胞生物体中的细胞趋于专门化，有利于提高各种生理功能的效率和组织器官的修复。

2. 细胞分化的概念及与细胞分裂区别

细胞的后代在形态、结构和功能上发生稳定性差异的过程称为细胞分化。细胞分裂和细胞分化的模式图如下。

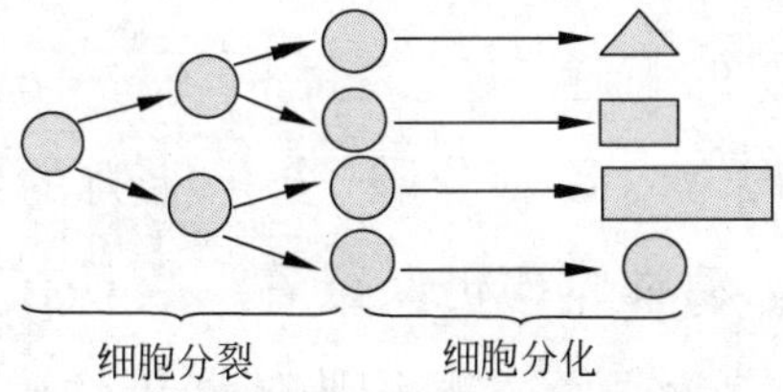

细胞分裂能使细胞数量增加，而细胞分化可以形成形态、结构和功能上有差异的各种细胞。分化以分裂作为基础，受精卵在卵裂期几乎只分裂不分化，所以形成卵裂球；如果胚胎细胞继续光分裂不分化，将形成一团肉球，无法发育成生物体。动植物的各种组织和器官的形成都离不开细胞的分裂与分化。

从分裂和分化的模式图中可以分析得出，分化程度低的细胞位于链的前端，具有较高的分裂和分化的潜能，高度分化的细胞（特别是终末分化细胞）位于链的末端，丧失了分裂和分化的能力。生物体内神经细胞、肌肉细胞、分泌腺细胞、成熟的红细胞、效应B细胞、植物具有大液泡的成熟细胞等高度分化的细胞在正常情况下都不再进行分裂和分化。当然这不是绝对的，如精原细胞已高度分化但是可以进行有丝分裂和减数分裂；有些高度分化的细胞在器官受伤后会分裂以修复受损部位（如肝细胞）；另外离体的高度分化的植物和动物细胞在激素等物质的刺激下也会分裂甚至恢复细胞全能性。

一般情况下，分化潜能和分裂能力一致，分裂能力越强，分化潜能越大；而与分化程度相反，分化程度越高的细胞分裂能力和分化潜能越低。

3. 动植物体内具有分化能力的细胞

我们可以将“分化”理解为“分裂后演化”，所以具有分化能力的细胞一定具有分裂的能力。

植物体内具有分裂、分化能力的细胞是分生组织的细胞。

动物体内具有分裂、分化能力的细胞是干细胞。动物体内仍保留着少数具有分裂和分化能力的细胞，这些细胞叫做干细胞。

＜版本差异＞

浙科版中将干细胞描述为“一类可以分化成各种细胞的未分化细胞”。其中的“未分化”的描述具有争议，应该是分化程度低。

浙科版中描述干细胞的分裂特点是不对称分裂，即干细胞一次分裂形成的两个子细胞，其中一个仍旧是干细胞，用于自我更新；而另一个则经过多次分裂、分化形成新类型的细胞。

1）干细胞按分化潜能分类

（1）**全能干细胞**：具有形成完整个体的分化潜能，如受精卵。

（2）**多能干细胞**：具有分化出多种细胞组织的潜能，失去了发育成完整个体的能力，如胚胎干细胞和造血干细胞。

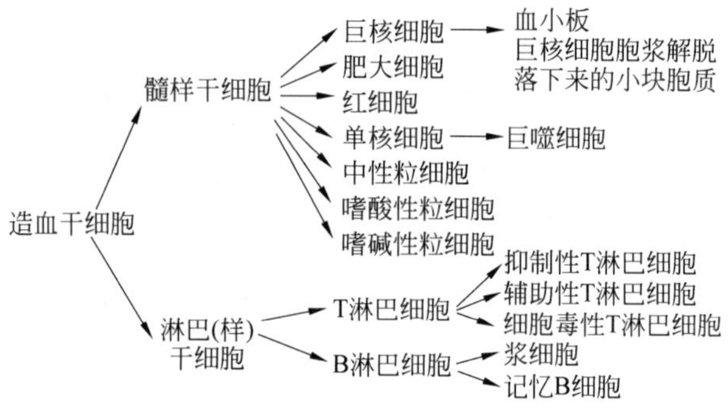

（3）**专能干细胞**：只能向一种类型或密切相关的两种类型分化的细胞，如肌肉干细胞、皮肤生发层细胞等。

2）干细胞按来源分类

（1）**胚胎干细胞**：当受精卵分裂发育成囊胚时，内层细胞团的细胞即为胚胎干细胞。

（2）**成体干细胞**：指已发生分化的特定组织中的未分化细胞，可来源于胚胎、胎儿和成人的组织，如造血干细胞、神经干细胞和成肌细胞等。

（3）**诱导多能干细胞**：导入一些转录因子后，高度分化的细胞可以被重新编程为多功能的干细胞，即诱导多能干细胞（induced pluripotent stem cell，iPSC，浙科版翻译为诱导多功能干细胞）。

4. 生物体内细胞分化的特点

1）普遍性

细胞分化是生物界普遍存在的生命现象，是生物个体发育的基础。

2）稳定性和不可逆性

一般来说，分化了的细胞将一直保持分化后的状态，直至死亡。例如黑色素细胞在体外培养30多代后仍能合成黑色素；离体培养的上皮细胞，始终保持为上皮细胞，而不会变成其他类型的细胞。

一般情况下，**生物体内的细胞分化是不可逆的**。例如，造血干细胞→原红细胞→早幼红细胞→中幼红细胞→晚幼红细胞→成熟红细胞→死亡。哺乳类红细胞在晚幼红细胞阶段排出细胞核，进入血液循环，人的成熟的无核红细胞生活120天左右即死亡。**但是在体外，细胞分化在某些条件下可逆。在受到伤害时，受伤部位也会发生暂时的脱分化，形成愈伤组织**。

3）持久性

分化发生在整个生命进程中，衰老的个体体内细胞也发生着细胞分化。

5. 细胞分化的本质是基因的选择性表达

细胞分化过程中是否会出现遗传物质（指真核细胞中的核基因）的改变？科学家曾经持不同的意见。为了进行验证，科学家用一定的技术手段对胰岛β细胞和肌肉细胞中的有关基因和表达产物——蛋白质进行鉴定，鉴定结果如下表所示。

种　类	蛋白质			基因		
	呼吸酶	胰岛素	肌红蛋白	呼吸酶基因	胰岛素基因	肌红蛋白基因
胰岛β细胞	有	有	无	有	有	有
肌肉细胞	有	无	有	有	有	有

通过鉴定发现不同细胞中的基因都是一样的，即分化过程中遗传物质未发生改变，发生改变的是蛋白质。细胞形态和功能不同的直接原因是蛋白质的种类和数目不同。蛋白质是基因表达的产物，所以细胞分化仅仅是不同细胞中核基因指令的执行情况不同导致的，即**细胞分化的本质是基因的选择性表达**。

［**知识扩展**］

细胞中的基因分为管家基因和奢侈基因，细胞分化是奢侈基因的选择性表达。

（1）管家基因：在所有有核细胞中都能表达的基因，与细胞分化无关，如与呼吸相关的酶基因，ATP水解酶基因、tRNA和rRNA基因等。

（2）奢侈基因：只在特定细胞中选择性表达的基因，控制细胞分化，如胰岛素基因、血红蛋白基因等。

［**知识扩展**］

已分化细胞可失去已获得的特有结构和功能，重新获得未分化细胞的特征，这一过程便称为去分化（脱分化）。此外，一种类型的分化细胞可以转变成另一种类型的分化细胞，这一现象被称为横向分化或转分化。转分化往往先经历去分化过程，再朝新的分化方向开始分化。脱分化和转分化往往是在体外培养条件下发生的。

6. 植物体细胞的全能性和高等动物体细胞中细胞核的全能性

既然发生分化后的细胞的细胞核中遗传物质并未发生改变，那么除特殊情况外，每个体细胞都和受精卵一样，具有这个物种全套的遗传信息，理论上可以通过细胞的体外培养将其培养成完整的个体。**细胞都具有遗传上的全能性，因而都具有发育为完整个体的潜能，称为细胞的全能性**。

1958年，美国科学家斯图尔德等人用胡萝卜韧皮部细胞培养出愈伤组织，并用单个愈伤组织细胞培养成能产生种子的完整植物。此实验证明植物细胞分化后遗传物质没有发生改变，**植物细胞具有全能性**。

但是科学家却始终无法将高度分化的动物体细胞培养成动物个体。同时，多莉羊克隆等实验的成功说明了**高等动物体细胞中细**

胞核具有全能性，是细胞质中的某些物质（调节蛋白）阻碍了全能性的实现。

不同生物、不同细胞体现全能性的能力是不同的。一般来说，植物体细胞的全能性大于动物体细胞的全能性，低等动物体细胞的全能性大于高等动物体细胞的全能性。**分化程度越低的细胞，分化潜能越大，细胞分裂能力越强，体现全能性的能力也越强。**所以，全能性最高的细胞是全能干细胞。某些生殖细胞的全能性也很大，所以可以形成单倍体。

＜**版本差异**＞

目前的习题普遍还是认为一个细胞只有能发育成完整个体，才算体现全能性。但是，这可能是中学教师自己规定的。比如新人教版将"全能性"描述成"产生完整有机体或分化成其他各种细胞的潜能和特性"。

＜**知识细节**＞

中学生物教师曾经强调"细胞的全能性是指已经分化的细胞，仍然具有发育成完整个体的潜能。"而笔者认为只要起点是同一种细胞，这种细胞具有发育成完整个体的潜能，都可称为全能性。需要指出的是，种子发育成幼苗是无法体现细胞的全能性的，因为种子内部已经形成了各种组织细胞，胚就相当于一个小型的植物，所以这是长大的过程。壁虎断尾后重新长出尾部也不能证明动物细胞具有全能性。

第5节　细胞的衰老

本节知识框架：

1. 个体衰老与细胞衰老的关系
2. 衰老症状与原因分析
3. 细胞衰老的机制

1. 个体衰老与细胞衰老的关系

对于单细胞生物来说细胞衰老就是个体衰老，对于多细胞生物来说细胞衰老不等于个体衰老。衰老个体内也有幼嫩的细胞，幼嫩的个体内也有衰老的细胞。个体衰老的过程是组成个体的细胞普遍衰老的过程。

2. 衰老症状与原因分析

在细胞衰老的过程中，发生了许多种生理和生化的变化，最终表现为细胞的形态、结构和功能发生变化。

1）**细胞内的水分减少，细胞萎缩，体积减小，导致皮肤干燥、发皱，代谢速率减慢。**

2）**细胞内多种酶活性降低。如老年人产生白发是由于毛囊中的黑色素细胞中酪氨酸酶活性降低，黑色素合成减少。**衰老时，并非所有的酶活性都降低，如和凋亡有关的酶活性可能提高。

3）**细胞内的色素逐渐积累，如老年斑是脂褐素的积累。**色素的积累妨碍了细胞内物质的交流和传递。

4）**线粒体数量减少、体积增大，细胞呼吸速率减慢。**

5）**细胞核体积增大，核膜内折，染色质收缩，染色加深。**

6）**细胞膜通透性改变，使物质运输功能降低。**

3. 细胞衰老的机制

细胞的衰老有很多学说，比较有代表性的是自由基学说和端粒学说。

1）自由基学说

各种内外因素会导致细胞内不断产生自由基。自由基是机体氧化反应中产生的、具有强氧化性的化合物，过多的自由基会损害机体的组织和细胞，进而引起慢性疾病及衰老效应。

2）端粒学说

染色体的两端都有一段特殊的多重复非转录序列的DNA-蛋白质复合体，称为端粒，可稳定染色体、保持染色体完整性（如下图）。由于DNA聚合酶不能催化新链的从头合成，只能催化已有链的延长，所以DNA的复制是以RNA引物作为起始的，当复制完成后再切除这段RNA引物。因此，每次合成的新链都会比模板链短一些。如果没有端粒，随着细胞的多次复制，DNA不断缩短，导致遗传信息的损坏。端粒的存在可以延缓这种损坏，因为每次"遗漏"的DNA片段是重复的非转录序列，不会影响细胞功能。但是，当端粒缩短到一定程度时，这种保护功能衰减，也就造成了细胞的衰老和死亡。对于生殖细胞、干细胞、肿瘤细胞等寿命较长、可以长期保持增殖能力或有丝分裂较为频繁的细胞，为了保证遗传信息的完整，则需要保护端粒结构。这些细胞中存在较多的端粒酶，其本质上是一种含有一段RNA的逆转录酶，它能以自身RNA为模板逆转录出端粒DNA并加到新合成的DNA链末端，从而保持端粒的原始长度。

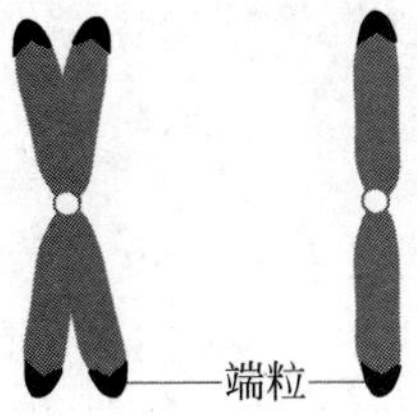

第6节　细胞的凋亡

本节知识框架：

1. 细胞坏死和细胞凋亡
2. 细胞凋亡的实例
3. 细胞凋亡的意义

1. 细胞坏死和细胞凋亡

细胞死亡有两种形式：细胞坏死和细胞凋亡。细胞凋亡是主要方式。

细胞坏死是指在种种不利因素影响下，细胞的正常代谢活动受损或中断引起细胞的损伤和死亡，它是细胞的一种病理性死亡。细胞坏死时，细胞膜直接被破坏，细胞内含物流出，引发炎症反应。

凋亡的英文apoptosis来源于希腊文，意为花瓣或树叶的凋谢。**细胞凋亡是由某种基因决定的细胞主动结束生命的过程，是一种自然的生理过程**。所以，**细胞凋亡又称程序性细胞死亡，或编程性细胞死亡**。细胞凋亡时，核染色质浓缩，并在核膜周边聚集成各种形状和大小的界限分明的团块，DNA被有规律地降解为大小不同的片段。最后细胞核破裂，细胞通过出芽的方式形成许多凋亡小体，凋亡小体内有结构完整的细胞器与凝缩的染色体，可被临近细胞吞噬、消化。细胞凋亡过程中始终有膜封闭，没有内含物流出，故**不会引发炎症反应**。

细胞都会衰老，衰老必将引起凋亡，细胞凋亡是细胞发育过程中的必然步骤，是不可避免的。当然，**细胞凋亡不一定由衰老引起**。

2. 细胞凋亡的实例

蝌蚪在变态发育过程中尾和鳃消失；人胚胎发育中尾的消失；人胚胎发育中过量神经细胞的凋亡；胎儿手的发育过程中五指的相互分离，如果细胞凋亡不完全就会患并指；某些被病原体感染的宿主细胞的清除（宿主细胞将抗原信息以抗原-MHC复合体的形式呈递在膜上，促发效应细胞毒性T细胞裂解自己）；**主要存在于水生或湿生植物体内通气组织的形成；胚柄的退化；单性花的形成**（许多单性花植物在花原基分化时存在雌蕊和雄蕊原基细胞，在后期发育的特定阶段雌蕊或雄蕊原基细胞出现细胞凋亡，从而最终形成单性花）。

细胞凋亡后通过巨噬细胞的吞噬作用来清除。

哺乳动物成熟红细胞衰老后死亡是一种特殊形式的凋亡，此时没有DNA调控，但是细胞质中还存在早期储备的RNA和蛋白质。

<**知识细节**>

如果宿主细胞不是被效应细胞毒性T细胞裂解，而是因为细胞内病毒繁殖过多后裂解，则不属于细胞凋亡。

3. 细胞凋亡的意义

1）细胞的自然更新

衰老细胞功能下降了，让其凋亡解体，可以为新生的功能强大的细胞腾出空间并提供某些物质。

2）清除变异及被病原体感染的细胞

人教版认为变异及被病原体感染的细胞会主动启动凋亡程序，笔者也认同这个观点，但是有些出题者认为受HIV攻击的淋巴细胞的死亡不属于细胞凋亡。

3）清除失去意义的组织器官

失去生理意义的组织、器官如人胚胎早期的尾、青蛙蝌蚪时期的尾和鳃等，成为生物体的累赘，清除它们才能保持个体的整体活力。

第6章　植物生命活动的调节

第1节　植物生长素

本节知识框架：

1. 生长素的发现和研究历程
2. 生长素的双重作用
3. 生长素的产生和分布部位
4. 生长素的运输
5. 生长素(生长素类似物)在农业中的应用
6. 关于生长素的实验分析

1. 生长素的发现和研究历程

＜探究性实验＞

科学探究的基本程序是：问题→假设→设计实验→预期→实施实验→结果分析与结论。

实验时，应遵循单一变量原则。影响实验结果(因变量)的因素(自变量)有很多，为了排除无关变量(又称干扰变量，控制变量)对实验结果的干扰，或对无关变量进行监控，需要设置对照。实验组和对照组之间只有自变量不同，其他变量(无关变量)都需要相同，这就是单一变量原则。对照组和实验组的实验结果不同，则说明不同的结果与自变量有关；若对照组和实验组的实验结果相同，则说明结果与自变量无关。

＜情景导入＞

达尔文父子观察到了植物的向光性现象，他们和后来的许多科学家对此进行了长期的研究。他们使用的材料是禾本科植物的胚芽鞘，在浙科版中简单地叙述成禾本科植物的幼苗。

胚芽鞘是单子叶植物特别是禾本科植物胚芽外的锥形套状物，在种子萌发时，胚芽鞘首先穿出地面，保护胚芽出土时不受损伤，随后为胚芽所突破。胚芽鞘的向光性表现得特别明显。达尔文曾经用金丝雀虉草的胚芽鞘做向光性的实验。

关于植物的向光性，科学家们先后提出和研究了以下几个问题。

1) 引起植物向光生长的外界因素是什么？

假设：引起向光生长的外界因素是单侧光。

设计实验：①无光照；②均匀光照；③单侧光照。

实验结果：①②无光照和均匀光照：直立生长；③单侧光照下：向光弯曲生长。

结论：引起幼苗向光弯曲的外界因素是单侧光照。

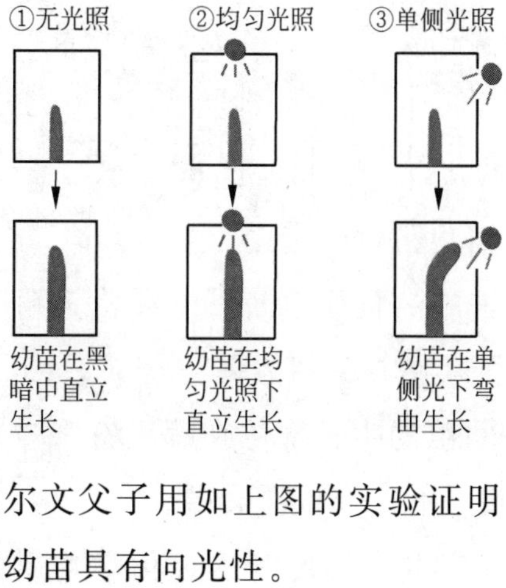

达尔文父子用如上图的实验证明了禾本科植物幼苗具有向光性。

＜知识细节＞

注意引起植物向光弯曲生长的单侧光是作为一种刺激，或者说是作为一种环境信号，而不是给植物的光合作用供能。这一点可以从黑暗中幼苗能够直立生长的事实得到证明。虽然幼苗在萌发初期没有叶绿素，不能进行光合作用，但是可以依靠植物体内积累的有机物进行生长。

2）幼苗感受单侧光刺激的部位是什么？

假设：感受单侧光刺激的部位为幼苗尖端以下的一段。

设计实验：①幼苗尖端遮光；②幼苗尖端以下的一段遮光。

实验结果：①尖端遮光：直立生长；②尖端以下遮光的幼苗：弯向光源生长。

结论：假设错误，感受单侧光的部位不是幼苗尖端以下的一段，而是幼苗的尖端。

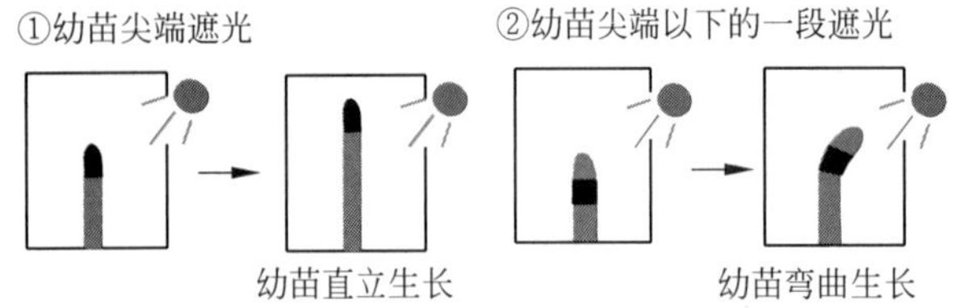

达尔文父子用如上图的实验证明了幼苗感光部位是幼苗的尖端。

＜探究性实验＞

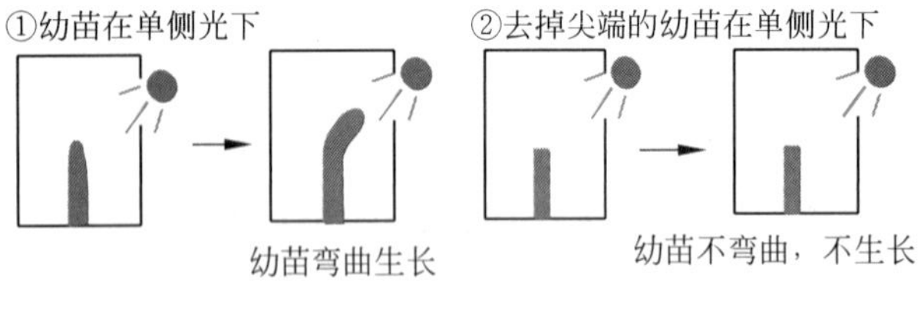

达尔文父子用如上图的实验证明了幼苗的生长和弯曲与尖端有关。

3）幼苗的生长部位在哪里？

假设：生长部位在尖端。

设计实验：①用能透过化学物质的琼脂片（浙科版中为明胶）隔开尖端和尖端以下部分；②不处理。

实验结果：①处理过的幼苗：尖端未伸长，尖端以下部分伸长；②未处理的幼苗：正常生长。

结论：假设错误，生长的部位不是幼苗尖端，而是幼苗的尖端以下部分。

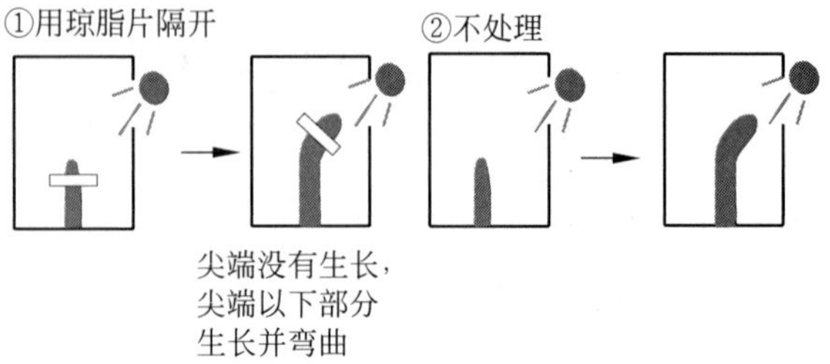

丹麦植物学家鲍森·詹森（浙科版翻译成波森·詹森）用如上图的实验证明了幼苗的生长和弯曲部位在幼苗的尖端以下部分，同时也证明了尖端产生了一种可以移动的、能透过琼脂片的物质。

［**知识扩展**］

琼脂也叫琼胶、冻粉。琼脂是由石花菜、江蓠等红藻经水煮提取胶质，再经冻结、脱水、干燥而制成，为透明、无味、无臭的胶冻状块，常用作微生物培养基及食品工业的配料。琼脂的组分为琼脂糖和琼脂果胶。琼脂糖由半乳糖及脱水半乳糖的长链组成，而且形成双螺旋，在水溶液中能形成结构复杂的凝胶。琼脂果胶没有这种特性。琼脂糖分子之间存在间隙，使琼脂具有通透性，可以吸收和通过化学物质。

海藻酸钠是从褐藻类的海带或马尾藻中提取碘和甘露醇之后的副产物，能形成凝胶，可以用来固定酶和细胞，制作人工种子，也可作为食品增稠剂。

卡拉胶是从麒麟菜、石花菜、鹿角菜等红藻类海草中提炼出来的亲水性胶体。果冻的成分主要是卡拉胶，但是也可以加入琼脂、明胶等各种成分。

明胶是用煮过的动物骨头、皮肤和筋腱

制成，主要成分是多肽，和琼脂一样具有通透性。

＜探究性实验＞

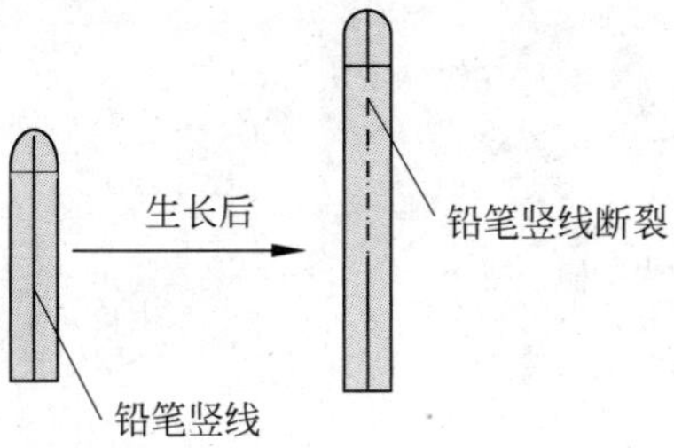

如上图所示，在幼苗的纵轴上用铅笔画一条竖线。将来，竖线断裂的部分就是生长的部位。

4）幼苗的尖端为何能引起尖端下部生长并弯曲？

假设：幼苗的尖端可能会产生某种物质，且该物质会向下运输并对下部造成影响。这种物质可以通过琼脂转移，并使切除了尖端的幼苗生长和弯曲。

设计实验：①在切除尖端的幼苗顶部放置接触过幼苗尖端的琼脂；②在切除尖端的幼苗顶部放置未接触过幼苗尖端的琼脂。

实验结果：①实验组中的幼苗弯曲生长；②对照组中的幼苗不生长。

结论：幼苗的尖端确实能产生某种物质，该物质可以通过琼脂块运输给尖端下部，并引起下部生长和弯曲。

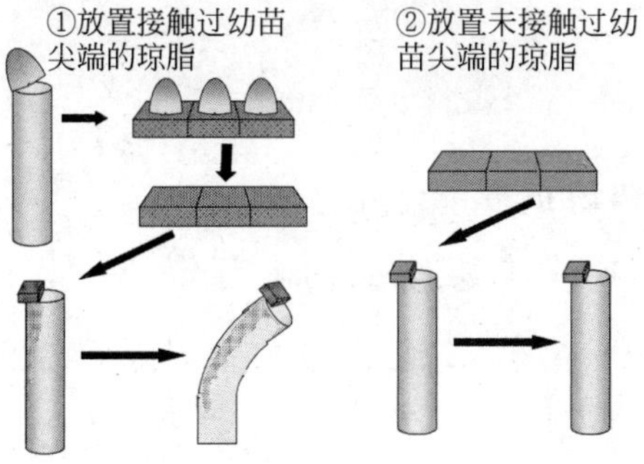

荷兰植物学家温特进行了如上图的实验，有些资料称之为琼脂介质法，证明了尖端产生的某种物质可以引起尖端下部生长和弯曲。温特认为这种物质具有促进生长的作用，类似动物激素，故取名生长素（英文 auxin，来源于希腊文 auxein，意为生长）。

＜探究性实验＞

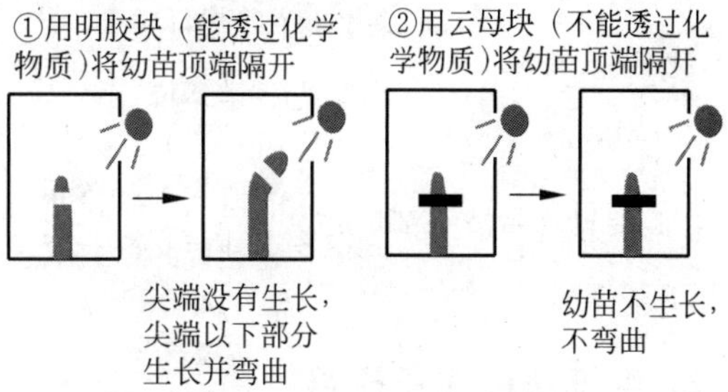

鲍森·詹森的如上图的实验用了明胶块与云母块，证明了尖端影响尖端以下部分的生长和弯曲。

［知识扩展］

旧浙科版教材有叙述，达尔文提出了化学物质假说（推测有某种化学物质从尖端传递到下面），鲍森·詹森证明了化学物质假说是正确的，温特进一步证明了假说正确。

5）幼苗尖端产生的这种物质是什么呢？

科学家后来发现植物体内**生长素的化学本质是吲哚乙酸（IAA），它在细胞内主要是由色氨酸转化（脱氨基）而来（如下图所示）**。

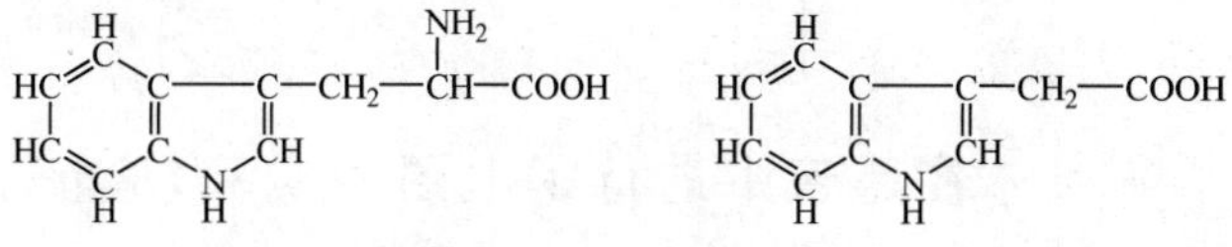

色氨酸结构式　　吲哚乙酸结构式

注意，**生长素的合成不需要光，但单侧光影响生长素的横向运输**。

科学家后来发现植物体内还含有与吲哚乙酸效应相同的物质，如苯乙酸（PAA）、吲哚丁酸（IBA）等。

<思考与讨论>

人尿液中也含有生长素，它从何而来，和人的生长激素有何区别？（从人们吃进去的植物中来。生长素对动物体没有作用，在动物体内起作用的是生长激素。）

<知识细节>

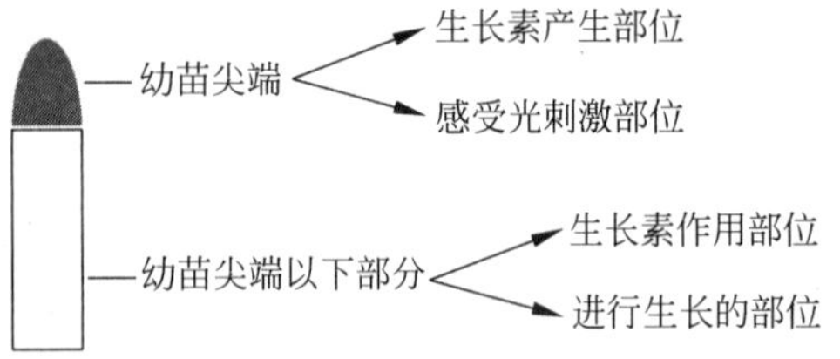

2. 生长素的双重作用

1）植物向光性的原因：单侧光引起的生长素分布不均匀

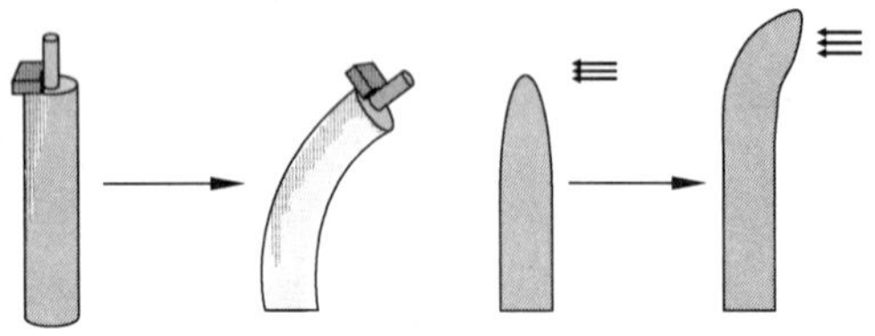

通过人为造成生长素分布不均匀引起植物的单向生长与自然界中植物的向光性的比较，你能推理出什么结论？

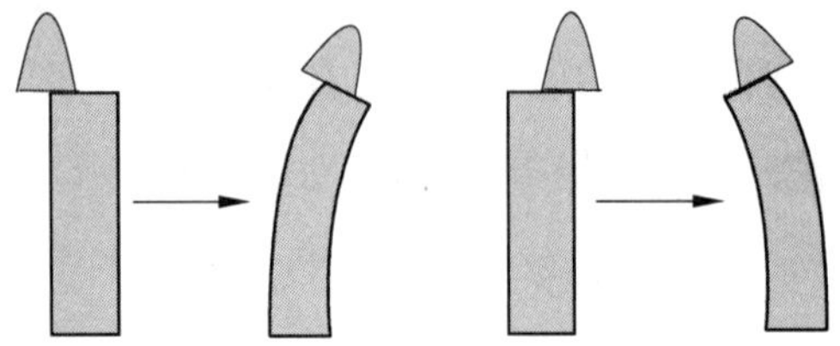

拜尔在黑暗中进行了上图的实验，验证了幼苗的弯曲生长是尖端产生的物质在尖端以下部分分布不均匀造成的。

在单侧光照下，生长素在背光侧比向光侧分布多，背光侧长得更快，使得幼苗朝向光弯曲，即向光性。这就有两种可能：一种可能是单侧光促使向光侧的生长素分解，另一种可能是单侧光促使生长素从向光侧移向背光侧。科学家用实验证明后者是正确的，即**单侧光促进尖端部分的生长素从向光侧移向背光侧**，示意图如下：

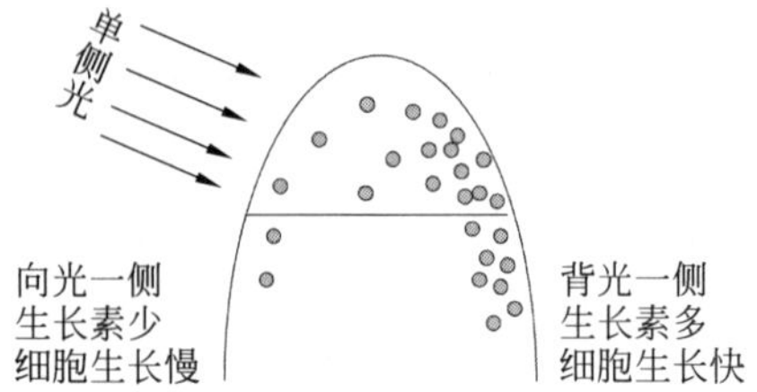

<探究性实验>

以下的实验证明单侧光没有促使向光侧的生长素分解，而是促使生长素从向光侧移向背光侧。

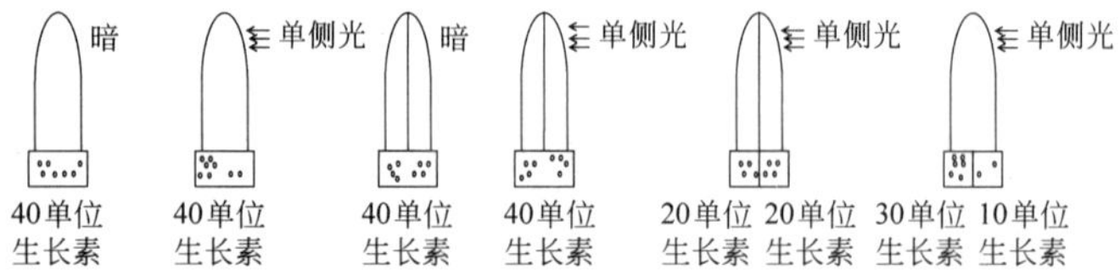

2）生长素的生理作用：主要促进细胞伸长

通过显微镜发现，**生长素促进植物的生长主要不是通过促进细胞分裂来实现的，而主要是通过促进细胞纵向的伸长来实现的（如下图）**。

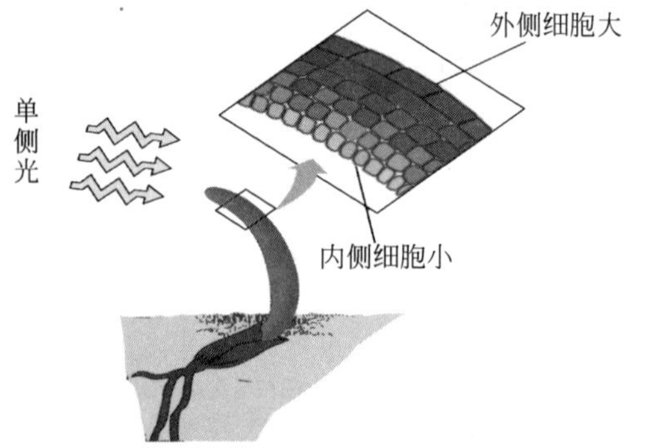

［**知识扩展**］

一种被普遍接受的假说认为，生长素可能刺激了植物细胞质膜中的质子泵，把质子泵入细胞壁，质子又活化某种酶，使之打断壁中将纤维素分子交联起来的氢键。由于细胞壁变得松散，不再能阻止细胞的渗透吸水，于是细胞开始伸长。同时，生长素作为一种植物激素，本质上是一种信号分子，当生长素与质膜上的激素受体蛋白结合后，使原本处于抑制状态的相关基因被激活，开始转录和翻译，合成相关的 mRNA 和蛋白质，为细胞质和细胞壁的合成提供原料，并由此产生一系列的生理生化反应。

3）生长素具有双重作用

科学家经过多次实验后，绘制出生长素浓度对不同器官生长的影响的理想图示（如下图）。

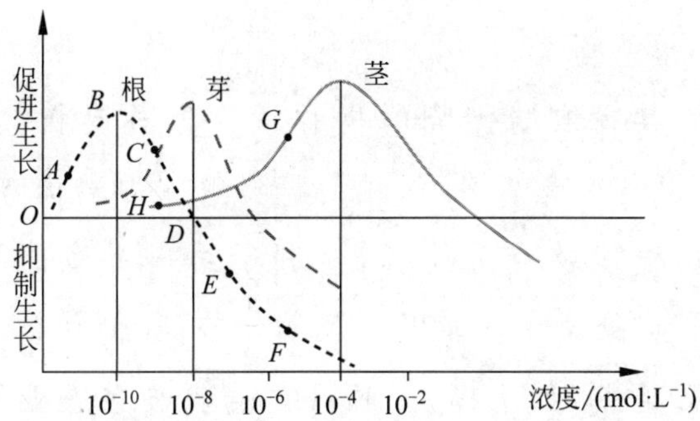

（1）**生长素在低浓度时促进植物生长，高浓度时抑制植物生长，过高时甚至会杀死植物**（生长素的这个作用特点以前被称为生长素的两重性）。

对根来说，A、B、C 点的生长素浓度能促进根的生长，D 点的生长素浓度既不促进又不抑制根的生长，E、F 点的生长素浓度抑制根的生长。注意，D 点不促进根的生长并不意味着根不生长。促进生长与是否生长是两个不同的意思。可以将生长比作人的跑步，把生长素比作食物补充，那么促进生长就相当于补充了一定的食物后跑得比原来快，而抑制生长相当于补充了过分多的食物后跑得反而比原来慢了，但是需要注意的是补充的"食物"过多，向前的速度最多降为零，而不可能出现负速度。

除了低浓度促进生长，高浓度抑制生长的效果，生长素还能在低浓度下促进发芽，在高浓度下抑制发芽；在低浓度下防止落花落果，在高浓度下疏花疏果。

研究表明，生长素出现高浓度抑制生长的效果，是因为当生长素的浓度超过一定值时，会促使细胞产生乙烯，来抵抗生长素的伸长作用。

根的向重力生长、生长素作为除草剂和顶端优势都能体现生长素的高浓度抑制；而茎的背地性、向光性只能体现生长素的促进作用，没有细胞因生长素浓度过高而被抑制了生长。

（2）同一植物的不同器官对生长素浓度的反应不一样。

图中 G 点和 F 点生长素浓度相同，但是促进茎的生长，而抑制根的生长。**各器官对生长素的敏感度：根＞芽＞茎。**

［**知识扩展**］

对生长素敏感的其实是主根，侧根和不定根对生长素非常不敏感。教材中关于生长素对扦插生根的作用的实验，如果检测的指标是侧根或不定根，其实是不会表现出高浓度抑制的。可能真的有实验做出高浓度抑制侧根或不定根的实验现象，笔者怀疑是由于浓度实在太高，植物脱水形成的假象。

＜**生活情景**＞

植物的根向地性、茎背地性的形成图中 F 是根尖的近地侧，G 是茎尖的近地侧，C 是根尖的远地侧，H 是茎尖的远地侧。在重力的影响下，近地侧的 F、G 点的生长素浓度高于远地侧的 C、H 点。参照"生长素浓度对不同器官生长的影响”可知，G点和F点虽然可能具有相似的生长素浓度，但是G点的浓度对茎是促进生长，F点的浓度对根是抑制生长，因此茎表现出背地性，根表现出向地性。“地”是指地心，而不是地面。

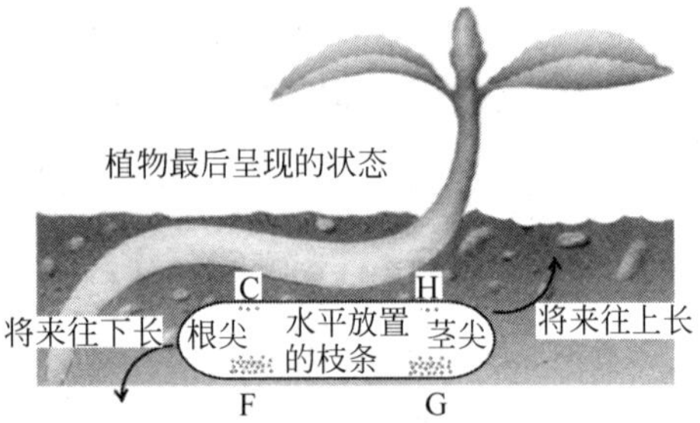

为何近地侧的生长素浓度不会高到对茎和根都表现抑制生长或者促进生长的作用，而是促进茎的生长，抑制根的生长。这不是巧合，而是自然长期进化形成的必然结果，否则土壤中植物的种子萌发后死亡率将很高。

＜**探究性实验**＞

探究单侧光（此实验光强为1000勒克斯）和重力对茎弯曲生长的共同影响。

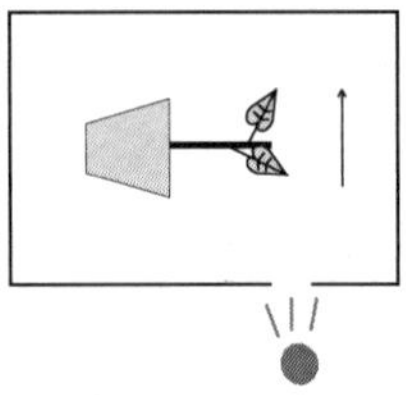

如果单侧光对茎弯曲生长的影响大于重力的，则茎向下生长，如果重力对茎弯曲生长的影响大于单侧光的，则茎向上生长。实验结果显示为茎的背地生长，说明重力对茎弯曲生长的作用大于单侧光的（如上图）。

＜**生活情景**＞

有些树种的树冠呈现宝塔形，是因为这些树的顶芽优先生长，而侧芽的生长受抑制，这个现象称为顶端优势。

顶端优势产生原因是侧芽对高浓度生长素比较敏感，侧芽生长受到抑制，而顶芽能够充分生长。离顶芽越近的侧芽受抑制越明显，而离顶芽越远的侧芽受抑制越弱，这样就造成了宝塔形的树冠，如下图。

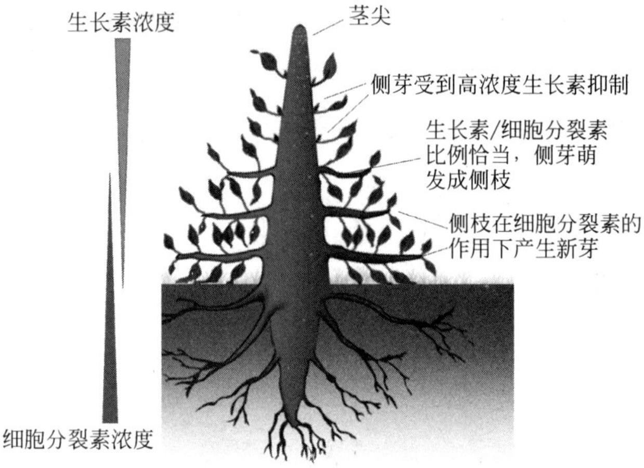

具有顶端优势的树种适合做圣诞树、木材，但是很多情况下，我们需要解除顶端优势，让侧枝能够充分生长，有利于结出更多的果实。去除顶芽就能解除顶端优势，让侧芽也能正常生长（如下图）。解除顶端优势在农业生产上的应用：棉花摘心、果树修剪和花木整形。

4）不同的植物对生长素敏感性不同

双子叶植物对生长素的敏感性大于单子叶植物（如下图）。用生长素的类似物，如2,4-D，可以杀除禾谷类（单子叶植物）田间的双子叶杂草。

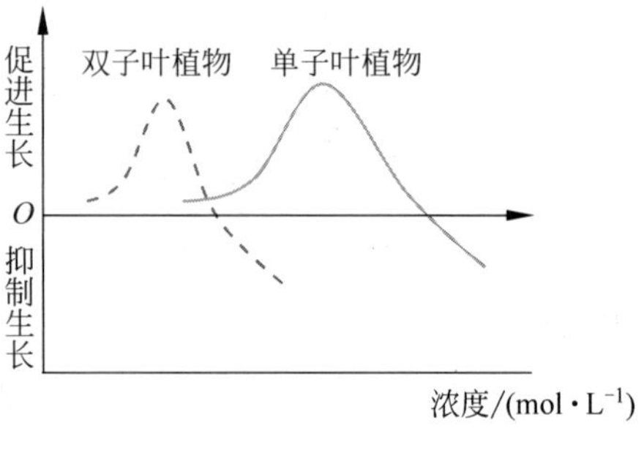

3. 生长素的产生和分布部位

1）**产生部位**：主要是**芽和发育中的种子（准确地讲是种子中的胚）**。幼叶、根尖也可产生少量生长素。

2）**分布部位**：主要在**生长旺盛部位**，如幼苗、芽和根尖的分生组织，形成层，受精后的子房，幼嫩种子等；衰老组织和器官中含量较少。

4. 生长素的运输

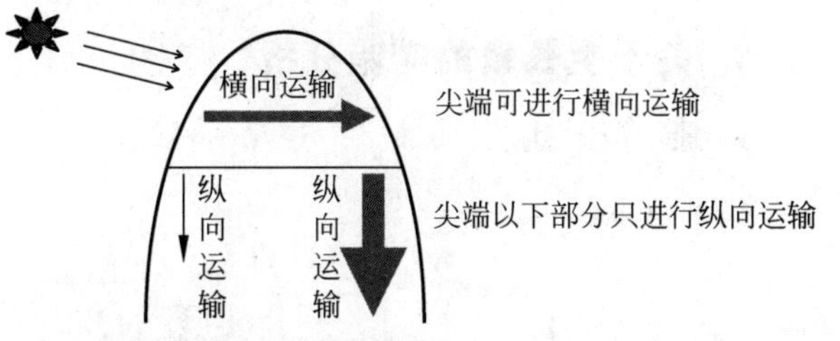

胚芽鞘中的生长素运输模型

在胚芽鞘、芽、根尖的尖端，生长素受到单侧光、重力和离心力的影响会发生横向运输。生长素在非尖端部分（如尖端以下部分）不能进行横向运输，只能进行纵向运输。

生长素的纵向运输既可以是极性运输，也可以是非极性运输。

生长素在胚芽鞘、芽、幼茎、幼叶和幼根的薄壁细胞之间进行短距离的单向运输，是从植物体的形态学上端向形态学下端进行的极性运输，能克服重力和浓度差的影响，属于主动运输（主动转运）。生长素是唯一可以进行极性运输的植物激素。

在成熟组织中，生长素可以通过韧皮部进行非极性的运输。根尖吸收的人工施加的外源生长素还能通过木质部运输。生长素通过韧皮部的运输，属于自由扩散，通过木质部的运输动力来自蒸腾作用。

＜**知识细节**＞

人教版中提到的"幼根中生长素也是从形态学上端向形态学下端进行极性运输"，可能有科学性错误。形态学上端就是形态学顶端，是指生长延伸的部位；形态学下端就是形态学基端。在地上部分生长素主要从形态学顶端向形态学基端运输，而地下部分则主要从形态学基端向形态学顶端运输，见下图。

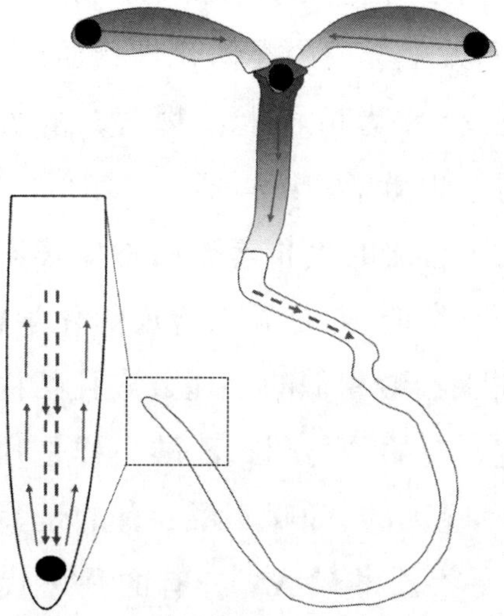
实线箭头指示向基运输，虚线箭头指示向顶运输，圆圈处指示生长素浓度最大值区域

根尖产生的生长素含量很少，根所需的生长素主要来自地面以上部分向下的传递。地上部分产生的生长素通过中柱越过根茎交界处进行向顶运输，这是通过韧皮部的运输方式。然后根尖的生长素再通过根表层进行向基运输向上回流，这就是极性运输。极性运输发生在幼根的薄壁细胞之间。

＜**探究性实验**＞用供体—受体琼脂块方法探究生长素进行极性运输的实验

组别 1：

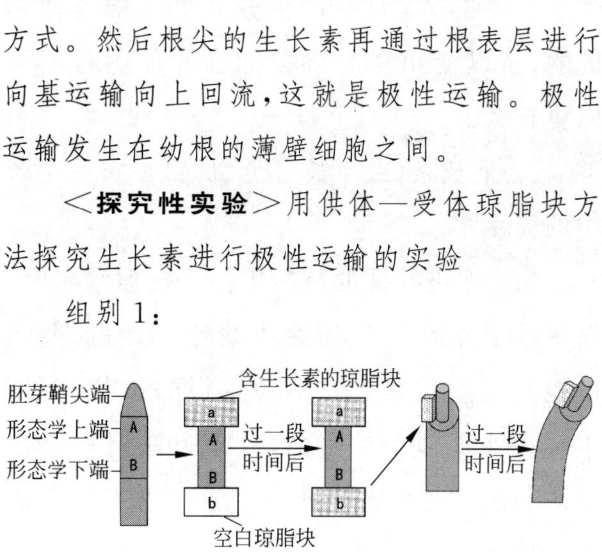

组别 2：

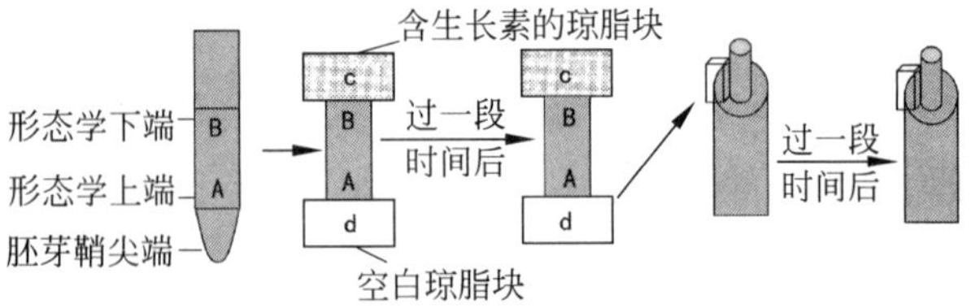

5. 生长素（生长素类似物）在农业中的应用

1）生长素类似物

人们常常把天然的植物激素（植物内源激素）和人工合成的类似化学物质（植物生长调节剂）合称为植物生长物质。植物生长调节剂与植物激素的结构不一定相似。

人工合成的生长素类植物生长调节剂又称生长素类似物，是人工合成的化学物质，具有与吲哚乙酸相似的生理效应且结构相对比较稳定。有的是与吲哚乙酸一样是吲哚衍生物，如吲哚丙酸、吲哚丁酸；有的是萘的衍生物，如 *α*-萘乙酸（NAA）；有的是卤代苯的衍生物，如 2,4-D(2,4-二氯苯氧乙酸)。

其他类的植物生长调节剂有矮壮素（CCC）、多效唑（PP_{333}）等。

生产上，一般不使用吲哚乙酸，而是使用生长素类似物。这是因为植物体内存在分解吲哚乙酸的酶，而不存在分解生长素类似物的酶，所以使用生长素类似物的作用时间可以更长久。

2）生长素（或生长素类似物）在农业生产中的应用

（1）**促进扦插的枝条生根**。扦插繁殖时，保留枝上正在生长的芽或幼叶，因为这些部位能产生生长素。对不易生根的植物，可用生长素处理插条的基部，处理方法有浸泡法与沾蘸法：浸泡法时间长、所需浓度低；而沾蘸法处理时间短、所需浓度高。

（2）**促进果实发育**。发育中的种子会合成生长素，促使子房发育成果实。**在没有受粉的雌蕊柱头上涂上一定浓度的生长素类似物溶液，可以诱导产生无籽果实。但是如果人们希望收获该植物的种子，比如玉米、葵花籽、油菜籽等，则不能这样处理。**

（3）**防止落花落果**。

（4）其他应用，如作为**除草剂**，用生长素促进某些植物（如菠萝）开花等。

6. 关于生长素的实验分析

1）暗盒开孔类

（1）实验一

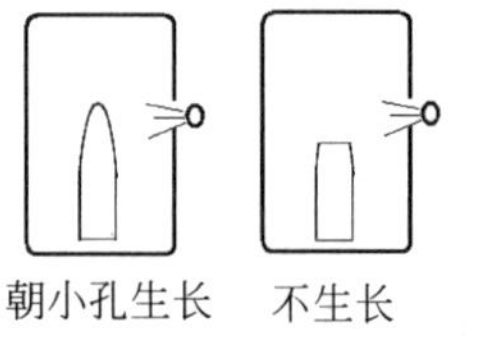

（2）实验二

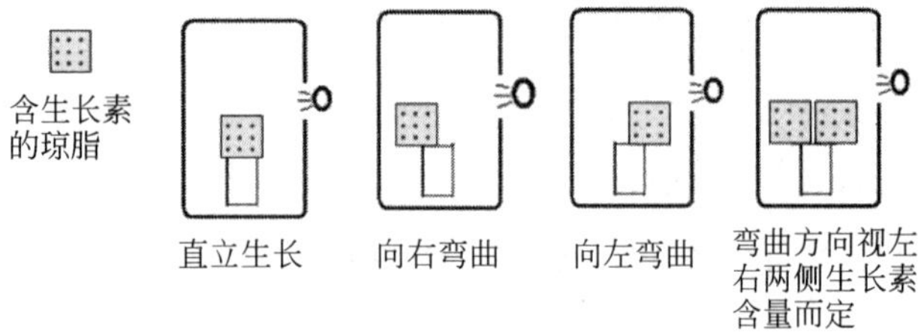

注意：琼脂块不是植物尖端，不能感光，所以琼脂块是否受到光照并不影响实验结果。

2）云母片插入类

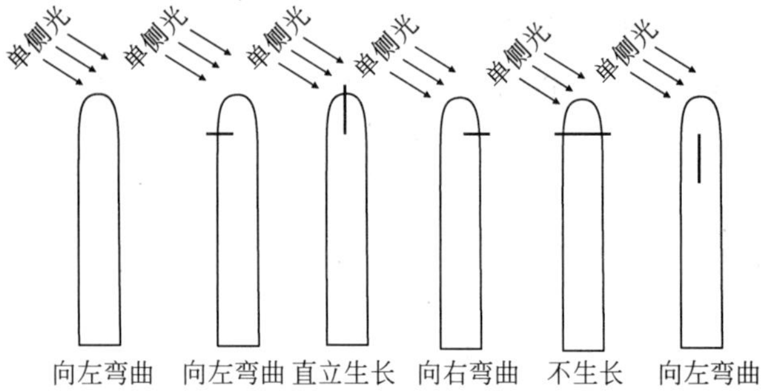

3）切割移植类

（1）实验一

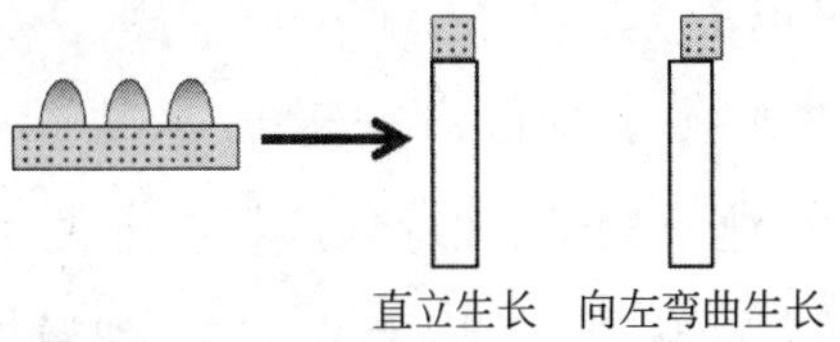

（2）实验二

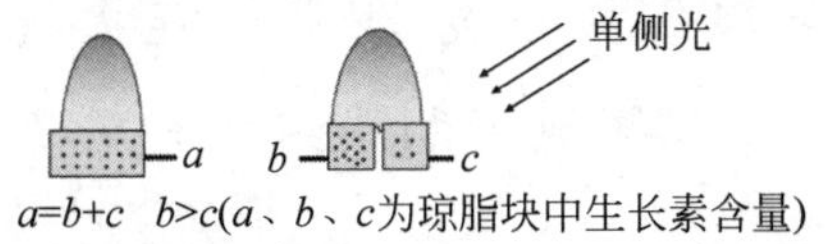

4）锡箔纸遮盖类

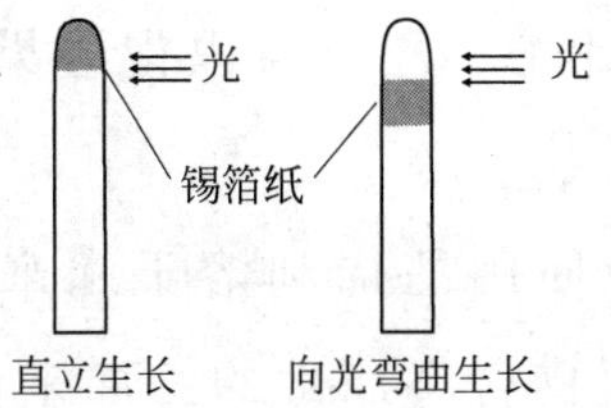

5）旋转类

（1）实验一

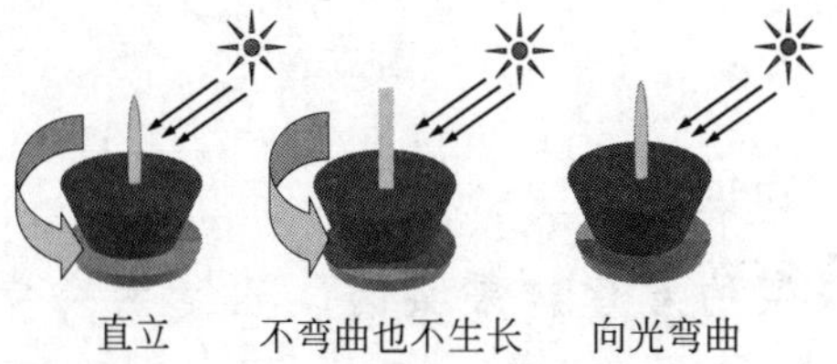

旋转类实验还经常与暗盒开孔类实验相结合，有时只有纸箱旋转，有时只有植物旋转，有时纸箱和植物一起旋转。

（2）实验二

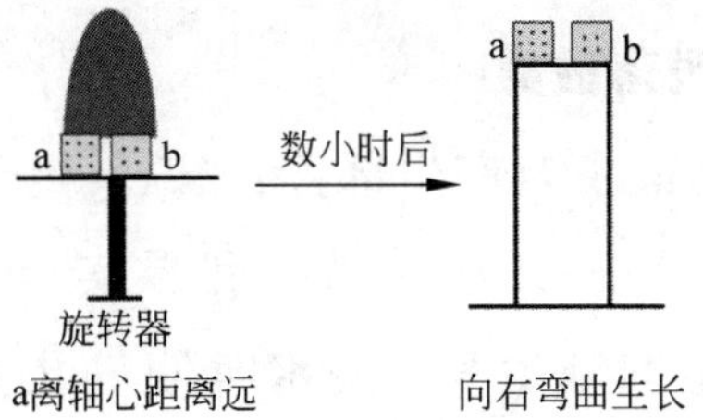

6）其他类型

如设计实验判断形态学上端和形态学下端：

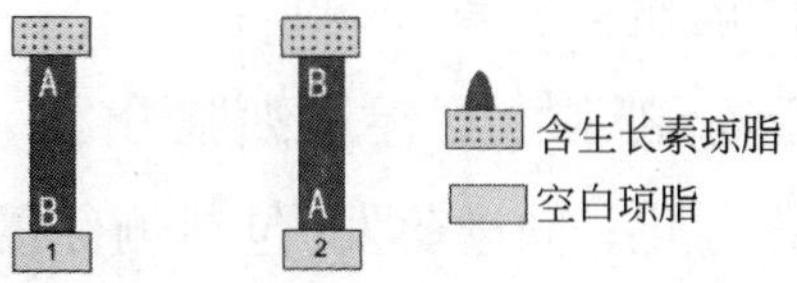

若琼脂块1中含有生长素，琼脂块2中不含有生长素，则表明A端是形态学上端；反之则是B端。

第2节 多种植物激素的共同作用

本节知识框架：

1. 多种植物激素共同调节植物生命活动
2. 细胞分裂素类
3. 赤霉素类
4. 乙烯
5. 脱落酸类

1. 多种植物激素共同调节植物生命活动

在植物体内合成的、从产生部位运输到作用部位，并且**对植物体的生命活动产生显著的调节作用的微量有机物叫植物激素。植物激素有五大类：生长素类、细胞分裂素(CTK)类、赤霉素(GA)类、脱落酸(ABA)和乙烯。前三种主要是促进植物生长的，后两种主要与植物的衰老、成熟和抗逆性有关。**

植物生长发育过程中，多种激素相互协调、共同调节起作用，如植物组织培养中生长素和细胞分裂素协同作用，赤霉素和脱落酸的作用相互对抗。

2. 细胞分裂素类

细胞分裂素主要在根尖合成，经过木质部运输到地上部分。发育中的果实和种子中的胚也可以合成细胞分裂素。细胞分裂素不进行极性运输。

细胞分裂素主要**促进细胞分裂**；抑制根的生长和分化；促进萌发（包括侧芽的生长和种子的萌发）；**延迟衰老**；**促进蔬菜、水果的保鲜**。**与生长素主要促进细胞纵向伸长不一样，细胞分裂素主要是促进细胞分裂和横向增粗**。

细胞分裂素还能促进侧芽发育，解除顶端优势；促进气孔开张；抑制不定根和侧根形成。

常用的细胞分裂素类植物生长调节剂是6-苄基腺嘌呤（6-BA）和激动素（N^6-呋喃甲基腺嘌呤，KT）。

3. 赤霉素类

赤霉素存在或产生部位主要为顶芽与根的分生组织、幼叶和胚。

赤霉素**主要促进细胞伸长，还能促进细胞分裂**；**促进种子萌发**、茎伸长和叶的生长；促进开花和**果实发育**。

水稻赤霉素过多会得恶苗症（徒长病）。真菌中的赤霉菌也能分泌赤霉素。

［**知识扩展**］

科学研究表明，赤霉素促进细胞伸长的机理可能是赤霉素促进了生长素的生成并抑制生长素的分解。另外，生长素的生成又进一步促进赤霉素的生成且抑制赤霉素的分解。

与生长素的运输不同，赤霉素的运输没有极性。禾谷类种子中的赤霉素由胚产生，作用于糊粉层（胚乳的最外层，种皮的内侧）的细胞表达淀粉酶，淀粉酶再运输到胚乳中水解淀粉。

一般认为，赤霉素不存在高浓度抑制生长的现象。

［**知识扩展**］

在中学阶段，我们一般简单地认为生长素不能促进分裂，而细胞分裂素能促进分裂。其实有资料认为生长素能促进细胞核的分裂，但是不能促进细胞质的分裂；细胞分裂素能促进细胞质的分裂，但是不能促进细胞核的分裂。赤霉素则能加快细胞周期。

4. 乙烯

乙烯存在或产生部位：**成熟的果实**，茎的节，衰老的叶子。乙烯可以**促进果实成熟，对抗生长素**。

农业中使用乙烯利溶于水来放出乙烯，或用一种植物材料产生的乙烯来催熟另一种植物材料。乙烯利的结构式如下图所示。

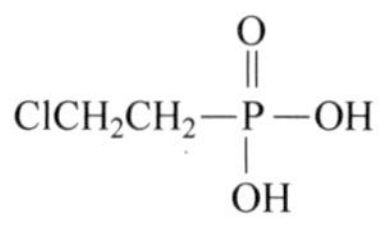

<**知识细节**>

果实的发育和果实的成熟是两个完全不同的过程。果实的发育是指果实的形成，外形上是从小变大的过程。果实的成熟是指果实的细胞壁变得柔软（最主要是果胶被水解，还有纤维素等变化），有机酸和多糖转变为具有甜味的单糖，以及颜色的转变。

5. 脱落酸类

脱落酸主要产生部位：根冠、萎蔫的叶片等（人教版）；成熟的绿叶和果实（浙科版）。脱落酸能**抑制生长**；**失水时使气孔关闭**；**保持休眠**；**促进种子休眠、抑制种子萌发**。在早春低温时为了让水稻种子早发芽，稻农常将种子置于流动的河流或溪水中浸泡一段时间，用水稀释脱落酸，防止脱落酸抑制种子萌发。

＜**知识细节**＞无籽水果总结

种　类	无籽原理	试　剂	性状保持
无籽番茄	在没有授粉(受精)的情况下促使果皮发育。不同的无籽水果使用不同的激素产生的效果存在差异	生长素	无性繁殖后无法保持无籽性状
无籽葡萄		赤霉素	无性繁殖后无法保持无籽性状
无籽西瓜	染色体的数目发生改变，同源染色体有三条，导致联会紊乱，无法进行减数分裂产生正常配子	秋水仙素	无性繁殖可保持无籽性状

第7章　动物生命活动的调节

第1节　内环境的稳态

本节知识框架：

1. 内环境的概念和组成
2. 内环境稳态的事例和意义
3. 如何保持内环境的稳态

1. 内环境的概念和组成

1）内环境(又叫细胞外液)

多细胞生物体内的绝大多数细胞不能直接与外界环境相接触，围绕在这些细胞周围的是一种液体环境，这种细胞外的液体称为细胞外液。为了区分生物体所生活的外环境，将生物体内的细胞所生活的由细胞外液所构成的液体环境称为内环境(如下图)。

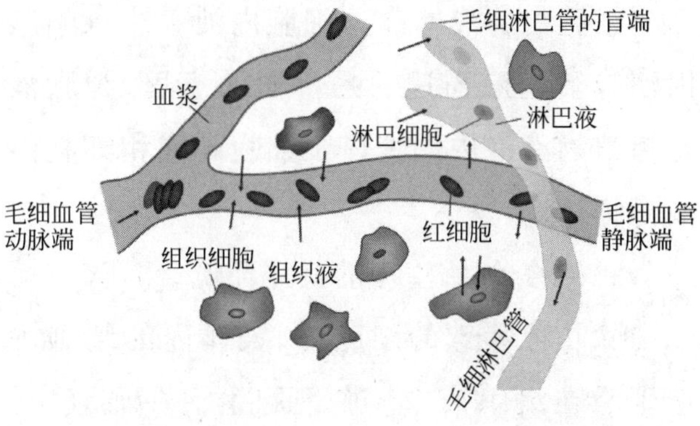

体液
- **细胞内液(占2/3)**
- **细胞外液(占1/3)** → **内环境**
  - **组织液(细胞间隙液，约占3/4)**
  - **血浆(占1/4)**
  - **淋巴液等(含量很少)**

细胞外液主要有组织液、血浆和淋巴液，此外还有脑脊液、房水(眼球内的液体)等。

组织液是细胞间隙的液体，又称细胞间隙液（也有称组织间隙液）。绝大多数细胞都浸浴在组织液中，与组织液进行物质交换，因此，组织液是体内绝大多数细胞直接生活的环境。

血液包括血浆和血细胞。血液中加入柠檬酸钠等抗凝剂静置一段时间后，上层的淡黄色液体就是血浆（如下图）。若不加抗凝剂，血液凝固后上层的淡黄色液体就是血清。与血浆相比血清不含纤维蛋白原。

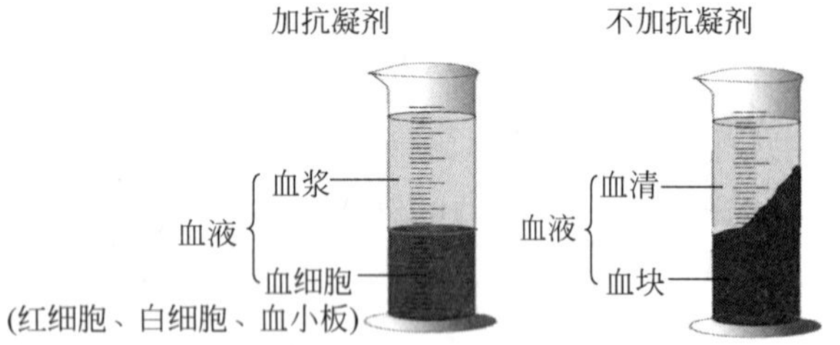

淋巴液简称淋巴，是淋巴管内的液体。

单细胞生物和简单多细胞动物（如水螅）的所有细胞能直接与外部环境接触，所以它们没有内环境。

细胞内的液体称为细胞内液。注意细胞内液与细胞液描述的是不同的意思，细胞液是指植物液泡内的液体。**细胞外液和细胞内液合称体液。**

2）各类细胞生存的具体环境

除几种特殊的细胞外，人体内的细胞一般生活在组织液中。血细胞生活在血浆中。毛细血管内是血浆，外是组织液，所以毛细血管壁细胞生活在组织液和血浆中。毛细淋巴管内是淋巴，外是组织液，所以毛细淋巴管壁细胞生活在组织液和淋巴中。与免疫有关的细胞如淋巴细胞、巨噬细胞等，可以穿过毛细血管壁的细胞间隙进入组织液，所以淋巴、血浆和组织液中均有这些免疫细胞。

3）内环境的成分

凡是存在于血浆、组织液、淋巴中的成分都属于内环境成分。例如，O_2、CO_2、氨基酸、葡萄糖、某些酶、激素、抗体、神经递质和血浆蛋白等。

以下两种成分不属于内环境成分：

（1）**一切与外界相通的管腔和囊腔（如呼吸道、消化道、膀胱、子宫等）中的液体（如尿液、泪液、汗液、消化液等）不属于体液，更不属于内环境。**

（2）**细胞内的成分存在于细胞内液，不属于内环境成分，如血红蛋白、胞内酶、生物膜上的载体等。**

＜知识细节＞

需要注意的是，高中生物学这个模块中所指的“体内”和“体液”的概念与日常生活中所指的概念不同。比如日常生活中尿液和消化液可以说位于体内，但是在这个模块中，我们应该认为它们属于人体外的外界溶液。比如日常生活中，我们吞入食物，可以说食物进入体内，但是在这个模块中，我们应该认为它们只有经过消化吸收进入细胞才算进入体内。所以，在这个模块中，应该认为人体内环境不含有淀粉，因为淀粉是外来的食物组成，存在于消化道腔内，当淀粉被人体细胞摄入时，已经被消化为葡萄糖。

注意，血浆蛋白处于内环境，而血红蛋白处于红细胞内。

4）内环境的主要组成成分之间的关系

如图所示，细胞是通过内环境与外界环境进行物质交换的。

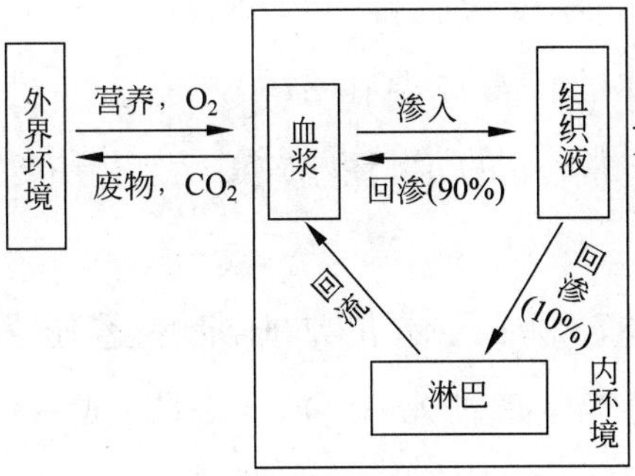

［知识扩展］

（1）血浆成分通过毛细血管动脉端渗入组织液，组织液成分通过毛细血管静脉端渗入血浆。血浆中的蛋白质浓度远远高于组织液的浓度。

（2）组织液成分单向渗入毛细淋巴管盲端形成淋巴，淋巴经淋巴循环最后到达左右锁骨下静脉回到血浆。

（3）淋巴循环有回收组织液中大分子蛋白质的作用，可以调节血浆与组织液间的平衡。另外，淋巴系统与脂肪吸收和转运有关，也与免疫有关。

［知识扩展］

淋巴循环的一个重要特点是单向流动而不形成真正的循环。毛细淋巴管是一端封闭的盲端管道，管壁由单层扁平内皮细胞构成，内皮细胞之间不是相互直接连接，而是相互覆盖，形成开口于管内的单向活瓣，组织液只能流入，但不能倒流。组织液和毛细淋巴管之间的压力差是促进组织液进入淋巴管的动力。组织液中的蛋白质及其代谢产物、漏出的红细胞、侵入的细菌以及经消化吸收的小脂肪滴都很容易经细胞间隙进入毛细淋巴管。淋巴在毛细淋巴管形成后流入集合淋巴管，全身集合淋巴管最后汇合成两条大淋巴干，即胸导管和右淋巴导管，它们分别在两侧锁骨下静脉和颈内静脉汇合处进入血液循环。因此，淋巴系统是组织液向血液回流的一个重要辅助系统。

5）各结构中 O_2 和 CO_2 的浓度

因为 O_2 和 CO_2 运输的方式是扩散，只能从高浓度扩散到低浓度。所以，O_2 浓度：肺泡＞血浆＞组织液＞细胞内液；CO_2 浓度：细胞内液＞组织液＞血浆＞肺泡。

6）组织水肿

组织水肿是在某些条件下，人体的渗透压平衡被破坏，组织液浓度升高或血浆、细胞内液浓度下降，使血浆、细胞内液中的水渗透到组织液引起的水肿现象。以下情况都可以引起组织水肿。

（1）过敏反应：组织胺释放引起毛细血管壁通透性增高，血浆蛋白进入组织液使其浓度升高。

（2）淋巴回流受阻：组织液中大分子蛋白质不能回流至毛细淋巴管而致使组织液浓度升高。

（3）营养不良：血浆蛋白或细胞内蛋白质减少，使血浆浓度降低或细胞内液浓度下降。

（4）肾小球肾炎：炎症导致肾小球滤过率下降，使血浆蛋白通过尿液流失，而使血浆渗透压下降。

（5）组织细胞代谢旺盛：代谢产物增加，组织液浓度升高。

7）养分穿越生物膜的层数问题

（1）**葡萄糖（Glu）吸收并被细胞利用，至少穿越几层生物膜？（7层。）**

（2）**O_2 吸入并被细胞利用，至少穿越几层生物膜？（11层。）**

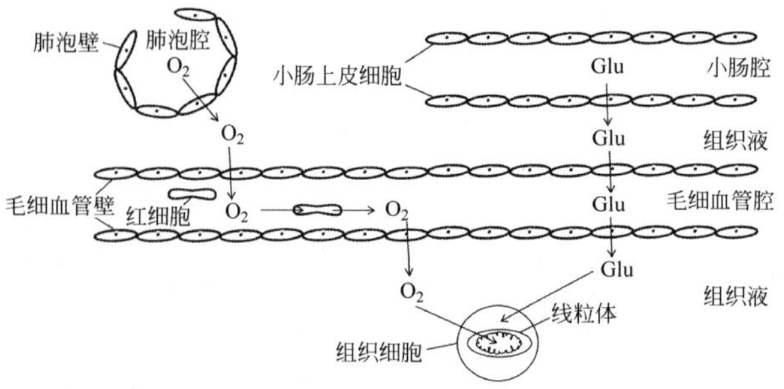

肺泡壁、小肠壁、毛细血管壁都由至少一层细胞组成，所以越过管壁需要穿透一层细胞，即两层细胞膜，四层磷脂分子层(如图)。O_2 需要由红细胞携带运输，而葡萄糖不需要；O_2 的利用需要进入组织细胞的线粒体中，而葡萄糖不需要。

2. 内环境稳态的事例和意义

高等多细胞动物的机体中许多理化特性的稳定程度比低等单细胞动物的要高，这是由于前者存在内环境。

渗透压、酸碱度和温度是内环境理化性质的三个主要方面，另外还有血糖含量等指标。稳态不是固定不变，而是处于一种动态平衡之中。

1) 内环境稳态的事例

(1) 血浆中的水含量为 90%～92%。

(2) 血浆的 pH 为 7.35～7.45。内环境的酸碱平衡依赖于酸碱缓冲对(H_2CO_3/$NaHCO_3$、NaH_2PO_4/Na_2HPO_4)的作用。

① 当酸性物质增加时(如运动后乳酸(HL)过多时)

$$HL + NaHCO_3 \longrightarrow NaL + H_2CO_3$$

$$H_2CO_3 \longrightarrow H_2O + CO_2$$

CO_2 经呼吸运动排出体外。

② 当碱性物质增多时(如摄入蔬菜和水果中的 Na_2CO_3)

$$Na_2CO_3 + H_2CO_3 \longrightarrow 2NaHCO_3$$

$NaHCO_3$ 经过肾脏排出体外。

(3) 人体的正常体温在 37℃左右。

(4) 正常人的血糖浓度为 3.9～6.1mmol/L。

(5) 在 37℃时人体正常血浆渗透压为 770kPa，相当于生理盐水(0.9% NaCl)或 5%(质量分数)葡萄糖溶液的渗透压。

2) 内环境稳态的意义

细胞代谢离不开稳定的内环境，内环境稳态失调必将引起细胞代谢紊乱。

(1) 正常的血糖水平和血氧含量是供给机体所需能量的重要保障。

(2) 适宜的体温和 pH 是酶发挥催化作用的基本条件。

(3) 渗透压是维持组织细胞结构与功能的重要条件。

(4) 内环境中过多的代谢产物如尿素、CO_2 等会使机体中毒。

＜生物学史＞

贝尔纳(法国)提出“内环境的稳定是自由和独立的生命赖以维持的条件”，这个理论成为医学的最基本理论，也是医学中诊断疾病和治疗的理论根据。所谓诊断疾病，就是看患者机体的内环境平衡稳定机制是否发生了紊乱；所谓治疗，就是恢复机体原有的内环境平衡和稳定。

坎农(美国)提出了稳态的概念。

3. 如何保持内环境的稳态

内环境是细胞与外界进行物质交换的媒介(如下页图)。各个器官、系统协调一致地正常运行是维持内环境稳态的基础。**与内环境稳态直接相关的系统有消化系统、呼吸系统、循环系统和排泄系统(包括泌尿系统和皮**

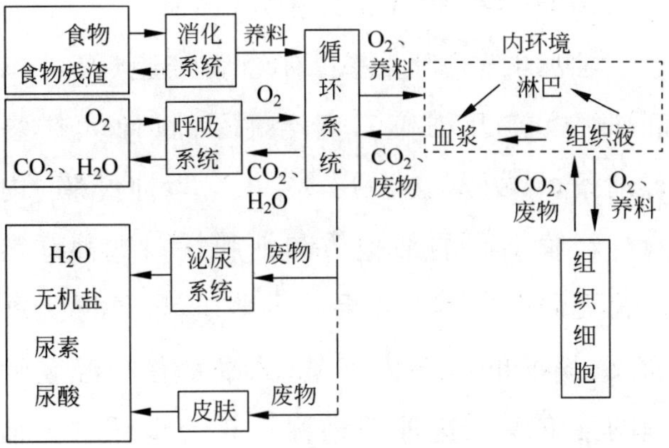

肤)。**在内环境稳态中起调节作用的系统**,即间接相关的系统有**神经系统、内分泌系统和免疫系统**。其中,神经调节起主导作用。体液调节主要是激素调节,激素由内分泌系统分泌,但是 CO_2、NO、H^+ 和组织胺等物质也参与体液调节。

<知识细节>

某些细胞与外界可进行直接的物质交换而不需要通过内环境,如肺泡壁细胞与外界的气体交换,如小肠上皮细胞从消化道吸收营养。

[知识扩展]

人体维持稳态的调节能力是有一定限度的。

内环境稳态失调的病例有尿毒症、糖尿病、高山缺氧反应、发高烧、严重腹泻和酸碱中毒等。

第2节　神经系统与神经调节

本节知识框架:

1. 神经元是神经系统结构与功能的基本单位
2. 神经系统的组成、结构和功能
3. 神经系统活动的基本形式——反射
4. 神经元的静息电位和动作电位
5. 兴奋的传导和传递

1. 神经元是神经系统结构与功能的基本单位

1) 神经细胞(神经元)和神经胶质细胞

神经系统中的细胞主要有神经元和神经胶质细胞两大类。**神经元是神经系统结构和功能的基本单位。神经元由细胞体(或胞体)和突起构成**。按突起的数目,神经元可分为假单极神经元,双极神经元和多极神经元(如下图)。多极神经元是人体中数量最多的一种神经元。高中教材绘制的神经元结构图是多级神经元。

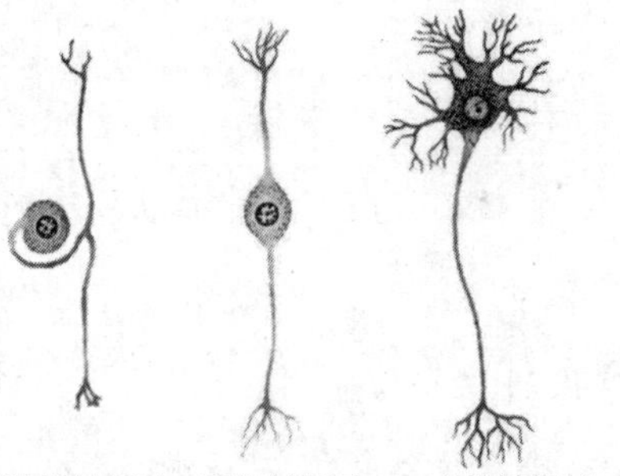

假单极神经元　双极神经元　多极神经元

假单极神经元细胞体在脑神经节和脊神经节内,由胞体发出一个突起,在离胞体不远处呈"T"形分为两支,一支伸向周围至皮肤、运动器或内脏等处的感受器,称为周围突;另一支进入脑或脊髓,称为中枢突。感受器接受内、外刺激,并将刺激转化为神经冲动,沿周围突和中枢突传到中枢。按传导神经冲动的方向,周围突相当于树突,中枢突相当于轴突。

双极神经元的细胞体存在于视网膜、鼻腔黏膜嗅部和前庭蜗器神经节内,从胞体两端各发出一个突起,其中一个是树突,连感受器；另一个是轴突。

多极神经元的细胞体主要位于脑和脊髓内，有多个树突和一个轴突，轴突与树突的比较如下表。

项　目	数　量	长　度	在生物体内的兴奋传送方向
轴突	一条	长	传出，离开胞体方向
树突	多条	短	传入，朝向胞体方向

［**知识扩展**］

按神经元功能不同，神经元可分为感觉神经元、运动神经元和联络神经元。

感觉神经元，也称传入神经元，能感受内、外界刺激并将刺激转变为神经冲动传向中枢。上述的假单极神经元和双极神经元属于此类型，其胞体和树突均在周围神经内。

运动神经元，也称传出神经元，能将冲动自中枢传至效应器（肌、腺体），其胞体位于中枢内，其轴突由中枢出来沿周围神经传出冲动，属多极神经元。

联络神经元，也称中间神经元，为多极神经元，其胞体和突起皆在中枢内，位于感觉神经元与运动神经元之间，起联络作用。

<table>
<tr><td rowspan="2">类　别</td><td colspan="3">各部分结构的分布</td></tr>
<tr><td>（细）胞体</td><td>神经纤维</td><td>神经末梢</td></tr>
<tr><td>感觉神经元</td><td>神经节</td><td rowspan="2">白质的神经传导束和周围神经</td><td>感受器</td></tr>
<tr><td>运动神经元</td><td>脑和脊髓灰质</td><td>效应器</td></tr>
<tr><td>联络神经元</td><td colspan="3">各部分均位于脑和脊髓灰质</td></tr>
</table>

神经胶质细胞对神经细胞起到支持、营养、修复和再生等作用，其数量比神经细胞多，周围神经系统中的神经膜细胞就是一种神经胶质细胞。

2）神经纤维和神经干（神经）

轴突的外围包裹着神经膜细胞（又称雪旺细胞，施万细胞），神经膜细胞像大饼裹着油条，如果只裹一层，这一层为神经膜（内含神经膜细胞的细胞质和细胞核），这种纤维称为无髓鞘纤维；如果裹了多层，最外层为神经膜，里面的多层为髓鞘（几乎都是神经膜细胞的细胞膜），这种纤维称为有髓鞘纤维。轴突很长，轴突外围的神经膜细胞分段包裹轴突，所以有髓鞘纤维的髓鞘是不连续的，在两段髓鞘之间的无髓鞘部分称为郎飞结（如下图）。

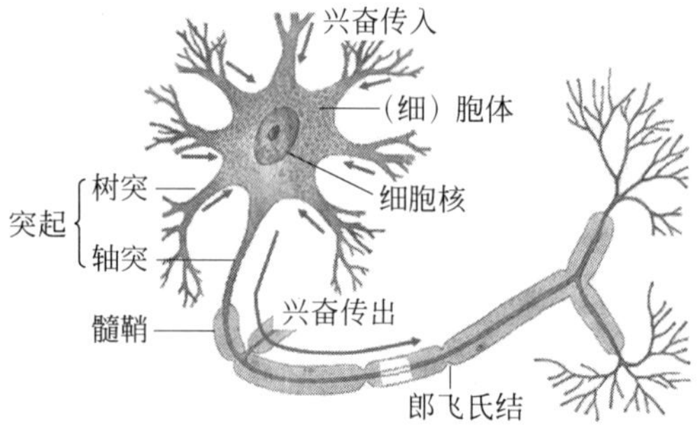

多极神经元的结构示意图

聚集成束的神经纤维构成神经干，简称神经，如下图。一根神经可以同时包含多种神经纤维，称为混合神经，可以是传入神经纤维和传出神经纤维，也可以有髓神经纤维和无髓神经纤维。神经干到达器官处分支，就像树干的分支一样。

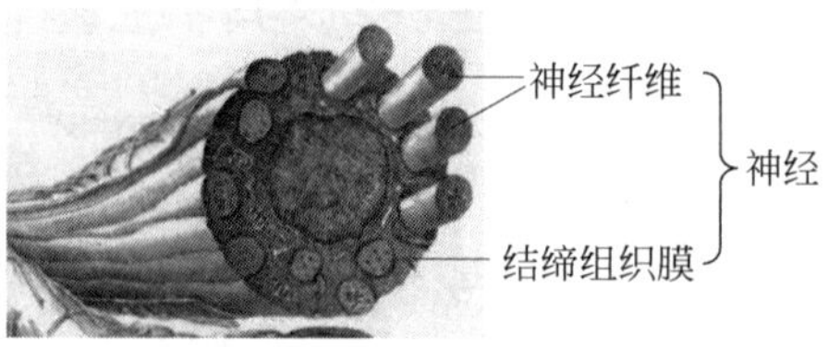

3）神经末梢

周围神经的纤维终末部分终止于其他组织中所形成的特有结构，称为神经末梢（nerve ending）。按其功能，神经末梢可分为两类：

感觉神经末梢和运动神经末梢。感觉神经末梢又称传入神经末梢，接受来自外界和体内的刺激。运动神经末梢又称传出神经末梢，把神经冲动传布到肌肉和腺体组织上，使它们产生运动和分泌活动。

多级神经元只可能具有运动神经末梢，不可能具有感觉神经末梢，所以多级神经元不能作为感觉神经元。

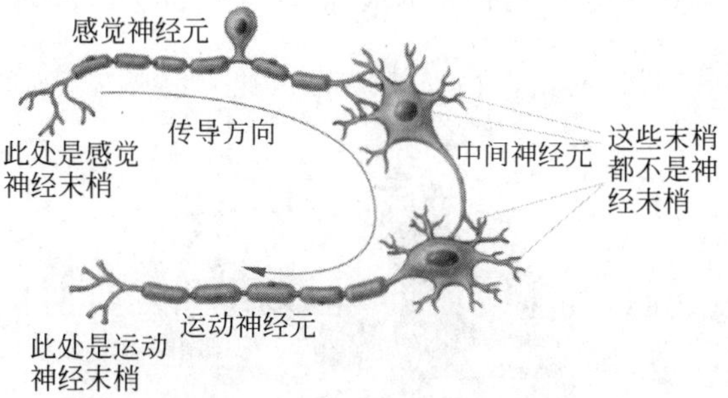

2. 神经系统的组成、结构和功能

1）神经系统的结构与组成

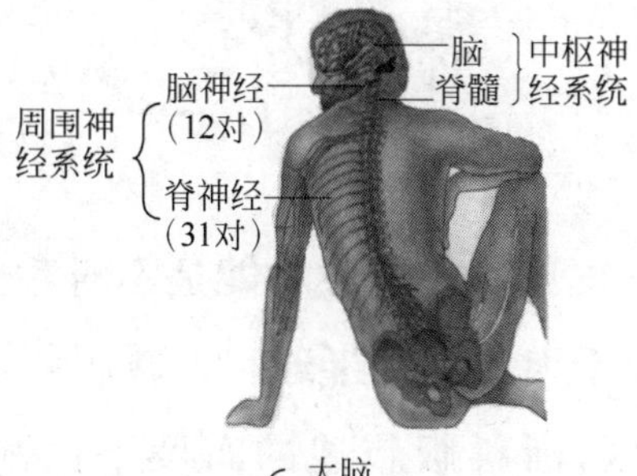

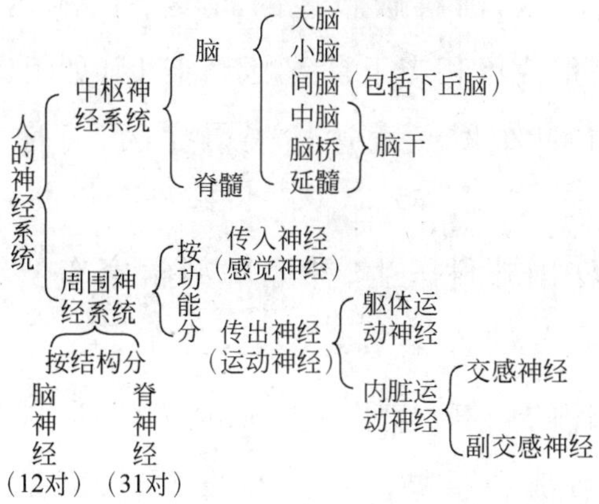

人的神经系统包括中枢神经系统和周围神经系统。中枢神经系统包括脑和脊髓；周围神经系统（又称外周神经系统）联络中枢神经和其他的各个器官。

周围神经系统根据连于中枢的部位不同，分为连于脑的脑神经和连于脊髓的脊神经。人的脑神经共 12 对，脊神经共 31 对。**周围神经系统根据功能的不同分为传入神经和传出神经，传入神经连接感受器，传出神经连接效应器**。传出神经有些支配躯体的骨骼肌，有些支配内脏。控制内脏的神经具有一定的自主性，处于人的意志控制之外，称为自主神经系统，又称为植物性神经系统。

自主神经包括交感神经和副交感神经，绝大多数内脏器官受两者的共同支配，协同维持机体内环境的稳态。两者在同一个器官上的作用往往相反。人体兴奋时，交感神经占优势，此时心跳加速，支气管扩张，胃肠蠕动被抑制；安静时，副交感神经占优势，此时心跳减慢，支气管收缩，胃肠蠕动被促进。

2）中枢神经系统各级中枢的功能

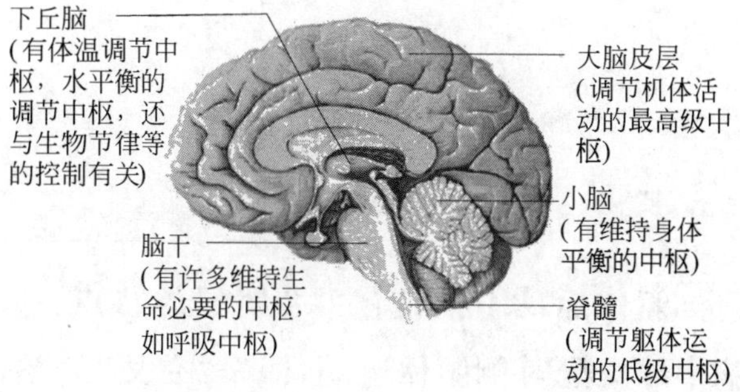

3）大脑的左右半球

人类大脑的平均重量为 1400g，一般为人体体重（60kg）的 1/43。大脑皮层的神经细胞约有 140 亿个，面积约 $2200cm^2$。大脑皮层凸凹不平，凸的称为回，凹的称为沟或裂。

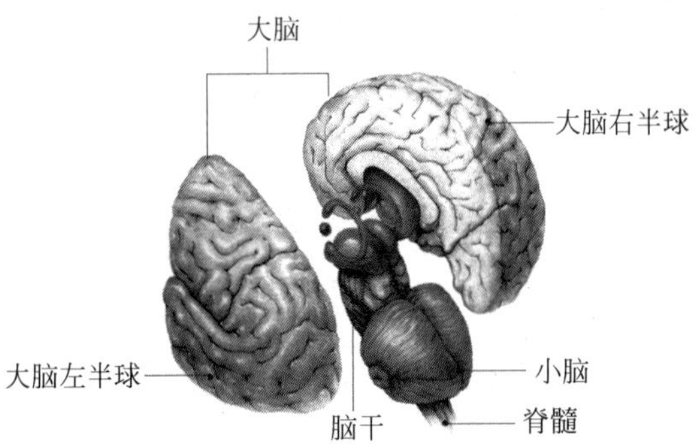

4）人大脑左半球外侧面的机能定位

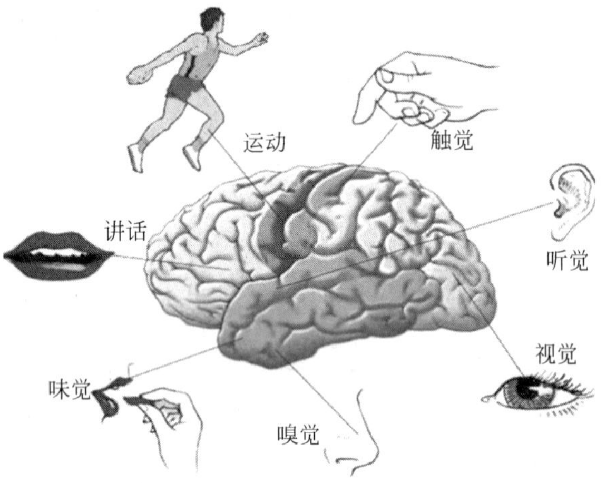

5）躯体运动中枢（又称中央前回）和躯体感觉中枢（又称中央后回）的特点

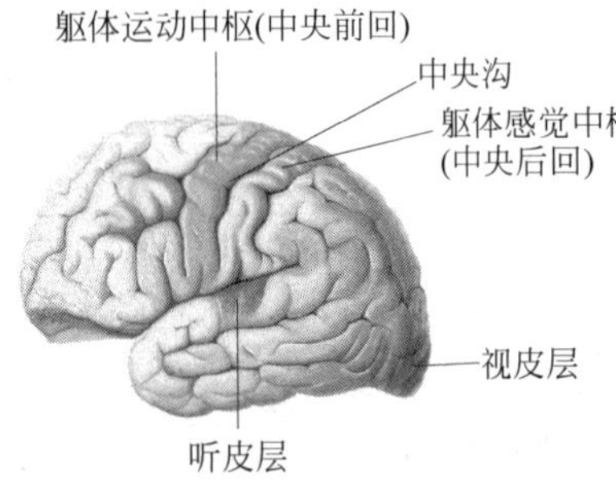

躯体运动中枢具有三个明显的特点：大脑半球支配对侧躯体运动，即呈“交叉”关系，但是对头面部的支配是双侧的；**各代表区位置与躯体各部分位置大致呈“倒置”关系，**但是头面部对应的区域是正立分布的；**各代表区范围大小与支配部分精细复杂程度有关。支配部分越精细，大脑皮层代表区的面积越大（如下图）。躯体感觉中枢也呈现这三个特点。**

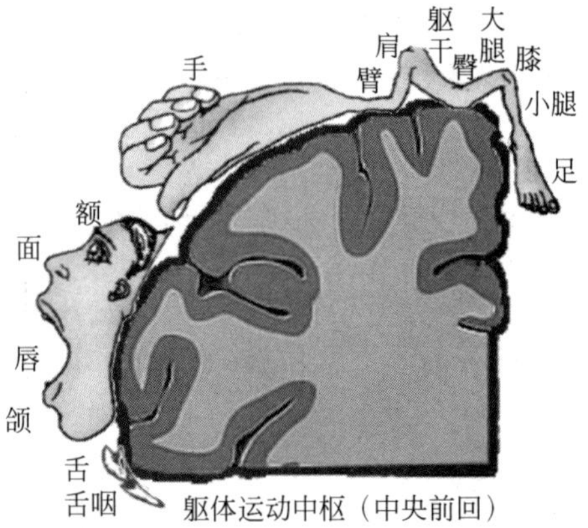

6）人类大脑皮层（左半球侧面）的言语区

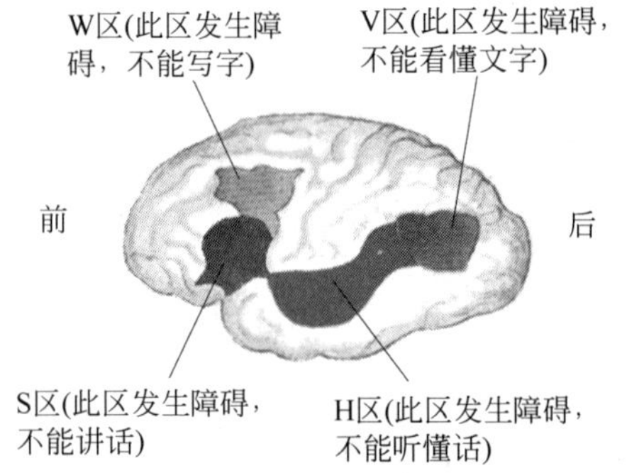

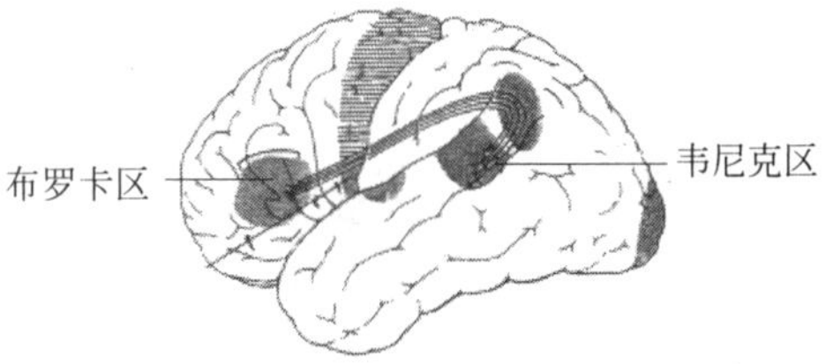

大脑皮层左右皮层功能是不对称的，语言区主要位于大脑的左半球。人教版叙述了 W、S、V、H 区，浙科版叙述的布罗卡区相当于 S 区，韦尼克区相当于是 V 区和 H 区（如上图）。

（1）布罗卡表达性失语症区（简称布罗卡区）

法国外科医生、神经解剖学家布罗卡在巴黎召开的人类学会议上，公布了一个令人感兴趣的病例：病人能听懂别人的话，能用面部的表情和手势同别人交流思想，可是说话非常困难，只能说一个“Tan”字，后人将之称为“运动性失语症”（表达失语症）。病人与讲话有关的肌肉和发音器官完全正常。直到病人死后解剖检查才真相大白，他大脑左半球的额下回后部有病变，有鸡蛋那么大。这就表明他不能说话的原因不在发音器官，而是在脑子。这个病变部位正好在大脑皮层控制口咽肌运动的区域（皮层中央前回底部，S区）之前，显然与口咽肌完成发音和说话有关。浙科版还描述了病人有不会书写的症状，所以有人认为布罗卡区还应该包括W区。

（2）韦尼克区——语言理解区

德国神经学家韦尼克报告了一病例：病人能主动说话，听觉也十分正常，然而奇怪的是，他听不懂别人的话，连自己的话也听不懂，后人称之为"听觉性失语症"。病人死后检查结果显示，大脑左半球的颞上回后部（H区）有病变。因而，韦尼克推测，这一区域与理解语言有关，是语言感受中枢。

7）中枢神经中的灰质和白质

灰质主要由神经元细胞体组成；白质主要由神经纤维组成。大脑半球被覆灰质，称大脑皮层，其内部为白质；脊髓内部为灰质，白质包围在灰质外面。

［**知识扩展**］

脊柱是骨组织；脊髓位于脊柱中，是神经组织。每块骨（包括脊柱）都有骨髓，骨髓分为红骨髓和黄骨髓，骨髓是造血组织，四肢的长骨中还有骨髓腔。

8）神经系统的分级调节

大脑皮层中的高级中枢会不断对低级中枢发出指令，调整各级中枢的活动，使躯体运动和内脏活动按照需求进行。

如果有意识地控制，敲击股四头肌的肌腱时，不会发生膝跳反射，这是因为位于脊髓的低级中枢会受到脑内相应高级中枢的控制。

排尿反射的初级中枢在脊髓。脊髓对膀胱扩大和缩小的控制是由自主神经系统支配的：交感神经兴奋，不会导致膀胱缩小；副交感神经兴奋，会使膀胱缩小。

人之所以能有意识地控制排尿，是因为大脑皮层对脊髓进行着调控。当膀胱储尿达到一定值时，膀胱壁压力感受器接受刺激产生神经冲动，神经冲动沿传入神经传到脊髓的排尿中枢，然后神经冲动继续沿上行传导束传达到脑，即产生"尿意"，此时可控制排尿与否。若机体做好准备，脑发出的神经冲动沿下行传导束到达脊髓的排尿中枢，排尿中枢发出的神经冲动由传出神经传到效应器，膀胱肌收缩，尿道括约肌放松，尿液排出。当尿液进入后尿道时，尿液还可刺激尿道的感受器，神经冲动沿传入神经再次传到脊髓排尿中枢，进一步加强排尿。若机体未做好准备，则抑制排尿。婴儿因大脑发育不完善，对排尿的控制力较弱，所以经常会尿床。

9）学习与记忆功能

学习和记忆是神经系统不断地接受刺激，获得新的行为、习惯和积累经验的过程。

视觉、听觉、触觉等信息输入后，大脑产生感觉性记忆（瞬时记忆），这种记忆大部分迅速消失。如果对某些信息加以注意，可以转化为第一级记忆（短期记忆），这种记忆持续数秒到数分钟。第一级记忆中的信息经过反复运用、强化，可以转入第二级记忆（长期记忆），这种记忆持续可以持续数分钟到数年。经常重复，可以形成第三级记忆（永久记忆）。

3. 神经系统活动的基本形式——反射

1）反射的概念

反射是在<u>中枢神经系统</u>参与下，动物体

或人体对内外环境变化作出的规律性应答。反射是神经调节的基本方式，也是神经系统活动的基本形式。由于没有中枢神经系统参与，植物和单细胞动物的应激性不属于反射。

2）非条件反射和条件反射

反射分为非条件反射和条件反射。非条件反射是动物通过遗传获得的先天就有的反射，如吮吸反射、膝跳反射、眨眼反射、脊蛙（去除脑的蛙）的搔扒反射等。条件反射是动物在后天生活过程中通过训练学习逐渐形成的后天性反射，如狗听到铃声流口水、人听到叫声回头、望梅止渴等。

项　目	非条件反射	条件反射
形成时间	先天性	后天性
神经中枢	脑干、脊髓等（大脑皮层以下）	大脑皮层
级别	较低级	较高级
刺激	直接刺激、不消退	信号刺激、易消退
关系	条件反射是在非条件反射的基础上形成的	

3）**反射活动的结构基础是反射弧**

反射弧通常包括五个部分：感受器、传入神经（元）、神经中枢、传出神经（元）和效应器。

感受器接受机械、温度、化学、光和电等多种形式的刺激，并将这些信号转变为电信号，最终引起效应器的行为，属于反射。

目前中学阶段的主流观点是**反射必须经过完整的反射弧**，但是也有观点认为只要有中枢神经系统参与的反应都算反射。因此，**在离体情况下，直接用电刺激传出神经或效应器引起效应器行为的过程，不属于反射，这是没有争议的**。但是，直接电刺激传入神经或神经中枢引起效应器行为的过程算不算反射，是有争议的。

感受器是感觉神经末梢。感受器接受机械、温度、化学、光、电等多种形式的刺激，产生兴奋，并将这些信号转变为电信号，传导给传入神经。用电刺激传入神经等其他部位也能引起效应器的行为，改用其他形式的刺激则无法引起效应器的行为。其他部位只能接受电刺激，而只有感受器才能将其他信号转变为电信号。但是很多题目忽略了这个问题，比如简单地写成刺激传入神经，这是不准确的，应该改成用电刺激传入神经。

传入神经又称感觉神经，将神经冲动向中枢方向传导。

＜版本差异＞

浙科版中将传入神经表述成传入神经元，将传出神经表述成传出神经元。这种表述更符合中学教材中反射弧的示意图，因为这些图将传入神经和传出神经都简化成只由一个神经细胞的突起组成。这也能更好地解释旧浙科版中所说的膝跳反射的反射弧为二元反射弧，缩手反射的反射弧为三元反射弧（“元”指神经元）。旧浙科版将两个神经元之间的突触也简化成只有一个，所以书中叙述膝跳反射的神经中枢就是传入神经元与传出神经元之间的突触。还有教材认为膝跳反射为单突触反射。

简化后带来了一些科学性问题：传入或传出神经中不止一个神经纤维；传入神经元的一小部分形成了感受器，这部分是不属于传入神经的；传出神经元的胞体部分属于神经中枢，而不属于传出神经。

神经中枢位于中枢神经。神经中枢对信号进行分析与综合，产生兴奋。

＜**知识细节**＞

注意神经中枢和中枢神经的区别和联系：神经中枢是反射弧中的信息处理中心，而中枢神经系统是与周围神经系统相对应的概念。神经中枢是中枢神经系统内参与调节某一生理功能的神经细胞群，在简单的反射弧中可能是一个中间神经元甚至就是一个突触。

传出神经又称运动神经，将神经冲动向外周方向传导。

效应器是运动神经末梢和它支配的肌肉或腺体等。效应器会发生相应活动。

4）通过脊髓的低级反射和通过大脑皮层的高级反射

（1）通过脊髓的反射

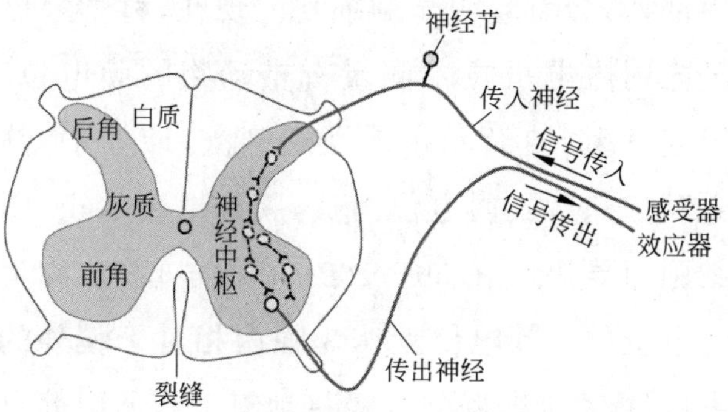

从图中可观察到传入神经从脊髓后角进入脊髓灰质，传出神经从脊髓前角离开脊髓灰质。**判断脊髓前后角依据有：①前角比后角宽；②前角所在侧有裂缝；③进入后角的传入神经有神经节**。

叩击膝盖下方凹陷处的韧带①，会快速引起股四头肌发生一次收缩，导致小腿向前方伸直，这就是膝跳反射。**膝跳反射属于同侧伸反射**。膝跳反射的感受器是股四头肌内部的牵张感受器——肌梭，肌梭内有感觉神经末梢，效应器就是股四头肌。下图中神经元①②属于膝跳反射的反射弧的一部分，但是神经元③④不属于。下图中绘制神经元③④的原因是，人体中膝跳反射发生时，股四头肌（伸肌）快速收缩，股二头肌（屈肌）舒张（意为不收缩）。股二头肌舒张的原因是膝跳反射时，传入神经会把兴奋传递给中间抑制性神经元③，这种神经元兴奋后释放抑制性神经递质，抑制股二头肌的传出神经元④的兴奋。科学家发现，破坏了抑制性中间神经元③和连接股二头肌的传出神经④后，膝跳反射照常进行。**综上所述，膝跳反射不需要中间神经元，依靠传入神经和传出神经就能完成**。

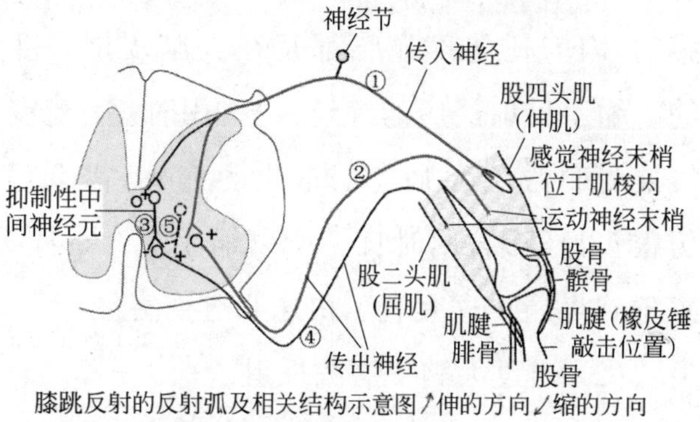

膝跳反射的反射弧及相关结构示意图↗伸的方向↙缩的方向
+表示突触前膜的信号使突触后膜兴奋
−表示突触前膜的信号使突触后膜受抑制

＜**知识细节**＞

判断反射弧中包含几个神经元最佳的方法是数胞体的数量，有几个胞体就是有几个神经元。

＜**知识细节**＞

连接股二头肌的传出神经可以接受多个来源的神经元控制，不要误以为此传出神经一定会被中间抑制性神经元抑制。比如缩腿时，此传出神经会接受中间兴奋性神经元⑤

① 此处是股四头肌的肌腱，而不是肌腹。

释放的神经递质，产生兴奋，导致股二头肌收缩，如上图中虚线部分。

缩手反射的反射弧中则包含中间神经元，缩手反射属于同侧屈反射，需要经过三元反射弧。缩手反射中肱二头肌（屈肌）收缩，肱三头肌（伸肌）舒张。缩手反射的示意图如下图所示。

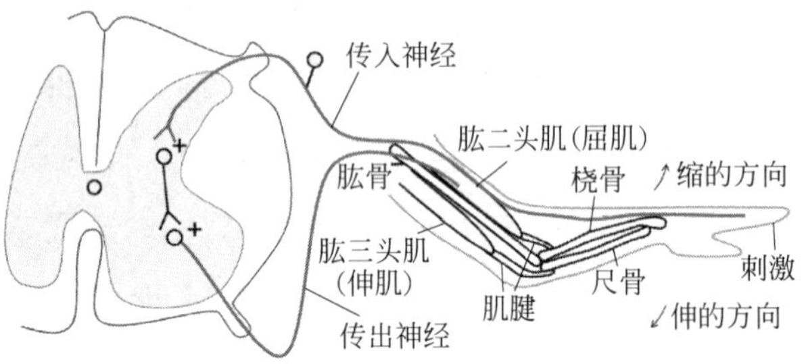

+表示突触前膜的信号使突触后膜兴奋

缩手反射作为低级反射是不会引起疼痛感的，因为任何疼痛感都是在大脑皮层产生的。缩手反射经历的神经元少，用时短；感受器接受刺激到大脑皮层产生疼痛感，需要经历很多神经元，用时长。所以缩手后，人才会感觉到疼痛。这有利于快速躲避伤害。

(2) 通过大脑皮层的反射

高级的反射需要经过大脑皮层，比如看到危险的动物会逃离，这样的信息就需要经过大脑皮层处理才能完成反射。

4. 神经元的静息电位和动作电位

<探究性学习>

意大利解剖学家伽伐尼用两种金属做的导体刺激蛙的坐骨神经引起腓肠肌收缩。物理学家伏特认为这是两种具有不同电学属性的金属造成的“双金属电流”，是纯物理现象，并据此发明了伏特电池（最早的原电池）。但是伽伐尼提出了神经和肌肉各自带有“生物电”的猜想，他的后继者用受损神经的损伤部位接触坐骨神经，也引起了肌肉的收缩，出色地证明了生物电的存在。

神经组织、肌肉组织和腺体（腺体的兴奋性不典型）都是可兴奋组织。当这些组织发生兴奋时，可用电流表检测到组织表面的生物电。神经组织和肌肉组织在电生理上具有很大的共性，所以本节所述的神经膜电位变化规律及机理同样适合肌肉膜。

1) 静息电位

神经是神经纤维集合成束。直接测量神经元膜内外的电位差需要制作特殊的电极，既能插入到神经纤维的膜内部，而又不会引起明显的损伤。无脊椎动物如乌贼、虾、蟹、蚯蚓等都具有极粗的神经纤维，直径可达1mm，科学家用极细的玻璃电极插入该轴突内部，不会引起明显的损伤。现在，科学家已经能用微电极技术测量脊椎动物的膜电位。研究发现，神经元在未受到刺激，即处于“静息”状态时，膜内电位为负，膜外电位为正，因细胞而异可存在50～100mV的电位差，称为静息电位。**膜电位默认为膜内相对于膜外的电位**（这可能与膜外一极接地有关），**所以静息电位为负值。细胞未受刺激时，膜电位保持在静息电位，这种状态称为极化状态，如下图。**

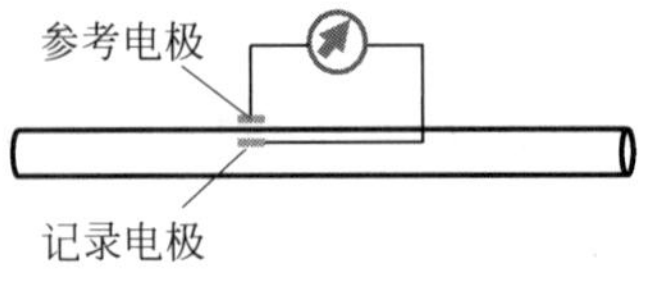

2) 动作电位

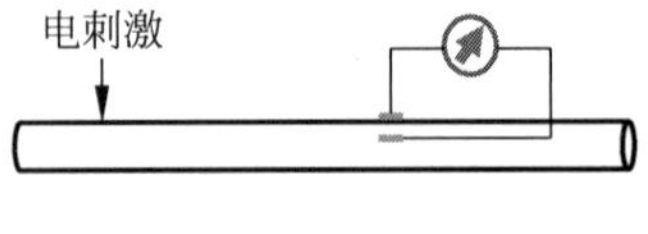

并不是所有的刺激都能引起组织兴奋。具有一定强度和作用时间的刺激才能引起组

织兴奋。刚能引起组织兴奋的临界刺激称为阈刺激。强于阈刺激的刺激是有效的，称为阈上刺激，弱于阈刺激的刺激则不能引起兴奋，称为阈下刺激。

英国生理学家霍奇金记录下在一定强度的电刺激下，神经元细胞膜兴奋时会伴随电位波动。

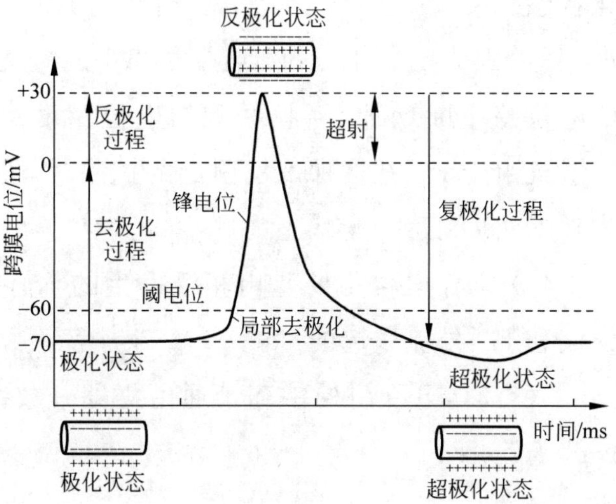

在上图的电位波动中包括一个十分陡峭的上升相和一个较为缓慢的下降相。膜电位由静息电位迅速减少，即极化状态减弱，该现象称为去极化；进而膜极性倒转，变为内正外负的相反状态，称为反极化。极性倒转的部分即膜电位由 0mV 到 30mV 的部分称为超射。膜电位逐步恢复到原先的静息电位水平称为复极化。

通过去极化过程达到反极化状态，又通过复极化过程恢复到极化状态，这期间的电位波动称为动作膜电位，简称动作电位。

静息状态与兴奋状态的相互转换如下图所示。

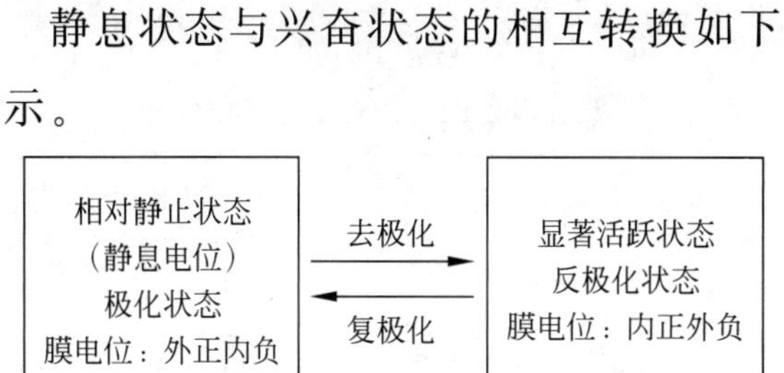

［**知识扩展**］

动作电位中电位先是呈现一个尖峰，称为锋电位，接着呈现较慢的电位变化，称为后电位。

一旦刺激超过阈刺激，就会引发锋电位，对同一个可兴奋细胞，锋电位的幅度和持续时间都是恒定的，即遵循“全或无”原则。“全或无”原则只适用于单个神经细胞（一条神经纤维）。一条神经（干）内包括很多神经纤维，不同神经纤维的阈刺激强度和动作电位不同，所以在一定范围内，随着刺激强度增加，一条神经上的动作电位（神经干复合动作电位）会增加。

锋电位持续期，细胞不会对任何强度的第二次刺激发生反应，即绝对不应期。严格来讲，锋电位才是兴奋，后电位是兴奋后的恢复过程。

＜**知识细节**＞

当一个电极放在膜外，另一个电极放在膜内时，两个电极应该位于同一点膜的内外侧，如右图所示。而某些高考题中两个电极是分开的，如左图所示，这样的题目其实是有问题的，因为此时指针偏转情况分析将极其复杂，甚至无法判断。

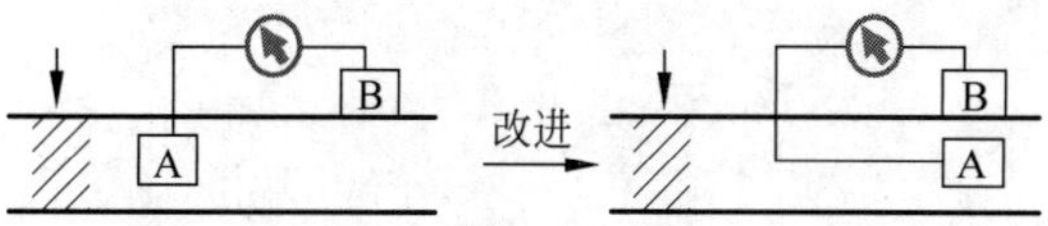

3）电位产生的离子学说

（1）神经细胞膜内外 Na^{+} 和 K^{+} 的分布

细胞膜中的存在一种膜蛋白称为钠钾泵（Na^{+}-K^{+}泵），它消耗 1 个 ATP 所释放的能量可输送 3 个 Na^{+} 到胞外，同时摄取 2 个 K^{+} 入胞。如果提纯这个蛋白质加入到人工脂双

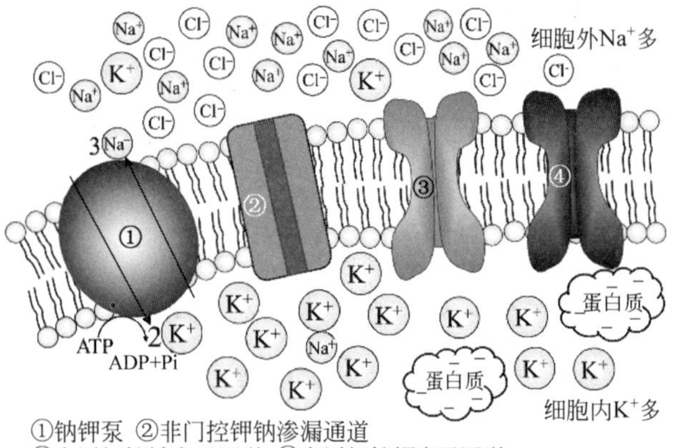

①钠钾泵 ②非门控钾钠渗漏通道
③电压门控钠离子通道 ④电压门控钾离子通道

层膜中，这种人工膜便具有了主动转运 Na^+ 和 K^+ 的能力。

钠钾泵始终在工作，通过钠钾泵的主动转运，细胞内含更多 K^+，细胞外含更多 Na^+（记忆方法：内钾外钠，谐音“内夹外拿”，类比玩抓娃娃机时的操作）。Na^+ 和 K^+ 膜内外的浓度差是神经和肌肉具有兴奋性的基础。

细胞膜外还存在大量的 Cl^-，可与膜外的 Na^+ 基本保持电平衡；而膜内存在带负电的蛋白质，可与膜内的 K^+ 基本保持电平衡。

（2）静息电位主要是由 K^+ 外渗引起的

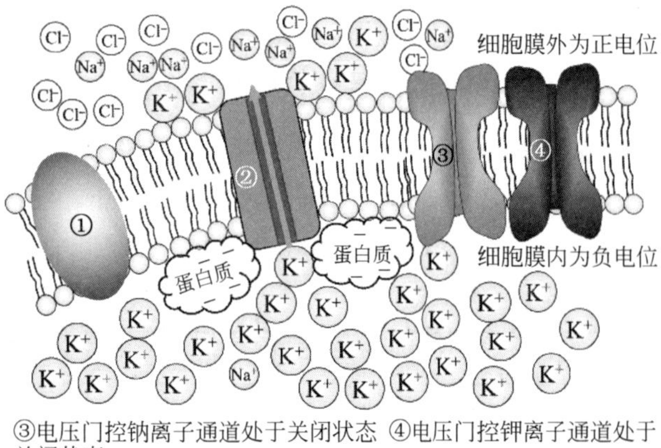

③电压门控钠离子通道处于关闭状态 ④电压门控钾离子通道处于关闭状态

如上图所示，细胞膜上存在钾钠渗漏通道，这是一种非门控的离子通道，始终处于开放状态，但渗漏速度会有所变化。这个通道对 K^+ 的通透性远远大于对 Na^+ 的通透性，所以也可称非门控钾离子通道。因为膜内 K^+ 浓度高于膜外，K^+ 顺浓度梯度从膜内流向膜外。这个通道不需要细胞供能，所以，K^+ 外渗是一种易化扩散。膜内带负电的蛋白质隔着质膜对外渗出去的 K^+ 产生静电吸引，因此膜外的 K^+ 附着在细胞膜的外表面，而带负电的蛋白质附着在细胞膜的内表面，造成了细胞膜外正内负的静息电位。此时膜状态为极化状态。K^+ 的外流不会造成膜内外的 K^+ 浓度相等，因为随着 K^+ 的外流，质膜外正内负的电位差不断增加，当膜两侧的电位梯度足以对抗由于 K^+ 浓度梯度所引起的扩散时，膜内外 K^+ 就到达平衡状态。

（3）动作电位主要是由相继发生的 Na^+ 内流和 K^+ 外流引起的

兴奋时，电压门控钠离子通道立即开放，Na^+ 内流。

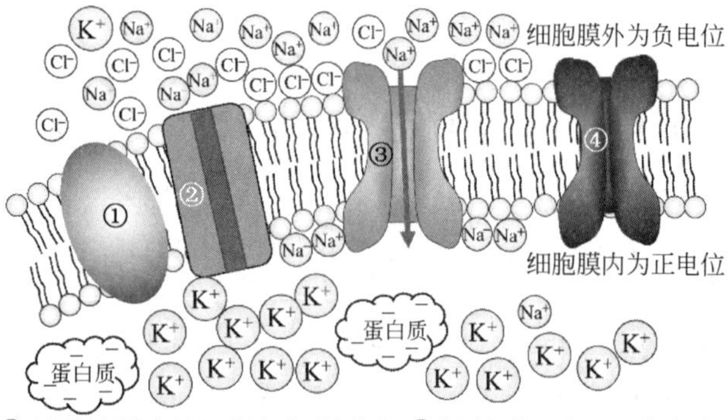

③电压门控钠离子通道处于开放状态 ④电压门控钾离子通道处于关闭状态

如上图所示，细胞膜上存在电压门控钠离子通道，这个通道需要在膜电位降低到一定的值时才会开放。当单次刺激很小时，膜电位的变化程度小，此时的钠离子通道处于关闭状态。当刺激增强到阈刺激的 60% 左右时，部分钠离子通道开放，出现少量 Na^+ 内流。此时的刺激如不再进一步增强不会引发动作电位；此时的电位为小电位，小电位无法传播，**既无法传播到细胞膜的其他部分，又不**

能传播到肌纤维内部。当刺激进一步增强到阈刺激时，膜电位会降低至阈电位，此时 Na^+ 会出现正反馈式内流，即 Na^+ 内流导致膜电位下降，膜电位下降又进一步引起更多的钠离子通道开放，Na^+ 内流进一步加速，膜电位进一步下降，膜的去极化加剧。绝大多数细胞的去极化最终会形成膜的反极化状态，此时膜的电位反转，膜内为正，膜外为负。当内正外负的电位差足以阻止 Na^+ 继续内流时，膜内外 Na^+ 就到达平衡状态（如下图）。可见 Na^+ 的内流是一种易化扩散。

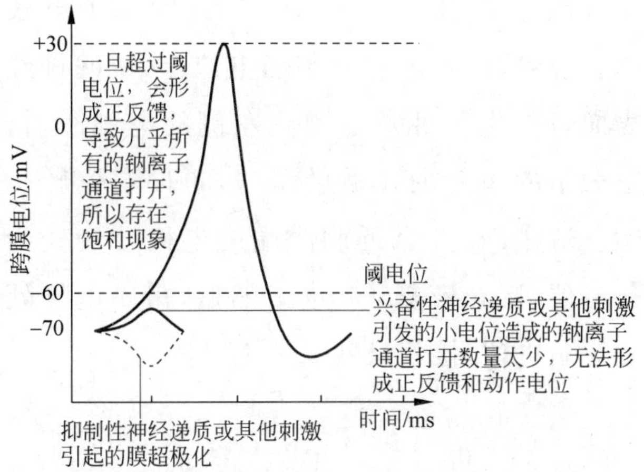

电压门控钾离子通道随后缓慢开放，K^+ 外流。

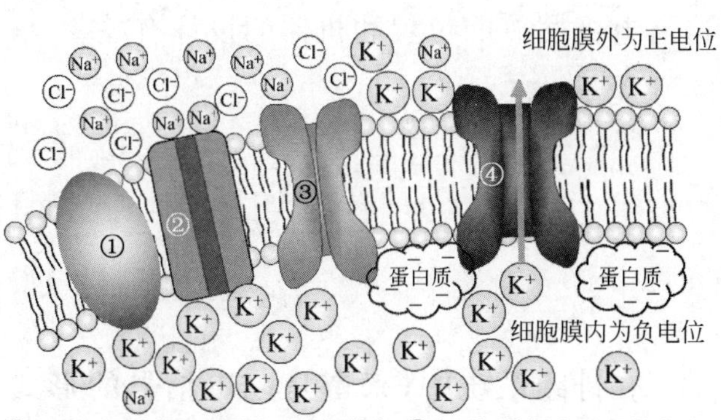

③电压门控钠离子通道处于关闭状态 ④电压门控钾离子通道处于开放状态

钠离子通道快速开放后快速失活关闭。相比之下，电压门控钾离子通道的开放稍迟，通透性改变也较缓慢，K^+ 外流也属于易化扩散。随着 K^+ 外流，膜恢复到极化状态，此过程称为复极化（如上图）。

复极化的末期会形成（后）超极化，可以简单地认为是外流的 K^+ 没有及时刹住车，或 K^+ 通道关闭太慢造成的，而从超极化恢复到静息电位是因为存在一种很特殊的 K^+ 内流。

<**知识细节**>动作电位中 Na^+ 通道和 K^+ 通道通透性变化规律

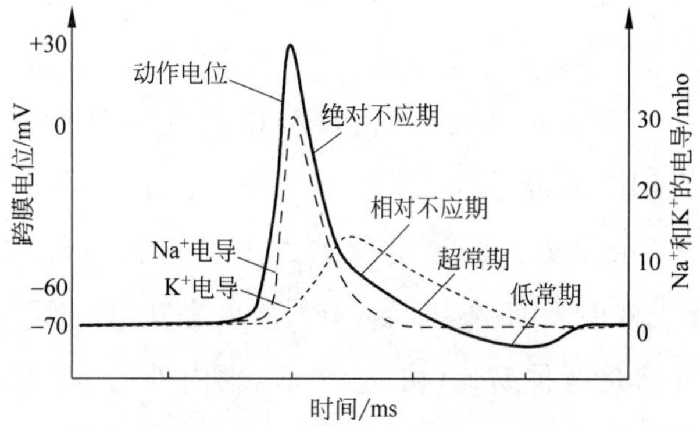

离子通透性的高低可用电导来表示，电导是电阻的倒数，电导越大表示通透性越高。对离子的电导测量表明，兴奋时钠离子通道先于钾离子通道开放，也先于钾离子通道关闭，持续时间短。另一方面 Na^+ 的电导增加幅度（增高几千倍）远远大于 K^+ 的电导增加幅度（增高三十倍左右）。可见，动作电位的产生主要是钠离子通道和钾离子通道先后开放，离子通透性先后增高的结果。其他离子的流动影响甚微。

（4）兴奋后，重建膜内外 Na^+ 和 K^+ 的浓度差

在兴奋发生后的恢复期间，钠钾泵的活动增强，将内流的 Na^+ 排出，同时将外流的 K^+ 重新移入膜内，恢复到了原先的离子浓度差，重建膜的静息电位。

（5）静息电位和动作电位产生的离子学说总结

钠钾泵主动运输	钠钾泵主动运输
↓	↓
内部K^+多，外部K^+少	外部Na^+多，内部Na^+少
↓	↓
极化和复极化时，K^+外渗	去极化时，Na^+内渗
↓	↓
产生外正内负的极化状态	产生内正外负的反极化状态

在学习中一定要注意前因后果的关系，这是一个层层递进的关系。所以回答问题时不能跳跃，如问静息电位的产生原因，就不能回答是内部 K^+ 浓度高，而应该回答 K^+ 外渗。

静息电位大小的比较，比较的是其绝对值，比如静息电位 －70mV 比静息电位 －60mV 大。静息电位的大小只与膜内外的 K^+浓度差有关，而与 Na^+ 浓度差无关。K^+外渗是一种易化（协助）扩散，膜内外的 K^+ 浓度差越大，扩散的速度越快，静息电位越大。有同学认为，增加膜外的 Na^+ 浓度，能使膜外的正电荷增加，从而也能使静息电位增加，这是错误的观点。因为不可能只加入阳离子，而不加入阴离子，在增加膜外 Na^+ 浓度的同时，一定会同时引入阴离子。比如向溶液中加入 NaCl 时，加入的 Na^+ 和 Cl^- 是等量的。

动作电位幅度只与膜内外的 Na^+ 浓度差有关，而与 K^+ 浓度差无关。Na^+ 内流是一种易化（协助）扩散，膜内外的 Na^+ 浓度差越大，扩散的速度越快，动作电位的变化幅度越大。

5. 兴奋的传导和传递

1）兴奋的传导和传递的概念

严格来说，兴奋在一个可兴奋细胞内部的传播称为传导，如兴奋在神经纤维上的传导，兴奋在肌肉纤维上的传导；兴奋在两个可兴奋细胞之间的传播称为传递，如兴奋在神经元之间的传递，兴奋在神经肌肉接点的传递。

但是，“传导”和“传递”有时不需要严格区分。比如，经常说到兴奋在反射弧中的传导，其实反射弧中既有传导又有传递（如下图）。

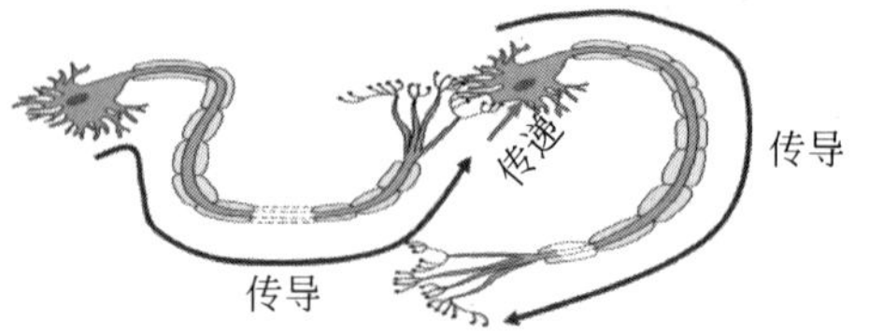

2）兴奋的传导

（1）兴奋传导的机理

在神经纤维外表面放置两个电极（称为记录电极或引导电极），连接到同一个电表上。静息时，电表没有测出电位差，说明神经表面各处电位相等。受到左侧的电刺激后，电表中的指针向左偏转一次，再向右偏转一次。这是因为，靠近刺激端的电极处先变为负电位，接着恢复正电位；然后，另一电极处变为负电位，接着又恢复为正电位。

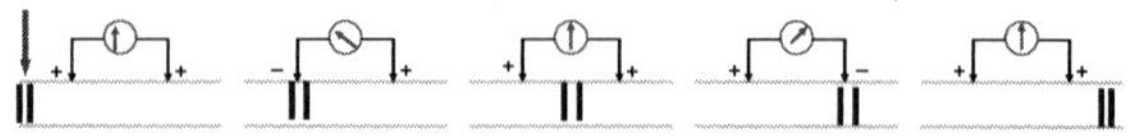

用示波器记录下的波形如下。一般先出现正向波，再出现负向波，但是也可能相反，这与电极摆放的位置和机器的设计有关。

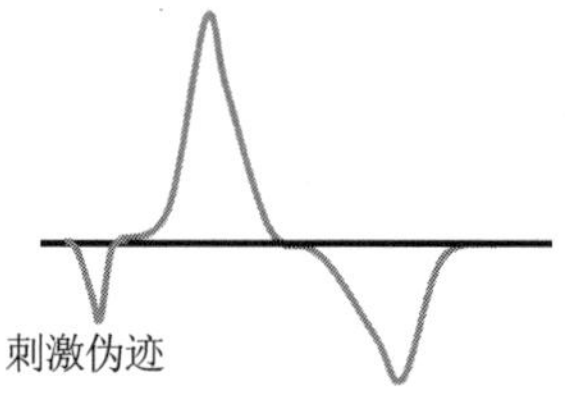

在神经系统中，兴奋是以电信号的形式沿着神经纤维传导的，这种电信号也叫神经冲动。因为膜外的这种电信号是一个负电波（动作电位），所以神经冲动就是这个膜外负电波的传播。

＜**知识细节**＞

许多教辅直接将负电波称为动作电位是断章取义，应该指在膜外测量到的这个负电波。

＜**知识细节**＞

在不同的教材、论文和题目中，生物学中使用的电表有多种说法：电位表（计）、电压表、电流表，灵敏电流表（计）等。浙科版中提到使用的是灵敏电位计。但是因为各个表之间可以相互改装，并没有本质上的区别。所以简单称为电表更合适。

生物学题目中指针到底怎么偏转？

如果题干已经用图的形式进行了约定，则按照题图中的电表指针偏转规律来做题。

如果题干中没有进行约定，严格来说，此题是不能做的。因为不同电表指针偏转方向与电流方向不尽相同，但是从对众多教材、论文、题目的统计来看，最可能出现的情况是，如果电表没有绘制正负极接线柱，则指针从电位高的一侧向电位低的一侧偏转，如图(a)所示；如果电表绘制了正负极接线柱，则指针从电位低的一侧向电位高的一侧偏转，如图(b)所示。新浙科版就采用了下图中的这个约定。

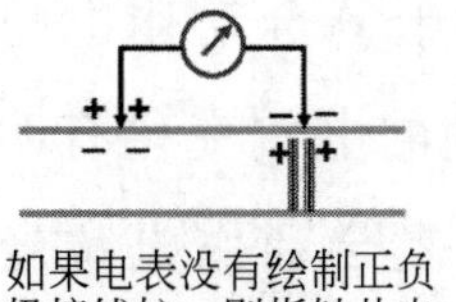

如果电表没有绘制正负极接线柱，则指针从电位高的一侧向电位低的一侧偏转

图(a)

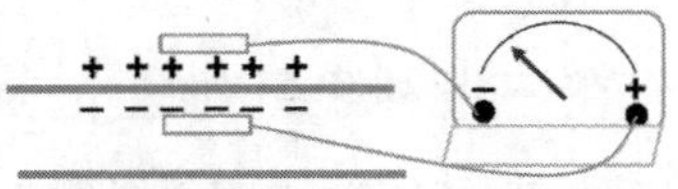

如果电表绘制了正负极接线柱，则指针从电位低的一侧向电位高的一侧偏转

图(b)

［**知识扩展**］

浸润标本的任氏液是可以导电的电解质溶液，因此在刺激神经纤维时，刺激电流可以经过神经外的任氏液扩散到记录电极下，形成刺激伪迹。伪迹几乎与刺激信号同时出现。可以在刺激伪迹和记录电极之间加一个接地电极来减弱伪迹的干扰。

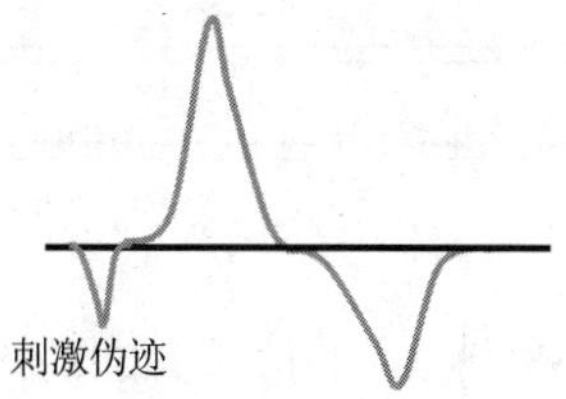

兴奋部位和未兴奋部位由于电位差的存在而发生电荷移动，形成局部电流。局部电流是一种高于阈刺激的电刺激。局部电流又刺激相临近的未兴奋部位发生兴奋，如此进行下去，将兴奋向前传导，后方又恢复为静息电位（如下图）。兴奋传导方向与膜内电流方向相同，与膜外电流方向相反。肌肉纤维上的冲动传导也是这个机理。

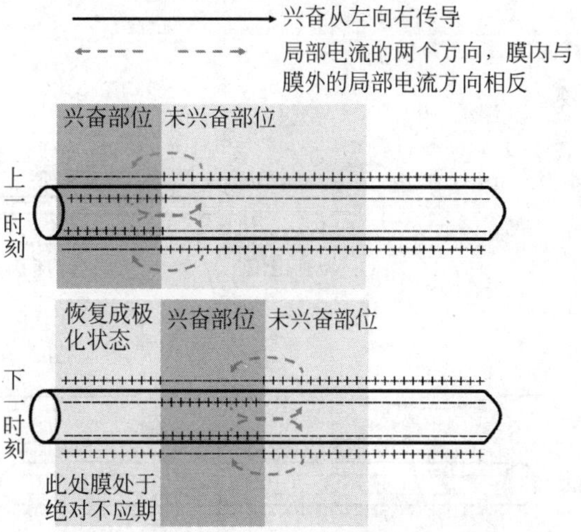

因为在锋电位的复极化过程中，膜处于绝对不应期，电压门控 Na^+ 通道处于失活状态，即无论多大的刺激都无法再次激活 Na^+ 通道。所以神经冲动只能向前传导，不会有回流现象。

［**知识扩展**］

与无髓神经纤维上冲动的连续传导不同，有髓神经纤维上冲动的传导是跳跃式的。在有髓纤维上，局部电流可由一个郎飞结跳跃至邻近的下一个郎飞结(如下图)，这种跳跃式的传导方式大大加快了冲动的传导速度。

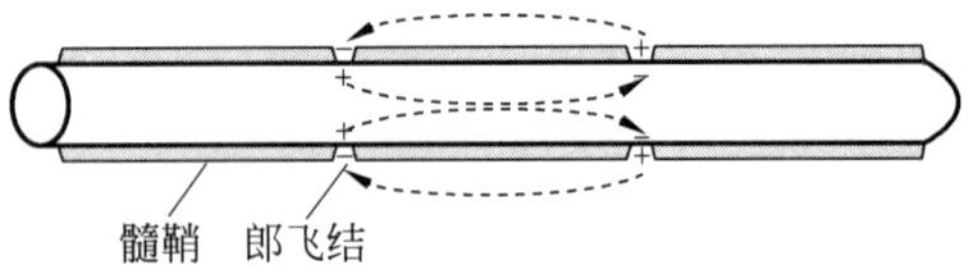

虽然神经冲动的传导速度很快，但是远低于电流在金属导线中的传导速度。这一事实证明了两者的机理不一样。神经冲动的传导是一个局部电流刺激未兴奋部位，未兴奋部位兴奋后，再引起另一个局部电流，也就是说细胞的任何一部分膜都需要经历离子通道的开闭过程，这是种“接力式”传导。而金属导线中的电流的速度就是电场移动的速度，为光速。

某时刻神经纤维上各点的膜电位示意图如下。

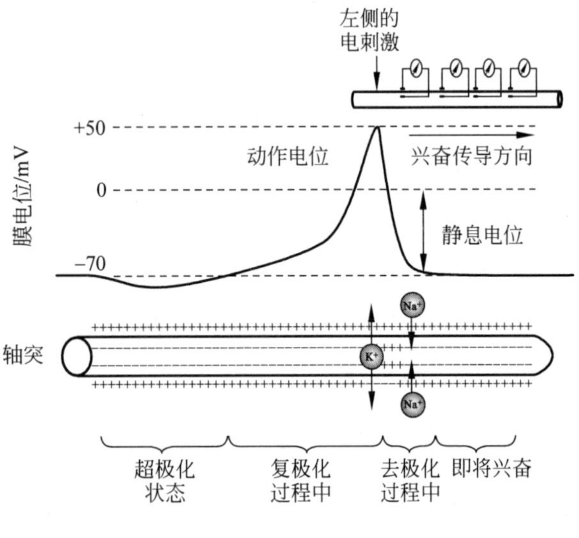

注意将某时刻在神经纤维上各点的膜电位的图与某个点在不同时间的膜电位变化的图相区别。前者以位点为横坐标，相当于物理学中波的传递的图；后者以时间为横坐标，相当于简谐振动的图。通过后者是无法判断兴奋传导方向的。

(2) 兴奋传导的特点

① 双向传导

在离体情况下，兴奋的传导可以双向传导。

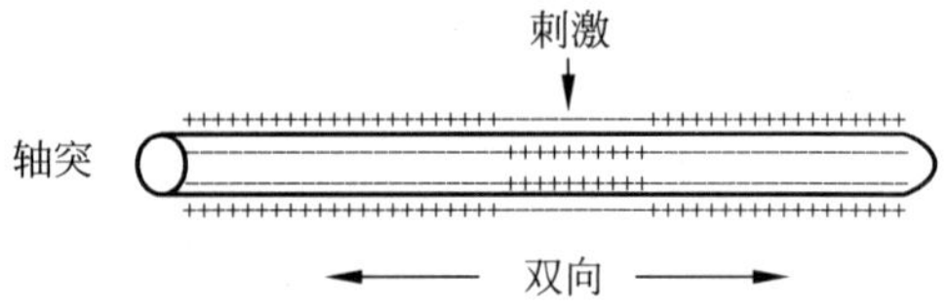

② 相对绝缘性

因为髓鞘的存在，神经中的多根神经纤维之间不会相互干扰，这种绝缘性保证了神经调节的精确性。因为郎飞氏结的存在，神经纤维之间有微弱的电流影响，但是其强度不足以引起电压门控 Na^+ 通道的开放。

③ 非衰减性传导

局部电流的刺激强度大于阈刺激才能够引起临近未兴奋部位发生动作电位，动作电位具有“全和无”的特点，因此**神经纤维上局部电流的强度和动作电位的幅度都不会衰减**。显而易见，膜电位的维持依赖于钠钾泵的主动运输维持膜内外的离子浓度梯度。

(3) 神经干复合动作电位

蛙的坐骨神经中，众多神经纤维集合成束，将两电极摆放在神经外侧时，记录到的是神经干复合动作电位，神经干复合动作电位与在一根神经纤维上记录到的电位变化有明显的不同，但是因为神经干复合动作电位经常被简单地称为动作电位，所以高中生物学中经常将两者混为一谈。神经干复合动作电位是非常微弱的，这是因为神经纤维有绝缘的髓鞘，且神经干有绝缘的结缔组织膜。

神经干复合动作电位因为记录方法的不同分为单相动作电位和双相动作电位。如图

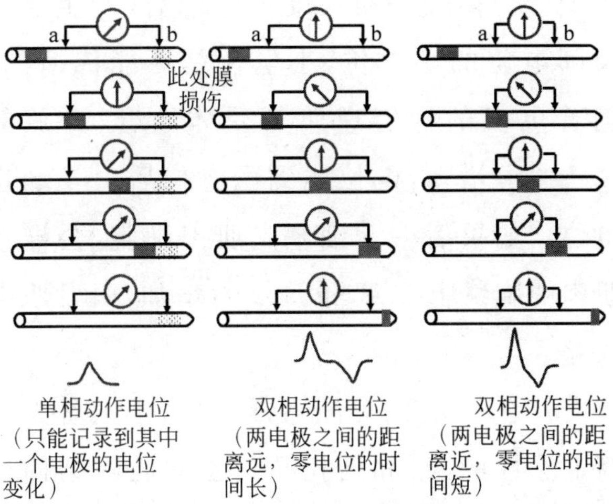

所示,记录单向动作电位时,将 b 电极置于损伤处(或 ab 之间一段神经干存在阻断),兴奋无法传导到 b 电极处,只有 a 电极记录到膜电位变化。记录双向动作电位时,a、b 两电极都能记录到膜电位变化。

3）兴奋的传递

＜**生物学史**＞

科学界曾经认为,神经末梢向其所支配的器官传递信息是由伴随着神经冲动的电波直接传导的。但电波的性质在各处是一样的,因此难以解释下列现象:刺激某神经可促进某一器官的功能但却抑制另一器官的功能。

1921 年德国科学家奥托·洛维做了一个极为巧妙的实验,他分离出了两个蛙心,第一个保留神经,第二个剔除了。两个蛙心都装上了蛙心插管,并充以少量任氏液。他先是刺激第一个心脏的迷走神经几分钟,第一个心脏心跳减慢,他随即将第一个心脏中的任氏液吸出转移到第二个未被刺激的心脏内,后者的跳动也慢了下来,正如刺激了它的迷走神经一样。同样地,刺激完第一个心脏的交感神经后,将其中的任氏液转移至第二个心脏,后者的跳动也加速起来。

这些结果无疑证明神经并非通过电信号直接影响心脏,而是在其末梢释放出某种特殊化学物质影响心脏的功能。后来这两种化学物质被分别证实为乙酰胆碱和去甲肾上腺素。

(1) 突触的概念和种类

突触是指两个神经元之间的一种特化的细胞连接结构,用以传递信息。根据信息传递机制,突触分为化学性突触和电突触,**高中阶段所讲的突触都是指化学性突触**。

广义的突触还包括神经元与效应器细胞之间连接结构,如神经肌肉接点是兴奋从神经细胞传递到肌肉细胞的特殊结构,神经肌肉接点与神经细胞之间的突触具有一样的结构。注意,感受器是感觉神经末梢,而效应器是运动神经末梢和它支配的肌肉或腺体等,所以感受器不含有肌肉神经接点,但是效应器含有神经肌肉接点。

神经元之间的化学突触类型主要为轴突—树突型突触和轴突—胞体型突触。如下图所示。

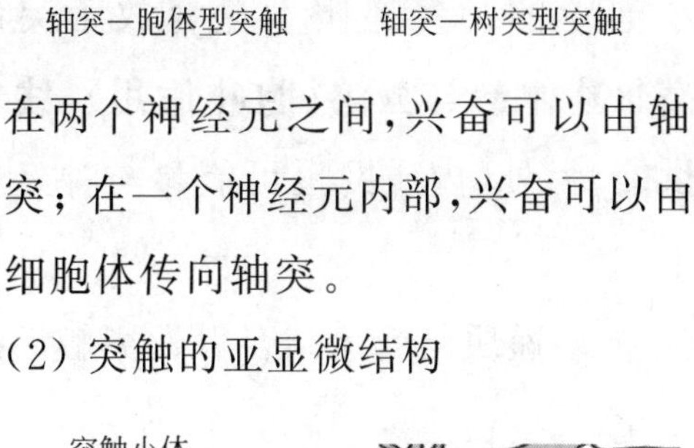

在两个神经元之间,兴奋可以由轴突传向树突;在一个神经元内部,兴奋可以由树突经过细胞体传向轴突。

(2) 突触的亚显微结构

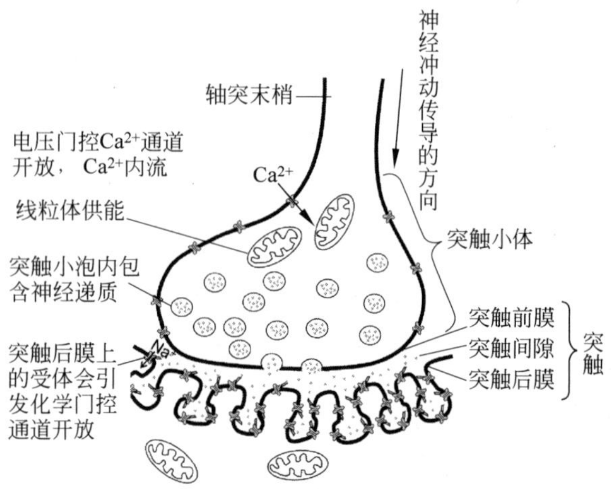

每个轴突末梢的末端膨大成突触小体，突触小体中含有突触小泡，突触小泡内含有神经递质。突触由突触前膜、突触间隙和突触后膜三部分组成（如上图）。

（3）兴奋传递的机理

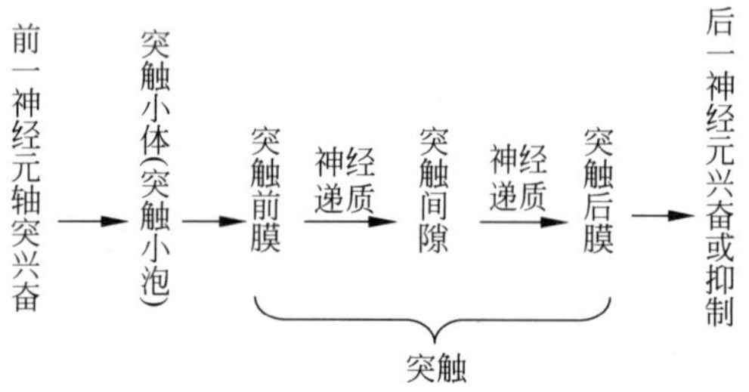

① 突触前膜神经递质的释放

神经冲动传至轴突末梢，突触小体质膜上的电压门控 Ca^{2+} 通道开放，Ca^{2+} 大量内流，促使突触小泡与突触前膜的融合，从而将突触小泡中的神经递质大量释放于突触间隙。**高尔基体参与分泌（胞吐作用），线粒体参与供能**，另外，内质网也可能参与神经递质的加工。

② 神经递质与受体结合引发突触后膜的电位变化

突触后膜上的一种糖蛋白既是受体又是一种离子通道蛋白，在接受兴奋性神经递质后，Na^+ 通道打开，引起突触后膜电位变化。当少量的神经递质与受体结合时，产生还不及阈电位的小电位，小电位是不能传播的。随着更多的神经递质与受体结合，开放的 Na^+ 通道增多，电位达到阈电位后引发动作电位。如果后一个细胞是肌肉细胞，会导致肌肉的胞浆中 Ca^{2+} 浓度突然增加，引发肌肉收缩。

α-银环蛇毒、美洲箭毒（得名于土著人在箭上涂抹的毒）和阿托品与乙酰胆碱结构相似，因而能与乙酰胆碱竞争突触后膜上的乙酰胆碱受体，突触后膜上的受体因为难以与足量的乙酰胆碱结合，无法使突触后膜产生兴奋，肌肉无法收缩而松弛。

③ 神经递质的去向

神经递质与受体结合并产生作用后，被分解或被重吸收到突触小体中，又或扩散离开突触间隙。如乙酰胆碱与受体结合后，被乙酰胆碱酯酶分解；而多巴胺与受体结合后，主要是被突触小体重吸收。

有机磷农药和沙林毒剂能抑制乙酰胆碱酯酶的活性，使乙酰胆碱始终与受体结合，后膜持续兴奋，肌肉僵直。

（4）兴奋传递的特点

突触的信号传递方式是电信号→化学信号→电信号。突触前膜完成的是电信号→化学信号的信号转换，突触后膜完成的是化学信号→电信号的信号转换。

突触中兴奋是单向传递的。因为递质只存在于突触小体内，只能由突触前膜释放，作用于突触后膜，所以兴奋只能从一个神经元的轴突传递给另一个神经元的细胞体或树突。

［**知识扩展**］

按照神经递质导致突触后膜膜电位的不

同变化，把突触分为兴奋性和抑制性两类。所以，一个神经元兴奋，引起突触后神经元兴奋或抑制。

(1) 兴奋性突触

神经递质促使突触后膜 Na^+ 内流，从而实现突触后膜去极化，突触后神经元兴奋。教材中的示例一般就是指兴奋性突触。神经肌肉接点（指骨骼肌，神经—心肌的突触称为神经效应器接点）的神经递质只有乙酰胆碱(Ach)，骨骼肌细胞只存在兴奋收缩和不兴奋舒张两种状态，而不会出现被抑制状态，即膜的超极化。ATP 也可以作为一种兴奋性神经递质。

(2) 抑制性突触

多巴胺、γ-氨基丁酸(GABA)等神经递质使突触后膜超极化（极化作用加强），突触后神经元被抑制。其机理多数是促使突触后膜 Cl^- 内流，少数是促进 K^+ 外流。神经元的抑制是膜的超极化而不是膜的去极化，所以抑制作用是不能被传导和传递的。抑制性突触中突触前神经元被称为抑制性神经元。

抑制性神经元一定是中间神经元。一个反射弧中不可能出现两个抑制性中间神经元，这是因为神经元只有兴奋后才会释放神经递质，而一个神经元被抑制后，这个神经元及后面的神经元就不会释放神经递质了，既不会释放兴奋性递质，也不会释放抑制性递质。

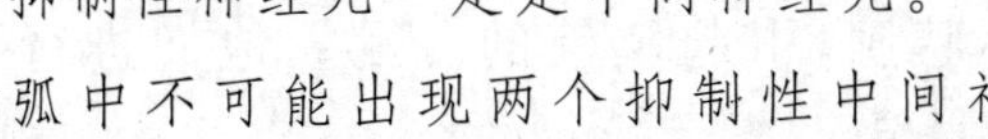

中间抑制性神经元

有些神经递质的作用随作用部位和受体类型而不同，如乙酰胆碱能引起骨骼肌兴奋，却抑制心肌兴奋；去甲肾上腺素(NE，既是神经递质又是激素)的功能则更为复杂。

4) 传导和传递的比较

项　目	传　导	传　递
参与细胞	1个	2个
信号形式	电信号	电信号→化学信号→电信号
传导速度	快	慢
传导方向	可双向	单向
实质	神经冲动＝电信号＝局部电流	神经递质

因为在离体情况下，刺激可以发生在神经纤维的中间，所以**离体情况下，兴奋在神经纤维上的传导可以是双向的**。但是在生物体内，兴奋必须经历完整的反射弧。刺激只能从感受器（感觉神经末梢）传入，然后兴奋向神经中枢方向传导，离开神经中枢后，兴奋继续向效应器方向传导。所以**在生物体内，兴奋在神经纤维上的传导一般是单向的**（**不考虑突起分叉处的情况**）。兴奋在神经元之间的传递无论在离体情况下，还是在生物体内都是单向传递的。

[**知识扩展**]

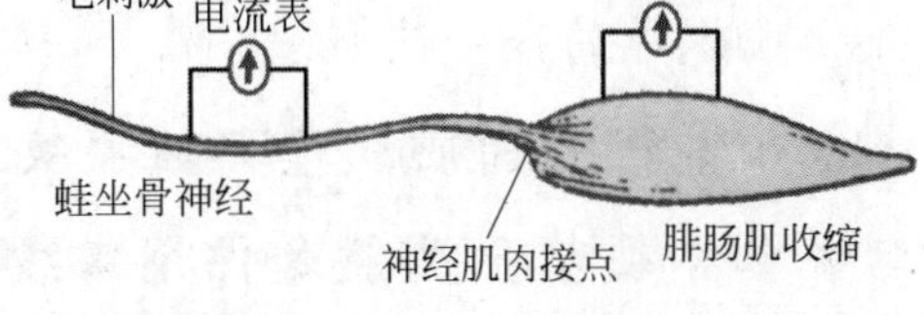

很多教辅和试题中误认为，电刺激腓肠肌时，坐骨神经检测不到电信号。这是对某道全国高考题的误读，其实那道题没有说题中的肌肉是腓肠肌，而且题干中出现了很多限制条件，是一种假设的情景，并不是真实的情况。电刺激蛙的坐骨神经，引起腓肠肌收缩，如上图所示。

包围肌梭的结缔组织是电绝缘的，因此肌梭只能感受机械刺激。机械刺激可以传递到肌梭内部，所以，坐骨神经上会检测到电流。当电刺激强度超过很多肌肉细胞膜的阈刺激时，多个肌肉细胞都开始收缩，此时肌肉的收缩强度可被肌梭感受到，肌梭内的感觉神经末梢会将机械信号转变为电信号，所以，坐骨神经上可以检测到电流(如下图)。

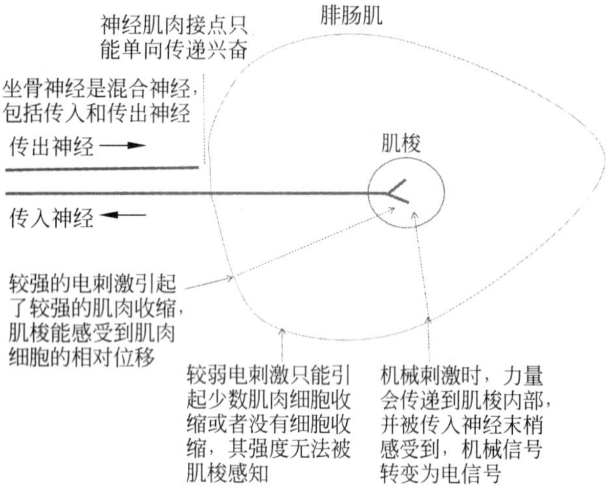

第3节　内分泌系统与体液调节

本节知识框架：

1. 激素调节的发现
2. 动物激素和分泌细胞
3. 人体中的分泌腺
4. 人体中主要内分泌腺和主要激素
5. 机体通过负反馈来调节激素浓度、血糖浓度、体温和水盐平衡等
6. 动物激素化学本质的总结
7. 激素的协同作用和拮抗作用
8. 激素调节的特点
9. 神经调节与体液调节的区别与联系

1. 激素调节的发现

在20世纪之前，学术界普遍认为，人和动物体的一切生命活动都是由神经系统调节的。比如，胰腺能分泌胰液，胰液通过导管注入小肠，其中的酶可消化食物；而对“胰液的分泌如何调节”这一问题，19世纪的学术界普遍认为，胃酸刺激小肠的神经，神经将兴奋传给胰腺，使胰腺分泌胰液。

沃泰默(法)针对这一假说进行了狗的胰液分泌的实验：

稀盐酸 —注入→ 小肠肠腔 —结果→ 胰腺分泌胰液

稀盐酸 —注入→ 血液 —结果→ 胰腺不分泌胰液

稀盐酸 —注入→ 切除神经的小肠肠腔 —结果→ 胰腺分泌胰液

沃泰默解释这是由于小肠上微小的神经难以剔除干净，所以是一个十分顽固的神经反射。

斯他林和贝利斯认为沃泰默观察到的实验现象不是神经调节的结果，而是化学调节的结果：在盐酸的作用下，小肠黏膜产生了一种化学物质，这种物质进入血液后，随着血流到达胰腺，引起胰液的分泌。他们进行了如下的实验：

小肠黏膜 + 稀盐酸 + 砂子 —研磨，中和，过滤→ 提取液 —注入→ 狗静脉 —结果→ 胰腺分泌胰液

于是，一种刺激胰液分泌的化学物质被发现了，这种物质被命名为促胰液素。

促胰液素的发现改变了原先动物完全由神经调节的观念。也就是说，除了神经调节外，机体内还存在一种通过化学物质的传递调节远处器官活动的方式。这类化学物质被命名为“激素”，英文为hormonc，本意“刺激”，

以前翻译成“荷尔蒙”。

促胰液素便是历史上第一个被发现的激素。这推动产生了“激素调节”这个新概念，以及通过血液循环传递激素的“内分泌”方式，促进了“内分泌学”这个新领域的建立。

2. 动物激素和分泌细胞

动物激素是由内分泌腺（更准确的说法是内分泌细胞）合成并分泌到血液中，对机体的代谢、生长发育、生殖、内环境的稳定及行为等具有重要调节作用的一类微量有机物（如下图）。

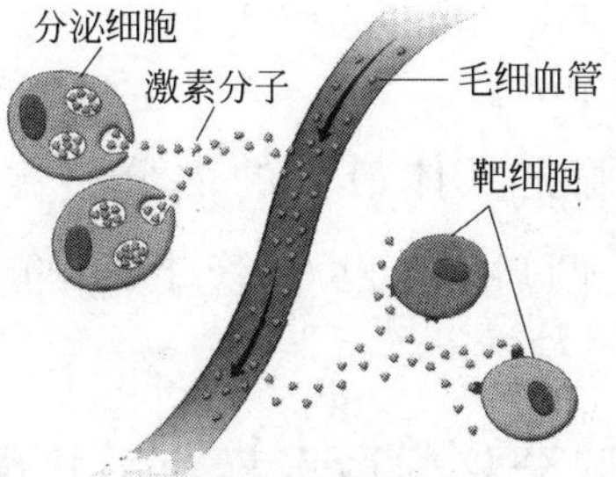

内分泌系统中内分泌细胞有三种分布：（1）集中分布形成内分泌腺，如垂体、甲状腺、甲状旁腺、肾上腺和性腺；**（2）分散分布**，如胃、肠、肾中的内分泌细胞；**（3）兼有内分泌作用的细胞**，如下丘脑的神经细胞。

动物激素一般是由特定的分泌器官——内分泌腺分泌的，如动物的生长激素由垂体分泌。植物则没有特定的分泌激素的器官。植物激素是由植物体的一定部位产生的，如植物的生长素由叶原基、嫩叶、发育中的种子等部位产生。

3. 人体中的分泌腺

人体中的分泌腺分为外分泌腺和内分泌腺（如下图）。**外分泌腺有导管，其分泌物通过导管排出，如皮脂腺、汗腺和消化腺。内分泌腺则无导管，分泌物（激素）进入腺体内的毛细血管里，随着血液循环运输到全身。**

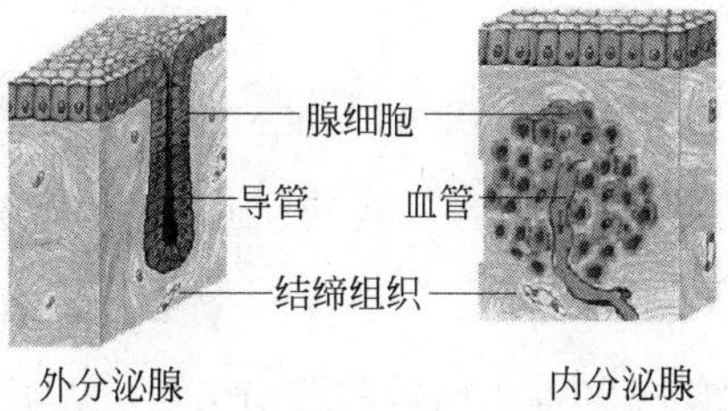

［知识扩展］

高中生物学题目中的汗腺是指小汗腺，分泌的主要是水、无机盐和尿素，所以汗腺的内质网和高尔基体并不发达。

胰腺中有两类组织：腺泡组织和胰岛组织。腺泡组织是外分泌部，分泌消化酶；胰岛组织是内分泌部，分泌激素。胰岛组织分散在腺泡组织之间，宛如散布在海洋中的一个个岛屿，“胰岛”因此得名（如下图）。人的胰腺中分布着几十万个胰岛，但仅占胰腺总体积的1%。**胰岛细胞主要是分泌胰高血糖素的α细胞和分泌胰岛素的β细胞，β细胞是几种细胞中数量最多的。**

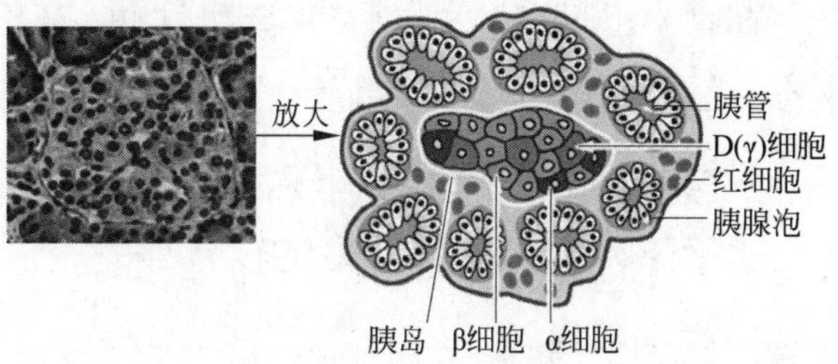

4. 人体中主要内分泌腺和主要激素

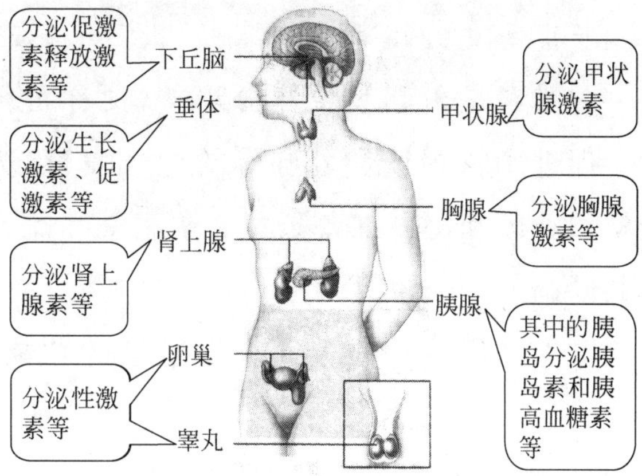

1）性腺

性腺分泌性激素，性激素属于类固醇激素，包括雄激素、雌激素和孕激素等。

雄激素主要指睾酮，95%是由睾丸间质细胞分泌，5%是由肾上腺分泌。成年男子睾丸每天分泌 4～9mg 睾酮，女性卵巢也分泌少量睾酮。睾酮在肝中灭活，灭活后的衍生物经尿排出。雄激素促进雄性第一性征形成（在胚胎期），激发并维持雄性第二特征（阴毛、胡须、喉结出现，声音低沉，骨骼生长，骨密度增加，肌肉发达），促进附属生殖器官（阴茎、阴囊）生长，促进生成精子，促进蛋白质合成。

雌激素主要指雌二醇、雌三醇、雌酮等，是由睾酮合成的（男性运动员长期使用雄激素，雄激素会转换成雌激素，导致机体女性化），主要由卵巢和胎盘产生，肾上腺皮质和男性睾丸也产生少量雌激素。雌激素能促进卵细胞成熟和卵泡生长，激发并维持雌性的第二性征（乳腺，全身脂肪和毛发分布，女性体态，音调高），促进输卵管、子宫和阴道生长。雌激素也能促进骨骼生长，绝经期后，雌激素水平下降会导致骨骼中钙容易流失。

<**版本差异**>

浙科版提到雌激素会引发皮下脂肪的积聚，特别是在臀部和乳房；盆骨变宽；腋下和阴阜长出毛发。

孕激素是由卵巢黄体分泌的，又称黄体酮。促进子宫内膜和乳腺等的生长发育，为受精卵着床和泌乳准备条件。孕激素和雌激素共同调节月经周期。

可以采用摘除法来研究性激素的功能。如果将公鸡的睾丸摘除，公鸡的第二性征逐渐消失，如不再打鸣，鸡冠萎缩，求偶行为消失。如果将睾丸重新植入被阉割公鸡的体内，公鸡的特征和行为就可以得到恢复。如果对阉割后的母鸡注射或口服睾酮，母鸡就会出现公鸡的形态特征和交配行为。

［**知识扩展**］

如果验证人体激素的生理作用，能不能用人体直接做实验？在生命科学的研究中，由于种种原因，直接用研究对象进行实验非常困难时，可用适当的模型代替研究对象来进行实验，如用动物模型来代替人体进行，即实验模型实验法。

2）甲状腺

甲状腺是人体最大的内分泌腺。人的甲状腺分为两叶，紧贴气管上端的甲状软骨两侧。

甲状腺分泌的激素称为甲状腺激素，包括甲状腺素（T_4）和三碘甲腺原氨酸（T_3），都是含碘氨基酸（酪氨酸）衍生物。T_3 含量低，作用时间短，但活性高，可以由 T_4 脱掉一个碘原子形成。能对垂体和下丘脑形成负反馈的也是 T_3。甲状腺激素能**促进细胞代谢和生长发育，提高神经系统的兴奋性，对中枢神经系统的发育有影响，也能促进产热**。幼年甲状腺激素不足会得呆小症（克汀病），甲状腺激素过多会得甲亢，缺碘会引起地方性甲状腺肿（大脖子病）。

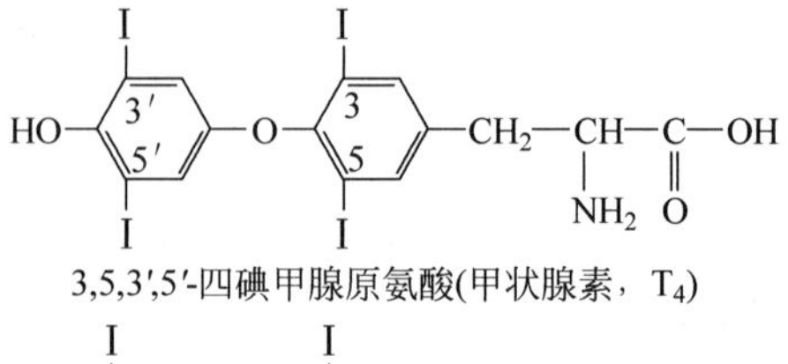

3,5,3′,5′-四碘甲腺原氨酸(甲状腺素，T_4)

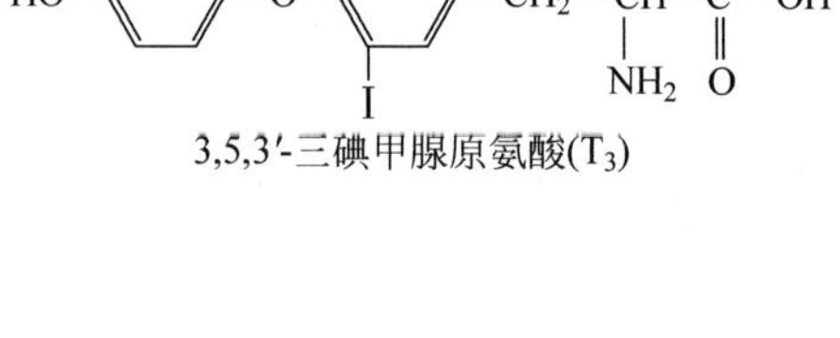

3,5,3′-三碘甲腺原氨酸(T_3)

＜**版本差异**＞

旧浙科版还描述甲状腺激素促进骨骼成熟，新浙科版改为促进骨骼发育。

可以采用饲喂法来研究甲状腺激素的功能(如下图)。

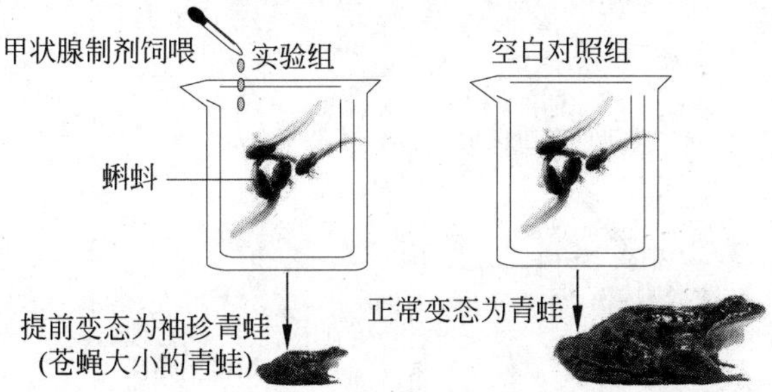

也可以采用摘除[①]、注射法来研究甲状腺激素的功能。

组　别	处　理	表　现
1	摘除甲状腺的幼犬	身体臃肿，行动呆笨，精神萎靡，食欲不振，停止发育
2	相同部位损伤，但未摘除甲状腺的幼犬(假性切除)	正常
3	摘除甲状腺，但每日注射一定量甲状腺激素的幼犬(自身对照)	正常

3) 垂体

垂体(脑下垂体)位于脑的下部，大小如豌豆，可分为腺垂体和神经垂体两个部分。

(1) 腺垂体

腺垂体内含腺体细胞，可以合成激素。腺垂体较大，有教材认为腺垂体包括垂体前叶和中叶，也有教材认为腺垂体就指垂体前叶。

腺垂体是由胚胎发育期的上皮细胞发育而来。**腺垂体分泌的主要激素有生长激素、各种促激素和催乳素等。**

① 生长激素

生长激素是蛋白质类激素，能促进生长，主要是促进蛋白质的合成和骨的生长；减少糖的利用，增加糖原生成；促进脂肪分解。幼年生长激素分泌不足会得侏儒症，分泌过多会得巨人症；成年分泌过多会得肢端肥大症。

可以对动物幼体采用**摘除**、**注射法**来研究生长激素的功能。

组　别	实验内容	实验结果	结果说明	实验方法
1	切除垂体	幼小动物生长立即停止	垂体与动物生长有关系	摘除法
2	切除垂体后注射生长激素	开始生长	生长激素能促进生长	注射法

＜**知识细节**＞

侏儒症与呆小症是完全不同的，侏儒症是缺生长激素，智力正常；呆小症是缺甲状腺激素，智力不正常。

生长激素与生长素是完全不同的，植物中的生长素是吲哚乙酸(吲哚乙酸是由色氨酸变化而来)，而动物中的生长激素是蛋白质。生长素促进细胞增大，而生长激素既促进细胞增大，又促进细胞分裂。中学阶段，必须严格区分生长素与生长激素，不能将生长激素称为生长素。

② 促激素

促甲状腺激素(TSH)**是多肽类激素**，能促进甲状腺生长发育，促进甲状腺激素的合成分泌。促性腺激素**是糖蛋白**，包括促卵泡

---

① 甲状腺非常柔软，可摘除，但不能采用移植的方法进行研究。

激素和促黄体生成素（简称黄体生成素），能促进性腺的生长发育，促进性激素的合成和分泌，促进精子生成、卵泡成熟。促肾上腺皮质激素**是糖蛋白**，能促进肾上腺皮质生成和分泌激素。

注意，不是所有的激素都有对应的促激素，如腺垂体不会产生促胰岛素、促肾上腺素、促去甲肾上腺素等。胰岛和肾上腺髓质受神经支配，而不听从腺垂体分泌的激素的调节。

③ 催乳素

催乳素，又称泌乳素，是蛋白质类激素，能调控某些动物对幼仔的照顾行为，促进某些合成食物的器官发育和生理机能的完成。

（2）神经垂体

神经垂体不含腺体细胞，不可以合成激素，只能储存和释放下丘脑合成的激素。神经垂体与下丘脑直接相连，下**丘脑发出的若干神经的轴突（下丘脑垂体束、神经分泌束）一直延续到神经垂体。**神经垂体可以简单地认为是垂体后叶，由神经细胞发育而来。

神经垂体（垂体后叶）释放的抗利尿激素和催产素是由下丘脑合成，运输到神经垂体储存和释放的。催产素是多肽，能促进子宫收缩。抗利尿激素又称血管加压素，是多肽，能促进水在肾集合管的重吸收，使尿量减少。

4）下丘脑

主流的观点认为下丘脑不是内分泌腺，下丘脑属于神经系统而不是内分泌系统。但是，下丘脑的某些神经细胞具有内分泌的功能，这些细胞属于内分泌系统。下丘脑与垂体功能联系示意图如下。

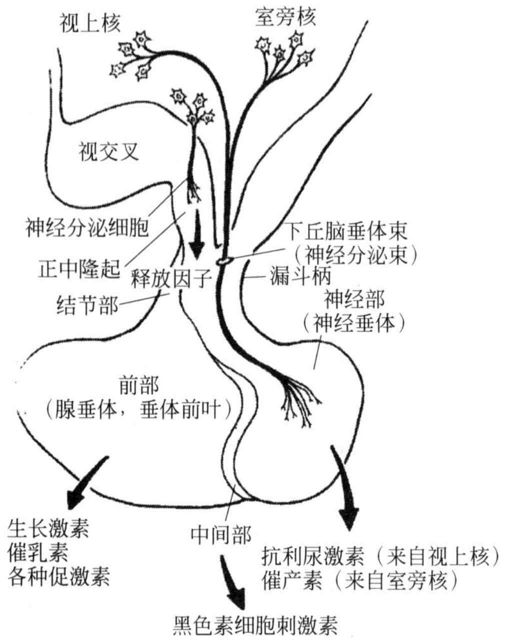

（1）下丘脑通过促激素释放激素对腺垂体进行调节

① 下丘脑分泌的主要激素

下丘脑神经内分泌细胞分泌促激素释放激素，通过下丘脑—垂体门脉系统，简称**垂体门脉系统**（门脉系统就是血液循环系统）运输到腺垂体，与腺垂体细胞表面特异性受体结合。**促激素释放激素是多肽，包括**促甲状腺激素释放激素（TRH）、促性腺激素释放激素和促肾上腺皮质激素释放激素。

下丘脑分泌的调节激素还包括其他的释放激素（生长激素释放激素等）和抑制激素（生长激素释放抑制激素等）。另外，抗利尿激素和催产素实际上也是由下丘脑细胞产生。

② 下丘脑通过对腺垂体活动的调节来影响其他内分泌腺的活动

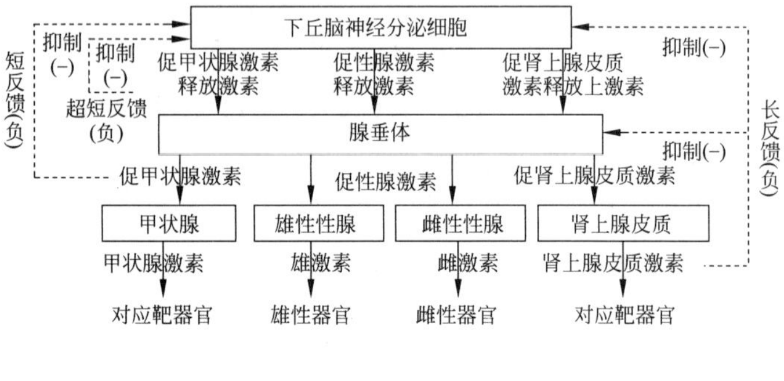

下丘脑对甲状腺激素、性激素、肾上腺皮质激素的分级调控分别是通过下丘脑—垂体—甲状腺(调控)轴、下丘脑—垂体—性腺(调控)轴、下丘脑—垂体—肾上腺皮质(调控)轴来进行的。

注意,雄性和雌性体内的促性腺激素释放激素和促性腺激素都是一样的,差别在于促性腺激素作用的靶器官不一样,在雄性体内是睾丸,在雌性体内是卵巢,进而在雌雄性体内产生不同的效果。

(2) **下丘脑通过神经垂体束与神经垂体直接相连**

下丘脑室旁核的神经内分泌细胞合成催产素,下丘脑视上核的神经内分泌细胞合成抗利尿激素。两种激素沿着神经纤维(神经垂体束、神经分泌束)直接送到神经垂体的毛细血管内,再在神经系统调节下释放入血浆,因此**神经垂体其实没有合成激素**。

约50%尿崩症患者为下丘脑-神经垂体部位的肿瘤所引起的,10%由头部创伤所致。

<**知识细节**>

下丘脑是机体调节内分泌活动的枢纽;垂体是最重要的内分泌腺。通常称垂体是内分泌之王。

垂体分泌激素的多少是受下丘脑支配的。下丘脑中的神经分泌细胞不仅能传导兴奋,而且能分泌释放激素,它们对垂体促激素的合成和分泌起促进作用。因此,可以说下丘脑是机体调节内分泌活动的枢纽。

下丘脑以不同的途径调节垂体功能,垂体则是下丘脑对机体"说话"的"代言人"。垂体有调节、管理其他某些内分泌腺的作用,因此,可以说垂体是最重要的内分泌腺。

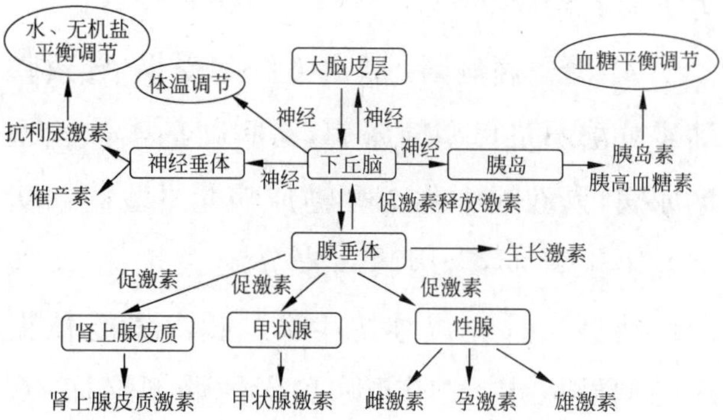

如上图,下丘脑可以调节体温,调节血糖,调节水盐平衡,调节垂体的分泌,感受刺激,传导兴奋。

5) 胰岛

(1) 胰岛分泌的激素

胰岛α细胞(人教版中称胰岛A细胞)分泌胰高血糖素,胰高血糖素含1条链共29个氨基酸,**能升高血糖**。

胰岛β细胞(人教版中称胰岛B细胞)分泌胰岛素,胰岛素含2条链共51个(21+30)氨基酸,是**唯一能降低血糖的激素**。要验证胰岛素具有降低血糖含量的作用,需要进行如下的设计:对实验组小鼠先注射胰岛素(用生理盐水溶解),导致其出现低血糖症状(如休克),然后注射葡萄糖溶液使其苏醒。对照组则始终注射生理盐水。

(2) 糖尿和糖尿病

① 高血糖:血糖浓度大于1.3g/L称为高血糖。

② 肾糖阈:肾小管能重吸收原尿中全部葡萄糖的临界血糖浓度(1.6~1.8g/L)。血糖浓度超过肾糖阈就会出现尿糖。

③ 糖尿:当血糖超过了肾糖阈,部分血浆葡萄糖不能被重吸收,出现在尿液中。糖尿不一定是糖尿病,产生糖尿的可能原因:一次性吃糖过多;肾脏病变,肾小管的重吸收能

力下降；糖尿病。

④ 糖尿病病因：**胰岛β细胞受损，导致胰岛素分泌不足（Ⅰ型糖尿病，又叫胰岛素依赖型糖尿病，人教版中称1型糖尿病）**。Ⅰ型糖尿病多发生于青少年，因胰岛素分泌缺乏，依赖外源性胰岛素补充以维持生命。**胰岛素受体损伤（Ⅱ型糖尿病，又叫非胰岛素依赖型糖尿病，人教版中称2型糖尿病）**。Ⅱ型糖尿病多见于中、老年人，其胰岛素的分泌量并不低，甚至还偏高，临床表现为机体对胰岛素不够敏感，即胰岛素抵抗。中国人是此类糖尿病的易患人群。

⑤ **糖尿病症状：糖尿病人除了有高血糖和尿糖的症状外，还具有多尿、多饮、多食的现象，与此同时，糖尿病人逐渐消瘦，俗称"三多一少"**。糖尿病还可能引发心、脑、肾、眼和周围神经等处的并发症。

葡萄糖进入组织细胞和在细胞内氧化分解发生障碍，细胞内能量供应不足，使患者总感觉饥饿而多食。

当血糖含量高于1.6g/L时，糖就从肾脏排出而出现糖尿，在排出大量糖的同时也带走了大量水分，于是会出现多尿、口渴、多饮的现象。

由于糖氧化供能发生障碍，使得体内脂肪和蛋白质的分解加强，导致机体消瘦，体重减轻等。

6）肾上腺

（1）肾上腺分泌的主要激素

肾上腺分为皮质和髓质两个部分，皮质包裹在髓质外面。髓质主要分泌肾上腺素和去甲肾上腺素。这两种激素也可以作为神经递质。皮质分泌盐皮质激素和糖皮质激素。盐皮质激素中最重要的是醛固酮。糖皮质激素和肾上腺素都具有应激功能，也都有促进血糖升高的功能。

（2）醛固酮

醛固酮（固醇类）促进肾小管和集合管对钠和水的重吸收，以及钾的排出，所以能调节水盐平衡，如下图。

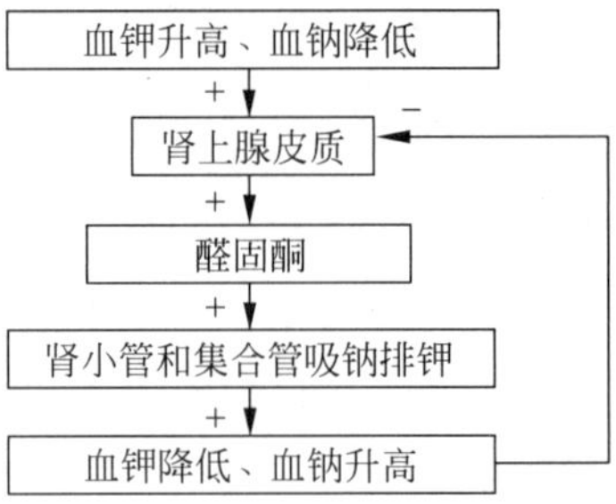

（3）肾上腺素

肾上腺素（氨基酸衍生物）参与体温调节和血糖调节。痛、冷、缺氧、低血糖、情绪激动等都会刺激肾上腺素分泌大增。肾上腺素能动员应急反应，引起皮肤血管收缩，骨骼肌血管舒张；竖毛肌收缩；加速肝脏中肝糖原分解成葡萄糖和肌肉中肌糖原分解成乳酸，提高血糖水平和血液中乳酸的含量。

5. 机体通过负反馈来调节激素浓度、血糖浓度、体温和水盐平衡等

在一个系统中，系统工作的效果，反过来又作为信息调节该系统的工作，这种调节方式叫做反馈调节。反馈调节分为负反馈和正反馈。**负反馈的结果是抑制和减弱最初发生的变化，而正反馈的结果是增强最初发生的变化。负反馈使系统保持平衡或稳态，而正反馈使系统远离平衡或稳态**。负反馈调节在维持机体稳态，以及后文要叙述的生态系统稳态中起重要作用。在机体分娩过程中，相关激素会进行正反馈调节，从而加快分娩进程；血液凝固过程中也存在正反馈调节。所

以，正反馈也有积极的一面，不要片面地认为正反馈就是不利的，负反馈就是有利的。

1）激素的负反馈调节

（1）甲状腺激素的调节

下丘脑分泌促甲状腺激素释放激素（TRH），促使垂体分泌促甲状腺激素（TSH），后者又促进甲状腺合成和分泌甲状腺激素。甲状腺激素能促进物质氧化，但过多的甲状腺激素对人体不利。当甲状腺激素含量到达一定程度时，会抑制下丘脑和垂体分泌相关的激素，进而使甲状腺激素分泌减少，这属于（负）反馈调节。

缺碘引起地方性甲状腺肿（俗称大脖子病），患者脖子肿大，呼吸困难，劳动时心跳快，气短等。**缺碘导致甲状腺激素合成减少，甲状腺激素对下丘脑和垂体的抑制减弱，导致产生过量的促甲状腺激素，促甲状腺激素导致甲状腺增生，这就是地方性甲状腺肿的病因**[①]。

从下图中还可以发现下丘脑作为中枢神经系统的一部分，其兴奋性也受大脑皮层活动的影响。所以说，激素调节与神经调节在结构和功能上是密切相关的。

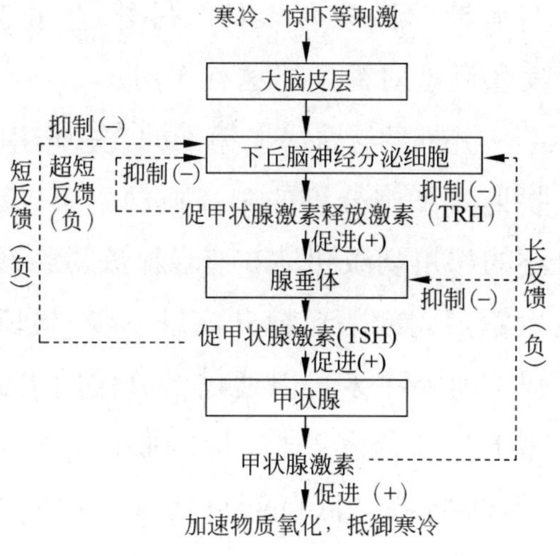

（2）性激素的激素调节

雄激素能促进肌肉生长和力量增长。女性运动员使用雄激素的危害比男性更大，下丘脑和垂体无法区分性激素是外来的雄激素还是体内的雌激素，过量性激素产生的负反馈导致促性腺激素减少，卵巢萎缩，继而引发一系列病症（如下图）。

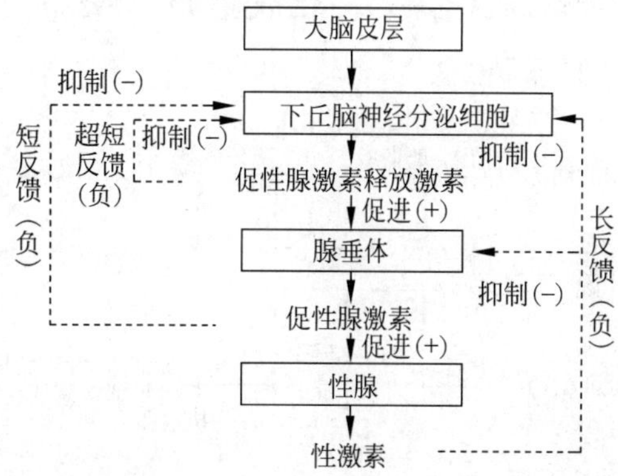

［知识扩展］

雌激素的调控既存在负反馈又存在正反馈，以负反馈为主。一般情况下，雌激素浓度低于200pg/mL，进行负反馈，抑制下丘脑和垂体的分泌；排卵前期，雌激素浓度高于200pg/mL，进行正反馈，促进下丘脑和垂体的分泌。

＜知识细节＞

甲状腺激素分泌过多（甲亢），通过负反馈同时抑制TRH和TSH的分泌，TRH的减少又会引起TSH的减少，所以一定会表现为TSH的减少。但是因为还存在短反馈和超短反馈，甲状腺激素分泌过多不一定会引起TRH的减少。临床上，TRH有可能增多，也可能减少。性激素分泌过多也是如此。

① 有部分学习者把“负反馈”简单地理解为“抑制作用”，认为地方性甲状腺肿不是负反馈的结果，这种观点是没有理解负反馈的实质。

2）血糖平衡

（1）血糖平衡的意义

血糖就是指血液中的葡萄糖。正常人的血糖含量是 0.8～1.2g/L。**血糖可以通过三个途径得到补充：食物中的糖类消化、吸收；肝糖原分解；脂肪等非糖物质转化成糖类（称为糖异生）。血糖有三种去路：氧化分解；合成肝糖原、肌糖原；转化成脂肪、非必需氨基酸等**（如下图）。

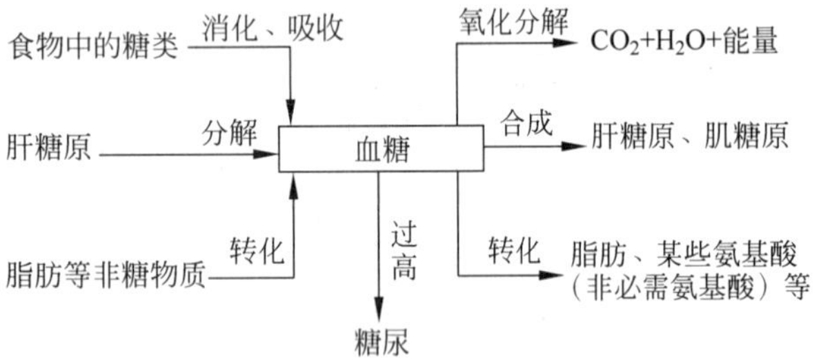

<版本差异>

正常人的空腹血糖浓度有不同表示方法。80 ～ 120mg/dL，0.8～1.2g/L，80 ～ 120mg/100mL，0.08%～0.12%，这几个写法其实都是相同的数据。但是，目前医学上更常用的数据和表示单位为 3.9～6.1mmol/L，新人教版已采用这个写法，浙科版在活动部分也采用这个写法。

当血糖浓度为 50～60mg/dL 时出现低血糖早期症状：头昏、心慌、出冷汗、面色苍白、四肢无力，如及时能吃一些含糖较多的食物，或是喝一杯浓糖水，就可以恢复正常。

当血糖浓度低于 45mg/dL 时出现低血糖晚期症状：惊厥和昏迷等。只要及时从静脉输入葡萄糖溶液，症状就会缓解。

当空腹血糖浓度高于 130mg/dL 时叫高血糖症，血糖浓度在 130～160mg/dL 时不会出现糖尿。

血糖浓度为 160～180mg/dL 为肾糖阈，当超过肾糖阈时，一部分葡萄糖随尿排出，出现尿中含糖现象，营养流失。

（2）血糖浓度受激素和神经共同调节，但是以激素调节为主

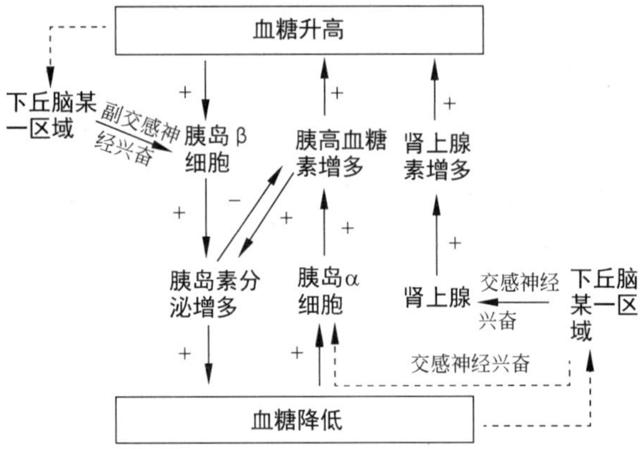

调节血糖平衡的激素种类：胰岛素、胰高血糖素、肾上腺素等（如上图）。

胰岛素促进血糖进入组织细胞；促进合成糖原，促进糖的氧化分解，促进糖转变成非糖物质；促进肾小管对原尿中葡萄糖的吸收；抑制肝糖原分解和非糖物质（如氨基酸）转化为葡萄糖。

胰高血糖素促进肝糖原分解、非糖物质转化为葡萄糖（称为葡萄糖的异生）。

肾上腺素促进肝糖原分解成葡萄糖。

总之，**人体中降低血糖的只有胰岛素，而能升高血糖的激素有多种**。另外，生长激素和糖皮质激素对糖代谢也有作用。

（3）胰岛素与胰高血糖素的直接作用

胰岛α细胞分泌的胰高血糖素可以通过旁分泌的作用刺激胰岛β细胞释放胰岛素，且胰高血糖素引起的血糖升高进一步引起胰岛素释放。而胰岛素可以通过旁分泌的方式直接作用于相邻的α细胞，抑制胰高血糖素的分泌，但胰岛素降低血糖可间接引起胰高血糖素的分泌。

在进化过程中会形成胰岛素与胰高血糖

素直接作用的机制与以下过程相关。饭后，血糖迅速升高，此时，要以最快的速度将血糖降下来以免形成糖尿，这就需要促进胰岛素分泌，而抑制胰高血糖素的分泌。人在饭后几个小时，血糖不断地被消耗，同时血糖又需要保持在一定的浓度，此时胰高血糖素的分泌使血糖升高，又需要分泌胰岛素来控制血糖升高的幅度不能过大。

3）体温调节

（1）体温的含义和人体体温的动态平衡

人的体温是指身体内部的温度。由于身体内部的温度不容易测量，所以临床上常以口腔、腋窝和直肠的温度来代表体温。正常人的口腔温度为36.7～37.7℃，平均37.2℃；腋窝温度为36.0～37.4℃，平均36.8℃；直肠温度为36.9～37.9℃，平均37.5℃。人体的体温一天内波动很小，这是因为人体中产热和散热达到平衡。人的体温会因年龄、性别、时间而在狭小的范围内变动。

（2）人体具有极强的调节体温的能力

英国实验生理学家勃莱登于1775年对自己身体进行了试验：如果空气干燥，人可以在120℃室温下停留15min，并无不良反应，体温仍可保持稳定。在此温度下，只用13min，就可将一盘牛肉烤熟。这说明人或高等动物维持体温恒定的能力是极强的。若在湿度饱和的空气中，室温虽只48～50℃，人也只能耐受很短的时间，这是潮湿环境下汗液不能蒸发的缘故。

（3）人体调节温度的机制

体温调节有激素参与，但是以神经调节为主（如下图）。温度变化引起的血管收缩或舒张、骨骼肌战栗、排汗等是通过反射活动来

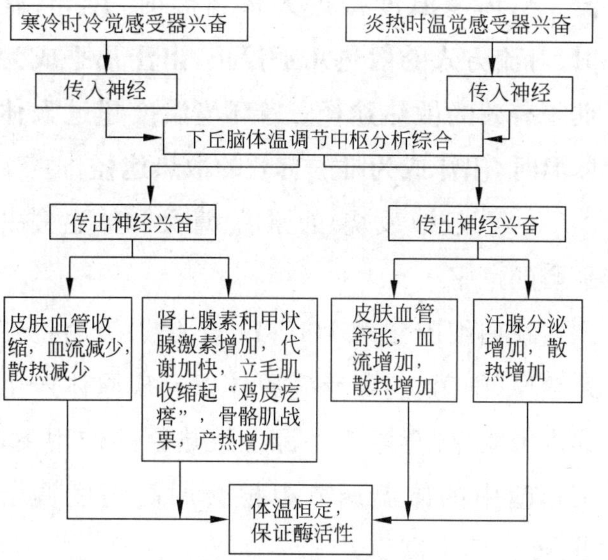

实现的。恒温动物调节体温的机制是负反馈。

人作为恒温动物，在正常情况下，产热和散热处于平衡状态。

体温调节中枢是下丘脑。皮肤、黏膜和内脏器官中的温度感受器有两种：温觉感受器和冷觉感受器。另外，下丘脑、脑干和脊髓也存在对温度变化敏感的神经元。

当人处于寒冷环境中，人体与环境之间的温差增加，散热增加，为了维持体温，人体需要增加产热，减少散热。此时，人体增加产热的途径有：通过促进分泌肾上腺素和甲状腺激素来加快代谢，增加产热；通过骨骼肌战栗来产热。人体减少散热的途径有：主动添加衣服；立毛肌收缩起鸡皮疙瘩；皮肤血管收缩，减少血流。

当人处于炎热环境中，人体与环境之间的温差减少，甚至会出现外界温度高于人体温度的情况。因为人体需要进行呼吸作用和其他各种代谢来维持生命，所以生化反应中热能的释放是不可避免的，此时人体为了维持体温，需要增加散热。人体增加散热的途径有：汗腺分泌增加；皮肤血管舒张，增加血

流。当环境温度接近人体体温时，传导、辐射、对流方式的散热几乎停止，出汗几乎成为唯一有效的散热途径；当环境温度超过人体体温时，出汗成为唯一有效的散热途径。

(4) 发热(发烧)的原因、意义和体温失去平衡的危害

在白细胞介素-1(IL-1)、干扰素等内生性致热原，细菌、病毒等病原体以及病原体产生的内毒素、外毒素等外源性致热原的作用下，下丘脑中的体温调节中枢会调高温度调定点，使体温上高。

一定限度(比常温高 2.5℃左右，持续一天左右)内的发热是机体抵御疾病的生理性防御反应。体温升高后，细菌等病原体的繁殖能力降低，活性降低；同时白细胞的增殖能力和吞噬能力增强；通过增强肝、脾储存铁离子的作用，以及通过乳铁蛋白的作用(乳铁蛋白与铁离子结合后被巨噬细胞吞噬)，使血液中铁离子降低，抑制细菌的繁殖和生长。

高热可导致消耗增大、血容量缺失、食欲减退、体力下降；过高热或迅速升高的体温甚至可导致中枢、呼吸及循环功能紊乱或衰竭等。所以，过高或长期的发热不利于健康，需要考虑给予适当的退热降温措施。

当人体体温低于 28℃时，人会丧失意识；低于 22℃时，可能导致死亡；而高于 41℃时，则会引起中枢神经系统障碍，出现说胡话，神志不清等症状；高于 43℃时，有生命危险。成年人体温每升高 1℃，心率每分钟增加 10 次，儿童可增加 15 次。

＜知识细节＞

(1) 人体通过传导、辐射、对流、蒸发等方式散热。人体最主要散热途径是辐射。蒸发散热包括有感蒸发和无感蒸发，有感蒸发就是出汗。人体蒸发的水，1/3 是通过呼吸排出的，2/3 是从皮肤蒸发的。

有些哺乳动物(如犬和猫)和所有的鸟类没有汗腺，体温较高时会张口喘气，通过呼吸道增加蒸发量来加快散热。

(2) 恒温动物能维持体温平衡，但是体外培养的恒温动物的细胞没有维持体温平衡的能力。所以，当外界温度下降时，恒温动物的代谢会加快以增加产热，但是体外培养的细胞的代谢因为温度下降而减慢。

(3) 当人发热，并持续在一定高温时(高温持续期)，此时的散热量还是等于发热量，否则体温会发生改变。

＜版本差异＞

浙科版关于产热部位的描述：人体在安静时主要由内脏、肌肉、脑等组织的代谢过程释放热量；劳动和运动时，肌肉成为主要产热组织。人教版关于产热部位的描述：在安静状态下，人主要通过肝、脑等器官的活动提供热量；运动时，骨骼肌成为主要的产热器官。

［知识扩展］

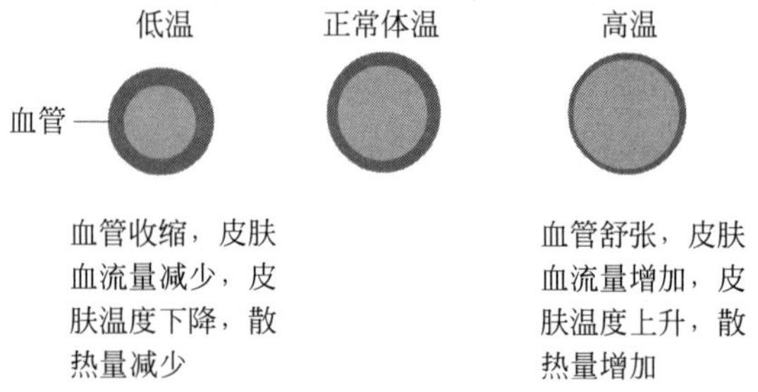

［知识扩展］

立毛肌收缩能够使个体膨大，有利于对敌人产生恐吓作用；也可以使毛发蓬松，有利于保温。但是人类的毛发已经进化得又细又

短，所以人类的立毛肌收缩可能已经没有意义了。

6. 动物激素化学本质的总结

蛋白质或多肽类的激素只能注射，不能口服，因为蛋白质和多肽会在消化道内被消化成氨基酸和小肽。而醛固酮、性激素和氨基酸衍生物类的激素可以口服。

1）**蛋白质或多肽类激素**：各种促激素、各种释放激素、抗利尿激素、生长激素、胰岛素、胰高血糖素等。总之，**下丘脑、垂体和胰岛产生的激素都是蛋白质或多肽类。**

2）**固醇类激素：醛固酮、各类性激素等。**

3）**氨基酸衍生物类激素：甲状腺激素、肾上腺素等。**

7. 激素的协同作用和拮抗作用

1）协同作用：是指不同激素对同一生理效应发挥相同的作用，从而达到增强效应的作用。

例如，**生长激素和甲状腺激素的作用关系是协同作用**。生长激素主要通过促进蛋白质合成和骨的生长达到促进生长的作用；甲状腺激素则对机体的生长发育，尤其是中枢神经系统的发育和功能具有重要的作用。二者协同作用，保证机体正常的生长发育。

2）拮抗作用：是指不同激素对某一生理效应发挥相反的作用。

例如，**胰高血糖素和胰岛素的作用关系是拮抗作用**。胰高血糖素的主要作用是促进糖原分解和非糖物质转化为葡萄糖，从而使血糖含量升高；胰岛素的作用是促进血糖合成糖原，抑制非糖物质转化为葡萄糖，从而使血糖含量降低。正是二者的拮抗作用，才能使血糖的含量维持在相对稳定的水平。

8. 激素调节的特点

1）微量而高效。

激素在血液中含量很低，但却能产生显著的生理效应，这是由于激素的作用会被逐级放大。

2）通过体液运输。

内分泌腺没有导管，激素弥散到体液中，由血液运输到全身各处，所以激素调节属于体液调节。

3）作用于靶器官、靶细胞。

激素的作用具有“特异性”，它能选择性地作用于靶器官或靶细胞，如下丘脑分泌的促甲状腺激素释放激素的靶器官是垂体，垂体分泌的促甲状腺激素的靶器官是甲状腺，胰高血糖素的靶细胞是肝细胞和脂肪细胞等。肌肉不是胰高血糖素的靶器官，这是因为胰高血糖素的主要功能是促进肝糖原分解成葡萄糖，而肌糖原不能分解成葡萄糖。有的激素的靶细胞专一性不强，如生长激素的靶细胞是除了神经组织外的全身细胞，胰岛素、甲状腺激素、性激素的靶细胞几乎是全身细胞。

靶细胞中存在接受激素的受体。**含氮类激素（蛋白质、多肽和氨基酸衍生物类）一般有较强的极性，不能穿过磷脂层，对应的受体位于细胞膜上；固醇类的激素（如性激素）可以穿过磷脂层，对应的受体位于细胞质或细胞核中。性激素与胞浆受体结合后，进入细胞核中继续与核内的受体结合，进而调节相关基因的选择性表达**。但是，甲状腺激素是个例外，它是氨基酸衍生物，但是它的 R 基脂溶性很强，能穿过磷脂层，所以它的受体位于细胞内。

需要指出的是，**尽管激素的专一性非常强，只作用于特定的靶细胞，但是全身各处体液都含有激素，只不过只有特定的靶细胞才有此类激素的受体。**

4）**激素本质上是调节生命活动的信息分子（信号分子）。它既不组成细胞结构，又不提供能量（ATP提供能量），也不起催化作用（酶起催化作用）。**

5）**基本调节机制是反馈（主要是负反馈）。**

6）许多激素在发挥其调节作用后，主要在肝脏内被分解转化，从而降低或失去其活性，此过程称激素的灭活。

7）固醇类激素（如性激素）是通过扩散作用通过细胞膜，而其他激素是通过细胞的胞吐分泌到细胞外。

9. 神经调节与体液调节的区别与联系

类　型	神经调节	体液调节
反应速度	**非常迅速**	**比较缓慢**
作用范围	**准确、比较局限**	**比较广泛**
作用时间	**短暂**	**较长**
作用途径	**反射弧**	**体液运输**
共同点	神经递质和激素都是一种信号分子；神经调节与体液调节都存在分级调控现象	
联系	**两者共同协调、相辅相成；神经调节占主导地位；体液调节大多受中枢神经系统的控制；激素也可以影响神经系统功能。两者都存在分级调控现象**	

［**知识扩展**］

神经递质在与受体结合产生作用后，有些种类的递质被分解，有些被重吸收；激素在产生作用后则全部被分解灭活。神经递质的受体在细胞膜外侧（突触后膜外表面）；激素的受体既可以在细胞膜外侧，也可以在细胞内。

并不是所有的体液调节的信号分子都是激素，还存在气体信号分子，如NO、CO和H_2S，这三种组分相继被发现具有重要的生物活性，参与多种病理生理过程。CO_2对呼吸的调节也不属于激素调节。

第4节　免疫系统与免疫调节

本节知识框架：

1. 免疫的概念和功能
2. 免疫系统的组成
3. 免疫系统的三道防线
4. 非特异性免疫
5. 特异性免疫
6. 免疫系统的功能异常
7. 免疫学的应用

1. 免疫的概念和功能

1）概念

免疫字面上的意思为“免除疫病”。免疫是机体的一种特殊的保护性生理功能。

2）功能

通过免疫能够识别“自己”、排除“非己”，以维持内环境的平衡和稳定。

（1）免疫防御：对外起防卫功能，抗感染或防止其他抗原入侵。

（2）免疫监视：对内起监控功能，监控衰老、损伤、癌变细胞。

（3）免疫自稳：清除外界病原体和内部衰老、死亡或损伤的细胞。

2. 免疫系统的组成

- 免疫系统
  - 免疫器官(免疫细胞生成、成熟或集中分布的场所)
    - 中枢免疫器官 骨髓、胸腺
    - 周围免疫器官 扁桃体、淋巴结、脾
  - 免疫细胞(发挥免疫作用的细胞)
    - 吞噬细胞
      - 中性粒细胞
      - 单核细胞(进入组织液后分化为巨噬细胞)
    - 淋巴细胞
      - T淋巴细胞(在胸腺中成熟)
      - B淋巴细胞(在骨髓中成熟)
    - 肥大细胞、树突状细胞、嗜酸性细胞、嗜碱性细胞等
  - 免疫活性物质(由免疫细胞或其他细胞产生的发挥免疫作用的物质) 多种细胞因子、抗体、溶菌酶、补体等

1)免疫器官

中枢免疫器官(骨髓和胸腺)是免疫细胞产生并发育成熟的地方,就像部队的大本营和训练基地;周围免疫器官(扁桃体、淋巴结和脾)是免疫细胞集中分布的场所,也是它们"作战"的战场(人教版)。

胸腺位于胸骨的后面,分为两叶,既是免疫器官,又是内分泌器官。胸腺素是由胸腺分泌的、能促细胞分裂的、含28个氨基酸残基的多肽激素,包括三大类。它可诱导造血干细胞发育为T淋巴细胞,是免疫调节剂。

扁桃体位于悬雍垂(俗称小舌头)的两侧,曾被错误地认为是可有可无的结构,有因发炎而肿大的现象。

淋巴结沿淋巴管分布,主要集中在颈部、腹股沟、腋窝等处,淋巴(液)通过多根输入管进入淋巴结,经过淋巴结的处理(阻截和清除病原体,淋巴细胞增殖)后,通过多根输出管离开淋巴结。淋巴结有因内部细胞增生或肿瘤细胞浸润而体积增大的现象。

脾是最大的免疫器官,位于腹腔的左上方,受暴击容易破裂。除了免疫功能,脾还能储存血液,清除衰老的红细胞、血小板。胚胎早期的脾还有造血功能,但是当骨髓开始造血后,脾就停止造血。因为脾内仍含少量造血干细胞,当机体严重缺血时,可恢复造血。

2)免疫细胞

免疫细胞包括(颗)粒细胞、淋巴细胞、树突状细胞、单核/巨噬细胞、肥大细胞等。粒细胞含有许多颗粒,细胞核分成多叶(经常被误以为具有多个细胞核),根据染料染色结果不同分为三种:中性粒细胞、嗜酸性粒细胞和嗜碱性粒细胞。单核/巨噬细胞和淋巴细胞属于无颗粒细胞。血液中的免疫细胞俗称白细胞,也可以理解为血细胞中除了红细胞和血小板都是白细胞,包括粒细胞、淋巴细胞、单核细胞。**不要误以为淋巴细胞只存在淋巴中,血液和淋巴结中也存在淋巴细胞。**中学教材中的淋巴细胞主要指T淋巴细胞(简称**T细胞**)和B淋巴细胞(简称**B细胞**)两大类。

另外,现在发现红细胞和血小板也参与免疫过程。

人类的吞噬细胞有大、小两种。小吞噬细胞是外周血中的中性粒细胞。大吞噬细胞是血中的单核细胞和多种器官、组织中的巨噬细胞,两者构成单核吞噬细胞系统。单核细胞原本在血液中,从毛细血管中钻出进入组织液后分化为巨噬细胞。除了吞噬细胞,内皮细胞(血管、淋巴管的内表面)、B细胞和树突状细胞都有吞噬、处理和呈递抗原的能力,称为抗原呈递细胞(antigen-presenting cells,APC)。

[知识扩展]

树突状细胞(DC),因其成熟时伸出许多树突样或伪足样突起而得名,分为髓系和淋巴系两类,前者是目前所知的功能最强的抗原呈递细胞。

3) 免疫活性物质

免疫活性物质是指能发挥免疫作用的物质,有些由免疫细胞(白细胞)产生,有些由其他细胞产生,包括细胞因子、抗体、溶菌酶、补体等。

细胞因子是免疫细胞所释放的可溶性免疫活性物质,包括白细胞介素、干扰素等,能促进淋巴细胞的增殖和分化,加强淋巴细胞的作用。

白细胞介素目前发现有38种,由白细胞产生又在白细胞间发挥作用,因此而得名。白细胞介素-1又称淋巴细胞刺激因子,主要由活化的单核巨噬细胞产生。白细胞介素-2(IL-2)曾称T细胞生长因子(TCGF),是一种糖蛋白,主要由活化的辅助性T细胞产生,在体液和细胞免疫中都起作用,但是浙科版只在其中一种免疫过程中提及,造成了某些题目错误。另外,IL-2在非特异性免疫中也起作用。

溶菌酶能有效地水解细菌细胞壁的肽聚糖。溶菌酶若在口腔、眼泪中发挥杀菌作用,属于第一道防线;若在体液中,则属于第二道防线。两种情况都属于非特异性免疫。尽管吞噬细胞的溶酶体内含有溶菌酶,但是大多数溶菌酶与溶酶体无关。

补体是存在于血清与组织液中的一组经活化后具有酶活性的蛋白质,对免疫系统(如抗体)起到补充作用。

[知识扩展]

细胞因子风暴是指免疫系统被过度激活,多种细胞因子进入正反馈通道,血管通透性增加,大量的免疫细胞聚集在感染部位,组织液增加,炎症加剧。细胞因子风暴是免疫系统采取的自杀式攻击手段,无差别地攻击病原体和自身细胞,进而引发全身炎症、多器官衰竭而死。其中,引起肺部窒息是最常见的。利用糖皮质激素的免疫抑制作用是应对它的一种方法。

4) 淋巴细胞的分化和活化

淋巴细胞起源于淋巴干细胞(全称淋巴样干细胞,为造血干细胞的一种)。如果在胚胎期和初生期迁移到胸腺(thymus)中发育,将分化为T淋巴细胞,又称胸腺依赖性淋巴细胞;如果继续留在骨髓(bone marrow)中发育,将分化为B淋巴细胞。

T细胞分为辅助性T细胞(T helper cell, helper T cell, Th)、细胞毒性T细胞(cytotoxic T lymphocyte, CTL; cytotoxic T cell Tc)等。

成熟的T细胞和B细胞转移到周围淋巴器官以后,还会在血液和淋巴中进行巡查,只有受到抗原的刺激(称为致敏),并接受细胞因子的作用,才可能分别活化并增殖分化为效应T细胞和效应B细胞(又称浆细胞)。

而未受抗原刺激的细胞称为初始T细胞和初始B细胞(naive T cell/naive B cell),浙科版翻译成处女T细胞和处女B细胞。

[知识扩展]

在幼鸟中,B细胞在腔上囊(buras of

fabricius,又称法氏囊)发育成熟,这是B细胞的名称来源。人类胚胎期的B细胞来源于胎肝和胎脾,成体则来源于骨髓。

[**知识扩展**]

除了淋巴细胞和某些树突状细胞,其他的免疫细胞(如巨噬细胞等)和红细胞一样起源于髓样干细胞(造血干细胞的一种)。

[**知识扩展**]

淋巴细胞在血液、淋巴和淋巴器官之间反复循环,称为淋巴细胞再循环。我们知道淋巴可以通过左右锁骨下静脉流入血管,但是血液无法直接流入淋巴,那么血液中的淋巴细胞是如何从血液进入淋巴?高内皮细胞微静脉(HEV)是淋巴细胞再循环的重要环节之一。HEV是淋巴组织中特殊的毛细血管后微静脉,这种血管见于除脾以外几乎所有的周围淋巴器官和淋巴组织中。淋巴细胞可以挤过HEV的血管壁的细胞间隙,进入组织液,然后再进入毛细淋巴管。这样,淋巴细胞既可经淋巴管进入血液循环,又可通过HEV再返回淋巴器官和淋巴组织内,如此周而复始。

3. 免疫系统的三道防线

1) 非特异性免疫和特异性免疫构筑起免疫系统的三道防线

- 免疫防线
  - 非特异性免疫
    - 第一道防线
      - 体表物理屏障:皮肤、黏膜
      - 体表化学防御:油脂、溶菌酶(眼泪中)、胃酸
    - 第二道防线
      - 吞噬细胞、血浆蛋白、
      - 溶菌酶(体内)
  - 特异性免疫
    - 第三道防线
      - 体液免疫(抗原被体液中相应的效应B细胞分泌的抗体消灭)
      - 细胞免疫(抗原被相应的效应T细胞消灭)

2) 非特异性免疫与特异性免疫的比较

类 型	非特异性免疫	特异性免疫(免疫应答)
特性	非专一性,对多种病原体起作用	专一性,只能对某一特定的病原体或异物有防御作用
形成	先天就具有	后天逐渐形成
作用	强度弱	强度强

4. 非特异性免疫

1) 第一道防线

皮肤和黏膜构筑了第一道防线中的物理屏障。此外还有化学防御,如皮肤中有许多汗腺和皮脂腺,汗腺排泄出的乳酸对病原体的生长不利,油脂腺分泌的油脂有一定的杀菌作用。

<**版本差异**>

浙科版所描述的油脂腺更多地被称为皮脂腺,也有资料说皮脂腺分泌的脂肪酸有一定的杀菌作用。

2) 第二道防线

皮肤破损后,病原体进入体内会引发炎症反应。某些细胞释放的物质会引发神经冲动,产生痛觉;毛细血管扩张,皮肤变红;毛细血管的通透性升高,蛋白质和液体溢出,组织水肿。此时白细胞会通过毛细血管壁细胞之间的间隙,从毛细血管进入组织液吞噬病原体。死亡的白细胞、活的白细胞、坏死细胞和死细菌结合在一起形成黄色黏稠液体,称为脓液。炎症反应伴有局部发热,可以增强白细胞的吞噬能力。

[**知识扩展**]

伤害性刺激作用于机体,造成组织损伤和炎症反应,刺激组织释放某些内源性致痛物质如氢离子、钾离子、组织胺、5-HT、缓激肽和前列腺素等,这些内源性致痛物质能使游离的神经末梢产生痛觉冲动。

5. 特异性免疫

1）抗原和抗体

（1）抗原

① **抗原(antigen，Ag)是能引起机体产生特异性免疫反应的物质**。抗原可以是病原体、寄生虫、异体组织、自体癌细胞、过敏原等。

② 抗原一般具有以下三个特点。异物性：抗原一般是进入人体的外来物质，也有可能是癌细胞或其他的自身物质；大分子性：抗原通常都是相对分子质量大于10000的物质；特异性：**抗原的特异性取决于抗原决定簇**。抗原决定簇(antigenic determinant)是决定抗原特异性的特殊化学基团，大部分存在于抗原的表面，小部分存在于抗原的内部，后者需要经酶或其他方式处理后才能暴露出来。一种天然的抗原物质往往含有很多种抗原决定簇。单个抗原决定簇也可以称为抗原，所以整个病原体以及病原体中某些结构或分子都可称为抗原。

［**知识扩展**］

抗原的基本特性有两种：一是诱导免疫应答的能力，也就是免疫原性；二是与免疫应答的产物发生反应，也就是反应原性。

只具有反应原性而没有免疫原性的物质，称为半抗原，如青霉素、磺胺等。半抗原没有免疫原性，不会引起免疫反应。但在某些特殊情况下，半抗原和大分子蛋白质结合以后，就获得了免疫原性而变成完全抗原，也可以刺激免疫系统产生抗体和效应细胞。在青霉素进入体内后，如果其降解产物（青霉噻唑酸和青霉烯酸）和组织蛋白结合，就获得了免疫原性，并刺激免疫系统产生抗青霉素抗体。当青霉素再次注射进人体内时，抗青霉素抗体立即与青霉素结合，产生病理性免疫反应，出现皮疹或过敏性休克，甚至危及生命。

自身物质一般不具免疫原性。有些隐蔽的自身成分(如眼晶体蛋白、精子等)在正常情况下与免疫系统是隔绝的，但是一旦屏障遭到破坏，这些物质进入血流，即可与免疫活性细胞接触而成为自身抗原异物。如某患者一只眼球受伤导致晶状体破裂，若不立即摘除，则另一只健康眼睛也将失明。其主要原因是流出的晶状体蛋白进入血液后成为抗原，免疫系统产生的抗体会攻击另一只眼球组织。另外，自身物质在外伤、感染、药物和射线的影响下，其理化性质发生质的改变时，也可成为具有免疫原性的抗原物质。如阳光中的UVA和UVB这两种穿透性紫外线会直达皮肤真皮层，使过敏体质人群受照射区皮肤出现红、痒、热、痛，这便是医学上常说的日光性皮炎，即紫外线过敏。

（2）抗体

抗体(antibody，Ab)本质上是一类能与抗原特异性结合的免疫球蛋白(immunoglobulin，Ig)。抗体是与抗原相对应的一个概念，突出的是其生物学功能（活性）；免疫球蛋白是结构和化学本质上的概念。

抗体的基本结构是四条多肽链，即由两条相同的相对分子质量较大的肽链（称为重链、heavy chain、H链，重链会被糖基化）和两条相同的相对分子质量较小的肽链（称为轻链、light chain、L链）组成。肽链间以二硫键连接，形成构成免疫球蛋白分子的基本结构(单体)。

单体的平面结构呈"Y"字形，分为可变区（氨基端）和恒定区（羧基端）。IgG 的结构如下图所示。可变区结合特定的抗原，两个可变区结合的抗原是一样的，这样的结构有助于抗体将众多同种抗原凝集，形成沉淀。

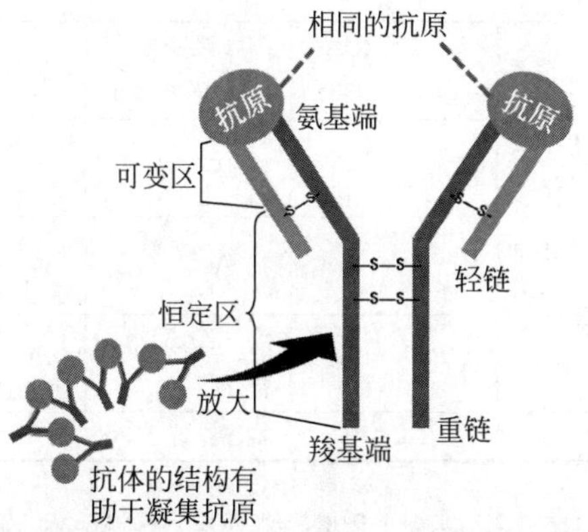

根据重链恒定区的不同，抗体分为五大类：IgM、IgG、IgA、IgD 和 IgE。

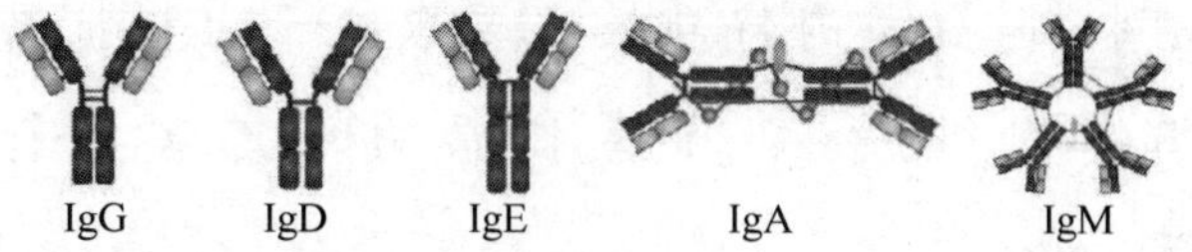

［知识扩展］

IgG 是最重要的免疫球蛋白，IgE 则与速发型过敏有关。

重链恒定区的尾部（羧基端），有些是疏水性序列，有些是亲水性序列，前者可以让抗体锚定在膜上，后者有利于分泌。据此，抗体分为**分泌型免疫球蛋白（secreted Ig，sIg）和膜型免疫球蛋白（membrane Ig，mIg；surface membrane Ig，smIg）**。**效应 B 细胞能产生和分泌分泌型免疫球蛋白，但不能产生膜型免疫球蛋白**。效应 B 细胞通过胞吐分泌抗体，体现了细胞膜的流动性（耗能过程），而且细胞中核糖体、内质网和高尔基体等细胞器特别发达。**分泌型抗体主要存在于血清（血浆，血液）中，也可存在于组织液和外分泌液（乳汁）中**。除了效应 B 细胞以外的 B 细胞，包括未成熟 B 细胞、成熟 B 细胞、致敏的 B 细胞、记忆 B 细胞等都能产生膜型免疫球蛋白，但不能产生分泌型免疫球蛋白。膜型免疫球蛋白可以作为 B 细胞的细胞膜表面的抗原受体（B cell antigen receptor，BCR）。

＜版本差异＞

一般来说，分泌型免疫球蛋白才称为抗体，但是在旧浙科版中，膜型免疫球蛋白也称为抗体，这就造成了某些题目答案的不一致。按照旧浙科版的说法，抗体分为分泌型抗体和膜型抗体。

［知识扩展］

因为一种生物的抗体在另一种生物的体内也是一种外来蛋白，也可以产生针对这种抗体的抗体，也就是抗体的抗体，简称二抗。

2）特异性免疫为何会有特异性

未成熟的 B 细胞、成熟的 B 细胞以及记忆 B 细胞的细胞膜上都有抗原受体，抗原受体具有特异性。效应 B 细胞分泌的 sIg 具有特异性。

T 细胞膜表面的抗原受体（T cell antigen receptor，TCR）也具有特异性。

一个淋巴细胞只能产生一种抗原受体或分泌型免疫球蛋白，这些物质具有特异性，所以任何淋巴细胞都具有特异性。

B 细胞抗原受体能直接接受和识别各种呈递形式的抗原，而 T 细胞抗原受体只能接受和识别以抗原-MHC 复合体形式呈递的抗原（在巨噬细胞、树突细胞等抗原呈递细胞的细胞膜上或宿主细胞的细胞膜上），而不能直接接受和识别抗原。

［**知识扩展**］

一个抗体只能针对一种抗原，但是反过来，一种抗原可以对应多种效应淋巴细胞和多种抗体，因为一个抗原上可能存在多种抗原决定簇。

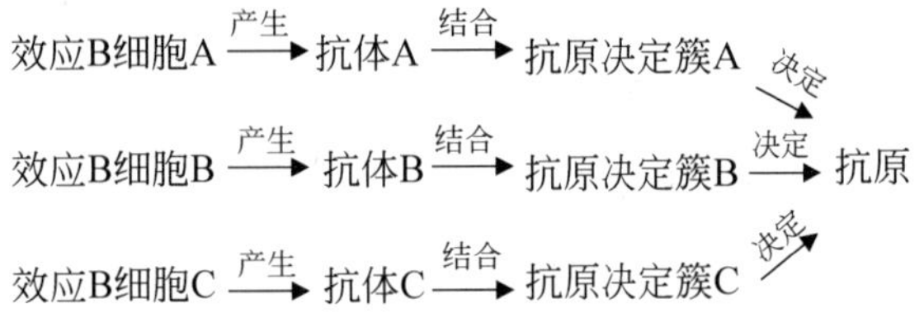

抗体的专一性是相对而言的，当两种抗原的抗原决定簇非常相像时，可能与同一种抗体结合。这和酶的专一性的相对性是一个道理。

［**知识扩展**］

为了能够防御所有可能的病原微生物的感染，特异性免疫应答系统必须能够识别所有可能的外来抗原物质。人体中可以识别抗原的受体约有 10^{12} 种（人教版说人体内 B 细胞种类有 10^9 以上），而人的基因总数仅为 3～5 万个。解释此问题主要是用“基因片段重排”的假说。对于此假说，可以打个比方，积木的形状是有限的，只有正方形、长方形、圆柱形、三角形、圆锥形、球形等几种，但是用这几种积木可以搭建起无限种类的形状。

许多科普资料往往将复杂的免疫原理进行简化，如一种抗原含有一个抗原决定簇。所以在某科普资料中描述 B 型流感第一次入侵人体：人体中数以万亿计的 T 细胞和 B 细胞，都只能针对一种抗原，它们随时待命，听从召唤。其中，能对付 B 型流感的只有一个 T 细胞和一个 B 细胞（其实应该是数量极少，只有一个有点夸张了）。当然一个 T 细胞和一个 B 细胞数量太少，所以当它们接受到抗原信息后，在细胞因子的刺激下需要迅速增殖和分化成效应淋巴细胞。

＜**生活情景**＞

人类红细胞血型由多达二十多种的血型系统组成，ABO 和 Rh 血型是与人类输血关系最为密切的两个血型系统。

（1）ABO 血型

血　型	基因型	红细胞表面抗原（凝集原）	血浆中抗体（凝集素）	显隐性关系
A	I^AI^A、I^Ai	A	抗 B	I^A 对 i 为完全显性
B	I^BI^B、I^Bi	B	抗 A	I^B 对 i 为完全显性
AB	I^AI^B	A，B	无抗 A，无抗 B	I^A 与 I^B 为共显性
O	ii	无 A、无 B	抗 A、抗 B	

ABO 血型物质除存在于红细胞膜上外，还出现于唾液、胃液、精液等分泌液中。血型物质的化学本质是构成血型抗原的糖蛋白或糖脂，而血型的特异性主要取决于血型抗原糖链的组成（即血型抗原的决定簇在糖链上）。

1902 年，奥国病理学家、免疫学家卡尔·兰德斯坦纳提出某些人的红细胞上存在一种抗原，于是他用 A 做标记，且这些人血清中有抗 B 的抗体；另一些人存在另一种抗原，他用 B 做标记，而这些人血清中有抗 A 的抗体；还有些人存在 A 和 B 两种抗原，血清中没有抗 A 和抗 B 的抗体；而还有一群人没有这两种抗原，血清中有抗 A 和抗 B 的抗体。

四种血型的红细胞上都含有 H 抗原，O 型的红细胞上也含有 H 抗原。H 抗原是形成 A、B 抗原的结构基础（如下页图）。A、B、O 三种血型抗原化学结构的差异，仅在于糖链末端的一个单糖。A 抗原糖链末端为 N-乙酰半乳糖胺，而 B 抗原糖链末端为半乳糖，H 抗原和A、B抗原相比则糖链末端少1个半乳糖或N-乙酰半乳糖胺。极少的人红细胞表面没有A、B、H抗原，是极其罕见的孟买血型。示意图如下：

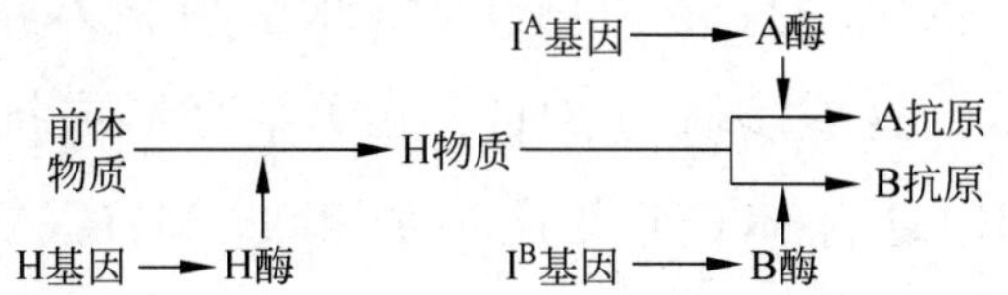

ABO血型中还存在一些亚型，如A1和A2亚型。

(2) Rh血型

1940年，有人用恒河猴的红细胞免疫豚鼠和家兔，结果在豚鼠和家兔身上获得了一种免疫血清，这种血清不但能凝集恒河猴的红细胞，也可以与部分人的红细胞产生凝集反应，也就是说这些人的红细胞跟恒河猴的红细胞有一个共同的抗原点。因此以猴子的名字Rhesus Macaus的字头缩写命名抗原为Rh抗原。

根据有关资料介绍，Rh阳性血型在中国汉族及大多数民族人中约占99.7%，个别少数民族约为90%。

Rh阳性血型的人，红细胞上有Rh抗原(包含多种抗原，所以Rh血型被认为可能是最复杂的血型系统；临床上主要指抗原D)，虽然这种异体抗原当输入到有同样抗原的人身上时，自然就相容；但当输入到没有这种抗原的人身上时，受血者就会把这种抗原识别为异体物质，从而产生抗Rh抗原的抗体，抗体能与带Rh抗原的红细胞发生凝集。

Rh阴性母亲怀Rh阳性胎儿，第一胎时，母体受胎儿抗原致敏产生抗体，但抗体效价较低一般不易发生溶血；如果怀第二胎时仍为Rh阳性胎儿，则抗体通过胎盘进入胎儿体内可导致新生儿溶血病发生。若Rh阴性母亲在孕前曾接受Rh阳性者血液，则第一胎时即可引起Rh阳性胎儿的新生儿溶血病。

3) MHC分子及其功能

(1) MHC分子的发现

20世纪，科学家发现在不同种属或同种不同品种的个体间进行组织移植时，会出现排斥反应，其本质是细胞表面的同种异型抗原[①]诱导的一种免疫应答。这种代表个体特异性的同种异型抗原称为“移植抗原”或“组织相容性抗原”，其中能引起强烈而迅速排斥反应的抗原称为主要组织相容性抗原，引起较弱排斥反应的抗原称为次要组织相容性抗原。

主要组织相容性抗原是一个复杂的抗原系统，编码这一系统的基因位于同一染色体片段上，是一组紧密连锁的基因群，称为主要组织相容性复合体(major histocompatibility complex，MHC)。MHC分子是由MHC编码的一种特异的糖蛋白分子。

注意，MHC分子是在细胞内部合成后，才移动到细胞表面的。

[**知识扩展**]

由于人类的MHC分子首先在白细胞表面被发现，故称其为人类白细胞抗原(HLA)。

① 同种异型抗原是指来自同种生物而基因型不同的个体的抗原物质。

（2）MHC分子的功能

① **MHC分子是细胞特征标记，可以用于区分自己的细胞和异己的细胞。所以MHC分子本质上是一种抗原，切勿当作受体。**

在胚胎发育时产生，几乎所有细胞的细胞膜上都存在MHC分子。除了同卵双胞胎以外，没有两个人有相同的MHC分子，如同人的指纹各不相同一样。

这个标志是每一个人特有的身份标签，每一个人的免疫系统都认识这些自身的身份标签。在正常情况下，免疫系统能区分自己细胞的MHC分子和异己细胞的MHC分子，不会排斥自己细胞，但会排斥异己细胞。

［**知识扩展**］

人体成熟的红细胞表面其实没有MHC分子，所以浙科版说所有的人体细胞都有MHC分子不太精确。

＜**知识细节**＞MHC分子与抗原决定簇的联系和区别

项　目	抗原决定簇	MHC分子
特征	一般指病原体（细菌、病毒）和一些非细胞的异己物质的特征标记	自体细胞的特征分子
化学成分	蛋白质、多糖、糖蛋白等	糖蛋白
联系	都是一种特征标记	

② **MHC分子能将抗原信息呈递到细胞表面**，根据其呈递的抗原是来源于细胞内部还是外部，分为MHCⅠ分子和MHCⅡ分子两类。

MHCⅠ分子分布于几乎各种真核细胞表面，呈递内源性抗原。病毒感染宿主细胞后，病毒遗传物质在细胞内表达病毒蛋白，这种蛋白质就是一种内源性抗原。肿瘤细胞合成的一些特殊蛋白也是内源性抗原。内源性抗原在细胞内被降解为多肽，这些多肽与MHCⅠ分子结合，并移动到细胞膜表面，再被细胞毒性T细胞识别。

MHCⅡ分子主要分布在抗原呈递细胞的表面，呈递外源性抗原。抗原呈递细胞吞噬抗原，吞噬体（吞噬泡）与溶酶体融合，降解抗原。抗原主要是蛋白质，因此主要被水解成多肽。这些多肽与MHC分子结合形成抗原-MHC复合体（其实是抗原多肽-MHC复合体）并移动到细胞表面，与辅助性T细胞的相应受体（TCR）结合，从而被识别。辅助性T淋巴细胞接受抗原-MHC复合体，并接受由主要由巨噬细胞分泌的白细胞介素-1后活化，开始增殖分化，并分泌白细胞介素-2等淋巴因子（细胞因子），如下图。

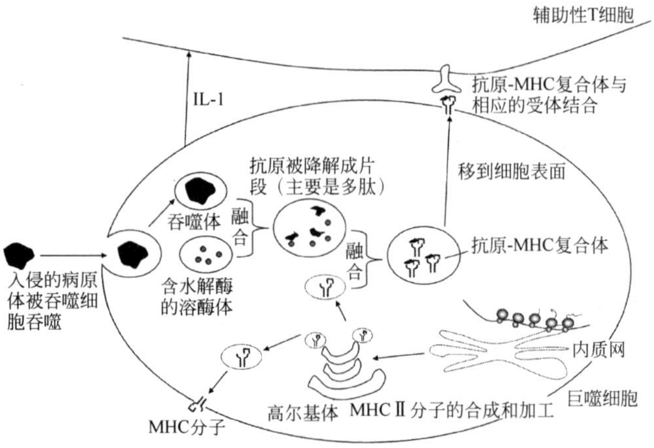

＜**知识细节**＞

MHC分子是在细胞内部合成后，才移动到细胞表面的。MHC分子与抗原结合形成抗原-MHC复合体也是发生在细胞内部，然后抗原-MHC复合体才移动到细胞表面的。

4）特异性免疫之体液免疫

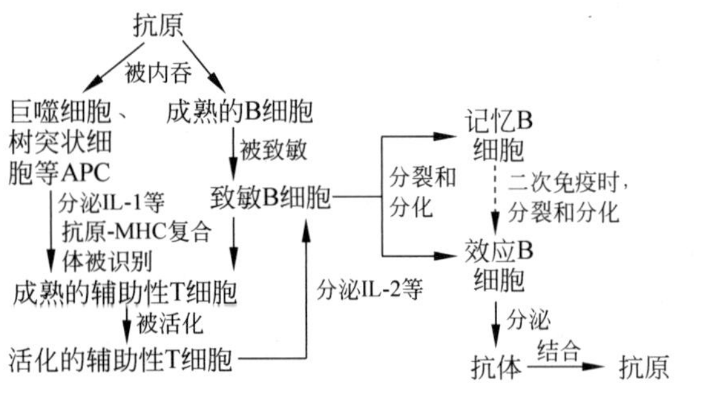

蛋白质类抗原被某些成熟的B细胞的BCR接收到，会使B细胞致敏。除必须有抗原刺激作为第一信号外，这些成熟的B细胞的分裂和分化还需接触活化的辅助性T细胞Th及其分泌的细胞因子作为第二信号（如上页图）。辅助性T细胞在此过程非常重要，故这类蛋白质类抗原称为胸腺依赖抗原（thymus dependent antigen，Td），对应的B细胞称为T细胞依赖性B细胞亚系。

非蛋白抗原（如多糖、脂类、核酸等）致敏B细胞后，无需辅助性T细胞就能分裂和分化，这类抗原称为非胸腺依赖性抗原（thymus independent antigen，Ti），对应的B细胞称为T细胞不依赖性B细胞亚系。

成熟的B细胞在遇到抗原刺激时，除了会分化成效应细胞外，还会分化为记忆B细胞。记忆B细胞能保持对抗原的记忆，当同一种抗原再次进入机体，引发二次免疫应答（再次免疫应答）时，记忆B细胞会迅速增殖、分化，形成大量的效应B细胞，产生更快、更强的特异性免疫反应。

<**知识细节**>

下图为免疫反应示意图：第二次加入抗原A引起的免疫反应比第一次加入A时反应剧烈，第二次加入抗原A引起的免疫反应比同时第一次加入的抗原B引起的免疫反应剧烈。

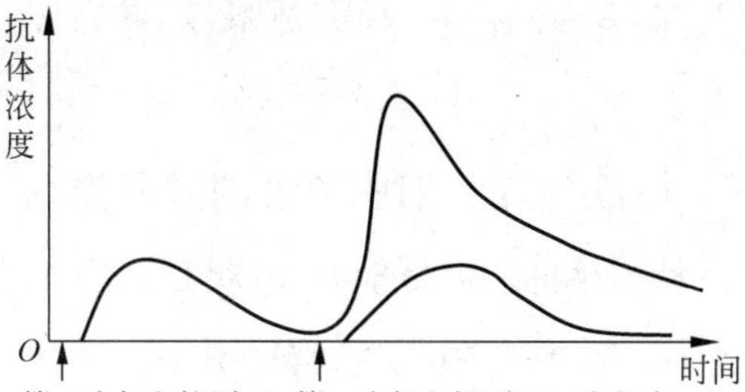

效应B细胞（会快速大量凋亡）和抗体在体内存留时间相对较短，而记忆细胞则可长期存在或终生存在。针对不同抗原的记忆细胞的存在时间长短不一，比如针对天花的记忆细胞可以终生存在，针对乙肝的记忆细胞可以存在好几年，而针对一般流感的记忆细胞只能存在几个月。

效应B细胞的细胞膜上没有抗原识别受体，它是免疫反应中唯一没有识别抗原能力的细胞。效应B细胞没有增殖和分化的能力，可由致敏的B淋巴细胞和记忆B细胞增殖分化而来。

效应B细胞分泌的抗体产生效应的方式主要有四种：①与病菌结合，抑制其繁殖或对宿主细胞的黏附；②与病毒结合，使其失去侵染和破坏宿主细胞的能力；③与抗原结合，使其形成沉淀或细胞集团，进而被吞噬细胞吞噬消化（起这种作用的抗体称为凝集素）；④中和致病菌产生的外毒素毒性（起这种作用的抗体称为抗毒素）。

<**知识细节**>

巨噬细胞和树突状细胞对抗原的识别、吞噬和处理是非特异性的，但这些细胞将抗原-MHC复合体呈递给辅助性T细胞，以及它们吞噬抗原-抗体结合物都是特异性免疫的基础。所以，巨噬细胞和树突状细胞存在于第二道防线，但是在第三道防线中也起作用。

B细胞和巨噬细胞、树突细胞一样，会内吞和处理抗原，然后将抗原-MHC复合体呈现在细胞膜上，被辅助性T细胞识别，从而启动辅助性T细胞的活化、分裂和细胞因子的分泌。

5）特异性免疫之细胞免疫

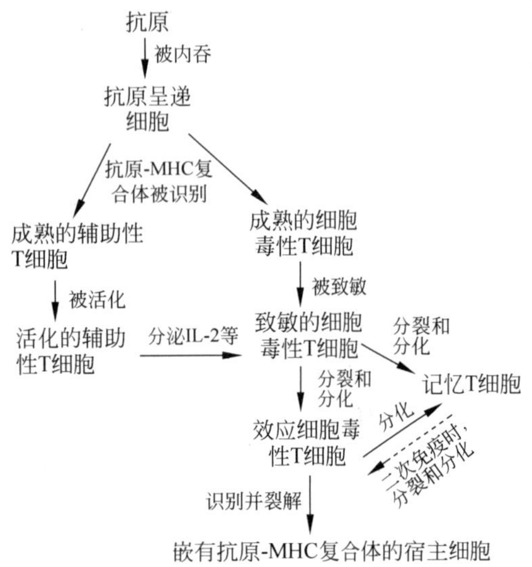

其实，无论是体液免疫还是细胞免疫，都可以大致分为三个阶段：感应阶段、反应阶段（增殖分化阶段）和效应阶段。特异性免疫的感应阶段和增殖阶段主要发生在淋巴结中，所以发炎时在发炎部位附近的淋巴结会肿大。细胞免疫与体液免疫在感应阶段差别不大，在效应阶段差别最大。

与成熟的B细胞不同，成熟的细胞毒性T细胞和辅助性T细胞只能接受以抗原-MHC复合体形式（MHCⅡ）呈递的抗原（在巨噬细胞、树突状细胞等抗原呈递细胞的细胞膜上），而不能直接接受抗原。

细胞免疫与体液免疫作用的对象不同，细胞免疫的作用对象是被病原体感染的宿主细胞、癌细胞和异体细胞，体液免疫作用的对象是体细胞外的抗原（如细菌外毒素、病毒等）。

细胞免疫与体液免疫的效应方式不同，前者是效应细胞毒性T细胞起直接作用，所以称为细胞免疫；后者是体液中的抗体起直接作用，所以称为体液免疫。

效应细胞毒性T细胞能识别被抗原入侵的宿主细胞（或称靶细胞、寄主细胞），因为这些宿主细胞的表面有对应的抗原-MHC复合体（MHCⅠ）。效应细胞毒性T细胞紧密接触宿主细胞后，会使用多种武器来裂解宿主细胞，其中之一是穿孔素。穿孔素能够在宿主细胞的细胞膜上打洞。效应细胞毒性T细胞还会通过更复杂的机制（包括释放颗粒酶B）来启动宿主细胞的凋亡进程。凋亡时，宿主细胞内的溶酶体破碎。各种途径都会使靶细胞的通透性改变，渗透压变化导致大量吸水，破裂死亡。**裂解后的宿主细胞会被吞噬细胞吞噬（如下图）。**

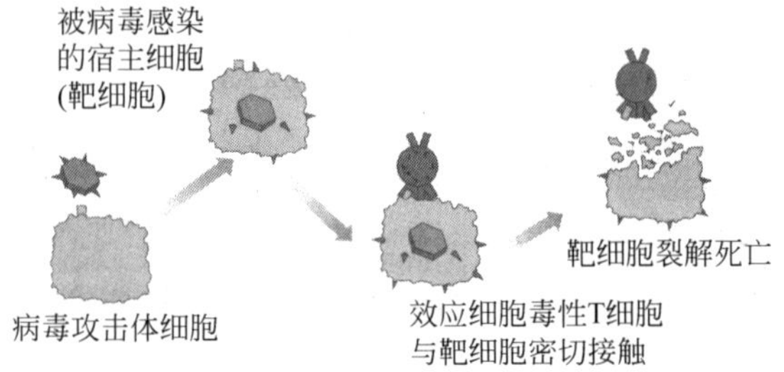

［**知识扩展**］

与记忆B细胞的来源不同，记忆T细胞的来源和界定目前存在争议。首先，辅助性T细胞和细胞毒性T细胞都存在对应的记忆细胞，但是它们分化的时机存在争议。其次，辅助性T细胞的记忆细胞是在何时分化的，是效应细胞毒性T细胞大量快速凋亡后，残存的部分细胞分化而来的（旧浙科版的观点），还是早就分化产生了，还有待研究。

6）体液免疫与细胞免疫的共同作用

在特异性免疫反应中，体液免疫与细胞免疫之间，既各自有其独特的作用，又可以相互配合，共同发挥免疫效应。

例如,进入体内的细菌外毒素,需要有特异的抗毒素(抗体)与它结合,才能使它丧失毒性,因此主要是体液免疫发挥作用;**结核杆菌(结核分枝杆菌)、麻风杆菌(麻风分枝杆菌)等是胞内寄生菌**,也就是寄生在宿主细胞内,而抗体是不能进入宿主细胞内的,这就需要通过细胞免疫的作用才能将这些病菌消灭。

例如,消灭病毒需要体液免疫与细胞免疫的共同作用。**在病毒感染中,往往是先通过体液免疫(抗体)的作用来阻止病毒通过血液循环而播散;对于已侵入细胞的病毒,则需要通过细胞免疫先裂解宿主细胞,使病原体失去藏身场所,被抗体结合(终结于体液免疫),再被吞噬细胞吞噬;或者凋亡的宿主细胞中溶酶体破碎,释放的核酸酶将病毒核酸水解;或者病原体连同宿主细胞直接被吞噬细胞吞噬(终结于细胞免疫)。**

6. 免疫系统的功能异常

- 免疫系统的功能异常
  - 过度反应
    - 过敏反应
    - 自身免疫病
  - 功能减退(免疫缺陷)
    - 先天性的免疫缺乏病
    - 后天获得的免疫缺乏病

免疫系统的功能异常包括免疫系统过度反应和免疫系统功能减退(即免疫缺陷)。免疫系统过度反应又称超敏反应(变态反应),包括过敏反应和自身免疫病。免疫系统功能减退包括先天性的免疫缺乏病和后天获得的免疫缺乏病。先天性的免疫缺乏病一般是遗传病,后天获得的免疫缺乏病是疾病或其他非遗传因素引起的。

免疫系统功能减退是指机体的免疫功能不足,从而不能有效抵抗抗原的感染。免疫系统功能减退会使机体对各种病原体的易感性增加,患者出现反复的、持续的、严重的感染,如气管炎、肺炎、中耳炎、化脓性脑膜炎和脓皮病,甚至恶性肿瘤发病率比同龄正常人高100～300倍。

1) 过敏反应

(1) 概念和分类

过敏反应是已产生免疫的机体在再次接受相同抗原时所发生的组织损伤或功能紊乱。过敏一般分为速发型和迟发型。速发型过敏与IgE有关,迟发型过敏与效应T细胞有关。高中阶段所说的过敏主要是速发型过敏。

(2) 特点

① 一般发作迅速,反应强烈,消退较快。此特点指的是速发型过敏。

② **一般不会破坏组织细胞,也不会引起组织严重损伤。**

③ 有明显的遗传倾向和个体差异。

(3) 过敏原

能引起过敏反应的抗原物质称为过敏原(或致敏原),如花粉、室内尘土、鱼、虾、牛奶、蛋类、花生、青霉素(实际上是青霉素的降解产物)、螨虫、磺胺、奎宁等。**过敏原是一种非致病性抗原。**

(4) 发生机理

过敏反应涉及体液免疫。机体在过敏原初次刺激下,效应B细胞产生抗体,吸附在皮肤、消化道或呼吸道黏膜细胞及血液中某些细胞(如分布于皮肤及内脏黏膜下微血管周围的肥大细胞)的表面。

当相同的过敏原再次进入机体时,会和抗体相结合,使肥大细胞等细胞释放出组织

胺(组氨酸脱羧而来)等物质,引起毛细血管扩张、血管壁通透性增强、平滑肌收缩和腺体分泌增多等症状。

皮肤过敏反应症状有荨麻疹、湿疹和血管性水肿,消化道过敏反应症状有食物过敏性胃肠炎,呼吸道过敏反应症状有过敏性鼻炎、支气管哮喘,全身过敏反应会引起过敏性休克。

过敏性体质人群应找出过敏原,尽量避免再次接触该过敏原。

[**知识扩展**]

特异性免疫治疗(脱敏治疗,减敏治疗)是用逐渐增加剂量的过敏原提取物与过敏患者进行反复接触,提高患者对此类过敏原的耐受性,从而控制或减轻过敏症状的一种治疗方法。

2) 自身免疫病

在某些特殊情况下,人体免疫系统会对自身的正常组织发生免疫反应。自身免疫反应对自身的组织和器官造成损伤并出现症状,就称为自身免疫病。自身免疫病分为器官特异性自身免疫病和系统性自身免疫病。

(1) 器官特异性自身免疫病

如风湿性心脏病和Ⅰ型糖尿病。酿脓链球菌的表面有一种抗原决定簇,与心脏瓣膜上的一种物质的表面结构十分相似;当人体感染了这种病菌后,免疫系统产生的抗体不仅向病菌进攻发起进攻,同时也向心脏瓣膜发起进攻。结果,在消灭病菌的同时,心脏也受到了损伤,使人患上风湿性心脏病。风湿性关节炎的病因也与此类似。Ⅰ型糖尿病是免疫系统攻击胰岛β细胞引起的疾病。

(2) 系统性自身免疫病

如系统性红斑狼疮和类风湿关节炎。系统性红斑狼疮表现为原因不明的全身性血管炎,面部有蝴蝶样红斑并因日照而加重,多见于年轻妇女,被称为"蝴蝶病"。类风湿关节炎是多种原因引起的慢性、以炎性滑膜炎为主的系统性疾病,女性比男性发病率高。

3) 严重联合免疫缺陷症

严重联合免疫缺陷症(重症联合免疫缺陷病、重度免疫缺陷症、重症免疫缺陷病,SCID)**是一种先天性免疫缺陷病**,这是一种遗传病。

4) 获得性免疫缺陷综合征——艾滋病

(1) 概念

获得性免疫缺陷综合征(acquired immune deficiency syndrome, AIDS,俗称艾滋病)是由人类免疫缺陷病毒(human immunodeficiency virus, HIV,俗称艾滋病病毒)引起的致死性传染病,是一种获得性免疫缺陷病。艾滋病在1981年才被发现,现已成为肆虐全球的传染病。大多数免疫缺陷病是获得性的。

(2) 人类免疫缺陷病毒

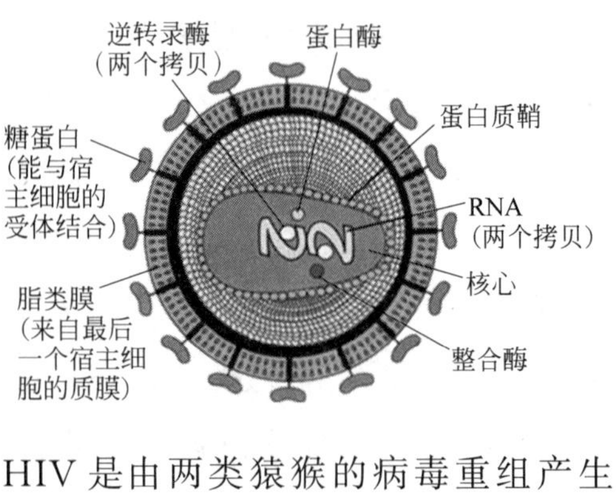

HIV是由两类猿猴的病毒重组产生的。HIV中的蛋白质可以分为包膜蛋白和核心蛋白两大类。HIV中含有两个逆转录酶,属于

核心蛋白。整合酶也属于核心蛋白。HIV 表面的包膜蛋白和宿主细胞的受体(如辅助性 T 细胞膜上的某种受体)结合,从而侵入细胞。HIV 通过膜融合方式入侵细胞,通过出芽方式释放出来。HIV 的外层脂类膜(旧浙科版)/脂质层(新浙科版)/病毒包膜(人教版)来自最后一个宿主细胞的质膜。脂类膜中既有宿主细胞的蛋白质(宿主细胞基因表达产物),又有病毒的蛋白质(病毒基因表达产物)。

(3) 致病机理

HIV 的遗传物质是 RNA,因此它是一种逆转录病毒。HIV 主要破坏辅助性 T 细胞,还破坏脑细胞、巨噬细胞。辅助性 T 细胞既参与细胞免疫,又参与体液免疫,所以辅助性 T 细胞大量死亡会导致患者的免疫系统受到严重破坏。

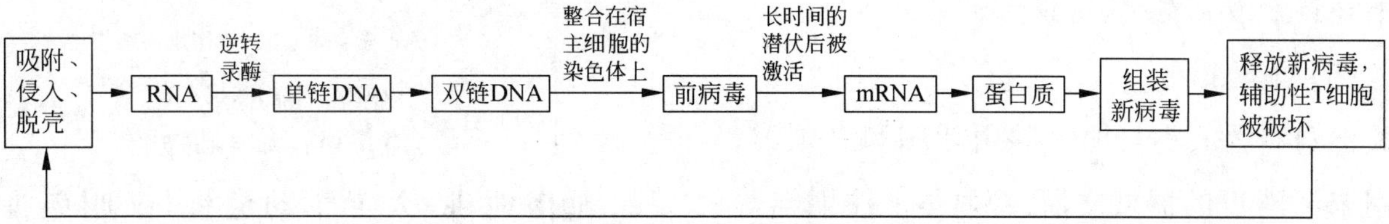

一个健康人从感染上 HIV 到死亡,一般分为三个阶段,如图所示。

① HIV 急性感染期:感染后,少部分感染者会出现类似流行性感冒的症状,如发热、咽喉炎、皮疹、淋巴结肿大等,在 2～3 个星期内,这些症状会自然消失。

② 无症状期:约占从感染到死亡整个过程的 80%时间,这时的感染者称为 **HIV 携带者**。表面上大多数感染者与正常人没有区别,只是其体内的免疫系统正在与病毒进行着无形的斗争。感染者的无症状期持续的时间可长可短,短则为 2 年,长的可达 20 年。

③ 症状期:这时的感染者被叫**艾滋病患者**,他们的血液中充满了病毒,每一个免疫细胞的细胞核内有可能被几百个病毒占据。艾滋病患者非常容易感染其他疾病,一些平时根本不会对人的生命产生威胁的普通传染病,如肺炎等,都会置患者于死地。艾滋病患者一旦感染就会无法控制。进入该阶段的艾滋病患者一般在 6～24 个月内死亡。

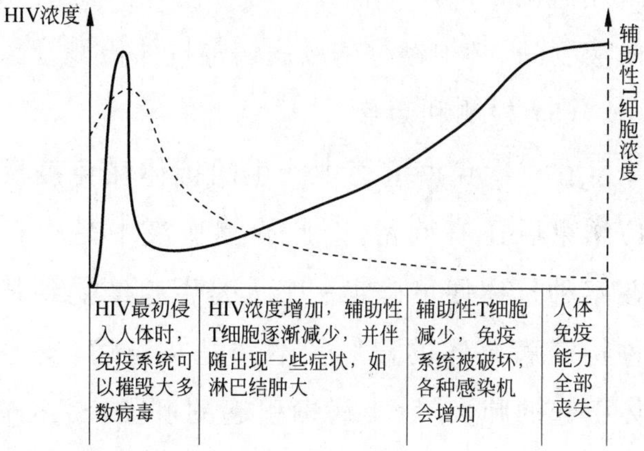

(4) 传播途径

HIV 存在于艾滋病患者和携带者的血液、精液、唾液、泪液、尿液和乳汁中。其中血液中的病毒浓度较高。

传播途径有性行为传播、血液传播和母婴传播,其中血液传播的概率最大。注意母婴传播是一种传染,而不是遗传。

病毒的感染和致病需要一定的浓度。已感染 HIV 的孕妇通过服用药物,降低体内 HIV 浓度,可以减少通过妊娠传染的概率;另外需要改自然分娩为剖腹产,改母乳喂养为人工喂养。

＜**生活情景**＞

研究表明，除了灵长类外的动物都不会携带 HIV，蚊虫叮咬也不会传播艾滋病。因为 HIV 只能寄生于灵长类的细胞中，离开了宿主，病毒就会很快死亡。蚊子在吸完血后，需要消化一段时间，才会去吸另一个人的血，病毒在这个间隔时间内几乎全部死亡。况且任何病毒需达到一定浓度才能引起感染，蚊子口器上残留血液量很少，所以病毒难以传染。

(5) 预防措施

洁身自爱；不与他人共用牙刷和剃须刀；不用未经消毒的器械文眉、穿耳等；注射器等医疗器械必须严格消毒；需要输入的血液和血液制品，必须经过艾滋病病毒抗体检测。

(6) 检测和治疗

在一次免疫应答中产生的抗体在免疫反应结束后还有残留，因此检测血液中是否存在某种抗体便可确定一个人是否曾经受到某种特定病原体的侵袭。不光是艾滋病，支原体引起的肺炎，肝炎病毒引起的肝炎，SARS-CoV-2 引起的 COVID-19 等疾病也可以通过检测对应的抗体来诊断。另外，也可直接检测体内是否存在病毒的核酸。

我国对艾滋病患者和 HIV 感染者实施免费治疗。艾滋病的治疗一般采用鸡尾酒疗法，由美籍华裔科学家何大一提出，是通过三种或三种以上不同功能的抗病毒药物(如抑制逆转录，抑制整合，抑制病毒基因表达，抑制酶的作用，抑制受体等)联合使用来治疗艾滋病的方法，就像鸡尾酒在调制过程中混合了多种酒。该疗法的应用可以减少单一用药产生的抗药性，最大限度地抑制病毒的复制，使被破坏的机体免疫功能部分甚至全部恢复，从而延缓病程进展，延长患者生命，提高生活质量。鸡尾酒疗法适用于早期患者，费用很高，副作用较大。

7. 免疫学的应用

1) 主动免疫与被动免疫

免疫治疗用的生物制品
- 主动免疫
  - 菌苗
    - 死菌苗：如伤寒菌苗
    - 活菌苗：如卡介苗(出生第一针)
  - 病毒
    - 死病毒：如乙脑疫苗
    - 活病毒：如牛痘苗
  - 类毒素：如白喉、破伤风类毒素
- 被动免疫
  - 免疫血清：如白喉抗毒素
  - 免疫球蛋白：如丙种球蛋白

通俗地讲，人工主动免疫(又叫免疫预防)是接种抗原，人工被动免疫(又叫免疫治疗)是接种抗体或细胞因子。免疫预防可以使体内产生记忆细胞和抗体。

主动免疫又称自动免疫，是指机体对抗原刺激产生特异性应答所建立的免疫。被动免疫是指机体通过获得外源性免疫效应分子(如抗体、细胞因子等)或免疫细胞而获得的相应免疫。主动免疫和被动免疫都有天然免疫和人工免疫之分。

人工主动免疫，又叫免疫接种或预防接种，是将减毒的活病原体或经杀死的保留抗原特性的病原体接种到人体内，使人体内产生抗体并形成记忆细胞以预防传染病的方法。接种了疫苗后，人体内产生了相应的抗体和记忆细胞，当相应传染病的病原体侵入体内时，就能迅速产生大量的效应细胞和抗体将病原体清除，从而避免发生或减轻传染病。免疫预防的经典例子是人类预防天花。天花是由天花病毒引起的一种烈性传染病，也是在世界范围内第一种被人类消灭的传染病。

现有的疫苗主要有三种类型：灭活的微生物；分离的微生物成分或其产物；减毒的微生物。这三类疫苗通过注射或口服进入体内，使体内产生初次免疫应答，再次接种则引发二次免疫应答。两次或更多次数的接种可以使机体产生更多的效应细胞和记忆细胞，提供针对相关疾病的长期保护。

一般来说，灭活、分解类的疫苗是注射的，减毒类的疫苗是口服的。脊髓灰质炎疫苗有两种，一种是减毒活疫苗——“糖丸”（OPV），还有一种是灭活疫苗（IPV），前者是口服疫苗，后者是注射疫苗。需要注意，卡介苗（用来预防肺结核）是由减毒牛型结核杆菌悬浮液制成的活菌苗，它一般是通过皮内注射进入人体的。卡介苗被称为出生第一针，会在上臂留下一个印记，这个印记称为卡疤。

［**知识扩展**］

传统的疫苗具有一定的缺点，如有些疫苗的作用期限较短。基因疫苗又称核酸疫苗或DNA疫苗，它的原理是将编码抗原的基因导入动物体内，让其在宿主细胞内持续表达，不断刺激机体的免疫应答。基因疫苗不仅可以产生体液免疫应答，而且可以激活细胞毒性T细胞而诱导细胞免疫。传统的疫苗只有活苗可诱导细胞免疫，且存在活疫苗毒力回升致病的风险。但基因疫苗存在潜在的安全性问题（如外源基因整合到人的染色体上，引起突变）和免疫耐受问题（持续表达的蛋白质打破了机体本身的免疫平衡，引发免疫耐受）。mRNA疫苗则可以克服以上两个缺点。DNA疫苗和mRNA疫苗都需用脂质体包裹核酸。

人工被动免疫是指人工给予机体免疫效应分子或免疫细胞，使机体立即获得的免疫力。如被铁钉扎伤的人常注射的“破伤风抗毒素”，是从健康且遭受过相应抗原感染（多次注射疫苗）的动物血液中提取出来的抗体。给被抗原感染或怀疑被感染的人输入淋巴因子、干扰素、胸腺素等增强免疫效应的物质用于治疗某些疾病也属免疫治疗的方法。

2）免疫诊断

利用抗原和抗体特异性结合的原理，可采用单克隆抗体技术检测病原体和肿瘤标志物。

3）器官移植

用正常的器官置换丧失功能的器官，以重建其生理功能的技术叫做器官移植。器官移植的成败主要取决于供者和受者的主要组织相容性抗原，即人类白细胞抗原是否一致或相近。只要供者和受者的主要组织相容性抗原有一半以上相同，就可进行移植。但为减轻排斥反应，病人还须长期使用免疫抑制药物。

第8章　生物的生殖和发育

第 1 节　生物的生殖类型

生物的生殖包括无性生殖和有性生殖两类。无性生殖又称克隆，由于新个体由母体直接产生，所含的遗传物质和母体相同，所以无性生殖产生的新个体基本上能够保持母体的一切性状。有性生殖产生的后代具备两个亲本的遗传性，具有更大的生活力和变异性，因此对于生物的进化很有意义。

*第 2 节　被子植物的个体发育

本节知识框架：

1. 被子植物的概念
2. 被子植物的双受精
3. 被子植物种子的形成与萌发
4. 被子植物的果实的形成

1. 被子植物的概念

种子有果皮包被、胚珠有子房壁包被的植物叫做被子植物。银杏等裸子植物与之相反，其种子没有果皮包被。被子植物的花的结构如下图。

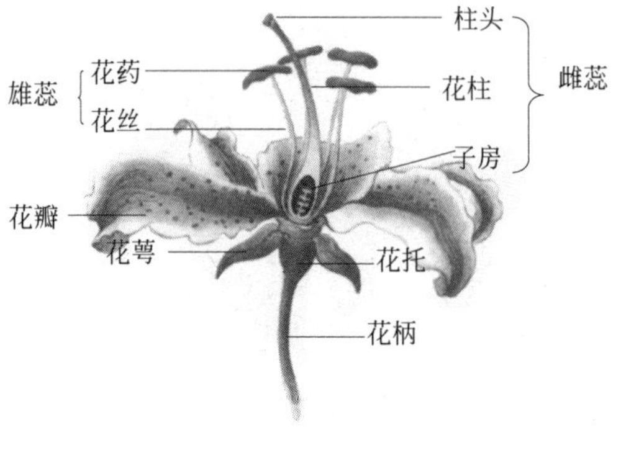

2. 被子植物的双受精

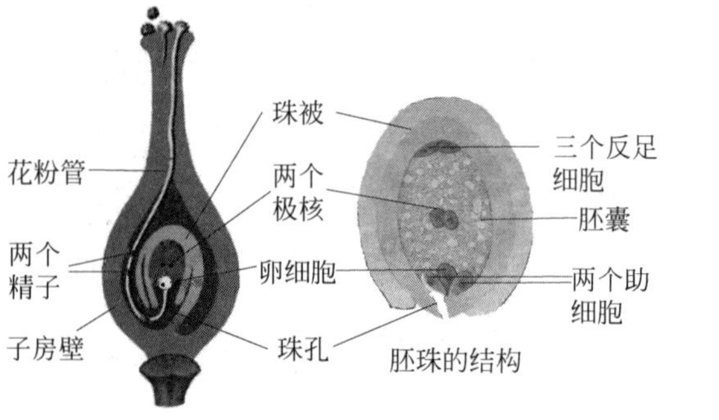

荠菜子房的结构　　胚珠的结构

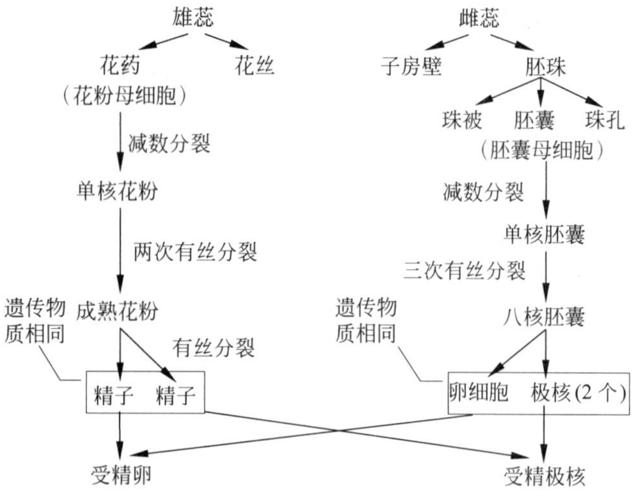

上图中，两个精子是有丝分裂形成的，所以遗传物质相同。卵细胞和极核也是有丝分裂形成的，所以卵细胞和每个极核的遗传物质相同。可见，植物与动物生成精子和卵细胞的过程有很大的不同。

遗传物质相同的两粒精子通过花粉管到达胚囊，一粒与卵细胞结合，形成受精卵；另一粒与两个极核（之所以称为极核，是因为两个细胞核之间没有细胞膜隔开，同属于一个细胞，每个极核与卵细胞的遗传物质相同）结合形成受精极核。这种受精方式叫做双受精。

精子(n)＋卵细胞(n)＝受精卵($2n$)

精子(n)＋两个极核($2n$)＝受精极核($3n$)

3. 被子植物种子的形成与萌发

1）被子植物种子的结构

双子叶植物种子包括种皮和胚(包括两片子叶、胚芽、胚根和胚轴)。对很多双子叶植物来说,在胚和胚乳发育过程中,胚乳会被子叶吸收,营养物质储藏在子叶里,供胚萌发时利用。下图为双子叶植物种子的结构。

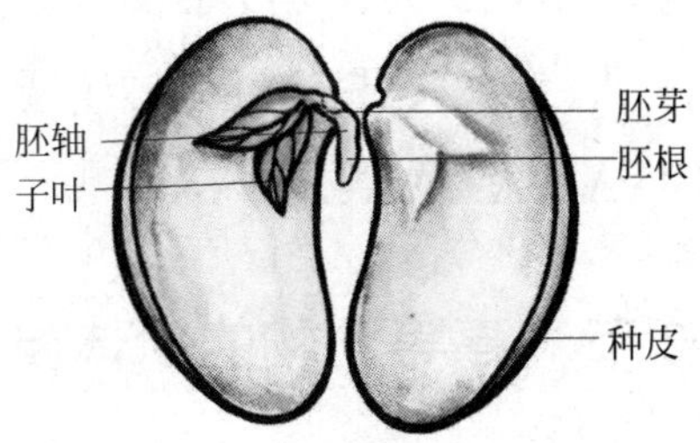

典型的双子叶植物有棉花、大豆、花生、荠菜等。荠菜胚发育的示意图如下。

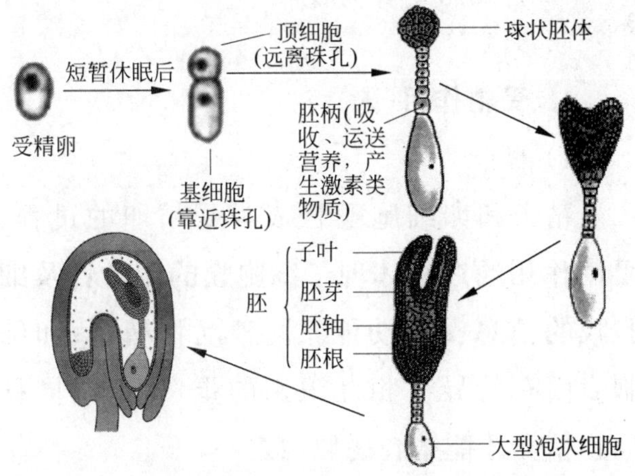

单子叶植物种子包括种皮、胚(胚包括一片子叶、胚芽、胚根、胚轴)和胚乳。下图为单子叶植物种子的结构。

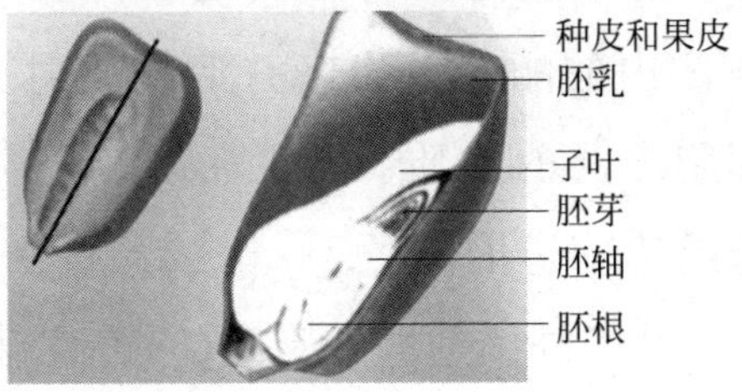

典型的单子叶植物有玉米、高粱、水稻、小麦等。玉米胚乳的发育示意图如下。

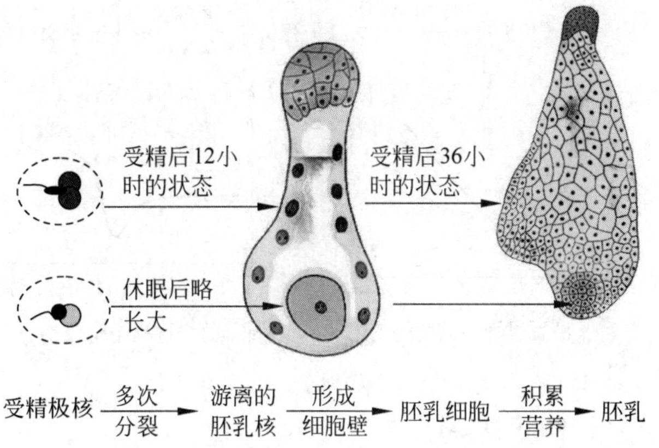

2）种子的萌发

种子发育过程的示意图如下。种子的各部分结构各有分工：种皮保护种子内部；子叶或胚乳储藏营养,供胚萌发；胚根发育成根；胚芽发育成茎和叶；胚轴发育成连接根和茎的部位。

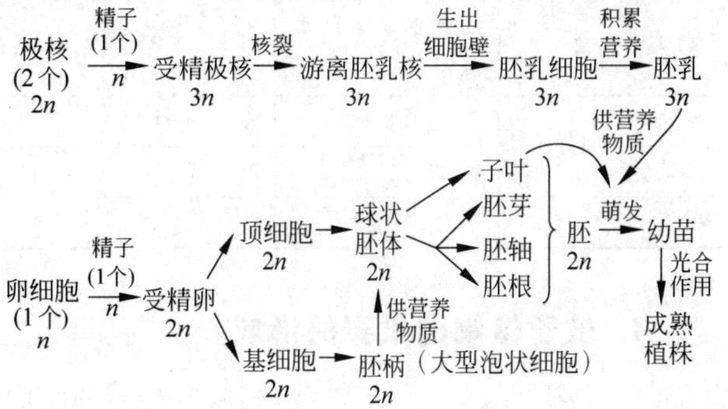

种子萌发初期,先由亲水性物质进行吸胀吸水,待主根长出后,进行迅速地渗透吸水。随着含水量增加,种子代谢加快,子叶或胚乳中储存的大分子有机物水解成小分子有机物的形式供给胚芽和胚根萌发需求,有机物总量减少,种类增多。萌发初期,以无氧呼吸为主,种皮破裂后以有氧呼吸为主。初期由子叶或胚乳提供营养(有机物和矿质元素),有机物因呼吸消耗而减少,矿质元素基本不变。长出幼叶后可以进行光合作用,根系从土壤吸收水和矿质元素,有机物含量增加，矿质元素含量也增加(如下图)。

小分子有机物 —种子成熟→ 大分子有机物 —种子萌发→ 小分子有机物

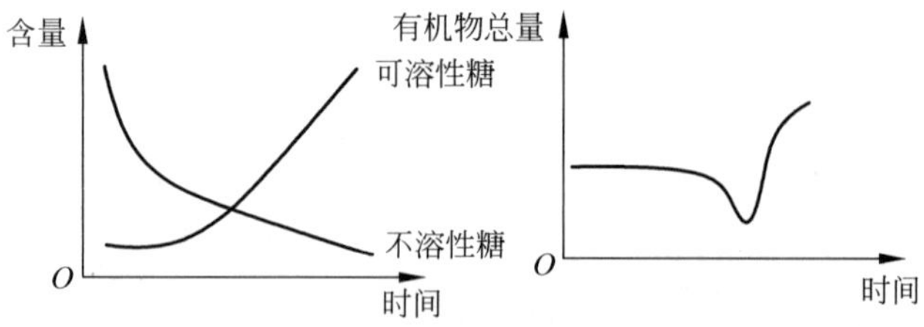

种子萌发过程中糖类的变化　　种子萌发过程中有机物总量的变化

[**知识扩展**]

单子叶植物与双子叶植物的比较

项　目	双子叶植物	单子叶植物
胚内子叶数	多数具两枚子叶	具一枚子叶
胚乳	没有胚乳	有胚乳
营养物质储藏部位	子叶	胚乳
根系	多为直根系，主根发达	多为须根系，主根不发达
茎内维管束	环状排列，具形成层	散生，无形成层
叶脉	多为网状脉	多为平行脉
花基数	4 或 5	3，绝无 5
举例	菜豆、花生	玉米、水稻

4. 被子植物的果实的形成

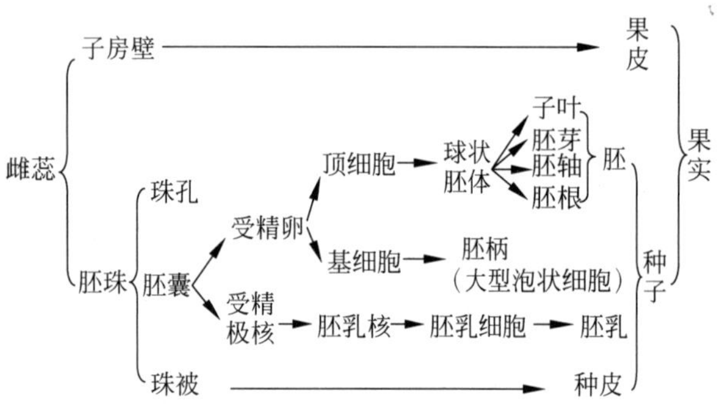

如果把子房壁比喻成母亲的肚皮，则种皮相当于子宫壁，胚相当于其内部的胎儿。**果实中，只有种子中的胚才是由子代的细胞组成，其余的结构都是由结出此果实的植物的细胞组成，与子代无关(如下图)**。

因此，有以下的推论：以 AA 为母本，aa 为父本，杂交产生的果实中，胚、胚乳、种皮、果皮的基因型分别为 Aa、AAa、AA、AA；以 AAAA 为母本，aa 为父本，杂交产生的果实中，胚、胚乳、种皮、果皮的基因型分别为 AAa、AAAAa、AAAA、AAAA。

第 3 节　高等动物的个体发育

本节知识框架：

1. 受精作用(人)
2. 胚胎发育的过程

1. 受精作用(人)

1) 概念

精子和卵细胞融合成为受精卵的过程。**受精作用的过程体现了细胞膜的流动性及细胞膜的信息交流功能**。同种动物精子、卵细胞表面有特异性相互识别的蛋白，这是同种动物精卵才能结合的原因之一。

2) 场所

输卵管(哺乳动物)。

3) 过程

(1) 精子穿越放射冠和透明带。顶体反应使顶体内的酶释放出来并溶解放射冠内的卵丘细胞之间的物质。透明带反应是防止多精入卵的第一道屏障。

(2) 精子外膜与卵细胞膜(卵黄膜)相互融合，精子入卵。卵细胞膜反应(原来叫做卵黄膜封闭作用)是防止多精入卵的第二道屏障。

(3) 精子尾部脱离，精子核膜解体，形成较大的雄原核。被激活的次级卵母细胞（中期Ⅱ）完成减数第二次分裂，排出第二极体，卵细胞核膜解体，形成较大的雌原核。

(4) 雌雄原核彼此靠近，核膜消失，形成合子（受精卵）。

［**知识扩展**］

同卵双生是一个受精卵在胚胎发育早期，卵裂球割裂为两团细胞而发育成的双生子。由于这对双胞胎具有相同的遗传物质，因此他（她）们的外貌几乎是相同的。如果分离发生在早期，则双生子拥有各自的胎盘；如果分离发生在受精四天以后，则双生子会共享一个胎盘；如果分离发生在十天以后，则双生子的身体无法完全分开成为连体婴儿。

异卵双生是指在受精作用过程中，有两个卵细胞同时受精并且着床于子宫内膜，这样一来就有两个受精卵同时发育成胎儿，形成异卵双胞胎。由于这对双胞胎的遗传物质不完全相同，因此他（她）们在外貌上的差异与一般的兄弟姐妹之间的差异相似（如下图）。

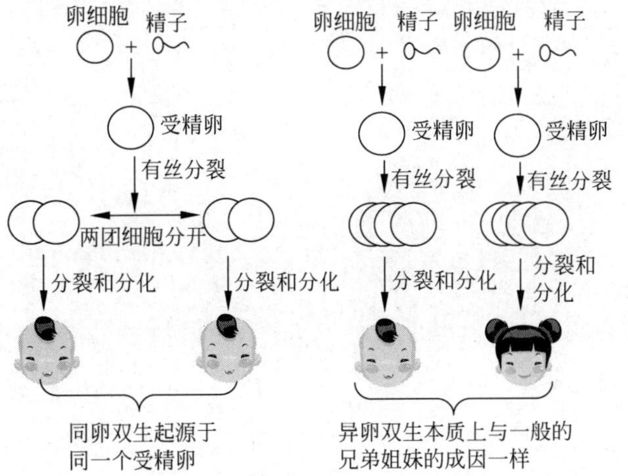

2. 胚胎发育的过程

在此进程中，全能性随着胚胎发育的进行而不断降低。

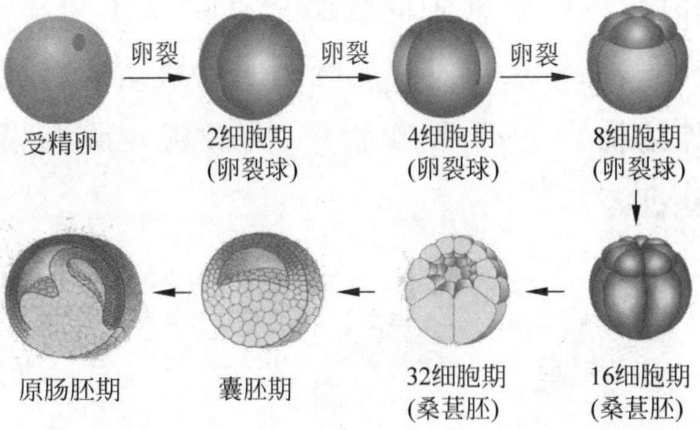

1）受精卵

除非是单倍体，动植物**个体发育的起点都是受精卵**。人类的受精卵形成于输卵管，并在输卵管内开始有丝分裂。**受精卵具有最强的全能性**。

2）卵裂球

卵裂球的细胞数为2～8个，**其细胞具有全能性**。

卵裂过程中，细胞只分裂不生长，因此细胞总体积不变，甚至略有减少。因为分裂很快，细胞周期几乎没有 G_1 期。卵裂是一个耗能过程，能量来自卵黄的分解，因此所含有机物的量越来越少。

3）桑葚胚

桑葚胚的细胞数为16～32个，由具有**全能性细胞**构成，排列紧密，形似桑葚。

4）囊胚

囊胚内含囊胚腔。囊胚的内细胞团细胞是胚胎干细胞[①]**（embryonic cell，ES），其细胞体积小，细胞核大，核仁明显，具有发育全能性，能发育成胎儿各组织，但是单个细胞已经失去形成完整个体的能力。滋养层是囊胚最**

① 浙科版的描述：胚胎干细胞是一种未分化细胞。其中的“未分化”的描述具有争议，应该是分化程度低。

外层，可以取其中的细胞进行染色体和基因检测，滋养层可发育成胚胎的附属结构（或胚外结构）——胎膜和胎盘（人教版）/绒毛膜、胚盘等。

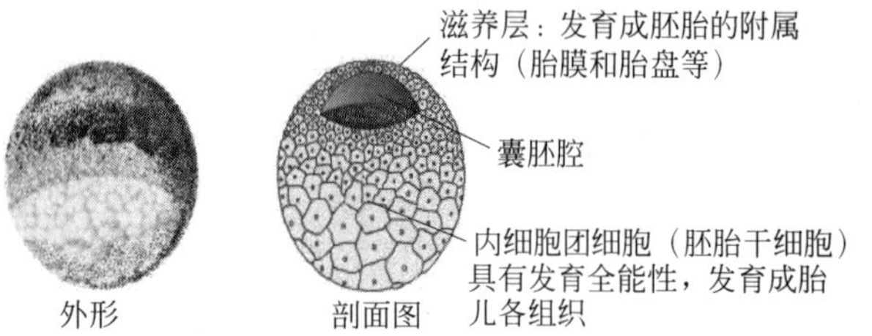

5）原肠胚期

囊胚的动物半球的细胞比植物半球的细胞分裂快。动物半球的细胞对植物半球形成外包，而植物半球的细胞内陷。随着原肠胚的形成，囊胚腔越来越小，同时形成一个新的腔——原肠腔。原肠胚的外胚层和内胚层首先形成，中胚层最后形成（如下图）。

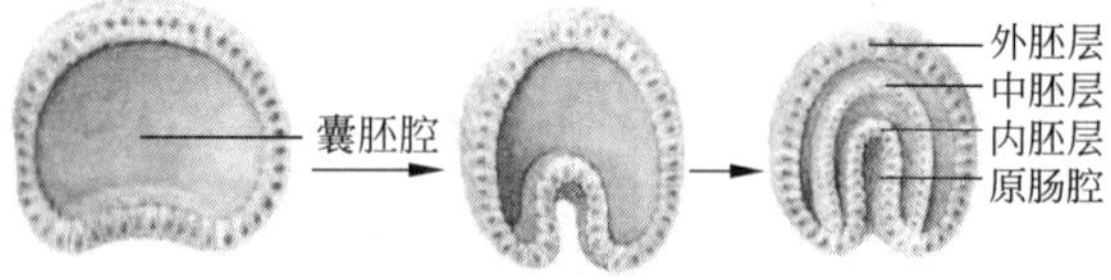

原肠胚具有一孔、二腔、三胚层。

［**知识扩展**］

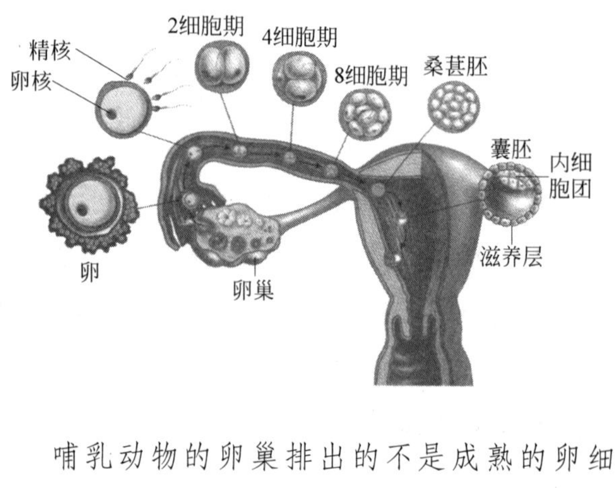

哺乳动物的卵巢排出的不是成熟的卵细胞，有的是初级卵母细胞，如马、犬等；有的是次级卵母细胞，如猪、羊等。但它们都要在输卵管内进一步成熟，当达到中期Ⅱ时，才具备被精子受精的能力。

人类所有的卵母细胞在胎儿出生时就已进入并停止在前期Ⅰ的双线期（少数教材说是中期Ⅰ），一直到性成熟时才开始依次逐月排卵。与精子结合的是处于中期Ⅱ的次级卵母细胞（但在高中阶段我们一般看作卵细胞参与受精，并且在很多大学教材中此时的次级卵母细胞即可称为卵细胞）。精子通过诱导次级卵母细胞 Ca^{2+} 内流，使其激活，完成减数第二次分裂，释放出第二极体。

在受精30小时后人类受精卵卵裂开始，受精三天后卵裂球到达子宫。

第9章　遗传的物质基础

第1节　染色体与染色体组型

本节知识框架：

1. 染色体与染色体组型
2. 性别决定

1. 染色体与染色体组型

根据着丝粒的位置，染色体分为端着丝粒染色体、近端着丝粒染色体和中间着丝粒染色体三种，如下图所示。**为了绘图方便，我们经常使用中间着丝粒染色体代表染色体的形态。**

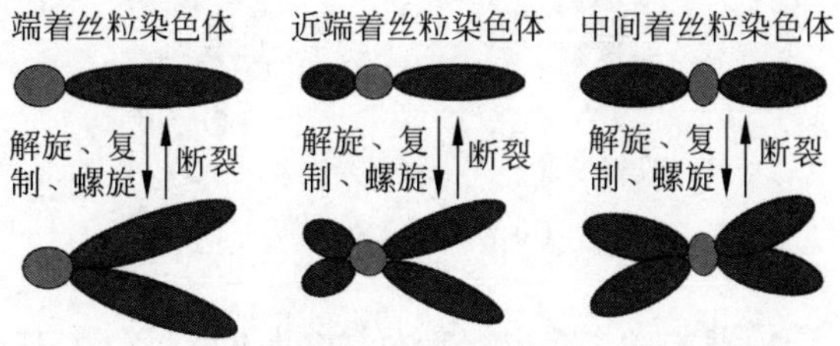

将某种生物体细胞内的全部染色体按大小和形态特征进行配对、分组和排列所构成的图像，称为染色体组型。

制作染色体组型，首先要对有丝分裂中期的染色体进行显微摄影，然后对照片上的染色体进行测量，再根据染色体的大小、形状和着丝粒的位置，通过图像剪贴，将染色体配对、分组、排队。所以，**有丝分裂中期的照片本身不是染色体组型，而是需要后期的处理才成为染色体组型。**

染色体组型有物种特异性，因此可用来判断生物的亲缘关系，也可以用于染色体异常遗传病的诊断。

因为绝大多数真核细胞染色体是成对的（数量为偶数），所以染色体组型图中的染色体也是成对的。

常染色体是指与性别决定无关的染色体（如人的第1～22对染色体，果蝇的第Ⅱ、Ⅲ、Ⅳ对染色体）；性染色体是指与性别决定有关的染色体（如人的第23对染色体，果蝇的第Ⅰ对染色体）。果蝇和人的性染色体编号之所以不同，是因为**染色体组型图中的染色体是人为从大到小排列的**，人的Y染色体很小（小于X染色体），而果蝇的Y染色体较大（大于X染色体），再加上历史上的某些原因，从而将人的性染色体定为最后一对（第23对），将果蝇的性染色体定为第一对。

人的染色体组型中，常染色体分为7组，将X染色体列入第3组（C组），Y染色体（近端着丝粒染色体）列入第7组（G组）（如下图）。

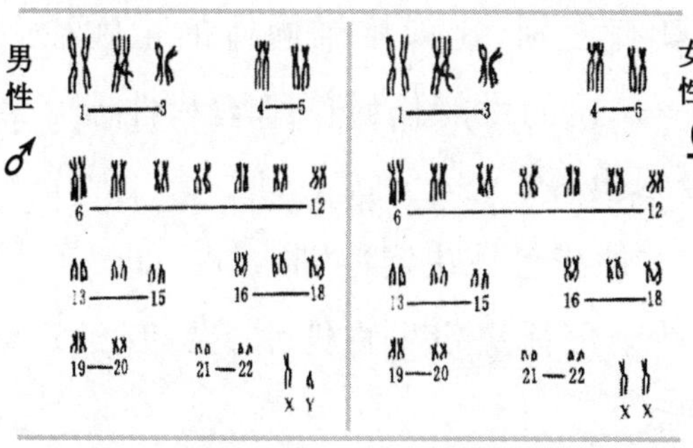

＜知识细节＞

注意染色体组型和染色体组是两个不同的概念。一个染色体组型图中含有两个染色体组。

＜版本差异＞

旧浙科版认为染色体组型就是染色体核型，但是把染色体核型理解为染色体带型似乎更合理。染色体带型是20世纪60年代末出现的染色体显带技术。如图所示，用特殊的染色方法在染色体长轴上显示出一个个明暗交替的带，可以使人们正确地辨认染色体序号。

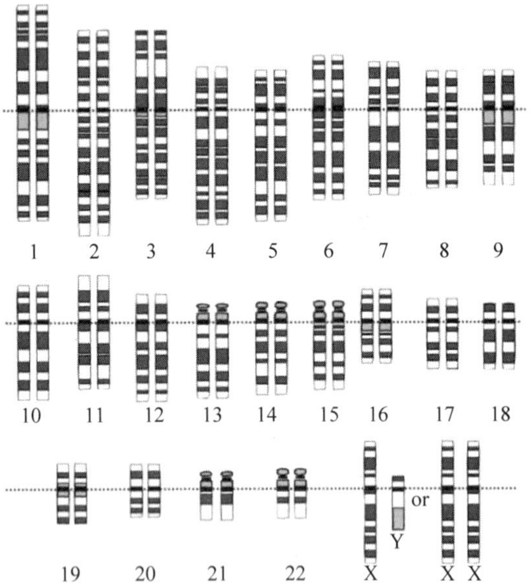

染色体带型

2. 性别决定

许多生物是有性别的。但并不是所有的生物都有性别，比如雌雄同体的生物（蚯蚓、豌豆等），比如没有任何性细胞和性器官的生物（变形虫等）。

1）性染色体决定性别

性染色体决定生物性别主要有 XY 型和 ZW 型。

（1）XY 型

如果性染色体同型（XX）为雌，则异型（XY）为雄。大多数性染色体决定性别的生物是 XY 型，全部的哺乳动物、某些鱼类和两栖类、许多昆虫、许多雌雄异株的植物都是这种类型。

人类男性体细胞的染色体组成为 22 对（常）＋XY（性）或书写为 44A＋XY，女性体细胞的染色体组成为 22 对（常）＋XX（性）或书写为 44A＋XX。

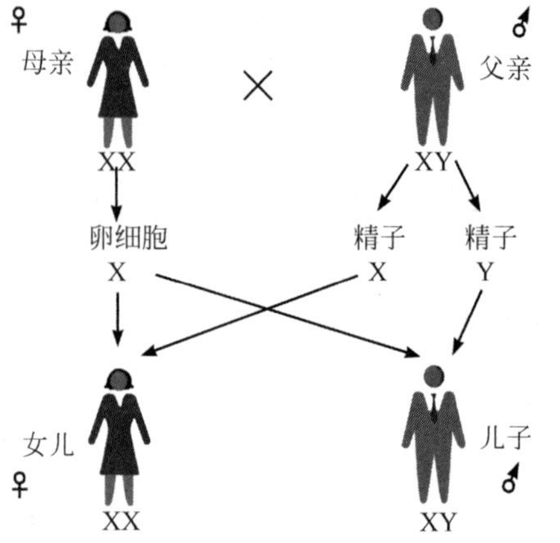

(a) 忽略常染色体

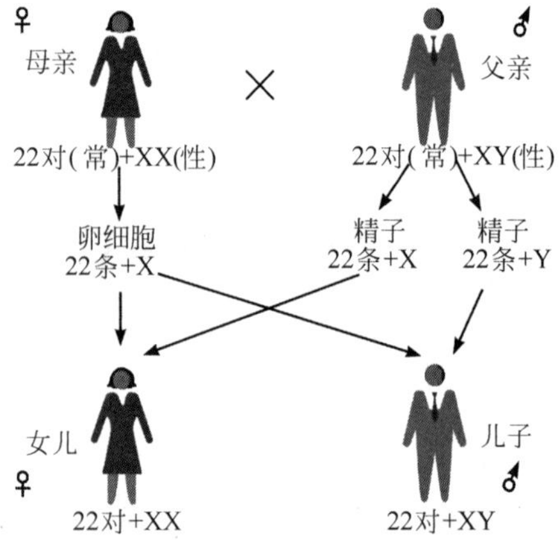

(b) 显示全部染色体

人类有 46 条染色体，当我们只关注其中几条染色体时，不需要将所有的染色体都表示出来，这并不代表其他染色体不存在。当我们考虑基因时，亦是如此。正常情况下，人类的卵细胞只含有 X 染色体，而精子中含 X 染色体的精子和含 Y 染色体的精子相等，这是人类性别比例接近 1∶1 的根本原因。

由上图可见，如果排除环境因素的干扰，自然界中“生男生女”是随机事件，既不取决于女性，也不取决于男性。含 X 染色体的精子和含 Y 染色体的精子细胞表面所带电荷不同，利用这一点，人们依靠现代生物技术已经能够在培育试管婴儿时决定胎儿性别。

＜知识细节＞

任何人体细胞(不包括成熟的红细胞和血小板)和生殖细胞都含有性染色体,不要误以为只有生殖细胞才有性染色体。

＜知识细节＞

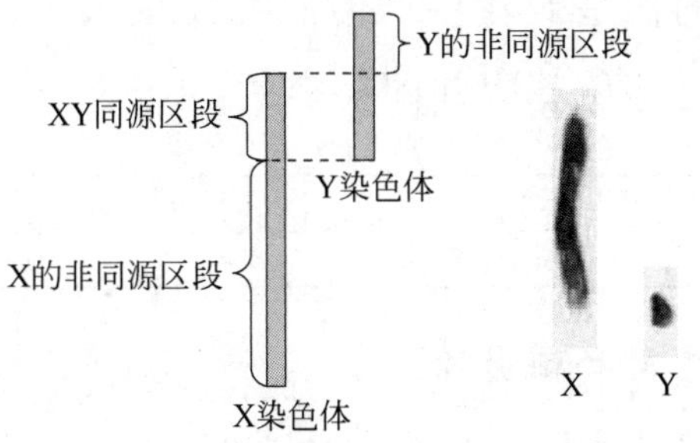

如上图所示,X染色体和Y染色体具有同源区段说明这两条染色体的确具有相同的起源,它们是一对大小形态差别很大的特殊的同源染色体。

人的Y染色体相当于X染色体的1/5,所以很多基因位于X的非同源区段,即很多基因只存在于X染色体上,但不存在于Y染色体上。

［**知识扩展**］

在哺乳动物体细胞核中,除一条X染色体外,其余的X染色体常浓缩成染色较深的状态,此X染色体称为巴氏小体,又称X小体,通常位于间期核膜边缘。1949年,美国学者巴尔发现雌猫的神经细胞间期核中有一个染色很深的小体而雄猫却没有。人类女性体细胞中有一个巴氏小体,而男性中很少或根本没有巴氏小体,所以,运动会上可以借此来鉴别性别。在同一雌性个体的不同细胞中,失活的X染色体可来源于雌性亲本,也可来源于雄性亲本。这种随机失活现象发生在胚胎发育的早期,一旦出现,某细胞和它分裂形成的子细胞中失活的都是同一来源的X染色体。准确来讲,巴氏小体的大部分片段失活,但是部分片段仍旧可以进行基因的表达。

科学家发现,人的性别实际上是由性染色体上的某种基因决定的。Y染色体上的性别决定基因叫做SRY基因(sex-determining region of Y-chromosome,Y染色体性别决定区)。正常男性由于Y染色体上有SRY基因,因此能够形成睾丸并发育为男性。而正常女性的X染色体上则没有这个基因。临床上,一个性染色体组成为XY的人,如果Y染色体上含SRY基因的片段缺失,则表现为女性。所以对人来讲,一般认为,有Y染色体为雄,没有则为雌,XY、XXY、XYY为男人,XX、X、XXX为女人。

有意思的是,果蝇的Y染色体不决定性别,而是由X染色体数目(X)与常染色体组数(A)的比值(性指数X/A)决定性别。$X/A\geqslant 1.0$是雌性,$X/A\leqslant 0.5$是雄性,两者之间为间性。所以XX、XXY为雌蝇,X、XYY为雄蝇。

染色体组成	XY	XX	XXX	XXY	XO	XYY
性指数(X/A)	0.5	1	1.5	1	0.5	0.5
人的性别	雄性	雌性	超雌	雄性	雌性	超雄
果蝇性别	雄性	雌性	超雌(死亡)	雌性	雄性	雄性

(2) ZW型

如果性染色体异型(ZW)为雌,则同型(ZZ)为雄。鸟类、蛾蝶类是ZW型(如下页图)。

［**知识扩展**］

绝大多数植物属于雌雄同株,雌雄异株的植物仅占4%左右。如石刁柏(俗称芦笋,$2N=20$)、女娄菜、菠菜、大麻属于XY型性别决定植物,银杏(别名白果、公孙树,是一种子

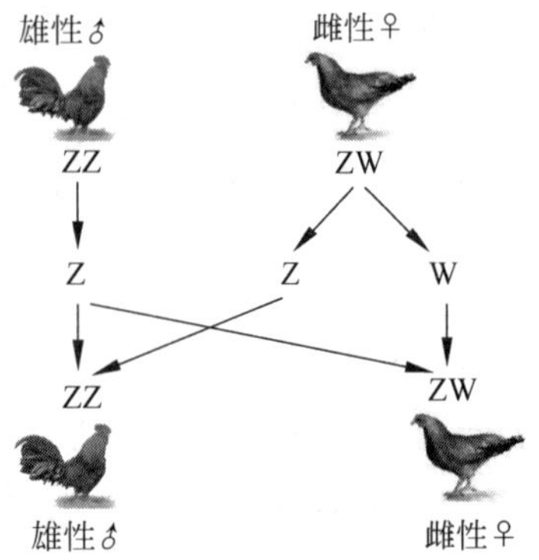

遗植物)属于ZW型性别决定植物。

2)染色体数目决定性别

蜜蜂、蚜虫、蚂蚁等生物由染色体数目决定性别。如蜜蜂中,蜂王(又称蜂皇、蜂后)有32条染色体,工蜂有32条染色体,雄蜂有16条染色体。

3)环境对性别的影响

林蛙的蝌蚪在20℃水温下发育时,雌雄各半;在30℃下发育,全部都为雄蛙。但是两种温度下XX和XY染色体组合方式仍各占一半,说明环境只影响了蛙的性别表现,并没有改变遗传物质。

海生蠕虫后螠的雌雄个体大小悬殊将近500倍。雌体的身体像一颗豆芽,口吻很长,远端分叉。雄体很小,寄生在雌体的子宫里。成熟的后螠在海里产卵,受精卵发育成没有性别的幼虫。若幼虫落在海底,就发育成雌体;若幼虫被吸附在雌体口吻上,就发育成为雄虫,最后寄生在雌体的子宫里。如果把落在雌体口吻上的幼虫取下来,让它离开雌体继续发育,它就发育成为中间性,而且雄性程度决定于其在雌虫吻部停留的时间。

4)其他决定类型举例

(1)黄鳝的性逆转

黄鳝生殖季节在6~8月,其个体发育过程具有雌雄性逆转的特性。从胚胎期到初次性成熟时都是雌性,即体长在35cm以下的个体的生殖腺全为卵巢;产卵后卵巢逐渐变为精巢;体长在36~48cm时,部分性逆转,雌雄个体几乎相等;成长至53cm以上者则多为雄性。

(2)基因决定玉米性别

玉米是雌雄同株植物,顶生的是雄花序,侧生的穗是雌花序。但研究发现玉米的性别由两对等位基因共同决定的。

基因型	B_T_	bbT_	B_tt 和 bbtt
性别	正常株(雌雄同株)	雄株	雌株

<思考和讨论>

(1)豌豆有性染色体吗?

豌豆是雌雄同株,雌雄同花,所以豌豆没有性染色体。

(2)蜜蜂有性染色体吗?

蜜蜂无性染色体。蜜蜂的性别取决于染色体的数目。

第2节 核酸是遗传物质的证据

本节知识框架:

1. DNA是遗传物质的理论推断
2. DNA是遗传物质的实验证据
3. RNA是遗传物质的实验证据
4. 核酸是一切生物的遗传物质

1. DNA是遗传物质的理论推断

科学家通过逻辑推理和实验,证明基因位于染色体上。

组成染色体的主要成分是DNA和蛋白质。相比容易变性的蛋白质,DNA更可能是遗传物质。

2. DNA是遗传物质的实验证据

1)源起:活体肺炎链球菌转化实验

探究何种物质是遗传物质的实验源起

1928 年英国科学家格里菲思在研究肺炎链球菌(又称肺炎球菌)如何使小鼠患病过程中的惊奇发现(以下实验的 D 组结果)。

肺炎链球菌分为 R 型和 S 型。**S(Smooth)型菌有多糖类荚膜(荚膜协助细菌对抗免疫系统,属于糖被),菌落表面光滑,有致病性,可使人和小鼠患肺炎,小鼠并发败血症死亡[1];R(Rough)型菌无荚膜,菌落表面粗糙,无致病性。**

＜版本差异＞

旧人教版和浙科版中都描述为:S 型菌可使人患肺炎或使小鼠患败血症。

格里菲思的四组实验

组　别	注射物质	现　　象	结　　论
A	R 活菌	小鼠正常	R 菌无致病性
B	S 活菌	小鼠死亡	S 菌有致病性
C	S 菌高温灭活	小鼠正常	加热杀死的 S 菌不使小白鼠致死
D	高温灭活的 S 菌＋R 菌	小鼠死亡。死亡的小鼠体内既发现了活的 R 菌,又发现了活的 S 菌	灭活的 S 中某种物质促使 R 转化成 S

格里菲思的推论是**加热杀死的 S 型细菌中,必然含有某种促成 R 菌转化成 S 菌的活性物质,他称为转化因子**。转化而来的 S 菌具有繁殖现象,格里菲思推论这种转化因子是可以遗传的。

另有资料显示格里菲思当时考虑的可能并不是转化因子而是 S 型细菌起死回生了。但是这种假设可能性太小,更何况被下面的艾弗里的离体细菌转化实验推翻。也有资料显示格里菲思要进行进一步研究时,被德军的闪电突袭炸死在了实验室里,所以格里菲思没能继续实验寻找转化因子的秘密。

格里菲思的实验结果激起了科学家们的兴趣。他们接下来的**实验思路是:要证明 DNA 还是蛋白质是转化因子,最关键是设法把 DNA 与蛋白质分开,单独地去剖析 DNA 或蛋白质的作用。**

2)实验证据一:艾弗里的离体细菌转化实验

(1)美国科学家艾弗里的实验

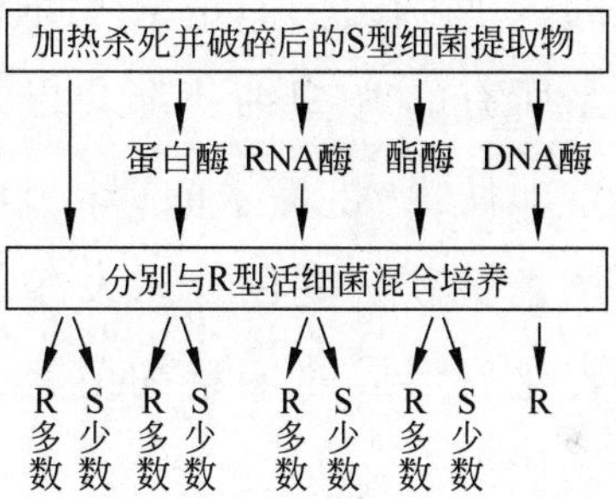

艾弗里一开始和当时的科学家一样认为具有超级多样性和"无所不能"的蛋白质才是遗传物质。但是他在实验中发现,当向 S 型细菌的提取物中加入蛋白酶、多糖酶和脂质酶,或是用其他化学方法破坏或去除蛋白质、多糖、脂质后,提取物仍然具有转化活性,而加入 DNA 酶后,转化活性消失。于是艾弗里坚信 DNA 就是转化因子,因为这种转化可以遗传下去,所以转化因子就是遗传物质。

艾弗里不断通过去除蛋白质、糖类等其他物质的方法提纯 DNA,发现 DNA 纯度越

① 败血症是致病菌或条件致病菌侵入血循环中生长繁殖,产生毒素和其他代谢产物所引起的急性全身性感染,临床上以寒战、高热、皮疹、关节痛及肝脾肿大为特征。

高，转化越有效。

但是，艾弗里的这种操作方法经常被简单描述为：将S型细菌中的多糖、蛋白质、脂类和DNA等提取出来，再分别与R型细菌进行混合（液体悬浮培养）。应该说前一种描述（去掉其他化合物）更符合科学史，但是后一种的描述（直接提取对应的化合物）更简洁易懂。

S型细菌的DNA转化R型细菌为S型细菌，本质上是S型细菌的DNA进入了R型细菌内部，这是一种"转基因"（广义的基因重组）。但是，不可能所有的R型细菌都被转化，事实上，只有少部分的R型细菌被转化，而大多数的R型细菌仍旧是R型细菌。这是因为并不是所有的R型细菌都会摄入S型细菌的DNA，即使摄入，摄入的那段DNA也不一定包含产生荚膜的基因。未发生转化的R型细菌和转化后形成的S型细菌将会在培养基中繁殖后代。

加入DNA水解物的组别是条件对照，说明用DNA酶处理的DNA失去转化作用。从逻辑学上讲，**S型细菌的DNA转化R型细菌成为S型细菌，是得出DNA是转化因子的充分条件，而DNA被水解后失去转化能力，是得出DNA是转化因子的必要条件**。

（2）艾弗里的遗憾

艾弗里提取出的DNA，纯度最高时也还含有0.02%的蛋白质，因此有人对他的实验结论表示怀疑，认为DNA本身不是遗传物质，只不过起到了辅助遗传物质的作用。当争议平息，整个科学界都认为艾弗里是诺贝尔奖最该授予的人，但是艾弗里当时已经去世了。

［**知识扩展**］

加热杀死的S型菌中，蛋白质不可逆地变性失活。DNA在加热过程中氢键断裂，双螺旋解开，但是在冷却时，其结构逐渐恢复。这说明DNA的化学结构很稳定。

3）实验证据二：噬菌体侵染大肠杆菌的实验

（1）T2噬菌体的侵染特点

要研究什么物质才是遗传物质，必须将蛋白质与DNA完全分开，单独地观察它们的作用，才能确定究竟谁才是遗传物质。后来科学家发现自然界中的噬菌体在生活史中的某个阶段，蛋白质和DNA是完全分开的。这个发现归功于**赫尔希和蔡斯应用同位素示踪法标记T2噬菌体侵染大肠杆菌的实验**。

T2噬菌体属于细菌病毒，营寄生生活，它的专一宿主为大肠杆菌。T2噬菌体的成分中，只有DNA和蛋白质两种物质（如下图）。**T2噬菌体侵染细菌后，会以自身遗传物质作为模板，利用细菌体内的原料（核苷酸和氨基酸等）来合成自身的组成成分（DNA和蛋白质），从而进行大量的繁殖**。

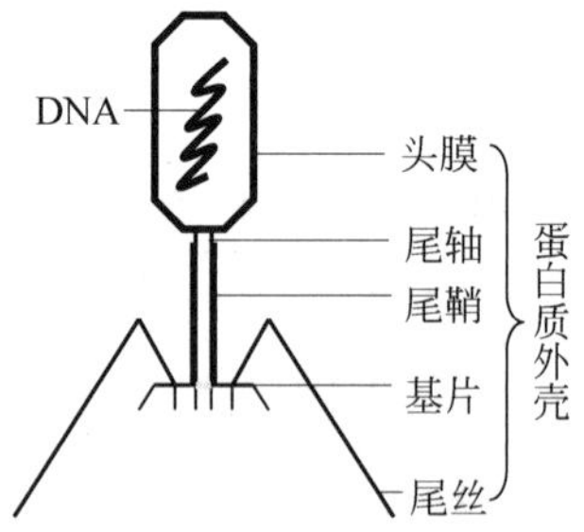

（2）实验过程

科学家将实验分成两组（A组和B组）。A组噬菌体用^{35}S标记蛋白质，B组噬菌体用^{32}P标记DNA。两组噬菌体分别侵染细菌，检测沉淀、上清液（人教版称上清液，浙科版称悬浮液）和子代噬菌体的放射性。

① A组噬菌休用^{35}S标记蛋白质

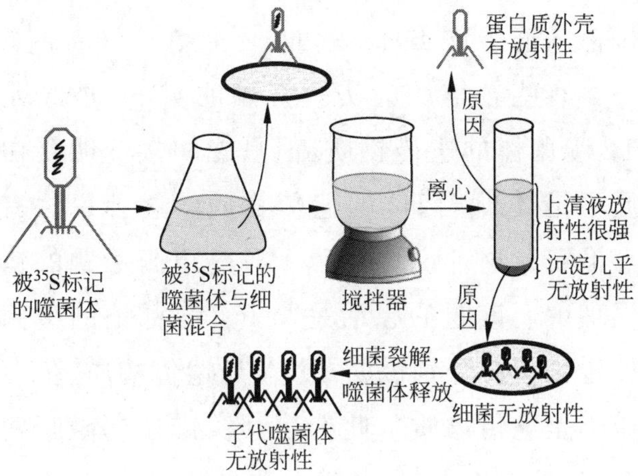

② B组噬菌体用^{32}P标记DNA

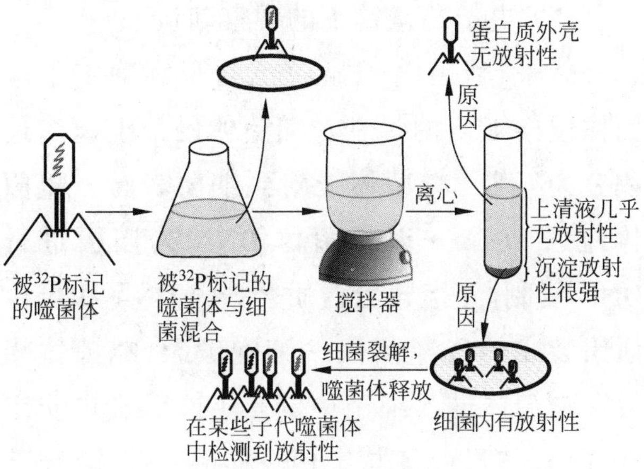

(3) 如何标记噬菌体

不能直接给噬菌体做同位素标记，这是因为噬菌体是病毒，营寄生生活，在普通培养基中无法繁殖，必须用活的细菌来培养噬菌体。所以，必须先标记细菌，再通过被标记的细菌来标记噬菌体。

此实验必须分成两组进行，不能合并成一组，这是因为如果噬菌体的DNA和蛋白质同时被放射性同位素标记，将无法区分是^{32}P还是^{35}S发出的放射性射线。

总之，一组先用含^{32}P的培养基培养大肠杆菌，再用噬菌体去感染这种大肠杆菌，这样噬菌体的DNA就被^{32}P标记上。另一组先用含^{35}S的培养基培养大肠杆菌，再用噬菌体去感染这种大肠杆菌，这样噬菌体的蛋白质就被^{35}S标记上(如下图)。

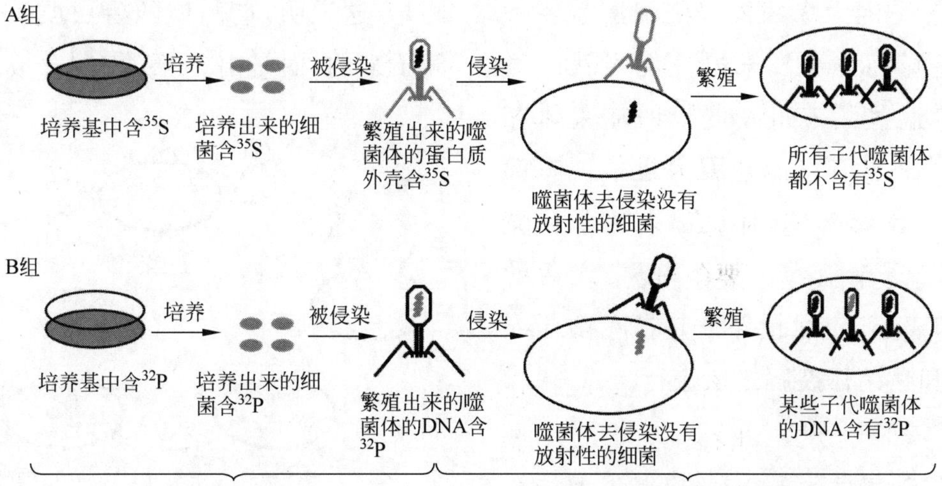

[知识扩展]

噬菌体侵染实验中，蛋白质含有S，而几乎不含有P；DNA含有P，而完全不含有S，所以用^{35}S标记蛋白质，用^{32}P标记DNA。

用^{32}P标记DNA，并不是说DNA中所有的P都是^{32}P，这是不可能做到的，也是没必要的。用^{35}S标记蛋白质也是如此。

(4) 搅拌和离心

搅拌的目的是使吸附在细菌上的噬菌体与细菌分离。(人教版)离心的目的是让上清

液中析出重量较轻的T2噬菌体颗粒，而离心管的沉淀物中留下被感染的大肠杆菌。上清液中的噬菌体有可能是噬菌体外壳，也可能是完整的噬菌体（还未侵入细菌，或细菌破裂释放的子噬菌体）。

A组仅用^{35}S标记噬菌体外壳，侵染细菌后搅拌离心，实验结果为离心管上层放射性较强，说明噬菌体的蛋白质外壳没有进入细菌体内。但是下层沉淀物中为何也有较弱放射性？最可能的原因是搅拌不彻底，导致部分吸附的噬菌体外壳没有脱落下来就离心了，这部分外壳会随菌体存在于沉淀物中。

（5）侵染时间（保温时间）的控制

必须把握好侵染时间（保温时间）的长短，侵染时间过短或过长都会干扰实验结果。

B组仅用^{32}P标记噬菌体的DNA，侵染细菌后搅拌离心，实验结果为离心管下层放射性较强，说明噬菌体的DNA已经进入细菌体内了。但是上层的上清液中为何也有较弱放射性？这可能是因为噬菌体侵染细菌需要一个过程，有些噬菌体还没来得及侵入就已经搅拌离心了，这些没来得及侵入的噬菌体存在于上清液中；也有可能是因为最早被噬菌体入侵的细菌已经解体，释放出来的子代噬菌体会存在于上清液中。所以，侵染之后的步骤（搅拌和离心）应尽量保证是在噬菌体入侵菌体之后和在菌体裂解之前进行。

［**知识扩展**］

噬菌体的化学成分中，99%的P元素存在于DNA分子中，可是还有1%的P元素存在于蛋白质分子中，所以也可能是因为蛋白质中的P元素使B组上清液有很弱的放射性。

（6）实验结论

这两组相互对照的实验共同证明了DNA分子具有前后代连续性，所以，DNA是T2噬菌体的遗传物质，而蛋白质不是。

有些教辅认为实验直接证明了DNA是T2噬菌体的遗传物质，但只能间接证明蛋白质不是T2噬菌体的遗传物质。这种说法有点诡辩。这种说法来源于对一道高考题的错误理解。该题的原话是“^{32}P、^{35}S标记的噬菌体侵染实验分别说明DNA是遗传物质、蛋白质不是遗传物质”，此选项其实错在“分别”两个字，但是被误以为错在这两组实验无法直接证明蛋白质不是遗传物质。

（7）电子显微镜下的观察确认

后来，利用电子显微镜的观察确定了噬菌体侵染细菌的过程。**噬菌体侵染细菌的过程分为五步：噬菌体吸附到细菌表面→噬菌体注入DNA→以噬菌体DNA为模板进行DNA复制，并指导蛋白质合成→DNA和蛋白质组装成子代噬菌体→细胞破裂，噬菌体释放**。噬菌体进入细菌中的是DNA，蛋白质留在外面，却形成了与亲代一样的噬菌体（如下图）。这说明，噬菌体的蛋白质不是从亲代连续下来的，而是由DNA控制合成的。

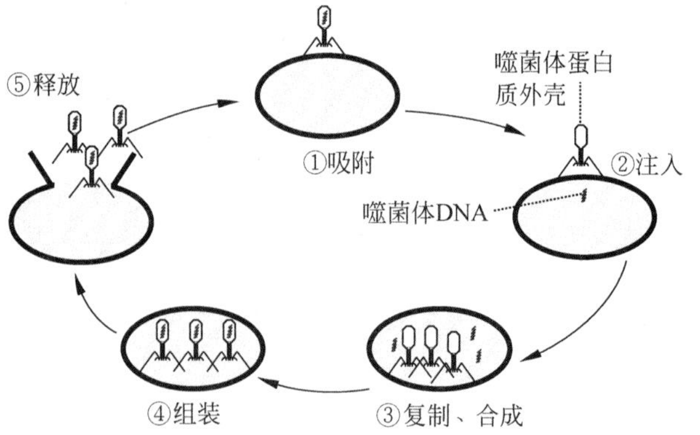

至此，科学家用了24年的时间才最终证明DNA是遗传物质。

［**知识扩展**］

“T2”是规范的写法，以前教材中“T_2”的写法逐渐被修正。

［知识扩展］

以细菌或病毒作为实验材料具有的优点：

(1) 结构简单，含有的物质少，分析起来简便、快捷，容易得出结论。

(2) 繁殖快。细菌 20～30min 就可繁殖一代，病毒短时间内可大量繁殖。

3. RNA 是遗传物质的实验证据

烟草花叶病毒(TMV)的感染和重建的实验都说明 RNA 是 TMV 的遗传物质，蛋白质不是 TMV 的遗传物质。

1) TMV 感染烟草的实验

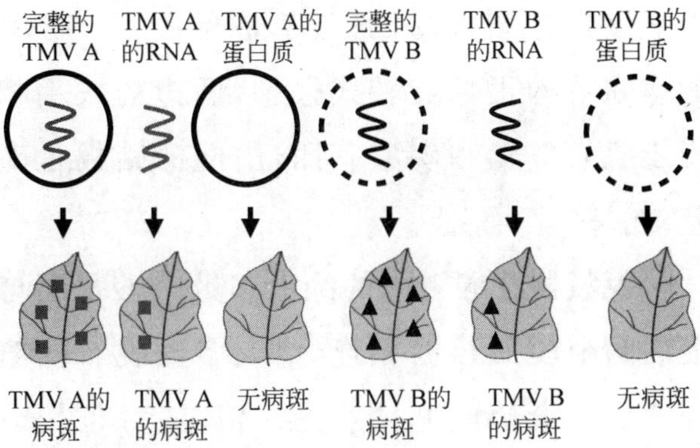

从 TMV 中提取出来的蛋白质不能使烟草感染病毒，而提取出来的 RNA 能使烟草感染。因此 TMV 的遗传物质为 RNA。当然单独的 RNA 的感染效率比较低。

2) TMV 重建的实验

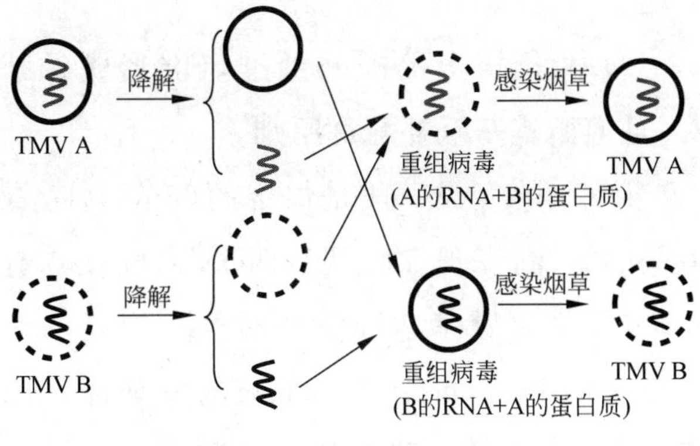

4. 核酸是一切生物的遗传物质

1) DNA 是遗传物质和 DNA 是主要的遗传物质两种叙述的区别

核酸是一切生物的遗传物质，核酸包括脱氧核糖核酸(DNA)和核糖核酸(RNA)。绝大多数生物都是以 DNA 作为遗传物质的，只有少数生物是以 RNA 作为遗传物质，因此 DNA 是主要的遗传物质。噬菌体侵染等少数几个实验仅能证明 DNA 是遗传物质，无法证明 DNA 是主要的遗传物质，科学家是研究了很多生物的遗传物质才得出 DNA 是主要的遗传物质的结论。

2) 只有 RNA 病毒的遗传物质是 RNA

细胞内虽然同时含有 DNA 和 RNA，但是只有 DNA 是细胞生物的遗传物质，RNA 所起的作用是将 DNA 上的遗传信息传递给蛋白质，也就是说，RNA 仅仅是 DNA 和蛋白质之间的中介，DNA→RNA→蛋白质。只有当生物中只存在 RNA 时，即只有无细胞结构的 RNA 病毒中 RNA 才是遗传物质。所以切不可认为细胞中 DNA 是主要的遗传物质，因为细胞中 RNA 不是遗传物质。

生物类型		核酸种类	遗传物质	实　例	总　结
有细胞结构的生物	真核生物	DNA 和 RNA	DNA	动植物	DNA 是生物主要的遗传物质
	原核生物			细菌	
无细胞结构的生物	DNA 病毒	DNA	DNA	T2 噬菌体	
	RNA 病毒	RNA	RNA	HIV	

3) 核酸和遗传物质是两个不同的概念

一切生物的遗传物质是核酸，但核酸并不都是遗传物质。如细胞生物中的 RNA 是一种核酸，但是 RNA 不是细胞生物的遗传物质。

4) 基因与核酸之间的关系

基因就是一段有遗传效应(功能)的核酸片段，在大多数生物中为一段 DNA，而在

RNA 病毒中则为一段 RNA。因为真核细胞的 DNA 主要存在于细胞核中，也有少量存在于细胞质(叶绿体和线粒体)中，所以真核细胞的基因主要在细胞核中(核基因)，少量存在于细胞质中。

第 3 节　DNA 的分子结构

本节知识框架：

1. DNA 双螺旋结构模型
2. DNA 分子的稳定性和多样性
3. DNA 分子中碱基数目的计算
4. DNA 的粗提取和电泳

1. DNA 双螺旋结构模型

<**生物学史**>

查哥夫(浙科版译为卡伽夫)定量分析 DNA 分子的碱基组成，发现腺嘌呤(A)的量总是等于胸腺嘧啶(T)的量，鸟嘌呤(G)的量总是等于胞嘧啶(C)的量。这就是查哥夫法则。

DNA 双螺旋结构模型的平面和立体模型如下图(实际的 DNA 当然要比图示长，DNA 是超级大分子)。

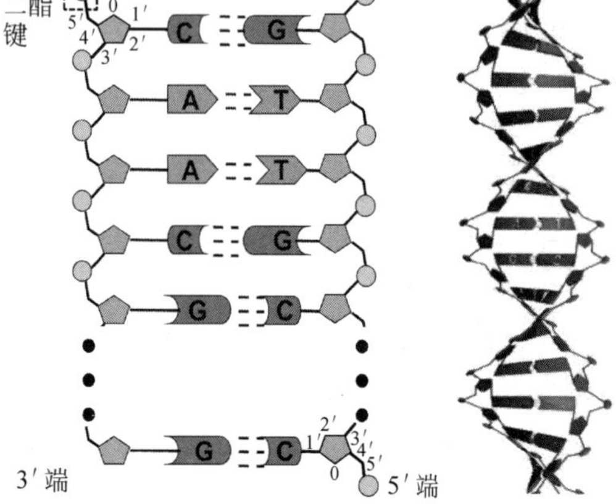

DNA 双螺旋结构模型的主要内容：

1) **DNA 分子是由两条反向平行的脱氧核苷酸长链盘旋而成的双螺旋结构。**

DNA 每 10 对碱基恰好旋转一周。相邻 2 个碱基间的距离为 0.34nm，螺距为 3.4nm。两条脱氧核苷酸链的方向是相反的。如上图中，一条链的上端是 5′端，下端是 3′端，另一条链则相反。注意，反向平行的两条链不意味着 DNA 是中心对称(旋转对称)的。

2) **脱氧核糖和磷酸基团交替连接，排列在外侧，构成基本骨架；碱基在内侧。**

从化学基团的亲水性分析，磷酸基团和脱氧核糖是亲水的，而碱基是疏水的。DNA 的空间结构很像旋转式楼梯，两边的扶手相当于脱氧核糖和磷酸基团，中间的踏板是碱基对。

脱氧核苷酸链中的绝大多数磷酸基团与前后两个脱氧核糖相连，绝大多数脱氧核糖与前后两个磷酸基团相连。但是，每条长链中都有一个磷酸基团只与一个脱氧核糖相连，如上图的平面模型中，位于左链的最上端和右链的最下端。同样，每条长链中都有一个脱氧核糖只与一个磷酸基团相连，如上图的平面模型中左链的最下端和右链的最上端。

3) **两条链上的碱基通过氢键形成碱基对，且遵循碱基互补配对原则。**

DNA 的直径一般是恒定的(2nm)，考查碱基的结构，发现嘌呤具有两个环，嘧啶具有一个环，所以碱基在配对的时候一定是一个嘌呤一个嘧啶，再结合查哥夫的发现最终确定：**两条链上的嘌呤和嘧啶之间通过氢键配对，形成碱基对，且 A 只和 T 配对、G 只和 C 配对，这种碱基之间的一一对应的关系就叫**

做碱基互补配对原则。

碱基对通过氢键把 DNA 的两条侧链连接起来，就像拉链的链齿把拉链的两条边连接起来一样。**A 和 T 之间有两个氢键，G 和 C 之间有三个氢键。所以一个 DNA 分子中含有 G 和 C 越多则越稳定**。研究发现，生活在炎热环境下的生物体中的 DNA 含有的 G、C 比例较高。

碱基对中氢键的形成是自然发生的，但是氢键的断裂在体内可能需要酶(DNA 解旋酶和 RNA 聚合酶)，在体外可能需要加热。

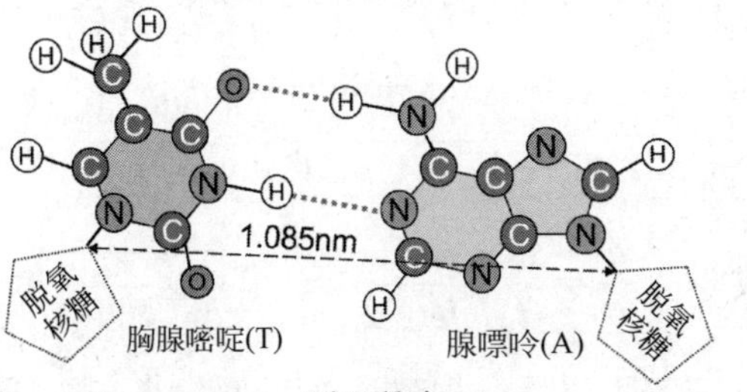

A和T配对

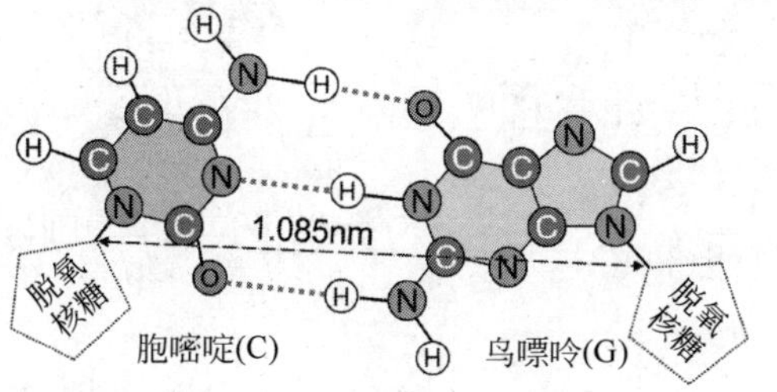

G和C配对

<**知识细节**>

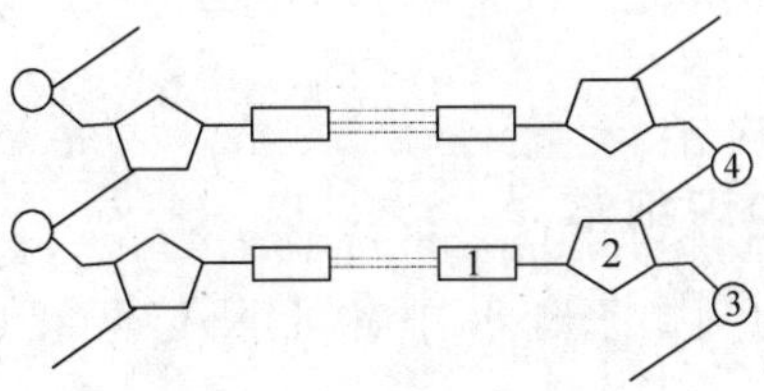

如上图，1、2、4 组成的并不是一个脱氧核苷酸，1、2、3 才组成一个脱氧核苷酸。

在某些图示中脱氧核糖的 5′位的碳原子经常没有表示出来。

<**知识细节**>A 的含义变化

(1) A 代表腺嘌呤

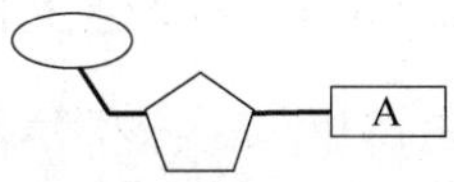

当 A 表示一种碱基时，A 代表腺嘌呤。

(2) A 代表腺苷或脱氧腺苷

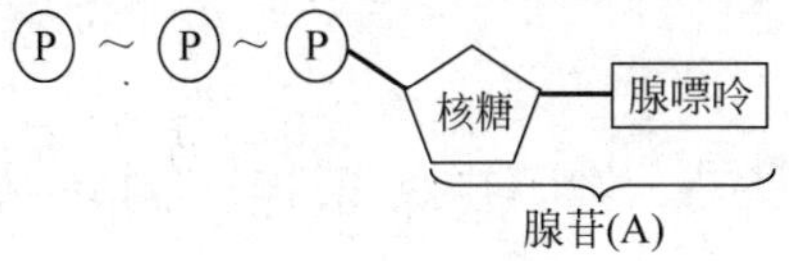

ATP 中的 A 代表腺苷。

(3) A 代表腺嘌呤核糖核苷酸或腺嘌呤脱氧核糖核苷酸

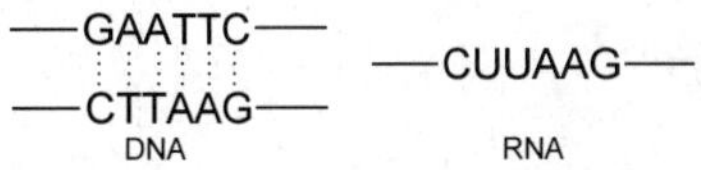

2. DNA 分子的稳定性和多样性

1) 稳定性

DNA 分子的双螺旋结构中磷酸基团和脱氧核糖交替连接的方式不变，碱基配对方式不变。

与蛋白质不同，DNA 氢键断裂(解螺旋)后，空间结构发生较大的改变，但其功能并未消失，因为碱基对的排列顺序未改变，遗传信息不变。如进行复制和转录时，DNA 的相应区段就是解螺旋的。

2) 多样性

碱基对的排列顺序和数量的千变万化，构成了 DNA 分子的多样性。

3) 特异性

碱基对的特定排列顺序，又构成了每一个 DNA 分子的特异性。DNA 分子中的碱基对排列顺序就代表了遗传信息。

3. DNA 分子中碱基数目的计算

借用数学学科上的术语，有以下三个公理：

公理一：将其中一条链上的碱基数量分别表示为A_1、T_1、G_1、C_1，另一条链上的碱基数量分别表示为A_2、T_2、G_2、C_2，将这个DNA上的碱基总数分别表示为A、T、G、C。则$A=A_1+A_2$，$T=T_1+T_2$，$G=G_1+G_2$，$C=C_1+C_2$。

公理二：将其中一条链上的碱基所占这条链总碱基数的比例分别表示为$A_1\%$、$T_1\%$、$G_1\%$、$C_1\%$，另一条链上的碱基比例分别表示为$A_2\%$、$T_2\%$、$G_2\%$、$C_2\%$，将这个DNA上的全部碱基比例分别表示为A%、T%、G%、C%。因为DNA的双链是等长的，所以$A\%\times2=A_1\%+A_2\%$，$T\%\times2=T_1\%+T_2\%$，$G\%\times2=G_1\%+G_2\%$，$C\%\times2=C_1\%+C_2\%$，即每种碱基占整个DNA的比例是这种碱基在两条链上比例的平均数。

公理三：根据碱基互补配对原则，则$A_1=T_2$，$T_1=A_2$，$G_1=C_2$，$C_1=G_2$。

根据这三个公理，我们可以推导出多个定理，举例如下：

定理一：A=T，G=C。这就是查哥夫通过实验发现的规律。

定理二：根据定理一推导出$A+G=A+C=T+G=T+C=(A+T+G+C)\times50\%$。可见，在DNA双链中，任意两个不互补碱基之和相等，并为DNA碱基总数的50%。

定理三：根据公理三推导出$\frac{A_1}{T_1}=\frac{T_2}{A_2}$，$\frac{G_1}{C_1}=\frac{C_2}{G_2}$。可见互补碱基之比在两条链中呈倒数关系。

定理四：根据公理三推导出$A_1+G_1=T_2+C_2$，$A_1+C_1=T_2+G_2$，$T_1+G_1=A_2+C_2$，$T_1+C_1=A_2+G_2$。

定理五：根据定理四推导出$\frac{A_1+G_1}{T_1+C_1}=\frac{T_2+C_2}{A_2+G_2}$，$\frac{A_1+C_1}{T_1+G_1}=\frac{T_2+G_2}{A_2+C_2}$。

定理六：根据公理三推导出$A_1+T_1=T_2+A_2$，$G_1+C_1=C_2+G_2$。

定理七：根据定理六推导出$\frac{A_1+T_1}{G_1+C_1}=\frac{A_2+T_2}{G_2+C_2}$。

定理八：根据定理七推导出$\frac{A_1+T_1}{G_1+C_1}=\frac{A_2+T_2}{G_2+C_2}=\frac{A_1+A_2+T_1+T_2}{G_1+G_2+C_1+C_2}=\frac{A+T}{G+C}$，这是因为数学上$\frac{a}{b}=\frac{c}{d}=\frac{a+c}{b+d}$。

定理九：根据定理八推导出$\frac{A_1+T_1}{A_1+T_1+G_1+C_1}=\frac{A_2+T_2}{A_2+T_2+G_2+C_2}=\frac{A+T}{A+T+G+C}$，这是因为数学上$\frac{a}{b}=\frac{c}{d}$，则$\frac{a}{a+b}=\frac{c}{c+d}$。可见，双链DNA分子中，任何一条链中互补碱基之和占该链碱基总数的百分比等于互补碱基之和占整个DNA分子碱基总数的百分比。

<知识细节>

做题时，将题干中的DNA想象成由100个碱基对组成，则可以方便地将各个比例转换为整数形式，方便理解和计算。

4. DNA的粗提取和电泳

1）DNA的粗提取

DNA和蛋白质等其他分子理化性质不同，借此可以提取DNA。DNA在NaCl溶液中呈钠盐形式，在 2mol/L NaCl 溶液中溶解度最高。DNA 不溶于酒精，而某些蛋白质则可以溶于酒精。用 NaCl、Tris、SDS、EDTA、HCl 和水配置成研磨液，在细胞提取液中加入 95%的冷酒精，DNA 会形成絮状沉淀，用玻璃棒沿一个方向搅拌，把它卷起。DNA 遇二苯胺（需沸水浴）会被染成蓝色，利用此原理可以对粗提取的 DNA 进行鉴定。

2）DNA 的电泳

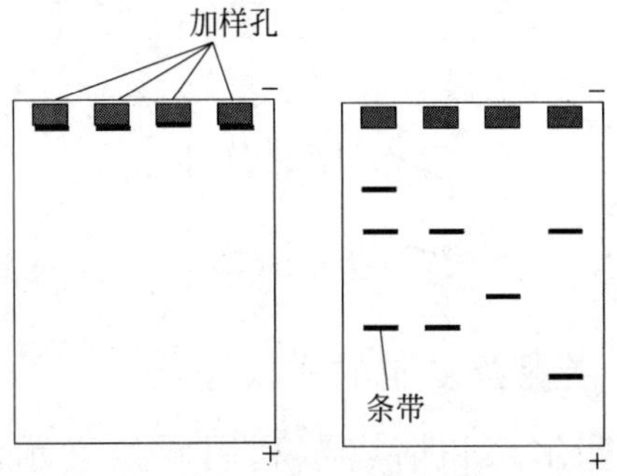

DNA 的外侧是磷酸基团，磷酸基团电离出 H^+ 从而带负电，所以 DNA 在电泳时，从负极向正极移动。DNA 分子片段越短，就越容易穿过凝胶中的孔隙，移动速度越快（如上图）。

DNA 电泳可用于 DNA 的分离、纯化、鉴定等方面。将 DNA 样液加入加样孔，电泳后，DNA 在凝胶上形成不同的条带，每个条带中的 DNA 长度相同，切割条带，回收 DNA，从而达到提纯 DNA 的目的。

如果需要知道待测 DNA 的长度（碱基对数，base pair，bp），则需要借助一组长度已知的标准 DNA，称为 DNA 相对分子质量标准物（DNA marker，DNA ladder）。将 DNA marker 与待测 DNA 同时电泳，通过对比 DNA marker 的条带，可得出待测 DNA 的长度。

第 4 节　DNA 的复制

本节知识框架：

1. DNA 分子的复制
2. DNA 复制的相关计算

1. DNA 分子的复制

1）概念

DNA 分子的复制指以亲代 DNA 为模板合成子代 DNA 的过程。

2）时间

DNA 分子的复制主要发生在有丝分裂的间期和减数分裂的间期。

3）场所

真核细胞 DNA 复制的场所主要是细胞核，也可能是在线粒体和叶绿体中；原核细胞 DNA 复制的场所是在拟核中；病毒的 DNA 复制的场所是在宿主细胞内。

4）过程

沃森和克里克提出 DNA 的双螺旋结构模型后，针对模型的特点提出了 DNA 的复制机理，这些推断后来被实验证实是正确的。

（1）解旋：把 DNA 的两条链解开

DNA 利用 ATP，在解旋酶的作用下，使得 DNA 中正要进行复制部位的双链间的氢键断裂，从而把两条螺旋的双链局部解开。解旋的部位在电子显微镜下会呈现“复制泡”。注意：DNA 的解旋与染色体的解螺旋是不同过程。

（2）以母链为模板进行碱基配对

首先，以解开的每一段模板链（母链）为模板，细胞中游离的四种脱氧核苷酸按碱基互补配对原则与母链上的碱基通过氢键配对。然后，在 DNA 聚合酶的作用下，脱氧核苷酸之间以酯键相连。很多教辅将此酯键称为磷酸二酯键，其实是不确切的，磷酸二酯键包含的是两个酯键，而两个核苷酸之间相连的是其中一个酯键。

研究表明，DNA 的复制过程中出错的概率仅为 1/20000，如果碱基配对出错则会造成基因突变。

(3) 形成两个新的 DNA 分子

随着模板链的解旋，新合成的子链不断延伸。同时，每条新链与对应的模板链盘绕成双螺旋结构。一个 DNA 分子形成两个完全相同的子代 DNA 分子。

5) 特点

(1) 边解旋、边复制

起先，有科学家认为 DNA 的双螺旋结构模型预示着 DNA 在复制时，两条长链必须解开，但是两条长链解开后容易发生错配，所以他们对 DNA 的双螺旋结构模型心怀疑虑。DNA 很长，不可能把整条 DNA 先全部解旋成两条单链再进行复制，所以推测 DNA 复制时是边解旋边复制，实验也证明了这一点。

(2) 半保留复制

新合成的每个 DNA 分子中，都保留了原来 DNA 分子中的一条链，因此，这种复制方式被称为半保留复制(如下图)。

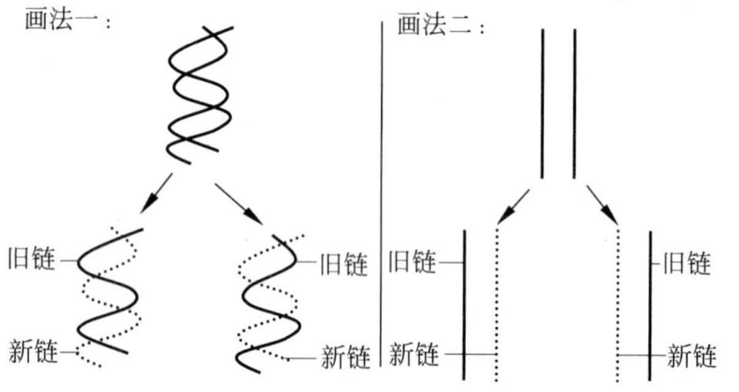

① 半保留复制的实验证据

梅塞尔森和斯塔尔利用同位素示踪和密度梯度超速离心的方法验证了 DNA 的半保留复制(如下图)。

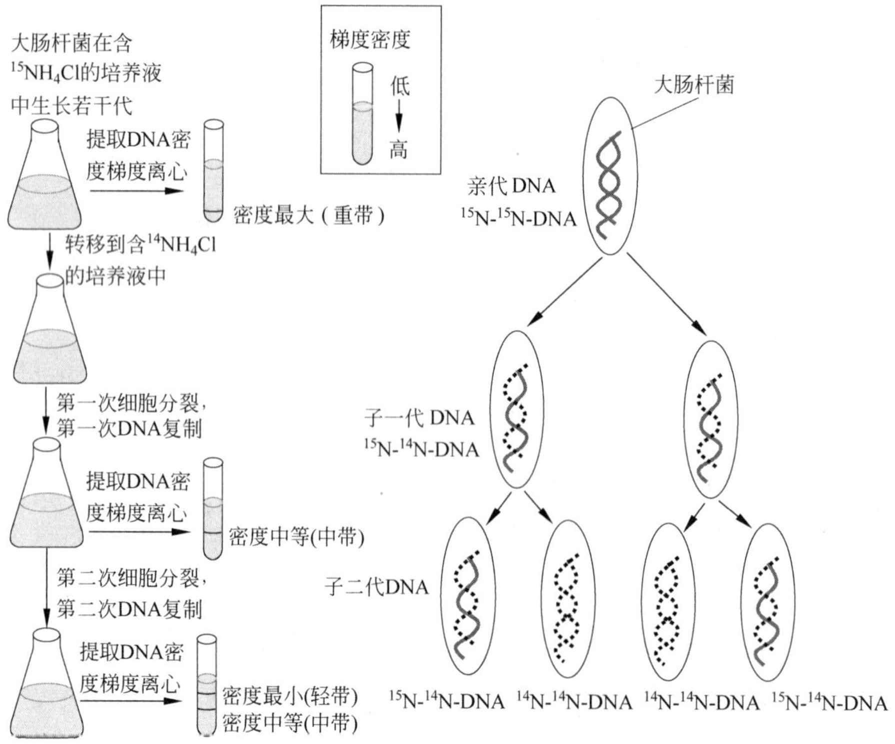

② 利用染色法观察DNA的半保留复制

5-溴尿嘧啶脱氧核苷(BrdU)能替代胸腺嘧啶脱氧核苷(以下简称dT)[①],用吉姆萨染液(天青、伊红等组成,与伊红-美蓝的原理基本相同)染色后,含有BrdU的脱氧核苷酸链着色很浅(浅蓝色),与含dT的着色(深蓝色)明显不同。所以理论上有三种染色深浅的DNA,两条链都是dT(dT-dT),两条链都是BrdU(BrdU-BrdU),以及BrdU-dT(如下图)。因为DNA进行半保留复制,在第一个细胞周期中复制产生的染色体中每条染色单体都是BrdU-dT,在第二个细胞周期中复制产生的染色体中,其中一条染色单体是BrdU-dT,另一条是BrdU-BrdU,即产生了色差染色体。

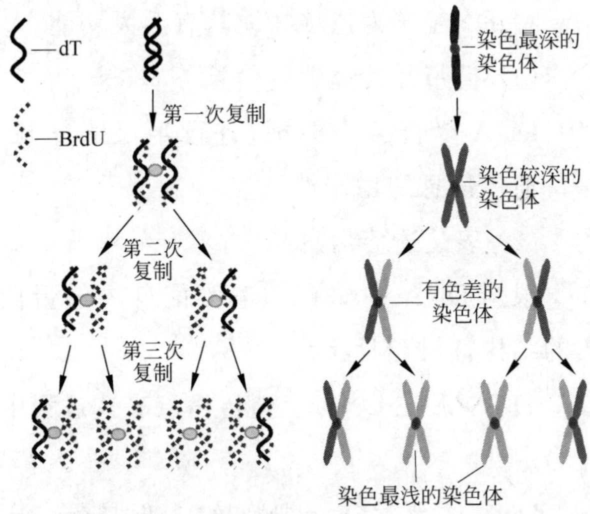

<**探究性实验**>

DNA复制理论上有三种模型,但是很多题目都只考虑以下两种模型。通过实验可以证明只有半保留复制才是正确的模型。

半保留复制:形成的DNA分子中一条链是新的,另一条链是旧的。

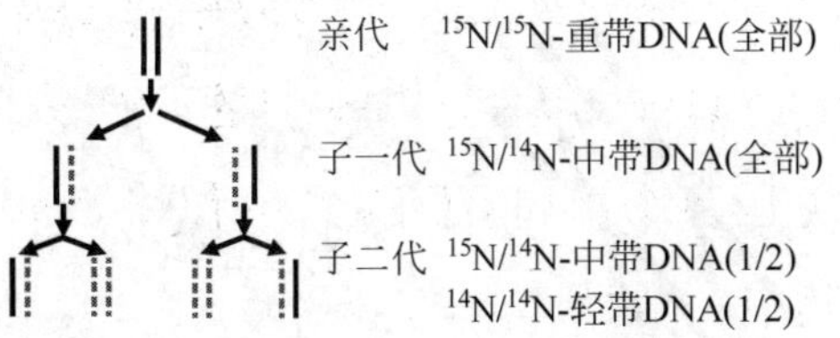

全保留复制:形成的DNA分子完全由新复制出的DNA单链形成,完全没有旧的部分。

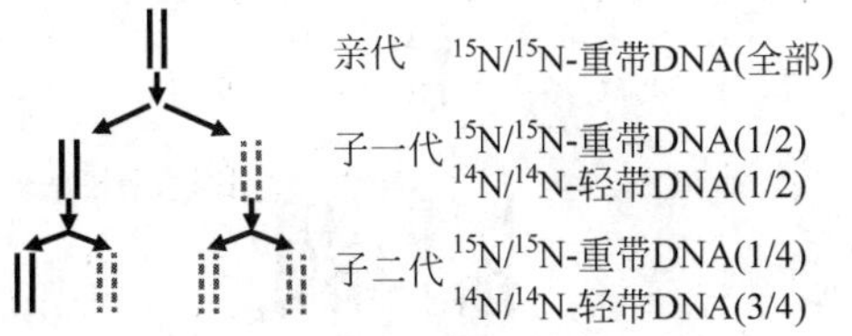

6)条件

(1)**模板:亲代DNA分子的两条母链。**

(2)**原料:细胞中游离的四种脱氧核苷酸。**

(3)**能量:ATP供能。**

(4)**酶:DNA解旋酶(用来断裂氢键),DNA聚合酶(用来形成酯键)等。**

7)意义

DNA分子通过复制,将遗传信息从亲代传给了子代,从而使生物前后代保持了遗传信息的连续性。

8)DNA准确复制的原因

(1)**DNA分子独特的双螺旋结构,为复制提供了精确的模板;**

(2)**通过碱基互补配对,保证了复制能够准确地进行。**

2. DNA复制的相关计算

1个四分体=2条染色体=1对同源染色

① 5-溴尿嘧啶属于碱基类似物,结构与T相似,只是在第5个碳原子上由溴取代T的甲基。

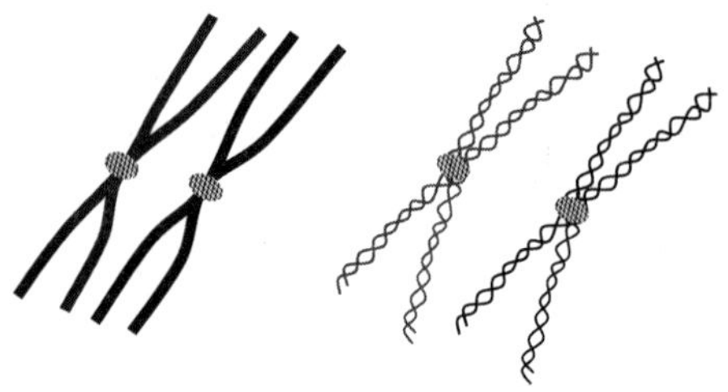

体＝4 条染色单体＝4 条 DNA＝8 条脱氧核苷酸链。

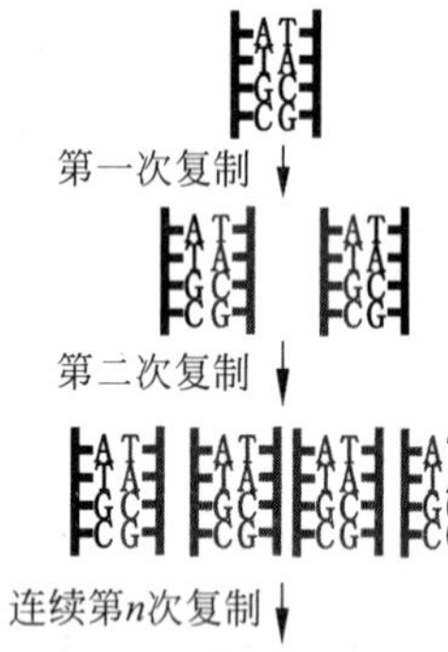

1 个 DNA 连续复制 n 次后：DNA 分子数＝2^n；脱氧核苷酸链数＝2^{n+1}；母链数＝2；子链数＝$2^{n+1}-2$；含母链的 DNA 数＝2；不含母链的 DNA 数＝2^n-2；含子链的 DNA 数＝2^n。

＜**知识细节**＞

一个 ^{32}P 标记的噬菌体侵染细菌后，子代噬菌体中含有放射性的比例其实非常低，因为只有 2 个子代噬菌体有放射性，绝大多数的子代噬菌体是不带有放射性的(如下图)。子代噬菌体中含有放射性的比例为 $\frac{2}{\text{子代噬菌体数量}}$。

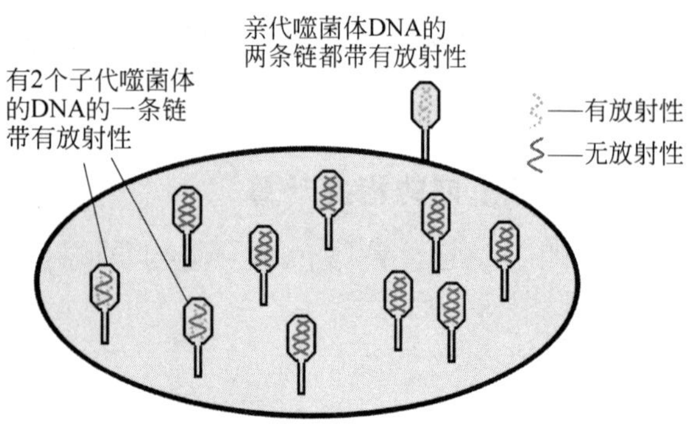

第 5 节　基因的表达

本节知识框架：

1. 中心法则
2. 基因的本质和基因对性状控制的两种情况
3. 表达之第一步骤——转录
4. 表达之第二步骤——翻译
5. 基因的选择性表达和表观遗传
6. 真核生物和原核生物基因表达的区别
7. DNA 的复制、转录、翻译的联系和比较

1. 中心法则

1) DNA 作为遗传物质具有两大功能

(1) 携带并传递遗传信息

DNA 以自身为模板，进行半保留复制，保持遗传信息的稳定性。

(2) 表达遗传信息

根据 DNA 中储存的遗传信息决定蛋白质的结构，以控制性状。

2) RNA 在 DNA 上遗传信息表达过程中充当中介

DNA 主要存在于细胞核内，但是蛋白质的合成却在细胞质的核糖体上进行。DNA 是超级大分子(数亿个核苷酸)，无法通过核孔出细胞核；RNA 相对于 DNA 要短得多(数百个核苷酸)，可以通过核孔出细胞核。所以克里克猜想，DNA 是通过 RNA 来控制蛋白质合成的，RNA 是 DNA 和蛋白质之间的中介。

3）中心法则的提出和完善

克里克于1957年提出中心法则：DNA是遗传物质，RNA在DNA中的遗传信息表达成蛋白质的过程中起中介作用，**即先转录形成RNA，后翻译形成蛋白质。克里克认为所有生物都是如此，所以称为中心法则(central dogma)**。

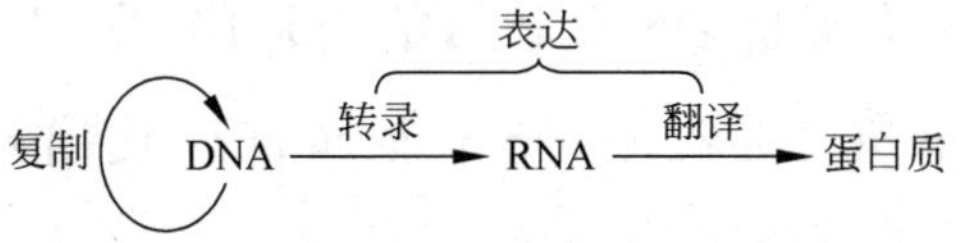

实际上，并非所有基因的表达都需要翻译过程。转录形成多种RNA，其中mRNA可以编码蛋白质，而tRNA和rRNA不用于编码蛋白质，tRNA的功能是转运氨基酸，rRNA是核糖体的组成成分。所以，tRNA和rRNA基因的表达只有转录，没有翻译。

但是，后来科学家发现了RNA病毒，RNA病毒在宿主细胞内可以进行RNA的复制或者逆转录。

20世纪70年代，科学家发现烟草花叶病毒在环境条件适宜的夏季没有DNA而只有RNA！显然，此时的烟草花叶病毒是以RNA为遗传物质的。烟草花叶病毒能够正常繁殖，说明RNA也是可以进行复制的。

美国分子生物学家特明于1970年在研究鸡肉瘤病毒(劳氏肉瘤病毒，RSV)时发现：这种病毒含有一种逆转录酶，能以RNA为模板合成DNA，此过程称为逆转录。后来，科学家发现某些细胞中存在的端粒酶也具有催化逆转录的功能，能将RNA逆转录成端粒DNA。

补充完善后的中心法则：

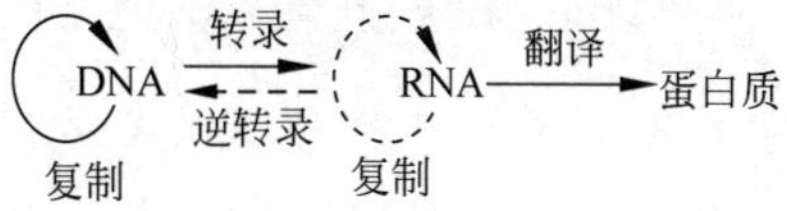

只有RNA病毒才有RNA复制或逆转录过程，一般认为，正常细胞没有这两个过程(上图虚线标注)。

［**知识扩展**］

DNA和RNA的基本单位都是核苷酸，蛋白质的基本单位是氨基酸。DNA与RNA如同美式英语和英式英语，有所差别但是相似度很高，所以遗传信息从DNA到RNA的传递称为转录。转录的原意是指将一个磁盘的内容转录到空白磁带上。RNA与蛋白质的差别则非常大，就像汉语的基本构件是汉字，英语的基本构件是单词一样，所以RNA指导蛋白质合成称为翻译。

［**知识扩展**］

“中心法则”的各过程中碱基互补配对类型。

① DNA复制：A—T，G—C。

② RNA复制：A—U，G—C。

③ 转录：A—U，T—A，G—C。

④ 逆转录：A—T，U—A，G—C。

⑤ 翻译：A—U，G—C。

［**知识扩展**］

RNA病毒的遗传信息表达类型

单链RNA病毒	正义(正链)RNA病毒，如TMV、寨卡病毒、SARS-CoV-2(引起COVID-19的病毒)	＋RNA→－RNA→＋RNA→蛋白质
	反义(负链)RNA病毒，如埃博拉病毒、流感病毒	－RNA↔＋RNA→蛋白质
	逆转录病毒，如HIV、劳氏肉瘤病毒	RNA —逆转录→ DNA(复制) —转录→ RNA —翻译→ 蛋白质
双链RNA病毒	±RNA→＋RNA→蛋白质	

乙肝病毒属于 DNA 病毒，但是乙肝病毒的 DNA 不进行自我复制，而是利用转录和逆转录途径完成增殖：DNA→mRNA→DNA。

RNA 复制也遵循碱基互补配对，所以复制形成的子代 RNA 与模板 RNA 的碱基排列刚好互补。

由 RNA 逆转录而来的单链 DNA 称为 cDNA。

2. 基因的本质和基因对性状控制的两种情况

1）基因的本质

1909 年，丹麦生物学家约翰逊把孟德尔提出的“遗传因子”命名为“基因”。那么基因与 DNA 是什么关系呢？

原来，DNA 上并非所有片段都包含遗传信息，而是只有部分片段包含遗传信息，这些片段才能称为基因，遗传信息的表达是基因的表达，非基因片段不含有遗传信息，不进行表达。

在绝大多数生物中，基因即一段 DNA，而在 RNA 病毒中则是一段 RNA。

所以，**基因的本质是一段有遗传效应的核酸片段（DNA 或 RNA），包含一个完整的遗传信息单位（如下图）。基因是遗传的一个基本功能单位，是遗传物质结构和功能的基本单位**。

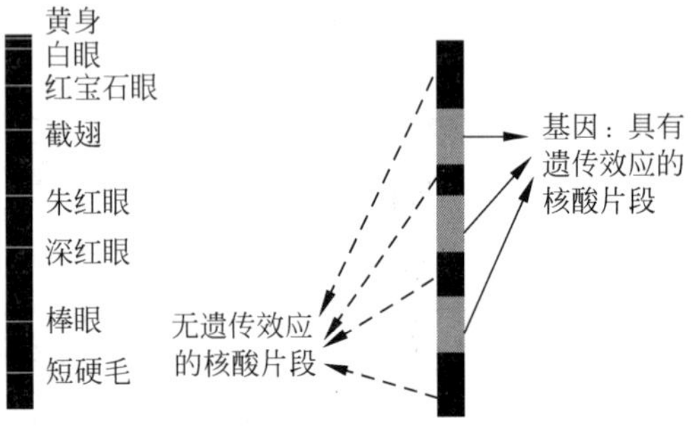

果蝇X染色体上的基因

基因中包含的遗传信息其实就是核苷酸（或碱基）排列顺序。不同基因（如 A 和 B 基因）之间、等位基因（如 A 和 a 基因）之间的根本区别在于核苷酸（或碱基）的排列顺序不同，不同基因之间这种顺序差别非常大，而等位基因之间差别很小。

正是因为转录形成 RNA 的模板不是整个 DNA 而是 DNA 上的基因片段，所以 RNA 一般较短，这就是 RNA 能通过核孔出核，而核 DNA 不能的原因之一。

［**知识扩展**］

基因的概念和认识正在发生着变化。以前认为不参与编码蛋白质的非编码序列，包括那些高度重复的序列，是垃圾 DNA，但是越来越多的证据表明，这些垃圾 DNA 可能起到了非常重要的作用，其中一部分会转录成 RNA。基因在染色体上也不一定是线性排列，基因之间可能存在重叠。基因还会产生跳跃，从一个位置移动到另一个位置。一个基因对应一种蛋白质的观点也早被证实是错误的。

基因与性状之间并不是简单的一一对应的关系，有的性状是由多个基因共同决定的，有的基因可影响多个性状。另外性状还会受到环境的影响。

2）基因对性状的控制有两种情况

（1）控制酶的合成来控制代谢过程，从而间接控制生物性状。

白化病是一种较常见的皮肤及其附属器官黑色素缺乏所引起的疾病。这类病人通常是全身皮肤、毛发和眼睛缺乏黑色素，表现出怕光等行为。病因是控制酪氨酸酶合成的基因异常，酪氨酸酶无法合成或缺乏活性。没有了酪氨酸酶的正常催化，酪氨酸不能正常转化为黑色素。

[**知识扩展**]

酪氨酸酶活性越强，皮肤和毛发越黑；活性越弱，皮肤和毛发越白，甚至出现白癜风或白化病。有些美白产品就含有酪氨酸酶活性抑制剂。

（2）**通过控制蛋白质的结构来直接影响性状**。

镰刀形细胞贫血症患者的红细胞在缺氧状态时呈现镰刀状，分析原因发现是患者发生基因突变，血红蛋白的氨基酸序列改变，影响了血红蛋白的结构和功能。大部分囊性纤维化患者中，编码 CFTR 蛋白(囊性纤维化穿膜传导调节蛋白，可以发挥氯离子通道作用)的基因中缺失 3 个碱基，导致 CFTR 转运氯离子的功能出现异常，患者支气管中粘液增多，管道受阻，细菌在肺部大量繁殖，肺功能严重受损。

3. 表达之第一步骤——转录

1）转录的概念

以 DNA 片段(基因)的一条链为模板，按照碱基互补配对的原则合成 RNA 的过程称为转录。

<**生物学史**>

马默和多蒂利用 DNA-RNA 杂合技术、采用侵染枯草杆菌的噬菌体 SP8 为材料进行实验。噬菌体 SP8 的 DNA 分子由两条碱基组成很不平均的链构成，其中一条链富含嘌呤，另一条互补链则富含嘧啶。因为嘌呤比嘧啶重，因此富含嘌呤的“重”链与富含嘧啶的“轻”链在加热变性后可用密度梯度离心分开。实验者在 SP8 侵染后，从枯草杆菌中分离出 RNA，分别与 DNA 的重链和轻链混合并缓慢冷却。他们发现 SP8 侵染后形成的 RNA 只跟重链形成 DNA-RNA 的杂合分子。显然，RNA 仅由 DNA 中的一条链转录产生。

马默和多蒂很幸运地选用 SP8 做实验。因为绝大多数情况下，不同的基因中作为模板链的核苷酸链不一定是同一条，如左图。而 SP8 中所有基因的模板链都是同一条，如右图。

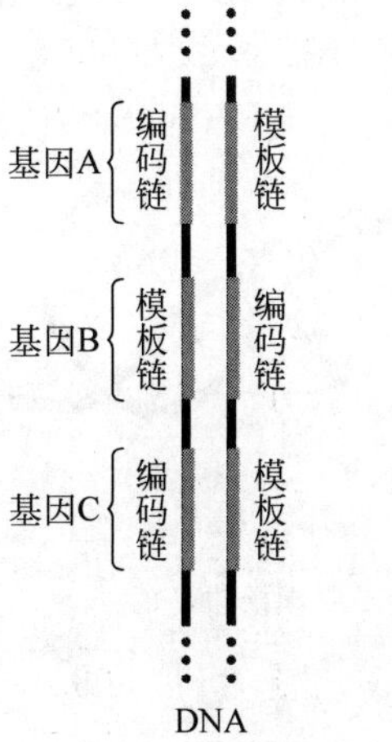

一般情况下，如T4噬菌体的各基因中作为模板链的脱氧核苷酸链不是同一条

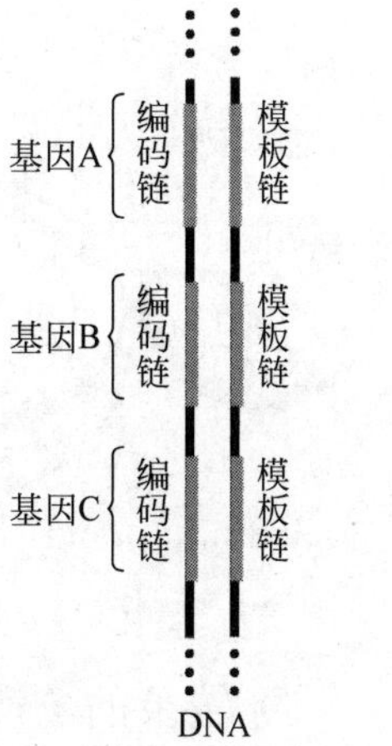

SP8噬菌体的所有基因中作为模板链的脱氧核苷酸链是同一条

2）转录的过程

（1）解旋：RNA 聚合酶与 DNA 分子的某个启动部位相结合。转录开始后，边解旋、边转录，RNA 聚合酶将 DNA 中正要进行转录部位的双链间的氢键断裂，从而把两条螺旋的双链局部解开。解旋的部位在电子显微镜下会呈现“转录泡”。注意，DNA 复制时，整条 DNA 先后解旋；而转录时，只需解旋需要转录的片段。

（2）以 DNA 片段的其中一条链为模板，在 RNA 聚合酶的作用下，利用细胞中游离的 4 种核糖核苷酸为原料，按碱基互补配对原则，合成 RNA。RNA 链由 5′向 3′方向延伸。核糖核苷酸之间以酯键相连。DNA-RNA 杂交区域只有大约9个核苷酸长度，因为RNA聚合酶在前进过程中，可将新合成的RNA移开，让DNA双链在聚合酶后面重新形成双螺旋。因此RNA聚合酶不但和DNA解螺旋有关，也与DNA双螺旋重新形成有关。但并不是说RNA聚合酶催化氢键的形成，氢键的形成是自发的，不需要酶的催化。

(3) 合成的RNA从DNA链上释放。而后，DNA双链完全恢复双螺旋(如下图)。

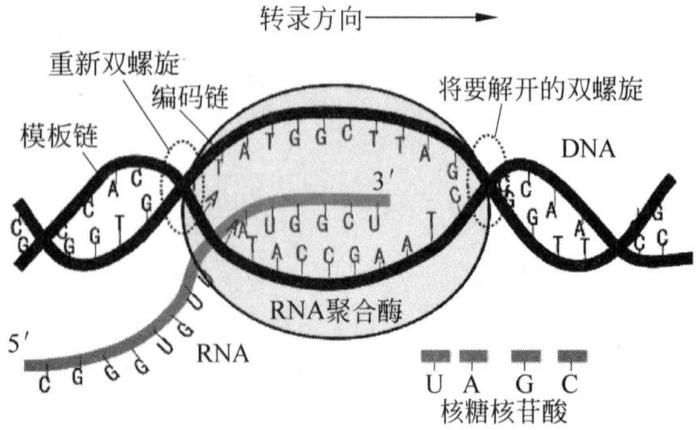

3) 转录的场所

对于真核细胞主要在细胞核内，也可能在叶绿体和线粒体中。

4) 转录的条件

(1) **模板：DNA的一条链。作为模板的链称为模板链**(又称为反义链)，**另一条链称为编码链**(又称为有义链、信息链)。

(2) **原料：4种核糖核苷酸**[①]。

(3) **能量：ATP**。

(4) **酶：RNA聚合酶等**。

在生物体内的温和条件下，需要解旋酶使DNA解旋。DNA复制时，需要有专门的解旋酶，DNA转录时则不需要。因为原核细胞的RNA聚合酶有解旋DNA的功能，而真核细胞中则是某些转录因子起到解旋DNA的功能。

在生物体外，加热就可以使DNA解旋。

5) 转录时的碱基配对

A—T或U(DNA上为T，RNA上为U)；G—C。

6) 转录时形成的化学键

酯键。

7) 转录的结果

形成多种单链RNA。

在生物细胞中主要有3种RNA，其中含量最多的是rRNA，种类最多的是mRNA，含有稀有碱基最多的是tRNA。

(1) 信使RNA(mRNA，messenger RNA)

不同生物、不同细胞中mRNA差别很大。一般来说，一个基因对应至少一种mRNA，所以**mRNA的种类很多**。例如，不考虑转录tRNA和rRNA的极少数基因，人类的基因有三万多个，人类的mRNA也应有三万多种。

mRNA将DNA上的遗传信息转录下来，移至核糖体，通过密码子指导氨基酸按顺序合成蛋白质。

(2) 转运RNA(tRNA，transfer RNA)

一种生物体内tRNA只有固定的几种，生物的亲缘关系越近，tRNA的相似度越高。tRNA专一识别mRNA上的特定密码子，一种tRNA仅转运一种氨基酸。

(3) 核糖体RNA(rRNA，ribosomal RNA)

一种生物体内rRNA只有固定的几种，生

① 实际上转录所需要的原料是核糖核苷三磷酸，核糖核苷三磷酸在聚合过程中离核苷近的高能磷酸键水解产生焦磷酸和能量，但是高中阶段将其简化成核糖核苷酸。

物的亲缘关系越近，rRNA 的相似度越高。rRNA 是核糖体的组成成分。核糖体由蛋白质(核糖体蛋白)和 rRNA 组成，是合成蛋白质的场所，能够按照 mRNA 上的信息(密码子)，利用 tRNA(反密码子)携带来的氨基酸通过脱水缩合形成肽链。

三种 RNA 都参与翻译(如下图)。mRNA 把遗传信息从 DNA 传递到蛋白质，tRNA 在翻译时用于运输氨基酸，rRNA 是合成蛋白质的细胞器——核糖体的组成成分。注意：RNA 病毒的遗传信息在 RNA 上。

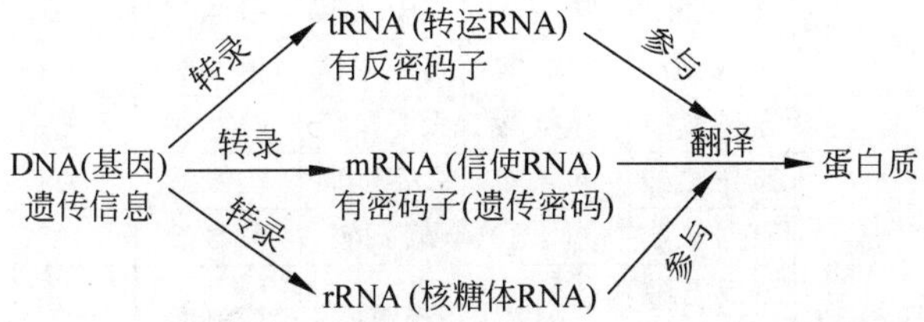

同一个体的不同体细胞中，基因的种类是相同的，tRNA 和 rRNA 的种类也是相同的，而 mRNA 和蛋白质因为基因的选择性表达，种类有差异。

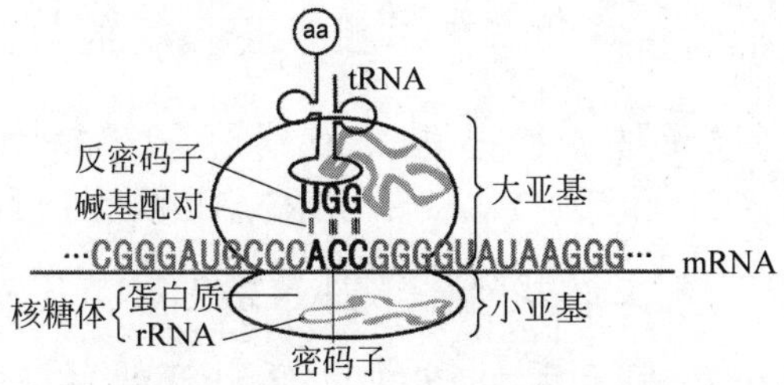

8) 转录的方向

RNA 聚合酶的移动方向。判断转录的方向，可以从几个角度分析：(1)模板的哪个部分已经被利用，比如 DNA 的左边部分已经被当作模板用过了，那么转录的方向是从左到右。(2)多个产物 RNA 的长短，比如正在转录形成的多条 RNA，有些长，有些短，那么转录的方向是从短的这头到长的那头转录。(3)观察基本单位添加的位置，比如新的核苷酸添加在左边，则核苷酸链向左边延伸，转录的方向是从右到左。(4)RNA 是从 5′向 3′方向延伸，已经脱离 DNA 的一端为 5′，还处于 DNA-RNA 杂交区域的一端为 3′，而转录的方向就是 RNA 的延伸方向。

4. 表达之第二步骤——翻译

1) 翻译的概念

在核糖体中，以 mRNA 为模板，合成具有一定氨基酸顺序的蛋白质(更准确地讲是多肽链)的过程称为翻译。在翻译的过程中，mRNA 上的密码子和 tRNA 上的反密码子至关重要。

2) 密码子

(1) 密码子的理论推断

核糖体是如何读取 mRNA 上的信息呢？如果遗传信息像英文词汇一样，每个词汇所含的字母数是不固定的，显然太过复杂而且容易出错。所以核糖体应该是按固定的核苷酸数在读取核苷酸。

如果 1 个核苷酸对应 1 个氨基酸，而我们知道 mRNA 上只有 4 种核糖核苷酸，即只有 4 种碱基。那么 4 种碱基只能决定 4 种氨基酸，而生物体内组成蛋白质的氨基酸有 20 多种，4 种碱基无法满足需要。如果 2 个核苷酸对应 1 个氨基酸，那么 2 个连续的碱基的排列只有 $4\times4=16$ 种可能性，也无法满足 20 多种氨基酸的需要。而 3 个连续的碱基的排列有 $4\times4\times4=64$ 种可能性，已经能完全满足 20 多种氨基酸的需要。尽管理论上存在 4 个碱基决定 1 种氨基酸的可能性，但是生物不太可能做出如此浪费的行为。mRNA 上决定 1 个氨基酸的 3 个相邻碱基被叫做三联体密码子（简称密码子）。

薛定谔在《生命是什么》一书中以莫尔斯电码来比喻生物细胞中控制有机体未来发育计划的“微型密码”。第一个提出遗传密码具体设想的是物理学家伽莫夫。虽然他的设想十分粗略也缺乏实验依据，尤其是他没有提到 mRNA 的作用，认为是 DNA 直接决定蛋白质的合成，但是他指出的 3 个碱基决定 1 种氨基酸的思想是正确的。伽莫夫也是用数学的方法作出的这个推断。

（2）密码子的验证

克里克对 T4 噬菌体 DNA 上的一个基因进行处理，使其增加或减少碱基。他发现加入或减少 1 个或 2 个碱基都会引起噬菌体突变，无法产生功能正常的蛋白质，而加入或减少 3 个碱基时却有很大可能可以合成正常功能的蛋白质。进一步的实验表明增加或减少 3 的倍数的碱基数量，对蛋白质的影响比其他的改变要小。对于这个实验，我们可以用英语句子进行类比分析。“thebeecanflyfar”中每个单词均为三字母，与密码子类似，如果 3 个 3 个字母读取这个句子，意思正确，即“蜜蜂可以飞得远”。如果减少其中的 1 个或 2 个字母，再 3 个 3 个字母读取这个句子，就会发现改变点以后的单词全部失去了意义。但是如果减少的是其中 3 个连续的字母，尽管改变了 1 个或 2 个单词，但是不会影响句子中其他单词的含义。

美国籍科学家霍拉纳人工合成了一段高度重复的 mRNA，ACACACACACAC…，由此翻译成的每条多肽链含有 2 种交替排列氨基酸。如果密码子是 2 个连续的碱基或是 4 个连续的碱基，那么由此翻译成的每条多肽链会只含有 1 个氨基酸。

（3）密码子的概念

密码子又叫遗传密码，遗传学上把 mRNA 上决定一个氨基酸的 3 个相邻的碱基叫做一个密码子。

（4）常见的 20 种氨基酸的密码子表

第 1 个碱基	第 2 个碱基				第 3 个碱基
	U	C	A	G	
U	苯丙氨酸	丝氨酸	酪氨酸	半胱氨酸	U
	苯丙氨酸	丝氨酸	酪氨酸	半胱氨酸	C
	亮氨酸	丝氨酸	终止	终止	A
	亮氨酸	丝氨酸	终止	色氨酸	G
C	亮氨酸	脯氨酸	组氨酸	精氨酸	U
	亮氨酸	脯氨酸	组氨酸	精氨酸	C
	亮氨酸	脯氨酸	谷氨酰胺	精氨酸	A
	亮氨酸	脯氨酸	谷氨酰胺	精氨酸	G
A	异亮氨酸	苏氨酸	天冬酰胺	丝氨酸	U
	异亮氨酸	苏氨酸	天冬酰胺	丝氨酸	C
	异亮氨酸	苏氨酸	赖氨酸	精氨酸	A
	甲硫氨酸（起始）	苏氨酸	赖氨酸	精氨酸	G
G	缬氨酸	丙氨酸	天冬氨酸	甘氨酸	U
	缬氨酸	丙氨酸	天冬氨酸	甘氨酸	C
	缬氨酸	丙氨酸	谷氨酸	甘氨酸	A
	缬氨酸	丙氨酸	谷氨酸	甘氨酸	G

＜情景引入＞

尼伦伯格和马太采用了蛋白质的体外合成技术，在每个试管中分别加入一种氨基酸，再加入除去了 DNA 和 mRNA 的细胞提取液，以及人工合成的一段 RNA（UUUUU…），发现在含有苯丙氨酸的试管中产生了多肽，如下图所示。

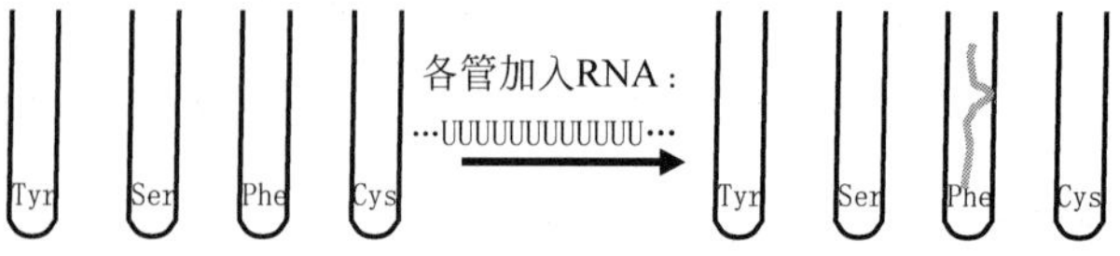

Tyr：酪氨酸　Ser：丝氨酸　Phe：苯丙氨酸　Cys：半胱氨酸

（5）密码子的特性

① 通用性（即统一性）

地球上几乎所有的生物共用一套密码

子。也就是说,从低等的细菌和病毒到最高等的人类所使用的密码子系统几乎都是一样的。所以将人类的胰岛素原基因导入到大肠杆菌中,大肠杆菌能够成功地合成人胰岛素原。

<**版本差异**>

浙科版又有"所有生物只用一套基本的遗传密码"的说法。

② 简并性

绝大部分密码子只编码一种氨基酸。64种密码子为20多种氨基酸编码,平均每种氨基酸可有3个密码子。**一种氨基酸对应两种以上的密码子的情况称为简并性**。决定同一种氨基酸的多个密码子称为同义密码子。简并性在一定程度上能防止由于碱基的改变(即基因突变)而导致的遗传信息的改变,即具有一定的容错性。并不是所有的氨基酸都对应多个密码子,如色氨酸只对应一个密码子。

密码子的第1、2位碱基发生改变往往会导致氨基酸的改变,密码子的第3位碱基改变通常不会导致氨基酸的改变。

(6) 起始密码子和终止密码子

真核生物核基因中,AUG编码甲硫氨酸,同时也是起始密码子[1]。如mRNA上一段序列为XXXAUGXXXXXXAUGXXXXXXUAAXXX,核糖体将阅读到的第一个AUG作为起始密码子,将第二个AUG作为普通的密码子。无论作为起始密码子还是作为普通密码子,都翻译为甲硫氨酸。

在细菌、噬菌体、真核生物的线粒体和叶绿体中,AUG是主要的起始密码子,GUG也可能作为起始密码子。这些情况下,如果AUG和GUG作为起始密码子,都编码甲硫氨酸[2];如果作为普通密码子,AUG编码甲硫氨酸,GUG编码缬氨酸。

3种密码子(UAG、UGA、UAA)可以作为终止密码子,此时一般不编码氨基酸,所以一般情况下是**61种密码子可以编码氨基酸**。在极少情况下,UGA编码硒半胱氨酸,UAG编码吡咯赖氨酸(人类没有)。

3) 反密码子

遗传学上把tRNA上与密码子互补配对的3个连续碱基称为反密码子。tRNA由大约80个核糖核苷酸组成,平面结构呈三叶草形,立体结构呈倒"L"形,其"叶柄"端能与一个特定的氨基酸结合,"叶片"端有三个特殊的碱基称为"反密码子",能与mRNA上的"密码子"相识别(如下图)。不要误以为tRNA只有3个碱基,其实tRNA有80个左右的碱基,只不过构成反密码子的3个碱基非常重要。另外tRNA中存在一些稀有碱基、胸腺嘧啶和不严格的碱基互补配对。

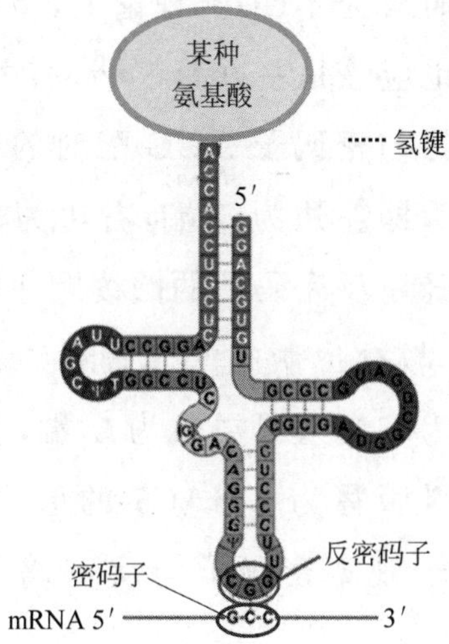

① 可以联想记忆,A是26个英文字母的起始,甲(硫氨酸)是"甲乙丙丁"的起始,蛋(氨酸)可联想到零。

② 更准确地讲是甲酰甲硫氨酸。

一种 tRNA 只能携带一种氨基酸。但是,因为存在多个反密码子对应同一种氨基酸,所以一种氨基酸可以由多种 tRNA 携带。当核糖体阅读到 mRNA 上终止密码子时,没有对应的 tRNA 进入核糖体的 A 位,则一种称为释放因子的蛋白质进入 A 位,然后核糖体脱离 mRNA,翻译结束。

[**知识扩展**]

中学阶段认为 tRNA 中的反密码子决定了其所携带的氨基酸种类。实际情况并非如此,科学家发现不同的 tRNA 由不同的区域决定其携带的氨基酸种类。

密码子在和反密码子配对时,其前两位与 tRNA 上的碱基严格配对,但是最后一位并不严格配对,具有摆动性。特别是反密码子的 5′端的碱基还会出现次黄嘌呤(I),可以密码子上的 A、C、U 配对。所以 tRNA 的种类较少,只有 20 多种。

密码子的阅读顺序是从 5′端向 3′端,比如起始密码子 5′AUG3′。在书写碱基顺序时,默认的方式是左边为 5′端,右边为 3′端,所以可以简写为 AUG。理论上,反密码子的书写顺序也应该是左边为 5′端,右边为 3′端。旧人教版将与密码子 AUG 配对的反密码子写为 UAC,即左边为 3′端,右边为 5′端。新人教版已经将反密码子的阅读顺序的例子去掉,而在人教社出版的配套资料中将这个反密码子写为 CAU,即左边为 5′端,右边为 3′端。新浙科版写为 3′UAC5′的形式,这个写法更有利于观察密码子与反密码子的配对关系。

4）翻译的过程

起始密码子和终止密码子并不是在 mRNA 的两个末端。我们可以将 mRNA 想象成高速公路,汽车并不是从高速公路的起点一直开到终点,而只需要从正确的路口进入,又从正确的路口离开,前一个路口相当于起始密码子,后一个路口相当于终止密码子。

在 mRNA 的起始密码子前大约 10 个核苷酸位置有富含嘌呤的序列。核糖体在此与 mRNA 结合在一起,然后从 mRNA 的 5′端向 3′端移动,直至读到起始密码子开始进行翻译,如下图所示。

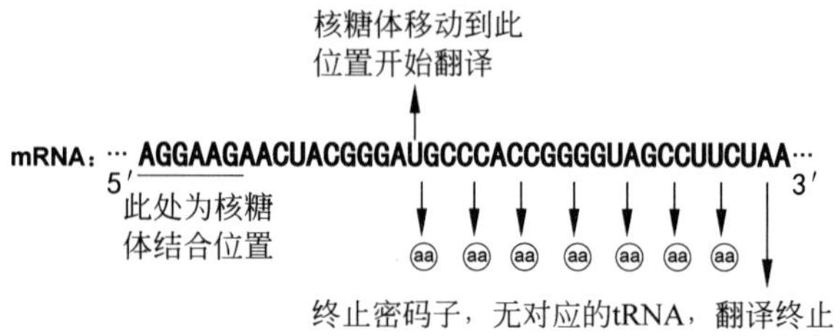

核糖体的大亚基与 mRNA 的结合部位有 3 个 tRNA 的结合位点,P 位、A 位和 E 位,在 A 位进驻的是携带一个新的氨基酸的 tRNA,E 位是 tRNA 即将离开核糖体时的位点。一个核糖体只能同时结合两个 tRNA。

<**版本差异**>

旧人教版和浙科版只表述了大亚基中的 A 位和 E 位。

如图所示,反密码子为 3′UAC5′的 tRNA 携带甲硫氨酸,通过与 mRNA 上的碱基 AUG 互补配对,进入位点 P。

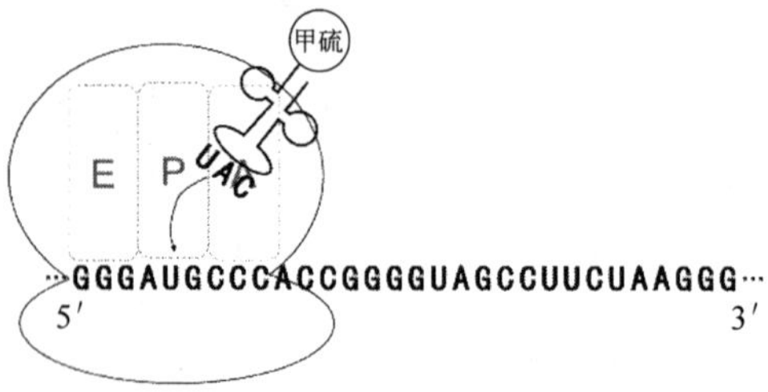

携带脯氨酸的 tRNA 以同样的方式进入位点 A。

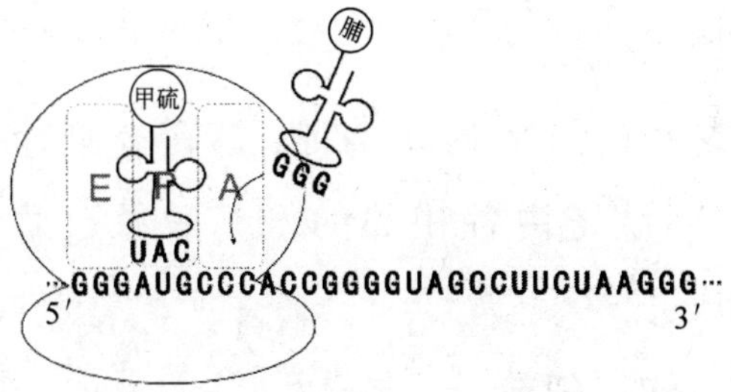

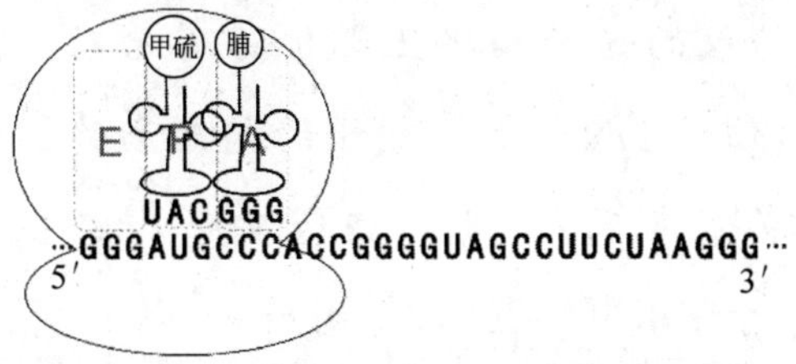

甲硫氨酸通过与脯氨酸形成肽键转移到占据位点 A 的 tRNA 上。

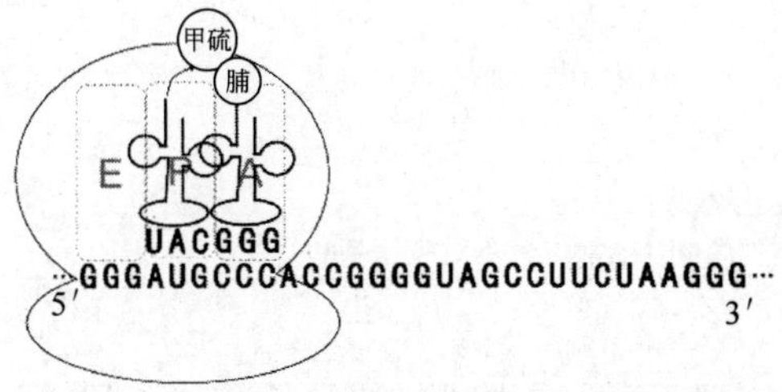

然后，核糖体沿着 mRNA 移动，读取下一个密码子。原占据位点 P 的 tRNA 进入位点 E，原占据位点 A 的 tRNA 进入位点 P。

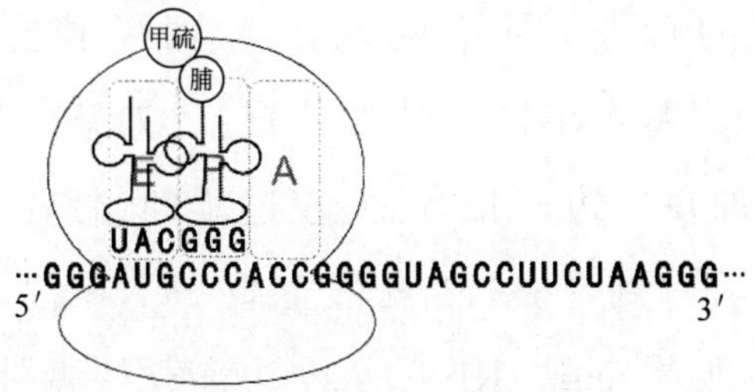

刚刚移入位点 E 的 tRNA 马上离开核糖体，又去转运下一个甲硫氨酸。接着携带苏氨酸的 tRNA 进入位点 A，继续肽链的合成。

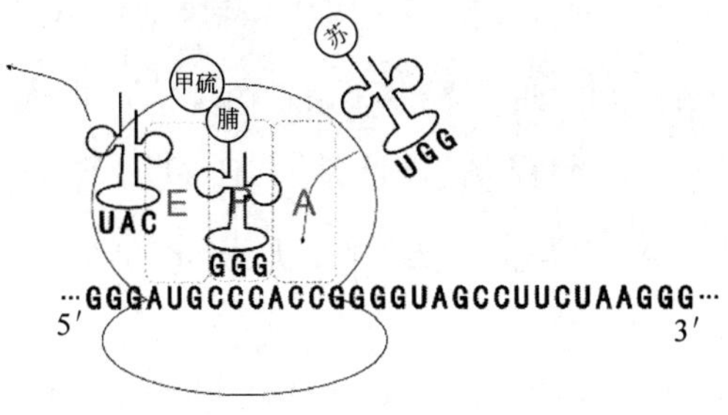

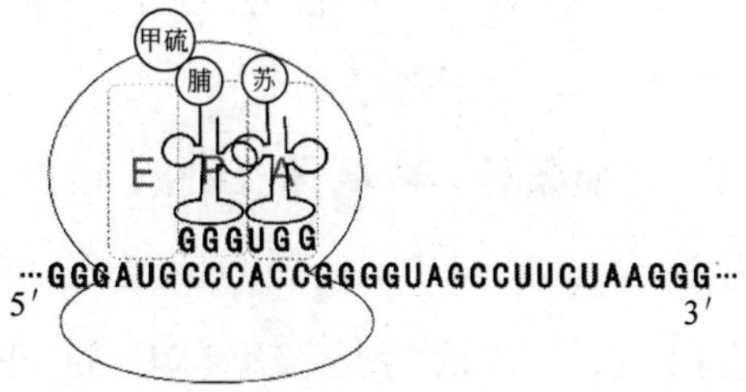

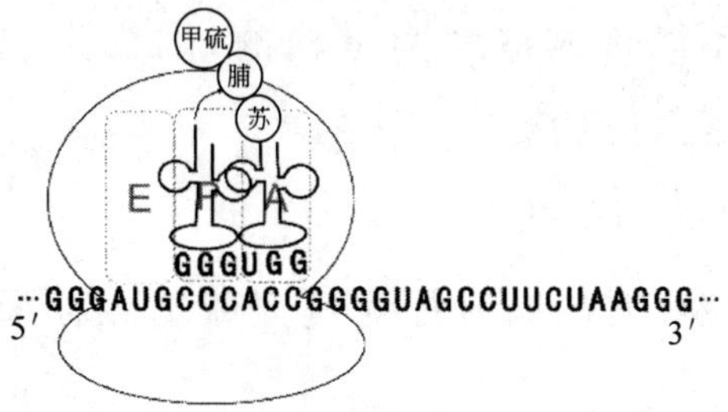

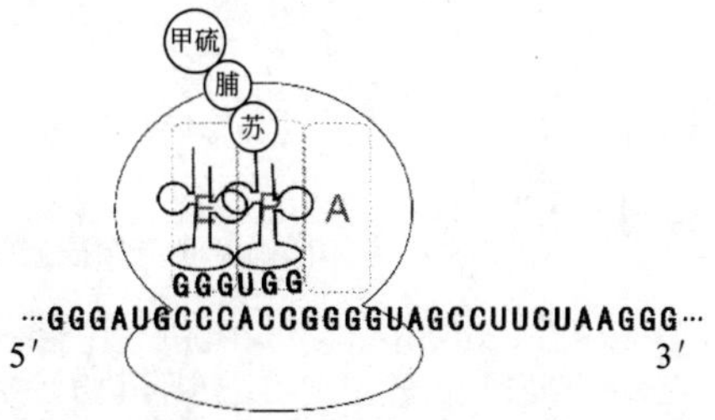

上述步骤沿 mRNA 链继续进行，直至核糖体读取到 mRNA 上的终止密码，核糖体的大小亚基从 mRNA 上脱落下来，本次翻译结束。核糖体接下来可以重新结合 mRNA，开始新的翻译过程。新结合的 mRNA 可以是原来的那种 mRNA，也可以是其他 mRNA，即 mRNA 与核糖体的结合是没有特异性的。

我们一般认为是核糖体沿 mRNA 移动，而非核糖体不动，mRNA 穿过核糖体。我们可以把核糖体比作火车，mRNA 相当于铁轨，是火车在铁轨上开。

5）翻译的场所

翻译在核糖体（细胞溶胶、线粒体和叶绿体）上进行。

6）翻译的条件

（1）**模板：mRNA**。

（2）**原料：氨基酸**。

(3) **能量：ATP 供能**(实际上还有 GTP 供能，但高中阶段不考虑)。

(4) **其他条件：核糖体、tRNA** 和多种酶。这些酶位于核糖体中，有观点认为是核糖体中的蛋白质，也有认为是核糖体中的 rRNA。绝对不能称这些酶为蛋白酶，因为蛋白酶是水解蛋白质的酶。

7) 翻译的规则

翻译时的碱基配对遵守碱基互补配对原则(A—U，G—C)。

8) 翻译的结果

翻译时形成的化学键：肽键。翻译产物为肽链，肽链由各相邻的氨基酸通过肽键连接形成。

＜**知识细节**＞

转录的起始和终止部位称为启动子和终止子，位于 DNA 上。翻译的起始和终止部位是三联体密码，称为起始密码子和终止密码子，位于 mRNA 上(如下图所示)。

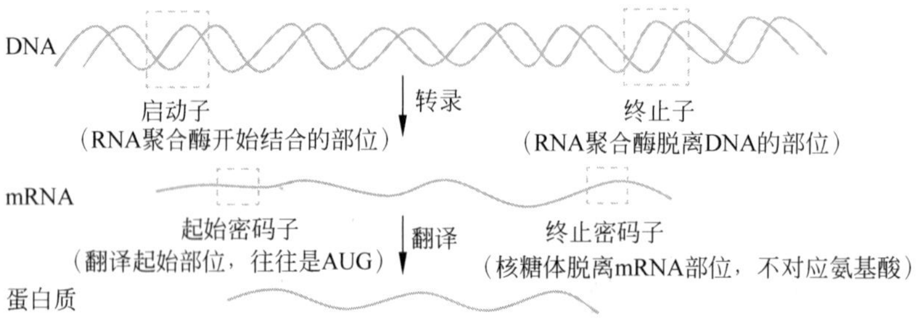

9) 多聚核糖体

图示中，一个 mRNA 分子可以相继结合多个核糖体，同时进行多条肽链的合成，此时 mRNA 与正在翻译的一系列核糖体结合形成的复合体称为多聚核糖体。通过这种方式，以少量的 mRNA 分子做模板就可迅速合成大量的肽链，翻译的效率非常高。

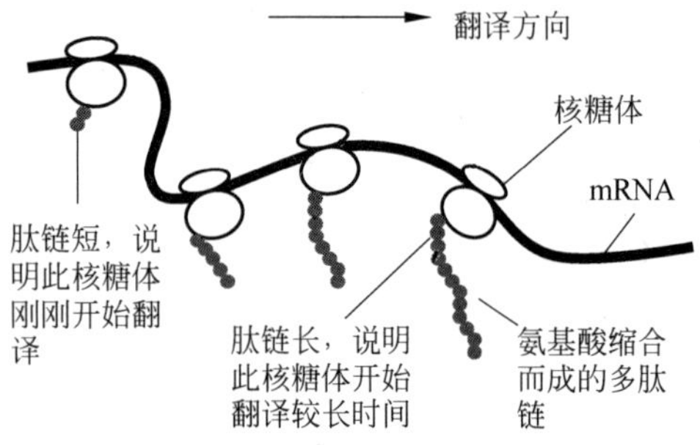

10) 翻译的方向

核糖体沿 mRNA 移动，核糖体的移动方向就是翻译的方向。判断翻译的方向，可以从几个角度分析：(1)如果有多个核糖体，每个核糖体已经形成的肽链有长有短，则翻译的方向是从短的这头到长的那头，见下页图。但是此方法严格意义上只适合于真核细胞，因为原核细胞的 mRNA 上可能包含着多个基因的信息，而不同基因是翻译独立的。(2)观察基本单位添加的位置，比如新的氨基酸添加在左边，则肽链向左边延伸，翻译的方向是从右到左。(3)观察空载 tRNA 离开的位置，如果空载 tRNA 从左边离开核糖体，则翻译的方向是从左到右。(4)tRNA 的 3′端是突出来的，连接着氨基酸。mRNA 的密码子和 tRNA 的反密码子互补，所以两者方向相反。如果 tRNA 的左边是 3′端，则 mRNA 的左边是 5′端，而核糖体阅读 mRNA 是从 5′端到 3′端，即翻译方向是从左到右。有些题目把 tRNA 的方向搞错了，所以此方法不一定能用。

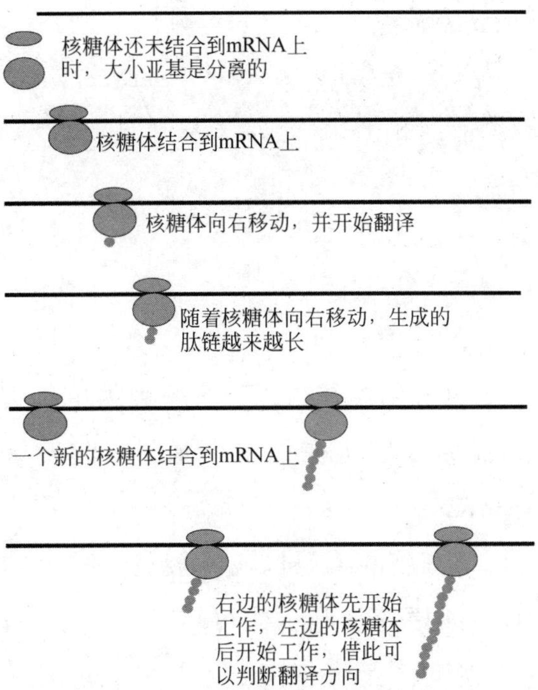

［知识扩展］

到底是核糖体还是 tRNA 在阅读 mRNA、识别密码子，其实几个说法都有道理。真实的情况是 tRNA 进入核糖体后，如果反密码子能正确与密码子配对，则携带的氨基酸参与肽链的延伸，否则核糖体会让其离开。目前，最常见的表述是核糖体阅读 mRNA，tRNA 识别密码子。

5. 基因的选择性表达和表观遗传

细胞分化的本质是基因的选择性表达，发生分化的细胞中基因、遗传物质、遗传信息都未曾改变。中学阶段所说的基因、遗传物质、遗传信息没有发生改变，是指基因中的脱氧核苷酸（碱基）排列顺序没有发生改变。

在细胞分化的过程中，为何会出现基因的选择性表达呢？表达包括转录和翻译，选择性表达主要是从转录的层次进行调控，有些基因被转录，有些基因未被转录。选择性表达与翻译也有关系，但是关系不大，因为一个核糖体可以翻译不同的 mRNA。**同一个体的不同体细胞中，基因的种类是相同的，tRNA 和 rRNA 的种类也是相同的，而 mRNA 和蛋白质由于基因的选择性表达，种类不完全相同**。

在转录层次的调控中，表观遗传修饰起到了重要的作用。表观遗传修饰有很多机理：DNA 的甲基化，组蛋白的乙酰化、甲基化等。基因的转录启动部位（启动子）的胞嘧啶被甲基化，会使染色质高度螺旋，无法被 RNA 聚合酶识别，基因被关闭。DNA 的外侧因为存在磷酸基团而带负电，使 DNA 可以缠绕在带正电荷的组蛋白上。基因转录时，组蛋白被乙酰化，其带正电荷的氨基被屏蔽，带负电的 DNA 片段（基因）放松缠绕，转录启动。

经典遗传学认为基因序列改变（如基因突变等）会引起基因功能的变化，从而导致表型发生可遗传的改变；而表观遗传学则认为在基因的 DNA 序列没有发生改变的情况下，由于基因功能发生了可遗传的变化，表型也会发生变化。

依据经典遗传学的知识，除非引起基因突变，由环境引起的性状改变是不会遗传的。但是现实却是，父母的饮食习惯，抽烟、酗酒等生活印记会以某种方式遗传给后代。所以，表观遗传有些是可以遗传的，但是不能稳定地遗传，可能遗传几代后就消失了。

6. 真核生物和原核生物基因表达的区别

1）原核细胞与真核细胞的基因结构比较

原核细胞和真核细胞的编码蛋白质的基

因都由能够编码蛋白质的编码区和不能编码蛋白质的非编码区组成。非编码区分为编码区上游和编码区下游，它们具有调控基因表达的作用，RNA聚合酶结合位点就在编码区上游的非编码区（如下图）。

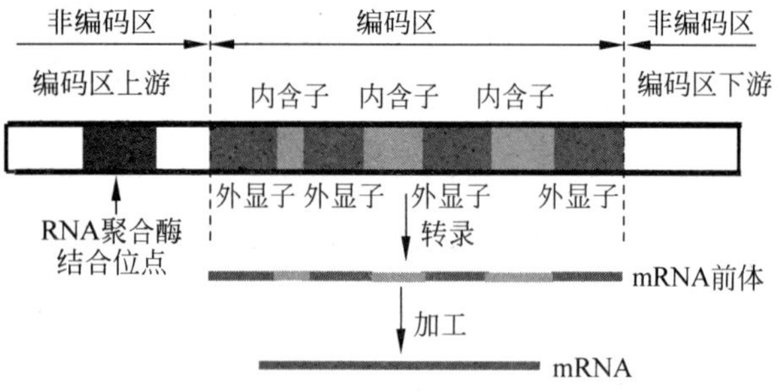

原核细胞的基因内部，编码蛋白质的核苷酸序列是连续的；而真核细胞的基因内部，编码蛋白质的核苷酸序列是不连续的，能够编码蛋白质的序列叫做外显子，不能编码蛋白质的序列叫做内含子。外显子和内含子一起被转录，但是转录形成的mRNA前体在被加工为成熟mRNA的过程中，对应内含子的部分被切除，而多个对应外显子的部分被连接在一起。

2）原核细胞与真核细胞表达场所的比较

原核生物转录的场所是拟核，翻译的场所是核糖体，两者之间没有核膜隔离，所以原核细胞的转录和翻译可以同时进行；真核生物核基因转录的场所是细胞核，翻译的场所是核糖体，两者之间有核膜隔离，因此必须先转录得到mRNA后，mRNA通过核孔到达细胞质基质之后才能进行翻译，即核基因的转录和翻译在时空上是分离的。下图为原核细胞的转录和翻译图解。

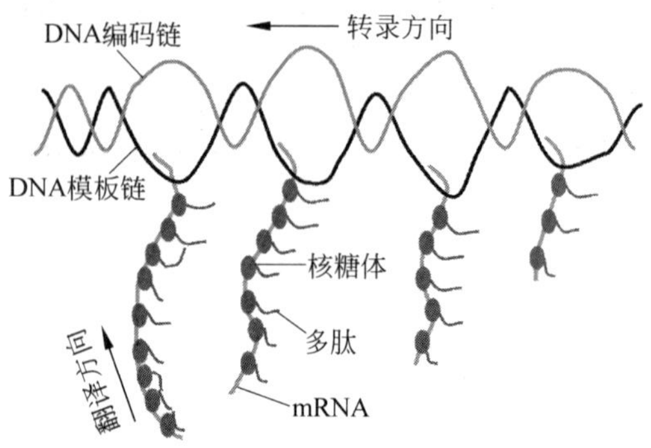

3）真核细胞往往以一个基因为单位进行转录，而原核细胞往往多个基因一起转录为一条mRNA

原核细胞的编码区内一般包含多个结构基因，所以原核细胞一次可转录多个基因，即原核细胞的一条mRNA对应多个基因的信息，可翻译成多条多肽。这几个一起转录的结构基因加上前后的非编码区，合称为一个操纵子。真核细胞的编码区内一般只包含一个结构基因，所以真核细胞一次只转录一个基因，即真核细胞的一条mRNA一般对应一个基因的信息。

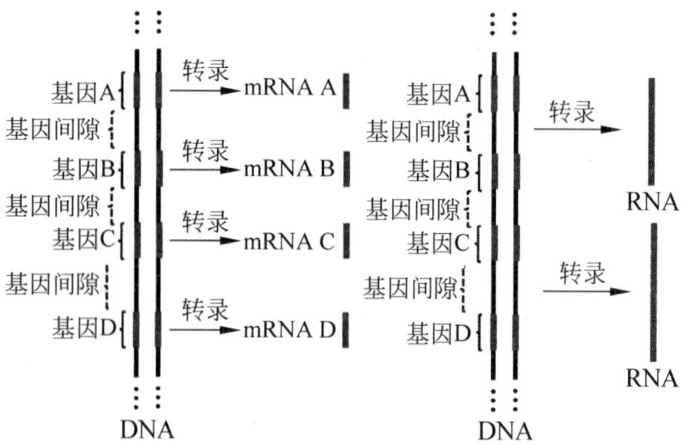

真核细胞核基因往往以一个基因为转录单位。一般每条mRNA翻译成一种多肽

原核细胞一次转录多个基因，转录形成的mRNA可以翻译成多种多肽

4）原核细胞与真核细胞mRNA和蛋白质加工的比较

真核细胞核基因刚转录出来的mRNA前

体需要在细胞核内经过加工才能成为成熟的mRNA。加工内容包括5′端加帽、3′端加尾、内含子剪切、外显子连接和部分碱基修饰。同一mRNA前体经过不同加工过程可产生不同的成熟mRNA。而原核细胞的mRNA不需要加工。原核和真核细胞的tRNA和rRNA都需要进行转录后加工。

大部分真核细胞核基因翻译得到的蛋白质需要进行加工。比如翻译得到的胰岛素原是1条多肽链，经过蛋白酶切去当中一段后，形成具有2条多肽链的胰岛素。由于胰岛素原的加工需要内质网和高尔基体，而导入胰岛素原基因的细菌中不存在这些细胞器，所以细菌表达产生的胰岛素原需要人工加工才能成为胰岛素。再比如，mRNA上的起始密码子为AUG，故翻译得到的每条多肽的N端(氨基端)应为1个甲硫氨酸；但成熟的蛋白质并不一定具有N端的甲硫氨酸，因为蛋白质会被加工。

7. DNA的复制、转录、翻译的联系和比较

1）DNA的复制、转录、翻译的联系

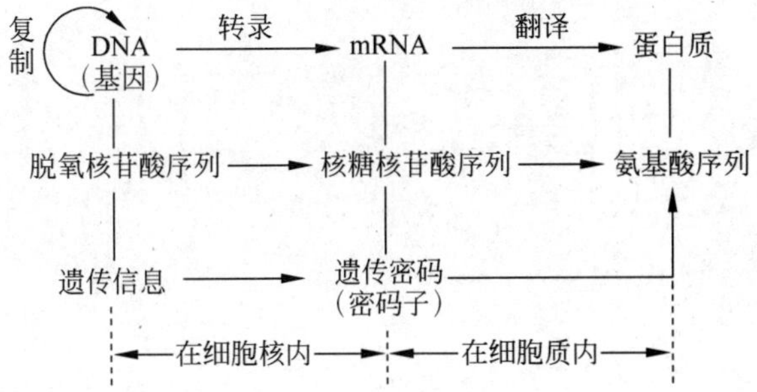

2）DNA的复制、转录、翻译的比较

过　程	遗传信息传递给下一代	遗传信息表达	
	DNA复制	转录	翻译
场所	细胞核(主要)	细胞核(主要)	核糖体
时期	核DNA复制是在间期	核基因的转录一般是在间期或不分裂时	任何时候
模板	DNA的2条链	DNA的1条链	mRNA
原料	4种脱氧核苷酸	4种核糖核苷酸	20多种氨基酸
其他条件	ATP、解旋酶、DNA聚合酶	ATP、RNA聚合酶	ATP、tRNA、酶
产物	2个DNA分子	RNA	多肽链
碱基互补配对	A—T，G—C	A—U，T—A，C—G	A—U，C—G
信息传递方向	DNA→DNA	DNA→mRNA	mRNA→蛋白质

3）有关基因表达的数量关系

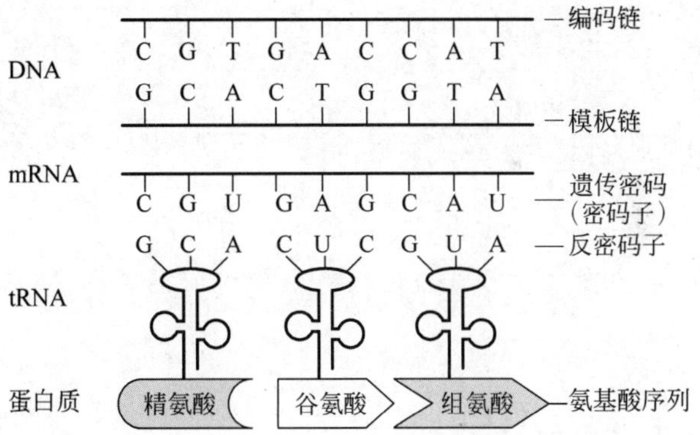

注意：**基因有2条链，所以基因中的碱基、RNA中的碱基和蛋白质中氨基酸的数量比为6∶3∶1**。由于基因中存在非编码序列，mRNA上存在终止密码子等原因，所以实际上基因(DNA)上所含有的碱基数要大于$6N$，或氨基酸数目小于N。因此一般题目中带有"至少"或"最多"字样。

＜知识细节＞

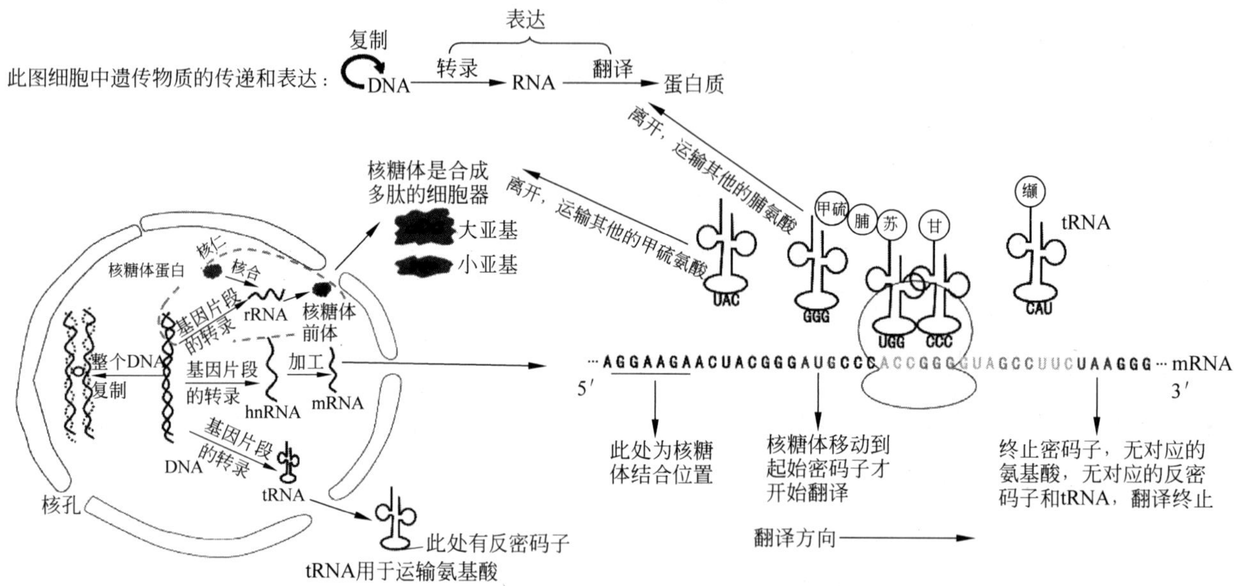
此图细胞中遗传物质的传递和表达：
复制
DNA
转录
RNA
翻译
蛋白质
表达
离开，运输其他的脯氨酸
离开，运输其他的甲硫氨酸
核糖体是合成多肽的细胞器
大亚基
小亚基
核糖体蛋白
核仁
核合
基因片段的转录
rRNA
核糖体前体
整个DNA复制
基因片段的转录
加工
hnRNA
mRNA
基因片段的转录
DNA
tRNA
核孔
此处有反密码子
tRNA用于运输氨基酸
甲硫
脯
苏
甘
缬
tRNA
UAC
GGG
UGG
CCC
CAU
···AGGAAGAACUACGGGAUGCCCACCGGGGUAGCCUUCUAAGGG··· mRNA
5′
3′
此处为核糖体结合位置
核糖体移动到起始密码子才开始翻译
终止密码子，无对应的氨基酸，无对应的反密码子和tRNA，翻译终止
翻译方向

第10章　遗传的基本规律

第1节　分离定律

本节知识框架：

1. 孟德尔和他的豌豆实验
2. 分离定律的实质
3. 遗传图解和其中的概念
4. 概率计算的两种基本方法
5. 与分离定律相关的实验设计
6. 分离定律在实践中的应用

1. 孟德尔和他的豌豆实验

孟德尔是遗传学的奠基人，被誉为“遗传学之父”。

1）选择豌豆作为实验材料

豌豆作为实验的材料具有以下优点：

（1）**闭花、自花授粉，便于形成纯种，有利于进行杂交和自交实验。**

豌豆是闭花、自花传粉植物，也就是说，豌豆花在未开放时，就已经完成了受粉，避免了外来花粉的干扰。自交是指来自同一个体的雌雄配子的结合。两性花雄蕊的花粉落到同一朵花的雌蕊柱头上的过程叫做自花传粉，自花传粉是自交的一种。

对豌豆进行杂交试验需要进行人工异花授粉（如下图）。两性花进行**人工异花授粉的步骤：在雄蕊（花粉）成熟前，将作为母本的花剪去所有雄蕊（简称去雄）→对已去雄的花套袋→授粉→对已授粉的花套袋、挂标签**。只有两性花即一朵花内既有雄蕊又有雌蕊才需要去雄。对于单性花无论是雌雄同株如玉米，还是雌雄异株如银杏，都不需要去雄，只需要套袋即可。另外，作为母本的两性花需要去雄，但是作为父本的两性花不需要剪去雌蕊，因为父本只提供花粉，雌蕊存不存在不影响杂交实验。

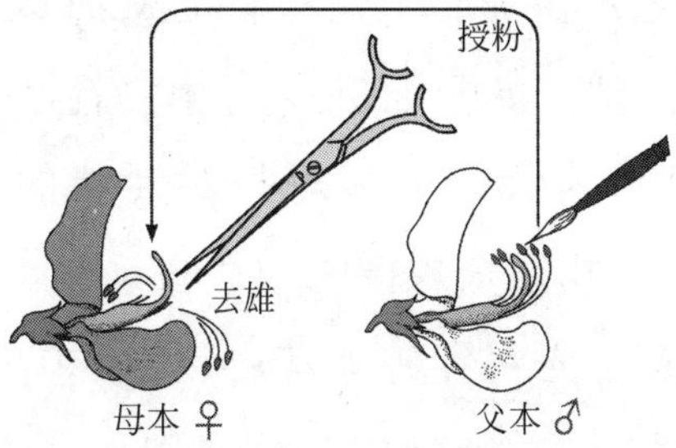

豌豆在自然状态下只进行自交，一般都是纯种，用豌豆做人工杂交实验，结果既可靠，又容易分析。另外，豌豆的花形尺寸与花冠形状使得豌豆易于进行去雄、授粉等操作。

（2）**豆荚成熟后籽粒留在豆荚内，便于观察和计数；且豌豆的生长期短，种子多。**

（3）**豌豆具有多对稳定的、可区分的相对性状。**

性状是生物的形态、结构和生理特性的总称，如豌豆的花色、种子的形状、茎的高度等。**同种生物同种性状的不同表现类型称为相对性状**，如豌豆的紫花和白花（人教版中为红花和白花）、豌豆种子的圆形和皱形、豌豆的高茎和矮茎，鸡冠的玫瑰冠和单冠、人的双眼皮和单眼皮、人的卷舌和无卷舌、人的拇指向指背面弯曲和不能弯曲、双手手指交叠时右手拇指在上和左手拇指在上、人的食指比无名指长和食指比无名指短等。

当时，有些植物学家已经发现豌豆作为植物杂交实验材料的优点，所以孟德尔选择豌豆作为实验材料并非偶然。但是，孟德尔后期接受了当时最著名的植物学家拿戈里的建议，改用山柳菊作为实验材料。不幸的是，山柳菊性状复杂，山柳菊花太小很难进行人工授粉，而且山柳菊可以进行无性繁殖。最后孟德尔承认他的结论不适用于所有生物。

2）一对相对性状的杂交实验

孟德尔在实验工作中贯彻从简单到复杂的原则。他开始只研究一对相对性状的遗传规律，然后才去研究多对相对性状的遗传规律，最后寻找两个规律的内在联系。

孟德尔先将纯种紫花（人教版中为红花）植株作为母本，纯种白花植株作为父本，得到的后代都是紫花；当纯种白花作为母本，纯种紫花作为父本，得到的后代也都是紫花。**我们把上述两组父本和母本性状互换的杂交实验称为正反交。正交与反交是相对的概念，将其中一组称为正交，另一组就称为反交。**正反交实验得到相同的结果，证明了子代的性状与亲本的选择没有关系。

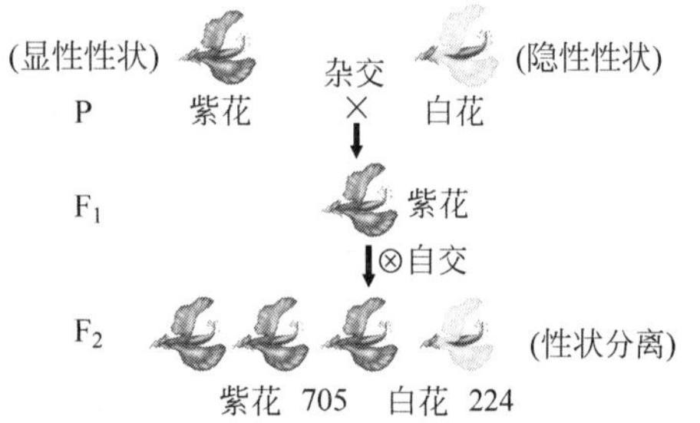

P代表亲代，F_1代表子一代，F_2代表子二代，×代表杂交，⊗代表自交

白花性状在两个纯合子亲本的杂交后代中表现不出来，我们称为**隐性性状**，紫花性状就称为**显性性状**。孟德尔让F_1进行自交，结果后代中不但出现了紫花性状，还重新出现了白花性状，这种现象称为**性状分离**（如上图）。当时人们认为父亲和母亲的遗传物质会在子代体内混合在一起，就像两瓶颜色的墨水混在一起以后就无法分开，这称为融合遗传。性状分离现象有力地驳斥了这个观点。

孟德尔通过数学统计的方法认为F_2中紫花和白花的比例接近3∶1，然后孟德尔研究了豌豆的其他6对相对性状的遗传，也得到了相同的数量比。可见，将数学方法引入生物学研究是孟德尔取得成功的一个重要原因。

3）对分离现象的解释

＜**探究性问题**＞

对于实验现象，需要解释三个问题。

问题1：为什么两个不同性状的亲本杂交，F_1只出现一个亲本的性状？

问题2：F_1的自交又为何出现性状的分离现象呢？

问题3：F_2的性状分离比为何是3∶1呢？

我们已经很难追究孟德尔当初是如何解释的。据说，孟德尔使用了模糊繁琐的用语，这也是孟德尔的论文难以被世人理解的一个原因。贝特森和约翰逊逐渐引入了一些概念、符号和表达方式（包括棋盘法），促进了孟德尔定律的传播。后人用新引入的符号和概念对孟德尔当初的解释进行了阐述。

（1）F_1代自交后代出现性状分离，彻底否定了融合遗传。受到英国化学家道尔顿的启发，孟德尔认为遗传物质具有颗粒性，就像黑白围棋子一样，不会融合在一起，后图中用两种圆圈表示。孟德尔称之为遗传因子，后世的科学家称为基因。基因决定了生物性状。

（2）无论从P代，还是从F_2代都可以判断

出 F_1 体细胞内既存在决定紫花的基因，又存在决定白花的基因。紫花性状和白花性状称为一对相对性状，相应的基因称为等位基因。

（3）每株植株细胞内决定花色的基因数目一定相同，所以 P 代和 F_1 代一样，细胞内也一定含有 2 个相应基因，即体细胞中基因成对存在，不过它们所含的是相同的基因，因为它们是纯合的。

（4）观察 F_1 代和 P 代发现，决定紫花的基因显然比决定白花的基因等级高，因为只要个体有决定紫花的基因就显现紫花，决定白花的基因会被掩盖。后人把紫花性状称为显性性状，对应的基因称为显性基因，一般用大写字母表示，如图中的 C；白花性状称为隐性性状，对应的基因称为隐性基因，一般用小写字母表示，如图中的 c。

（5）细胞内基因的组合称为基因型。P 代的紫花含有 2 个 C 基因，基因型为 CC，其中只有 1 个 C 通过配子传递给 F_1 代。P 代的白花基因型为 cc，也只有 1 个 c 传递给 F_1 代。因此配子中基因成单存在，这样才能在发生受精作用后，保持前后代个体的基因数一致。

（6）F_1 代的基因型为 Cc，所形成的配子也只能含有成对基因中的 1 个，即 F_1 在产生配子时，等位基因（C 和 c）分离。所以，F_1 的雌雄配子各有 2 种，含有显性基因（C）和隐性基因（c）的雄配子数量相同，含有显性基因（C）和隐性基因（c）的雌配子数量也相同。这是孟德尔的核心推论（即孟德尔的分离定律）。

（7）受精时雌、雄配子间随机结合，产生 F_2 代的基因型为 CC∶Cc∶cc＝1∶2∶1，表现型为紫花∶白花＝3∶1 的现象。因为相同基因型的个体进行杂交的效果与自交相同，所以也可以用图（b）的形式表示 F_1 的自交。

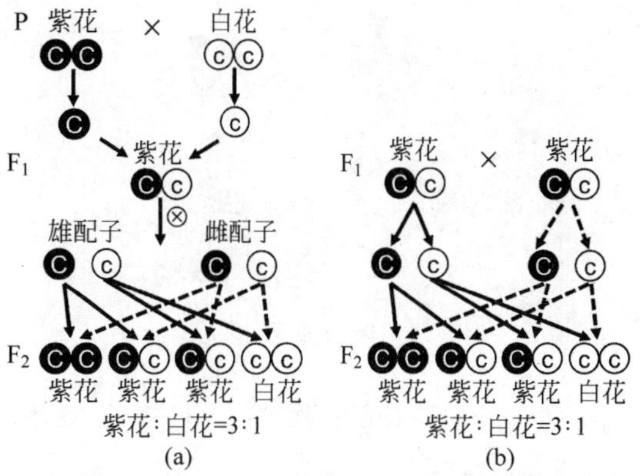

注：①此图中的黑白圆圈是类比黑白围棋子，实际书写遗传图解时，应该将圆圈去掉，只留下表示基因的字母；②实线和虚线是为了使读者看得更清楚，实际书写遗传图解时，可都改用实线。

棋盘法（又叫庞纳特方格法）是庞纳特发明用来解释孟德尔遗传中的概率问题的方法。后人采用棋盘法对 F_1 产生的雌雄配子间的受精作用进行表述，以利于理解和处理更复杂的情况（如下表）。

F_2		F_1 的雄配子	
		C	c
F_1 的雌配子	C	紫花 CC	紫花 Cc
	c	紫花 Cc	白花 cc

紫花∶白花＝3∶1

4）对分离定律的验证——测交

孟德尔使用了“假说—演绎”的方法，即提出解释问题的假说后，根据提出的假说进行演绎推理（即用此假说预测新的实验的结果），然后做实验进行检测。如果实验结果与推理结论一致，则假说正确；不一致，则假说错误。

孟德尔设计了测交实验（这就是新的情景），以对自己提出的假说进行验证。**测交的“测”就是检测的意思。孟德尔实验中的测交是让 F_1 与隐性纯合子杂交。**测交需要进行正反交实验，即设计两组实验，一组为紫花在♀×

白花♂，另一组为紫花♂×白花♀（如下图）。

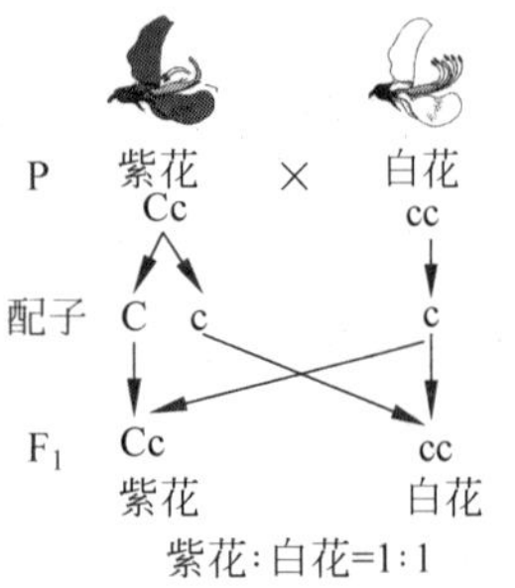

Cc是杂合子，无论作为父本还是母本，都能产生2种配子，而cc是纯合子，只产生1种配子。测交的理论推导的预测结果是紫花∶白花＝1∶1，试验的实际结果是紫花∶白花＝85∶81。实验结果与理论推导吻合，孟德尔的分离假设正确！

5）配子形成时发生基因分离的直观证据

科学家后来发现有一个更直观和更容易理解的方法来验证分离定律。纯合非糯性水稻的米粒（AA）和花粉（A）都含直链淀粉，会被碘液染成蓝黑色；纯合糯性水稻的米粒（aa）和花粉（a）都含支链淀粉，会被碘液染成红色（浙科版表述为红褐色，人教版表述为橙红色）。杂合的非糯性水稻（Aa）所产生的花粉在显微镜下有一半花粉（A）被染成蓝黑色，另一半花粉（a）被染成红色（如下图）。

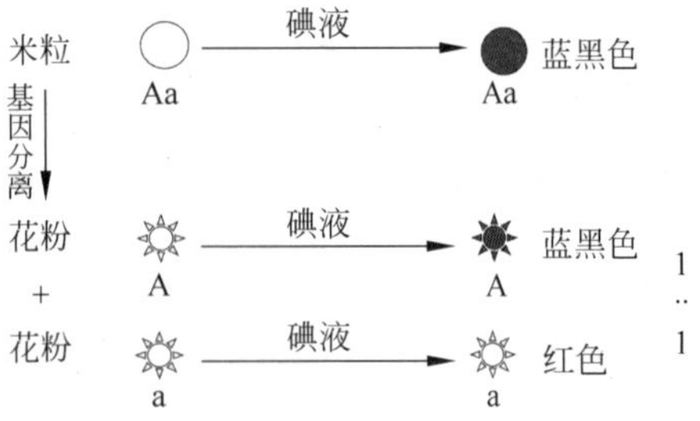

2. 分离定律的实质

分离定律（law of segregation）的实质是控制一对相对性状的等位基因，在形成配子时，彼此分离，分别进入不同的配子，独立传递给后代。

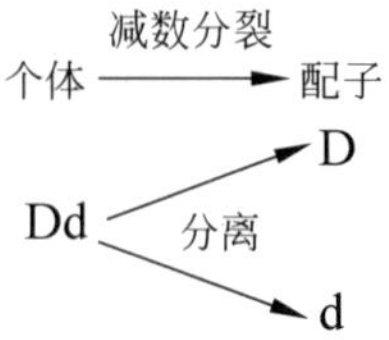

对分离定律可能会存在两种错误理解：

1）误认为分离定律是指雌雄配子数目之比是1∶1。

雌雄配子的数目是不相同的，人的精子数量是卵细胞数量的几十亿倍，当然实际进行受精作用的雌雄配子数是一样的，绝大多数的精子无法与卵细胞受精。

例如基因型为Aa的个体产生配子有以下推论：

配子	含A的配子	含a的配子
雄配子	100000000个	100000000个
雌配子	1个	1个
合计	100000001个	100000001个

在Aa产生的雄配子中：含A的配子（比如100000000个A）＝含a的配子（比如100000000个a）。在Aa产生的雌配子中：含A的配子（比如1个A）＝含a的配子（比如1个a）。所以，Aa产生的所有配子中：含A的配子（比如100000001个A）＝含a的配子（比如100000001个a）。

2）误认为分离定律是指F_2的表现型之比（3∶1），或者基因型之比（1∶2∶1）。

F_2的表现型和基因型之比是由等位基因的分离和随机受精等因素共同决定的一种结果，或者说表现出来的一种现象。

我们可用小球模拟孟德尔一对相对性状杂交实验的分离比（如下图）。

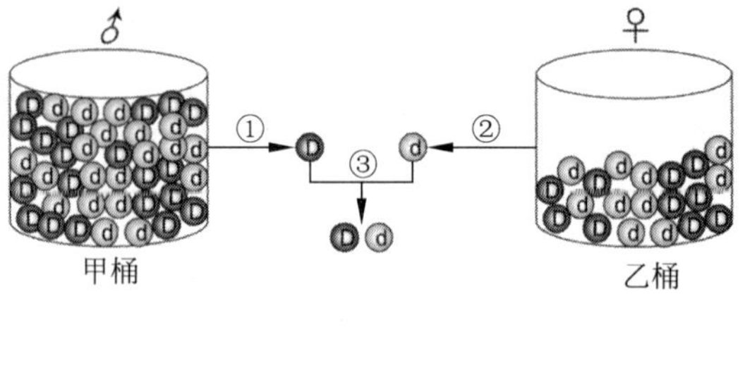

用甲桶模拟孟德尔实验中 F_1 的雄性生殖器官，乙桶表示 F_1 的雌性生殖器官，小球模拟配子。每个桶内的两种小球的数量必须相等，代表 F_1 的雌雄配子中含 D 和 d 的概率相等。但是两个桶之间的小球数量可以不同，因为自然界中雌雄配子的数量本来就差异很大。

从桶中抓取小球的过程①②模拟的是 F_1 产生雌雄配子的过程，等位基因的分离就发生在此过程中。

受精过程③是精子和卵细胞随机融合的过程。记录下字母组合后，小球要放回到小桶并摇匀，才能重新抓取。

重复多次，统计 DD、Dd、dd 三种组合方式的数量。

3. 遗传图解和其中的概念

1）遗传图解的表示方法

受精作用可以用连线法和棋盘法来表示，但是连线法不适合配子种类很多时的复杂情况。

2）几种交配方式的比较

杂交：不同基因型的个体交配，或者是未知基因型的两个个体交配。杂交包括正交和反交。杂交用×表示。

自交：狭义的自交是同一个个体交配，广义的自交是相同基因型的个体交配。一般只适用于植物，动物通常不用自交这个概念。自交用⊗表示。相同基因型的个体交配和自交结果上是相同的，可认为是一种广义的自交。自交和自由交配（随机交配）是两个完全不同的概念。

测交：显性个体与隐性纯合子杂交，可以用来测定显性个体的基因型。如果后代不出现隐性性状，为纯合子；后代出现隐性性状，为杂合子。

回交：子一代和两个亲本的任一个进行杂交的方法叫做回交。

3）遗传图解中的概念及相互关系

表现型：简称表型，又称性状，是具有特定基因型的个体所表现出来的性状特征。

相对性状：同种生物同种性状的不同表现型。

显性性状：具有相对性状的两个纯合体亲本杂交，F_1 中显现出来的那个亲本的性状叫做显性性状。此试验中紫花为显性性状。在草稿中，可以把 DD 和 Dd 简写成 D_，表示显性个体。

隐性性状：具有相对性状的两个纯合体亲本杂交，F_1 中未显现出来的那个亲本的性状叫做隐性性状。此试验中白花为隐性性状。

性状分离：一个（显性）杂合子亲本自交或两个（具有相同基因型的显性）杂合子亲本相互杂交后代中，同时出现显性性状子代和隐性性状子代的现象。所以，有些教材中测交后代的表现型比例也称为分离比是不恰当的。

基因型：控制性状的基因组合类型，用字母组合表示，如 AA、Aa、aa。基因型为 Aa 的细胞在 DNA 复制后基因型变为 AAaa，减数分裂形成的配子的基因型则为 A 或 a。

等位基因：控制相对性状的基因，如 A 和 a。当等位基因的数目超过 2 个，如决定 ABO 血型的三个等位基因 I^A、I^B、i，称为复等位基因。

显性基因与隐性基因：显性基因决定显性性状，一般用大写字母表示；隐性基因决定隐性性状，一般用小写字母表示。一般采用该性状的英文名的首字母代表对应的基因，如Y/y表示黄色(yellow)，R/r表示圆(round)。

相同基因：一样的基因，用相同的大小写字母表示，如纯合体中的两个A基因。

非等位基因：控制两个不同性状的基因，用不同的字母表示，如控制黄色的Y基因与控制圆粒的R基因。

纯合子：两个基因型相同的配子结合而成的个体，如AA。

杂合子：两个不同基因型的配子结合而成的个体，如Aa。

基因与性状的相互关系如下图。

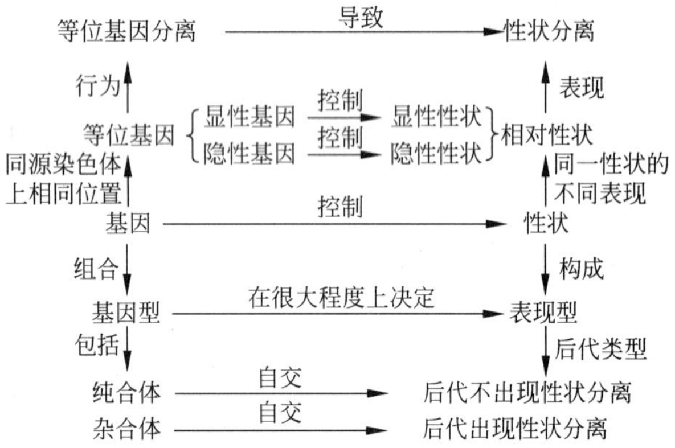

4）遗传图解书写规范

遗传图解中必须书写的内容：

（1）**基因型和表现型**；

（2）**杂交或自交符号**；

（3）**亲代、子一代、子二代符号**；

（4）**最后一个子代基因型和表现型比例的总结**；

（5）**箭头**。

按题目需要书写的内容：

（1）**配子**；

（2）**雌雄符号**。

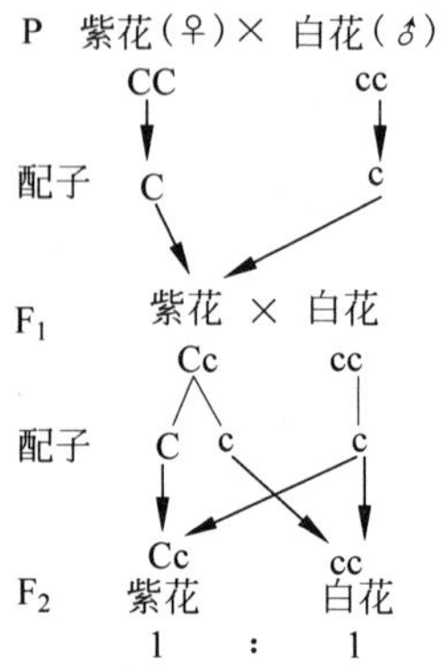

遗传图解书写示例

书写配子时，只需要表示出配子的种类和比例，而不需要也不可能表现出配子的数量。比如，上图不能书写为以下的格式：

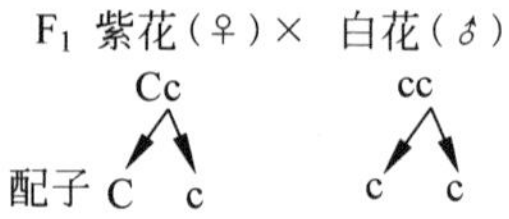

因为cc只产生一种配子c，无需将配子c书写两次。这样的书写也不能正确表示出雄配子c的数量，因为雌配子和雄配子的数量属于不同的数量级别。

4. 概率计算的两种基本方法

1）用分离比直接推导

如：求Aa×Aa后代中出现aa的概率？

Aa×Aa后代中AA占1/4，Aa占2/4，aa占1/4，因此后代中出现aa的概率为1/4。这是我们非常熟悉的分离比。

2）用配子法计算概率

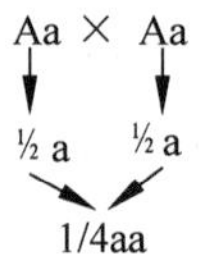

因为后代中的aa的形成需要两个亲本同时产生含a的配子。Aa产生a的配子的概率为1/2，所以两个亲本同时产生含a的配子的概率为1/2×1/2=1/4。

5. 与分离定律相关的实验设计

前提：完全显性，AA、Aa表现显性性状，表现隐性性状。

1）遗传群体中最基本的六种交配组合[①]

（1）AA×AA→AA

（2）AA×Aa→1AA∶1Aa

（3）AA×aa→Aa

（4）Aa×Aa→1AA∶2Aa∶1aa

（5）Aa×aa→1Aa∶1aa

（6）aa×aa→aa

2）规律性比值在解决遗传学问题时的应用

（1）后代中显性∶隐性为1∶1，则亲本基因型为Aa×aa；

（2）后代中显性∶隐性为3∶1，则亲本的基因型为Aa×Aa；

（3）后代只有一种性状，则亲本的基因型可能为AA×AA，AA×Aa，AA×aa，aa×aa。

如果后代全为隐性性状，则双亲为aa×aa。在后代全为显性性状时，如果双亲为一显性一隐性，则双亲为AA×aa；如果双亲均为显性性状，则双亲之一为AA，另一个则为AA或Aa。

3）验证某性状遗传是否符合基因分离定律或判断显性个体的基因型的方法

可以用自交法、测交法、花粉鉴定法等来判断某个性状的遗传是否符合基因分离定律，也可以用其来判断显性个体的基因型。

（1）自交法

① 验证某性状遗传是否符合基因分离定律

显性杂合子自交的后代如出现显∶隐＝3∶1，则说明符合基因分离定律；如出现显∶隐≠3∶1，则不符合基因分离定律。符合分离定律的是真核细胞的核基因，当控制性状的基因位于细胞质中（线粒体和叶绿体中）就不符合基因分离定律。

② 判断显性个体的基因型

显性个体自交的后代如果出现性状分离，则说明此显性个体是杂合子；显性个体自交的后代如果不出现性状分离，则说明此显性个体是纯合子。

（2）测交法

① 验证某性状遗传是否符合基因分离定律

显性杂合子测交的后代如出现显∶隐＝1∶1，则符合基因分离定律；如出现显∶隐≠1∶1，则不符合基因分离定律。

② 判断显性个体的基因型

显性个体测交的后代如果出现两种性状，则说明此显性个体是杂合子；显性个体测交的后代如果只出现一种性状，则说明此显性个体是纯合子。

（3）自交法和测交法的优势

① 自交法的优势

自花传粉的植物采用自交的方法最简便，因为不需要人工授粉，而且植物的后代数量多，更容易符合理想比值。

② 测交法的优势

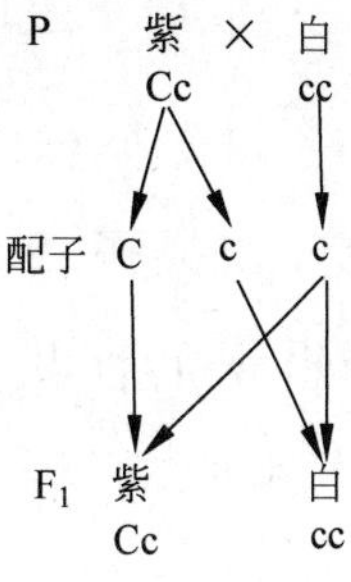

① 六种交配组合分为两类：一类是相同的基因型的交配，种类是 $C_3^1=3$；另一类是不同的基因型的交配，种类是 $C_3^2=3$。

隐性个体产生的配子中只有隐性基因，对测交子代表现型及比例没有决定性作用，测交子代的表现型及其比例取决于杂合子产生的配子的类型及其比例。所以测交可以间接验证基因的分离定律，也可以检测显性个体的基因型。

在有条件的情况下，测交需要进行正反交实验。即在一组实验中杂合子作母本，在另一组实验中杂合子作父本。杂合子作母本能够测知其产生的卵细胞种类及比例，杂合子作父本则测知其产生的精子种类及比例。

只要后代中出现一个隐性个体，即可确定被检测的显性个体为杂合子；而从自交和测交的后代性状比例来看，测交的隐性后代占1/2，自交的隐性后代占1/4，测交后代相对于自交后代更容易出现隐性性状，所以从概率的角度，测交具有优势。

几乎没有动物能进行严格意义上的自交，且动物的后代数量一般比较少，所以动物一般采用测交的方法进行实验。

［**知识扩展**］

蚯蚓和蜗牛是雌雄同体的动物，但是只能进行异体受精。

4）如何判断显隐性状

最基本的思路是，某种性状如果在亲代或子代中被掩盖，则此性状为隐性，另一种性状为显性。

（1）当只有一个雌雄同株的植物

让此亲本自交，如果子代出现新的性状（性状分离），则新出现的性状是隐性。如果子代性状都与亲本相同，则说明亲本为纯合子，无法判断显隐性。

（2）当只有一对雌雄异体的亲本

如果这对亲本性状不同，若子代数量足够，而且只表现一个亲本的性状，则子代显现的性状为显性。例如，红花×白花植株杂交后代全是红花，则可判断红花为显性性状，且红花亲本为显性纯合子。但是，如果后代既有红花又有白花，则让相同性状的后代之间进行杂交，即红花与红花杂交，白花与白花杂交，根据性状分离的情况来判断显隐性。

如果这对亲本性状相同，当子代出现不同亲本的性状，则新出现的性状为隐性。例如，红花×红花植株杂交后代出现白花，则可判断红花为显性性状。但是，如果后代始终没有出现新性状，无法判断显隐性。

（3）具有多对雌雄异体的亲本

让多对具有相对性状的亲本杂交，则子代中数量明显较多的性状为显性，或子代中唯一的性状为显性。或者让多对性状相同的亲本杂交，子代如果出现不同亲本的新性状，则新出现的性状为隐性。前一种方法的缺陷在于，当显性亲本全部是杂合子时，将无法判断；后一种方法的缺陷在于，当亲本全部是显性纯合子时，将无法判断。所以，可以两种方法同时使用，或先后使用。

＜**知识细节**＞

注意，不能简单地认为“子代数量多的性状就是显性”，因为当亲本中隐性个体数量多于显性个体时，后代中的隐性个体数量可能会多于显性个体。

6. 分离定律在实践中的应用

在实践中，往往需要育种出纯合子。因为**纯合子能够稳定遗传，即后代性状不出现分离，这是农业生产所需的**。有些情况下农业生产需要杂合子（这与杂种优势有关），但是为了得到杂合子，首先需要得到两种纯合子，才能保证不同纯合子杂交后代一定为确定的杂合子。

如果培育显性品种，应连续自交，同时可以去除隐性个体，直到确认得到不再发生分离的显性个体为止（现实中，可以采用巧妙的方法，缩短自交次数；或者纯度高于一定值即可，而不需要100%的纯度）。**如果培育隐性品种，一旦出现隐性性状的品种，就是选用的品种**。注意，纯合子自交的后代都是纯合子，但是纯合子杂交会得到杂合子，如AA×aa。

育种过程中连续自交会导致纯合子的比例不断增加，而杂合子的比例不断减少。下图为杂合子（Aa）自交 n 代，后代中基因型的概率分布规律图。

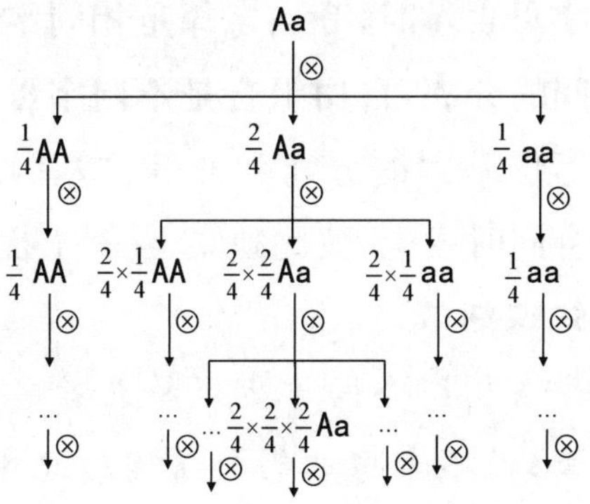

杂合子（Aa）的概率为 $1/2^n$；纯合子（AA+aa）的概率为 $1-1/2^n$；分析上图左右对称的特点可以发现，无论自交多少代，AA的个体与aa的个体数目始终相等。所以，显性纯合子（AA）的概率＝隐性纯合子（aa）的概率为 $(1-1/2^n)\times1/2$。显性（AA+Aa）个体中纯合子（AA）的概率：$\left[\left(1-\frac{1}{2^n}\right)\times\frac{1}{2}\right]\Big/\left[\left(1-\frac{1}{2^n}\right)\times\frac{1}{2}+\left(\frac{1}{2}\right)^n\right]=\frac{2^n-1}{2^n+1}$。

第2节 自由组合定律

本节知识框架：

1. 两对相对性状的杂交实验
2. 涉及多对基因的概率计算
3. 自由组合定律在实践中的应用
4. 分离定律与自由组合定律的比较
5. 验证性状遗传是否符合分离定律和自由组合定律

1. 两对相对性状的杂交实验

1）实验过程

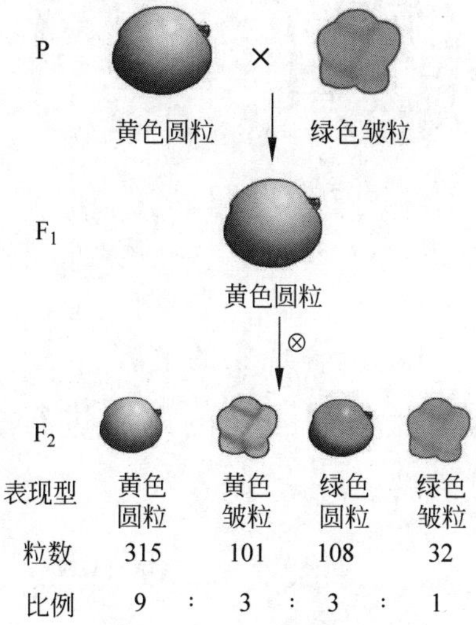

亲本有两个性状，分别为黄色圆粒和绿色皱粒，F_2 出现了四个性状，分别为黄色圆粒、黄色皱粒、绿色圆粒、绿色皱粒，如上图。其中黄色皱粒、绿色圆粒这两个性状是亲本所没有的新出现的性状组合类型，称为重组性状。从本质上讲，**重组性状不意味着产生了新的性状，而是指亲代不具有的性状组合，是亲代原有性状的重新组合**。

对 F_2 进行数量分析：当我们只考虑粒色的遗传时，黄色种子为315＋101＝416，绿色种子为108＋32＝140，所以黄色∶绿色接近

3∶1；当我们只考虑粒形的遗传时，圆粒种子为 315＋108＝423，皱粒种子为 101＋32＝133，所以圆粒∶皱粒接近 3∶1。也就是说，如果单独对每一对相对性状进行分析，则每对相对性状的遗传都符合分离定律。

［**知识扩展**］

豌豆种子的颜色有黄色、绿色。豌豆种皮的颜色很浅，比较透明。遗传学中种子的颜色都是指从种皮透出的子叶的颜色，而不是种皮的颜色。同样，籽粒的形状指的是胚的形状，而不是种皮的形状。豌豆的种子结构示意图如下。

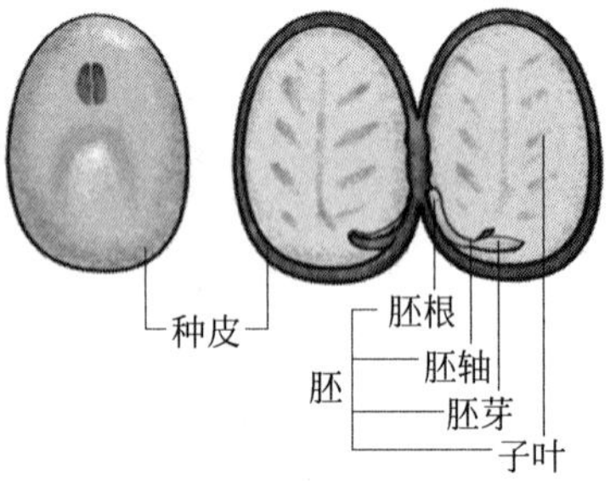

2）对自由组合现象的解释

后人对孟德尔当初的解释进行了修饰，更容易被理解。

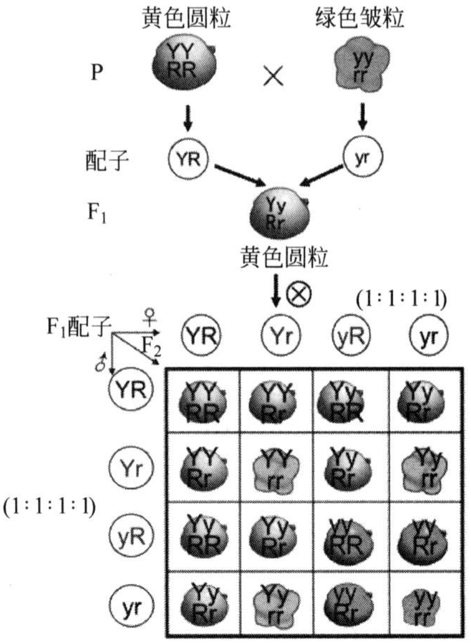

(1) 豌豆的圆粒和皱粒分别由基因 R、r 控制，黄色和绿色分别由基因 Y、y 控制。

(2) F_1 在产生配子时，等位基因彼此分离，非等位基因可以自由组合。**即每对等位基因独立分配到配子而互不干扰，所以自由组合定律又称为独立分配定律**。

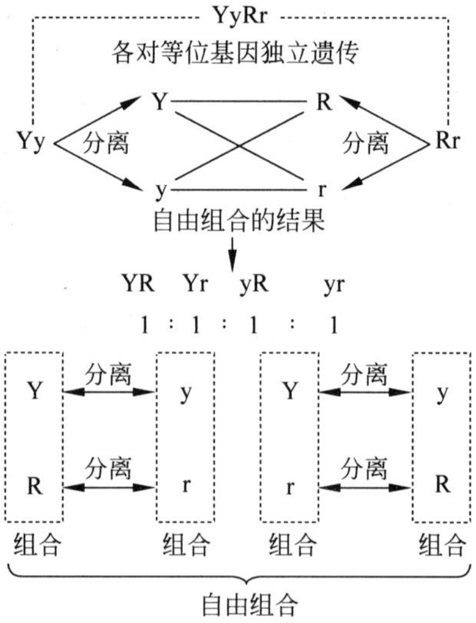

用字母表示时，分离定律是相同字母的大小写之间的分离，自由组合是不同字母之间的组合。等位基因的分离和非等位基因之间的自由组合同时发生、彼此独立、互不干扰。

＜**知识细节**＞

初学自由组合的学生容易只考虑等位基因的分离，而不考虑非等位基因的自由组合，所以会有以下错误认识：

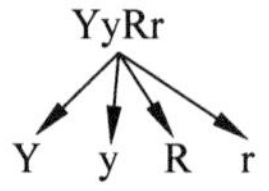

(3) 受精时，雌雄配子的结合是随机的。

对 16 种结合方式进行统计后发现：F_2 中有 4 种表现型，分别为黄色圆粒、黄色皱粒、绿色圆粒和绿色皱粒，比例为 9∶3∶3∶1；9 种基因型，分别为 YYRR、YYRr、YYrr、YyRR、YyRr、Yyrr、yyRR、yyRr 和 yyrr，比例为 1∶2∶1∶2∶4∶2∶1∶2∶1。

3）数据规律

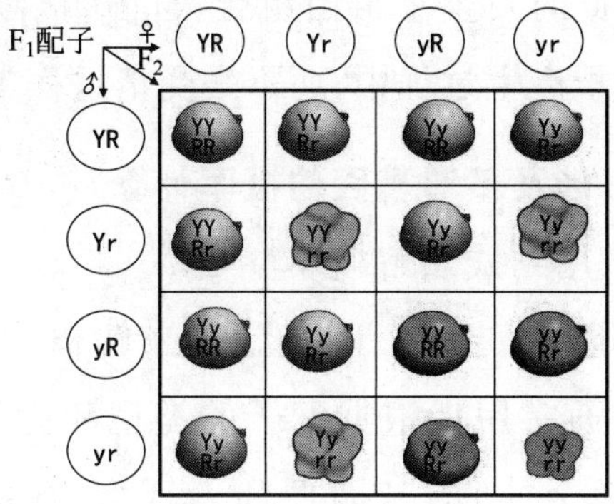

如上图所示，16个格子中表现型和基因型的分布具有很强的规律性。“\”方向的对角线上是4种纯合子，整个表格关于这个对角线对称。“/”方向的对角线上都是YyRr。

（1）F_2有4种表现型，9种基因型。

① 黄圆（双显性）可以写成Y_R_，共占9格。其中YYRR占1格；YyRR占2格；YYRr占2格；YyRr占4格。

② 黄皱（一显一隐）可以写成Y_rr，共占3格。其中YYrr占1格；Yyrr占2格。

③ 绿圆（一隐一显）可以写成yyR_，共占3格。其中yyRR占1格；yyRr占2格。

④ 绿皱（双隐性），共占1格，为yyrr。

（2）F_2有几种表现型，每种表现型对应几种基因型，每种基因型有几个，由此产生下图的表述方式，有人称之为手枪模型。

黄圆：Y__R__ → YYRR　YyRR　YYRr　YyRr
1/16　2/16　2/16　4/16　共9/16

黄皱：Y__rr → YYrr　Yyrr
1/16　2/16　共3/16

绿圆：yyR__ → yyRR　yyRr
1/16　2/16　共3/16

绿皱：yyrr → yyrr
1/16　共1/16

（3）F_2中重组性状所占的比例

当亲代是黄色圆粒×绿色皱粒时，F_2中与亲本相同的性状是黄色圆粒和绿色皱粒，占10/16；F_2中重组性状是黄色皱粒和绿色圆粒，占6/16。当亲代是黄色皱粒×绿色圆粒时，F_2中与亲本相同的性状是黄色皱粒和绿色圆粒，占6/16；F_2中重组性状是黄色圆粒和绿色皱粒，占10/16，如下图。

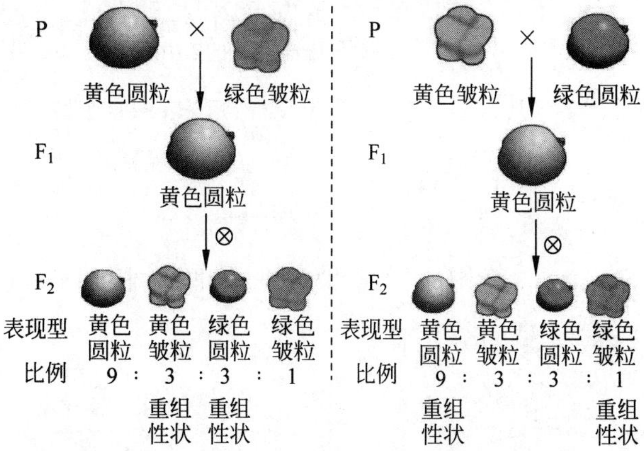

4）对自由组合定律的验证——测交

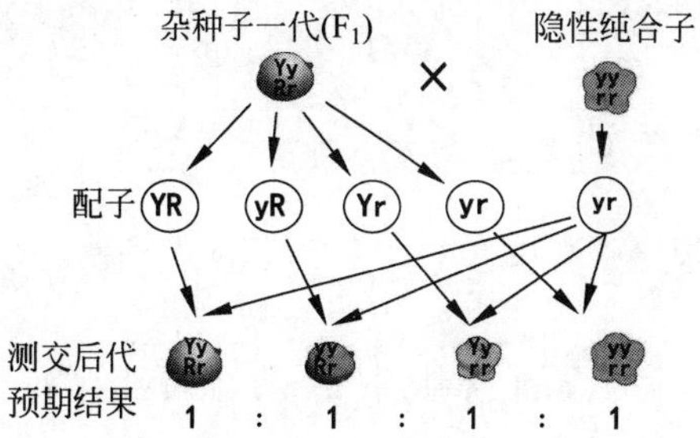

测交后代的实际结果：

F_1为母本	31	27	26	26
F_1为父本	24	22	25	26
总数	55	49	51	52
比例	1	1	1	1

F_1为母本和F_1为父本是正反交。无论是正交还是反交，都得到4种数目相近的不同类型的测交后代，比例为1∶1∶1∶1，与预期的结果相符。这证实F_1的雌、雄个体在形成配子时，都确实产生4种数目相等的配子，从而令人信服地验证了自由组合定律的正确性。

5）自由组合定律的实质

自由组合定律的实质是在 F_1 形成配子时，等位基因分离，非同源染色体上的非等位基因自由组合。

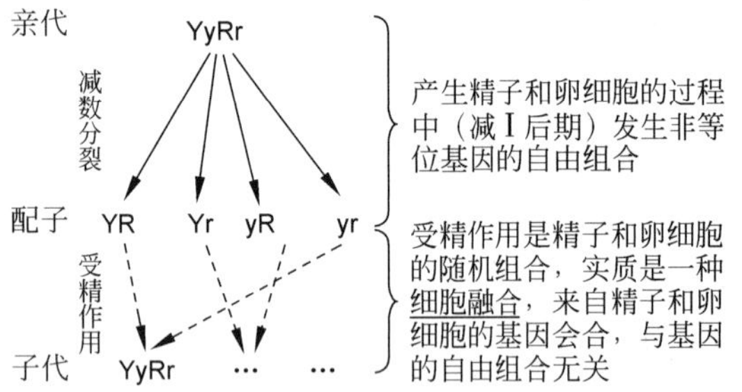

我们可用小球模拟孟德尔两对相对性状杂交实验的分离比。

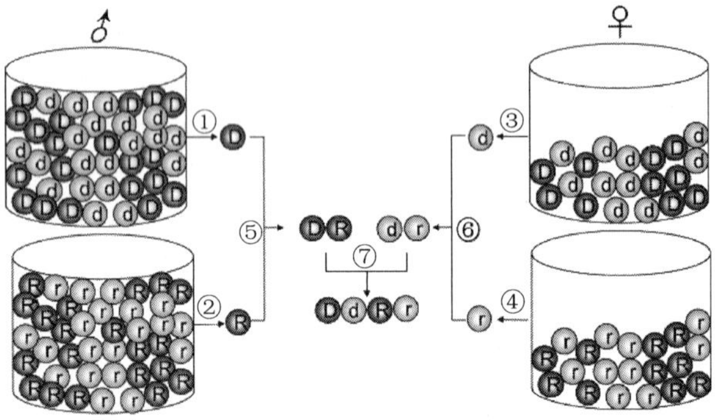

如上图，浙科版中以两个小桶为一组分别模拟 F_1 的雄性生殖器官或雌性生殖器官，同组内的两个小桶分别对应不同等位基因。一组设置两个小桶是因为要从两个小桶中分别取出 D/d 和 R/r 的小球，如果把两个小桶合并成一个小桶，则取出的两个小球有可能是两个 D/d 或两个 R/r。

从表示雄性的两个小桶中取出小球的过程①②，与将两个小球组合在一起的过程⑤，模拟的是 F_1 产生雄配子的过程。从表示雌性的两个小桶中取出小球的过程③④，与将两个小球组合在一起的过程⑥，模拟的是 F_1 产生雌配子的过程。非等位基因的自由组合发生在过程⑤⑥。过程⑦模拟的是受精作用，受精作用是精子和卵细胞的随机融合。不能误认为此时发生了自由组合，自由组合应该发生在配子产生过程中，而不是受精过程中。

2. 涉及多对基因的概率计算

1）用划线法解概率

可以用划线法和棋盘法来解概率，但是棋盘法通常用来根据配子的类型和比例计算合子（即个体）的基因型和表现型，如果用来计算其他概率问题，容易导致学生思维混乱，所以在此处不再举例。划线法思路简单清楚，但是难以快速解决复杂的概率问题。

（1）AaBb 个体产生的配子类型和比例：

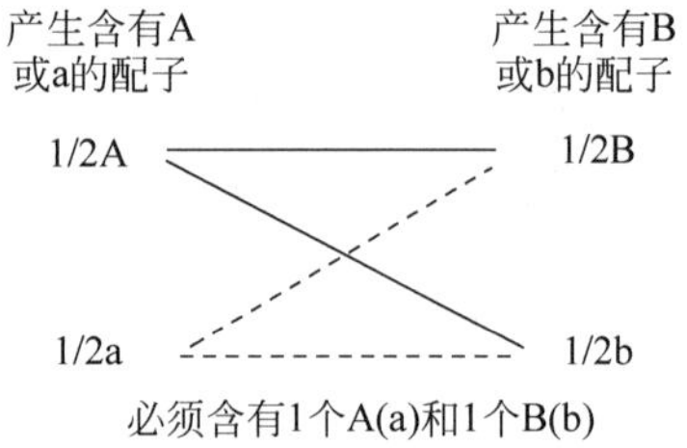

共 4 条路径，所以共 4 种配子。

（2）AaBbCc 个体产生的配子类型和比例：

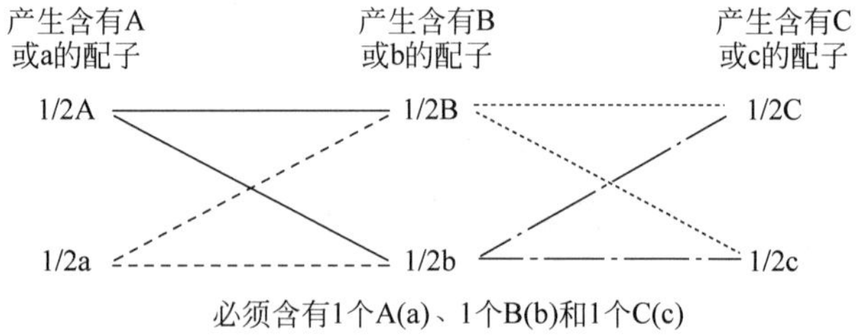

共 8 条路径，所以共 8 种配子。

（3）AaBb 个体自交产生的基因型类型和比例：

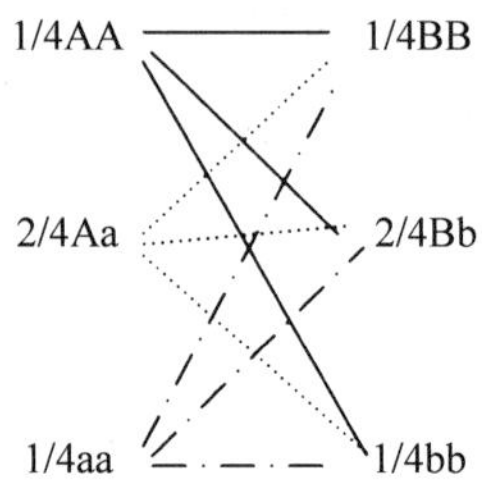

共 9 条路径，所以共 9 种基因型。

（4）AaBb 个体自交产生的表现型类型和比例：

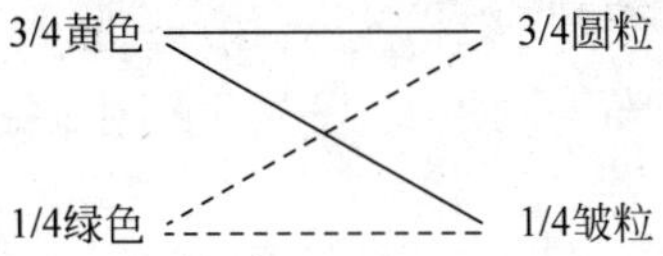

共 4 条路径，所以共 4 种表现型。

（5）AaBbCc 个体自交产生的表现型类型和比例：

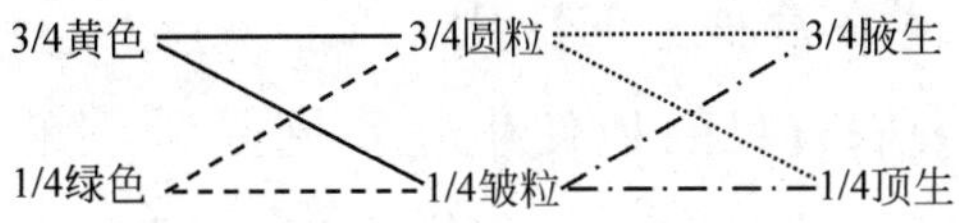

共 8 条路径，所以共 8 种表现型。

2）用分支法（分枝法）解概率

（1）AaBbCc 个体产生的配子类型和比例：

- 1/2A
  - 1/2B
    - 1/2C　1/8ABC
    - 1/2c　1/8ABc
  - 1/2b
    - 1/2C　1/8AbC
    - 1/2c　1/8Abc
- 1/2a
  - 1/2B
    - 1/2C　1/8aBC
    - 1/2c　1/8aBc
  - 1/2b
    - 1/2C　1/8abC
    - 1/2c　1/8abc

（2）AaBb 个体自交产生的基因型类型和比例：

- 1/4AA
  - 1/4BB　1/16AABB
  - 2/4Bb　2/16AABb
  - 1/4bb　1/16AAbb
- 2/4Aa
  - 1/4BB　2/16AaBB
  - 2/4Bb　4/16AaBb
  - 1/4bb　2/16Aabb
- 1/4aa
  - 1/4BB　1/16aaBB
  - 2/4Bb　2/16aaBb
  - 1/4bb　1/16aabb

（3）AaBbCc 个体自交产生的表现型类型和比例：

- 3/4 黄色
  - 3/4 圆粒
    - 3/4 腋生　27/64 黄圆腋
    - 1/4 顶生　9/64 黄圆顶
  - 1/4 皱粒
    - 3/4 腋生　9/64 黄皱腋
    - 1/4 顶生　3/64 黄皱顶
- 1/4 绿色
  - 3/4 圆粒
    - 3/4 腋生　9/64 绿圆腋
    - 1/4 顶生　3/64 绿圆顶
  - 1/4 皱粒
    - 3/4 腋生　3/64 绿皱腋
    - 1/4 顶生　1/64 绿皱顶

3）用分步计数法解概率

<情景导入>

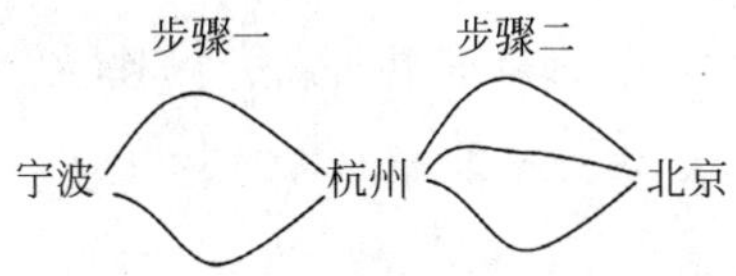

从宁波经过杭州到北京共有 2×3＝6 条路径。

（1）AaBbCc 个体产生的配子类型和比例：

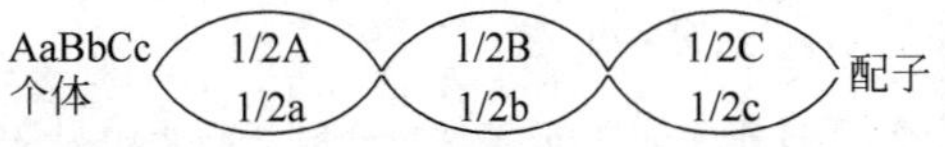

AaBbCc 个体产生的 Abc 配子：1/2A×1/2b×1/2c＝1/8Abc。

（2）AaBbCc 个体自交产生的基因型类型和比例：

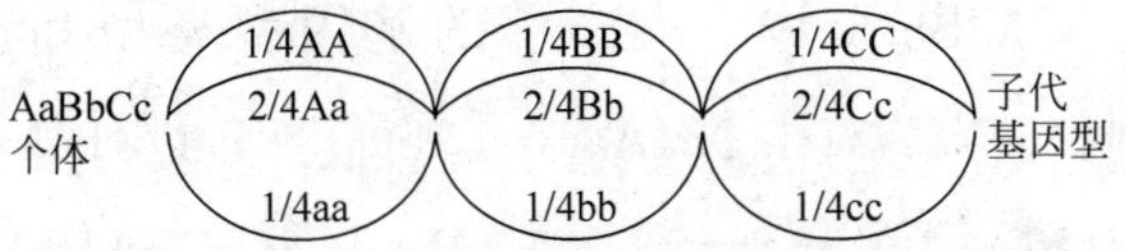

AaBbCc 个体自交产生的基因型 AABbCc 的概率是：1/4AA × 2/4Bb × 2/4Cc＝4/64AABbCc。

（3）AaBbCc 个体自交产生的表现型类型和比例：

黄(显性)皱(隐性)腋(显性)概率是：3/4 黄×1/4 皱×3/4 腋＝9/64 黄皱腋。

4) 用乘法定理解概率

＜**知识准备**＞

概率的加法定理和乘法定理

加法定理：当一个事件出现时，另一个事件就被排除，这样的两个事件为互斥事件或交互事件(非此即彼)。这种互斥事件出现的概率是它们各自概率的和。

乘法定理：当一个事件的发生不影响另一事件的发生时，这样的两个独立事件或相继出现的事件(亦此亦彼)概率是它们各自出现概率的乘积。

(1) 用乘法定理求配子类型和比例

AaBbCc 个体产生的配子类型：2 种×2 种×2 种＝8 种。

AaBbCc 个体产生的 Abc 配子的概率是：1/2×1/2×1/2＝1/8。

(2) 用乘法定理求基因型类型和比例

AaBbCc 个体自交产生的基因型种类有：3 种×3 种×3 种＝27 种。

AaBbCc 个体自交产生的基因型 AABbCc 的概率是：1/4×2/4×2/4＝4/64。

AaBb 个体自交产生的基因型类型和比例：(1/4AA＋2/4Aa＋1/4aa)×(1/4BB＋2/4Bb＋1/4bb)＝1/16AABB＋2/16AABb＋1/16AAbb＋2/16AaBB＋4/16AaBb＋2/16Aabb＋1/16aaBB＋2/16aaBb＋1/16aabb。

(3) 用乘法定理求表现型类型和比例

AaBbCc 个体自交产生的表现型种类有：2 种×2 种×2 种＝8 种。

黄(显性)皱(隐性)腋(显性)概率是：3/4×1/4×3/4＝9/64。

AaBbCc 个体自交产生的表现型类型和比例：(3/4 黄＋1/4 绿)×(3/4 圆＋1/4 皱)×(3/4 腋＋1/4 顶)＝27/64 黄圆腋＋9/64 黄皱腋＋9/64 绿圆腋＋3/64 绿皱腋＋9/64 黄圆顶＋3/64 黄皱顶＋3/64 绿圆顶＋1/64 绿皱顶。

计算基因型概率的配子法也应用了乘法定律。

3. 自由组合定律在实践中的应用

1) 在育种上的应用

人们有目的地使生物不同品种间的基因重新组合，使不同亲本的优良基因重新组合到一起，从而培育出优良的新品种。

例如，有两个不同品种的水稻，一个品种无芒、不抗病，另一个品种有芒、抗病。让这两个不同品种的水稻进行杂交，在 F_2 代中就能培育出既无芒又抗病的新类型，用它作种子繁殖下去，经过选择和培育，就可得到优良的水稻新品种。

2) 在医学上的应用

人们可以根据基因自由组合定律来分析家族中双亲基因型情况，推断出后代基因型、表现型以及它们出现的概率，为人类遗传病的预测和诊断提供理论依据。

4. 分离定律与自由组合定律的比较

分离定律与自由组合定律合称孟德尔遗传规律或孟德尔定律。两大遗传规律在生物的性状遗传中同时进行，同时起作用，且都发生在配子形成时。

分离定律涉及一对等位基因和一对相对性状，而自由组合涉及一对以上等位基因和一对以上相对性状。**分离定律是自由组合定律的基础**。在非等位基因自由组合的同时，一定发生了等位基因的分离。如果没有等位基因的分离，非等位基因的自由组合也就无法发生。

5. 验证性状遗传是否符合分离定律和自由组合定律

1）验证是否符合分离定律

自交后代表现型比例符合 3∶1 或其变式；测交后代表现型比例符合 1∶1 或其变式，则该性状的遗传符合分离定律。

2）验证是否符合自由组合定律（2 对等位基因位于非同源染色体上）

自交后代表现型比例符合 9∶3∶3∶1 或其变式；测交后代表现型比例符合 1∶1∶1∶1 或其变式，则这两个性状的遗传符合自由组合定律。

两个果蝇杂合体亲本杂交的后代表现型为灰身长翅∶灰身残翅∶黑身长翅∶黑身残翅＝9∶3∶3∶1，则两对基因符合自由组合定律，即两对基因位于非同源染色体上。如果两个果蝇杂合体亲本杂交的后代表现型为灰身长翅∶灰身残翅∶黑身长翅∶黑身残翅，比例为 3∶0∶0∶1 或者 2∶1∶1∶0，则两对基因不符合自由组合定律，即两对基因位于同源染色体上，并且这两对基因完全连锁。如果两个果蝇杂合体亲本杂交的后代表现型为其他比例，如灰身长翅∶灰身残翅∶黑身长翅∶黑身残翅＝7∶2∶2∶1，则两对基因不符合自由组合定律，即两对基因位于同源染色体上，且这两对基因不完全连锁，发生了交叉互换[①]。

无论是 3∶0∶0∶1、2∶1∶1∶0 还是 7∶2∶2∶1，虽然都不符合自由组合定律，但是都符合每对等位基因的分离定律。两个果蝇杂合体亲本杂交的后代表现型不会出现如灰身长翅∶灰身残翅∶黑身长翅∶黑身残翅＝6∶2∶2∶1 这样的比例，因为此时灰身∶黑身＝8∶3，长翅∶残翅＝8∶3，每对基因皆不符合分离定律，这样的基因不可能位于染色体上。

以上分离比是指常染色体上的基因，如是性染色体上的基因则会呈现不同的分离比。

如果可以判断出两对基因分别位于两对同源染色体上，如一对基因位于常染色体上，另一对位于性染色体上，则也可确定这两个性状的遗传符合自由组合定律。

［**知识扩展**］

孟德尔取得成功的原因：

(1) 选择豌豆作为实验材料；

(2) 先研究一对相对性状，再研究多对相对性状；

(3) 应用统计学原理对实验结果进行分析；

(4) 运用了“假说—演绎”的科学方法，实验程序科学严谨：问题→实验→假设→验证→结论。

*第 3 节　连锁互换定律

孟德尔的分离定律、孟德尔的自由组合定律、摩尔根的连锁互换定律合称遗传的三个基本规律。

与自由组合定律不同，连锁互换定律揭示的是同源染色体上的非等位基因的遗传规律。按照减数分裂过程中是否发生交叉互换以及交叉互换造成的影响，非等位基因可能进行完全连锁遗传，也可能进行不完全的连锁遗传。

① 符合分离定律但不符合自由组合定律的比例还有很多：10∶2∶2∶2，59∶16∶16∶9，66∶9∶9∶16，51∶24∶24∶1。

1. **完全连锁遗传**

科学家发现，**雄果蝇和雌家蚕的染色体的减数分裂中不发生交叉互换现象，也就是说是雄果蝇和雌家蚕的同一条染色体上的基因完全连锁**。下图中，雄果蝇(BbVv)只能产生2种配子，BV和bv，F_1测交后代基因型比例和表现型比例皆为1∶1。

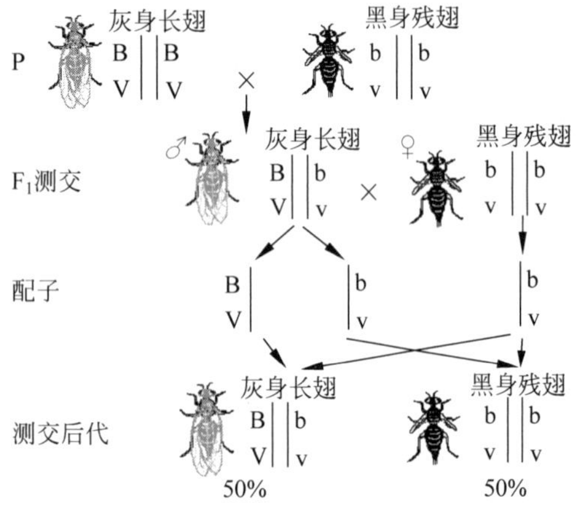

2. **不完全连锁遗传**

下图中，雌果蝇(BbVv)产生4种配子，这4种配子所占比例不同，亲本型配子(BV、bv)所占的比例较大，而由互换而产生的重组型配子(Bv、bV)所占的比例较小。这是因为同源染色体上的两个非等位基因之间，如果不发生交叉或者发生偶数次交叉，都不会形成重组型配子，只有发生了奇数次交叉，才会形成重组型配子。

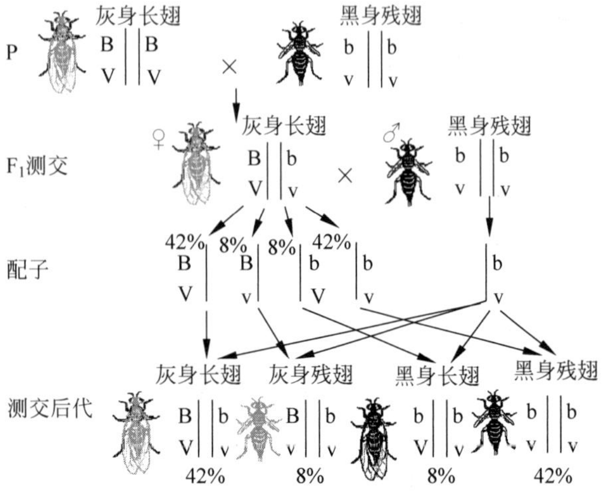

第4节 伴性遗传

本节知识框架：

1. 常染色体上的基因和性染色体上的基因
2. 摩尔根的果蝇杂交实验
3. 人类的伴性遗传
4. 伴性遗传与遗传基本规律的关系

1. **常染色体上的基因和性染色体上的基因**

与性别决定有关的染色体称为性染色体，除性染色体外的其他染色体称为常染色体。

如果基因A为常染色体上的基因，则基因A的遗传方式与性别无关；如果基因B为性染色体上的基因，则基因B的遗传方式与性别有关。

2. **摩尔根的果蝇杂交实验**

摩尔根一开始怀疑孟德尔的遗传定律，他选用果蝇来进行实验验证。结果他的果蝇杂交实验不但证实了基因在染色体上，而且证明了果蝇的眼色基因是在果蝇的X染色体上。

果蝇的眼色在自然界都是红色的，摩尔根的团队在实验室偶然发现了一只白眼的雄果蝇，因此，红眼是野生型，白眼是突变型。团队自然希望将白眼性状保留下来，唯一的方法是使其与红眼雌果蝇交配。他们的实验如下。

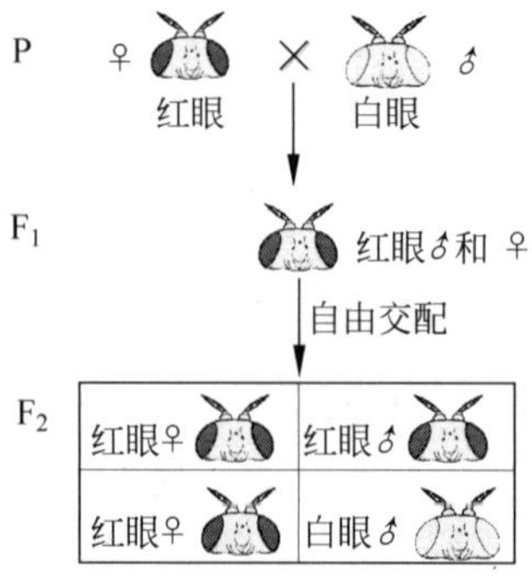

F_1 均为红眼，说明野生型的红眼为显性性状，突变型的白眼为隐性性状。F_2 中红眼：白眼＝3：1，符合分离比。通过以上实验结论，摩尔根证明了果蝇的眼色遗传照样遵循孟德尔遗传定律。

［**知识扩展**］

果蝇广泛地存在于全球温带及热带气候区，以腐烂的水果为主食。果蝇体积小、繁殖快、生育力强、生活周期短、饲养容易，具有几十个容易识别的遗传性状。雌雄果蝇的部分外形区别如下。

果蝇性别	腹部末端	腹部背面	腹部腹面	体型大小
雌	尖长	5条黑色条纹	6个腹片	较大
雄	钝圆	3条黑色条纹	4个腹片	较小

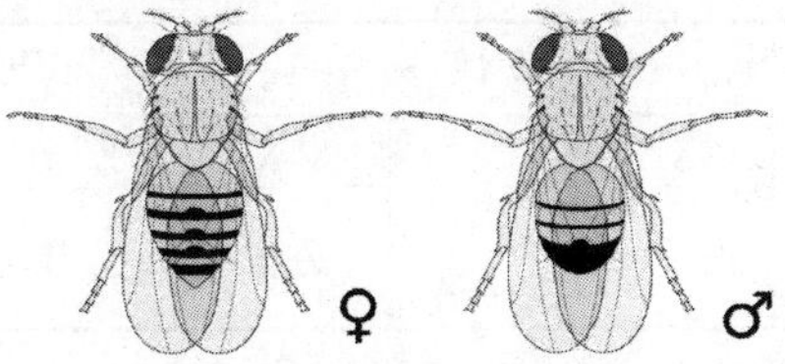

<版本比较>

人教版中红眼和白眼基因用 W/w 表示，浙科版中用＋/w 表示，摩尔根先后用 R/W 和染色体的黑白两色表示。本书中用 R 表示红眼基因，用 w 表示白眼基因。

摩尔根还从中发现了另外一个奇怪的现象，F_2 中雌性果蝇全为红眼，雄性果蝇中一半为红眼，一半为白眼。摩尔根推测控制白眼的基因应该是在果蝇的性染色体上，且 Y 染色体上没有对应基因，这样才会出现 F_2 中不同性别的果蝇眼色不一致的现象。

摩尔根用一对红眼雌蝇（纯合子）与白眼雄蝇的杂交实验验证假设，如下图。

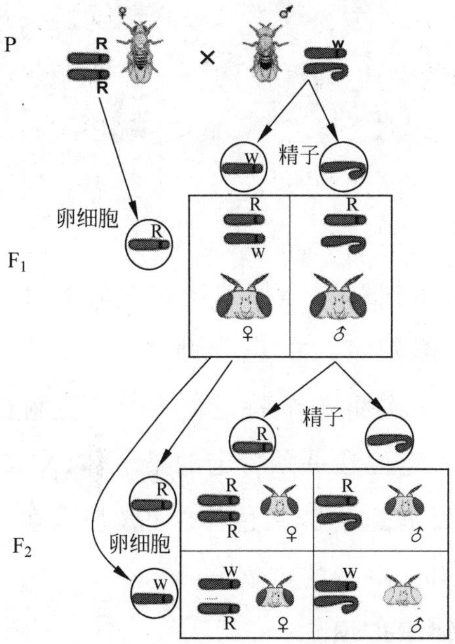

摩尔根团队对 F_1 雌果蝇进行测交实验，即红眼杂合子雌蝇与白眼雄蝇杂交，实验结果与理论推导的预期吻合，证明假说成立，如下图。

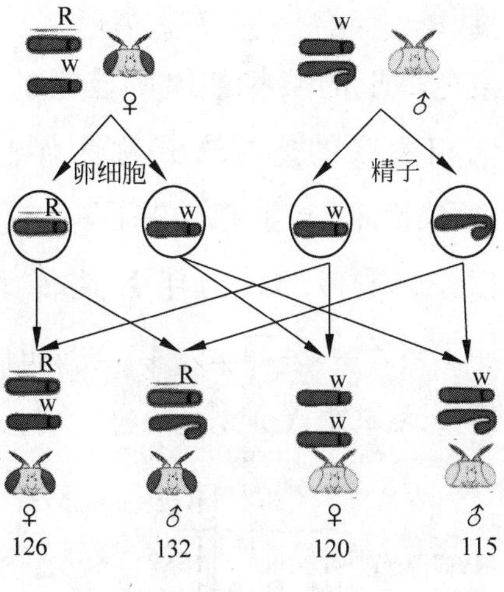

摩尔根团队又将 F_2 中的白眼雌蝇与红眼雄蝇（纯合子）的杂交，实验结果也与预期吻合，如下页图。

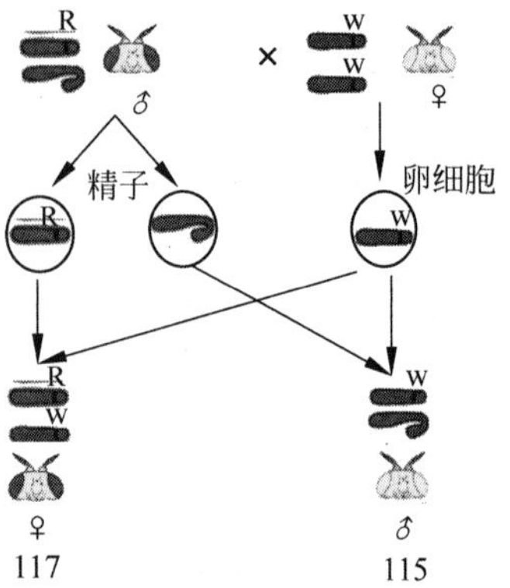

摩尔根对果蝇伴性遗传的研究又一次证实了孟德尔定律的正确性，同时也是人类历史上第一次将一个特定的基因（控制白眼的基因 w）定位在一条特定的染色体（X 染色体）上，为发展遗传的染色体学说（基因在染色体上）作出了卓越的贡献。

［**知识扩展**］

摩尔根作出"控制眼色的基因只在 X 染色体上，Y 染色体上没有对应基因"推断的理由，与当时复杂的科学史背景有关。

3. 人类的伴性遗传

1）概念

性染色体上的某些基因所控制的性状表现与性别相关联的遗传方式称为伴性遗传。与只在 X 染色体上才有的基因——伴 X 基因——相关的遗传方式为伴 X 遗传，与只在 Y 染色体上才有的基因——伴 Y 基因——相关的遗传方式为伴 Y 遗传。

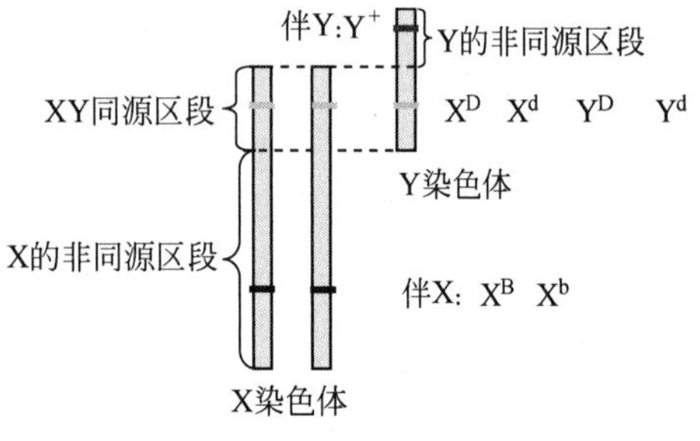

2）人类伴性遗传病

人类伴性遗传病主要有伴 X 隐性遗传病、伴 X 显性遗传病和伴 Y 遗传病。

（1）伴 X 隐性遗传病

伴 X 隐性遗传病，也就是说这种病是由位于 X 染色体上的隐性基因控制的，Y 染色体上没有这种基因。**伴 X 隐性遗传病的典型例子有红绿色盲和血友病。**

① 红绿色盲

红绿色盲是一种最常见的人类伴性遗传病。患者由于色觉障碍，不能像正常人一样区分红色和绿色，而都看作棕色。因此，医学上检查红绿色盲的方式是在棕灰底色上绘以红色或绿色或红绿相间的图案供受检者识别。

红绿色盲的基因型种类如下，b 表示隐性致病基因。

类型	女性			男性	
基因型	X^BX^B	X^BX^b	X^bX^b	X^BY	X^bY
表现型	正常	正常（携带者）	色盲	正常	色盲

所谓的携带者是指表现型正常但是携带有致病基因的个体。常染色体隐性遗传病中 Aa 为携带者；伴 X 隐性遗传病中，女性杂合子 X^BX^b 是携带者，男性没有携带者。显性遗传病中，没有携带者这种说法。

携带者和携带致病基因不是同一个意思。常染色体隐性遗传病中 Aa 和 aa 都携带致病基因；伴 X 隐性遗传病中，X^BX^b、X^bX^b 和 X^bY 都携带致病基因。aa、X^bX^b、X^bY 都是病人，不能称为携带者。

女性中 X^BX^B、X^bX^b 是纯合子，X^BX^b 是杂合子；男性的两种基因型 X^BY、X^bY 都称为纯合子。

红绿色盲的遗传分析如下。

（ⅰ）色觉正常的女性纯合子×正常男性

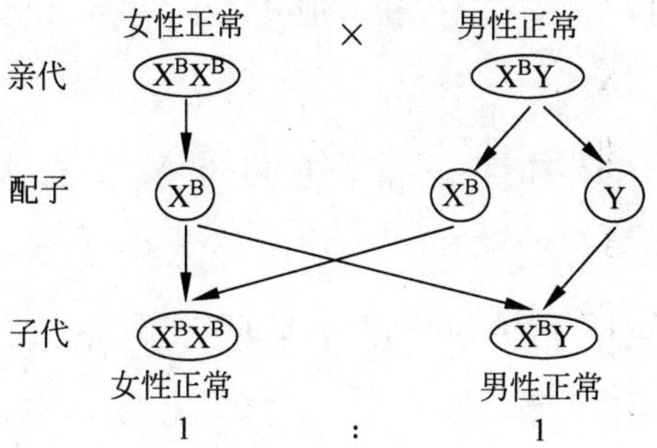

（ⅱ）色觉正常的女性纯合子×男性色盲

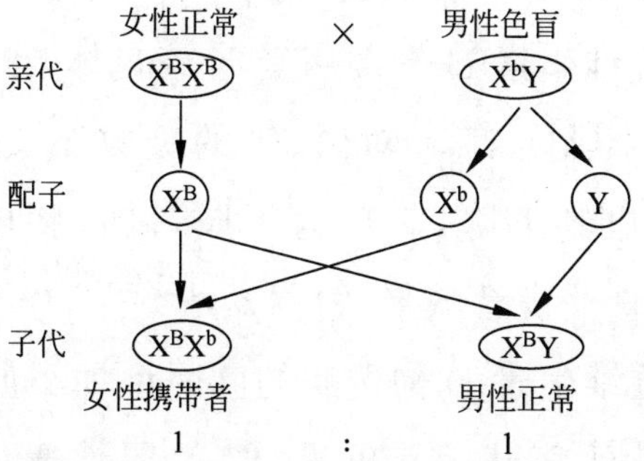

可见，男性的色盲基因只能传给女儿，不能传给儿子。

（ⅲ）女性携带者×正常男性

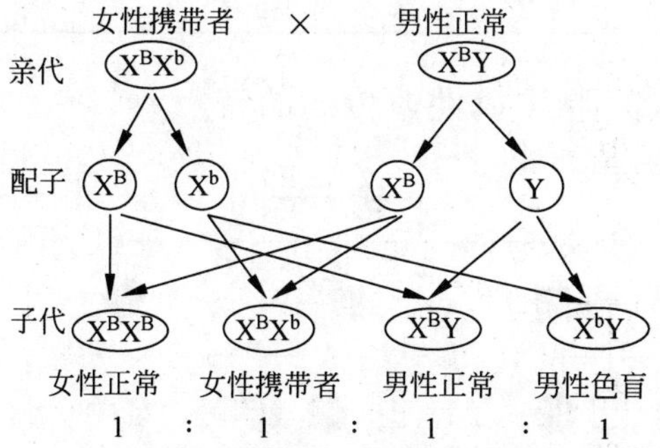

可见，男孩的色盲基因只能来自于母亲。

（ⅳ）女性携带者×男性色盲

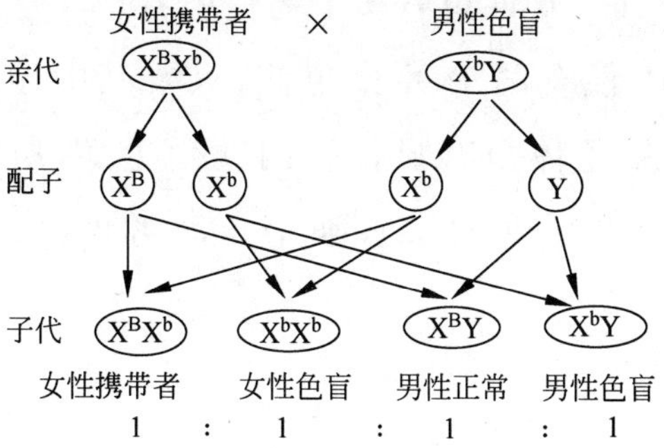

可见，女儿色盲，则父亲一定色盲。

（ⅴ）女性色盲×正常男性

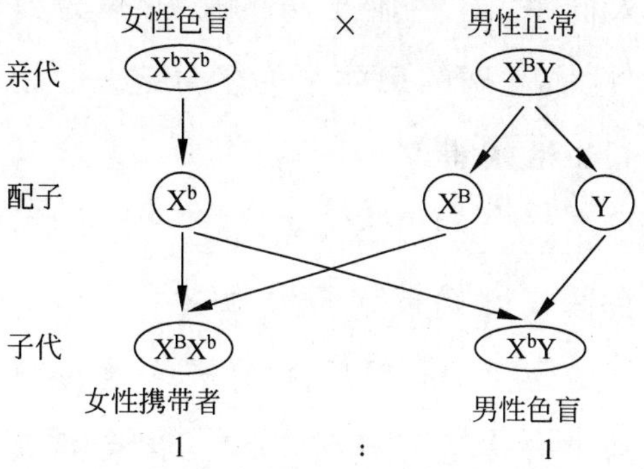

可见，母亲色盲，则儿子一定色盲。

（ⅵ）女性色盲×男性色盲

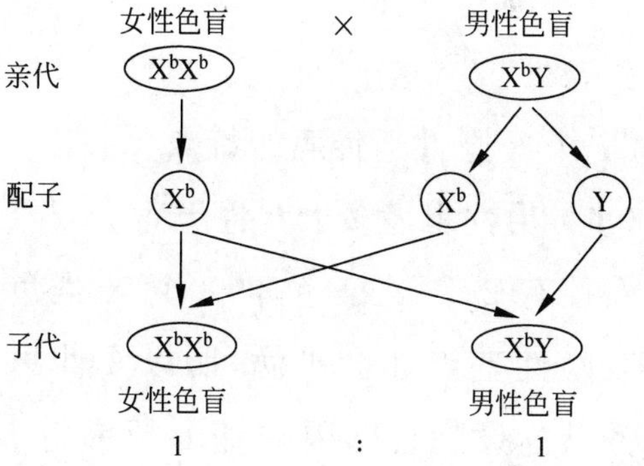

<生活情景>

一个色盲男孩的父母、外祖父母、祖母均正常，而祖父是色盲。那么，这个男孩的色盲基因是由谁传给他的？（外祖母。）

② 血友病

人类的血友病是指由于患者的血液中缺少凝血因子，在受伤出血后，血液不易凝固而导致死亡的疾病。血友病是人类最早认识的遗传病之一。血友病的两种类型都是伴X隐性遗传病。英国的“皇家病”是这种遗传病最著名的例子。经英国皇家谱系调查发现，血统“高贵”的维多利亚女王原来是一个血友病基因的携带者，在女王的后代（子女、孙辈、重孙辈）中，有十个男性是血友病患者，六个女性是血友病基因的携带者，而且英皇室的公主们还将血友病基因带到了沙皇俄国和一些欧洲国家的皇室，使所生的王子患上血友病。

人群中，男性血友病的患病率为万分之一，女性血友病的患病率为亿分之一。

＜**生活情景**＞

小李（男）和小芳（女）是一对新婚夫妇，小芳在两岁时就被诊断为血友病患者。如果你是一名医生，他们就血友病的遗传情况和如何优生向你进行遗传咨询。你会建议他们最好生男孩还是生女孩？（建议生育女孩。）

如小芳正常，但是她的父亲是血友病患者；小李正常。其孩子性别最好是？（建议生育女孩。）

③ 伴X隐性遗传病的特点

（ⅰ）**男性患者多于女性患者。**

女性有2个X染色体，2个X染色体上同时有隐性基因才会患病，所以女性患病率比男性低。设隐性基因的基因频率为M，则男性得病率为M，女性得病率为$M\times M$。

（ⅱ）交叉遗传。

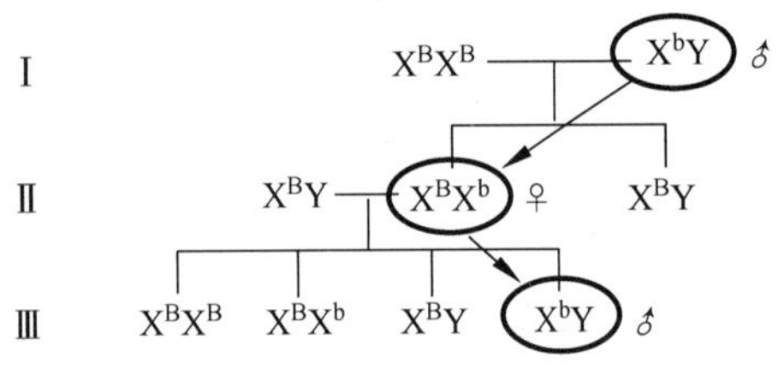

交叉遗传是指男性的红绿色盲基因只能从母亲那里传来，以后只能传给他的女儿，而不能从男性传给男性。从中可以看出，**交叉遗传考虑的角度是致病基因在不同性别的上下代之间的遗传**。

（ⅲ）**隔代遗传。**

隔代遗传是指祖孙代得病，跳过母亲这一代[①]。

（ⅳ）女性色盲，她的父亲和儿子全部色盲。

（ⅴ）男性正常，他的母亲和女儿全部正常。

第（ⅰ）和（ⅲ）点在某些家族系谱图中都可能会出现特例。

（2）伴X显性遗传病

① 抗维生素D佝偻病

抗维生素D佝偻病受X染色体上显性基因（D）控制。患者对磷、钙的吸收不良，造成血磷、血钙下降，表现为下肢弯曲、膝内翻或外翻、骨骼发育畸形、身材矮小。

抗维生素D佝偻病的基因型种类如下，D为显性致病基因。可见，**伴X显性遗传病没有携带者**。

类　型	女　性			男　性	
基因型	X^DX^D	X^DX^d	X^dX^d	X^DY	X^dY
表现型	患者	患者	正常	患者	正常

② 伴X显性遗传病的特点

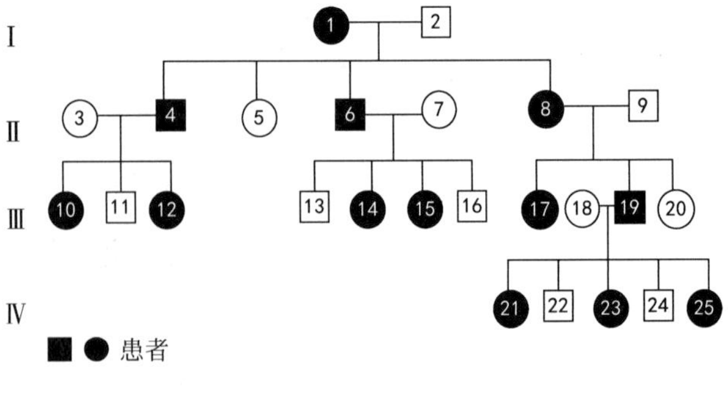

（ⅰ）**女性患者多于男性患者。**

女性有两个X染色体，只要其中任何一个X染色体上有显性基因就会患病，所以女性患病率比男性高。换个角度考虑，女性的

① 有部分教材认为交叉遗传就是指隔代遗传，这种观点是错误的。

两个X染色体上同时有隐性基因才会表型正常，所以女性正常率比男性低。设显性基因的基因频率是M，则男性得病率为M，女性得病率为$M(1-M)\times2+M\times M=2M-M^2$。

（ⅱ）**世代遗传**。

（ⅲ）男性患者的母亲和女儿一定患病。

（ⅳ）女性正常，其父亲和儿子必正常。

（ⅴ）患者的双亲中必有一个是患者。

＜**生活情景**＞

抗维生素D佝偻病是伴X显性遗传病。一家庭中丈夫患此病，妻子正常；建议生育男孩还是女孩？（建议生育男孩。）

(3) 伴Y遗传病

伴Y遗传病没有显隐性之分，典型的例子有外耳道多毛症。伴Y遗传病的遗传特点：只在男性中遗传，父传子，子传孙，所以又叫限雄遗传（如下图）。

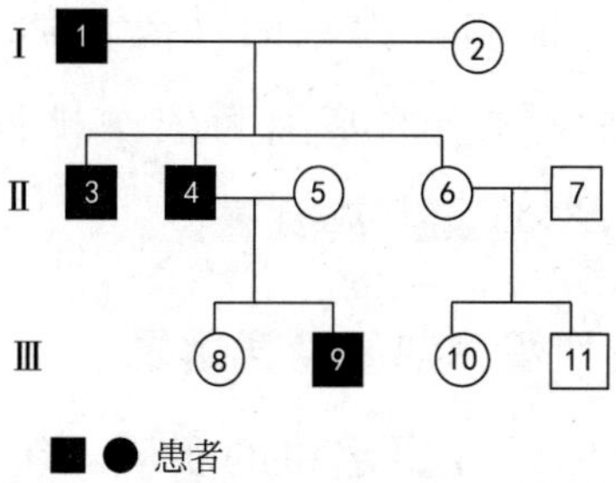

Y染色体上主要是SRY基因，其他基因很少，故伴Y遗传病极少见。也因此题目中出现的伴性遗传基本上是指伴X遗传。

(4) XY同源区段上的基因的遗传

这种遗传方式也与性别有关，但这种遗传病很少。分析如下：

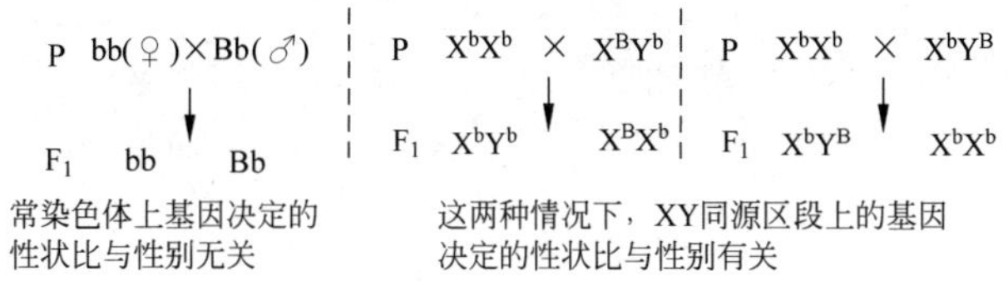

只要基因位于性染色体上，此基因的遗传一定与性别有关；但是性染色体上的基因所控制的性状不一定与性别有关。这完全是两个不同的问题。比如，血友病这个性状与性别是没有关系的，你不能根据血友病这个病来判断是男性还是女性，但是血友病的遗传方式与性别有关，比如一个女性的血友病患者的父亲和儿子一定患病。怎么样的性状与性别有关呢？比如性激素、长相等性状与性别就有关系。

3）三种主要人类伴性遗传病遗传方式的比较

类　型	伴X隐性遗传	伴X显性遗传	伴Y遗传
特点	①男性患者多于女性患者； ②交叉遗传； ③隔代遗传	①女性患者多于男性患者； ②世代遗传	只传男不传女（又称限雄遗传）

4. 伴性遗传与遗传基本规律的关系

1）遵循基因分离定律

伴性遗传是由性染色体上基因所控制的遗传，性染色体在减数分裂时也会发生同源染色体分离，所以伴性遗传遵循基因的分离定律。

2）遵循基因自由组合定律

在分析既有性染色体又有常染色体上的基因控制的两对或两对以上的相对性状遗传时，由位于性染色体上基因控制的性状按伴性遗传处理，由位于常染色体上的基因控制的性状按常染色体上基因的分离定律处理。因为性染色体和常染色体之间没有干扰，可以进行自由组合，所以这两对基因遵循基因的自由组合定律。

［**知识扩展**］

基因型中的基因书写顺序，依据的是基

因所在的染色体编号。如 B/b 在一号染色体上，A/a 在二号染色体上，则书写基因型时，B/b 写在前面，A/a 写在后面，如 BbAa。因为人类的性染色体可以认为是最后一对，所以应该写成 AaX^BX^b 的形式；而果蝇的性染色体是第一对，所以应该写成 X^AX^aBb 的形式。很多出题者和教师可能没有考虑到这一点，他们常将果蝇常染色体上的基因写在性染色体上的基因前面，但是这并不重要。

第 5 节　遗传的染色体学说

本节知识框架：

1. 萨顿关于基因在染色体上的假说
2. 摩尔根通过实验证实了基因位于染色体上
3. 遗传规律的细胞学解释
4. 符合遗传的三个基本规律的是真核生物的核基因

1. 萨顿关于基因在染色体上的假说

萨顿观察了蝗虫的减数分裂和受精作用，发现显微镜下看不见的基因行为和看得见的染色体行为存在着明显的平行关系。由此，他推断基因在染色体上，基因是由染色体携带着从亲代传递给下一代的，这称为遗传的染色体学说。

基因行为	染色体行为
基因在杂交过程中保持完整性和独立性	染色体在配子形成和受精过程中，具有相对稳定的形态结构
在体细胞中基因成对存在；在配子中只含等位基因中的一个	在体细胞中染色体成对存在；在配子中只含成对的染色体中的一个
体细胞中成对的基因一个来自父方，一个来自母方	体细胞中成对的染色体一个来自父方，一个来自母方

续表

基因行为	染色体行为
非等位基因在形成配子时自由组合	非同源染色体在减数第一次分裂后期自由组合

2. 摩尔根通过实验证实了基因位于染色体上

萨顿的假说遭到了同时代的遗传学家摩尔根的强烈质疑。摩尔根表示更相信实验证据，要通过确凿的实验证据找到遗传和染色体的关系，弄清基因是怎么回事。

后来，摩尔根通过实验证实了基因位于染色体上，并且发现**一条染色体上有很多个基因**。如人只有 23 对染色体，却有 2.6 万个基因；果蝇的 4 对染色体上有 1.3 万个基因。摩尔根和他的学生们经过十多年的努力，发明了测定基因位于染色体上的相对位置的方法，并绘出了果蝇各种基因在染色体上的相对位置图。他们认为**基因在染色体上呈线性排列**，即染色体上的基因为依次排列，基因间存在间隙，不会发生基因重叠。

3. 遗传规律的细胞学解释

1）基因的分离定律的实质：在杂合子的细胞中，位于一对同源染色体上的等位基因，具有一定的独立性；在减数分裂形成配子的过程中，等位基因会随同源染色体的分开而分离，分别进入不同配子中，独立地随配子遗传给后代。

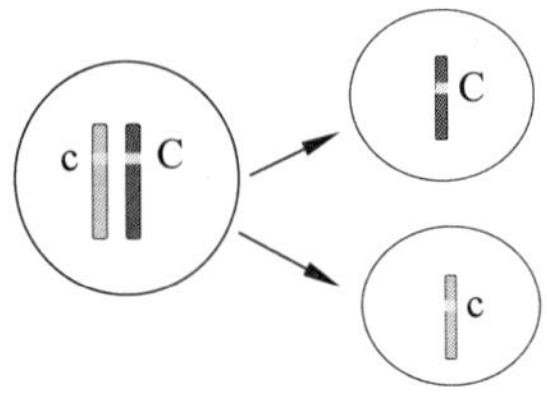

从细胞水平上解释一对相对性状的遗传现象，如下图。

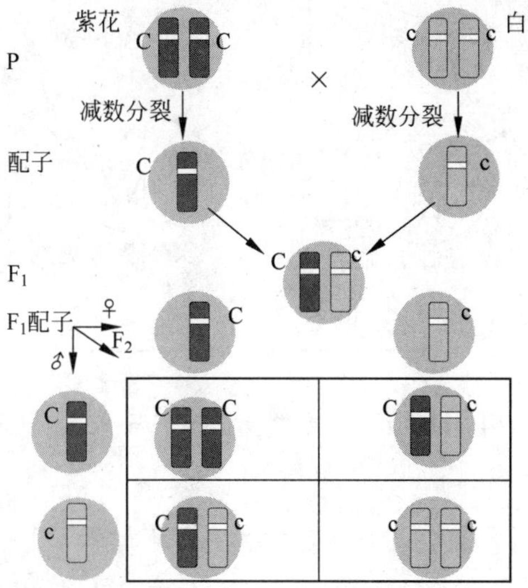

<知识细节>

杂合子Aa在间期复制后形成AAaa。有丝分裂后期中每一极都有Aa；每一极的A与另一极的a不能称为等位基因分离。减数Ⅰ后期，等位基因A和a的分离，其实是指2个A和2个a的分离。减数Ⅱ后期，A和A分离或者a和a分离。

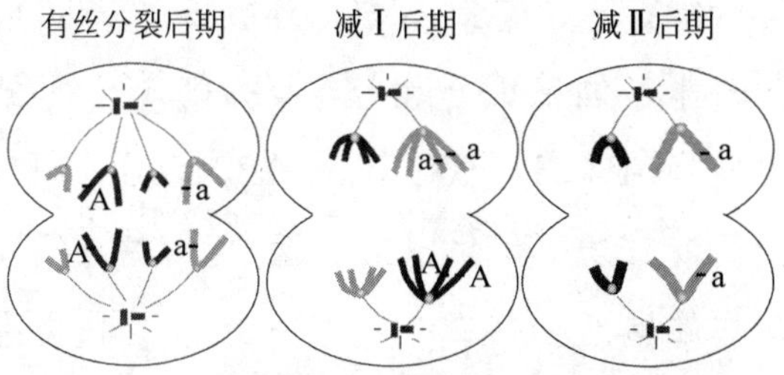

当然，以上情况不考虑基因突变和交叉互换，否则情况则要复杂些。如果考虑了交叉互换，则有可能发生以下情况：

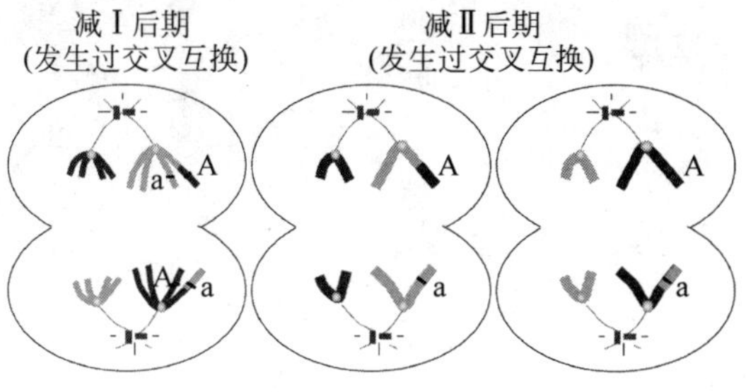

[**知识扩展**]

一个特定基因在染色体上的位置称为基因座位。具有相同基因座位的可能是相同基因（纯合子），也可能是等位基因（杂合子）。前者的概率要高于后者。

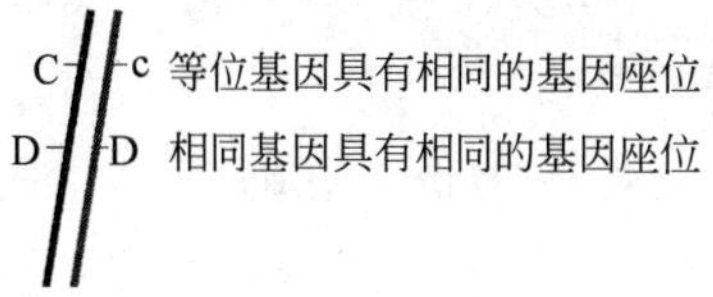

2）**基因的自由组合定律的实质：位于非同源染色体上的非等位基因的分离或组合是互不干扰的；在减数分裂过程中，同源染色体上的等位基因彼此分离的同时，非同源染色体上的非等位基因自由组合**（如下图）。

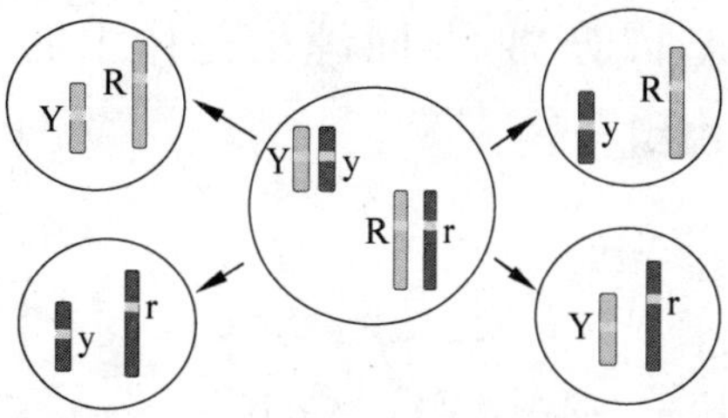

从细胞水平上解释两对相对性状的遗传现象，如下图。

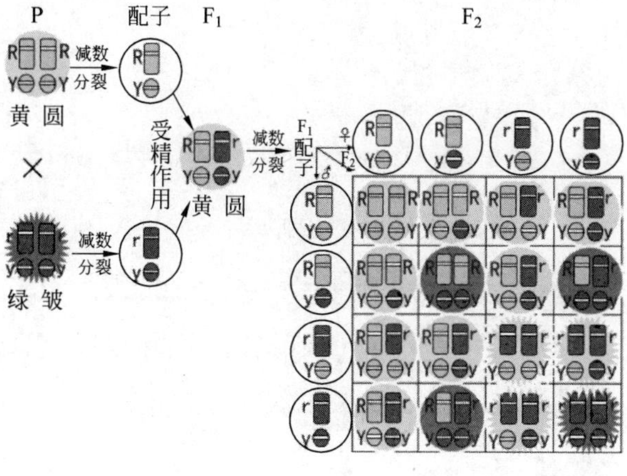

3）**基因的连锁互换定律的实质：同源染色体上的非等位基因不能自由组合，而是存**

在连锁关系。

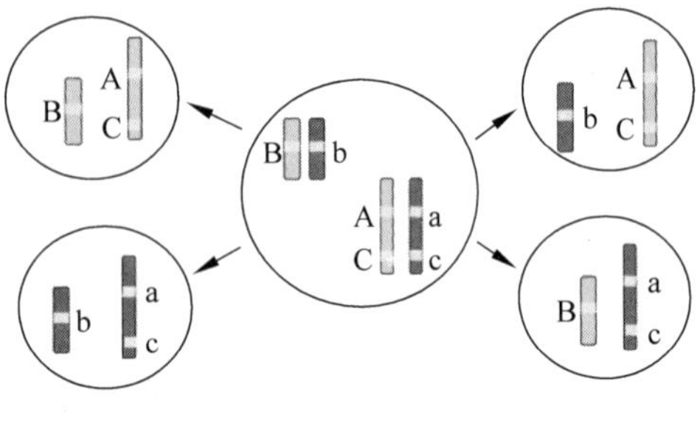

以图中基因为例，A(a)与B(b)能够自由组合，C(c)与B(b)能够自由组合，但是A(a)与C(c)存在连锁关系。当不发生交叉互换时，位于同源染色体上的非等位基因就像拴在一根绳上的蚂蚱，产生的配子中，有A一定有C，有a一定有c。如果发生交叉互换，AC、ac的配子数量和Ac、aC的配子数量一般不相等。

4) **减数第一次分裂后期，同源染色体上的等位基因分离，非同源染色体上的非等位基因自由组合：**

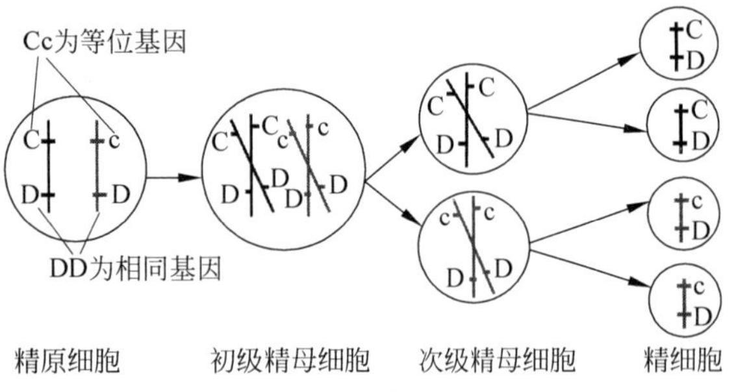

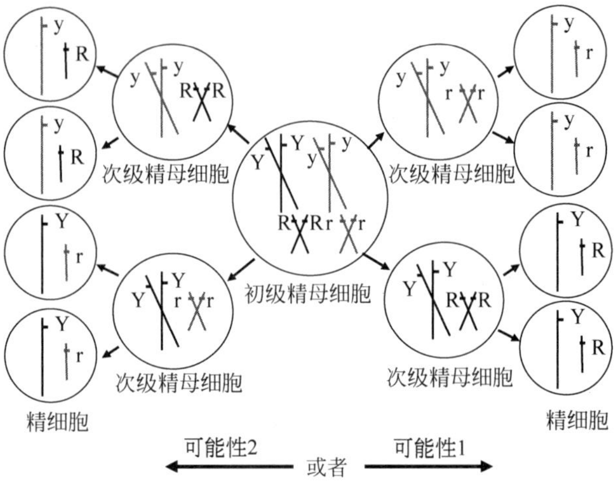

＜**知识细节**＞有丝分裂和减数分裂中染色体的行为

为了专注于染色体和基因行为，下图不考虑核膜和纺锤体的形成和解体，不考虑交叉互换，不考虑精子的变形过程，也不考虑染色质和染色体转换后的大小比例。

有丝分裂产生的两个子细胞的基因型与亲本细胞相同。

同源染色体上的等位基因在减数第一次分裂后期分离，如A和a、B和b、C和c发生分离。同源染色体上的非等位基因存在连锁关系，如A与C连锁，a与c连锁。非同源染色体上的非等位基因自由组合，所以产生的配子基因型有A(C)B、A(C)b、a(c)B、a(c)b四种。

同时注意，不考虑交叉互换的情况下，一个精原细胞产生的四个精子中只有两种类型。

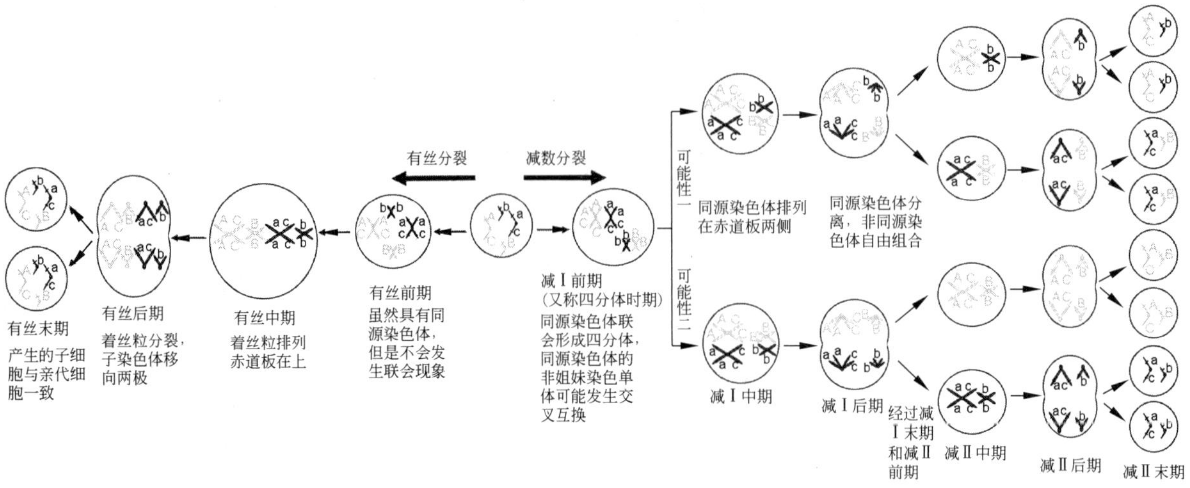

4. 符合遗传的三个基本规律的是真核生物的核基因

本节中，萨顿和摩尔根所指的基因都是指核基因，即位于染色体上的基因。但不是所有的基因都在染色体上。

真核生物的核基因位于染色体上，遗传的三个基本规律的实质是由染色体的行为引起的，所以遗传的三个基本规律的适用范围为真核生物的核基因。

原核生物的基因、真核生物的线粒体和叶绿体中的基因、病毒的基因由于不在染色体上，所以不符合遗传的三个基本规律。

第6节　复杂多样的遗传现象

本节知识框架：

1. 表现型是基因型与环境条件共同作用的结果
2. 显性的相对性
3. 胚胎致死和配子致死
4. 两对基因控制一对相对性状的特殊遗传现象
5. 多基因决定的数量性状
6. 细胞质遗传

1. 表现型是基因型与环境条件共同作用的结果

基因型决定表现型，但是环境也会影响表现型。同卵双胞胎的外观有细微区别，这就是环境影响表现型的很好印证。

有时，这种环境带来的影响会非常显著。如藏报春是一种观赏植物，让基因型为AA的藏报春在20～25℃的环境条件下生长，植株开红花；如果让它在30℃的环境条件下生长，则开白花。温度等环境条件甚至会影响某些生物的性别。

生物体内的内在因素，如年龄、性别、营养状况等也会影响表现型。如绵羊的有角、无角性状和中年秃顶、不秃顶性状都受到性别的影响。

绵羊的有角和无角受常染色体上一对等位基因控制，在杂合体中，公羊表现为有角，母羊表现为无角。

基因型	公羊的表现型	母羊的表现型
HH	有角	有角
HH′	有角	无角
H′H′	无角	无角

中年人秃顶情况中，男性杂合子表现为秃顶，女性杂合子表现为不秃顶。

这种常染色体上基因控制的性状，在表现型上受个体性别影响的现象，称为从性遗传，又称性控遗传。这种影响是通过性激素起作用的。

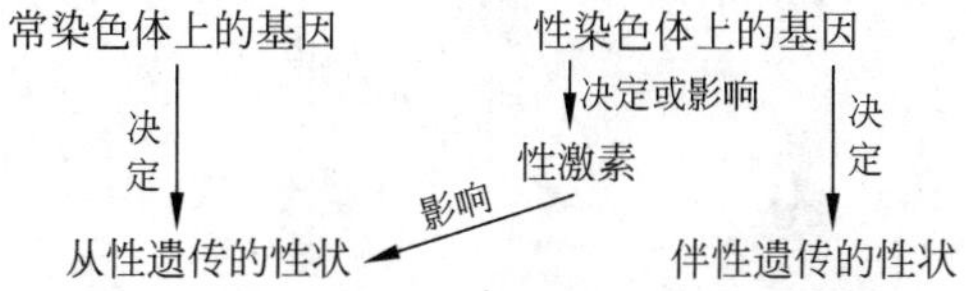

从性遗传和伴性遗传的表现型都同性别有着密切的联系，但它们是两种截然不同的遗传方式，伴性遗传的基因位于性染色体上，而从性遗传的基因位于常染色体上。

总之，基因型相同，表现型不一定相同；表现型相同，基因型不一定相同。

环境因素可能会诱发基因型的改变，这种改变就是可遗传变异。但是，一般情况下环境因素不会导致基因型的改变，也就是说，由单纯的环境改变引起的变异是不可遗传的变异。

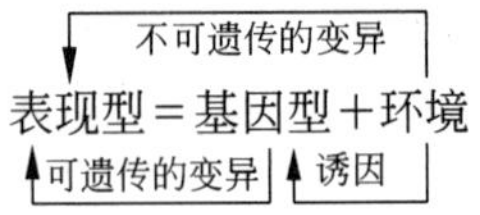

2. 显性的相对性

孟德尔所研究的豌豆的相对性状，杂合子与显性纯合子的表现型完全一致，即显性基因对隐性基因具有完全掩盖作用，这种现象称为**完全显性**。除了完全显性，自然界还存在多种显性现象的表现形式。

具有相对性状的两个纯合亲本杂交，所得的 F_1 表现为双亲的中间类型的现象，称为**不完全显性**。如下图中金鱼草花色的不完全显性遗传。浙科版中此案例用传统的大小写字母表示等位基因不妥当，因为大小写字母一般表示完全显性关系。

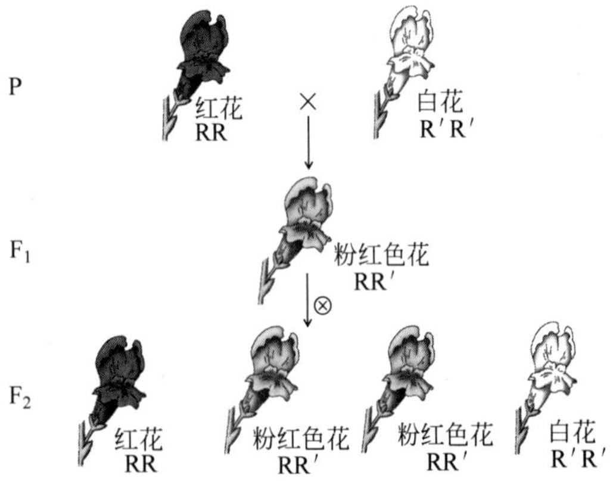

两个纯合亲本的性状同时在 F_1 的个体上显现出来的现象，称为共显性。如红毛马（RR）与白毛马（R′R′）交配产生混花毛马（RR′），混花毛马的红毛与白毛掺杂在一起；ABO 血型是共显性的另一个典型例子。

［**知识扩展**］

双亲的性状在后代的同一个体不同部位表现出来，形成镶嵌图式，这种显性现象称为镶嵌显性。镶嵌显性与共显性并没有实质差异。

显性和隐性只有在完全显性中才有意义，其他形式的显性表现中无所谓显隐性之分。**无论哪种形式的遗传都符合分离定律，只是显性基因和隐性基因的相对关系不同**。因此，在对此处以及其他特殊情况进行分析推理时，可在常规推理的基础上结合特殊条件，最终确定新的分离比。

3. 胚胎致死和配子致死

1）纯合子致死案例

20 世纪初期，一位法国科学家发现了以下现象：黄毛家鼠之间交配，后代中黄毛鼠与黑毛鼠之比为 2∶1；黄毛家鼠与黑毛家鼠交配，后代中黄毛鼠与黑毛鼠之比为 1∶1；黑毛家鼠之间交配，后代只出现黑毛鼠。出现这种情况是因为黄毛鼠中的显性纯合子（DD）在胚胎期会死亡。注意，在致死效应上，这个案例不属于完全显性，因为 DD 致死，而 Dd 存活，DD 和 Dd 的表现型并不相同。

自然界中除了显性纯合子致死，还有隐性全部致死或部分致死的情况，注意隐性个体一定为纯合子。

2）配子致死案例

某种雌雄异株的植物有宽叶和狭叶两种类型，宽叶由显性基因 B 控制，狭叶由隐性基因 b 控制，B 和 b 均位于 X 染色体上，基因 b 使雄配子（即父本产生的配子，可简单地理解成花粉）致死。那么，$X^BX^b \times X^bY$ 的后代只有雄性。

A/a 位于常染色体上。如下页左图中，含 a 的雄配子致死，Aa 自交的后代全为显性；如右图中含 A 的雄配子致死，Aa 自交的后代中显性∶隐性＝1∶1。

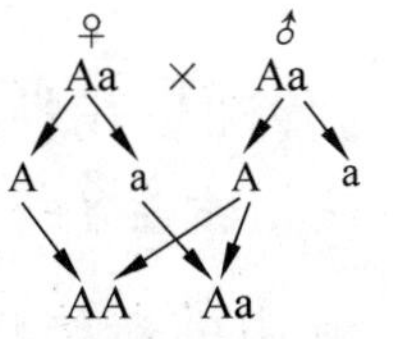

含a的雄配子致死，或无法参与受精

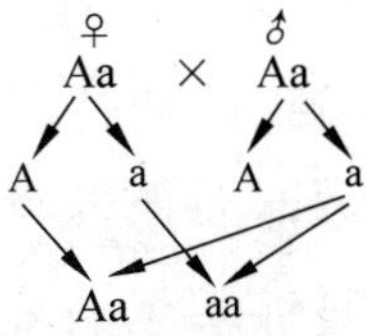

含A的雄配子致死，或无法参与受精

4. 两对基因控制一对相对性状的特殊遗传现象

孟德尔研究的豌豆的任何一对相对性状只由一对基因控制，而事实上生物的许多性状是由多对基因共同控制的。非等位基因之间的基因互作是指非等位基因之间通过相互作用影响同一性状表现的现象。为了描述方便，以下只讨论由两对等位基因控制一个性状的情况，这两对基因的遗传遵循自由组合定律，但是F_2的表现型却出现了很多特殊的分离比，比如9∶3∶4、15∶1、9∶7和9∶6∶1等。分析这些比例，我们会发现比例中数字之和仍然为16。以下分析中用A、a、B、b来表示基因。

1）互补作用

A、B同时存在时表现为一种性状，当只有一对基因是显性，或两对基因都是隐性时，则表现为另一种性状。例如：A_B_为紫花香豌豆，A_bb为白花香豌豆，aaB_为白花香豌豆，aabb为白花香豌豆。F_1(AaBb)自交子代比例为9∶7；测交子代比例为1∶3。

2）累加作用

只存在一种显性基因(A或B)时表现为另一种性状，其余正常表现。例如，A_B_为扁盘南瓜，A_bb为圆南瓜，aaB_为圆南瓜，aabb为长南瓜。F_1(AaBb)自交子代比例为9∶6∶1；测交子代比例为1∶2∶1。

3）显性上位作用

一种显性基因对另一种显性基因起上位掩盖作用，表现自身所控制的性状，这种基因称为上位基因，只有在上位基因不存在时，被掩盖的基因(下位基因)才得以表现。例如，A_B_为白皮西葫芦，A_bb为白皮西葫芦，aaB_为黄皮西葫芦，aabb为绿皮西葫芦。F_1(AaBb)自交子代比例为12∶3∶1；测交子代比例为2∶1∶1。

4）隐性上位作用

某对隐性基因对另一对显性基因起上位掩盖作用。例如，A_B_玉米胚乳蛋白质层为紫色，A_bb玉米胚乳蛋白质层为红色，aaB_玉米胚乳蛋白质层为白色，aabb玉米胚乳蛋白质层也为白色。F_1(AaBb)自交子代比例为9∶3∶4；测交子代比例为1∶1∶2。

5）抑制作用

在两对独立遗传的基因中，一对基因本身并不控制性状的表现，但对另一对基因的表现有抑制作用。例如，A_B_为蚕的白色茧，A_bb为蚕的黄色茧，aaB_为蚕的白色茧，aabb为蚕的白色茧。F_1(AaBb)自交子代比例为13∶3；测交子代比例为3∶1。

6）重叠作用

重叠作用也称重复作用，只要有一个显性重叠基因存在，该性状就能表现。例如，A_B_为三角形荠菜果实，A_bb为三角形荠菜果实，aaB_为三角形荠菜果实，aabb为卵形荠菜果实。F_1(AaBb)自交子代比例为15∶1，测交子代比例为3∶1。

5. 多基因决定的数量性状

1）质量性状和数量性状的概念

相对性状彼此间差别明显，一般没有中间过渡类型且呈现不连续变异的性状叫质量性状，如孟德尔研究的豌豆的紫花、白花性状。

性状的变异不易归于少数几组，中间一系列的过渡类型的表现型彼此间只有数量的差异而没有明显的质的界限，这种能够度量的性状叫数量性状。如身高、肤色、眼睛的颜色、体重、牛的产奶量、鸡的产蛋量、小麦的株高、穗长、千粒重等。

2）多基因决定的数量性状的假说

用多基因学说解释普通小麦籽粒色的遗传。**A 为增效基因，a 为减效基因，A 与 a 没有显隐性关系**。A_1、A_2、A_3 的效应相等，a_1、a_2、a_3 的效应也相同，1 个 A 的效应是微小的，*N* 个 A 的效应是 1 个 A 的 *N* 倍，可累加。假设 2 对基因控制普通小麦籽粒色的遗传，如下图。

$A_1A_1A_2A_2$ 红粒 × $a_1a_1a_2a_2$ 白粒

↓

$A_1a_1A_2a_2$ 粉红粒

↓ ⊗

增效基因数(大写A个数)	无A	1个A	2个A	3个A	4个A
F_2基因型及其比例	$1a_1a_1a_2a_2$	$2a_1a_1A_2a_2$ $2A_1a_1a_2a_2$	$1a_1a_1A_2A_2$ $4A_1a_1A_2a_2$ $1A_1A_1a_2a_2$	$2A_1A_1A_2a_2$ $2A_1a_1A_2A_2$	$1A_1A_1A_2A_2$
表现型	白粒	淡红粒	中红粒	红粒	深红粒
表现型比例	1/16	4/16	6/16	4/16	1/16

6. 细胞质遗传

1）细胞质中存在遗传物质

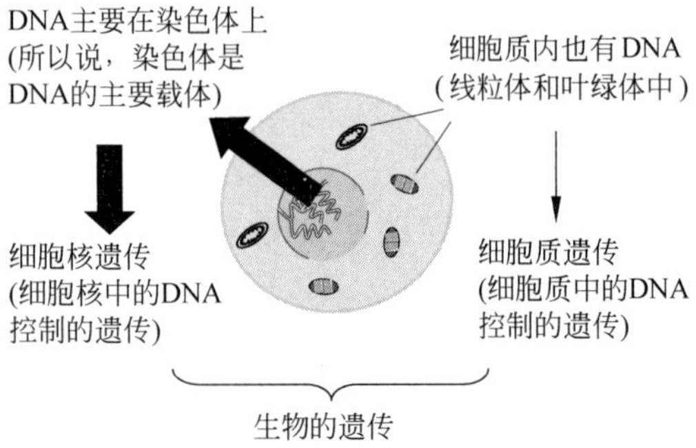

2）细胞质遗传的特点

细胞质遗传具有母系遗传和后代性状比例不固定的特点。

因为子代的细胞质（及其中的遗传物质）几乎全部来自母本的卵细胞，所以子代由细胞质遗传控制的性状完全由母本决定而与父本无关。而减数分裂（和有丝分裂）时，细胞质内物质和结构（及其中的遗传物质）的分配是随机的，所以后代性状的比例不固定。

3）细胞质遗传的应用

袁隆平的三系配套法育种是细胞质遗传原理的重要应用。

4）细胞质遗传和细胞核遗传的比较

比较项目	细胞质遗传	细胞核遗传
遗传基因载体	叶绿体、线粒体中的 DNA	细胞核中的染色体
遗传三大规律	不符合	符合
后代性状表现	与母本相同	由父母基因决定
杂种的后代性状比例	不固定	固定
正、反交后代比较（见下图）	不同	常染色体相同，性染色体不同

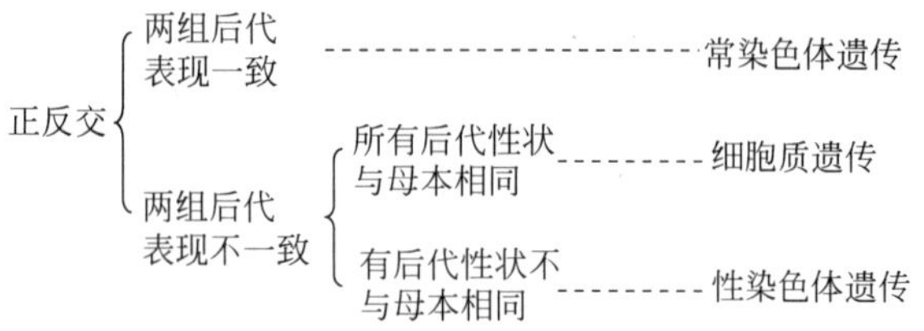

＜**知识细节**＞

高中阶段，被子植物的果皮、种皮的性状遗传都是细胞核遗传，遵循孟德尔定律，切勿误认为是细胞质遗传。只不过当代植株的果皮、种皮的性状需要等到当代植株结出果实后才能被观察到。

第11章 生物的变异和人类遗传病

第1节 可遗传变异的三大来源

本节知识框架：

1. 可遗传变异和不可遗传变异
2. 基因突变
3. 基因重组
4. 染色体畸变
5. 几种可遗传变异的来源的比较

1. 可遗传变异和不可遗传变异

由于体细胞或生殖细胞中遗传物质的改变引起的变异属于可遗传的变异。遗传物质的改变有可能是由环境诱导引起的，也可能是完全自发的遗传物质的改变，如碱基对配对错误、染色体断裂后不能修复等。如果环境引起的变异未导致遗传物质的改变，则属于不可遗传的变异，如因为水肥条件改善，西瓜长得特别大。

可遗传变异中的"可"表示"可以"，而非必然，即可遗传的变异可以遗传给后代个体或细胞，当然也有可能无法遗传。对进行有性生殖的生物来讲，可遗传的变异不一定能够传给后代个体的原因有：体细胞发生的可遗传变异一般不会影响生殖细胞，除非它将分裂分化成原始生殖细胞；发生变异的生殖细胞未参与受精作用；严重致病或致死的变异个体无法产生后代。有些可遗传变异不可以遗传给后代个体，但是可以遗传给子代细胞，如皮肤细胞发生癌变，虽然不可能遗传给后代个体，但是这种变异可以通过细胞分裂传递给子代细胞。

可遗传变异的来源包括基因突变、基因重组和染色体畸变（浙科版称为染色体畸变，人教版称为染色体变异）。**其中基因突变和染色体畸变统称为突变。**

2. 基因突变

1）基因突变的实例

(1) 镰刀形细胞贫血症

镰刀形细胞贫血症(又称镰状细胞贫血)是一种异常血红蛋白病，一旦缺氧，异常的血红蛋白就会发生结晶，患者红细胞就会变成镰刀形(如下图)，血液的黏性增加，引起红细胞的堆积，导致各器官血管的阻塞，而出现脾脏肿大，四肢的骨骼、关节疼痛，血尿和肾功能衰竭等症状。病重时，红细胞受机械损伤而破裂，产生溶血现象，引起严重贫血而造成死亡。英国科学家英格拉姆发现镰刀形细胞的出现是由于正常的血红蛋白 β 亚基 N 端的第 6 个氨基酸残基为谷氨酸，异常的血红蛋白中此位置的谷氨酸被缬氨酸取代。

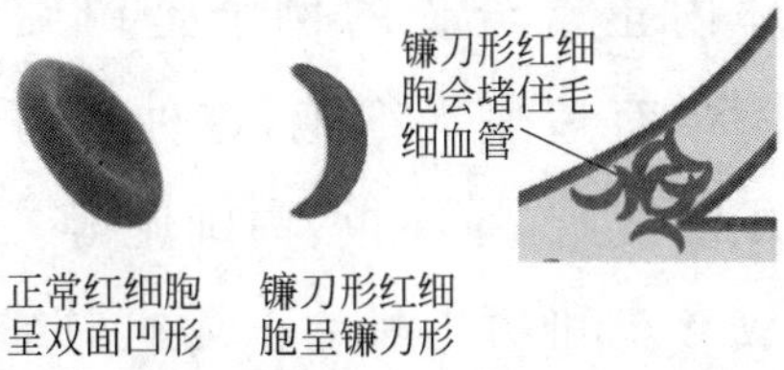

这种疾病发生的根本原因是控制血红蛋白中某种多肽的基因发生了突变，其中的一个碱基对 A—T 替换成了 T—A，即编码链上的变化是 A→T，模板链上的变化是 T→A。

＜**版本差异**＞

浙科版和旧人教版都是 $\frac{\text{GAA}}{\text{CTT}} \rightarrow \frac{\text{GTA}}{\text{CAT}}$，但是新人教版改为 $\frac{\text{GAG}}{\text{CTC}} \rightarrow \frac{\text{GTG}}{\text{CAC}}$。

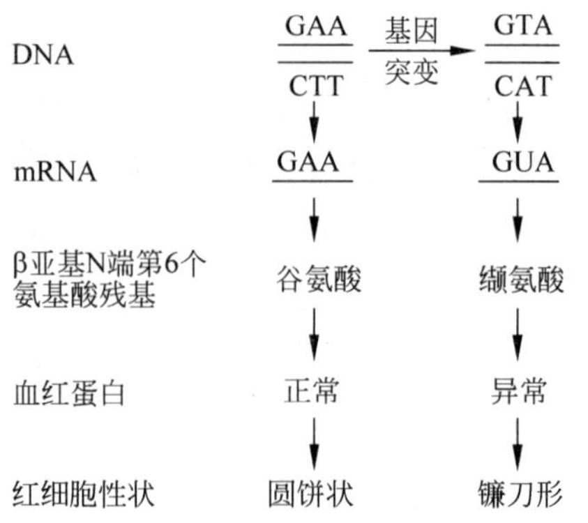

（2）细胞的癌变

① 癌细胞的主要特征

［**知识扩展**］

肿瘤是细胞在致癌因素作用下，基因发生了改变，失去对其生长、增殖的正常调控，细胞无限增殖，导致机体异常增生。

肿瘤分为恶性肿瘤和良性肿瘤。上皮组织生长出来的恶性肿瘤称为癌。癌细胞生长迅速，可以转移到其他部位，产生有害物质，破坏正常器官结构，使机体功能失调，威胁生命。良性肿瘤相对恶性肿瘤生长缓慢，与周围组织界限清楚，不转移，对人体健康危害小。

人体内正常分化的例子是白细胞的产生。骨髓中有造血干细胞，这种造血干细胞能分化成红细胞、血小板、白细胞等。正常分化能形成形态和功能都是正常的白细胞。如果造血干细胞分化出现异常，形成畸形的白细胞，就导致白血病。白血病，俗称“血癌”，是造血系统的癌症，白血病患者的血液中出现大量的异常白细胞，而正常的血细胞明显减少。其治疗需要借助骨髓移植，替换癌变的干细胞。所以，**细胞的癌变可看作细胞异常改变的结果**。

癌细胞与正常细胞相比，代谢旺盛，细胞增殖速度快且可以无限增殖。

癌细胞形态也会发生改变。正常细胞形状各异，而**癌细胞呈球形**。癌细胞能量代谢异常，线粒体功能受损，即使在有氧环境下，也优先进行糖酵解以获得能量，同时生成大量乳酸。癌细胞还容易发生染色体数目的非整倍体变异和染色体结构变异。癌细胞的细胞核变大，甚至出现复数个，形状变畸形。癌细胞出现新的膜蛋白，这些蛋白可以被免疫系统识别为抗原，如甲胎蛋白、癌胚抗原等。癌细胞在体外培养时，失去正常细胞体外培养的贴壁生长、接触抑制的特性。

癌细胞能在体内转移。正常细胞表面有一种粘连蛋白（糖蛋白），使细胞与细胞之间彼此粘连，不能自由移动。**癌细胞表面这种粘连蛋白很少或缺失，所以癌细胞容易在组织间转移**。**这是癌区别于良性肿瘤的关键特征**。细胞表面的糖蛋白会脱落进入血循环，可以作为异常的标志为临床诊断提供信息。

② 引起癌变的内因和外因

癌症的结构基础是癌细胞，癌细胞的形成是内外因共同作用的结果。

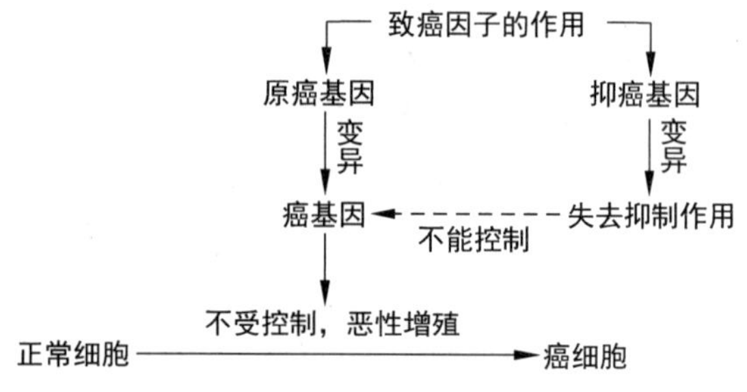

人和动物细胞的染色体上本来就存在着与癌有关的基因：原癌基因和抑癌基因。

原癌基因和抑癌基因都是一群基因，而不是一个基因。在正常细胞中，原癌基因与抑癌基因协调配合，共同维持细胞的正常增殖活动。原癌基因负责调节细胞周期，控制细胞生长和分裂的进程。在高度分化的体细胞中,原癌基因的表达量较低,因此细胞分裂得慢,或几乎不再分裂。在致癌因素的作用下,原癌基因的结构或调控区发生变异形成癌基因,基因产物增多或活性增强时,细胞就会过度增殖,形成癌。抑癌基因在正常情况下处于激活状态,能够抑制细胞的不正常增殖,在致癌因素的作用下,抑癌基因发生突变,由激活状态转变为抑制状态。原癌基因的激活是一种显性突变,等位基因中的一个发生突变就会引起癌变。抑癌基因的突变属于隐性突变,需要两个等位基因都突变才能引起癌变。据研究,细胞内多个与癌症有关的基因发生多次单独的、具有时空顺序的基因突变,共同作用才能诱发细胞癌变。这种积累效应解释了为什么癌症多发于年龄较大的群体中。

人体内细胞数目大约 2×10^{14} 个,基因自发突变不可避免,进而导致出现癌细胞,并且癌症的发病率随着年龄的增长呈几何级提高,幸好体内的免疫系统在不断消灭这些癌细胞。因为变异具有可逆性,所以,**在某些条件下,癌细胞能逆转为正常细胞**。

引起癌变的外部致癌因素(也称致癌因子)有物理因素、化学因素和生物因素。物理因素有各种射线,如紫外线、X 射线等。化学因素有某些无机化合物、有机化合物、某些金属等。生物因素主要是病毒(病毒致癌因子)。

2) 基因突变的概念和机理

(1) 概念

基因内部核酸分子上的特定核苷酸序列发生改变的现象或过程称为基因突变。

(2) 机理

DNA 分子中发生碱基对的增添、缺失和替换,而引起基因结构的改变。根据密码子学说可以推断,替换(又称点突变)的影响最小,缺失和增添(又称移码突变)的影响可能会非常大,可能会导致改变点后的氨基酸序列发生巨大改变,甚至发生翻译的提前终止。

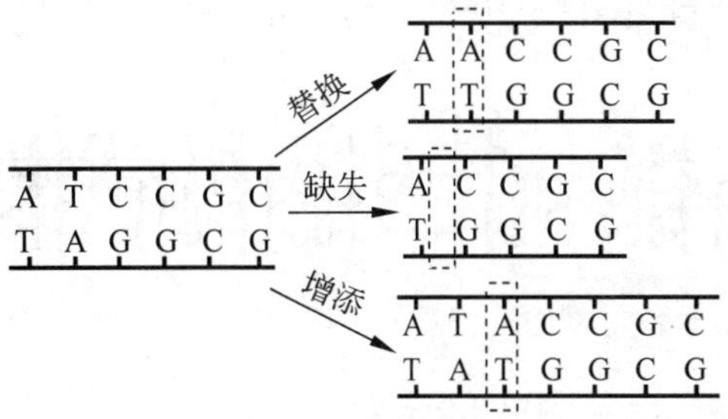

在一个正常基因内部插入多对碱基甚至是一段 DNA 片段都是只改变一个基因,属于基因突变。

3) 基因突变发生的时间

基因突变发生的主要时间是分裂间期,包括有丝分裂间期和减数第一次分裂前的间期。间期,DNA 在进行复制时碱基配对发生错误会引起基因突变。DNA 的复制相当精确,并且具有修正机制,但是由于 DNA 实在太长了,错误在所难免。产生体细胞的有丝分裂的间期发生的基因突变一般不能传递给后代。产生生殖细胞的减数分裂的间期发生的基因突变,可以通过受精作用直接传给后代。

细胞分裂间期特别容易发生基因突变,因为处于分裂间期的细胞对外界环境的变化特别"敏感"。但是其他分裂时期的细胞或者不进行分裂的细胞也可能发生基因突变。这是因为在不分裂的时候,由于受到某些因素的影响,一些化学基团可能发生改变,转变为类似的化合物,如一种嘌呤变成另一种嘌呤,一种嘧啶变成另一种嘧啶。

下图是间期复制出错和非间期复制出错的两个模型。

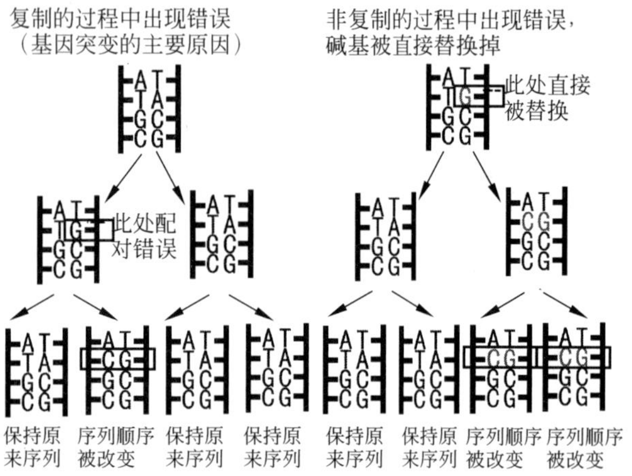

4）诱发基因突变的因素

物理因素有各种射线（α、β、γ、X 射线等）的照射、温度剧变等。

化学因素有亚硝酸和碱基类似物（如 5-溴尿嘧啶）等。

生物因素有病毒和某些细菌等，它们的毒素或代谢产物对 DNA 分子有诱变作用。

诱发基因突变的因素与导致癌症的致癌因子是一致的，因为引起癌变的内因是控制细胞周期的基因发生了突变，即原癌基因和抑癌基因的基因突变。但是，有些基因突变是在没有诱发因素的作用下随机发生的。

5）自发突变和诱发突变

自发突变指自然状态下发生的基因突变。诱发突变指人工诱导的基因突变。

6）基因突变的特点

（1）普遍性及随机性

基因突变可发生在任何生物个体发育的任何时期，可以发生在任何基因的任何片段中。基因突变的某些特点既体现普遍性，又体现随机性，难以区分。

突变发生得越早，表现突变性状的部分越多；突变发生得越晚，表现突变性状的部分越少，如下图。

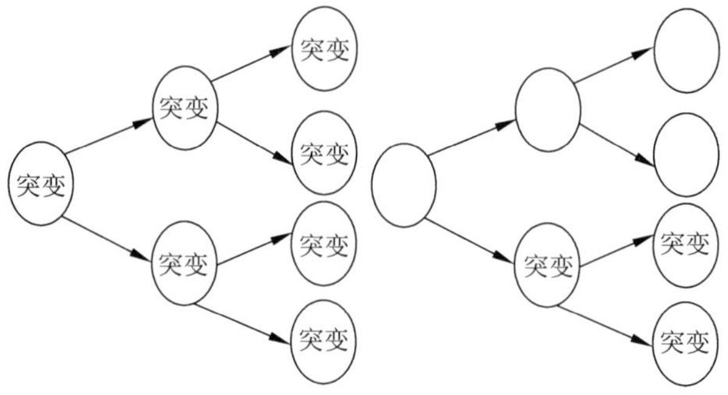

如果体细胞发生突变，虽然会对个体带来损伤，但是一般不会传递给下一代，如皮肤、肌肉细胞的 DNA 突变只会影响个体相应部位的功能，不会传递给下一代。

（2）多方向性（也称不定向性）

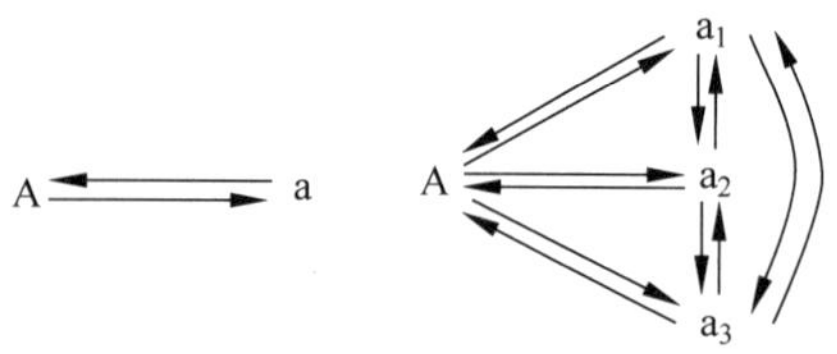

多方向性就是没有确定的方向，即染色体上的基因可以向不同的方向突变成它的等位基因（如上图）。

（3）稀有性

自发突变的频率非常低，通常都在十万分之一以下。如高等生物每 10^5～10^8 个生殖细胞中才有一个发生基因突变，细菌中每 10^4～10^{10} 个中有一个发生基因突变。人工条件下的诱发突变可以提高突变率，但是发生的概率也非常低。

（4）可逆性

等位基因间可以通过基因突变相互转化，但是发生回复突变的概率极低。因为突变的概率本来就非常低，而正好发生一次反方向的回复突变的概率就更加低。

(5) 多数有害性

大多数能引起表现型改变的基因突变给生物带来的影响是不利的。因为任何一种生物的现存基因都是长期自然选择和适应的结果，体现了它们与环境的高度协调。基因突变打破了这种协调，对生物的生存往往是不利的。例如，基因突变引起了人类的多种遗传病，严重危害了人类健康。

7) 基因突变的结果

基因突变可以使一个基因变成它的等位基因，即产生新的基因。等位基因之间的根本区别是脱氧核苷酸(或碱基对)的排列顺序不同。但是，结合基因突变的机理，可以发现等位基因之间的核苷酸排列顺序相似度也很高，往往仅是一个或几个碱基对的区别。

通常情况下(如完全显性遗传中)，一个等位基因的突变即可显现其表型效应，称为显性突变，可以表示为 a 突变为 A；产生隐性遗传效应的基因突变称为隐性突变，可以表示为 A 突变为 a。

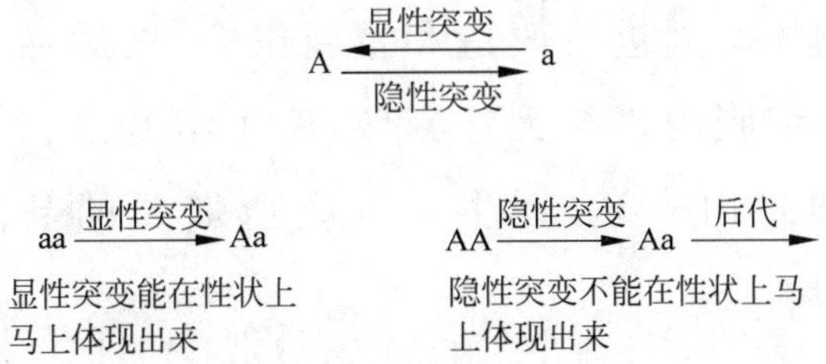

二倍体纯合子的其中一条常染色体上发生了基因突变，如果能够立即引起性状的改变，则该基因突变一定为显性突变。

因为基因突变的稀有性和多方向性，我们认为纯合子的同源染色体上的两个相同的基因在一次突变中只可能有一个发生基因突变，因此发生了基因突变的第一代个体一般是杂合子。发生了突变的杂合子中，如果显性性状是所需的优良性状，需要进行连续的自交选育才能得到农业上所需的能稳定遗传的显性纯合子；如果隐性性状是所需的优良性状，则自交后只要是出现该性状的个体即可留种。

中学阶段只考虑纯合子 AA 和 aa 发生突变形成杂合子，而不考虑杂合子突变形成纯合子。这是因为突变的概率很低，而且突变具有多方向性，比如 Aa 中的 A 突变为 a 而成为 aa 的概率特别小，中学阶段不予考虑。同理，中学阶段也不考虑 AA 直接突变为 aa。

8) 基因突变的意义

基因突变是生物变异的根本来源，为进化提供原材料。

＜思考和讨论＞

当 DNA 上的碱基发生改变，是否一定会导致生物性状发生改变？

不一定，当碱基的改变是以下情况时，性状不改变(更多情况未一一举例)：

① 该碱基位于 DNA 无效片段上(非基因片段)。

② 该碱基改变后形成的密码子与原来的密码子决定同一种氨基酸，如 CUU、CUC 都决定亮氨酸。

③ 发生隐性突变：AA→Aa。

④ 表现型会受到环境的影响。

[知识扩展]

根据基因突变对表现型的影响，可以将基因突变分为形态突变、生化突变、致死突变和条件致死突变。

3. 基因重组

1) 基因重组的概念

通常所说的基因重组是指具有不同遗传

性状的雌、雄个体进行有性生殖过程时，控制不同性状的基因重新组合，导致后代不同于亲本类型的现象或过程。从广义上讲，任何造成基因型变化的基因交流过程都叫做基因重组。

2）基因重组的类型

发生在自然界中狭义的基因重组一般由两种原因导致。

一种是减数分裂时非同源染色体的自由组合导致非同源染色体上的非等位基因的自由组合（发生在减Ⅰ后期）。如一种具有23对等位基因（这23对等位基因分别位于23对同源染色体上，不考虑交叉互换和基因突变）的生物进行杂交时，F_2可能出现的表现型有$2^{23}=8388608$种。

另一种是减数分裂时同源染色体上的非姐妹染色单体之间，发生了部分对应片段的交叉互换（发生在减Ⅰ前期），导致同源染色体上的非等位基因发生重组。

交叉互换产生了亲本所没有的重组染色体。从基因的角度考虑，交叉互换至少需要涉及两对基因，否则交叉互换就没有意义。下图A中，只考虑A/a这一对基因，若不发生交叉互换，只产生A和a两种配子，发生交叉互换后也只产生A和a两种配子。当考虑两对基因时，无论这两对基因是位于同源染色体上的非等位基因，还是位于非同源染色体上的非等位基因，交叉互换都可能会引起基因重组。下图B中，A/a和B/b两对基因位于同源染色体上，若不发生交叉互换，只产生AB和ab两种配子，发生交叉互换后会多产生Ab和aB两种重组型配子。下图C中，A/a和C/c两对基因位于非同源染色体上，若不发生交叉互换，一个性原细胞会产生两种共四个配子，其中一种可能为两个配子为AC，另两个配子为ac，发生交叉互换则会产生四种配子，分别是AC、Ac、aC和ac。

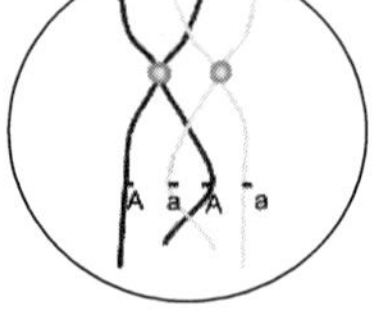
图A

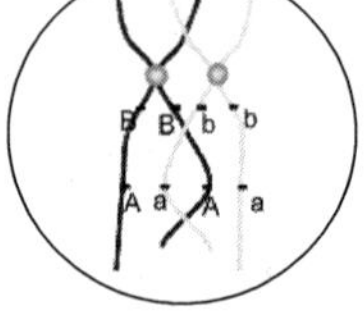
图B

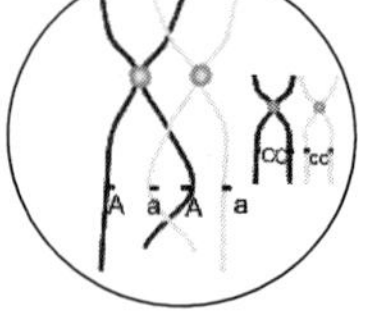
图C

但是交叉互换并不一定会引起确定的两对非等位基因的基因重组，如图D中A/a和D/d之间发生了两次交叉，也只产生两种配子；图E中A/a和E/e之间因距离过近，发生交叉的概率很低。

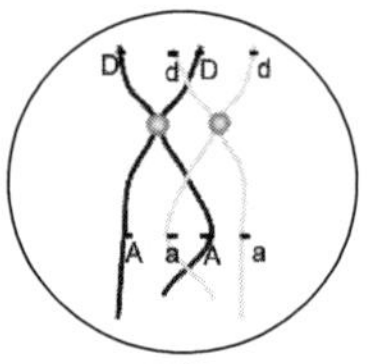
图D

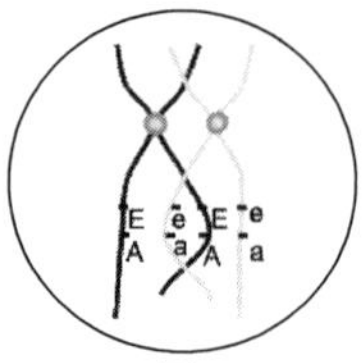
图E

广义的基因重组还应包括重组DNA技术，这是一种现代生物技术。在生物体外，通过对DNA分子进行人工“剪切”和“拼接”，对生物的基因进行改造和重新组合，然后导入受体细胞内进行无性繁殖，使重组基因在受体细胞内表达，产生出人类所需要的基因产物。

目的基因：蓝色素基因 —导入→ 受体细胞：白色玫瑰 —产生→ 新品种：蓝色妖姬

〈知识细节〉

在艾弗里的离体细菌转化实验中，S型菌的DNA转换了R型菌，是因为S型菌的DNA进入了R型菌并与R型菌的DNA进行整合，所以这也是一种广义的基因重组。

3）基因重组的意义

自然界中的基因重组是通过有性生殖过

程实现的，基因重组导致了生物性状的多样性，为动植物育种和生物进化提供丰富的物质基础。**基因突变是生物变异的根本来源，而基因重组是变异的主要来源**。

基因重组不能产生新的基因，只能产生新的基因型；不能产生新的性状，只能产生新的性状组合。

以孟德尔的豌豆实验为例，自由组合没有产生新的基因，依然是Y,y,R,r，只是产生了新的基因组合，即基因型；自由组合没有产生新的性状，依然是黄色、绿色、圆粒和皱粒，只是产生了新的性状组合。交叉互换亦是如此。

基因重组需要涉及至少两对基因。这是因为，基因重组重点在于"组合"，即自由组合和交叉互换都至少要涉及两对以上非等位基因。

如，紫花杂合子（Aa）自交产生白花后代（aa），子代与亲本性状不一致，但不属于基因重组。单从变异的一般定义"亲代与子代间或子代个体间存在差异的现象称为变异"出发，此例的确属于变异。但是根据高中生物教材的可遗传变异的三个来源分类来看，此例难以归类于任何一种类型。原因在于，高中生物中变异的定义是从个体的角度进行分析，即个体之间的差异性，但是在对变异的来源进行分类时，却是从配子的角度进行分析，即为何产生了新的配子。所以基因突变、基因重组、染色体变异是三种产生新配子（或者说变异配子）的机理。而此例并未产生新的配子类型，所以难以用高中生物学中的变异来源进行归类。

4. 染色体畸变

1）染色体畸变的概念

染色体畸变（又称染色体变异）**是指生物细胞中染色体在数目和结构上发生的变化。基因突变和基因重组引起的遗传物质的改变在光学显微镜下均无法检出，可根据是否有新性状或新的性状组合出现确定。染色体畸变引起的遗传物质的改变可以在光学显微镜下检出，所以用光镜观察是确定染色体畸变最简便的方法**。

2）染色体畸变的类型

（1）染色体结构的变异

染色体结构变异是指染色体发生断裂后，在断裂处发生错误连接而导致染色体结构不正常的变异。

染色体结构的变异的类型有缺失、重复、倒位、易位。染色体结构的变异使位于染色体上的基因的数目和排列顺序发生改变。

① 缺失

一条染色体断裂而失去一个片段，这个片段上的一个或多个基因也随之丢失，如下图。

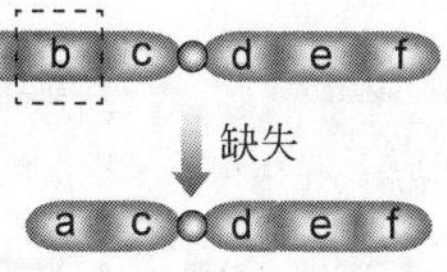

染色体畸变中的缺失和基因突变中的缺失是不一样的。一个染色体片段包含多个基因，所以染色体畸变中的缺失可能使多个基因丢失，而基因突变中的缺失只是缺少少量的脱氧核苷酸，只改变一个基因。例如，猫叫综合征就是第5号染色体部分缺失引起的。

［**知识扩展**］

综合征亦称"症候群"，即一些相互关联的器官病变或功能紊乱而同时出现病症，往往不是一种独立的疾病，常可出现几种疾病或由于几种不同原因所引起的疾病。综合征这个名词具有两项内涵：其一，综合征不是一个独立的疾病，而是一组“症候”。如非典流行时的“呼吸窘迫综合征”，就是多种疾病恶化时都可能发生的危重病情。其二，每个综合征都有几项基本特征。如“获得性免疫缺陷综合征”(AIDS)的命名就表明，罹患艾滋病的病人都具有两种共同特性，即获得性(不是遗传性)和免疫缺陷，而个体病人可以表现为恶性肿瘤、肺炎、霉菌感染等多种多样的具体疾病。

② 重复

染色体上增加了某个相同片段，导致此区段上的多个基因数目增多，如下图。

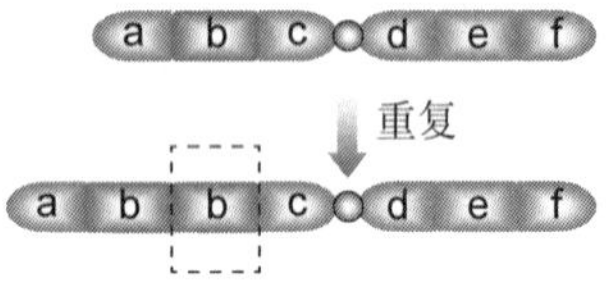

③ 倒位

染色体上某一片段的正常排列顺序发生180°颠倒，如下图。

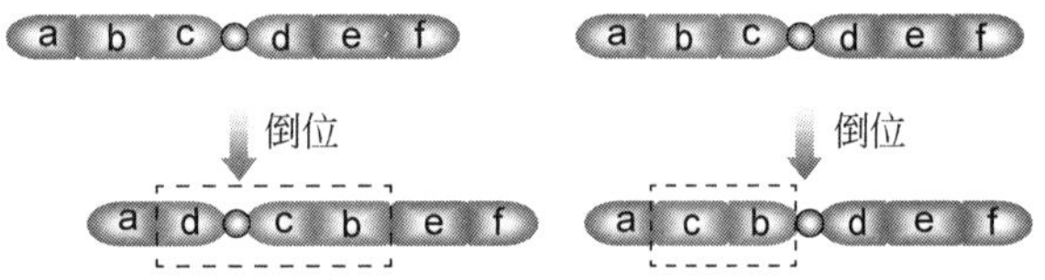

④ 易位

与交叉互换不同的是，易位就是染色体上非对应片段位置的改变。它包括同一条染色体内的、同源染色体间的和非同源染色体间的非对应片段易位。**在大多数教材中，易位是指第三种情况，即染色体的某一片段移接到另一非同源染色体上**。这种易位分为两种情况，第一种是简单易位，第二种是相互易位，又叫平衡易位，如下图。

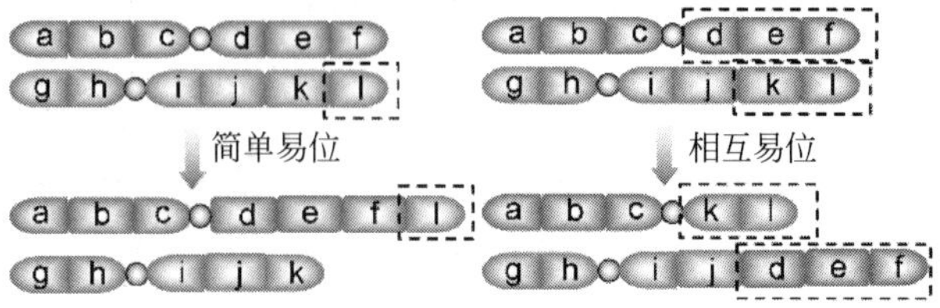

染色体易位与交叉互换的比较

染色体易位	交叉互换
主要发生在非同源染色体之间	发生在同源染色体的非姐妹染色单体的对应片段之间
不同基因之间基因座位的互换	等位基因之间基因座位的互换
遗传物质改变的结果在光学显微镜下可见	遗传物质改变的结果在光学显微镜下不可见

［**知识扩展**］

染色体的交叉互换和染色体的结构变异都始于染色体的断裂。如果染色体断裂后，又原位连接上，则没有变异现象。如果一条染色体的姐妹染色单体断裂后，对应片段发生了互换，则也没有变异现象。如果同源染色体的非姐妹染色单体断裂后，对应片段发生了互换，则属于交叉互换。如果上述的染色体断裂后，非对应片段发生互换，则会引起染色体结构变异。染色体断裂后产生的染色片段出现丢失、连接时方向出错，连接时位置出错，就会产生相应的染色体结构变异。

(2) 染色体数目的变异

染色体数目的变异是指真核生物细胞中染色体数目的增加或减少。按照是否以染色体组为单位成倍增加或减少可分为非整倍体变异和整倍体变异。

① 染色体组的概念和特点

以果蝇的染色体为例，果蝇有4对共8条染色体，这8条染色体可以分成两组，每组的

4 条染色体的形态结构、功能各不相同。这样的一组染色体称为一个染色体组，包括 3 条常染色体和 1 条性染色体。果蝇的一个染色体组可以是 X、Ⅱ、Ⅲ、Ⅳ或 Y、Ⅱ、Ⅲ、Ⅳ，即果蝇的一个配子中含有的全部染色体称为染色体组。

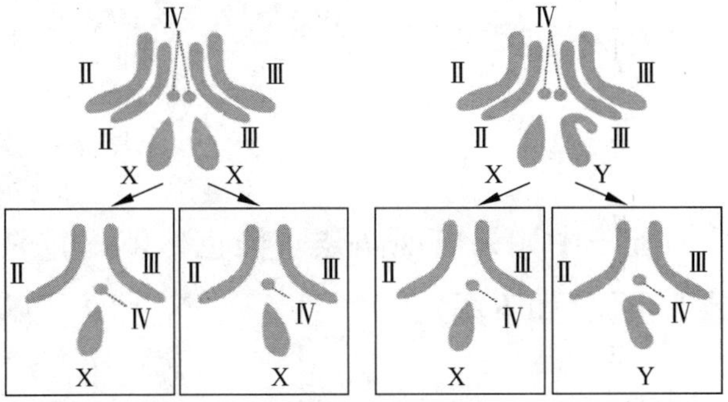

一个染色体组内的所有染色体都同时来自于父本或同时来自于母本的观点是错误的。因为非同源染色体在形成配子时自由组合，所以一个染色体组内的染色体可以来自不同的亲本。示意图如下，用不同的深浅分别代表来自不同亲本的染色体：

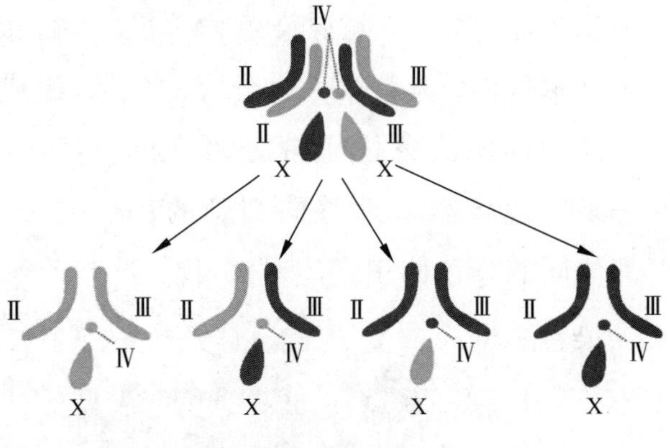

由染色体组的概念可知：

染色体组内染色体形态和功能各不相同，无同源染色体，也无等位基因。

染色体组内包含一套完整的非同源染色体，即必含有每对同源染色体中的一个(如下图)。

染色体组内携带一套或两套（一条染色体上有两条姐妹单体时）本物种完整的遗传

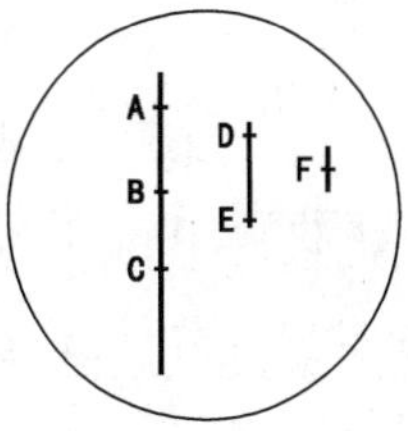

多了一条染色体，不是一个染色体组　　少了一条染色体，不是一个染色体组

信息，所以含有这样一个染色体组的细胞可能具有全能性。

控制某个性状的基因在一个体细胞中一般含有两份，比如控制眼色的基因有两份。如果是纯合体就是 AA 或 aa，如果是杂合体就是 Aa。

控制某个性状的基因在一个配子中一般含有一份，比如控制眼色的基因，要么是 A，要么是 a。

不考虑复制，一个染色体组能携带一套本物种完整的遗传信息，所以，有些二倍体生物的配子可以不需要受精就单独发育成个体，如后文所介绍的雄蜂是由未受精卵细胞单独发育而来的。

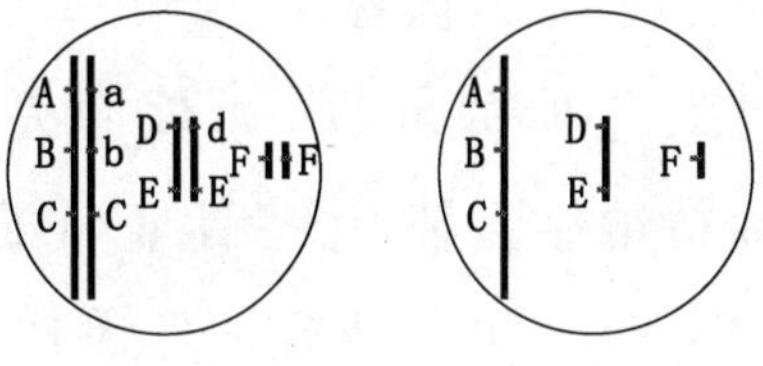

二倍体的体细胞　　二倍体的配子

＜知识细节＞

习题中如果只画有染色体，则相同大小和形态的染色体个数（有可能是同源染色体，也可能是着丝粒分裂后形成的子染色体）就

是染色体组的个数。

习题中如果没有画染色体而只写出基因型，则需要进行逻辑推理，因为染色体组指的是染色体的数量特征，而不是基因。

所以，习题中如果同时画有染色体和基因型，不能看基因个数，而要依据染色体数进行判断。图示如下：

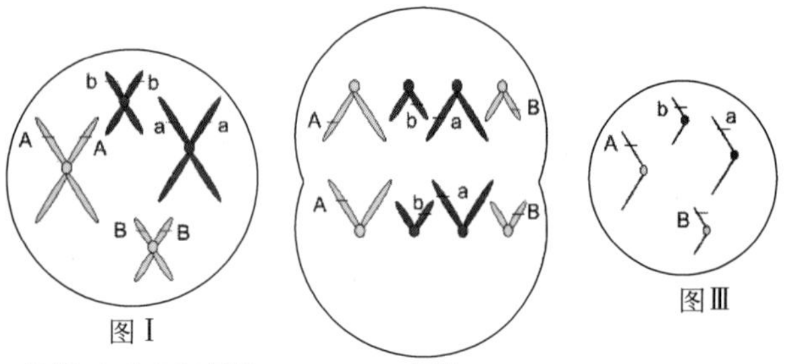

图Ⅰ 尽管A(a)和B(b)都各有4份，但是仍为2个染色体组

图Ⅱ 4个染色体组

图Ⅲ 2个染色体组

注意，二倍体细胞有丝分裂的中期含有2个染色体组，二倍体细胞有丝分裂的后期含有4个染色体组。

② 非整倍体变异

体细胞中个别染色体的增加或减少称为非整倍体变异。

个别染色体的增加，**如21-三体综合征**（人教版中写作21三体综合征），**患者比正常人多一条21号常染色体，又称“先天愚型”或“唐氏综合征”**。患者智力低下，身体发育缓慢，常表现出特殊的面容。

个别染色体的减少，如**性腺发育不良（X0）又称特纳综合征，患者比正常的女性少一条X染色体**。患者外观虽然表现为女性，但是性腺发育不良，没有生育能力。

非整倍体变异一般是减数分裂出错导致的。

因为出现染色体畸变的可能性很低，所以一般情况下母本的减Ⅰ、母本的减Ⅱ、父本的减Ⅰ和父本的减Ⅱ这四个过程中只可能有其中一个过程出错，而无需考虑多个过程同时出错的情况。

配子中如果出现同源染色体就一定是减Ⅰ出错（如下图）。

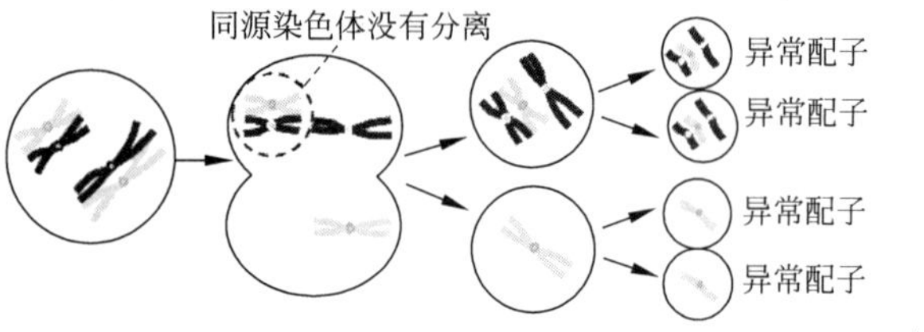

配子中如果出现两条子染色体就一定是减Ⅱ出错（如下图）。

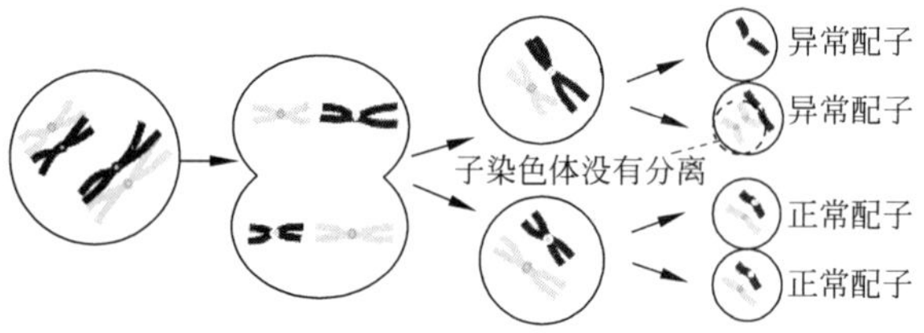

非整倍变异在减数分裂时会出现问题。以三体为例，在减数第一次分裂前期，三条同源染色体中的任意两条随机配对联会，形成一个二价体，另一条同源染色体不能配对，形成一个单价体；减数第一次分裂的后期，组成二价体的同源染色体正常分离，组成单价体的一条染色体随机地移向细胞的任何一极，而其他同源染色体正常配对、分离。

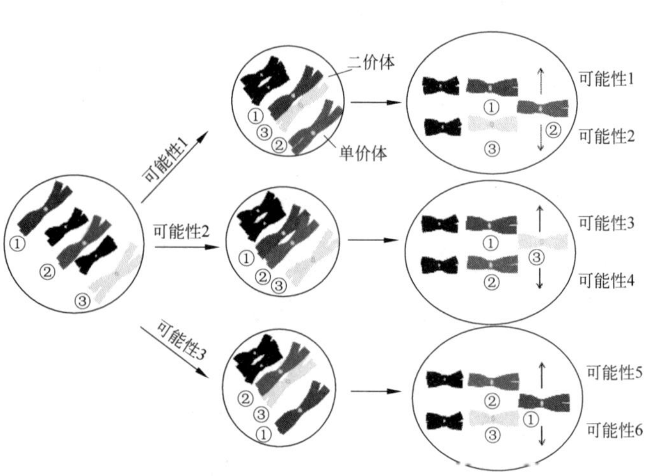

③ 整倍体变异

体细胞的染色体数目以染色体组的形式成倍增加或减少的称为整倍体变异，如单倍体、多倍体等。

（ⅰ）整倍体的命名

只有一个染色体组的细胞或体细胞中含一个染色体组的个体称为一倍体（*N*）。

具有两个染色体组的细胞或体细胞中含两个染色体组的个体称为二倍体（2*N*）。在自然界中，绝大多数的动物和半数以上的高等植物都是二倍体。

含有三个及以上染色体组的细胞或个体称为多倍体。如**香蕉是三倍体（3*N*），花生、大豆、马铃薯是四倍体（4*N*），燕麦、小麦是六倍体（6*N*）**。**多倍体植株的特征是：细胞、器官和个体通常比二倍体大，营养价值高；发育延迟，结实率低**。**如果多倍体的染色体组是奇数，减数分裂时染色体联会紊乱，因此高度不育**。如果多倍体的染色体组是偶数，比如四倍体，因为染色体组数过多，染色体联会时复杂度增加，也会出现联会困难。所以多倍体的可育性一般来说比二倍体低。

（ⅱ）单倍体的概念和例子

体细胞中染色体数目与本物种配子相同的个体称为单倍体。可以简单地理解成：单单由一种性别的配子发育而来的个体称为单倍体。**例如，动物中的雄蜂、雄蚁是单倍体，植物的花药离体培养形成的植株是单倍体**。

在自然条件下，玉米、高粱、水稻、番茄等植物偶尔也会出现单倍体植株，但是单倍体植株一般是育种工作者采用花药（花粉）离体培养的方法来获得。

二倍体生物的单倍体植株的一般特征：长得弱小而且高度不育。单倍体高度不育，不是完全不育，而是指生育后代的可能性极低。

二倍体生物的单倍体没有直接的经济价值，但是在育种上具有特殊的意义（即进行单倍体育种），利用单倍体可以明显缩短育种年限。

［**知识扩展**］

（1）孤雌生殖——卵细胞直接发育成雄蜂

受精卵发育成的幼体始终享用蜂王浆就发育成蜂王，蜂王又叫蜂后、蜂皇，是有交配能力的雌蜂。受精卵发育成的幼体只享用蜂王浆3天就发育成工蜂，是无交配能力的雌蜂。卵细胞不经过受精作用则直接发育成雄蜂。所以蜂王和工蜂是二倍体；雄蜂是单倍体。

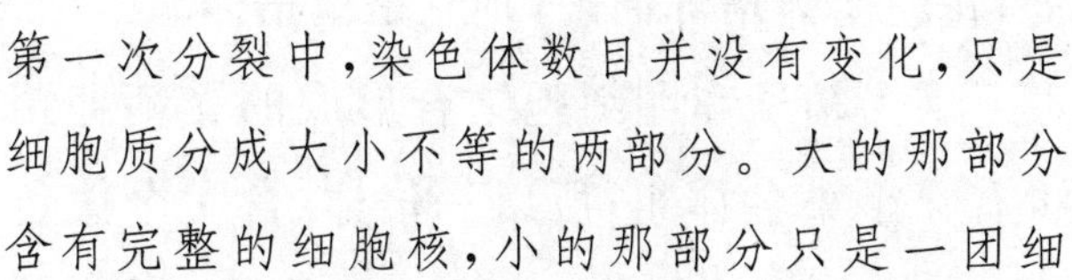

雄蜂在产生精子的过程中，它的精原细胞进行的是一种特殊形式的减数分裂。减数第一次分裂中，染色体数目并没有变化，只是细胞质分成大小不等的两部分。大的那部分含有完整的细胞核，小的那部分只是一团细胞质，一段时间后将退化消失。减数第二次分裂则是一次普通的有丝分裂：在含有细胞核的那团细胞质中，着丝粒分裂后形成的子染色体相互分开，而细胞质则进行不均等分裂，含细胞质多的那部分（含16条染色体）进一步发育成精子，含细胞质少的那部分（也含16条染色体）则逐步退化，如下页图。通过这种减数分裂，雄蜂的1个精原细胞只产生1个精子,精原细胞和精子都是单倍体细胞。这种特殊的减数分裂称为“假减数分裂”。

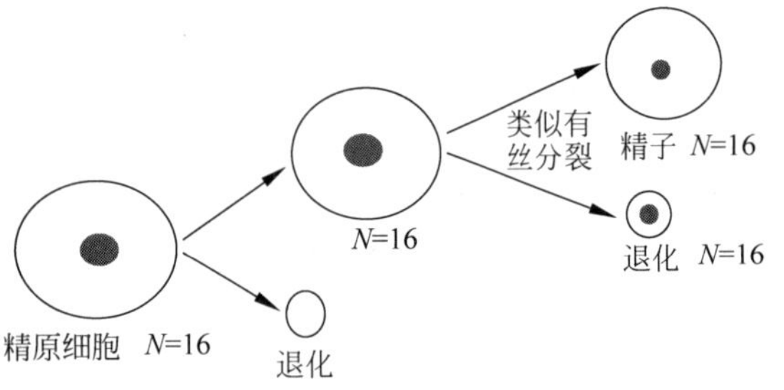

(2) 孤雄生殖——花药(花粉)离体培养

自然界中花药中的花粉需要授粉到柱头才能形成新的植物体。在人工情况下,可以对花药进行组织培养,直接把花粉培育成新的植物体。这个过程需要应用植物细胞组织培养技术。

(ⅲ)单倍体与几倍体的区分

高中生物学中,认为只要由配子(可能表述为花药、花粉、精子、卵细胞等)直接发育而来的个体,不管含几个染色体组都叫单倍体。

例如,1个体细胞中含有3个染色体组,则有可能是三倍体,也可能是单倍体。如果这个个体是由二倍体×四倍体交配而来,则它是三倍体;如果这个个体是六倍体(如小麦)花粉离体培养而来,则它是单倍体。

因为精子和卵细胞结合形成的受精卵至少有2个染色体组,所以**一倍体(含1个染色体组)一定是单倍体。但是,如前段所述,单倍体不一定是一倍体,因为单倍体可能含有多个染色体组。**

<版本差异>

旧人教版认为来源于受精卵的个体是多倍体或二倍体,这其实没考虑到一些特殊情况,比如在单倍体育种中单倍体经过染色体加倍可以形成多倍体或二倍体。所以多倍体或二倍体可以不经过受精而来。

[知识扩展]

目前的高中生物学中,将多倍体、二倍体与单倍体进行非此即彼的划分,是很不合理的,而且没有意义。笔者认为只要有3个染色体组,不管是不是来源于配子都可称为三倍体,如果是来源于配子还可称为单倍体。这样的约定更合理。

④ 概念辨析

单体是指二倍体生物中体细胞的某对同源染色体只有1条而不是2条的个体。**常用 $2N-1$ 来表示**,如特纳综合征。可见,单体与单倍体是完全不同的概念。

三体是指二倍体生物中体细胞的某对同源染色体有3条的个体。**常用 $2N+1$ 来表示**,如21-三体综合征。可见,三体与三倍体也是完全不同的概念。

异源多倍体是指由不同物种杂交形成的多倍体或杂交后染色体加倍形成的多倍体。

例如,雄狮与雌虎产下狮虎兽,雄虎与雌狮产下虎狮兽,狮子与老虎相恋、怀孕的概率极低,即使在人工饲养的环境下,虎、狮受孕的机会也仅为1%~2%。幼兽由于先天不足等原因,成活率仅为五十万分之一左右。据资料显示,目前世界上存活的狮虎兽只有20只左右。狮虎兽没有同源染色体,不能进行减数分裂,所以没有繁殖能力,不能认为是一个物种。**狮虎兽因为含有2个物种的遗传信息,所以含有2个染色体组,形成异源二倍体。**

例如,普通小麦就是异源六倍体,是通过下页图所示过程培育的。用类似的方法处理小麦和二倍体黑麦,人们得到了四倍体小黑麦、六倍体小黑麦和八倍体小黑麦。

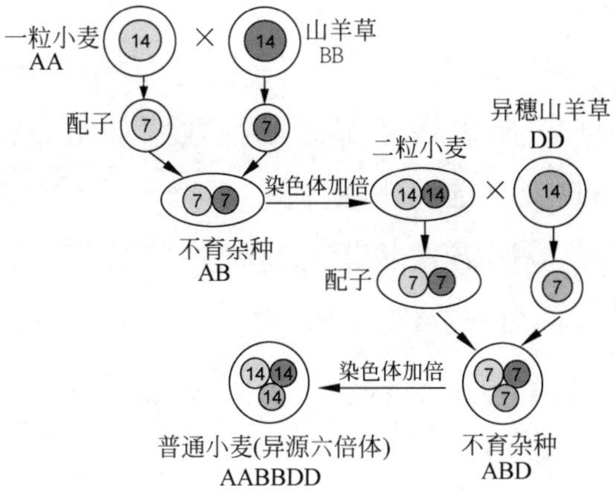

注：图中 A、B、D 代表染色体组。

＜**知识细节**＞

分辨是否是染色体变异，无论是数目变异还是结构变异，最快捷的方式都是用显微镜观察。

5. 几种可遗传变异的来源的比较

1）基因突变与基因重组（狭义）的比较

比较项目	基因突变	基因重组（狭义）
生物种类	所有生物（包括病毒）均发生，具有普遍性	进行有性生殖的真核生物
发生时间	主要在间期	减数第一次分裂
发生原因	基因结构发生改变，包括 DNA 碱基对的替换、增加或缺失等	通过有性生殖，控制不同性状的非等位基因重新组合或等位基因间互换
发生条件	外界环境的剧变和内部因素的相互作用	不同个体间的杂交
是否产生新基因	**产生新基因**	**不产生新基因，但可产生新基因型**
在生物变异和进化中的地位	**是生物变异的根本来源，是生物进化的原材料**	**是生物变异的主要来源，对生物的进化也有重要意义**
两者的联系	**基因突变是等位基因的来源，是基因重组的基础**	

2）基因突变与染色体结构的变异的比较

比较项目	基因突变	染色体结构的变异
层次	分子水平的改变	细胞水平的改变
生物种类	**所有生物（包括病毒）均发生，具有普遍性**	**真核生物细胞增殖过程均可发生**
发生时间	主要在间期	主要在细胞分裂期

续表

比较项目	基因突变	染色体结构的变异
镜检	**光镜下均无法检出，可根据是否有新性状来确定**	**光镜下可检出**
是否产生新基因	产生新基因	不产生新基因，但基因的数目和位置发生改变
本质	DNA 上碱基对的增添、缺失、替换	染色体片段的增添、缺失、倒位、易位
影响范围	**改变单个基因的碱基对排列顺序**	**改变多个基因的位置和数量**

第 2 节　可遗传变异在生产上的应用

本节知识框架：

1. 诱变育种
2. 杂交育种
3. 转基因技术
4. 多倍体育种
5. 单倍体育种
6. 育种方式的比较
7. 可遗传变异的三大来源及在生产上的应用的知识总结

1. 诱变育种

1）概念

利用物理、化学因素诱导生物发生变异，并从变异后代中选育新品种的过程。

2）方法

(1) 化学诱变：使用亚硝酸、硫酸二乙酯等。

(2) 物理诱变：使用 γ 射线、紫外线、激光等辐射和失重等。

3）原理

诱变育种的原理是基因突变。

<版本差异>

新教材中已经不提诱变育种中也可能发生染色体畸变(变异)。

4) 意义

创造动植物、微生物新品种。

5) 优点

(1) 提高变异频率,人工诱发突变率可比自发突变率提高 100～1000 倍,能产生多种多样的新类型,为育种创造出丰富的原材料。

(2) 能在较短的时间内有效地改良生物品种的某些性状。

(3) 改良作物品质,增强抗逆性。

6) 缺点

(1) 因为突变的特点是不定向性和有害性,所以诱变育种的缺点是有利变异少,需要大量实验材料;并且有利变异掺杂在有害变异中,需要进行筛选。所以说,**诱变育种具有很大的盲目性**。

(2) 诱变育种得到的个体都是杂合体,并且常常是一个个体中既发生了有利变异又发生了不利变异,必须通过杂交方法将有利变异组合到同一个体中来。

(3) 诱变使用的各种因素都是致癌因素,如有泄漏将伤害人体或污染环境。

7) 处理对象

诱变育种的处理对象是萌发的种子或幼苗。因为在萌发的种子或幼苗中,细胞分裂旺盛,易发生突变。

2. 杂交育种

1) 概念

杂交育种是利用基因重组的原理,有目的地将两个或多个品种的优良性状组合在一起,再经过选择和培育,获得新品种的方法。

2) 方法

(1) 所需性状都是隐性性状的组合:杂交→自交→选优→纯种。

(2) 所需性状带有显性性状的组合:杂交→(自交→选优)$_n$→纯种。

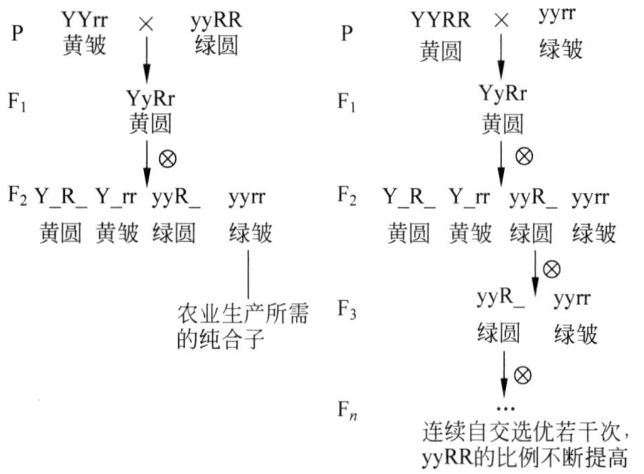

所需性状都是隐性性状的组合　　所需性状带有显性性状的组合

第一年在 P 代母本上收获 F_1 籽粒。第二年播种 F_1 籽粒,F_1 长成后自交,在 F_1 上收获 F_2 籽粒。如果所需性状都是隐性性状的组合(即上图中的 yyrr),则具有绿皱性状的 F_2 籽粒就是农业上所需的纯合子。如所需性状为带有显性性状的组合,比如上图中的绿圆,因为 F_2 中绿圆籽粒既有纯合子(yyRR)又有杂合子(yyRr),所以需要进行连续的自交选优,不断淘汰其他性状,保留绿圆(yyR_)的个体。**通过连续自交和选优(筛选),显性性状(yyR_)中的纯合子(yyRR)比例不断提高**。

进行杂交育种选育显性纯合子,但又希望缩短育种年限,可以采用如下的方案:经过两年得到 F_2,利用 F_2 中纯合子自交后代不会出现性状分离,而杂合子后代会出现性状分离的规律,筛选出 F_2 中符合要求的纯合子,这样就缩短了年限。如在下页图中,第三年播种 F_2 中绿圆籽粒,并让其长成后自交,如

果某株植株上的 F_3 全部为绿圆籽粒，即不出现性状分离，则此株植物的子代全为纯合子，而把子代会出现性状分离的 F_2 植株全部舍去。

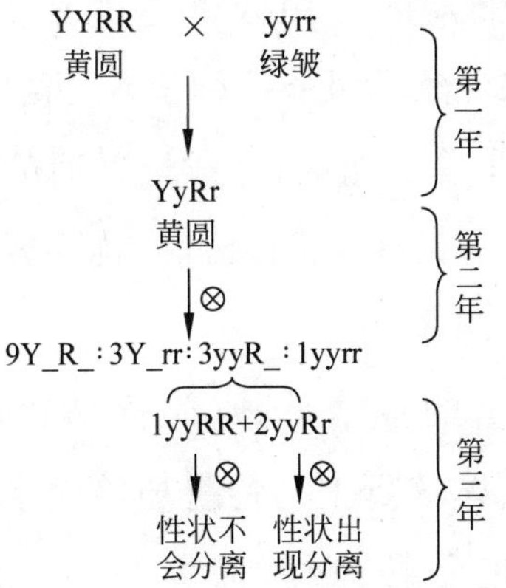

需要指出的是，根据所选择的性状在植物生长周期的哪个阶段表现出来，育种的年限会有区别。比如植物的抗性、果肉的颜色、植物的高矮、花的颜色等性状都需要等到植株长大后才能被观察并进行筛选，而子叶的颜色（对豌豆来讲就是种子的颜色）、种子的圆皱等性状在籽粒的时候就能被观察并进行筛选。所以，前者的育种年限要比后者多出一个播种季。

3）原理

基因重组。

4）优点

杂交育种的技术简便，育种的目的性强，即使原本位于不同个体的优良性状集中于一个个体上。

5）缺点

① **如果选育的是显性性状，进行纯化时工作量大，过程复杂，育种年限长。**

② **远缘（源）杂交不亲和，即远缘亲本难以杂交**。比如小麦和玉米属于不同的物种，无法使用杂交技术对两者进行杂交。

6）应用实例

例如杂交水稻能提高产量。其原理模型简析：品种 A 具有很强的光合作用从而能够提高产量，品种 B 具有很强的根系吸收矿物质的能力从而提高产量。由品种 A 和品种 B 杂交选育的品种 C 既有很强的光合作用又有很强的吸收矿物质的能力，从而具有更高的产量。

又例如中国荷斯坦牛。我国引进原产于荷兰的荷斯坦-弗里生牛，长期驯化后与当地黄牛杂交，各杂交种多次互交，形成了中国荷斯坦牛。中国荷斯坦牛泌乳期可达 305 天，年产乳量可达 6300kg 以上。

3. 转基因技术

基因重组、基因突变和染色体结构变异引起的性状改变都是不定向的，所以所对应的常规育种技术其结果都是不定向的。但是**转基因技术是定向改造生物的性状**，以获得人类所需要的品种，所以**转基因技术是定向性的**。

转基因技术能克服远缘亲本不能杂交的缺点。

4. 多倍体育种

1）原理

多倍体育种方法的原理是在保证染色体正常复制，着丝粒正常分裂的前提下，阻止细胞一分为二，从而使细胞中的染色体数目加倍。

低温使染色体数目加倍的现象在自然界中常有发生。据统计，寒冷的帕米尔高原上，65％以上的植物是多倍体。有题目认为，低温可破坏植物细胞的高尔基体，使其无法形成细胞板，会导致细胞无法进入有丝分裂末期，也能形成多倍体。

使用秋水仙素处理是使染色体数目加倍的常用方法。秋水仙素是一种生物碱，最初是从百合科植物秋水仙中提取出来的。秋水仙素能抑制微管蛋白的聚合，从而阻止纺锤体的形成或使已形成的纺锤体解体。另外，秋水仙素有剧毒，能诱导基因突变。

有资料认为，在较低浓度的秋水仙素的作用下，着丝粒照常分裂，但是细胞无法进入分裂末期，即无法一分为二，导致染色体数目加倍。接下来，细胞进入间期，染色体又开始进行复制，开始新的细胞周期。如果持续施以秋水仙素，染色体可能再次加倍；如果秋水仙素被除去，细胞内秋水仙素被代谢掉后，细胞重新进入正常的细胞分裂进程。

秋水仙素的处理对象一般是萌发的种子或幼苗，以及组织培养中的愈伤组织。这是因为，处理分裂增殖活跃的细胞才能更快地得到染色体加倍的组织或个体。实际应用中，往往需要通过秋水仙素的处理得到纯合子。

动物的染色体组型图的制作则使利用了高浓度秋水仙素阻断细胞分裂的原理。细胞分裂中期存在检验点，如果纺锤体组装失败，着丝粒不能正确连接到纺锤体上，则细胞周期将停止在检验点处。在较高浓度的秋水仙素的作用下，纺锤体功能异常，细胞周期被阻断、同步化。此时，染色体高度浓缩，便于观察、绘图，但是因为缺少纺锤丝的牵引和推动，着丝粒并没有位于赤道面上。

用秋水仙素处理往往能得到纯合子，但是也有特殊情况，比如对杂合子植株 Aa 进行秋水仙素处理得到的植株 AAaa 还是杂合子。

不可育的植株经过秋水仙素处理后具有了可育性，比如单倍体植株 A 经过秋水仙素处理后形成可育的 AA，三倍体植株 AAA 经过秋水仙素处理后形成可育的 AAAAAA，异源二倍体植株 AB 经过秋水仙素处理后形成可育的 AABB。

秋水仙素的作用效率达不到 100%，也就是说，秋水仙素不可能使种子或幼苗中的所有细胞的染色体数目加倍，这样处理后的植株，既有二倍体细胞，又有四倍体细胞，称为嵌合体。

2）应用实例

马铃薯的栽培品种（简称马铃薯）是四倍体，由二倍体的野生马铃薯加倍而来。

香蕉的栽培品种（简称香蕉）的祖先为野生芭蕉，个小而多种子，无法食用。香蕉的培育过程如下：

野生芭蕉→有籽香蕉×野生芭蕉→无籽香蕉

$2N$ $4N$ $2N$ $3N$

将野生芭蕉（$2N$）染色体加倍得到有籽香蕉（$4N$），然后将野生芭蕉（$2N$）与有籽香蕉（$4N$）杂交得到无籽香蕉（$3N$）。无籽香蕉只能进行营养繁殖。

三倍体无籽西瓜的培育过程如下：

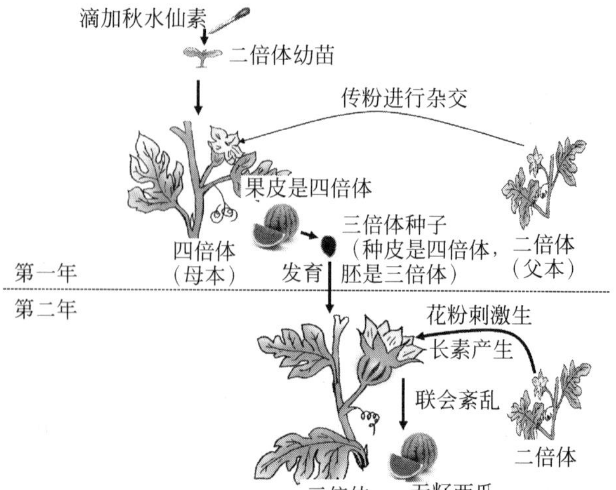

［知识扩展］

三倍体无籽西瓜育种的相关知识细节

① 三倍体无籽西瓜的果实里无籽，而且

含糖量比普通西瓜提高了10%左右，吃着特别甜；而且产量高，抗逆性强。三倍体无籽西瓜的这一系列变异特征，显然是由于核内染色体加倍，以致等位基因增加而引起的“剂量效应”。当然，由于三倍体西瓜无籽，本当储藏于种子的子叶中的那部分营养物质，就以糖的形式存在于果实的果肉细胞中了，这也是三倍体无籽西瓜比普通西瓜含糖量高的原因之一。

② “无籽西瓜”并非没有种子的所有结构，虽然没有胚，但种皮还是有的。

③ 子房发育成果实需要依赖发育中的种子产生的生长素，无籽西瓜没有种子，所以就没有发育所需的生长素。三倍体植株在减数分裂时由于同源染色体联会紊乱，几乎不可能产生种子。但是当其柱头接受了二倍体的花粉后，花粉在萌发的过程中，将自身催化色氨酸转化为吲哚乙酸的酶体系分泌到了三倍体西瓜植株的子房中，促使其子房合成了大量生长素；还有，二倍体花粉本身也携带少量的生长素，受粉以后也可以扩散到子房中。正是这两种途径的共同作用，才促使了三倍体西瓜的子房发育，最终形成了无籽西瓜。如果用生长素直接处理三倍体西瓜的雌蕊也能得到三倍体无籽西瓜，但是据资料显示，需要多次处理，不经济。

④ 三倍体无籽西瓜的育种过程中的两次传粉目的是不一样的。第一次传粉是为了杂交得到三倍体种子，第二次传粉是为了刺激三倍体西瓜的子房发育成果实。

⑤ 我们不喜欢有籽西瓜，不是因为讨厌种子内部的胚，而是讨厌坚硬的种皮。四倍体西瓜与二倍体西瓜，无论正交或反交，都能产生三倍体的种子。但是以二倍体西瓜作为母体，四倍体西瓜作为父本，得到的三倍体种子结出的西瓜，因珠被发育成厚硬的种皮，达不到“无籽”的目的。而以四倍体西瓜作为母体（开花时去雄），二倍体西瓜作为父本，得到的三倍体西瓜的珠被发育成了白色柔软的种皮。其原因可能与细胞质遗传有关。

⑥ 二倍体植物的幼苗经过秋水仙素处理后，分生组织分裂产生的茎、叶、花中的细胞染色体数目加倍，而某些部位（如根部）细胞仍为二倍体。

⑦ 四倍体植株上结四倍体西瓜，其红色的瓤（可以简单地理解成是果实的果皮）是四倍体，四倍体西瓜内结的种子的胚为三倍体，其种皮为四倍体。

⑧ 三倍体高度不育，不是完全不育，而是指生育后代的可能性极低。三倍体无籽西瓜在减数分裂过程中，由于细胞中存在三条相同的同源染色体，因此在减数第一次分裂的联会时期，常常发生联会紊乱，导致不能产生正常的生殖细胞，因此我们说三倍体无籽西瓜是无籽的。但也会出现减数分裂过程中，其中两组染色体移向一极，剩下一组移到另一极，这样就可以产生含两个染色体组和含一个染色体组的生殖细胞，那么它在接受二倍体植物产生的花粉以后，就可以完成受精作用，形成含三个染色体组和含两个染色体组的受精卵，将来就可以形成三倍体和二倍体的种子。因此，一般每个无籽西瓜有1～3粒可育种子。

⑨ 不是每次培育三倍体西瓜都需要用秋水仙素处理产生四倍体。这是因为几乎所有的二倍体优良品种都已经培育出了四倍体，可以直接进行二倍体和四倍体的杂交。栽培四

倍体西瓜主要是为了得到三倍体西瓜，但是四倍体西瓜少子，并且具有含糖量高、生长强健、抗病性强等特点，也有供应市场的品种。

5. 单倍体育种

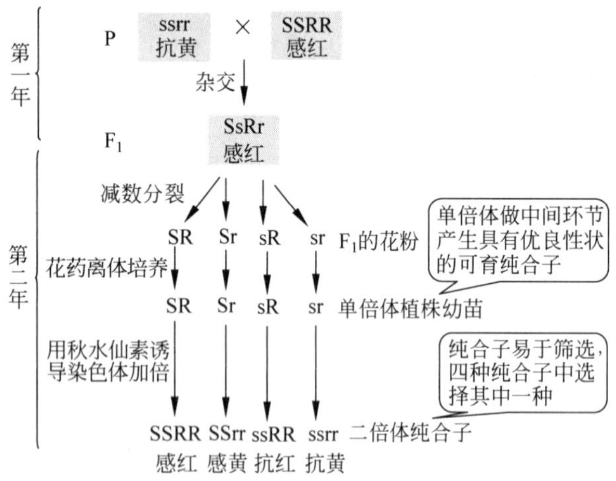

1）方法及步骤

（1）**用常规方法得到杂种 F_1。**

（2）**对 F_1 产生的花药进行花药离体培养得到单倍体幼苗。**

花药离体培养的本质是对花药内的花粉（此时的花粉还未成熟）进行的组织培养。从理论上讲，花药离体培养和成熟花粉离体培养的效果是一样的，都能产生单倍体。但是花药是由花粉和花药壁组成的，如果组成花药壁的细胞也进行了细胞分裂和去分化从而形成愈伤组织，这些细胞就不再是单倍体细胞。注意，花药离体培养得到的是单倍体，欲得到纯合子需要秋水仙素加倍。

（3）**秋水仙素处理单倍体幼苗，诱导其染色体数目加倍成为可育纯合子，最后从中选取所需性状的纯合子。注意，二倍体的单倍体没有种子，所以秋水仙素只能处理单倍体幼苗。单倍体育种不是为了得到单倍体，而是为了得到二倍体纯合子，单倍体植株是该过程中的中间产物。**

可见，单倍体育种和多倍体育种都使用了秋水仙素，但是单倍体育种在使用秋水仙素之前先要进行花药离体培养。单倍体育种离不开杂交育种、组织培养和染色体数目加倍的技术。所以单倍体育种对应的原理既有染色体数目变异，又有基因重组（体现在 F_1 产生配子的过程中）。

2）优点

（1）缩短育种年限。与杂交育种相比，单倍体育种年限短，只需 2 年。

（2）能排除显隐性干扰，提高效率。单倍体育种得到的都是纯合子，它们的基因型和表现型一致，可以直接通过表现型来判断它们的基因型，其效率高于杂交育种。

6. 育种方式的比较

项　目	杂交育种	诱变育种	单倍体育种	多倍体育种
原理	基因重组	基因突变	染色体变异（成倍减少）和基因重组	染色体变异（成倍增加）
常用方法	杂交	物理或化学方法处理	杂交→花药离体组培→秋水仙素处理	低温诱导、秋水仙素处理
优点	技术简便，使位于不同个体的优良性状集中于一个个体上	提高变异频率，加速育种进程	明显缩短育种年限	较大、营养成分高、抗性强
缺点	育种时间最长	有利变异少，需大量处理实验材料	技术复杂，需与杂交育种配合	不适合动物，发育延迟，结实率低

不同育种方式应用场合的总结如下：

（1）欲集中不同亲本的优良性状——杂交育种；

（2）欲既集中优良性状，又缩短育种年

限——单倍体育种；

(3) 欲获得较大果实、大型植株，提高营养物质含量——多倍体育种；

(4) 欲提高变异频率，改良、改造或直接改变现有性状，获得当前不存在的基因或性状——诱变育种；

(5) 欲实现定向改变现有性状——基因工程育种。

7. 可遗传变异的三大来源及在生产上的应用的知识总结

注意区分“技术”(或叫做“过程”)与对应的“原理”。比如杂交育种是一种技术，但是它对应的原理是基因重组。

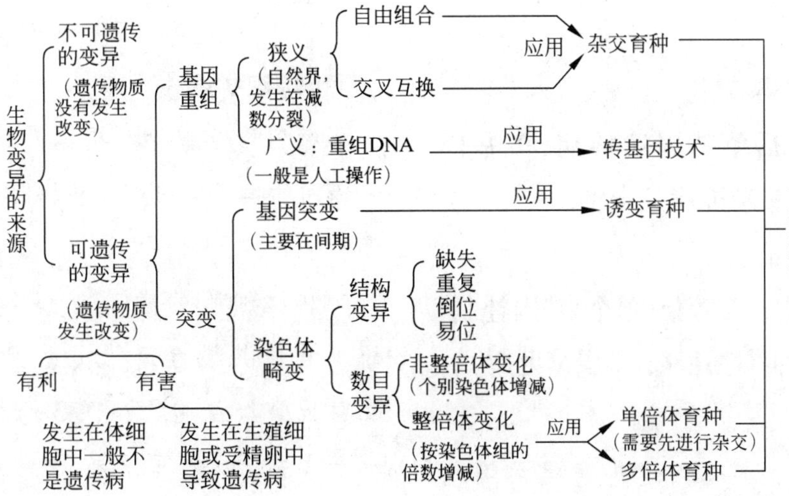

第3节　人类遗传病的主要类型及预防、诊断和治疗

本节知识框架：

1. 人类遗传病的概念
2. 遗传病的种类
3. 单基因遗传病类型的推断
4. 各类遗传病在人体不同发育阶段的发病风险
5. 遗传咨询与优生
6. 遗传病与人类未来

1. 人类遗传病的概念

由于生殖细胞或受精卵里的遗传物质发生了改变使发育成的个体患病，这类疾病都称为遗传性疾病，简称遗传病。

可见，**遗传病源于可遗传的变异，当然可遗传变异不一定是遗传病**。基因重组不是导致遗传病产生的根本原因。基因重组是减数分裂时必然产生的自然现象，只是对原有基因的重新组合。突变(包括基因突变和染色体畸变)才是导致遗传病产生的根本原因。但是体细胞的突变一般不是遗传病。例如，皮肤细胞受紫外线的影响而发生了基因突变，属于可遗传的变异，但是不属于遗传病，因为皮肤细胞与生殖没有关系。另外，可遗传变异有可能是有利的，而遗传病通常是不利的疾病。

遗传病不一定能够遗传给后代，因为有些遗传病非常严重甚至致死，导致无法产生后代，也可能是没有产生后代的机会，或是致

病基因没有传给后代，所以一个家族中患遗传病的人可能很少，不显示出“遗传”的特征。遗传病之所以称为遗传病，不是因为病人会将这种病传递给孩子，而是病人的这种病的来源是其父母，有可能是父母传递了致病基因，也有可能是父母的配子发生了染色体畸变。

遗传病患者不一定携带着致病基因，比如正常基因的拷贝数异常也会导致遗传病，如21-三体综合征。

2. 遗传病的种类

人类遗传病包括单基因遗传病、多基因遗传病和染色体异常遗传病三大类。

1）单基因遗传病

单基因遗传病由一对等位(单个)基因控制，种类多，每种病的发病率都很低，多属罕见病。

＜版本差异＞

浙科版描述为：单基因遗传病是由染色体上单个基因的异常所引起的疾病。人教版描述为：单基因遗传病是指受一对等位基因控制的遗传病。

常染色体显性遗传病(简称常显)有多指、并指、软骨发育不全、高胆固醇血症(浙科版)等。

＜知识细节＞

“数量多的性状就是显性”，这个观点是错误的。比如，多指遗传病就是显性，但是多指在人群中的比例很低，多指患者在患者家族中的比例才较高。

常染色体隐性遗传病(简称常隐)有苯丙酮尿症、白化病、糖原沉积病Ⅰ型(浙科版)、先天性聋哑(旧人教版)、遗传性神经性耳聋(浙科版)等。苯丙酮尿症患者体内的苯丙氨酸羟化酶缺乏，致使体内的苯丙氨酸不能沿正常途径转变为酪氨酸，而只能转变成苯丙酮酸。苯丙酮酸在体内积累过多就会对婴儿的神经系统造成不同程度的损害。有一女孩患苯丙酮尿症，是真正意义上的不食“人间烟火”，能吃的食物仅有西红柿，称为“西红柿女孩”。目前，低苯丙氨酸饮食疗法是全世界治疗苯丙酮尿症唯一的方法。所以，让女孩延续生命的几乎全是化学产品。

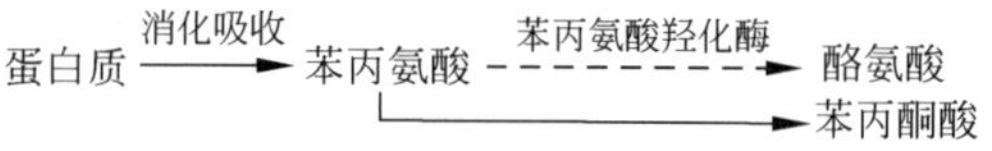

［知识扩展］

镰刀形细胞贫血症在人教版中是作为隐性遗传病的案例出现的，但其实此案例非常复杂，参看下表。

从红细胞的角度上讲，镰刀形细胞贫血病可看作共显性遗传类型因为杂合子个体中既有正常红细胞，又有镰刀形细胞；而从个体水平上讲，该病可看作隐性遗传病类型。但实际上杂合子在氧气缺乏时也会出现贫血症状，因此也有观点认为，从临床角度看致病基因是隐性的，从有无镰刀形细胞的角度来看致病基因是显性的，从镰刀形细胞数量的角度来看则是不完全显性的。

比较角度	AA	Aa	aa
红细胞性状	全为正常	有些正常，有些镰刀形	全部为镰刀形
个体性状	完全正常	携带者，表现基本正常	患病，可导致死亡

在非洲疟疾流行的地区，发现镰刀形细胞杂合基因型个体的疟疾感染率比正常人低得多。这是因为镰刀形细胞杂合基因型个体同时拥有正常红细胞和镰刀形红细胞，能够应付正常状态下的运输氧气的任务，所以不表现明显的临床贫血症状，但是疟原虫却无法正常生存、繁殖。因此，在疟疾流行的地

区，不利的镰刀形细胞基因突变反而有利于防止疟疾的流行。

伴X隐性遗传病（简称伴X隐）有红绿色盲、血友病（A型和B型）、蚕豆病（浙科版）等。

伴X显性遗传病（简称伴X显）有抗维生素D佝偻病等。

伴Y遗传病（简称伴Y）有外耳道多毛症等。

2）多基因遗传病

多基因遗传病的病因复杂，与后天获得性疾病难以区分，往往与环境共同作用，有家族聚集现象，群体中发病率高，不符合孟德尔分离比。多基因遗传病有无脑儿、唇裂（兔唇）、高血压、冠心病、精神分裂症、哮喘等。

多基因遗传病的遗传当然遵循三大遗传规律，但是因为受多种因素的影响，不会表现出确定的分离比。

＜知识细节＞

在患者的家族中，单基因遗传病比多基因遗传病患病率高。在群体中，多基因遗传病比单基因遗传病患病率高。多基因病与单基因病比较，在同胞（兄弟姐妹）中的发病率比较低，为1%～10%，但在群体中的发病率却比较高，如原发性高血压约为6%，冠心病约为2.5%。单基因病在同胞中的发病率一般为1/4～1/2，但是在群体里中的发病率却很低，如白化病约为1/15000。

3）染色体异常遗传病

染色体异常遗传病包括染色体数目异常和染色体结构异常。染色体异常遗传病往往导致死亡。

染色体数目异常有21-三体综合征、特纳综合征（X0）、克兰费尔特综合征（XXY）等。克兰费尔特综合征患者表现为睾丸发育不全、少胡须、乳房过度发育等。

染色体结构异常有猫叫综合征等。染色体异常遗传病说明不携带遗传病基因的个体也会患遗传病，比如正常的染色体和基因数量过多也会导致遗传病。

3. 单基因遗传病类型的推断

1）系谱图图例

系谱图是一个通过追踪家族中的各代来研究某个性状的形象化工具[①]。系谱图常用图例如下图。

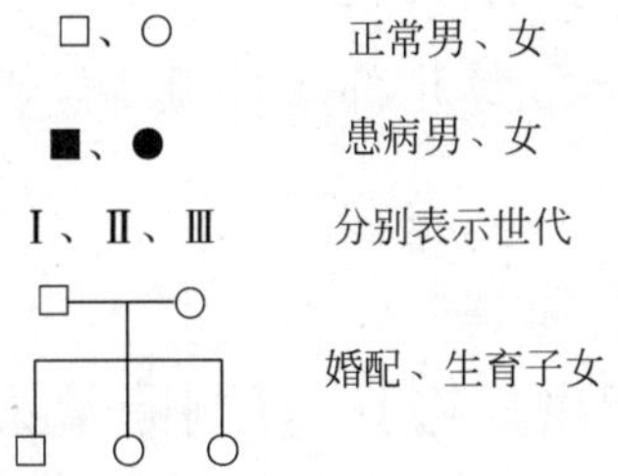

［知识扩展］

在遗传病的家系调查中，最初在医院受到检查的患者就是先证者，普通每一家系中有一个人是先证者，但在检查地区内的全体人员的时候，则所有患者都是先证者。在谱系图上通常用箭头或手指图形来表示先证者。

2）判断口诀

伴Y是限雄遗传，很容易判断。伴X隐、伴X显、常隐、常显这四种遗传病可以根据这

① 注意系谱图与遗传图解的区别。

四种遗传病的特点来进行逻辑判断，但是在实际做题过程中，我们往往使用口诀来判断。

口诀：无中生有为隐性，隐性遗传看女病，父子有正非伴性；有中生无为显性，显性遗传看男病，母女有正非伴性。不符口诀找条件（指题干中是否有其他信息），找到条件定类型，没有条件皆可能，最有可能看特征。

口诀是依据遗传病的特点进行逻辑判断的经验总结。这些逻辑包括：如果子女中有患病的个体，而父母双方都不患病，说明这种病的性状在父母中被隐藏，该病为隐性遗传病；如果父母都患病，而子女中有正常的个体，则正常的性状在父母中被隐藏，说明正常的性状是隐性，该病是显性遗传病；如果为伴X隐，患病女子的父亲和儿子都一定患病，否则就不可能为伴X隐；如果为伴X显，患病男子的母亲和女儿都一定患病，否则就不可能为伴X显。

3）判断流程

先判断出显隐性，再判断常染色体还是性染色体遗传。

（1）先判断显隐性。

“无中生有为隐性”是指父母双方没有这种遗传病，而孩子中出现这种遗传病，则这种遗传病是隐性的[①]。

“有中生无为显性”是指父母双方有这种遗传病，而有孩子不出现这种遗传病，则这种遗传病是显性的[②]。

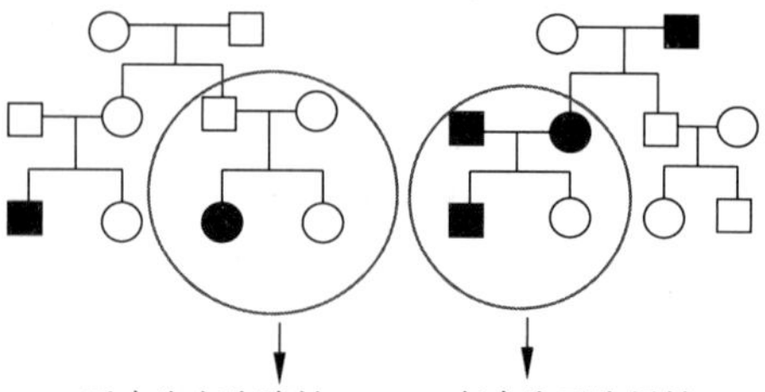

无中生有为隐性　　有中生无为显性

需要指出的是，在整个系谱中只要有一处符合口诀，就可以判断类型，而无需系谱图中处处符合这个口诀。如果无一处符合口诀，说明显隐性都有可能，需要依据题干中的其他信息判断。

如以下的系谱图中的遗传病的显隐性就无法判断，说明显性和隐性两种可能性都有。

甲　　乙

（2）判断出显隐性后，再判断常染色体还是性染色体遗传。

“隐性遗传看女病，父子有正非伴性”是指如果已经判断出这种遗传病是隐性的，则需要在系谱图中寻找一个女性患者，这个女性患者的父亲，或者她的任何一个儿子是正常的，则这种遗传病不会是伴X遗传病，换而言之，这种遗传病是常隐。如果这个女性患者的父亲和儿子均为患者，则这种遗传病可能是伴X隐或常隐。

“显性遗传看男病，母女有正非伴性”是指如果已经判断出这种遗传病是显性的，则

① 更准确地讲是父母双方没有这种特定性状，而孩子中出现这种特定性状，则这种特定性状是隐性的。

② “无中生有为隐性”和“有中生无为显性”其实是从不同的角度描述同一件事情。某个性状的表现是无中生有，则此性状的另一种表现是有中生无。

需要在系谱图中寻找一个男性患者，这个男性患者的母亲，或者他的任何一个女儿是正常的，则这种遗传病不会是伴X遗传病，换而言之，这种遗传病是常显。如果这个男性患者的母亲和女儿均为患者，则这种遗传病可能是伴X显或常显。

综上所述，否定了伴性遗传，则可确定为常染色体遗传；如果不能否定伴性遗传，则二者均有可能。

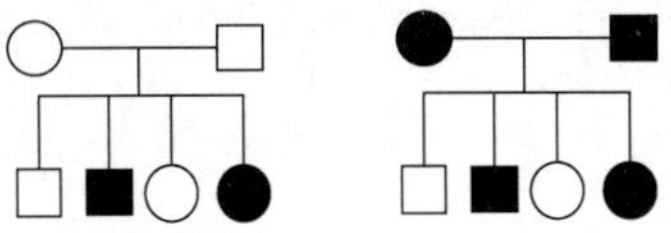

常隐　　　常显

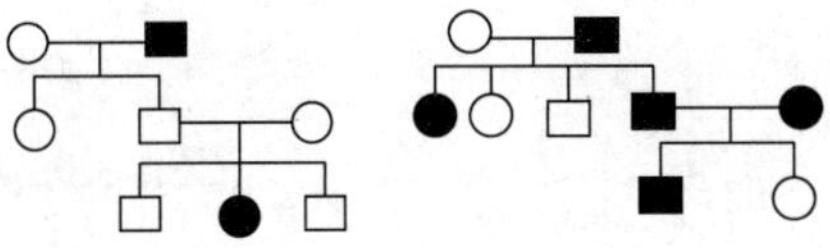

常隐　　　常显

(3) 不符合口诀，说明有多种可能，此时应该根据各类遗传病的特征判断出最可能的遗传病类型，或者根据题干进行判断。

① 根据遗传特征判断最可能的类型

项　目	遗传特征
常显	亲代中两个都有病，孩子有不患病的（有中生无）；男女患病率相同；常代代相传
常隐	正常双亲生出有病孩子（无中生有）；男女患病率相同；常隔代遗传
伴X显	有中生无；男患者的母亲和女儿必为患者；女性患者多于男性患者；常代代相传
伴X隐	无中生有；女患者的父亲和儿子必为患者；男性患者多于女性患者；交叉、隔代遗传
伴Y	患者都是男性，有父传子、子传孙的传递规律

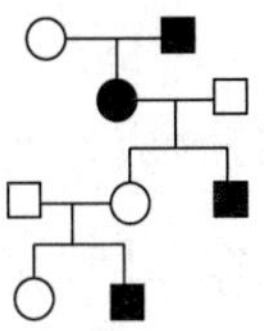

男患者多于女患者，
母病子必病，女病父必病，
最可能是伴X隐

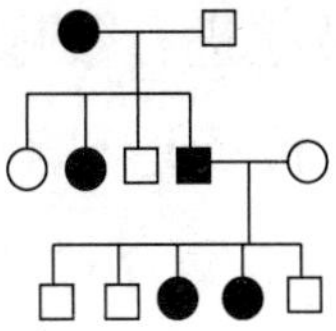

女患者多于男患者，
父病女必病，子病母必病，
最可能是伴X显

② 根据题干判断类型

如题干中显示儿子患病，父母不患病，而且父亲不是携带者，则为伴X隐性遗传而不可能为常染色体隐性遗传。

＜**知识细节**＞

口诀只适合于单基因遗传病，多基因遗传病则不符合口诀。如两个基因同时决定一种遗传病：A_B_正常，其余基因型均得病，则在系谱图中可以同时出现无中生有和有中生无；A_B_得病，其余基因型均正常，则在系谱图中也可以同时出现无中生有和有中生无。

4. 各类遗传病在人体不同发育阶段的发病风险

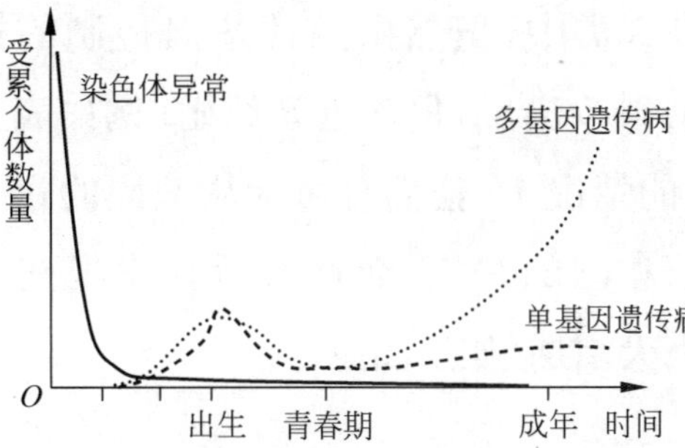

染色体异常遗传病个体大多数胎死腹中；单基因遗传病在出生前后、儿童时和成年后容易发病；多基因遗传病在出生前后、儿童时容易发病，成年后发病率随着年龄增大而快速增加；各种遗传病在青春期的发病率都很低（如上图）。

5. 遗传咨询与优生

优生就是让每一个家庭生育出健康的孩子，优生的措施有禁止近亲结婚、婚前检查、进行遗传咨询、提倡“适龄生育”、产前诊断、选择性流产等。

1）禁止近亲结婚

我国婚姻法规定：直系血亲和三代以内

的旁系血亲之间禁止结婚。直系血亲指从自己算起，向上推数三代和向下推数三代，如父母、祖父母（外祖父母）、子女、孙子女（外孙子女）等。三代以内旁系血亲指与祖父母（外祖父母）同源而生的、除直系亲属以外的其他亲属，如同胞兄妹、堂兄妹、表兄妹、叔（姑）侄、姨（舅）甥等（亲属关系图如下图）。

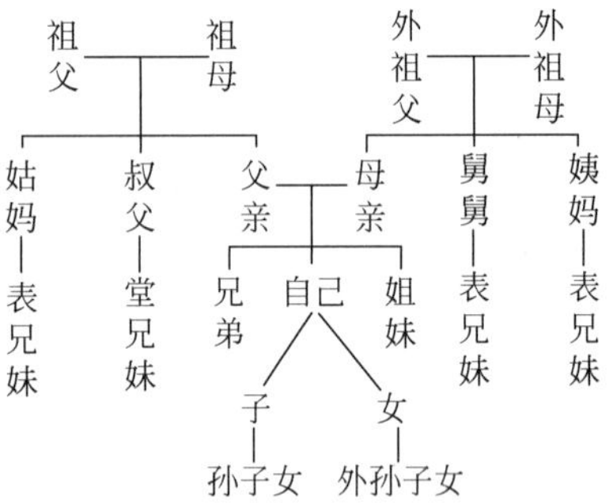

在人类中，虽然由隐性基因控制的遗传病通常很少出现，但在近亲结婚（例如表兄妹结婚）的情况下，他们有可能从共同的祖先那里继承相同的基因，而使其后代出现病症的概率大大增加（如下图）。

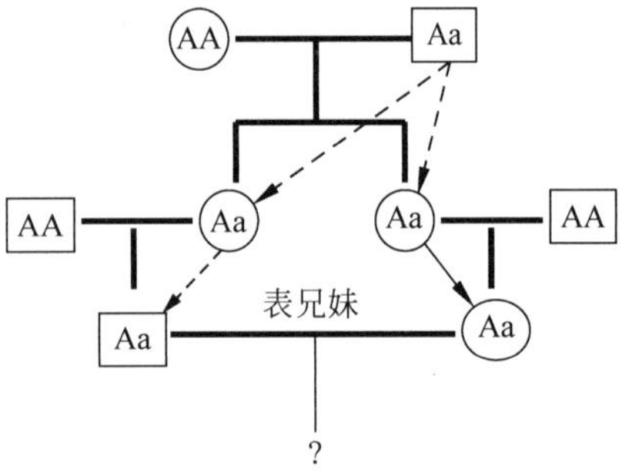

2）进行遗传咨询（又称遗传学指导）

遗传咨询的步骤有：①**病情诊断**；②系谱分析；③染色体/生化测定；④遗传方式分析/发病率测算；⑤提出防治措施。

＜**版本差异**＞

优生、遗传咨询、产前诊断的逻辑关系复杂，如有时将产前诊断列入遗传咨询的步骤中，有时又独立出来，所以不用细究。

3）提倡“适龄生育”

相关统计数据表明，20岁以下的妇女所生的子女中，先天性疾病的发病率要比24～34岁妇女所生子女高出50%；40岁以上妇女所生的子女中，21-三体综合征的发病率要比24～34岁的妇女所生子女高出10倍。

＜**生活情景**＞

女性在胎儿时期，卵巢就已形成初级卵母细胞，进入青春期后，一般每月有一个初级卵母细胞进行减数分裂，形成卵细胞。40岁以上妇女的初级卵母细胞在体内已存在40多年，受体内外因素作用时间长，变异概率高，可能导致在减数分裂时第21对同源染色体不分离，卵细胞中就有2条21号染色体。男子精子的形成约为60天，受体内外因素影响小，产生不正常精子的概率低。因此，21-三体综合征往往是卵细胞不正常造成的，所以女性不能太晚生育。

4）产前诊断（宫内诊断）

产前诊断的方法有羊膜腔穿刺（即羊水检查）、绒毛细胞检查、B超等。

羊水中含有许多胎儿皮肤、呼吸道、消化道等的黏膜的凋亡细胞，检查这些细胞的染色体可以确定胎儿的染色体核型是否异常；对羊水中的液体进行测试，可确定胎儿的代谢是否有缺陷。

绒毛细胞检查主要用一根细塑料管或金属管，通过孕妇的子宫口，沿子宫壁入内，吸取少量绒毛进行细胞学检查。

B超检查是利用超声波来形成影像。

胚胎在发育过程中会有细胞脱落破碎，其DNA进入孕妇血液中，所以可以检测母体外周血中胎儿游离DNA。

＜生活情境＞

神经管缺陷可导致无脑儿。神经管缺陷可以用B超直接判断，但需要等到胎儿发育较晚时期，早期可通过羊水中甲胎球蛋白是否升高来间接诊断。

6. 遗传病与人类未来

遗传病影响了人类的生存和健康。虽然有些遗传病患者可能未到生育年龄就被自然界淘汰了，但随着人类对疾病预防及治疗措施的改进，有许多遗传病患者不仅活了下来，而且还生育了后代。那么，这种"**选择放松**"对人类有害基因的频率有何影响呢？人类的人口素质是否会越来越低呢？

1）"选择放松"造成有害基因的增多是有限的

遗传病的基因频率一般都很低，因此人群中的发病率也很低。例如，苯丙酮尿症的发病率只有1/16000，根据遗传平衡定律计算，其致病基因频率只有$(1/16000)^{1/2} \approx 0.008$。我们假定，经过遗传病基因诊断和饮食治疗，所有的苯丙酮尿症患者都能与正常人一样生活，都能一样产生后代，也就是说苯丙酮尿基因没有被选择淘汰，这时遗传应该是平衡的，其基因频率随着世代相传而保持不变。因此，我们说"选择放松"造成的有害基因增多是有限的。

2）基因是否有害与环境有关

个体的发育和形状表现偏离正常，不仅仅是有害基因造成的，还与环境条件不合适有关。

蚕豆病（进食蚕豆后会引起急性溶血性疾病）患者的葡萄糖-6-磷酸脱氢酶基因有缺陷，患者进食蚕豆就会发病，然而，蚕豆并不是非吃不可。

灵长类无法自己合成维生素C，如果食物中缺乏维生素C，就会患坏血病；其他哺乳类则不同，由于体内有古洛糖酸内酯氧化酶，可以合成维生素C，因此不会遭受此病困扰。正常环境中，人们对维生素C的需求可以通过食物满足，因此我们未发现缺乏此基因有什么害处。

第4节　有关遗传病的计算

本节知识框架：

1. 乘法定理和加法定理
2. 条件概率的应用
3. 用配子法解遗传题
4. 用集合法解遗传题
5. 几种经典的推断模式

1. 乘法定理和加法定理

在自由组合定律中已经学习了概率的乘法定理和加法定理。对于加法定理的应用，同学们经常容易忘却的是所有独立事件概率之和为1，而这可以被用来核对概率计算是否正确。如下题。

已知某一人工养殖的动物群体中仅有Aa和AA两种类型个体，Aa∶AA＝1∶1，且该种群中雌雄个体比例为1∶1，个体间可以自由交配，则该种群自由交配产生的子代中能稳定遗传（即纯合子）的个体比例是多少？（10/16。）

此题可以分为3种情况讨论，然后分别计算，最后合并结果。

1）交配双方都为Aa，这种情况概率为1/2Aa×1/2Aa。

2）交配双方都为 AA，这种情况概率为 1/2AA×1/2AA。

3）交配双方一方为 AA 另一方为 Aa 时，容易错写为 1/2AA×1/2Aa，这个错误是没有考虑到这种组合方式有正反交两种可能性，所以应该为 1/2AA×1/2Aa×2。另外，可以应用所有的可能性之和为 1 这个原则，第 3 种交配方式的概率等于 1－1/2Aa×1/2Aa－1/2AA×1/2AA。

但是如果此题用后文中的配子法，计算将变得更简便。

2. 条件概率的应用

在计算概率时，同学们经常会忽略掉一些条件，导致计算错误。如下题。

以下是某种遗传病的系谱图（设该病受一对基因控制，D 是显性，d 是隐性），Ⅲ-1 表现型正常，问Ⅲ-1 是杂合子的概率？

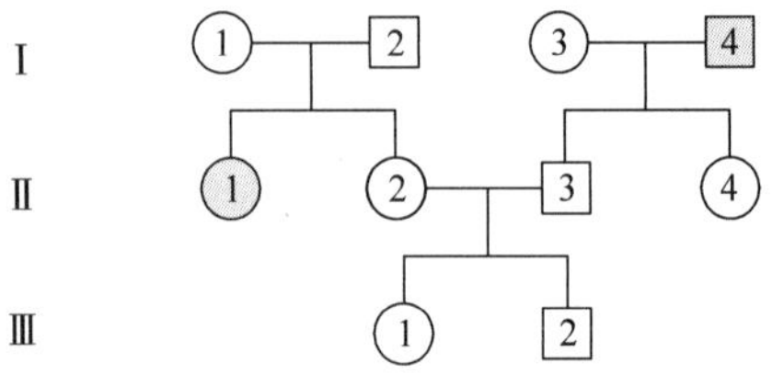

分析可得：Ⅱ-2 的基因型为 1/3DD＋2/3Dd，Ⅱ-3 的基因型为 Dd。正确答案是 3/5，常见错误答案是 11/18 和 1/2。

1）错误答案为 1/2 的解析

Ⅱ-2　Ⅱ-3　　错误之处：Ⅲ-1不可能为dd
1/3DD × Dd ⟶ 1/3×(1/2DD+1/2Dd)
2/3Dd × Dd ⟶ 2/3×[(1/4DD+2/4Dd+1/4dd)]
Dd共1/3×1/2+2/3×2/4=1/2

错因是没有考虑到这里有个条件，即Ⅲ-1 表现型正常，基因型只可能为 DD 或 Dd，不可能为 dd。所以这种方法计算出来的 1/2，错在没有考虑 dd 需要被淘汰。

2）错误答案为 11/18 的解析

去除dd后DD和Dd的概率调整为1/3和2/3
Ⅱ-2　Ⅱ-3
1/3DD × Dd ⟶ 1/3×(1/2DD+1/2Dd)
2/3Dd × Dd ⟶ 2/3×[(1/3DD+2/3Dd)]
Dd共1/3×1/2+2/3×2/3=11/18

错因是没有考虑到，当Ⅱ-2 是 Dd 时，因为需要淘汰子代中的 dd，总体（即分母）已经发生了改变。如果不考虑淘汰 dd，则Ⅱ-2 为 Dd 的子代数量是Ⅱ-2 为 DD 的子代数量的两倍（2/3÷1/3）。但是考虑淘汰 dd 后，这个比值要小于 2，即Ⅱ-2 为 Dd 的子代数量应该少于 2/3，而Ⅱ-2 为 DD 的子代数量应该多于 1/3。

3）正确的解法

Ⅱ-2　Ⅱ-3
1/3DD × Dd ⟶ 1/3×(1/2DD+1/2Dd)
2/3Dd × Dd ⟶ 2/3×(1/4DD+2/4Dd+1/4dd)
3/5 = Dd/(DD+Dd)　{ DD共1/3×1/2+2/3×1/4=1/3；Dd共1/3×1/2+2/3×2/4=1/2 }
[dd共2/3×1/4=1/6]— 排除掉

总结：遇到需要淘汰某些类型的题目，先计算出未淘汰情况下所有类型的比例，然后再对特定类型进行淘汰，最后重新计算剩余部分的比例。

4）不分情况讨论，而是直接从配子的类型和比例考虑（推荐使用的方法）

Ⅱ-2 的基因型为 1/3DD＋2/3Dd，产生 2 种配子的类型和概率为 2/3D＋1/3d；Ⅱ-3 的基因型为 Dd，产生 2 种配子的类型和概率为 1/2D＋1/2d。则后代中，DD＝2/3D×1/2D＝2/6DD，dd＝1/3d×1/2d＝1/6dd，Dd＝1－1/3DD－1/6dd＝3/6Dd，去除 dd，则 Dd/(DD＋Dd)＝3/5。

＜知识细节＞

上题中，Ⅱ-2 的基因型为 1/3DD＋

2/3Dd,Ⅱ-3 的基因型为 Dd。有一种看法是在计算两者孩子的患病率时,应该根据Ⅱ-2 的基因型分情况讨论,因为Ⅱ-2 为一个人,或者是 DD,或者是 Dd,两者不可能同时发生,这样子女的患病率也有两种可能性。另一种看法则认为Ⅱ-2 有 1/3 的可能性为 DD,有 2/3 的可能性为 Dd,必须同时考虑。高中生物学中的遗传系谱图的计算都使用后者的观点。

3. 用配子法解遗传题

配子法的原理是每个后代由雌雄配子结合形成,每种后代的概率是相应种类配子概率的乘积。配子法不需要分情况讨论每种交配的可能性,而只需从总体上考虑雌雄亲本产生的配子的类型及其比例。

如前文(乘法定理和加法定理)中的一题,用配子法则可以简化计算过程。分 3 种情况分别讨论:① Aa × Aa,② AA × AA,③Aa×AA×2。

A 的基因频率(即含 A 的配子的比例)为:AA 的频率+Aa 的频率/2=1/2+1/4=3/4;a 的基因频率(即含 a 的配子的比例)为:1-3/4=1/4。则 AA=3/4×3/4=9/16,aa=1/4×1/4=1/16。能稳定遗传的纯合子即 AA 和 aa 的基因型频率(即个体所占的比例)共为:AA+aa=9/16+1/16=10/16。

因为应用配子法的要求是,不同类型的雌雄配子是完全随机受精的,既可以来自同一个亲本的配子受精,也可以来自不同亲本的配子受精,随机交配符合这个条件,而自交时参与受精的配子并不是随机的,只能来自同一个体。所以,**配子法不能适用于多种基因型亲本的自交,只适用于随机交配。**

4. 用集合法解遗传题

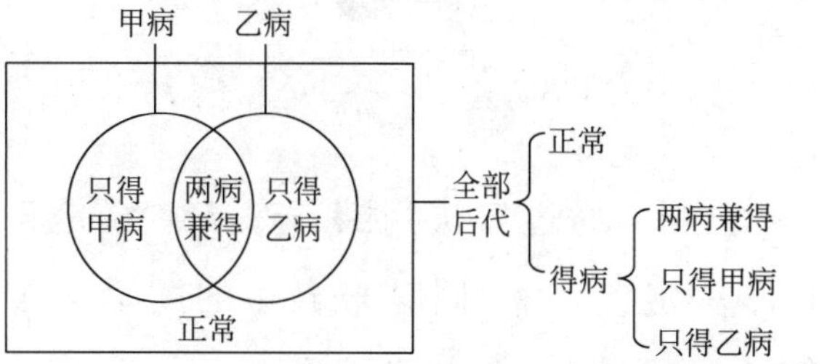

设患甲病概率为 a,患乙病概率为 b。

只患甲病:$a-a\times b$;只患乙病:$b-a\times b$;正常:$(1-a)\times(1-b)$;两病兼患:$a\times b$;患病:$a+b-a\times b$;只患一种病:$a+b-2\times a\times b$。这不是唯一的算法,比如患病的概率也可以表述为 $1-(1-a)\times(1-b)$。

5. 几种经典的推断模式

模式一:问 4 为杂合子的概率?

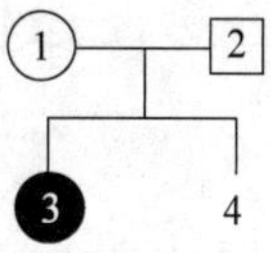

分析:通过口诀判断 3 是 aa,1 和 2 都是 Aa,4 有三种可能的基因型,AA∶Aa∶aa=1∶2∶1。所以 4 为杂合子的概率为 1/2。

模式二:已知 4 是正常的,问 4 为杂合子的概率?

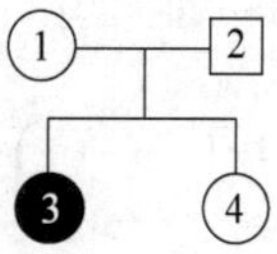

分析:如果不考虑 4 是否患病,则 4 有三种可能的基因型,AA∶Aa∶aa=1∶2∶1。但是 4 实际上是正常的,那么 4 的基因型不可能是 aa,所以 4 的基因型只可能是 AA∶Aa=1∶2。所以 4 为杂合子的概率为 2/3。

模式三:已知 6 是正常的,问 6 为杂合子的概率?

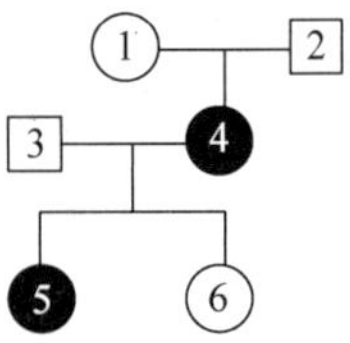

分析：通过口诀判断 4 是 aa。6 是正常的，6 一定含有 A，同时来自 4 的配子一定会含有 a，所以 6 一定为杂合子。

模式四：已知 2 不携带致病基因（有时也表达成 2 的家族从未有此病史），问 4 为杂合子的概率？

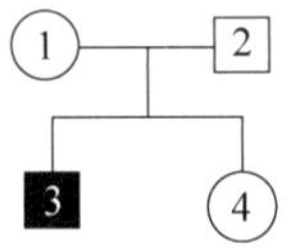

分析：通过口诀只能判断该病是隐性遗传病，无法得知是常染色体遗传还是伴 X 遗传。假设是常染色隐性遗传，3 的基因型为 aa，那么 2 一定为 Aa，这与题干中"已知 2 不携带致病基因"矛盾。所以，该病应该是伴 X 隐性遗传病，3 的基因型为 X^bY，2 的基因型为 X^BY，1 的基因型为 X^BX^b，4 有两种可能性 X^BX^B ∶ X^BX^b＝1 ∶ 1。所以 4 为杂合子的概率为 1/2。

模式五：9 患病的可能性？如果 9 已确定患病，10 患病的可能性？

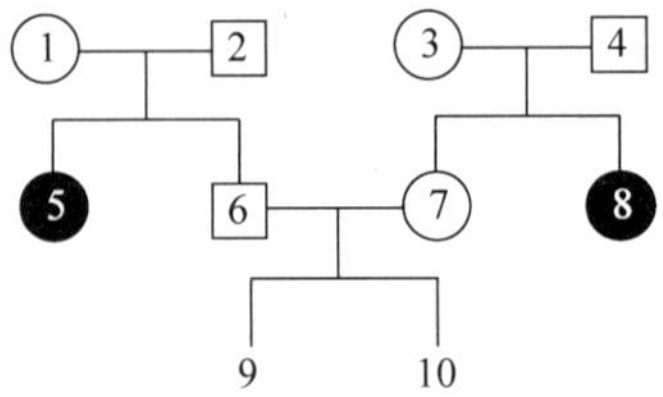

分析：通过口诀判断是常染色体隐性遗传病，通过逻辑判断 6 和 7 的基因型都是 1/3AA 和 2/3Aa，所以 9 患病的可能性为 aa＝2/3Aa×2/3Aa×1/4＝1/9。如果已确定 9 患病，则 6 和 7 的基因型就不可能是 AA 而只能是 Aa，所以 10 患病的可能性为 aa＝Aa×Aa×1/4＝1/4。

模式六：人群中患此病的概率为 1/100，6 患病的可能性？

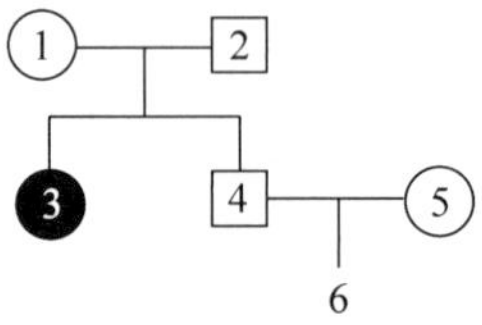

分析：通过口诀判断是常染色体隐性遗传病，通过逻辑判断 4 的基因型是 1/3AA 和 2/3Aa。人群中 aa＝1/100，因此人群中含 a 配子的概率为 1/10，含 A 配子的概率为 9/10，所以人群中 AA＝9/10×9/10＝81/100，aa＝1/10×1/10＝1/100，Aa＝1－AA－aa＝18/100。因此 5 的基因型是 81/99AA 和 18/99Aa。所以 6 患病的可能性为 aa＝2/3Aa×18/99Aa×1/4＝1/33。

模式七：有一对表现型正常的夫妻生了一个白化病（常染色体隐性遗传）的孩子，则他们下胎生男孩患白化病的概率为________，下胎生女孩患白化病的概率为________，下胎生白化病男孩的概率为________，下胎生白化病女孩的概率为________。另有一对表现型正常的夫妻生了一个患色盲（伴 X 隐性遗传）的孩子，则他们下胎生男孩患色盲的概率为________，下胎生女孩患色盲的概率为________，下胎生色盲男孩的概率为________，下胎生色盲女孩的概率为________。（1/4；1/4；1/8；1/8；1/2；0；1/4；0。）

通过计算可以发现常染色体遗传和伴 X 遗传的计算结果是不一样的。所以做题时，首先要判断遗传病的类型，再进行概率计算。

同时注意“生一个色盲男孩的概率”和“生一个男孩是色盲的概率”是两个完全不同的问题。后者是已经确定是男孩的前提下，求男孩中的色盲概率。

模式八：已知果蝇的灰身与黑身是一对相对性状（显性基因用 B 表示，隐性基因用 b 表示），直毛与分叉毛是一对相对性状（显性基因用 F 表示，隐性基因用 f 表示）。两只亲代果蝇杂交，子代中雌蝇表现型比例及雄蝇表现型比例如图所示。请写出亲本的基因型。（$BbX^FX^f \times BbX^FY$。）

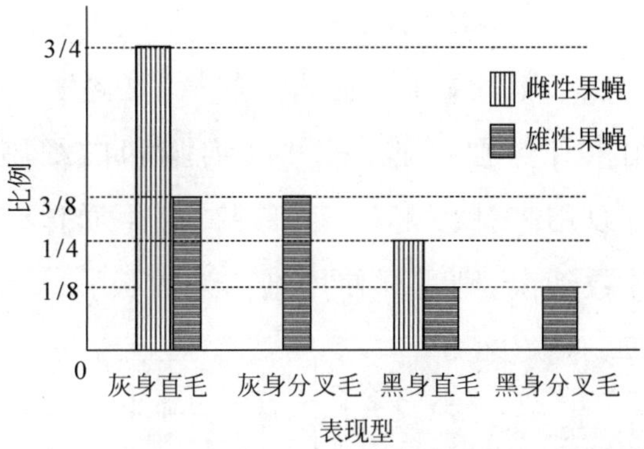

解题技巧：**涉及多对性状时，要分别考虑每对性状的遗传规律，才能化繁为简；切不可同时考虑多对性状，否则复杂性太大。用表格法可以观察每对相对性状是否与性别有关，并判断每对相对性状的亲本基因型。**

相对性状	雌性后代	雄性后代	亲本
灰：黑	3：1	3：1	Bb×Bb
直：分	全为直	1：1	$X^FX^f \times X^FY$

第12章 种群的特征和数量变化

第1节 种群的特征

本节知识框架：

1. 种群的概念
2. 种群数量的调查方法
3. 种群的特征

1. 种群的概念

种群是占有一定空间和时间的同一物种所有个体的集合体。种群的概念具备“三同”，**即同一时间，同一地点，同一物种**。不能僵化地理解种群的概念，比如一个学校中的全体师生，的确占据一定的时间和空间，但是全体师生并没有一直生活在学校里，学校也不是他们完整的生活区域。

为了强调不同的面，有的生态学家还在种群定义中加进一些其他内容，如能相互进行杂交，具有一定结构、一定遗传特性等内容。种群用于人类又称人口。人教版中，“在一定的自然区域内，同种生物的全部个体形成种群”，不应该理解为种群的定义，因为除了自然种群，还存在人工种群。

种群不是个体的简单叠加，是通过种内关系组成的一个有机统一体或系统。种群中的个体通过交配、繁殖将基因传给后代。种群是物种的具体存在单位，**是生物繁殖的基本单位，也是生物进化的基本单位**。

同一物种的不同种群存在地理隔离，长期的地理隔离会导致亚种和新种的形成。但是同一物种的不同种群之间不存在生殖隔离，在某些情境下交配能产生可育后代。如东北虎和华南虎属于同一物种的不同种群（或亚种），在动物园中可以交配并产生可育后代。再如，黄种人、白种人是同一个物种（智人种）的不同种群（或亚种），在全球成为地球村的背景下，婚配成为可能。

2. 种群数量的调查方法

种群研究的核心问题是种群数量（指一个种群内的个体数）的变化。种群数量的调查方法有逐个计数法（这是精确度很高的计数法，如全国人口普查）和取样调查法（这是一种估算法，主要有样方法和标记重捕法）。

1）活动力弱的生物适用样方法

（1）样方法的含义和适用范围

样方法是指在被调查种群的分布范围内，随机选取若干个样方，通过计数每个样方内的个体数，求得每个样方的种群密度，以所有样方种群密度的平均值作为该种群的种群密度估计值。

样方法多用于植物或活动力弱的动物。

（2）样方法的取样方法

五点取样和等距离取样是样方法取样的常用方式，示意图如下。这与取样必须遵循的随机取样原则不矛盾，正是为了保证随机取样，才设计出这两种取样方式。

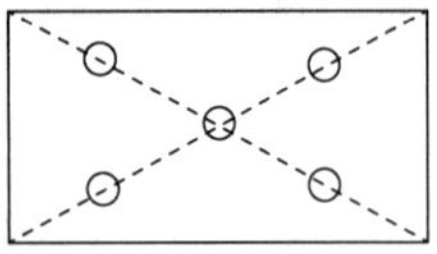
五点取样法

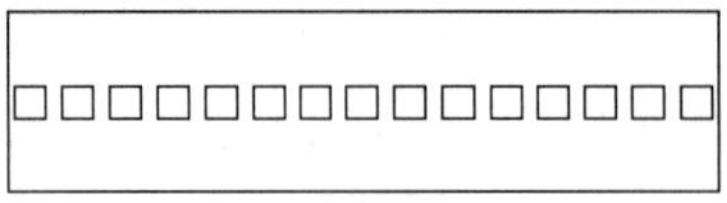
等距取样法

用样方法调查草地中某种双子叶植物的种群密度时，样方一般为 $1m^2$ 的正方形。之所以不选择调查单子叶草本植物，是因为单子叶草本植物常常是丛生或蔓生，从地上部分难以辨别是一株还是多株（人教版）。

（3）样方内的计数方法

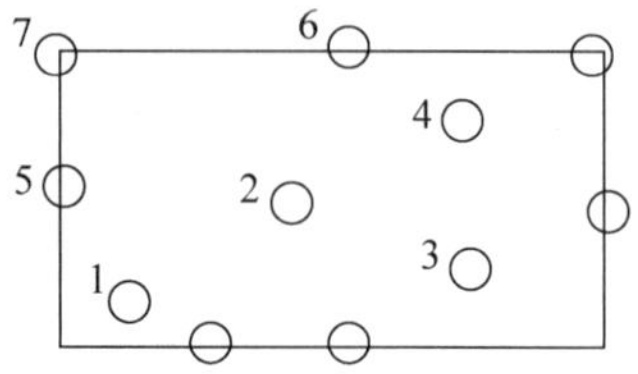

如图，**如果点刚好位于样方的边线上时，一般我们采取以下的方法：取上边线上的点，不取下边线上的点，取左边线上的点，不取右边线上的点；取左上顶点上的点，不取其他三个顶点上的点**。请思考此约定的合理之处。

（4）样方法的应用

血细胞计数板（血球计数板）在过去经常被用来计数血细胞（各种红细胞和白细胞），也可以用来计数酵母菌、霉菌、原生质体。如果计数细菌，则需要使用细菌计数板。

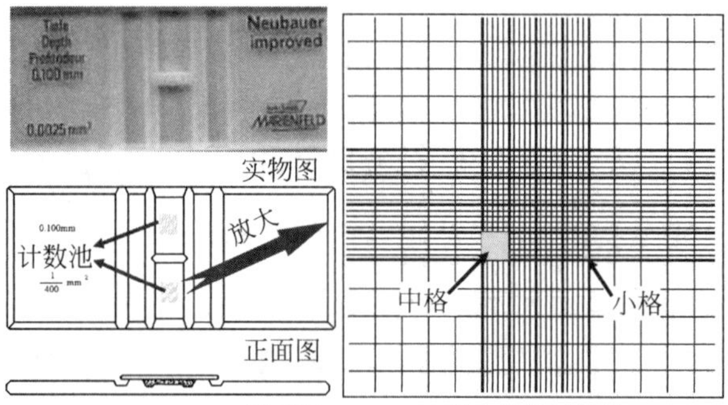

血细胞计数板有上下 2 个计数池（也叫计数区、计数室），每个计数池内都有 9 个大方格，如上图所示。计数用到的是中间的那个大格。血细胞计数板有两种规格：1 个大格＝16（中格）×25（小格）＝400（小格）；或 1 个大格＝25（中格）×16（小格）＝400（小格）。大格的总容积为 $0.1mm^3$（1mm 边长×1mm 边长×0.1mm 深）。血细胞计数板左侧标注的 0.100mm 和 $0.025(1/400)mm^2$ 分别表示小格的深度和底面积。

使用血细胞计数板计数酵母菌时，将盖玻片盖在计数板上，用吸管吸取摇匀的酵母菌液，滴在盖玻片边缘，让菌液渗入盖玻片下，充满计数池，再用滤纸吸取多余菌液。注意防止气泡产生。当酵母菌全部沉降到底后，开始计数。

计数时不需要对 1 个大格内的所有中格进行计数。对于 16 个中格的规格，只需要计数其中的 4 个中格，顺序为左上→右上→右下→左下；对于 25 个中格的规格，只需要计数其中的 5 个中格，顺序为左上→右上→右下→左下→中间，如下图。

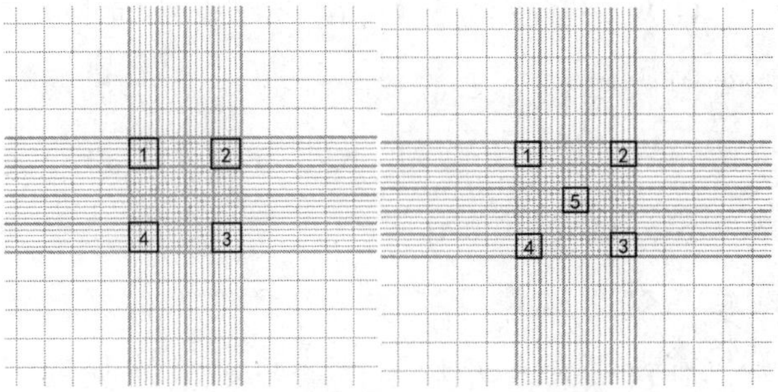

希利格式：16(中格)×25(小格)　汤麦式：25(中格)×16(小格)

压在方格线上的细胞只计左线、上线、左上顶点上的细胞数。

［**知识扩展**］

在分析化学上，有两种利用光学性质测定胶体或溶液浓度的仪器：一种是比色计，用来观察液体的透射光，另一种是比浊计，用来观察液体的散射光。

因此，可以用比色或比浊的方法检测液体中的物质的量浓度，包括液体中的细胞数密度。此例中，酵母菌密度越大，浑浊度越大，并且可以建立种群密度与浑浊度的正相关曲线（标准曲线），从而用浑浊度来估计酵母菌密度。

对微生物的计数可以采用计数板法、比浊法和稀释涂布平板法。

2）活动能力较强的生物适用标记重捕法（又称标志重捕法）

（1）标记重捕法的过程

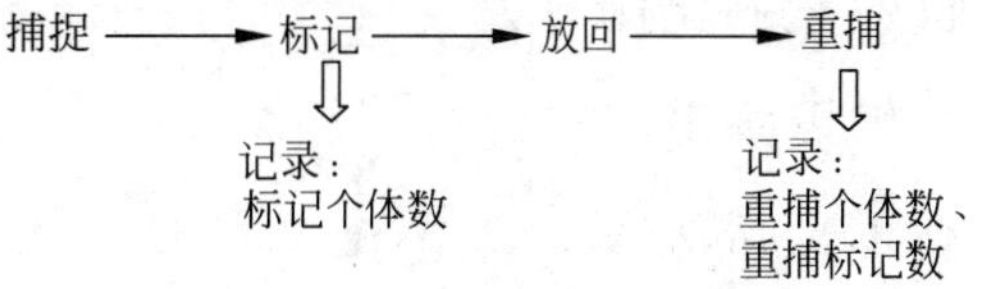

（2）标记重捕法的计算公式

因为，标记个体数/种群数量＝重捕标记数/重捕个体数，所以，种群数量＝标记个体数×重捕个体数/重捕标记数。

（3）标记重捕法的应用

例如，假设在调查某种动物种群数量时，第一次捕获 60 尾，将捕获的动物经标记后在原地释放。数日后进行重捕，这次共捕获 100 尾，其中带有标记的个体 12 尾，则该种群的总数量约为多少尾？（60×100/12＝500 尾。）

（4）标记重捕法的应用条件和注意事项

① 应用标记重捕法的动物要有一定的移动的能力。理论上讲，这种动物被放回后应该在整个种群活动范围内可以随机活动。

② 标记方法必须不能对动物的身体产生对于寿命和行为的伤害，也不能限制动物的活动，应让被标记个体与未被标记个体在重捕时被捕获概率相等。

③ 标记不能过分醒目，以免影响被标记个体与未被标记个体间的信息交流。

④ 标记必须能够维持一定的时间，在调查研究期间不能消失。

⑤ 重捕需要间隔一段时间，让被标记个体与未标记个体混匀，否则将会使数据偏低。

⑥ 标记重捕法受到很多因素的影响，所以需要多次重复实验。

⑦ 两次捕获的数目都不能太小也不能太大，否则会造成很大的误差。从统计学理论考虑，第一次捕获的数量没有要求，而第二次捕获的数量有要求，与第一次捕获数量占实际种群数量的比例有关。

＜**知识细节**＞

标记重捕法会受到各种因素的干扰。列举如下：

(1) 如标记带来伤害，实验结果会偏大。

以前面的例子为例，第 2 次共捕获 100 尾，其中带有标记的个体 12 尾，所以实验计算得到种群数量为 60×100/12=500 尾。但是标记过程或标记本身一般会给动物带来生理或心理上的影响，使这些个体再次捕获的概率降低。可以假设，如果采用了一种不会给动物带来任何影响的标记技术，那么第 2 次捕获的 100 尾中，带有标记的个体可能多于 12 尾(比如是 13 尾，可以计算得到种群数量为 60×100/13＜500 尾)。所以标记重捕法得到的数值一般比实际偏大，即实际的数值一般要比标记重捕法得到的数值偏小。

(2) 如果标记物脱落，实验结果会偏大。

(3) 如果标记法本身不但无伤害，而且对动物有吸引力，比如用于诱捕的食物对动物吸引力大，则可能导致个体被标记后易于被再次捕捉，实验结果偏小。

(4) 如果标记物过于醒目，使标记个体易于被再次捕捉会导致实验结果偏小；如果个体被标记后易于被天敌捕捉，则实验结果偏大。

(5) 如果两次捕捉之间发生了火灾或被捕食，只要标记不影响死亡概率，计算结果与不发生火灾或被捕食时一样，即算出的结果是第一次捕捉时的种群数。第二次捕捉时的种群数自然要比这个计算数值要小。上述推断是建立在两次捕捞之间没有新出生个体的前提下，如果考虑新出生个体，计算结果会比第一次捕捉和第二次捕捉时的种群数都偏大。

(6) 严格意义上，重捕法其实不能准确算出种群数量，因为会有漏掉幼体等情况，如，体积非常微小的鱼难以用鱼网等工具捕捞，或未孵化的个体还在窝里不出来无法捕获。

(7) 不考虑第 6 点，如果两次捕鱼都用大鱼网，则只能算出大鱼的数量。

(8) 不考虑第 6 点，两次都用小鱼网，则能得到大鱼和小鱼的数量。但是第一次用小鱼网，第二次用大鱼网，数据与两次都用小鱼网一样。这是因为计算公式为第一次被捕捉的鱼尾数除以第二次捕捉的鱼中被标记的比例。而换成大鱼网后第二次虽然只捕捉到了大鱼，但是大鱼中被标记的比例=小鱼中被标记的比例=大小鱼中被标记的比例。反过来，第一次用大鱼网，第二次用小鱼网，计算出来的数据与两次都用小鱼网也一样。推论如下：先根据第二网中大鱼中的被标记比例，计算出大鱼的数量，然后根据第二网中大鱼和小鱼的比例计算出所有鱼的数量。设第一次捕捉的大鱼数为 X，第二次捕捉的鱼包括大鱼(M)和小鱼(N)，其中大鱼(M)中有 m 尾有标记，小鱼(N)中无任何标记，则大鱼的数量为 $X \div m/M$。因为第二网中大鱼占所有鱼的 $M/(M+N)$，所以大鱼数量除以大鱼占所有鱼的比例，即 $(X \div m/M) \div [M/(M+N)]$ 就为所有鱼的数量。对此算式简化发现，此式就是 $X \div [m/(M+N)]$，而 $m/(M+N)$ 就是第

2 网中所有鱼中标记的鱼的比例。

另外标记重捕法还会受调查期内出生、死亡、迁入、迁出等因素的影响。

（5）标记重捕法模拟

① 取出100粒黑豆换成100粒红豆放回瓶内，混合均匀。

② 闭眼后随机抓取一把豆，统计黑豆和红豆的数量。

③ 估算瓶中黑豆的总数。

④ 将豆放回，重复测算三次，求平均值。

＜知识细节＞

许多生活在土壤中的小动物有较强的活动能力，而且身体微小，不适宜用样方法或标记重捕法进行调查，调查土壤中小动物常用取样器取样法，即用一定规格的捕捉器进行取样。

＜版本差异＞

人教版中还提到了常用的统计物种相对数量的方法：记名计算法和目测估计法。记名计算法是指在一定面积的样地中，直接数出各个种群的个体数目的方法。这一般适用于个体较大、种群数量有限的物种。目测估计法是按预先确定的多度等级来估计单位面积（体积）中的种群数量。等级的划分和表示方法有：非常多、多、较多、较少、少、很少，等等。

3. 种群的特征

同地的同种个体组成了种群，所以种群的许多特征与个体的特征有关。出生率、死亡率、年龄组成、性别比例、迁入和迁出是种群内个体特征的统计值。而种群密度、分布型是种群特有的特征，因为这些特征还要涉及环境因素，如环境空间。

1）种群密度

种群在单位面积或单位体积中的个体数量称为种群密度。一般来说，陆地生物（包括天上飞的生物）用单位面积计量，水中游动的生物用单位体积计量。**种群密度是种群的最基本的数量特征**。

2）出生率、死亡率和自然增长率

自然增长率＝出生率－死亡率

3）年龄结构

年龄结构是指各个年龄组个体数量在种群中所占的比例关系。人教版分为幼年、成年、老年三个年龄组，浙科版分为生殖前期、生殖期、生殖后期三个年龄组。并不是所有的年龄结构都含有三个阶段，如蜉蝣和蝉等昆虫生殖前期较长，生殖期极短，生殖后期等于零。年龄结构可以用年龄金字塔来表示，塔中每块面积代表相应年龄组个体数量在整个种群中所占的比例，如下图。年龄结构有三种类型：**增长型、稳定型、衰退型**。

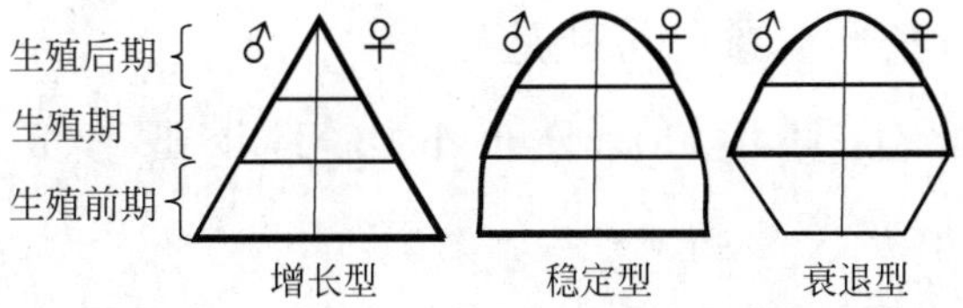

增长型的特点是幼年个体大量成长为成年并产生后代，老年个体死亡较少，出生率比死亡率高，种群的个体数越来越多。稳定型的特点是各年龄期的个体数比例适中。在一定时期内出生的新个体数接近衰老死亡的个体数。种群中个体数目保持相对稳定。衰退型的特点是老年期个体数目较多而幼年期的个体数目偏少。新出生的个体不能补偿衰老死亡的个体数。种群密度越来越小。因此，通过分析年龄结构可以预测种群数量的变化趋势。

4）性比率

性比率是指种群内两性个体数量的相对

比例。在年龄金字塔中，浙科版画为左边为雄，右边为雌，而人教版刚好相反。**性比率会影响出生率进而影响种群密度**。

5）迁入率和迁出率

在单位时间内迁入（或迁出）的个体数目占该种群个体总数的比率称为迁入（迁出）率。

6）种群分布型

种群分布型是种群中个体的空间配置格局，分为**集群分布、均匀分布和随机分布**（如下图）。

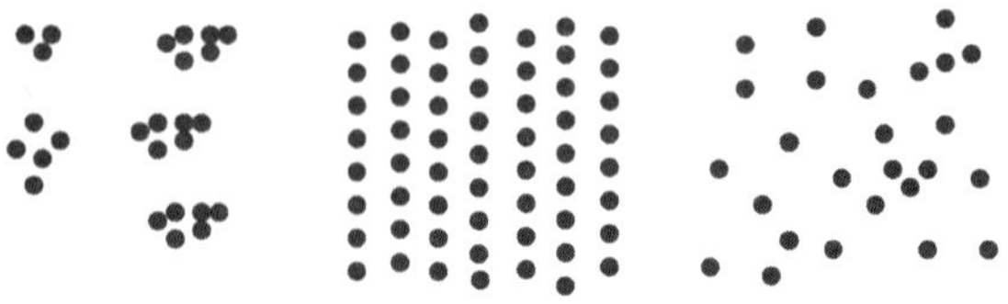

集群分布　　均匀分布　　随机分布

（1）集群分布

集群分布的特征是种群个体的分布很不均匀，常成群、成簇、成块或成斑块地密集分布，其形成原因可能是：

① **环境资源分布不均匀**，丰富与贫乏镶嵌；

② 植物传播种子的方式使其以母株为扩散中心；

③ 动物的社会行为使其结合成群。

集群分布是存在最广泛的一种分布格局，在大多数自然情况下，种群个体常是成群分布，如放牧中的羊群，培养基上微生物菌落的分布。另外，人类也是集群分布，人类的古代文明总是起源于大河流域。

（2）均匀分布

自然界中，均匀分布形成的原因主要是由于种群内个体之间的竞争。例如，动物的领域行为、森林中植物为竞争阳光（树冠）和土壤中营养（根际）、沙漠中植物为竞争水分等都能导致均匀分布。虫害或种内竞争发生时也可造成种群个体的均匀分布。地形或土壤物理性状呈均匀分布等客观因素或人为的作用，都能导致种群的均匀分布。**均匀分布在自然种群中极其罕见，而人工栽培的种群（如农田、人工林），由于人为保持其株距和行距，常呈均匀分布**。

（3）随机分布

随机分布形成的原因是环境资源分布均匀一致，种群内个体间没有彼此吸引或排斥。例如，面粉中黄粉虫的分布，狼蛛在森林底层的分布，玉米螟卵在玉米田中的分布等。

［知识扩展］

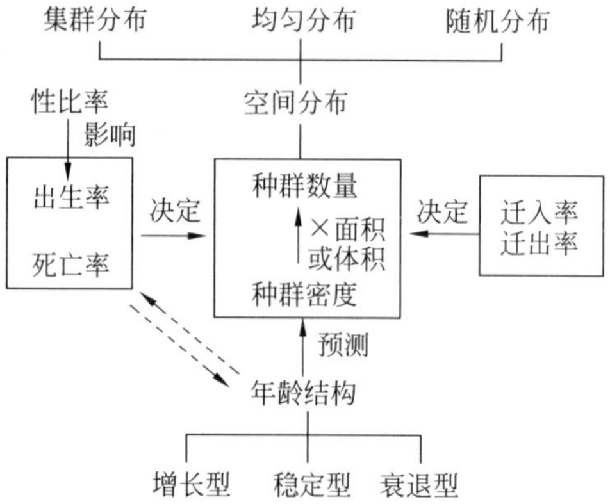

第2节　种群数量的变化

本节知识框架：

1. 种群数量的增长
2. 种群数量的波动

1. 种群数量的增长

种群数量是指种群中的个体数量，所以种群增长或下降是指种群中个体数量的增长或下降。

＜**科学方法**＞

数学模型是用来描述一个系统或它的性

质的数学形式。人们用数学模型来揭示系统的内在机制并对系统行为进行预测。模型研究必须从客观实际出发来建模，最后又必须通过实践来检验。在模型研究中，人们感兴趣的不是特定公式的数学细节，而是模型的结构。种群研究的核心问题是种群数量的变化。种群动态模型研究是理论生态学的主要研究内容。

建构数学模型的一般步骤：

方　法	实　例
观察研究对象，提出问题	在营养和生存空间没有限制的情况下，某种酵母菌每两个小时就通过分裂繁殖一代
提出合理的假设	资源空间无限多，酵母菌种群的增长不受种群密度增大的影响
根据实验数据，用适当的数学形式对事物的性质进行表达	$N_n=2^n$。2 代表 1 个细胞变 2 个细胞，n 代表繁殖世代，N_n 代表繁殖 n 代后的种群数量（见下图）
通过进一步的实验或观察等，对模型进行检验或修正	观察、统计酵母菌数量，对自己所建立的模型进行检验或修正

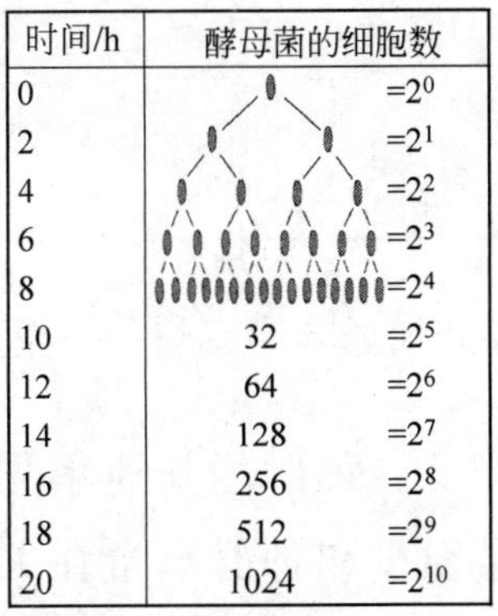

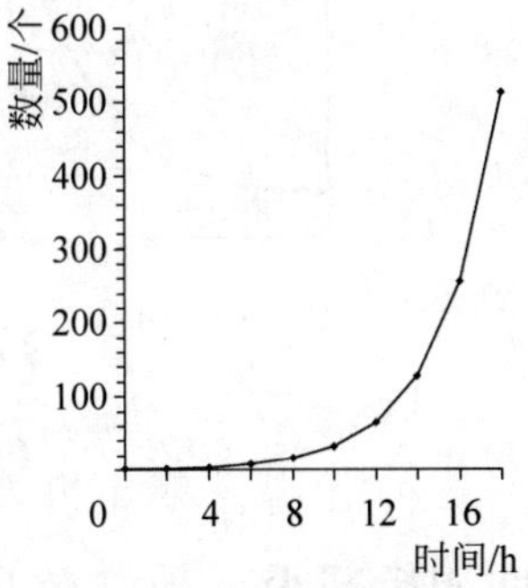

酵母菌的繁殖曲线

＜**知识细节**＞

在种群增长模型的学习过程中，需要分辨增长率（r）和增长速率（G）的概念及其相互关系①，另外用 λ 表示该种群现有数量是上一个统计时段种群数量的倍数②。

λ＝现有个体数/原有个体数。

r＝（现有个体数－原有个体数）/原有个体数＝$\lambda-1$。尽管增长率（r）与自然增长率（出生率－死亡率）意义不同，但是可以推导出，两者是同一个数值。

G＝现有个体数－原有个体数＝$r\times$原有个体数。G 就是曲线中前后两个世代的数据点之间的线段的斜率。

严格意义上，λ 和 r 都是具有时间量纲的，都是指单位时间内的 λ 和 r，但是数值后可以不跟时间，因为在文字描述部分会叙述数据变化发生的时间段。打个比喻，今年某公司的资产为 100 万，明年的资产达到 150 万。则这一年内的 λ 为 1.5，r 为 0.5，G 为 50 万/年。

在以上没有空间和资源限制的情况下，酵母菌的繁殖案例中，$\lambda=2$，$r=1$，G＝上一个世代的细胞数$\times r$。列表如下：

世　代	时间/h	细胞数
1	0	1
2	2	2
3	4	4
4	6	8
5	8	16

时间段	λ	r	G
0～2	2/1＝2	(2－1)/1＝1	2－1＝1
2～4	4/2＝2	(4－2)/2＝1	4－2＝2
4～6	8/4＝2	(8－4)/4＝1	8－4＝4
6～8	16/8＝2	(16－8)/8＝1	16－8＝8

① 很有意思的是，很多生态学著作和题目（包括高考题）都混淆了增长率和增长速率这两个概念。有些教材将此处的 r 叫做内禀增长率，但是笔者觉得将这两个概念与经济学上的概念统一，更容易理解种群增长的类型和特征。

② 新人教版教材中将 λ 表述为增长倍数，这是不科学的，增长倍数应该是增长量除以原种群数。

这种增长率保持不变的种群增长模型的种群增长曲线就是“J”形增长曲线。

1）“J”形增长曲线

（1）概念

在资源无限、空间无限、气候适宜和不受其他生物制约（无天敌和竞争物种）的理想条件下，种群增长曲线为“J”形增长曲线（如下图）。

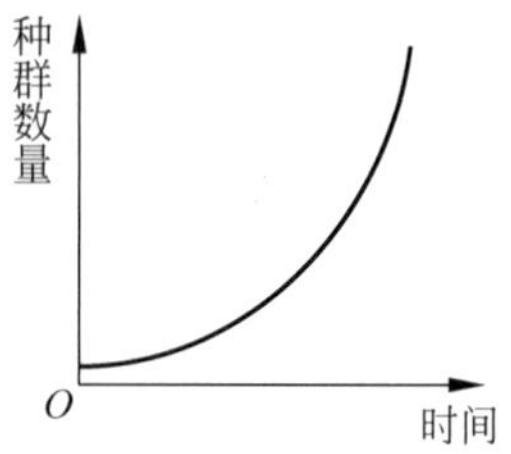

（2）特点

增长率保持不变，但是增长速率会发生改变。增长速率起始很慢，但随着种群基数的加大，增长速率会越来越快。

（3）实例

实例有水华、生物入侵、实验室中人为条件下的种群等。需注意真正的“J”形增长只存在于空间、资源无限的理想情况下。

水华是淡水水体中藻类大量繁殖的一种自然生态现象，是水体富营养化的一种特征。主要由于生活及工农业生产中含有大量氮、磷的废污水进入水体后，藻类成为水体中的优势种群，大量繁殖后使水体呈现蓝色或绿色。另外，海水中出现类似现象（一般呈红色）则为赤潮。

2）“S”形增长曲线

＜**情景导入**＞

在实际情况中，如果不及时更换营养液和扩大生存空间，酵母菌的实际种群增长曲线如下图。第7天以后酵母菌的种群数量不再增加，此时的种群数量值被称为环境容纳量（carrying capacity），指长时期内环境所能容纳的种群的最大数量，又称 K 值。当然，此处我们不考虑酵母菌最终会因为营养耗尽而出现种群数量下降的情况。

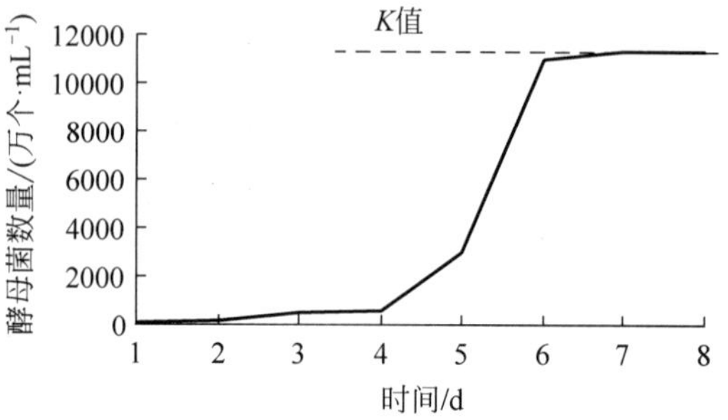

酵母菌种群数量的动态变化

（1）概念

在资源有限、空间有限和受到其他生物制约条件下，种群增长曲线为“S”形增长曲线（如下图）。注意“S”曲线并非关于 $N=K/2$ 中心对称。

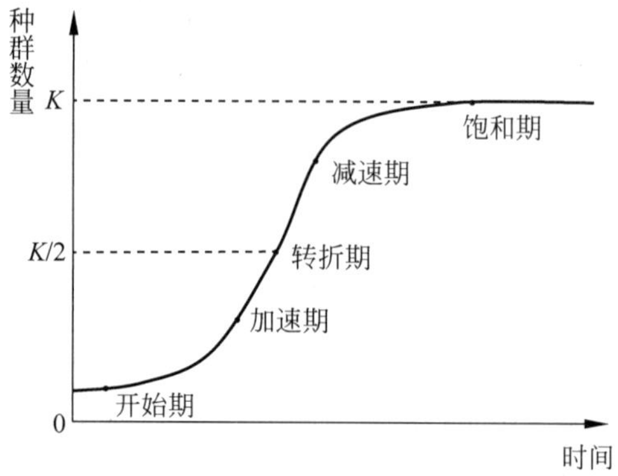

（2）特点

种群增长率不断降低。**种群增长速率先增加后减少。种群数量很少和种群数量在 K 值左右时，种群增长速率最小；种群数量达到 $K/2$ 时，种群增长速率最大。**

（3）应用

① K 值的应用

由曲线可知，种群最大数量 K 与环境有关，这一原理可应用于有害生物防治和生物保护中。老鼠一年6～10胎，每胎8～10只，一对老鼠一年繁殖的后代可达上万只。地球上老鼠数量大约是人类数量的 3 倍，**所以捕杀老鼠的效果不佳。防治老鼠可以采取措施降低环境容纳量**，如将食物储藏在安全处，减少或断绝它们的食物来源；室内采取硬化地面等措施，减少它们挖造巢穴的场所；养殖或释放它们的天敌等。

保护生物就要保护生物的生存环境，提高环境容纳量。

② $K/2$ 值的应用

在生物资源的利用中，如，**为了保护鱼类资源不受破坏，并能持续地获得最大捕鱼量，应使被捕鱼群的种群数量保持在 $K/2$。但是现实情况是，一次的捕捞量对于鱼类的种群数量来说非常小。所以，在有些教辅中简单地描述成种群数量达到 $K/2$ 时是捕鱼的最佳时间**。

对于有害生物务必及时控制种群数量，刚进入加速期就应该采取防治措施，严防到达 $K/2$ 值处。

＜知识细节＞

不要误以为环境容纳量(K)是种群的最大数量。种群数量有时会上升到 K 以上，然后又通过负反馈调节下降，所以 K 就是在一定的时期内所能容纳的种群最大数量。当这个时期很短，如考查某一天的 K，就没有现实价值。但是这个时期过长，如一个世纪，现实意义也不大，因为一个世纪内环境往往会发生巨大变化。同一个地点不同时期的 K 可能会差异很大，考查合理长短的时期才具有现实意义。

因为一个成熟种群的数量会围绕 K 上下波动，所以可以说，K 是种群数量的平均值。

可见，K 的概念具有相对性。比如，你可以认为同一种群在不同季节的 K 不同；也可以认为其具有相同的 K，但是种群数量围绕 K 上下波动。

3）“J”形与“S”形增长曲线的比较

项　目	“J”形曲线	“S”形曲线
形成条件	理想条件下，资源、空间无限	自然条件下，资源、空间有限
适用范围	实验室和种群迁入新的环境中最初的一段时间内的增长	一般自然种群的增长
增长率(λ－1)变化	不变	减小
增长速率变化	逐渐增大	先增大后减小
K 值	无	有

＜知识细节＞

（1）“J”形增长的相关曲线

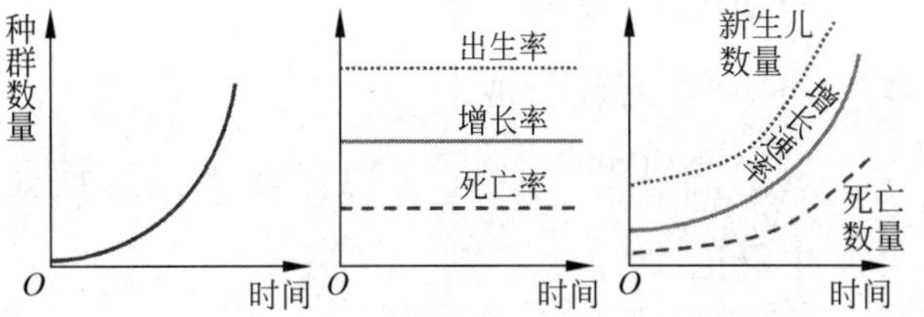

（2）“S”形增长的相关曲线

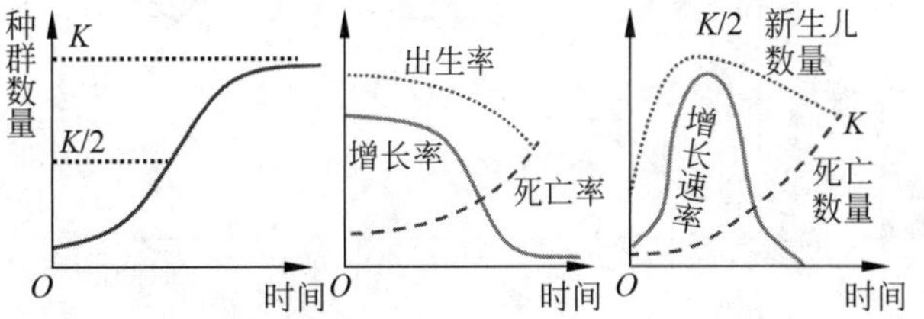

（3）环境阻力

阻碍生物生长潜力充分发挥的所有环境因子作用的总和称为环境阻力。可以简单理解为阻碍生物从“S”形曲线增长向“J”形曲线增长转变的环境力量。用达尔文的进化观点解释，阴影部分是不适者，即被淘汰的个体。

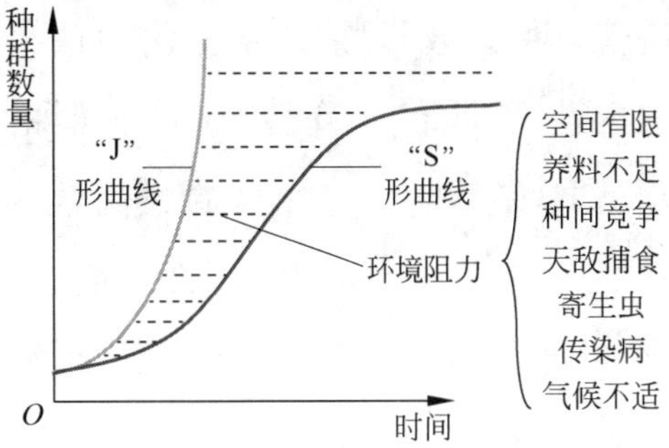

<知识细节>

"S"形曲线的前段是否与"J"形曲线重叠,不同的参考资料的答案不尽相同。真实的情况是,重叠和不重叠都有可能,取决于生物的种类和环境因素。有的生物前期进行"J"形增长,后期转变为"S"形增长;而另一些生物始终进行的都是"S"形增长。

<版本差异>

本书采用人教版的说法,即"J"形增长与"S"形增长。而浙科版中说的是指数增长与逻辑斯谛增长。

2. 种群数量的波动

1)种群的数量波动

真实的种群不会一直稳定在 K 值,而是会发生动态波动。

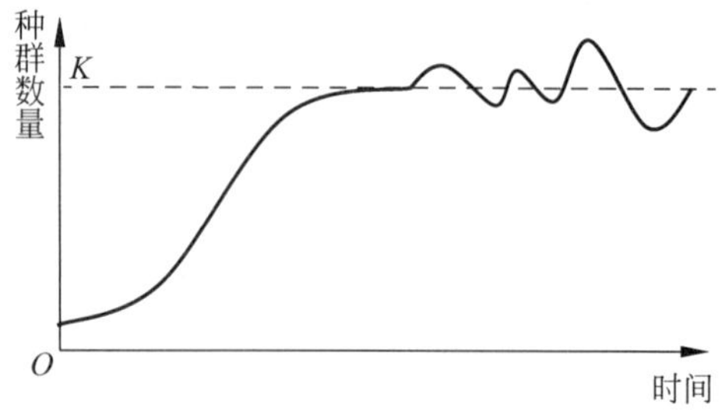

任何波动只要是在两个波峰之间相隔的时间基本相等就称之为周期性波动,反之称为非周期性波动。

周期性波动主要表现为季节性波动和年间波动(浙科版)。

季节性波动主要由环境的周期性季节变化所决定,种群数量随季节变化而改变。很多种群的生殖具有季节性,这些种群的季节性波动就具有周期性。种群的最高数量通常出现在一年中最后一次繁殖的末期,种群的最低数量通常出现在一年中开始繁殖的时期。

年间波动是指种群数量的变动以多年为一个周期的重复波动,这种波动的周期常常是几年,甚至更长。

有些无脊椎动物的生活史较短,周期性波动的周期往往是几天甚至几个小时。

大多数种群的年间数量波动是非周期波动(如欧洲灰鹭、东亚飞蝗),少数种群数量波动是周期性波动。周期性波动的典型代表是旅鼠,北极旅鼠种群的数量波动以3~4年为一个周期。旅鼠种群的数量波动原因主要是食料植物由于旅鼠的取食而发生周期性短缺。另一个典型例子是雪兔(猎物)和猞猁(捕食者),植物→雪兔→猞猁的食物链的负反馈调节使雪兔和猞猁出现了约为10年的波动周期。年间周期性波动主要发生在成分比较简单的高纬度环境中。

2)调节种群数量的因素

调节种群数量的因素有外源性调节因素和内源性调节因素两大类。

(1)外源性调节因素

外源性调节因素包括非密度制约因素(如气候)和密度制约因素(如食物、捕食、疾病、寄生等)。

非密度制约因素的作用强度与种群密度无关。**气候是最强烈的外源性因素,特别是极端的温度和湿度**,如连续几天的38℃高温引起蚜虫种群数量急剧下降,沙漠地区降雨量与啮齿动物和鸟类的种群数量有直接关系。

密度制约因素的作用强度与种群密度密切相关。密度增大,作用增强;密度减小,作用减弱。

(2)内源性调节因素

内源性调节因素包括行为调节(如社群

行为、领域行为等)和内分泌调节。

领域行为是指动物有选择地占据、保卫一定的空间,不允许同类其他个体进入这一空间的行为。鸟类的领域行为非常强,尤其是在种群密度高且在繁殖季节时(如下图)。

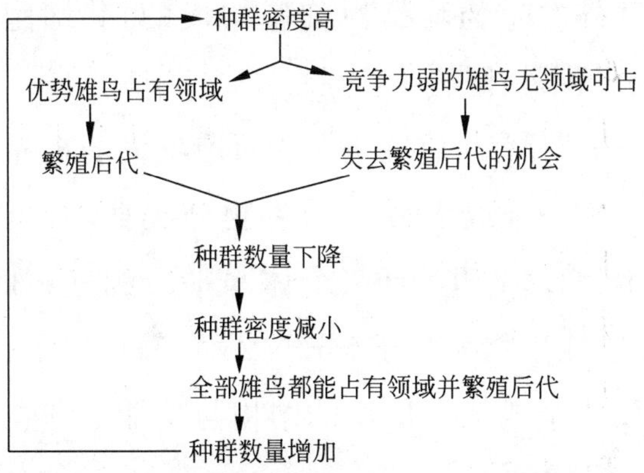

随着种群数量增长,动物种群内的个体经受的社群压力增加,对中枢神经系统的刺激随之增加,进而引发内分泌失调,使种群数量停止增长,然后下降。如啮齿动物的密度的负反馈调节:鼠种群密度大,雌鼠内分泌功能失调,表现出排卵功能减退,容易流产,母鼠泌乳过程受到抑制,对仔鼠照顾不良,行为反常,好斗等特征。雌鼠生殖力下降、死亡率和迁出率上升,雌鼠种群数量下降。

＜知识细节＞

浙江省高考题认为内源性调节因素只能改变种群密度,使其围绕 K 波动,而不能改变 K 本身。

第13章 种群的进化

第1节 生物的多样性、统一性和进化

本节知识框架:

1. 生物界在类型上的多样性
2. 生物界在模式上的统一性
3. 特创论的观点
4. 进化论的观点

1. 生物界在类型上的多样性

1) 生物多样性的概念

生物多样性是指生命有机体及其赖以生存的生态综合体的多样化和变异性。**生物多样性包含三个层次:遗传多样性、物种多样性和生态系统多样性。**

其中,物种的多样性是生物多样性的关键,它既体现了生物之间及环境之间的复杂关系,又体现了生物资源的丰富性。

遗传多样性(又称基因多样性)广义上指地球上所有生物所携带的遗传信息的总和,狭义上指种内不同群体之间或一个群体内不同个体的遗传变异总和。

物种多样性指一定区域内物种的多样性,包括物种丰富度和物种均匀度。物种丰富度是指物种数目的多少,物种均匀度是指全部物种个体数目的分配状况,反映的是各物种个体数目分配的均匀程度。多样性指数是反映丰富度和均匀度的综合指标。

生态系统多样性指生物圈内生物群落的多样化以及生态系统内栖息环境的差异、生态过程变化的多样性,导致生态系统多样化。

2）生物多样性的价值

生物多样性具有直接价值、间接价值和潜在价值。对人类有食用、药用、工业原料、科学研究、欣赏等方面意义的价值，此为直接价值，对生态系统起调节功能的价值为间接价值，目前人类尚不清楚的价值为潜在价值。许多植物物种是药物的来源，比如治疗痢疾的奎宁是从金鸡纳树的树皮中提取的，抗癌药物紫杉醇是从太平洋紫杉木中提取的。

3）生物多样性的原因

DNA 的多样性决定蛋白质的多样性，蛋白质的多样性导致生物界的多样性。所以**答题时有个技巧，当问某个性状的根本原因的时候都要从 DNA、基因的角度回答；当问直接原因的时候，都要从蛋白质的角度回答**。

DNA的多样性	根本原因
↓决定	
蛋白质的多样性	直接原因
↓导致	
生物界的多样性	性状

4）保护生物多样性

生物多样性保护包括就地保护、迁地保护、建立种子库和基因资源库、恢复退化的生态系统四个方面（浙科版），其中最有效的措施是就地保护。

2. 生物界在模式上的统一性

1）生物界中的所有生物都具有共同的生命特征，如代谢、遗传、变异、生物进化、适应环境等。

2）生物界中的所有生物都具有共同的物质基础和结构基础。

共同的物质基础指真核生物和原核生物的细胞是由相同类型的分子组成（DNA、RNA、蛋白质、糖类、脂肪等），在分子层面上存在高度的统一性；且它们遗传信息的表达方式基本相同，共用一套遗传密码（转基因技术的理论基础之一）。共同的结构基础指除病毒外的生物均是由细胞构成的，其细胞结构也基本相同。

3）所有生物在进化上具有共同的祖先。

每一个或大或小的生物分类群，乃至整个生物界，在生物体（个体水平）、细胞（细胞水平）或生物大分子（分子水平）等层次上，总会在一个或几个层次的结构与功能上存在着统一的模式。

3. 特创论的观点

特创论只能解释生物的多样性，不能解释统一性。特创论认为：形形色色的生物物种由上帝分别创造；一经创造出来不会再发生改变；不同物种之间没有亲缘关系。

4. 进化论的观点

进化论的观点很好地解释了生物的多样性与统一性。进化论认为：物种都是可变的；一种生物类型可以变成其他类型；环境对生物的物种变化起作用。

第 2 节　达尔文的自然选择学说

本节知识框架：

1. 达尔文从人工选择中得到启发
2. 达尔文的自然选择学说
3. 自然选择和人工选择的区别

1. 达尔文从人工选择中得到启发

达尔文的生物进化论主要包括两大学

说：共同由来学说和自然选择学说。

达尔文的自然选择学说是从人工选择中得到启发。

2. 达尔文的自然选择学说

1）过度繁殖——生物进化的条件

达尔文在《物种起源》中举例，大象的寿命有100年，1对大象一生可以产仔6头，750年后，1对大象的后代可达1900万头。的确，如果让生物彻底释放自己的生育潜能，并且全部后代都能成活下来，那么生物的数量将呈指数型增长，只要很短时间就会超出环境的承受能力！这就是过度繁殖，过度繁殖为自然选择提供了大量的选择对象。

2）生存斗争——生物进化的动力

生存斗争是指生物的生存资源有限，要生存就必须与无机环境、异种及同种的其他个体进行斗争。

3）遗传和变异——生物进化的内在因素

遗传和变异是指生物体都具有遗传和变异的能力。生物的变异有的是有利于生存的，有的是不利于生存的。

4）适者生存——自然选择的结果

适者生存是指经生存斗争，凡是生存下来的生物个体都是能适应环境的，而被淘汰的生物都是不适应环境的。

达尔文对长颈鹿的长脖子进化的解释：长颈鹿产生的后代超过环境承受能力（过度繁殖）；它们都要吃树叶而树叶不够吃（生存斗争）；它们有颈长和颈短的差异（遗传变异）；颈长的能吃到树叶生存下来，颈短的却因吃不到树叶而最终饿死了（适者生存）。达尔文把这种在生存斗争中，适者生存、不适者被淘汰的过程，叫做自然选择。

3. 自然选择和人工选择的区别

项目	自然选择	人工选择
选择对象	有利于生存、繁殖的变异	人们需要的性状
选择次数	数代选择，所需变异被保存积累	
结果	产生新物种	产生新品种

第3节　现代生物进化理论

本节知识框架：

1. 生物进化理论的发展

2. 自然选择导致种群基因频率发生定向改变

3. 进化与新物种形成

1. 生物进化理论的发展

20世纪伟大的进化生物学家恩斯特·迈尔在他的著作《进化是什么》的开篇中写道："进化是生物学中最重要的概念。如果不考虑进化的话，生物学中任何为什么的问题都无法得出确切的答案"。有意思的是，生物进化理论也在不断地"进化"。到目前为止，生物进化的某些机制还未完全搞清楚，某些概念和看法还存在争议。

达尔文的自然选择学说的缺陷是未能揭示遗传和变异的本质，未能揭示自然选择如何起作用。现在我们普遍认可的是从自然选择学说发展而来的**以自然选择学说为核心的现代生物进化理论**。**现代生物进化理论认为**

进化以种群为基本单位[①]，并能从分子水平对进化机制进行阐述。

2. 自然选择导致种群基因频率发生定向改变

1）种群基因库、基因型频率、基因频率

（1）基因库：一个种群中全部个体所含有的全部基因（人教版）；一个生物种群的全部等位基因的总和（浙科版）。浙科版定义中“等位”两个字容易产生歧义，会误以为是某个基因的所有等位基因。其实基因库还可以指物种，甚至群落和生态系统的全部基因。

（2）基因型频率：种群中某种基因型个体数占种群总个体数的比例。

（3）基因频率：种群中某一个等位基因的数目占这个基因可能出现的所有等位基因总数的比例。如果不考虑自然选择，对于二倍体生物来说，**某个等位基因的基因频率就是含有这个等位基因的配子的比例**。

（4）基因型频率和基因频率的计算如下：

① 在某昆虫种群中，决定翅色为绿色的基因为A，决定翅色为褐色的基因为a，从这个种群中随机抽取100个个体，测得基因型为AA、Aa、和aa的个体分别为30、60和10个。求各基因型频率和各基因频率。

解析：AA基因型频率是30÷100＝30％，Aa基因型频率是60÷100＝60％，aa基因型频率为10÷100＝10％。就这对等位基因而言，每个个体含有2个基因，那么，这100个个体共有200个基因。A基因的数量是2×30＋60＝120个，a基因的数量是2×10＋60＝80个，A基因的频率为120÷200＝60％，a基因的频率为80÷200＝40％。

② 200名学生（男女学生各半）中发现有女性色盲患者3人，男性色盲患者6人，女性色盲基因携带者15人。那么色盲基因的频率约为多少？

解析：由于色盲基因及其等位基因只位于X染色体上，而Y染色体上没有对应基因，因此在200名学生中该等位基因的总数为X^b+X^B＝100（女性）×2＋100（男性）×1＝300。色盲基因的总数为X^b＝3（女性色盲患者）×2＋15（女性色盲基因携带者）×1＋6（男性色盲患者）×1＝27，因此色盲基因X^b的基因频率为27/300×100％＝9％。由于这200名学生是随机抽样的，因此在全校学生中色盲基因的基因频率同样为9％。

③ 据调查，已知白化病的发病率大约为1/10000，请问人群中该病致病基因的频率以及携带此隐性基因的杂合子的基因型频率是多少？

解析：aa＝1/10000，则a基因的基因频率为1/100；A＋a＝1，则A基因的基因频率为99/100；AA基因型的频率为99/100×99/100；Aa基因型的频率为2×99/100×1/100；aa基因型的频率为1/100×1/100。

2）如果没有自然选择，在不考虑突变等因素的情况下，种群基因频率保持不变

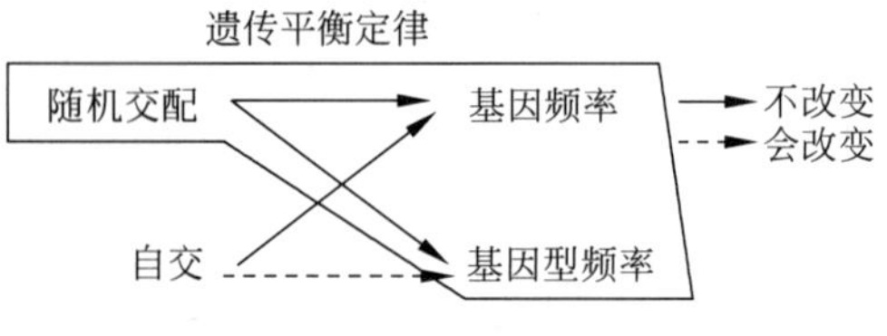

---

① 受人教版叙述的影响，很多教辅误以为达尔文的自然选择学说认为个体是生物进化的基本单位，但是达尔文的著作中没有提及进化的基本单位，也看不出他认为进化的基本单位是个体。

(1) **随机交配和自交都不会导致种群基因频率发生改变**。

从理论上分析,如果没有突变、迁移、自然选择进行淘汰(比如不同基因型的个体繁殖能力不同)等情况,两种交配方式都不可能导致基因频率的改变。

如某植物种群中,AA基因型个体占36%,Aa基因型个体占48%,aa基因型个体占16%。计算该种群A、a的基因频率,以及进行随机交配或自交后代中A、a的基因频率。

计算可得,该种群A基因频率为60%,a基因频率为40%。随机交配或自交后代的基因频率并不会发生改变。

(2) **随机交配不会改变种群的基因型频率,自交则会改变**。

① **应用配子法进行分析,随机交配不会改变种群的基因型频率**。

请看以下的计算实例:

世 代	基因频率		基因型频率		
	S	s	SS	Ss	ss
P	60%	40%			
F_1	60%	40%	36%	48%	16%
F_2	60%	40%	36%	48%	16%

我们可以用配子法进行理论分析:

		雄配子	
		pA	qa
雌配子	pA	p^2AA	$pqAa$
	qa	$pqAa$	q^2aa
总计		$(pA+qa)^2=p^2AA+2pqAa+q^2aa=1$	

上表中,p为A基因频率;q为a基因频率;p^2为AA基因型的频率;q^2为aa基因型的频率;$2pq$为Aa基因型的频率。注意计算Aa的基因型频率时,Aa的基因型频率等于A的基因频率乘以a的基因频率再乘以2,因为A和a的前后位置可以互换。

可见,只要基因频率不发生改变,随机交配产生的每一代的基因型比例都可以根据配子法进行计算,得到唯一的确定的值。每一代皆是如此,所以**如果种群世代进行随机交配,每一代的种群基因型频率保持一致**。

对此,英国剑桥大学数学家哈迪和德国医生温伯格分别发现了这样的规律,即**遗传平衡定律,又称哈迪-温伯格定律。遗传平衡定律是指在一个足够大的随机交配的种群里,基因频率和基因型频率在没有迁移、突变、选择的情况下,世代相传不发生变化**。

这是一种数学的理想模型,因为突变、基因迁移、遗传漂变、非随机交配(如自交)、自然选择会打破平衡。其中,基因迁移是由于个体的迁入和迁出引起的。**遗传漂变是指小种群内发生的偶然事件**。例如,在一个种群中,某种基因的频率为1%,如果这个种群有100万个个体,含这种基因的个体就有成千上万个。但如果这个种群只有50个个体,那么就只有1个个体具有这种基因。在这种情况下,可能会由于这个个体的偶然死亡或没有交配,而使这种基因在种群中消失。这种现象就是遗传漂变。

自交也会打破遗传平衡定律。前面已经分析,自交不会改变种群的基因频率,但自交会改变基因型频率。

② **自交会改变种群的基因型频率,导致纯合子比例增加,杂合子比例减少**。

如某植物种群中,AA基因型个体占36%,Aa基因型个体占48%,aa基因型个体占16%。若该种群植物自交，求后代中AA、Aa、aa基因型个体出现的频率？

通过计算发现，纯合子自交的后代都是纯合子，杂合子自交的后代也会出现纯合子，所以自交（不考虑种群中只有一种基因型等特殊情况）则会改变种群的基因型频率，导致纯合子比例增加，杂合子比例减少。

＜**思考与讨论**＞

（1）某个种群，进行随机交配，不考虑自然选择、基因突变等因素，前后代的基因型频率是否一定保持不变？

分析如下例：

P　36% AA　48% Aa　16%aa

↓ ⊗

F_1　48% AA　24% Aa　28%aa

↓ 随机交配

F_2　36% AA　48% Aa　16%aa

要一个种群随机交配得到的后代基因型频率保持不变，就需要这个种群本身就由随机交配而来，如本例中，F_1 是P自交产生的后代，尽管 F_2 由 F_1 随机交配产生，但是 F_2 与 F_1 的基因型频率不一致。

（2）如何判断某种群是否有可能是随机交配产生的后代？

如果是随机交配产生的后代，则可以根据配子法计算基因型频率。因此，三种基因型中只需要知道一种基因型频率就可以推导其他两种基因型频率。如已知种群中AA为36%，则可推导出A为60%，a为40%，所以，Aa为48%，aa为16%。

当题目中给出一种以上的基因型频率时，就可以先假设是随机交配产生的后代，然后进行数学验算证实假设是否成立。如已知种群中AA为48%，aa为28%，则可推导A为$\sqrt{0.48}$，a为$\sqrt{0.28}$，两者之和不为100%，所以假设是错误的，即该种群的这个世代不是随机交配产生的后代。

3）自然选择导致种群基因频率发生定向改变

我们所说的进化是指适应性进化，即生物进化的方向是更加适应环境，更加有利于生存。

在以种群为单位的生物进化的过程中，种群的基因频率会发生改变，有利于适应环境的基因的基因频率会逐渐增加，而不利于适应环境的基因的基因频率会逐渐降低。

自然选择导致种群基因频率发生了有利于适应环境的定向改变。现代生物学进化理论认为，适应性进化过程的实质是种群基因频率的改变。

当然，突变、迁移、遗传漂变、人工选择等因素引起的种群基因频率的改变也是一种进化，但不属于适应性进化，因此不在我们讨论的自然界中生物适应性进化的范围内。

＜**探究性学习**＞

发现情景：英国的曼彻斯特地区有一种桦尺蛾（其幼体叫桦尺蠖）。在19世纪中叶以前，桦尺蛾几乎都是灰色型的，黑色型（显性突变）很少。到了20世纪中叶，桦尺蛾几乎都成了黑色型，灰色型很少。

做出假设：在19世纪时，曼彻斯特地区的树干上长满了灰色的地衣，灰色的蛾栖息在上面不容易被鸟类捕食，而黑色的蛾容易被鸟类捕食。20世纪，随着英国工业的发展，工厂排出的煤烟使地衣不能生存，结果树皮裸露并被煤烟熏成黑褐色。此时，灰色的蛾容易被鸟类捕食，而黑色的蛾由于具有保护色而容易生存下来。

实验验证：20世纪50年代，有人做了验证实验。将黑色蛾和灰色蛾分别标记后放养在污染区（伯明翰）和没有污染的非工业区（多塞特）。经过一段时间后，将所释放的蛾尽量收回（回收率越高则说明存活率越高），统计其数目。

实验结果：工业污染区黑色蛾的回收率远高于灰色蛾；而在没有污染的非工业区，灰色蛾的回收率远高于黑色蛾。

项目地区	灰色蛾			黑色蛾		
	释放数	回收数	回收率	释放数	回收数	回收率
污染区	64	16	25.0%	154	82	53.2%
非污染区	393	54	13.7%	406	19	4.7%

实验结论：引起曼彻斯特两种桦尺蛾数量变化的原因是环境变化，环境（如鸟的捕食）对桦尺蛾具有选择作用。

数学模拟：将黑色基因定为S，灰色基因定为s。1870年从英国曼彻斯特地区桦尺蛾种群中随机抽取100只进行调查，测得基因型为SS、Ss、ss的个体分别为10个、20个、70个。假设因为树皮变黑不利于灰色桦尺蛾的生存，使得灰色个体每年减少10%，黑色个体每年增加10%，进行数学模拟如下表。经过计算发现：S的基因频率不断增加，而s的基因频率不断减少。注意，有些师生会迷惑下表中(70−65.6)/70<10%，这是因为没有考虑到第2年的个体数与第1年是不相等的，占比需要针对第2年的数量重新计算。

时　间	基因型频率			基因频率	
	SS	Ss	ss	S	s
第1年	10.0%	20.0%	70.0%	20.0%	80.0%
第2年	11.5%	22.9%	65.6%	22.9%	77.1%
第3年	13.0%	26.0%	61.0%	26.0%	74.0%
第4年	14.6%	29.3%	56.1%	29.3%	70.7%
⋮					

3. 进化与新物种形成

1）适应性进化和异地的物种形成方式

（1）适应性进化与自然选择

① 现代生物学进化理论认为，**适应性进化过程的实质是种群基因频率的改变。**

一般情况下，我们所说的进化是指，发生在自然界中，由自然选择作为动力的适应性进化，即生物进化的方向是使自身更加适应环境，更加有利于生存。由突变、迁移、遗传漂变、人工选择等因素而引起的种群基因频率的改变不属于适应性进化。

② 在适应性进化的过程中，**可遗传的变异为自然选择提供了原材料。**

可遗传变异包括突变和基因重组。突变包括基因突变和染色体畸变。其中，基因突变是变异的根本原因，基因重组是变异的主要原因。

基因突变产生等位基因，多次突变的结果累积成的差异过大时就形成了新基因。多种基因通过基因重组产生多种基因型，从而使种群出现大量可遗传的变异。

生物种群的基因库 —基因突变→ 新基因 —基因重组→ 多种基因型

虽然突变率很低，而且有利的突变很少，但是一个种群中的个体数量可能非常大，每个个体所含细胞数量以及每个细胞所含基因数量也可能非常大，这就使得适应环境的有利变异的绝对值不一定小，而且有可能很大。

③ **自然选择（或者说生存斗争）是适应性进化的动力。**

生物进化的基本单位是种群，但是自然选择通过作用于个体而影响种群的基因频率。自然选择直接作用于个体的表现型而非基因型。**当然，自然选择只会对那些影响了个体的存活率和繁殖率的可遗传变异起作用，如果变异对个体存活和繁殖没有影响，则自然选择无法起作用。自然选择使种群的基因频率发生适应环境的定向改变，导致生物产生适应性。**

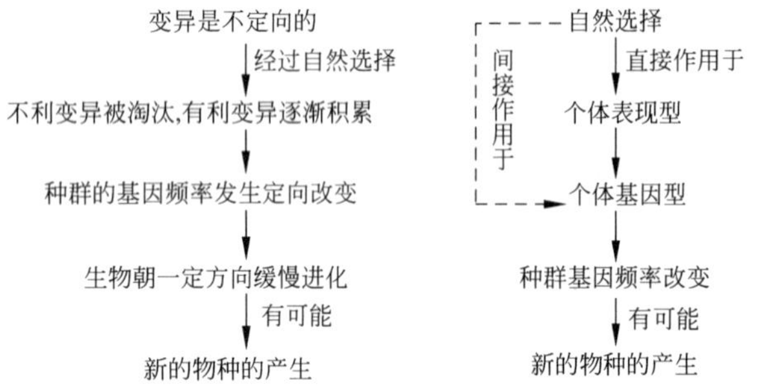

自然界中的变异是不定向的，而选择是定向的。自然选择决定了适应性进化的方向（如下图）。当然，**自然选择只会对那些影响个体存活率和繁殖率的可遗传变异起作用。**

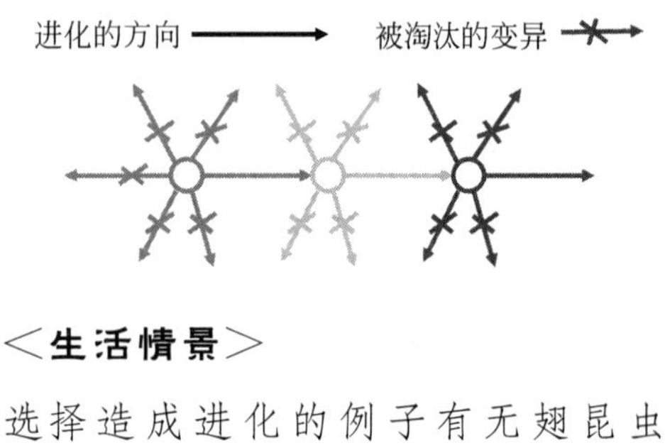

＜生活情景＞

选择造成进化的例子有无翅昆虫的产生、害虫抗药性的产生、细菌抗药性的产生等。

（1）无翅昆虫的产生

达尔文观察到印度洋南部的克格伦岛经常刮大风，有许多昆虫无翅或残翅不能飞行，而少数能飞的昆虫翅膀却异常发达。

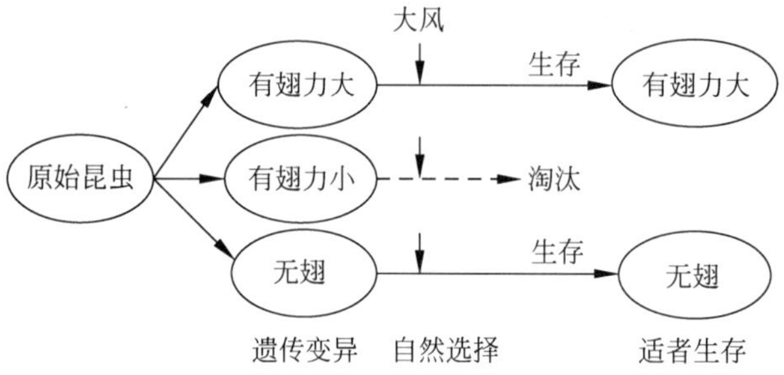

（2）害虫抗药性的产生

喷洒农药前，有些害虫有抗药性，有些害虫没有抗药性。喷洒农药后，没抗药性的害虫死亡，有抗药性的个体存活。有抗药性的个体繁殖出更多具抗药性的个体。

由此可见，害虫的抗药性在使用农药之前就产生了，农药仅起到选择（筛选）的作用。

（3）细菌抗药性的产生

抗生素（如青霉素）起初杀死绝大多数细菌。存活下来的细菌繁殖并将其抗性基因传给后代，最后抗生素对它们不再起作用。由此可见，细菌的抗药性在使用抗生素之前就产生了，抗生素仅起到筛选的作用。

细菌抗药性的增强是因为抗生素对细菌的抗药性变异起了定向选择作用，抗药性变异经过遗传逐代积累，细菌抗药性不断增强，如下图。因此人们应该注意不能滥用抗生素。

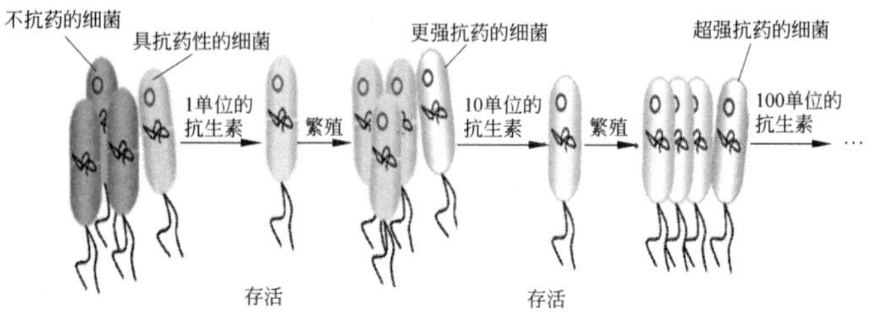

(2) 地理隔离与异地物种的形成

＜**知识细节**＞

隔离是指不同种群间的个体，在自然条件下基因不能自由交流的现象。隔离包括地理隔离和生殖隔离。

(1) 地理隔离：分布在不同自然区域的种群，由于高山、河流、沙漠等的障碍，使彼此间无法相遇而不能交配。如东北虎和华南虎，两个池塘的鲤鱼。

(2) 生殖隔离：不同种的个体之间不能相互交配，即使交配成功，也不能产生可育后代。如马和驴，狮和虎。

形成新物种(即产生生殖隔离)有两种方式：异地的物种形成方式和同地的物种形成方式。**因长期的地理隔离而形成新物种属于异地的物种形成方式，这是物种形成的主要方式**。

地理隔离和适应性进化是异地的物种形成方式的必要条件。但是，地理隔离不一定会导致新物种的产生，长期的地理隔离才可能导致新物种的产生。适应性进化也不一定导致新物种的形成，适应性进化是量变，而新物种的形成是质变。当进化后的种群与原有种群的差异达到了形成生殖隔离的程度，才被认为是进化成了新物种。

2) 同地的物种形成方式

同地的物种形成方式不需要长期的地理隔离。

多倍体的产生属于同地的物种形成方式。多倍体的形成机制主要有两种：一是二倍体减数分裂出错，产生了含有两个染色体组的配子。浙科版描述为减数分裂失败，代之以一次有丝分裂。这个含有两个染色体组的配子可以与含有一个染色体组的正常配子结合形成三倍体，也可以与含两个染色体组的配子结合形成四倍体。浙科版将这种产生多倍体的方式描述为，是在一次有性生殖过程中形成的。二是体细胞有丝分裂时，受到低温、秋水仙素等因素的影响，染色体复制和着丝粒分裂后，却没有产生两个子细胞，导致细胞中的染色体数目加倍。前者是主要的方式。

二倍体西瓜染色体数目加倍后形成的四倍体西瓜可以与原来的二倍体西瓜杂交形成三倍体西瓜。但三倍体西瓜是不可育的，所以四倍体西瓜与二倍体西瓜存在生殖隔离，即四倍体西瓜与二倍体西瓜属于不同的物种。注意三倍体西瓜不算是一个物种，因为它不可育。虽然四倍体与八倍体小麦杂交产生的后代六倍体是可育的，但是六倍体与四倍体、六倍体与八倍体之间存在生殖隔离，仍旧属于不同物种。

＜**版本差异**＞

浙科版中提及了同地的物种形成方式，但是在人教版中没有提及。

第4节　探索生物进化的历史

本节知识框架：

1. 生命的化学起源学说
2. 生物的进化规律
3. 生物进化的证据
4. 协同进化

1. 生命的化学起源学说

距今46亿年前，地球诞生了。早期的地球呈现炽热的气态，之后逐渐冷却。现在我们普遍认为，最初的生命是由非生命物质经过极其复杂的化学过程逐渐演化产生的。

2. 生物的进化规律

生物的进化表现在从单细胞向多细胞进化，从简单向复杂进化，从水生向陆生进化，从低等向高等进化。

［**知识扩展**］

有很多学者认为生物进化更确切地应该称为生物演化，他们认为：自然选择导致多样化，而不是进步，生物也没有高级和低级之分，人不位于生物进化的最顶端，而是位于生物进化树上的一个分支，这与其他生物的地位是一样的。

3. 生物进化的证据

1）古生物学上的主要证据——化石

化石就是地层中的古代生物的遗体、遗迹或遗物。化石是最有说服力的生物进化证据。

化石在地质层中的分布规律：在越早形成的地层里，成为化石的生物越简单，越低等；在越晚形成的地层里，成为化石的生物越复杂，越高等。

科学家利用放射性元素具有半衰期来测定化石所在地层的年代。

2）胚胎学上的证据——生物重演律

德国生物学家海克尔在1866年为了支持达尔文的进化论，提出了胚胎重演律。生物在个体发育过程中总是重演其所有祖先在进化过程中的每个发育阶段，即生物的个体发育过程重演其祖先的系统发生过程。

3）生物体结构上的证据——同源器官

同源器官是指起源相同、构造和部位相似而形态和功能可能不同的器官。例如爬行动物的前肢、鸟的翅膀、蝙蝠的翼手、鲸的胸鳍、狗的前肢以及人的上肢，虽然具有不同的外形，功能也并不尽同，但却有相同的基本结构；在胚胎发育上从相同的胚胎原基以相似的过程发育而来。它们的一致性证明这些动物是从共同的祖先进化来的，但是这些动物在不同的环境中生活，向着不同的方向进化发展，适应于不同的功能，因而产生了表面形态上的分歧。

［**知识扩展**］

同功器官是指功能相同而起源不一定相同的器官。如鸟的翅膀与昆虫的翅膀。

4）遗传学上的证据

减数分裂和受精作用、遗传和变异的研究，为生物进化提供了来自遗传学上的证据。

5）分子生物学上的证据

有些生物大分子存在于所有的细胞生物中，这些生物大分子在进化过程中会发生变化，差异越小说明亲缘关系越近，差异越大说明亲缘关系越远。两种生物的亲缘关系越近，DNA的核苷酸序列和蛋白质的氨基酸序列也越相似。如需氧呼吸电子传递链中的细胞色素C随着生物的进化，其氨基酸排列顺序会发生改变。

4. 协同进化

协同进化，浙科版中表述为物种之间相互作用、相互依存的关系形成驱动进化的因素，使生态上密切相关的物种发生相互关联的进化，即协同进化。例如，植物的花和采食花蜜、花粉的昆虫、鸟的协同进化；猎豹与羚羊的协同进化。人教版中则表述为，不同物种之间、生物与无机环境之间在相互影响中不断进化和发展，就是协同进化。可见人教版认为协同进化还包括生物的进化与无机环境的变化之间的相互影响，如好氧生物的出现。

［**知识扩展**］

收割理论由美国生态学家斯坦利提出，该理论指出，捕食者往往捕食数量多的物种，这样就会避免出现一种或少数几种生物在生态系统中占绝对优势的局面，为其他物种的形成腾出空间。

第14章　群落的结构和演替

第1节　群落的结构

本节知识框架：

1. 群落的概念、特点和物种组成
2. 群落的物种丰度和优势种
3. 群落的结构
4. 陆地群落的几种类型
5. 物种在群落中的生态位

1. 群落的概念、特点和物种组成

1）概念

在一定时空内各种生物种群的集合称为群落。

2）特点

（1）具有一定的结构、一定的种类构成和一定的种间相互关系。

（2）在环境条件相似的地段可以重复出现。

3）物种组成

几乎所有群落都是由一定的**植物**、**动物**、**微生物**种群组成的。不同类型的群落必然具有不同的物种组成，因此物种组成是决定群落性质最重要的因素，也是鉴别不同群落类型的基本特征。群落是在一定的自然区域内所包含的所有生物，群落内各种生物之间具有直接或间接关系。

2. 群落的物种丰度和优势种

1）群落的物种丰度

（1）概念

物种丰度又叫物种丰富度，是指群落中

物种数目的多少。

(2) 特点

不同群落的物种丰富度是不同的。一般来说,环境条件越优越,群落发育时间越长,物种丰度越大。热带群落物种丰度大,但是每个物种的种群数量往往不会很大。寒带群落物种丰度小,但是有些物种的种群数量可能很大。海洋中,深海物种丰度往往高于浅海。

2) 群落的优势种

(1) 概念:**群落的优势种是能凭借自己的大小、数量和生产力对群落产生重大影响的种群**。

(2) 特点:①具有高度的生态适应性;②常常在很大程度上决定着种群内部的环境条件,对其他种类的生存和生长有很大影响。

(3) 主要识别特征:①个体数量多,通常会占竞争优势,并能通过竞争优先占有资源;②常在群落中占有持久不变的优势。

3. 群落的结构

群落的结构是指空间结构(包括垂直结构和水平结构)以及时间结构。

1) 垂直结构

大多数群落在垂直方向上具有明显的分层现象。在一个发育良好的森林中,从树冠到地面可以看到有树冠层、下木层(矮树)、灌木层、草本层和地表层(苔藓、地衣)。**引起植物分层的主要环境因素是光照强度**,影响地上部分的因素还有温度等。引起植物地下部分分层的因素则是水分、无机盐等。

引起动物分层分布的主要因素是食物、栖息场所等。群落层次性越明显分层越多,群落中的动物种类也就越多。麻雀总是成群地在森林的上层活动,吃高大乔木的种子。煤山雀、黄腰柳莺和橙红鹤等鸟类总是在森林的中层营巢。血雉和棕尾雉则是典型的森林底层鸟类,吃地面上的苔藓和昆虫。

水生群落也有分层现象,其层次性主要是由光的穿透性、温度和含氧量的垂直分布决定的。池塘生物群落中,荷花、芦苇等将茎叶高高地挺出水面,睡莲、满江红、浮萍等浮于水面,金鱼藻等则生长于水底;鲢鱼在水体浅层,鲩鱼在中层,青鱼、虾、蚌等在水底,泥鳅、黄鳝等则在水底淤泥中生活。

<生活情景>

海洋中海藻垂直分层现象:海洋的透光带不超过 200 米,超过 200 米则没有植物存在,因为太阳光中可见光部分会被海水吸收和散射。绿藻主要利用红光,需要较强的光照,分布在水的上层;红藻含有较多藻红素,能够利用微弱的青绿光,分布在深层;褐藻含有很多藻褐素,分布在中层。

群落的垂直结构使生物群落在单位面积上能容纳更多的生物种类和数量,提高了群落利用环境资源(如阳光、空间、营养物质等)的能力。

[知识扩展]

地理学中已经介绍,热带的高山上自上而下群落的分布为:高山草甸、针叶林、落叶阔叶林、常绿阔叶林和热带雨林。对于此现象,高中生物原来的主流观点认为这反映了群落的垂直结构。这是错误的,因为垂直结构是群落中某一点垂直线上的结构。后来逐渐有更多的教师认为这种分布是水平结构。但是其实高山上群落分布现象既不反映群落的垂直结构,也不反映水平结构。因为群落的结构是指一个群落内部的结构，而高山上有众多的群落，高山群落分布现象描述的是群落间的空间分布关系。

如果一座小山上只分布有一个群落，则可以认为这个群落因为地形的差别，如迎风坡和背风坡的区别，山之阳和山之阴的区别，存在明显的水平结构。

2）水平结构

大多数群落中的各个物种在水平方向上的分布往往呈不均匀性，表现为斑块状和镶嵌性。导致群落具有水平结构的原因主要有三个方面：一是不同生物繁殖体的扩散能力有差异，例如依靠风、水和动物传播种子的植物可能分布范围较大，而种子较重或进行无性繁殖的植物往往集中分布在母株周围；二是生物种间相互作用的影响，例如植食性动物明显地依赖于它所取食的植物而分布；三是群落内部环境的不同，例如地形的变化、光照强度的不同、风的大小和方向、土壤湿度和盐碱度程度有差异等。另外，动物活动以及人类活动也会影响群落的内部环境。

＜**知识细节**＞

垂直结构的分层现象是由生物本身的高度或活动空间的高度造成的，而不是因为地势起伏引起的；水平结构的分段是由环境的光、热、水、土壤及地形等条件对生物的选择造成的。

垂直结构和水平结构都是指不同种生物的分布差异。同种生物的不同分布不能构成垂直结构或水平结构，也不会因同种生物的一致而影响垂直或水平结构的存在。任何群落都有垂直结构和水平结构。如水稻田里的水稻长的整齐划一，但是水稻田仍然有垂直结构和水平结构。从陆地带到海水区的浅水区、深水区，植被类型存在差异，这属于群落的水平结构而不是垂直结构。

3）时间结构：物种组成的昼夜变化和季节变化

群落的时间结构是指群落的组成和外貌随时间而发生有规律的变化。

群落物种组成的昼夜变化是明显的。白天在开阔地有各种蝶类、蜂类和蝇类活动，而一到夜晚，便只能看到夜蛾类和螟蛾类昆虫了。白天在森林中可以见到很多种鸟类，但猫头鹰和夜鹰只能在夜里见到。

群落的季相是指群落在四季呈现出来的外貌。有些群落的季相变化很明显。

＜**版本差异**＞

人教版中没有提及时间结构。

4. 陆地群落的几种类型

地球各地因气候、地形和其他环境条件的不同而分布着不同类型的生物群落。主要的陆地生物群落是森林、草原、荒漠和苔原。如果同时考虑这些群落和群落所生存的环境，也可相应地称为生态系统，如森林生态系统、草原生态系统、荒漠生态系统和苔原生态系统。热带雨林是地球上最稳定的生态系统，而苔原是最脆弱的生态系统。

1）森林

森林群落是最重要的陆地群落，分布在湿润或较湿润的地区。森林里，树木繁茂，群落结构非常复杂且相对稳定，树栖和善于攀援的动物特别多。

北方针叶林主要由常绿针叶树种组成，动物种类较少。

温带落叶阔叶林群落具有特别明显的季

相变化。其中,优势植物是落叶乔木,灌木和阔叶草本植物发育良好,种类也很丰富。

热带雨林中的生物种类极其丰富,是地球上最丰富的生物基因库。热带雨林的物质循环速度很快,大部分营养物质都进入生物体内,只有少部分营养物质留在土壤中。土壤中有机物会很快被分解,不能积累较厚的腐殖质层,所以雨林中的土地不适合耕作。热带雨林中以常绿植物为主,高大的乔木常生有支柱根和板状根。林下光线很弱,生活着阴生植物。阴生植物茎细长,叶薄,细胞壁薄,机械组织不发达,但其叶绿体颗粒大、呈深绿色。热带雨林中的有些动物颜色鲜艳,叫声嘹亮。鹦鹉科鸟类和猿猴是热带雨林的特有动物。

＜知识细节＞

旧浙科版中叙述,北方针叶林是地球上最大的森林带。新浙科版中叙述,热带雨林群落所占的比例最大,约占地球现存森林面积的一半。两种说法可能并不矛盾,北方针叶林分布在欧亚大陆和北美大陆的北部,几乎连成一体,组成了最大的森林带;而热带雨林被分割为好几块,没有连在一起。

[知识扩展]

热带雨林中水分容易蒸发,土壤的深处缺水,导致热带雨林的乔木根系都不发达,所以需要支柱根和板状根支撑。

2）草原

草原群落中草本植物占优势,几乎完全由禾本科植物和阔叶草本植物(主要是豆科和菊科)组成。草原群落中有营洞穴和集群生活的啮齿类动物;也有能迅速奔跑的有蹄类。

＜版本差异＞

浙科版中描述,草本植物的生长期很短,从春季到秋季便会完成一个生命世代。所以有些题目认为草原以一年生草本植物为主。而人教版认为,在草原上,各种耐旱的旱生多年生草本植物占优势。因为草原又分为好几种,所以笔者觉得两个教材可能描述的是不同类型的草原。

3）荒漠

荒漠分布在极度干旱区,水分蒸发量远超降水量。荒漠中的生物具有耐旱的特性。植物主要是灌木和半灌木,如蒿属植物和藜属植物,往往具有发达的根系、小而厚的叶片;还有仙人掌科植物和百合科植物,往往具有肉质茎或肉质叶。仙人掌的气孔在夜晚才开放。荒漠群落中动物挖洞和快速奔跑的能力比草原上更强。某些爬行动物以固态尿酸盐的形式排泄含氮废物,而不是产生需要更多水才能溶解的尿素。

4）苔原

苔原分布在气候严寒地区。植物通常为常绿、多年生的,生长季节短,生长缓慢,几乎完全依靠营养繁殖。优势植物有苔藓、地衣、灌木和少数种类的草本植物。植被高度一般是几厘米,植物多为矮生,甚至紧贴地面匍匐生长。多数动物善于保温。

5. 物种在群落中的生态位

1）生态位的含义:生态位是指物种利用群落各种资源的幅度以及该物种与群落中其他物种相互关系的总和,也称为小生境。美国的生态学家奥德姆把生态位比喻成生物的“职业”。

2）**生态位的功能:表示物种在群落中的**

地位、作用和重要性。

3）生态位的决定因素：该物种的生活场所；该物种与食物、天敌和其他生物因食物引起的关系；该物种与其他物种之间的其他关系。

4）生态位重叠：**当两个物种利用同一资源就会发生生态位重叠**。

（1）当两种生物的生态位完全重叠：**资源短缺时发生竞争，竞争优势大的物种就会把另一物种完全排除掉，即竞争排除原理**；资源丰富时，两物种共同利用资源。

（2）当两种生物的生态位部分重叠：不重叠的生态空间中两物种实现共存；重叠的生态位空间被具有竞争优势的物种占有。

竞争排除原理决定了在同一群落中不可能有两个物种的生态位是完全相同的。

5）案例：物种间的生态位重叠和生态位分化。

（1）大草履虫和双小核草履虫的生态位重叠

这两种草履虫具有相似的生活习性（尤其是能以同一种杆菌为食）。当它们被放在同一个容器中培养时，起初两种草履虫的数量较少，而食物（杆菌）数量较多，在合适的条件下，大草履虫和双小核草履虫均能正常生长繁殖，表现为两种草履虫的种群数量均增加。

但是，随着两种草履虫数量的增加，相互之间对食物的争夺表现为大草履虫处于劣势，双小核草履虫处于优势。随着双小核草履虫数量的增加，争夺食物的优势越来越大，最终大草履虫由于失去了食物来源而灭亡。两种草履虫没有分泌杀死对方的物质，进一步证明了该实验结果缘于两种草履虫争夺资源。这就是竞争。

（2）大草履虫和袋状草履虫的生态位分化

当两个物种的生态位发生部分重叠，则每个物种都会有一部分无竞争的生态位空间，可以实现共存。

把大草履虫与另一种袋状草履虫放在同一环境中进行培养，结果两者都能存活下来，并且达到一个稳定的平衡状态。虽然这两种虫子竞争同一食物，但袋状草履虫占用的是不被大草履虫所需要的那一部分。

第2节　群落的演替

本节知识框架：

1. 群落演替的概念和类型
2. 顶极群落

1. 群落演替的概念和类型

1）概念

一些物种取代另一些物种、一个群落类型取代另一个群落类型的过程，这个过程直到出现一个稳定的群落即顶极群落才会停止。

＜版本差异＞

中学教材中，演替一般是指一种向前的变化，到达顶极群落后，演替不再进行，可以理解为一种狭义上的演替。但是有些教材认为演替就是一种变化，既包括正向演替，又包括退化演替，这可以理解为一种广义上的演替。在后一种观点中，演替没有终点。顶极群落可能受到某些因素的干扰，如火灾，然后重新启动演替。所以“群落到达顶极群落后演替是否终止”，不同出题者观点不同。

另外，“顶极群落”理论还存在争议，本身也还在“演替”过程中。一些学者认为，一种气候条件的地区只有一种顶极群落，即顶极群落的类型取决于那里的气候条件，这就是单顶极学说。另一些学者认为，一种气候条件的地区可有多种顶极群落，因为除气候外，顶极群落的类型还受土壤、生物等因素的影响，这就是多顶极学说。

在群落演替过程中，一些种群取代另一些种群是指优势取代，而不是“取而代之”。形成森林后，乔木占据了优势，取代了灌木的优势，但在森林中各种类型的植物都是存在的。

2）类型

（1）**初生演替是指在一个从来没有被植物覆盖的地面，或者是原来存在过植被但被彻底消灭了的地方发生的演替。如裸岩、沙丘、火山岩、冰川泥（人教版）、湖底的原生裸地（浙科版）上进行的演替。**

① 裸岩上的演替

裸岩阶段→地衣阶段→苔藓阶段→草本植物阶段→灌木阶段→森林阶段（乔木阶段）

② 从未有任何生物定居过的湖底原生裸地上的演替（浙科版）

裸底阶段→沉水植物阶段→浮叶根生植物阶段→挺水植物和沼泽植物阶段→森林群落阶段（顶极群落）

（2）**次生演替是指原有的植被虽已不存在，但原有土壤条件基本保留，甚至还保留了植物的种子或其他的繁殖体（如能发芽的地下茎）的地方发生的演替。如在火灾过后的草原上、过量砍伐的森林中、弃耕的农田上进行的演替。**

弃耕农田上的群落演替：

弃耕的农田上→草本植物期（一年生的杂草）→草本植物期（多年生的杂草）→小灌木期→灌木期→树林期（高大乔木）

（树林期：顶极群落；灌木期、树林期：在干旱的荒漠上很难形成）

3）初生演替与次生演替的比较

比较项目	初生演替	次生演替
起点	从来没有被植物覆盖，或植物被彻底消灭了的地方	原有植物已不存在，但是土壤条件基本保留，甚至还有种子或其他繁殖体
时间	漫长	较快
影响因素	自然因素	人类活动较为关键
实例	裸岩上的演替	弃耕农田上的演替

注意，**火山爆发过后是初生演替，火灾过后是次生演替。**

［**知识扩展**］

在群落演替的早期，群落生产量（P）大于群落呼吸量（R），因此净生产量很高并使生物量不断增加。但随着演替的进行就有越来越多的总生产量被用于呼吸消耗，当 $P=R$ 时，演替到达顶极群落，此时的生产量全部用于群落的维持。

［**知识扩展**］

“群落演替”这个词汇，本身就可以有两种不同的理解，一种是指演替的结果，即群落的类型已经发生了改变；另一种是指演替的过程，即群落的类型还未发生但将会发生改变。可以把前者看做质变，而把后者看成量变，没有量变的积累就不可能有质变。

浙江省曾有高考题认为一种外来的新的杂草取代了农田中的原有杂草不算演替，因为群落类型没有发生改变。这个出题者只看到了演替的阶段性质变结果，而忽略了质变背后的量变过程。这与人教版的观点相反。人教版认为迁入以及适应变化的种群数量增加或得以维持，不适应的数量减少甚至被淘汰，本身就是群落的演替。

2. 顶极群落

演替是一个漫长的过程，但不是一个永恒延续的过程。当一个群落演替到与当地的气候和土壤条件处于平衡状态的时候，演替就不再进行了。**在这个平衡点上，群落结构最复杂也最稳定，只要没有外力干扰，它将永远保持原状**。演替达到最终平衡状态时的群落称为**顶极群落**。

顶极群落的净初级生产量往往不高。这是因为树木茂密后，下层的植物叶片得不到充足的光照，但是植物的呼吸消耗却因植物总量增加而增加。

地球上现存的群落大多处于顶极群落阶段。**顶极群落类型主要是由平均温度和年降雨量所决定。年平均降雨量与年平均温度分布如下图所示。地球上现存的群落大都处于顶极状态。地球上的大部分顶极群落是森林**。

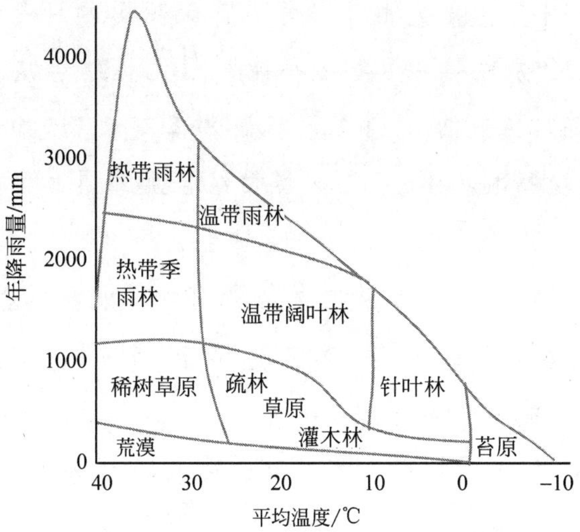

＜**知识细节**＞

注意是顶“极”群落，千万不要写成顶“级”群落。

第15章　生态系统的结构和功能

第1节　生态系统的结构

本节知识框架：

1. 生态系统的概念
2. 生态系统的组成成分及相互关系
3. 食物链
4. 食物网
5. 生态金字塔
6. 生物富集

1. 生态系统的概念

所有生物（即群落）＋非生物环境（非生物的物质和能量）＝生态系统

生态系统包括自然生态系统和人工（人为）生态系统。自然生态系统包括森林生态系统、草原生态系统、淡水生态系统、海洋生态系统和生物圈等。人工生态系统包括农田生态系统、城市生态系统等。

生态系统的结构包括生态系统的组成成分（生产者、消费者、分解者和非生物环境）和生态系统的营养结构（食物链、食物网和生态金字塔）。

2. 生态系统的组成成分及相互关系

1）生态系统的组成成分

生态系统的组成成分包括生物成分和非生物成分。

生物成分中生产者、分解者是必须具备的生物成分。**生产者就是自养生物**，是生态系统最基本、最关键的生物成分。**消费者和分解者都是异养生物**。

［**知识扩展**］

根据生物能否在合成代谢中完全利用外界的无机物合成有机物，将生物分为自养生物和异养生物。

自养生物在同化作用过程中，能将外界环境中的无机物转变为自身的组成物质。

自养生物分为光能自养生物和化能自养生物。光能自养的生物以光能为能量来源，代表生物有绿色植物、光合细菌（蓝细菌、绿硫细菌、紫硫细菌等）。化能自养的生物以化学能为能量来源，代表生物有硝化细菌、铁细菌、化能营养型硫细菌等。

硝化细菌：

$$2NH_3 + 3O_2 \longrightarrow 2HNO_2 + 2H_2O + 能量$$

$$2HNO_2 + O_2 \longrightarrow 2HNO_3 + 能量$$

$$CO_2 + H_2O \longrightarrow (CH_2O) + O_2$$

硫细菌：

$$2H_2S + O_2 \longrightarrow 2H_2O + 2S + 能量$$

$$2S + 3O_2 + 2H_2O \longrightarrow 2H_2SO_4 + 能量$$

$$CO_2 + H_2O \longrightarrow (CH_2O) + O_2$$

铁细菌：

$$4FeSO_4 + 2H_2SO_4 + O_2 \longrightarrow 2Fe_2(SO_4)_3 + 2H_2O + 能量$$

$$CO_2 + H_2O \longrightarrow (CH_2O) + O_2$$

异养生物在同化作用过程中，必须从外界环境中摄取现成的有机物来转变为自身的组成物质。异养生物不能利用无机物合成有机物，但是可以利用无机物加工有机物，如哺乳动物利用 Fe^{2+} 与珠蛋白结合加工成血红蛋白。异养生物有动物、营腐生或寄生的真菌、大多数细菌。异养型的方式有如下几种：

（1）捕食型：捕食环境中的各种生物。包括绝大多数动物。

（2）腐生型：通过分解生物的遗体、粪便或脱落物来获得营养。包括绝大多数真菌、细菌等微生物。

(3) 寄生型：从活生物身上夺取营养来养活自己。如蛔虫、某些细菌、病毒等。

非生物成分即非生物环境，包括非生物的物质和能量。

＜**版本差异**＞

旧人教版将非生物环境称为无机环境。旧浙科版将非生物环境进一步分为有机物、无机物、气候和能源。

2) 生态系统各成分之间的关系

各成分通过物质和能量的联系形成一定的结构，如下图。生产者能够进行光合作用；生产者和消费者都会被分解者分解；分解者、消费者和生产者都进行呼吸作用，将碳返还给无机环境。

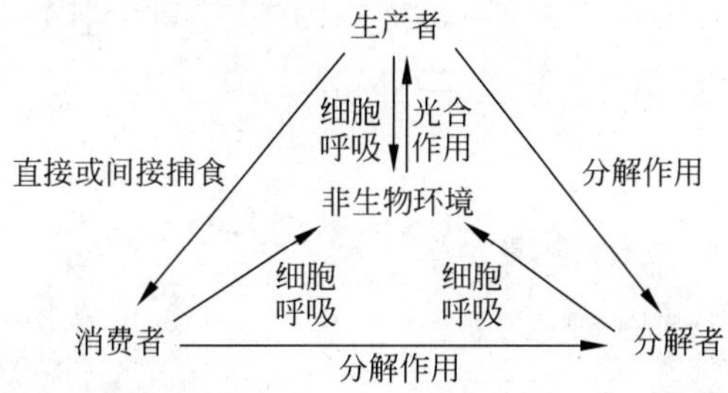

＜**知识细节**＞

(1) 植物不一定是生产者，动物不一定是消费者，微生物不一定是分解者。

寄生植物(如菟丝子)是消费者，高中生物学的主流观点认为腐食动物(如蚯蚓、秃鹫、蜣螂)是分解者，自养微生物(如硝化细菌)是生产者，寄生微生物(如肺炎链球菌)是消费者。

(2) 注意区分消费者和分解者。

消费者是从活的生物获得有机营养或先将对方杀死再获得有机营养，此时食物是新鲜的。分解者是从已死的生物(尸体)或其粪便、脱落物中获得有机营养，此时食物是腐败的。消费者往往对腐败的食物无法下咽。当然我们不能因为某种动物偶尔吃一些腐败的尸体，如鬣狗，就认为它是分解者，应该看它主要吃新鲜的还是腐败的食物。

高中生物学主流观点认为，大肠中的大肠杆菌是消费者，外界的大肠杆菌是分解者[①]。

［**知识扩展**］

所谓的边缘效应是指在某一生态系统的边缘，或两个甚至多个生态系统的交界区域内的能流、物流和信息流都远远大于某一生态系统内部的能流、物流和信息流，引起系统内部种群密度、生产力和多样性等发生较大的变化的现象。

比如，有关研究表明，一个森林生态系统其边缘(林缘带)往往分布着比森林内部更为丰富的动植物种类，具有更高的生产力和更丰富的景观。

3. 食物链

1) 概念

在生态系统各生物之间，由于摄食关系，生产者所固定的能量不断从一种生物向另一种生物传递，这种单方向的营养关系称为食物链。食物链是生态学家研究生态系统中物质和能量流动的最简单的模型。

2) 食物链种类

生态系统中的食物链的类型较多，其中，以生产者为起点的食物链称为**捕食食物链**，

① 笔者个人倾向于大肠杆菌是在分解大肠中的食物残渣，属于分解者。

以死亡生物或现成有机物为起点的食物链称为**腐食食物链**。

陆地生态系统通常以腐食食物链为主，因为大多数陆地生物都不会被捕食而是死后被分解。海洋中则以捕食食物链为主。

捕食食物链如：草→兔子→狐狸→老虎。**无特别指出，题中所指的食物链通常是捕食链。注意，捕食食物链中不包含分解者！**

腐食食物链如：植物残体→蚯蚓→线虫类→节肢动物。

［**知识扩展**］

食物链还有寄生食物链，是以寄生方式而形成的食物链，如：黄鼠→跳蚤→鼠疫细菌。

另外，还存在混合食物链，其各营养级中，既有以鲜活物质为食的生物成员，也有食腐的生物成员，如：稻草→牛(粪)→蚯蚓→鸡(粪)→猪(粪)→鱼。

3）消费者等级和营养级

生产者→初级消费者→次级消费者→三级消费者→四级消费者。

第一营养级→第二营养级→第三营养级→第四营养级→第五营养级。

营养级的概念是在食物链和食物网的基础上提出来的，是为了使生物之间复杂的营养关系变得更加简明，以便于定量地对能量流动和物质循环进行分析。**一个营养级是指处于食物链上某一环节上的全部物种的总和**，例如，所有绿色植物都位于食物链的起点，它们构成了第一营养级；所有以植物为食的动物(植食性动物)都归属第二营养级；第三营养级则包括全部以食植动物为食的食肉动物(肉食性动物)；以此类推可以有第四营养级和第五营养级等。由于食物链的环节数目是有限的，所以营养级的数目也是有限的，通常是4～5个。一般来说，营养级的位置越高，归属于这个营养级的生物种类和数量就越少，当少到一定程度的时候就不可能再维持更高一个营养级中生物的生存了。某些生物食性复杂，所以可能可以同时占据多个营养级，如杂食性动物既可以处于第二营养级，又可以处于更高营养级。

注意，羊属于第二营养级，但是不能表述为第二营养级就是羊。另外，**因为食物链中不包括分解者，所以营养级中也不包括分解者**。

<**版本差异**>

旧浙科版将初级消费者称为一级消费者，将次级消费者称为二级消费者；浙科版将营养级叙述为第一个营养级、第二个营养级等。

<**生活情境**>

“螳螂捕蝉，黄雀在后”，这个成语中的生物没有构成完整的食物链。完整的食物链应该以生产者为起点：

植物 → 蝉 → 螳螂 → 黄雀

生产者（植物）；消费者（蝉、螳螂、黄雀）

4）食物链上的种群数量变化

(1) 当螳螂数量增加，其他生物数量变化

植物↑ → 蝉↓ → 螳螂↑ → 黄雀↑ → 蛇↑

(2) 当螳螂数量减少，其他生物数量变化

植物↓ → 蝉↑ → 螳螂↓ → 黄雀↓ → 蛇↓

注：↑表示增加；↓表示减少。

4. 食物网

许多食物链彼此相互交错连接成复杂的营养结构就是食物网，如下图。一个生态系统中所有的食物链可以归为同一个食物网。食物网是生态学家提出的比食物链更真实的模型。

食物网更能真实地反映生态系统内各种生物有机体之间的营养位置和相互关系。食物网越复杂，生态系统抵抗外界干扰的能力就越强。相反，食物网越简单，生态系统就越容易波动和毁灭。

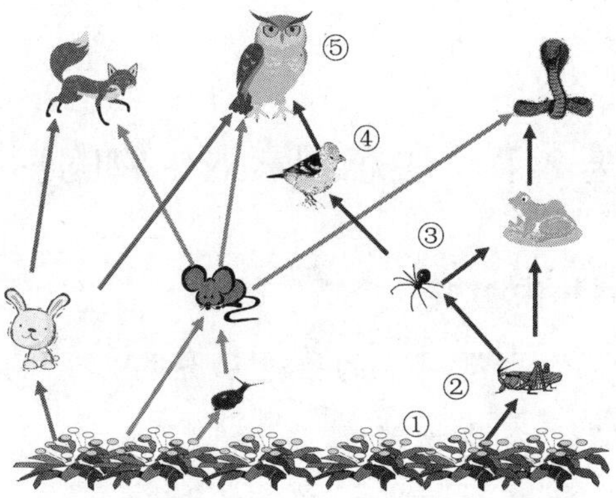

＜思考与讨论＞

(1) 食物网中一种生物可以占有多个营养级。上图中老鼠占有几个营养级？(2个营养级。)

(2) 食物网中两种生物之间可以有多种关系。上图中青蛙和蜘蛛之间是什么关系？(竞争和捕食关系。)

(3) 营养级一般不超过5个营养级。上图中最长的食物链有几个营养级？这是为什么？(5个营养级；因为能量每经过一个营养级都会损失一部分，营养级越高，所能获得的能量越少。)

(4) 蜘蛛数量突然减少，青蛙的数量最可能如何变化？(一般情况下，蜘蛛突然减少，能量更多地直接流向青蛙，导致青蛙变多。食物网中的种群数量变化规律非常复杂，这里不一一列举；其中有一个非常重要的原则是越短的食物链越节省能量。)

5. 生态金字塔

生态金字塔是指各个营养级之间的数量关系，按照营养级的顺序由低到高排列绘制的图形，这种数量关系可根据研究内容分为个体数量单位、生物量单位和能量单位，相应的生态金字塔就分别称为**数量金字塔、生物量金字塔和能量金字塔**。

＜版本差异＞

因为捕食链不包括分解者，所以一般来说生态金字塔也不含分解者，但是考虑到存在腐食链，所以有些生态金字塔中也包含了分解者。

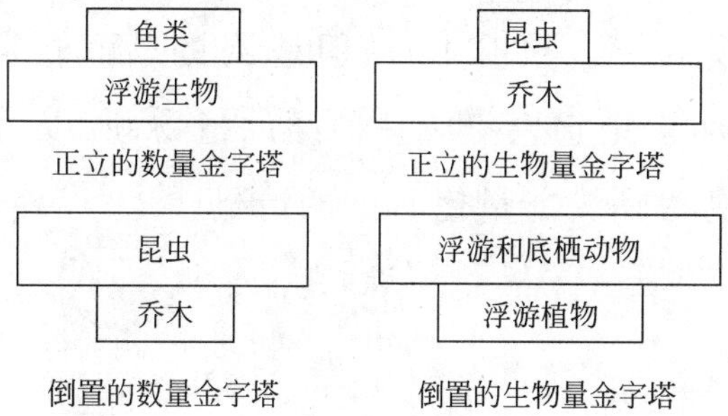

数量金字塔和生物量金字塔可能发生倒置(如图)。需要注意的是，发生倒置的数量金字塔和生物量金字塔中的倒置关系发生于局部，而不是说整个金字塔都是倒置的，如第二营养级的昆虫的数量比第一营养级的植物多，但是第三营养级的鸟类的数量比第二营养级的昆虫少。

因为能量在前一营养级(也可表述为上一营养级、低一营养级)向后一营养级(也可表述为下一营养级、高一营养级)传递的过程中会损失一大半，所以自然生态系统中能量

金字塔永远是正立的。

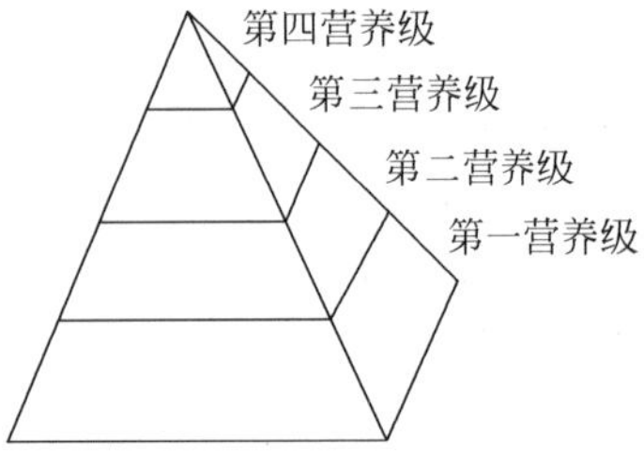

自然生态系统中，能量金字塔永远正立

［**知识扩展**］

有观点认为，有人工投食的生态系统，如鱼塘，能量金字塔可能倒置。

前后营养级构成正立的能量金字塔，但必须注意的是**营养级是指处于食物链某一环节上的所有物种的总和。一个物种几乎没有可能单独构成某个生态系统中的一个营养级，所以能量金字塔是适用于两个营养级之间，而可能不适用于两种生物之间**。如下面的示意图中 B 的食物只有 1/100 来自于 A。虽然 A 可以被 B 取食，但是 A 的量可能非常少，可以把它想象成一种濒危植物，所以可能出现 A 所含能量比 B 少的情况。

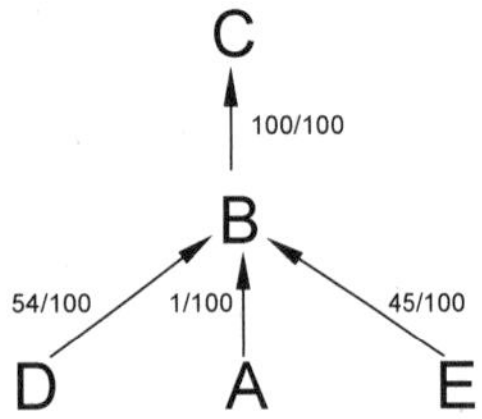

6. 生物富集

生物体从环境中吸收、积累某些元素或难以分解的化合物，而又很难排出体外，导致其在生物体内的浓度超过环境中浓度的现象，称为生物富集，又称生物浓缩。这些有害物质可以通过生物的体表吸收、根系吸收、取食和饮水进入体内。因为几乎不能被分解和排出体外，有害物质通过食物链逐级积累和浓缩（称为生物放大）。生物放大是指有害物质的浓度逐级增加，而不是指总量（图中数字指质量分数）。

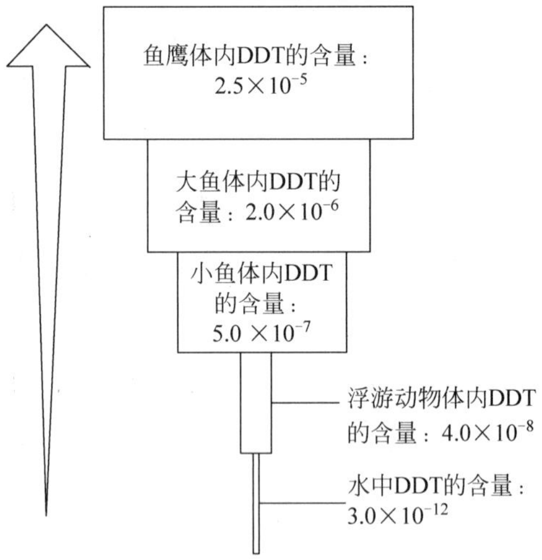

*第 2 节　生态因素对生物的影响

本节知识框架：

1. 生态因素的概念和分类
2. 非生物因素
3. 生物因素之种内关系
4. 生物因素之种间关系

1. 生态因素的概念和分类

环境中影响生物的形态、生理和分布等的因素叫生态因素。

生态因素
- 非生物因素：光、温度、水等
- 生物因素
  - 种内关系：种内互助、种内斗争
  - 种间关系：共生、竞争、捕食、寄生

2. 非生物因素

1）光对生物的影响

（1）光对植物的影响

① 光影响植物的形态。

② 光影响植物的分布。

阳生植物：喜阳光充足的环境，如松、杉、

柳、小麦、玉米等。阴生植物：喜潮湿、背阴的环境，如药用植物三七、人参等。海洋中海藻垂直分层现象也与光有关。

③ 光影响植物的开花。

光周期是指一天 24h 内昼夜的相对长度，动植物对光周期都有生理反应。根据植物开花所需要的日照时间长短分为长日照植物、日中性植物、短日照植物等。植物用于感受光周期变化的是叶片中的光敏色素。

长日照植物：日照时间超过一定时间才能开花的植物。长日照植物在白天越来越长的春天才开花，如小麦、大麦、油菜。

日中性植物：什么日照长度下都能开花的植物。

短日照植物：日照时间短于一定时间才能开花的植物。短日照植物在白天越来越短的秋天才开花，如水稻、玉米、大豆等。目前，对短日照植物的更准确表述为连续黑暗时间长于一定时间才能开花的植物。

中日性植物：一定日照长度下才能开花，多于或少于这个日照长度都会抑制开花的植物。

(2) 光对动物的影响

① 光影响动物的生殖。

鸟类的光周期影响生殖的现象最为明显，鸟类大都在春夏之交开始交配、进行繁殖活动，到夏秋之交则停止交配繁殖活动。鳟鱼在 12 月产卵，因为它的生殖器官要在短日照的刺激下才能成熟。黄鼠狼在长日照条件下进行繁殖。山羊、鹿等必须在短日照下才能繁殖。可利用灯光或黑幕，人为地延长或缩短光照时间，从而有效地控制动物的生殖。

② 光影响动物的体色。

光照还可以影响动物的体色，如许多动物背部的颜色通常较深，而腹部则较浅。一些种类的变色龙(又叫避役)可以根据周围环境来变换体色。

③ 光影响动物的生活习性。

飞蛾、蝙蝠、猫头鹰为夜行性，而蝴蝶、鸡(鸡在夜晚无法辨别颜色)则为昼行性。人们可在夜间用黑光灯诱杀飞蛾。猫头鹰绝大多数是夜行性动物，昼伏夜出，白天隐匿于树丛、岩穴或屋檐中，不易见到，但也有部分种类白天亦不安寂寞，常外出活动；一贯夜行的种类，一旦在白天活动，常飞行颠簸不定，犹如醉酒。

2) 温度对生物的影响

(1) 温度影响生物的分布。

(2) 温度影响生物的生长和发育。

有些植物的开花主要受到温度影响。如需要经过低温诱导才会使冬小麦等植物开花，这种过程称为春化作用。植物感受低温的部位一般在茎尖。

(3) 温度影响动植物的形态。

伯格曼定律：恒温动物在其分布范围内的较冷地区身体趋于大型化，而在较暖地区则趋于变小的规律。艾伦定律：生活在寒冷地区的恒温动物与温暖地区的同种个体或近缘异种相比，其四肢、尾巴、外耳等突出部分趋向于变短。

(4) 温度影响动植物的习性。

冬眠也叫“冬蛰”，某些动物在冬季时生命活动处于极度降低的状态，是动物对冬季外界不良环境条件(如食物缺少、寒冷)的一种适应。

一些恒温动物在寒冷冬季时其体温可降低到接近环境温度(几乎到 0℃),全身呈麻痹状态;在环境温度进一步降低或升高到一定程度时,或在其他刺激下,其体温可迅速恢复到正常水平。这些冬眠型恒温动物在非冬眠季节中,其体温是恒定的,而在冬眠季节中体温是可变的,故特称为异温动物。

熊及臭鼬等动物在冬季呈麻痹状态,但体温不降低或仅降低少许,且易觉醒,有半冬眠动物之称。

变温动物到冬季亦呈麻痹状态,但它们的体温随环境温度被动地变化,在温度降低到可耐受温度以下时,不会被激醒,而是被冻死。

3) 水对生物的影响

(1) 水对植物的影响

① 水影响植物的分布。

一年中的降水量和雨季的分布等,是限制陆生生物分布的重要因素。在干旱的沙漠地区,只有少数耐干旱的植物存在;在雨量充沛的热带雨林地区则森林茂密,植物种类繁多。

② 水影响植物的生理。

植物在水分充足时枝叶伸展,生长旺盛;缺水时生长缓慢,萎蔫甚至死亡。适度缺水的植物往往根系更加发达。许多植物能通过落叶休眠度过干旱季节。

(2) 水对动物的影响

①水影响动物的分布。

水是制约动物分布的重要因素,水源充足的地区动物数量和种类都多;干旱的地区数量和种类均少。水生动物终生生活在水中;两栖动物幼体生活在水中,成体可以上陆;陆生动物终生生活在陆地上。

② 水影响动物的生理。

水深刻影响动物的生存,动物缺水时比缺食物更容易死亡。由于陆地雨、旱季的变化,许多动物通过迁徙转移到水源充足的地区;许多无脊椎动物以卵休眠状态度过旱季;骆驼等少数动物体内有储水结构。

[知识扩展]

夏眠也叫夏蛰,与冬眠一样都是动物在缺少食物的季节为了生存而进化出的自然现象。某些动物在夏季时生命活动处于极度降低的状态,是它们对炎热和干旱季节的一种适应。例如地老虎(一种昆虫)、非洲肺鱼、沙蜥、草原龟、黄鼠等都有夏眠习惯。

非洲肺鱼是最有名的夏眠生物,当雨水充沛的时候,它可以用鳃痛快地呼吸;等到了干旱季节,沼泽地带干涸了,非洲肺鱼便钻进泥堆里睡眠。

3. 生物因素之种内关系

同种生物的许多个体生活在一起,既有互助的一面,也有斗争的一面。

种内互助指群体生活的动物共同哺育幼仔、共同觅食、共同御敌等行为。如蚂蚁、白蚁、蜜蜂等“社会性”群聚的动物间有明显的分工合作。

种内斗争即同种植物个体之间因为争夺水分、养料、光照、空气等无机环境因素而发生斗争,同种动物个体之间由于食物、栖所、寻找配偶或其他生活条件矛盾而发生斗争。种内斗争虽然对失败的个体不利,但对物种来说,由于淘汰了弱势个体,强势个体可得到更为充足的生存资源,使后代生活更好,因此对物种是有利的。

4. 生物因素之种间关系

1）互利共生

两者生活在一起，相互依赖，彼此有利。如，豆科植物和根瘤菌共生(如下图)。

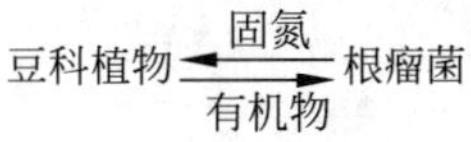

如，地衣是真菌和藻类植物的共生体(如下图)。

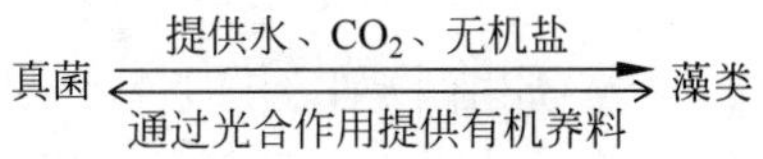

如，菌根是真菌与植物的根形成的共生体，菌丝增加了根系吸收养分的表面积。

互利共生的曲线表现出“同舟共济”、同步变化的特征，如下图。

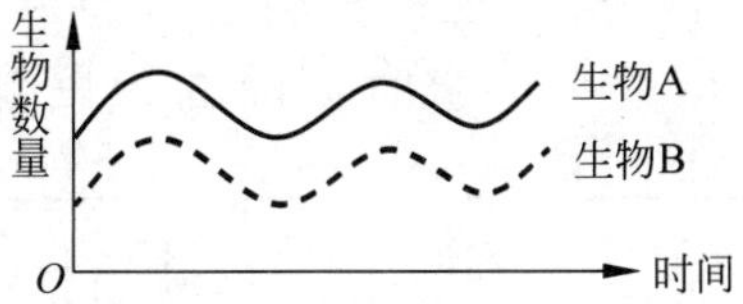

［**知识扩展**］

人教版中还提到了原始合作(互惠)的种间关系。两种生物共同生活在一起时，双方都受益，但分开后，各自也能独立生活。例如，海葵固着于寄居蟹的螺壳上，寄居蟹的活动可以使海葵更有效地捕食；海葵则可以用有毒的刺细胞为寄居蟹提供保护。

2）捕食

捕食即一种生物以另一种生物为食的现象。如，草食动物以某些植物为食，小型肉食动物以草食动物为食，大型肉食动物以草食或小型肉食动物为食，杂食性生物可以植物或动物为食。随着时间的变化，捕食的曲线表现出“相随”特征，如下图。

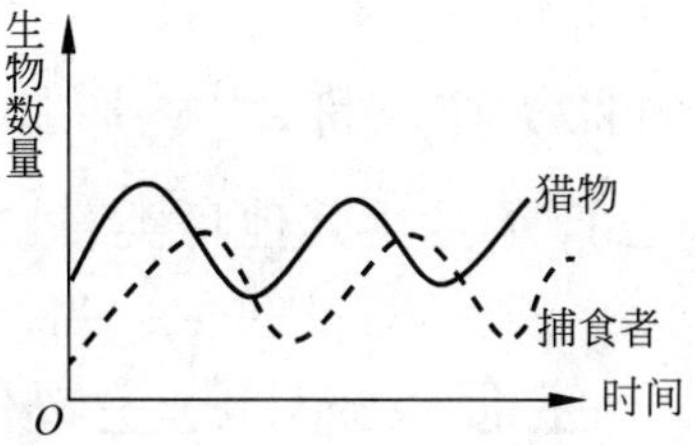

3）竞争

竞争指两种生物生活在一起，由于争夺资源、空间等而发生的斗争。如，水稻和稗草争夺阳光、养料和水分，小家鼠和褐家鼠争夺居所和食物。随着时间的变化，竞争的两条曲线变化刚好相反。

(1) 如果一方比另一方竞争能力强，一方生存下来，另一方则被淘汰(如下图)。

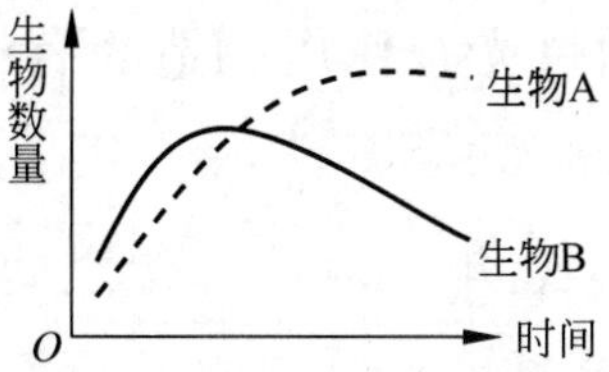

(2) 如果双方势均力敌，则两者都能生存下来(如下图)。

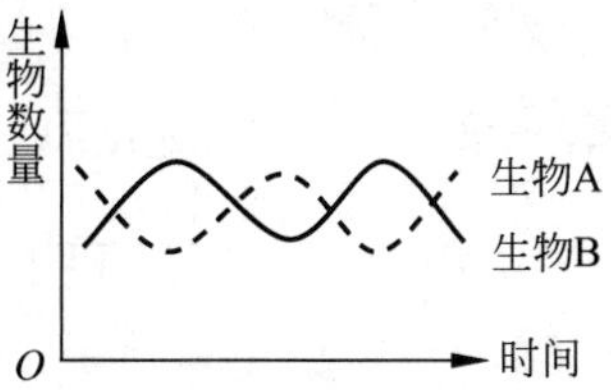

也有可能先发生第二种情况，再发生第一种情况。

4）寄生

一种生物(寄生者)寄生于另一种生物(寄主)的体内或体表，摄取寄主的养分以维持生活。寄生的结果：一方受益，一方受害。反应寄生关系的曲线难以绘制，因为它们之间的关系非常复杂。寄生生物使寄主受到损伤，但是又不能立即导致寄主死亡。如某些细菌、寄生虫等生活在寄主体内，如虱、跳蚤等生活在寄主体表。还有特殊的寄生类型，如巢寄生的棕头燕八哥，它破坏其他鸟类的蛋，然后自己产下蛋让其他鸟类替它孵化。

第3节　生态系统中的生物生产力

本节知识框架：

1. 初级生产量和净初级生产量
2. 次级生产量
3. 生物量

1. 初级生产量和净初级生产量

1）初级生产量

初级生产量指在单位时间和单位面积内绿色植物通过光合作用制造的有机物质或所固定的能量。单位为 $g/(m^2 \cdot a)$ 或 $J/(m^2 \cdot a)$，其中 a 代表年。两种单位之间可以换算，每合成 1mol 葡萄糖可固定 2.8×10^6J 能量。

注意：植物并不能把吸收的所有太阳能都固定。

2）净初级生产量

净初级生产量（NP，net primary production）＝初级生产量（GP，gross primary production）－呼吸消耗量（R）。

2. 次级生产量

次级生产量指单位时间、单位面积内异养生物（也可称为次级生产者，包括消费者和分解者）利用现成有机物而生产出来的有机物质。

［**知识扩展**］

下图没有区分呼吸（指细胞呼吸）和通过呼吸以热能形式散失的能量，表述成“同化量－细胞呼吸中以热能散失的部分＝用于生长、发育（人教版）、繁殖的能量”更妥当，因为生长、发育、繁殖本身离不开呼吸供能。

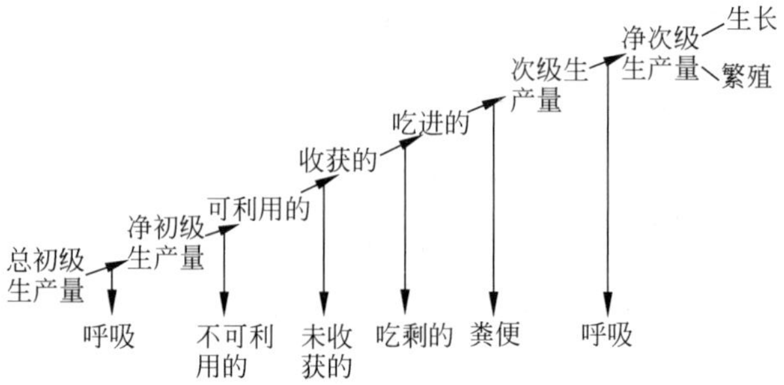

海洋的净初级生产量是陆地的净初级生产量的 1/2；但是，海洋次级生产量相当于陆地次级生产量的 3 倍多，这是因为作为食物时，海洋中的藻类植物比陆地上纤维素含量极高的高等植物的利用效率高得多。

3. 生物量

生物量是生物在某一特定时刻，单位面积内实际存在的有机物的总量，常用干重表示，单位是 g/m^2 或 J/m^2。生物量实际就是净生产量在某一特定时刻前的积累量。

第 1 年净生产量	第 2 年净生产量	第 3 年净生产量	三年后生物量
$5g/(m^2 \cdot a)$	$5g/(m^2 \cdot a)$	$5g/(m^2 \cdot a)$	$15g/m^2$

第4节　生态系统的功能

本节知识框架：

1. 生态系统的基本功能
2. 生态系统的物质循环
3. 生态系统的能量流动
4. 生态系统的信息传递

1. 生态系统的基本功能

能量流动、物质循环以及信息传递是生态系统的三个基本功能。

2. 生态系统的物质循环

生态系统的物质循环是指组成生物体的

C、H、O、N、P、S等基本元素在生态系统的生物群落与无机环境之间的反复循环运动，主要有碳循环、氮循环和水循环。

碳循环示意如下：

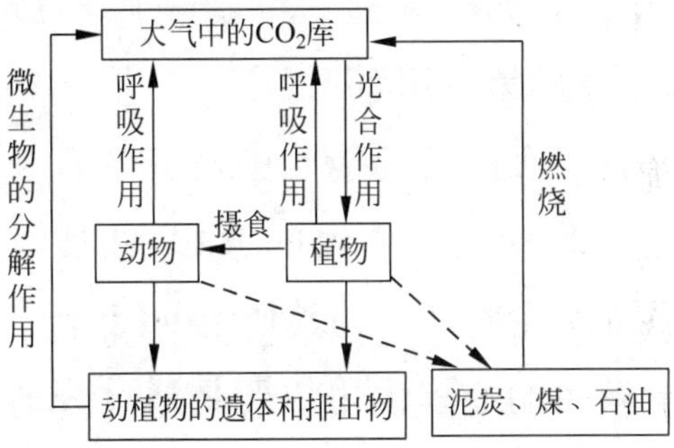

在碳循环中，碳在无机环境中的存在形式有CO_2和碳酸盐，在生物体内的主要存在形式为含碳有机物。**在无机环境与生物群落间，碳以CO_2形式循环。碳进入生物体的途径有光合作用和化能合成作用，进入大气的途径主要为生物（包括生产者、消费者、分解者）的呼吸作用和化石燃料的燃烧。其中，分解者的呼吸作用是微生物进行分解作用的主要方式。**

生物圈是地球上最大的生态系统，其中的物质循环带有全球性，这种物质循环又叫生物地化循环。

3. 生态系统的能量流动

1）能量流动模型

生态系统中能量的输入、传递、转化、散失的过程，称为生态系统的能量流动。生态系统的能量流动一般是从生产者固定的太阳能开始的，故流经生态系统的总能量主要指生产者所固定的全部太阳能（不考虑化能合成型）。**生态系统的能量流动的途径是食物链和食物网。生态系统的能量最终通过细胞呼吸，以热能形式散失。生态系统的能量流动过程中，能量的转化形式是光能→化学能→热能。**

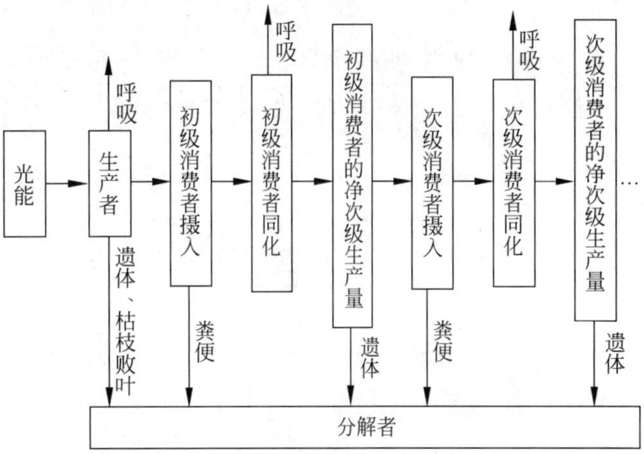

消费者不可能完全吸收所摄入的食物，不能吸收的食物残渣会以粪便的形式排出体外。这是排遗的过程而不是排泄，排遗排出的是食物残渣，而排泄排出的是代谢产物。也就是说，**消费者摄入的食物中的能量＝消费者同化的能量＋粪便中的能量，或者说消费者粪便中的能量属于上一营养级的同化的能量。**当人类消化不良的时候吃玉米，拉出来的玉米颗粒仍旧是完整的，这就是非常直观的例证。但是以往教材混淆了摄入和同化的含义。

被消费者同化的能量，有一部分在细胞呼吸（呼吸作用）中以热能的形式散失了；剩下的部分是积累在生物体中的能量，这部分能量用于生物的生长、发育和繁殖等生命活动，可以称为净次级生产量。净次级生产量中有一部分被下一营养级的消费者摄入，摄入的一部分能量被下一营养级的消费者同化，不能被吸收的部分以粪便的形式最终被分解者分解。净次级生产量中还有一部分随着消费者的死亡被分解者分解。

＜知识细节＞

通过细胞呼吸释放的能量一部分以热能

形式散失，另一部分存于ATP中用于各项生命活动。不够严谨的是，各教材在“能量流动”一节的表述中，都将“细胞呼吸”缩写为“呼吸”，都将通过细胞呼吸散失的热能等同于细胞呼吸散失的能量。正确的理解应该如下图：

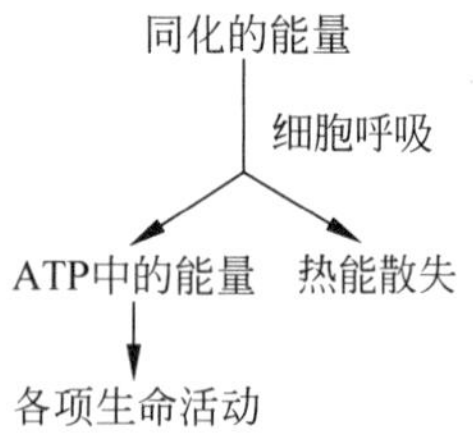

为了研究营养级之间的能量传递效率，美国生态学家林德曼对赛达伯格湖的能量流动进行了定量分析。下图中采用J为能量单位，如采用cal需要数值转换，1cal≈4.18J。

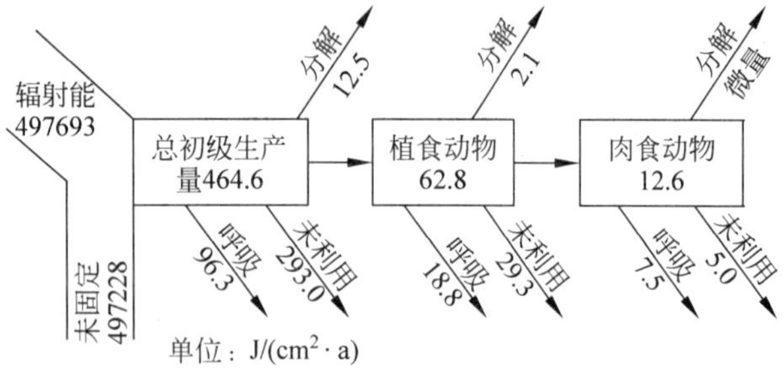

从图中可知，**一个营养级中同化的能量有四种去路：未利用，呼吸消耗，传入下一个营养级，被分解者分解**。当然，并不是每个营养级都有四种去路，最后一个营养级没有传入下一个营养级这条去路。

其中未利用的能量有两层意思：其一是指在一年或其他统计时段内，每个营养级中同化的能量可能会有一部分没有被呼吸消耗，没有被分解者分解，也没有传入下一营养级，而是积累了下来；其二是指生物死亡后可能会以有机物沉积的形式存在，石油（如泥盆纪的裸蕨形成石油）、煤炭（如古生代的石松纲植物形成煤炭）就是如此形成的。换句话说，未被利用的能量只是在统计的时候未被利用，但可能最终还是被利用了，所以未被利用也可以认为不是能量的去路之一。在林德曼对赛达伯格湖的能量流动的研究中，未利用的能量主要指有机物沉到湖底形成沉积物，即上述的第二层意思。

某营养级同化的能量中被分解者分解的能量包括此营养级生物的遗体、枯枝败叶和下一营养级生物产生的粪便中的能量。

分解者的分解作用主要是通过分解者的细胞呼吸进行的。

2）能量流动的特点

能量传递效率＝下一营养级的同化量/上一营养级的同化量×100%。此处的上一营养级指的是位于食物链前面的一个营养级，下一营养级指的是位于食物链后面的一个营养级。此处的同化量不能理解成净积累量，更不能理解成干重；同化量中还包含了用于呼吸的能量。

能量流动的特点：单向流动，逐级递减。能量传递效率一般在10%～20%之间（人教版）。

一般情况下，陆生生态系统各营养级之间大约只有10%的能量能够传递到下一个营养级，海洋生态系统的这个比值要大于10%（浙科版）。这是因为海洋中的生物相对陆地生物容易被消化，如海洋动物利用藻类（主要是细胞壁很薄的单细胞藻类）的效率比陆地动物利用陆地植物（主要是纤维素含量极高的高等植物）效率要高。

由植物转移到植食动物的能量传递效率一般低于由植食动物转移到肉食动物的能量传递效率。这是因为植物含有纤维素，消化效率低。所以,植食动物每天花大量时间摄入食物,而肉食动物可以隔很久时间才去捕猎。

如果食物链中动物都是恒温动物,那么该食物链和含有变温动物的食物链相比,能量传递效率更低,因为恒温动物需要消耗更多的能量维持体温。

能量每流经一级都要丢失一大部分,食物链越长,流量流失就越多。食物链到第五营养级以后,可利用的能量已减少到不能维持其生存的程度了,所以食物链一般不超过五个营养级。在食物链中能量流动逐级递减,在整个生态系统中能量守恒,两者并不矛盾。

能量的单向流动是指在一条食物链中的能量流向是单向的。如果两种生物可以相互捕食,则存在两条食物链。如蛇能吃老鼠,但是冬天老鼠偶尔也能吃蛇,这就是两条食物链。

能量是不能循环往复利用的,所以"能量循环"这种表述是错误的!这与物理学中的热力学第二定律是相吻合的。能量传递效率是指两个营养级之间的同化量的比值,而不是单指两个物种之间的同化量的比值。这是因为一种生物可能取食多种生物,一种生物也可能被多种生物取食。如下图,如果生产者B因为口味很差等原因,很少被取食,那么它同化的能量中只有极低的比例流入初级消费者,比如0.01%。初级消费者C同化的能量来自两种生产者,初级消费者C同化的能量除以生产者B同化的能量,获得的比值没有生物学意义。如果生产者B的数量很少,比如是珍稀物种,初级消费者C同化的能量除以生产者B同化的能量所得比值甚至会大于1。

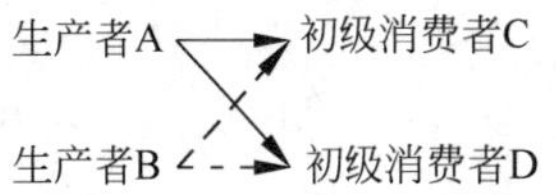

有些生态系统可以实现物质的自足自给,循环利用,但是有些生态系统也需要外界辅助物质的供给,如城市生态系统需要外来物质的输入。但是,**任何生态系统都需要外界的能量供给,因为能量无法循环利用**。如果在一个较长时期内断绝对一个生态系统的能量输入,这个生态系统就会自行消亡。

<**知识细节**>

(1) 当没有人工补充能量时,$a_1=a_2+b_2+c_2+d_2$,$a_2=a_3+b_3+c_3+d_3$。

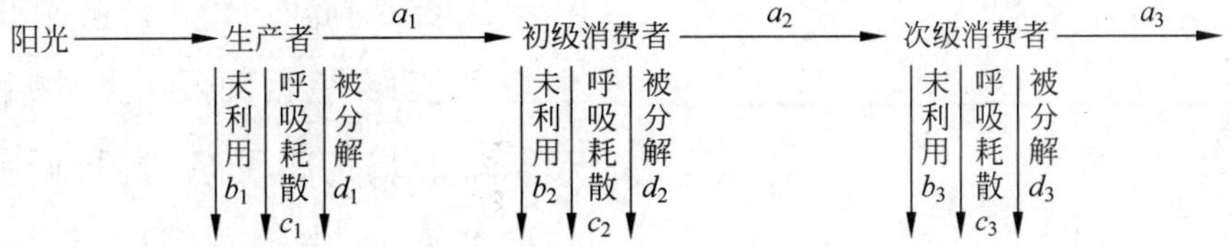

(2) 当有人工补充能量时(如向鱼塘投食),$a_1+w_2=a_2+b_2+c_2+d_2$,$a_2+w_3=a_3+b_3+c_3+d_3$。

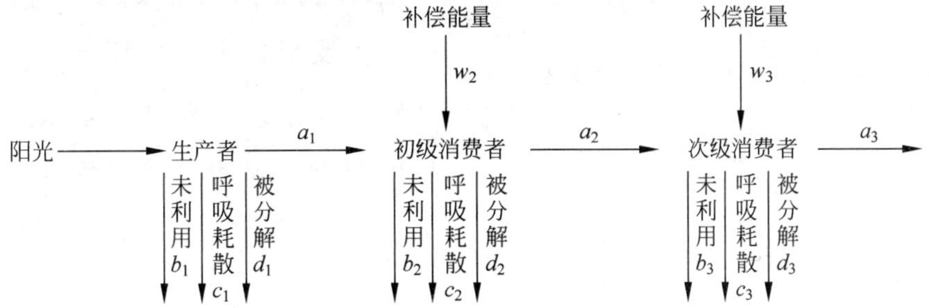

两种情况中，第一和第二营养级之间的能量传递效率都为 $a_1/(a_1+b_1+c_1+d_1)$，第一种情况中，第二和第三营养级之间的能量传递效率为 a_2/a_1，第二种情况中则为 $a_2/(a_1+w_2)$。

3）研究生态系统能量流动的意义

（1）**对能量进行多级利用，提高能量的利用率**。例如，秸秆的多级利用、桑基鱼塘。

桑基鱼塘是生态工程最早和最生动的一种模式。桑基鱼塘是将低洼地挖深变成水塘，挖出的泥堆放在水塘的四周为地基。基上种桑，塘中养鱼，桑叶用来喂蚕，蚕沙（也可写作蚕砂，是蚕的粪便）用以饲鱼，而鱼塘中的塘泥又取上来作桑树的肥料。通过这样的循环利用，取得了“两利俱全，十倍禾稼”的经济效益，这便是桑基鱼塘。

思考：蚕沙养鱼，鱼属于第几营养级？（第二营养级。）

（2）**合理调整能量流动方向，使能量流向对人类最有益的部分**。例如，在森林中，最好使能量多储存在木材中；在草原牧场上，则最好使能量多流向牛、羊等牲畜体内，以获得更多的毛、肉、皮、奶等畜产品。

＜知识细节＞

能量流动和物质循环的相互关系

项　目	能量流动	物质循环
形式	以有机物为载体	以无机物与有机物的形式
特点	单向流动，逐级递减	循环往复
范围	生态系统的各营养级	全球生物圈
联系	能量流动和物质循环同时进行，相互依存，不可分割： ① 能量的固定、储存、转移和释放，都离不开物质的合成和分解； ② 物质是能量沿着食物链（网）流动的载体； ③ 能量是物质在生态系统中循环往返的动力	

4. 生态系统的信息传递

生态系统的信息传递的种类分为物理信息、化学信息和行为信息。

物理信息：生态系统中的光、声、温度、湿度、磁力等，通过物理过程传递的信息，如蜘蛛网的振动频率。

化学信息：生物在生命活动中产生的一些化学物质，可以传递特定的信息，如植物的生物碱、有机酸，动物的性外激素等。

行为信息：动物的特殊行为，对于同种或异种生物也能够传递某种信息，如孔雀开屏、蜜蜂的舞蹈。

第 5 节　生态系统的稳定性

本节知识框架：

1. 生态系统具有自我调节能力
2. 生态系统自我调节能力的基础
3. 抵抗力稳定性和恢复力稳定性
4. 生态系统自我调节能力是有限的
5. 生态系统的发展特点

1. 生态系统具有自我调节能力

生态系统具有自我调节的能力，可以使生态系统维持相对稳定。物种种类越多，生态系统的结构越复杂，自我调节能力越强；物种种类越少，生态系统的结构越简单，自我调节能力越弱。

2. 生态系统自我调节能力的基础

负反馈是生态系统能够实现自我调节的基础。实例：草原生态系统中兔子种群数量与植物量之间的反馈调节（如下页图）。

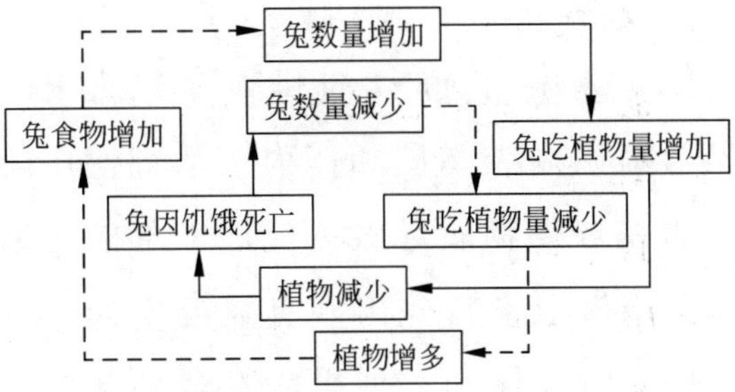

正反馈：常常使生态系统远离稳态，对生态系统有极大的破坏作用。正反馈调节相对负反馈调节在自然生态系统中较为少见。对于处于稳态的自然生态系统，正反馈调节往往具有极大的破坏作用。

实例：湖泊污染加剧。

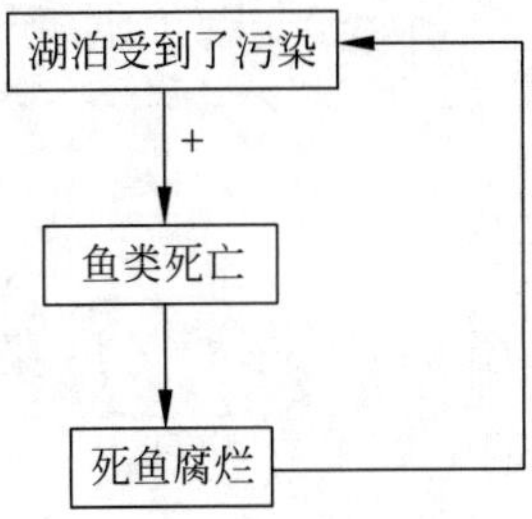

3. 抵抗力稳定性和恢复力稳定性

生态系统的稳定性表现为抵抗力稳定性和恢复力稳定性两个方面。

抵抗力稳定性是生态系统抵抗外界干扰并使自身的结构与功能维持原状的能力。若没有特别指出，则通常所说的生态系统的稳定性是指抵抗力稳定性。

恢复力稳定性是生态系统在受到外界干扰因素的破坏后恢复到原状的能力。

生态系统的组分越多，食物网越复杂，则自我调节能力越强；抵抗力稳定性越强则恢复力稳定性越弱。对一个生态系统来说，抵抗力稳定性与恢复力稳定性往往呈负相关。

4. 生态系统自我调节能力是有限的

生态系统的自我调节能力是有一定限度的，当外界的干扰超过一定限度之后，生态系统的自我调节平衡功能受到损害，生态系统稳定性就会被破坏。人为因素和自然因素都可能破坏生态平衡。

5. 生态系统的发展特点

在自然条件下，生态系统总是朝着物种多样化、结构复杂化和功能完善化的方向发展，直到生态系统达到稳态为止。

第6节　人类与环境

本节知识框架：

1. 生物圈
2. 人口增长过快对环境造成压力
3. 全球性生态问题
4. 生态工程

1. 生物圈

1）生物圈的概念

生物圈是指地球有生物存在的部分，包括所有生物及其生存环境，它是地球表面不连续的一个薄层，是最大的生态系统。

［**知识扩展**］

笔者认为生物圈应该是厚薄不均而不是不连续。浙科版编者可能认为喜马拉雅山等山顶上几乎没有生物，所以说生物圈不连续。

2）生物圈的分布范围

以海平面为标准划分，生物圈向上可到达约10km甚至更高的高度，在水域向下可到达约10km的深处，在陆地上最低可到达植物在地下最深的根际(根际是指根的表面和贴近根的周围的土层)处,整个厚度约为20km,包括大气圈的底部、水圈的大部、岩石圈的表面。如果把直径将近13 000km的地球看成一个苹果,那么生物圈还不及苹果皮厚。

2. 人口增长过快对环境造成压力

人的各种需求直接或间接地依赖自然资源,随着人口的增长,环境压力不断增大。

人是生物界中的一员,生物种群消长规律有适用于人口增长的一面。但是,人不同于一般的生物:人具有特别发达和善于思维的大脑,具有能动地调控人口增长以及改造和保护自然的本领。所以,生物种群的消长规律不完全适用于人口增长的情况。人类可以通过控制人口,发展生态工程,协调人口增长与环境的关系,促进人与自然和谐发展。

3. 全球性生态问题

早在100多年前,恩格斯就曾警告人类"不要过分陶醉于人类对自然界的胜利""人类每一次对自然界的胜利都必然要受到大自然的报复"。人类的活动引发了全球性生态问题:全球气候变化、水资源短缺、臭氧层破坏、土地荒漠化、生物多样性下降、环境污染等。

1) 全球变暖

化石燃料(包括煤、石油和天然气)的大量燃烧使大气中CO_2的含量增多,CO_2等温室气体能捕获一部分由地面反射的长波,长波具有热效应,加剧了温室效应,从而引起全球变暖。全球变暖导致极地和高山冰川融化,使海平面上升,气候改变等。减少化石燃料的使用,开发新能源,大量植树造林是当务之急。

2) 臭氧层破坏

作为雾化剂、除臭剂和制冷剂使用的氟利昂等氯氟烃类物质和作为灭活剂使用的哈龙等氯溴烃类物质导致平流层下部的臭氧层变薄。南极上空首先出现臭氧层空洞。臭氧层能吸收对人体和其他生物有致癌和杀伤作用的紫外线、X射线和γ射线,所以臭氧减少会增大人患皮肤癌、白内障等疾病的风险,抑制植物的光合作用,使农作物减产等。减少氯氟烃、氯溴烃等物质的排放是解决措施之一。

<版本比较>

氟氯烃在旧人教版和浙科版中写为氟利昂。浙科版还指出哈龙是含溴卤代烷烃的商品名。

3) 环境污染

常见的环境污染是大气污染、土壤污染和水体污染。

雾霾天气是一种大气污染状态,雾霾是对大气中各种悬浮颗粒物含量超标的笼统表述,其中$PM_{2.5}$(空气动力学当量直径小于或等于2.5微米的颗粒物)被认为是造成雾霾天气的"元凶"。霾在吸入人的呼吸道后对人体有害,如长期吸入会引发多种疾病,严重者会导致死亡。燃烧化石燃料所产生的硫氧化物和氮氧化物与大气中的水气结合形成硫酸和硝酸,这些酸性物质随雨雪回降地面形成酸雨。酸雨会造成水体酸化,影响动物的生长发育,伤害植物的叶和芽,腐蚀建筑物和金属材料。减少化石燃料的燃烧,使用脱硫煤,开发新能源,植树造林是防治大气污染的方法。

水体污染包括有机污染、无机污染、有毒物质污染等,三种污染的机理有差别。有机污染会导致水体**富营养化**，若表现在海洋中则称为赤潮；若表现在湖泊等淡水流域中则称为水华。所以，要减少生活污水、工业废水和污染物进入水体。

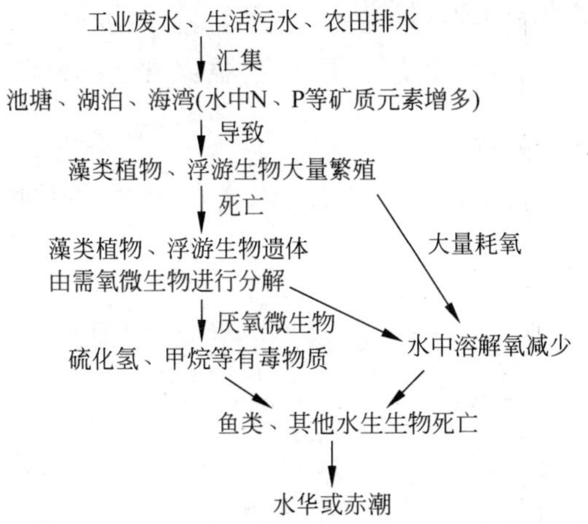

土壤污染具有隐蔽性和滞后性，治理难度大，成本高，周期长。

4）生物多样性下降

生物多样性包含生态系统多样性、物种多样性和遗传多样性(基因多样性)人类活动的范围和影响强度不断扩大，使生态系统遭受破坏，生物多样性锐减。

人类的保护生物多样性可采取就地保护和迁地保护(浙科版)/易地保护(人教版)的措施，使用建立精子库、种子库、基因库等生物技术，恢复退化的生态系统(浙科版)。最有效的措施是就地保护。

4. 生态工程

1）生态工程的原理、研究对象和总体目标

生态工程是生态学、工程学、系统学、经济学等学科交叉而产生的应用学科。生态工程以生态系统的自组织、自我调节功能为基础，遵循整体、协调、循环、自生等生态学基本原理。生态工程学的研究对象是“社会—经济—自然复合生态系统”，总体目标是可持续发展。

＜**版本差异**＞

浙科版中，可持续发展包括三方面含义：经济的可持续发展是主导，生态的可持续发展是基础，社会的可持续发展是可持续发展的根本目的。可持续发展的基本原则是公平性原则、持续性原则和系统性原则。公平性原则包含代际公平和代内公平两层意思。

2）生态工程的类型举例

生态工程的类型有农业生态工程，物质循环利用的生态工程，节水和废水处理与应用的生态工程，小流域综合治理与开发的生态工程，清洁及可再生能源系统组合利用的生态工程，住宅、小区和城镇、城市的生态工程；生态恢复工程；生态旅游；绿色化学工程等。

(1) 农业生态工程

传统农业生产所遇到的问题很多。农业机械的使用使得耕地数量增多，但是水土流失严重；人工肥料的加入大大提高了单位面积农作物产量，但是过量使用使得环境遭到破坏，土壤肥力下降；农药的使用消灭了大量害虫，提高粮食产量，但是会污染环境，破坏生物多样性。

大农业主要包括种植业和畜牧业。农业生态工程中使用了物质的良性循环技术、种植业和畜牧业合理优化(种养结合)技术等，从而获得最佳的经济效益、生态效益和社会效益。如桑基鱼塘中，桑叶养蚕、蚕沙养鱼、塘泥培桑；农作物秸秆“过腹还田”(秸秆→家畜→粪便→农田)；“退耕还林工程”“退耕还草工程”；立体养殖；生物防治等技术。“蔬菜—鸡、猪—沼气”系统的物质循环如下图所示。

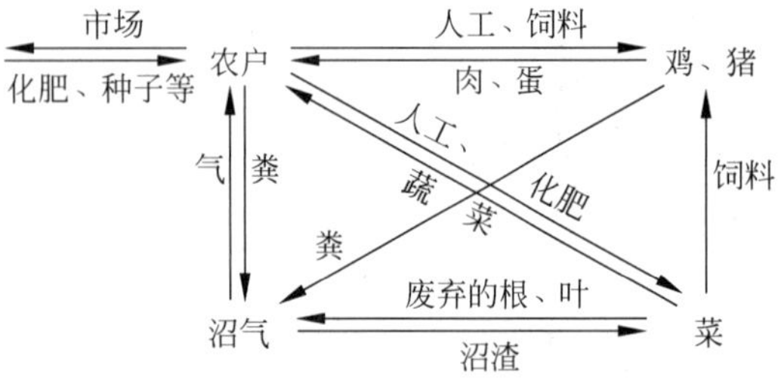

＜**版本差异**＞

中国古代的“无废弃物农业”，通过种植豆科作物，以及收集有机物质，包括人畜粪便、枯枝落叶、残羹剩饭、河泥、炕土、老墙土等，采用堆肥和沤肥等方式，把它们转变为有机肥料，施用到农田中，改善了土壤结构、培育了土壤微生物；实现了土壤养分如氮、磷、钾及微量元素的循环利用（人教版）。

沼气池里的产甲烷菌（简称甲烷菌）是一类能够经过发酵产生可燃性气体甲烷的厌氧性细菌。

（2）物质循环利用的生态工程

可枯竭资源中一部分是非更新自然资源，如矿产、化石燃料等，这部分资源越用越少。物质的循环利用就是对废弃物、污染物进行重新利用，使它们成为新的原料，形成了“原料—产品—原料—产品”的循环利用模式。

（3）节水和废水处理与应用的生态工程

西北干旱地区进行雨水和地表水收集，农业区使用节水灌溉技术，城市、工业开发节水系统，造糖厂用糖蜜制酒精，造纸厂从废液回收钙粉、木质素，屠宰场从废血提取凝血酶、血红蛋白。

利用生态浮床净化富营养化的水体，浮床上的植物可以吸收水中的营养，采收后可以作为饲料，也可以用来提取金属。

（4）小流域综合治理与开发的生态工程

例如，三北（西北、华北和东北）防护林，长江上游防护林；通过治坡、治沟、修梯田，发展草业、牧业、林业。

（5）清洁及可再生能源系统组合利用的生态工程

例如沼气、太阳能、风能的开发和利用。

第16章 生物工程与技术

第1节 微生物工程：微生物的培养和分离

本节知识框架：

1. 微生物的主要类型
2. 菌落的概念
3. 微生物培养基
4. 微生物的代谢产物
5. 微生物的生长曲线
6. 无菌条件
7. 微生物的接种、分离与纯化
8. 菌种的保存

1. 微生物的主要类型

微生物(microorganism)是指结构简单、形态微小的生物体，包括无细胞结构的病毒，原核生物(细菌、蓝细菌、放线菌、支原体、衣原体、立克次氏体等)，真核生物中的真菌(如酵母菌、霉菌和食用真菌)和原生生物(如草履虫、变形虫)。绝大多数微生物与传染病无关，且大多数对人类还是有利的。

2. 菌落的概念

菌落(colony)是单细胞或菌丝状微生物在固体培养基上大量繁殖时，形成的一种肉眼可见的、具有一定形态结构的子细胞群，如下图。液体培养基中无法形成菌落，因为液体培养基具有流动性，子代细菌会扩散到整个培养基。每种微生物在一定条件下形成的菌落的大小、形状、边缘、光泽、质地、颜色和透明程度等特征可以作为菌种鉴定的重要依据。

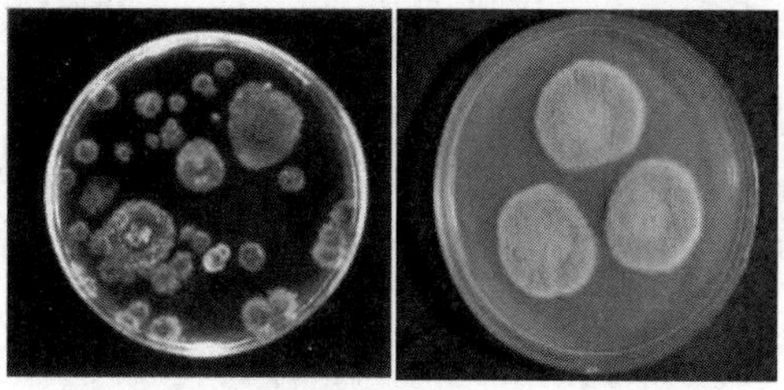

3. 微生物培养基

1) 微生物培养基中的营养物质

培养基中一般含有碳源、氮源、水、无机盐和生长因子。

碳源是能为微生物提供所需碳元素的营养物质，包括无机碳源(CO_2、$NaHCO_3$ 等)和有机碳源(糖类、脂肪酸、花生粉饼、石油等)。自养型微生物可以从空气中获取 CO_2，所以不需要向培养基中添加碳源。

氮源是能为微生物提供所需氮元素的营养物质，包括无机氮源(N_2、氨、铵盐、硝酸盐等)和有机氮源(尿素、牛肉膏、蛋白胨等)，主要用于合成蛋白质、核酸以及含氮的代谢产物。

生长因子是生物生长不可缺少的微量有机物，包括维生素、氨基酸、碱基等，这些物质一般是酶和核酸的组成成分。牛肉膏、蛋白胨和动植物组织提取液等天然物质可提供生长因子。

2) 培养基的配制原则

(1) 目的要明确

应根据所培养的微生物的种类、培养目的等选择原料。自养型微生物的培养基可由简单的无机物组成。

(2) 营养要协调

须注意各种营养物质的浓度和比例。如

谷氨酸的生产中，C：N＝4：1时，合成谷氨酸的菌体大量繁殖；C：N＝3：1时，谷氨酸合成量大增。

（3）pH要适宜

各种微生物适宜生长的pH范围不同。如细菌适宜的pH为**中性偏碱（浙科版）/中性或弱碱性（人教版）**。细菌的具体最适pH范围，不同资料给出的数据各不相同：放线菌最适pH为7.5～8.5，真菌（包括霉菌）最适pH为5.0～6.0（**中性偏酸**）。注意培养基调pH的操作应在高压蒸汽灭菌之前，否则用NaOH和HCl调pH时，会造成污染。

＜版本差异＞

人教版提到细菌绝大多数分布在距地表3～8cm的土壤层。

3）培养基的种类

（1）根据物理性质划分：固体和液体培养基

不含凝固剂、呈液态的培养基为液体培养基。**液体培养基可用于微生物的扩大培养**。用液体培养基培养需氧型微生物时，需要不停搅拌或振荡以充分供氧，并让微生物与营养物质充分接触。

加入凝固剂、呈固态的培养基为固体培养基。**固体培养基可用于微生物的分离、计数，可作为微生物的选择和鉴定培养基，也可以用于植物组织培养**。

凝固剂往往是琼脂。取一定量的琼脂加入到蒸馏水中，加热使琼脂溶解，依次加入各种营养物质和其他物质（如显色剂、抗生素等），期间需不停地搅拌。高压蒸汽灭菌后，待培养基冷却到50℃左右时，在酒精灯火焰旁，将未凝固的固体培养基倒入培养皿中，每倒入一个培养皿后需要放置在水平桌面上轻轻晃动，使培养基铺满底部。冷凝后制成的固体培养基简称为“平板”，这个操作称为“倒平板”。平板需要倒置，这是因为固体培养基在冷却过程中会形成冷凝水，细菌细胞呼吸也会产生水，如果不倒置，水滴形成在培养基表面，会造成菌落中的细菌扩散，使不同菌落连在一起。平板培养基常用于微生物的分离、鉴别和选择。

将未凝固的固体培养基倒入试管中，将试管斜放在台面上，培养基冷却后在试管中形成了一个斜面，这样的固体培养基简称为“斜面”。斜面的长度不要超过试管总长的一半。斜面培养基常用于菌种的保存。

（2）根据化学成分划分：天然培养基、合成培养基

天然培养基由天然物质配制而成，如蛋白胨、牛肉膏、酵母浸膏等，化学成分不明确，可用于工业生产。合成培养基化学成分明确，可用于分类、鉴定微生物。

（3）根据用途划分：选择培养基、鉴别培养基

选择培养基是在一般培养基中加入了某种化学物质，抑制不需要的微生物的生长，促进所需微生物的生长，可用于分离菌种。如加入青霉素的培养基可以分离酵母菌、霉菌等真菌，加入高浓度食盐的培养基可以分离金黄色葡萄球菌，不加氮源的无氮培养基可以分离固氮菌，不加含碳有机物的无碳培养基可以分离自养型微生物。鉴别培养基是在一般培养基中加入了指示剂或化学药品，以鉴别某些物质，可用于鉴别菌种或微生物。如伊红-美蓝培养基可以鉴别大肠杆菌。

4）常见培养基

细菌培养一般使用**LB培养基**（Luria-Bertani，也有科学家认为LB代表的是lysogeny broth，即溶菌肉汤）。人教版中细菌培养使用的是牛肉膏蛋白胨培养基。真菌（霉菌）可以用添加蔗糖的豆芽汁、马铃薯浸出液或无机物配制的培养基。所以有"**细菌喜荤，霉菌喜素**"的说法。

［**知识扩展**］

LB液体培养基中含有蛋白胨、酵母浸膏和氯化钠，牛肉膏蛋白胨液体培养基中含有蛋白胨、牛肉膏和氯化钠。氯化钠是用来维持渗透压的。

〈**知识联系**〉

植物组培一般使用MS培养基，是穆拉西格（Murashige）和斯柯格（Skoog）为烟草细胞培养设计的。

4. 微生物的代谢产物

微生物体积小，表面积与体积之比（比表面积、相对表面积）很大，所以微生物与外界进行物质交换的效率非常高。微生物的代谢异常旺盛，在适宜条件下，大肠杆菌每小时分解的糖是自身质量的两千倍，乳酸菌每小时产生的乳酸能达到自身质量的成千上万倍。

1）初级（初生）代谢产物

微生物可以通过代谢产生自身生长和繁殖所必需的物质，如氨基酸、核苷酸、多糖、脂类、维生素等初级代谢产物。在不同种类的微生物细胞中，初级代谢产物的种类基本相同。

2）次级（次生）代谢产物

微生物生长到一定阶段才产生的物质为次级代谢产物，其化学结构十分复杂，对该微生物无明显生理功能，或并非是微生物生长和繁殖所必需的物质，如抗生素、毒素、激素、色素等。不同种类的微生物所产生的次级代谢产物不相同。

植物也有初级和次级代谢产物的说法。

5. 微生物的生长曲线

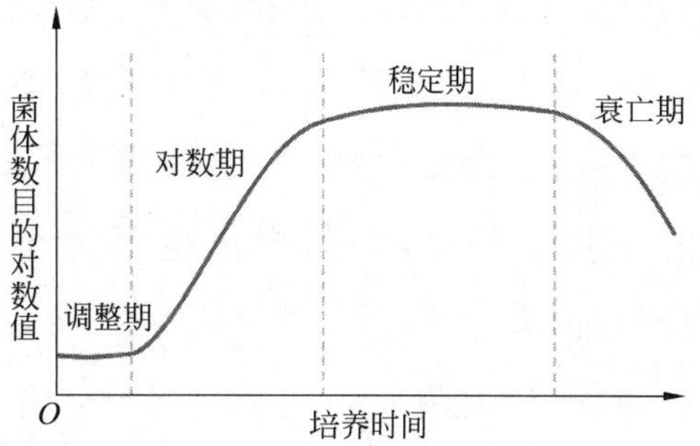

如图所示，微生物培养过程中，以细胞数目或生物量对生长时间作图获得的曲线称为微生物的生长曲线。

微生物的生长曲线可分为调整期（迟缓期）、对数期、稳定期、衰亡期四个阶段。调整期，微生物刚刚接种到培养基上，需要适应新的环境，代谢活跃，会大量合成细胞分裂所需的酶类、ATP以及其他成分，细胞体积增长较快，但是不繁殖。对数期，微生物繁殖速度最快，各细胞的个体形态和生理特性一致，此时的微生物可以作为生产用菌和科研材料。稳定期，生存条件相对恶化，如营养物质消耗，有害代谢物质积累，pH发生变化等，菌体开始出现芽孢；此时微生物繁殖速度与死亡速度相等，活菌数量达到最大，代谢产物特别是次级代谢产物大量积累。在生产应用中，若以一定速度添加新培养基、放出老培养基，控制其他条件，可以延长稳定期。如果环境条件恶化，微生物的死亡速度超过繁殖速度，培养基中活菌数目会出现急剧下降，即进入衰亡期。

6. 无菌条件

1）无菌条件创设的意义

无论是进行植物细胞培养、动物细胞培养还是微生物培养，都需要无菌的环境。这是因为植物细胞和动物细胞一旦离开了母体，就几乎丧失了抵御细菌（霉菌）侵染的能力，并且细菌（霉菌）还会抢夺培养基中的营养。培养特定的微生物时，也需要排除其他杂菌的干扰。另外，无菌操作也保护了操作者自身和环境。

2）消毒和灭菌

消毒是使用较为温和的物理或化学方法仅杀死物体表面或内部一部分对人体有害的微生物，不能杀死芽孢和孢子。灭菌是使用强烈的理化因素杀死物体内外所有的微生物，包括芽孢和孢子。

消毒的方法有煮沸消毒法，巴氏消毒法（如牛奶的消毒），化学药剂消毒（如70%或75%乙醇、5%或10%次氯酸钠、氯气、0.1%氯化汞等），紫外线消毒等。紫外线灭菌是习惯性的说法，仔细推敲，这种说法是不妥当的，可以改为紫外线杀菌。紫外线能破坏微生物细胞中核酸（DNA和RNA）的分子结构，使其失去生存和繁殖能力，达到杀菌消毒的效果；紫外线也能使蛋白质变性。

<版本差异>

人教版和旧浙科版中为70%乙醇，新浙科版中为75%或70%。人教版和旧浙科版中为5%次氯酸钠，新浙科版为10%次氯酸钠。

灭菌的方法有湿热灭菌、灼烧灭菌、使用G6玻璃砂漏斗过滤、干热灭菌等。

高压蒸汽灭菌是湿热灭菌法中效果最好的一种，需在压力表示数为1kg/cm^2（浙科版）/ 100kPa（人教版），温度为121℃下，维持15～30min（人教版）/ 15～20min（浙科版）。高压蒸汽灭菌锅上有两个排气口，其中，安全阀门在正常使用时始终关闭，另外一个排气口需要等到锅内加热后，水蒸气将锅内原有空气全部赶走后才能关闭。如果不排尽空气，会导致达到一定压力后，温度达不到特定值（因为空气比水蒸气更容易加热膨胀）。应在排气口关闭，温度和气压继续上升到指定值后，才开始计时。压力表上的压强其实是锅内压强减去锅外压强的值，这是中学教材普遍没有阐述清楚的。水蒸气的热穿透能力强，有利于杀死细菌的芽孢和孢子。灭菌结束，关闭电源后，需等压力下降到零刻度后才能打开高压锅，否则锅内压力突然下降，灭菌容器内的液体会冲出容器，造成污染。此时锅内的温度还比较高，培养基还未凝固。因为葡萄糖在115℃以上会焦化，对含葡萄糖的培养基高压蒸汽灭菌时，需降低温度和压力（112℃，570g/cm^2）并延长时间（30min）。无菌操作所使用的各种器皿和培养基都要进行高压蒸汽灭菌，包括G6玻璃砂漏斗、涂布器、培养皿、试管、镊子、取样器的枪头、三角瓶等。灭菌时，培养皿要用牛皮纸或报纸将多个包在一起；试管需要加棉花塞（棉花摊成一圆片，再裹到一适当直径的木头上，做成棉花塞）或塑料盖后用牛皮纸或报纸将多个包在一起；三角瓶须用封口膜封口后再用牛皮纸或报纸封口；取样器的“枪头”放在专用塑料盒中。为了减少震动和移位，培养皿和试管都是多个捆在一起或包在一起。牛皮纸或报纸也有利于减少器皿从锅内取出来后外表面与外界细菌的接触。

＜**知识细节**＞

压力表显示的 $1kg/cm^2$（浙科版）或 100kPa（人教版），经过计算会发现其实就是一个大气压的压强。另外，锅内的实际压强为压力表显示的压强值加上外界的大气压的压强。

＜**版本差异**＞

人教版中提到培养皿在 160～170℃ 灭菌 2h。

浙科版中提到，高压蒸汽灭菌后，实验器皿需要及时在烘箱中烘干，除去灭菌时高压蒸汽产生的水分，以免金属器械锈蚀。

接种环在使用前需要灼烧（烧灼、烧红）。接种环烧红后需要冷却，可以通过接触培养基上未长菌的部位冷却，也可以是在火焰旁冷却。涂布器需要高压蒸汽灭菌，使用前浸泡在酒精中，涂布前将酒精烧掉。人教版将此操作也归为灼烧灭菌。接种时，试管口或瓶口也需要烧灼一周。

G6 玻璃砂（芯）漏斗是所有的玻璃砂漏斗中微孔直径最小的型号，可以用来滤除细菌，使用前须高压蒸汽灭菌，使用时需要抽滤（减压过滤）。尿素加热会分解，酶加热会变性，葡萄糖在 115℃ 以上会焦化，这些不宜进行高温灭菌的物质则可用 G6 玻璃砂漏斗过滤灭菌。G6 玻璃砂漏斗使用完毕后，须用 1mol/L HCl 浸泡，抽滤去酸，再用蒸馏水洗至中性，干燥保存。

［**知识扩展**］

接种环需不需要高压蒸汽灭菌，未查询到明确资料，一般的题目显示不需要。但是旧浙科版表述为接种环等器皿通常需要高压蒸汽灭菌。

3）营造无菌环境

接种、倒平板等工作应该在超净台上靠近酒精灯火焰处进行。操作前应用紫外灯杀菌，使用过滤空气。操作台、手都需要用酒精擦拭消毒。不能使用脱脂棉，因为脱脂棉容易吸水，导致杂菌繁殖造成污染。无菌操作中使用的无菌水是蒸馏水或去离子水经过高压蒸汽灭菌得到的。

7. 微生物的接种、分离与纯化

接种是指将目标微生物转移到培养基中的过程。平板划线法和稀释涂布平板法是其中两种常用的方法。通过这两种方法可以得到单菌落，从而达到分离和纯化微生物的目的。单菌落在人教版中称为纯培养物。

1）平板划线法

平板划线法（划线分离法）是相对简单的方法。平板划线法只能用于接种和分离，不能用于计数。

平板划线法需要使用接种环。接种环在接种前需要进行灼烧，烧红并冷却后才能接种和划线，每次划线完毕后都需要进行灼烧，包括最后一次划线结束后，然后才能收存接种环。所以**灼烧次数要比划线次数多一次**。

当样本含菌量较少时，采用连续划线法（浙科版称为连续平行划线）；而当样本含菌量较多时，采用分区划线法（浙科版称为**多次连续平行划线**）（如下页图）。中学教材采用后者：接种环灼烧灭菌，蘸取菌液，在固体培养基表面第一区划线，接种环灼烧灭菌，在第二区划线……，接种环灼烧后保存。每个区域只能与前后两个区域连接，而不能跨区域连接，如第三区域的划线只能与第二区域的末端和第四区域的前端连接。接种环在第一区划线前才蘸取菌液,后面的区域划线均从前一区的末端开始划线,而不需要再次蘸取菌液。接种环不能划破培养基,否则菌落将会沿着划破区域线性分布。

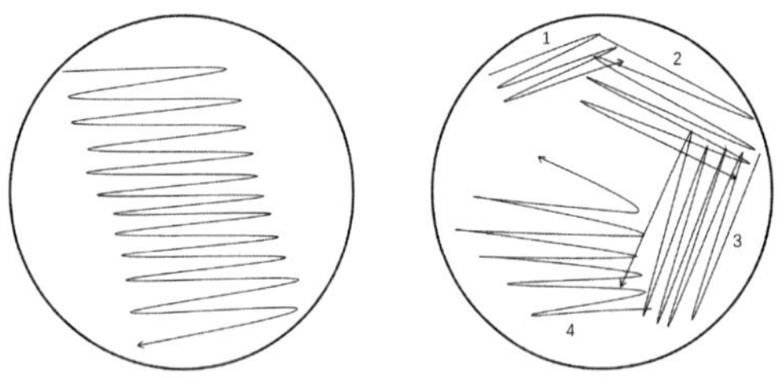

连续划线法　　分区划线法

<**版本差异**>

分区划线时,后面的区比前面的区范围要大,中学教材中暂未体现这一点。人教版示意图中在5个区划线,浙科版在4个区划线。浙科版中还介绍了扇形划线。

2)稀释涂布平板法

稀释涂布平板法(涂布分离法)更容易得到单菌落,但是操作稍复杂。稀释涂布平板法除了用于接种和分离,还可以通过统计平板上的菌落数来推断初始的活菌数。

稀释涂布平板法需要使用涂布器。将稀释的菌液滴加在固体培养基表面,将蘸有酒精的涂布器在火焰上引燃,待酒精燃尽,涂布器完全冷却后再用它将菌液均匀涂布在培养基表面。涂布时可转动培养皿,使涂布均匀(如下图)。

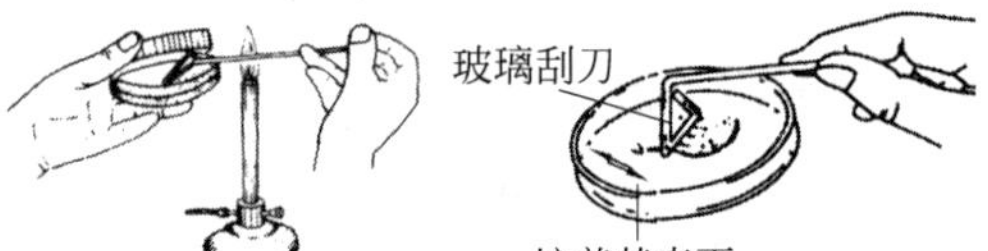

统计的菌落数往往比活菌的实际数目少,这是因为当两个或多个细胞连在一起时,平板上只能观察到一个菌落。因此,统计结果一般用菌落数而不是活菌数来表示。

统计菌落数时,应在同一稀释倍数下,至少涂布三个平板,统计各个平板的菌落数并计算平均值,一个平板内30～300个菌落数适合计数。

[**实验案例**]分离以尿素为氮源的微生物

尿素不能直接被植物吸收。土壤中有些细菌能分泌脲酶,脲酶分解尿素产生 NH_3,进而转变为 NO_3^-、NH_4^+ 等,从而被植物利用。

$$CO(NH_2)_2 + H_2O \xrightarrow{\text{脲酶}} 2NH_3 + CO_2$$

在培养基中检测分解产生的 NH_3 可以用酚酞或酚红。酚红与酚酞的结构和检测结果很相似,但是酚红比酚酞更加灵敏,在弱碱性下也能显色。NH_3 会使培养基 pH 升高,使酚红显红色。

含细菌的土样取自有哺乳动物排泄物的地方。将土样放入加有无菌水的三角瓶中振荡,制备土壤稀释液。三角瓶中装有玻璃珠,有利于搅拌。取细菌悬液依次制备各个稀释倍数的土壤稀释液。土壤的取样、称量,溶液的稀释都应该在火焰旁进行,相关器皿和工具使用前后都需要灭菌。

在浙科版中,向尿素培养基中添加的不是琼脂,而是琼脂糖。这似乎更严谨。这是因为琼脂是海藻提取物,杂质中含有氮。而琼脂糖是琼脂中的主要成分,不含氮,具有可以在水溶液中形成凝胶的特性。此实验还需要以LB全营养固体培养基为对照。

向经过高压蒸汽灭菌过的固体培养基(此时还是液态)中添加经过G6玻璃砂漏斗过滤的尿素时,要在无菌条件下进行。

取适合稀释倍数的稀释液各0.1mL,分

别加到有LB全营养培养基和尿素培养基的培养皿中进行涂布，每个浓度各做3组。很明显在尿素培养基上生长的菌落比LB全营养培养基上的少，只有这些能在尿素培养基上生长的菌落才能将尿素作为氮源。但是，此实验没有考虑到自生固氮菌(如圆褐固氮菌)也能在尿素培养基中繁殖。

无论采用何种分离方法，都需要一个未接种的培养基作为空白对照，以检验器材和培养基的灭菌情况、器材的封口情况和无菌操作环境的情况。另外，无论采用何种方法，都需要放入恒温培养箱中培养一段时间。

＜**版本差异**＞

本书中的稀释倍数都是指稀释到原来的几倍。人教版用$10, 10^2, \cdots$来表示稀释倍数，而浙科版用除了这种方式，还用$10^{-1}, 10^{-2}, \cdots$来表示稀释倍数。

8. 菌种的保存

为了保持菌种的纯净，需要进行菌种的保藏。对于频繁使用的菌种，我们可以采用临时保藏的方法。首先，将菌种接种到试管的固体斜面培养基上，在合适的温度下培养(细菌的培养温度要比霉菌培养高，培养时间也更短，因为细菌繁殖速度更快)。当菌落长成后，将试管放入4℃的冰箱中保藏。因为培养基中营养物质会逐渐下降，水分减少，菌种也会因为长期低温受损，所以之后每3～6个月，都要重新将菌种从旧的培养基上转移到新鲜的培养基上，也可以短暂地重新恢复一下细菌的活力。但是，这种方法保存的时间不长，菌种容易被污染或产生变异。

对于需要长期保存的菌种，可以采用甘油管藏的方法。

第2节　微生物工程：微生物的利用

本节知识框架：

1. 发酵的概念和分类
2. 果酒和果醋的制作
3. 泡菜的制作
4. 发酵工程

1. 发酵的概念和分类

1）发酵的概念

通过微生物的培养，大量生产各种代谢产物的过程叫做发酵。

2）发酵的种类

(1) 根据培养基的物理状态可以分为固体发酵和液体发酵。

(2) 根据所生成的产物可以分为抗生素发酵、维生素发酵、氨基酸发酵等。

(3) 根据发酵过程对氧的需求情况可以分为厌氧发酵(静置发酵)，如酒精发酵、乳酸发酵；需氧发酵(通气发酵)，如抗生素发酵、氨基酸发酵和醋酸发酵。

2. 果酒和果醋的制作

1）果酒的制作

水果表面带有天然的酵母菌(兼性厌氧型真菌，水果表面的酵母菌是从土壤经过各种途径传播过去的)，家庭酿酒利用的就是天然酵母菌。工业酿酒消毒更严格，需要用高锰酸钾浸泡葡萄，将天然酵母菌杀死，所以工业酿酒使用的是工业酵母。人工添加大量经过改造的工业酵母可以使发酵加速，也易于控制酒的味道。

葡萄先用水洗净，再去除枝梗，沥干。使用榨汁机将处理好的葡萄低速榨汁，或用杵捣碎，或挤碎。如果使用榨汁机，需要在低速下进行，防止籽被打破，籽被打破会有苦涩味。

果酒的透明度是评价果酒质量的一项重要指标。要获得清亮透明的果酒，澄清过滤是一项必不可少的技术手段。果胶的存在会使果酒透光率差，浑浊，出现沉淀。在发酵前或发酵中，用果胶酶处理果酒，能够避免果胶引起的浑浊和沉淀，保持果酒的透光率与稳定性。因为酒精对果胶酶具有一定的抑制作用，如果发酵后使用果胶酶，不仅使酶用量加大，处理时间延长，而且处理效果也不理想。

如果使用干酵母，可先用加入了少量蔗糖的温水激活干酵母，等到出现气泡再使用。这个阶段酵母菌进行需氧呼吸。

在发酵初期，酵母菌的需氧呼吸会使发酵瓶内出现负压，这是因为 CO_2 比 O_2 更易溶于水，也有呼吸底物除了糖还有其他物质(油脂)的原因。

在发酵过程中需要不时松开密封口，或者使用一定的装置，如装水的弯曲管。这种装置可以排出发酵时产生的 CO_2，维持气压平衡，避免容器内气压过大引起爆炸；也阻止了空气(O_2)进入；同时可阻止杂菌进入。当发酵罐内不再出现气泡，说明发酵结束。

发酵完毕，发酵液用纱布过滤，除去葡萄皮和葡萄籽。滤液经过沉淀后，上清液即为葡萄酒。

因为葡萄含糖量低，所以葡萄酒酒精含量低，也不甜。可以额外添加蔗糖，这样可以提高酒精度，并产生甜味。但酒精度最高不会达到 16%(体积分数)，因为酵母菌在此浓度下也会死亡。

酿酒所需的温度比酿醋的温度低。如果酿制的是粮食酒，则还需进行糖化(淀粉水解)过程。

2) 果醋的制作

酿醋利用的是醋酸菌，通常来说醋酸菌指的是醋酸杆菌，而醋化醋杆菌是醋酸杆菌的一种。暴露在空气中的酒容易变酸，其表面有时出现一层菌膜，就是醋酸菌大量繁殖形成的。

当 O_2、糖都充足时，醋酸菌会将葡萄汁中的糖分解成醋酸；当缺少糖时，则将乙醇变成乙醛，再将乙醛变成醋酸。

3. 泡菜的制作

做泡菜主要利用的是蔬菜表面的乳酸菌。泡菜中乳酸的质量百分比为 0.4%～0.8%时，口味、品质最佳。

<版本差异>

浙科版指出了具体的乳酸菌类型：植物乳杆菌、短乳杆菌、明串珠菌，它们可产生乳酸、醇、酯等代谢产物。

泡菜罐的口有一个凹槽，加水封口，用于隔绝空气，又可防止杂菌进入。将新鲜蔬菜洗净并切块，入坛，加盐水，加入白酒用来调味和杀菌，加适量的冰糖或白糖，有利于乳酸菌生长繁殖。

<版本差异>

人教版是先配置盐水(5%～20%)，煮沸后冷却，浙科版是将盐(6%)溶解到冷开水中。

[知识扩展]

浙江省高考题中还认为用热水短时处理蔬菜，能抑制某些微生物产生果胶酶，从而有利于保存果胶，让泡菜更加爽口。另外，细胞破裂，细胞内营养物质外流能使乳酸菌快速地获得营养物质，缩短发酵时间(此步骤暂未在旧浙科版教材以外的资料中找到依据)。

食物中的亚硝酸盐普遍存在，浓度低时不会危害健康。泡菜的腌制过程中亚硝酸盐浓度先急剧增加，然后减少[①]。由于泡菜在开始腌制时，坛内环境有利于细菌的繁殖(包括一些硝酸盐还原菌)，这些细菌可以促进硝酸盐还原为亚硝酸盐。但随着腌制时间的延长，乳酸菌大量繁殖，形成的酸性条件对硝酸盐还原菌产生一定的抑制作用，使其生长繁殖受到影响，造成泡菜中亚硝酸盐的含量有所下降。乳酸菌本身又具有亚硝酸盐还原酶，但在一般环境中处于较低的水平。亚硝酸盐的含量增加可以诱导亚硝酸盐还原酶的合成，使亚硝酸盐在酸性和厌氧条件下得以分解。

在存在胃酸等物质的环境中，亚硝酸盐与食物中的仲胺、叔胺和酰胺等反应会生成强致癌物N-亚硝胺。

泡菜也不能腌制时间过久，否则会滋生霉菌，产生霉味。

4. 发酵工程

1）发酵工程的基本环节

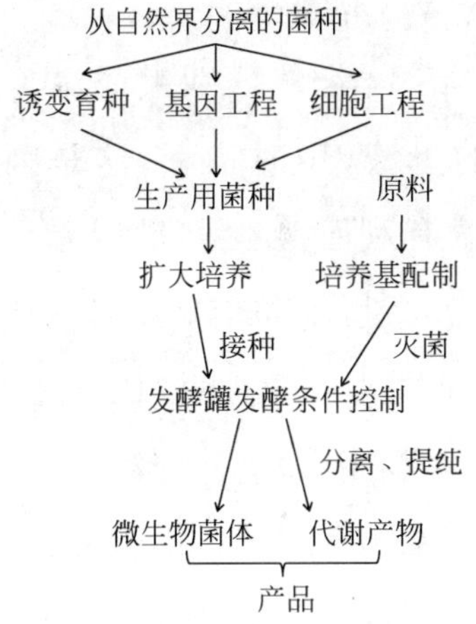

(1) 菌种选育：一般用诱变育种、基因工程和细胞工程等方法选育菌种。

(2) 培养基配制。

(3) 灭菌：包括设备灭菌和培养基灭菌。

(4) 扩大培养和接种。

(5) 发酵过程：随时了解发酵进程，及时添加必需的培养基组分，严格控制温度、pH、溶氧量、通气量与转速等发酵条件。发酵罐示意图如下。

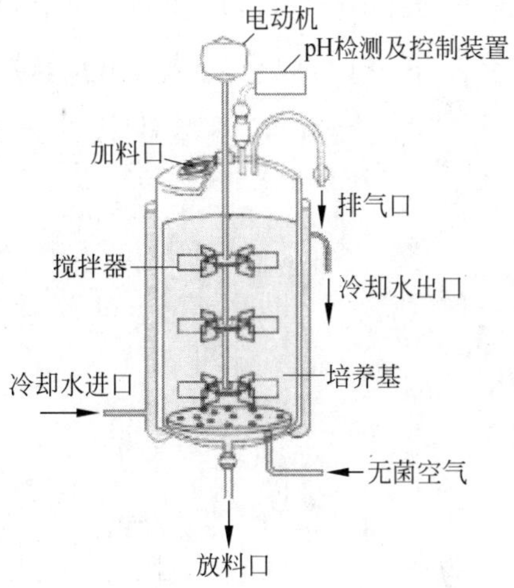

(6) 分离提纯：要得到菌体可以用过滤、沉淀方法；要得到代谢产物可以用蒸馏、萃取、离子交换等方法。

2）发酵的若干细节

(1) 发酵工程所用的菌种大多是单一的纯种，整个发酵过程中不能混入杂菌。这是为什么呢？

若其他微生物在发酵过程中混入，将与生产用的菌种形成竞争关系，对发酵过程造成不良影响。例如，如果在谷氨酸发酵过程中混入放线菌，则放线菌分泌的抗生素就会使大量的谷氨酸棒状杆菌死亡；如果在青霉

① 蔬菜，特别是绿色蔬菜在存放时，亚硝酸盐浓度也是这个变化规律。

素生产过程中污染了杂菌，这些杂菌则会分泌青霉素酶，将合成的青霉素分解掉。

(2) 扩大培养与发酵生产过程中的培养有何不同呢？

扩大培养是为了让菌体在短时期内快速增殖，而发酵过程中的培养是为了获得代谢产物，目的不同，采用的培养条件就有可能不同。例如，**在酒精发酵过程中，扩大培养是为了促使酵母菌快速增殖，因此是在有氧条件下进行；而在发酵产生酒精的过程中，则必须在无氧条件下进行，以获得大量的酒精**。

3) 发酵的实例：谷氨酸棒状杆菌合成谷氨酸

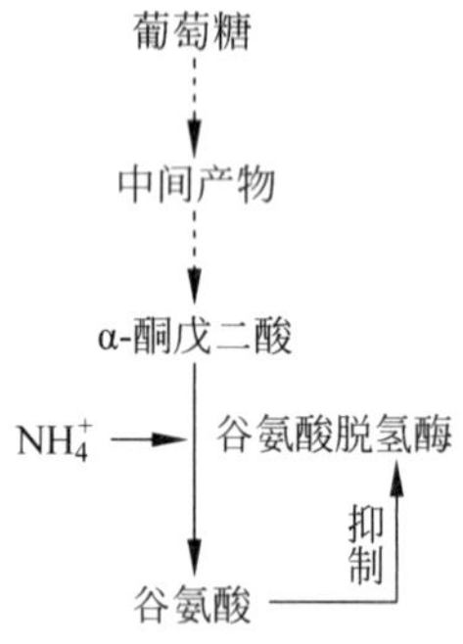

虚线表示包括多个反应步骤

生活中常用的调味料味精的主要成分是谷氨酸钠。在谷氨酸发酵过程中，如果培养基碳源与氮源比为 4∶1 时，菌体会大量繁殖，产生的谷氨酸较少；当这一比为 3∶1 时，菌体繁殖受到抑制，但谷氨酸的合成量大增。当发酵罐中 pH 呈酸性时，谷氨酸棒状杆菌就会生成乙酰谷酰胺；当溶氧不足时，生成的代谢产物就会是乳酸或琥珀酸。

第 3 节　细胞工程：植物细胞工程

本节知识框架：

1. 植物细胞的全能性
2. 植物组织培养的过程
3. 植物组织培养的应用

1. 植物细胞的全能性

1) 植物组织培养的理论基础

植物组织培养简称组培，其理论基础（或称原理）是植物细胞具有全能性。植物体的每一个细胞都包含有该物种所特有的全套遗传物质，都有发育成为完整个体所必需的全部基因，因而都具有发育为完整植株的潜能。

2) 植物细胞全能性表达的条件

(1) 离体

细胞分化的特点具有不可逆性，这种不可逆性是指在生物体内细胞分化成各种组织、器官，而不可能变成一个完整个体。这是在特定的时间和空间条件下，细胞内基因选择性表达的结果。

当已分化的细胞经过人工方法从生物体中分离出来，在离体条件下培养时，**植物细胞能表现出全能性，动物细胞的细胞核表现出全能性**。

(2) 培养基

中学提到的植物组培一般使用 pH 为 5.8 左右的 MS 培养基。

可将 MS 培养基分别配成浓度为配方的 5～10 倍的母液，用时稀释，这是因为配置成高浓度母液有利于减少称量误差。微量元素的母液要比大量元素的母液浓缩比高。有机成分包含维生素，如烟酸（B_3）、盐酸吡哆醇（B_6）、盐酸硫胺素（B_1）、肌醇（B_8）等。MS 培养基中的甘氨酸提供氮源，还能促进细胞分化和生长。蔗糖在提供碳源的同时，也能调节渗透压。

(3) 植物生长调节剂：生长素和细胞分裂素

需注意营养物质和生长调节剂的配比。特别是后者，对愈伤组织的分化、器官的形成起重要作用。

组培中，生长素相对过多时，诱导生根；细胞分裂素相对过多时，诱导长芽（芽会形成茎、叶）；两者含量相等时，诱导形成愈伤组织（人教版），**或使愈伤组织保持分裂而不分化**（旧浙科版）。

这里所说的生长素相对过多促进生根，并不是指生长素多到抑制根生长的程度，另外，生长素相对过多，并不是说生长素的绝对含量一定比细胞分裂素多。生长素含量过多是指生长素/细胞分裂素的摩尔浓度比值高于一定值，这个值对于不同的外植体有所不同。细胞分裂素过多也是这个道理。

人教版中用等量的 BA 和 NAA 诱导生成愈伤组织。现实中，2，4-D 促进愈伤组织形成的效果也很好。

植物生长调节剂也可以配制成母液待用。

(4) 无菌条件

培养基营养丰富，真菌和细菌比植物细胞生长快得多，很快就会将养分耗尽，使植物得不到营养而死。同时微生物还会侵染和致死植株，特别是幼嫩的外植体。因此，植物组培需要无菌条件。开放式组培技术会在培养基中添加抗生素，则不需要严格的无菌条件。

(5) 一定的外界环境条件

如适宜的温度、光照等。

2. 植物组织培养的过程

＜**生物学史**＞

1958 年，美国科学家斯图尔德等人用胡萝卜体细胞培养出愈伤组织，并用单个愈伤组织细胞培养成能产生种子的完整植物，如下图。有的教材说斯图尔德用的是韧皮部细胞，有的教材说用的是形成层细胞。笔者认为应该是形成层，因为形成层细胞是侧生分生组织，全能性大。

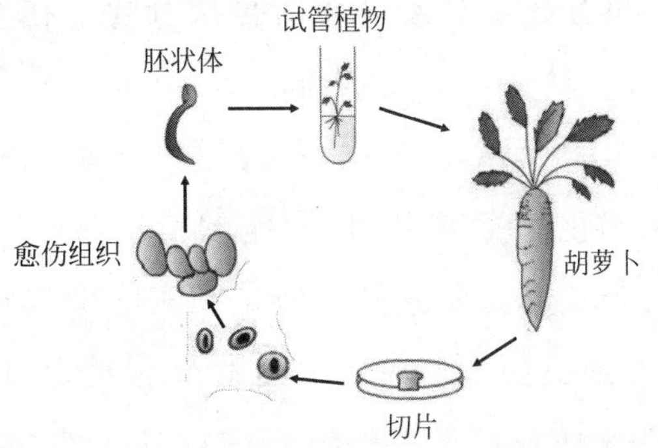

植物组培的基本过程和途径如下图。

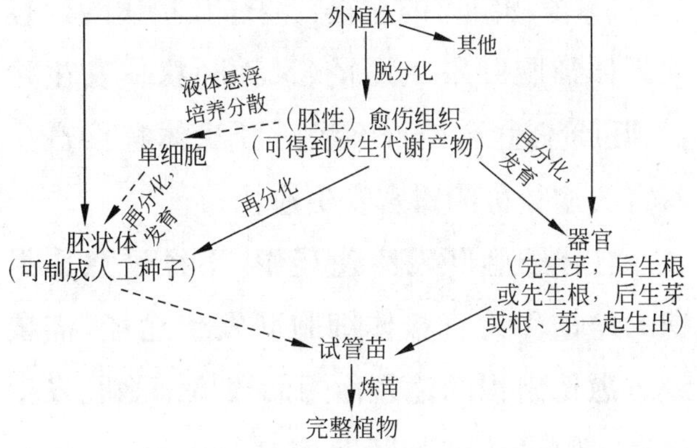

1) **外植体：离体的植物器官、组织或细胞**。注意，永久失去分裂能力的终端分化细胞，如筛管、导管、气孔保卫细胞等特化细胞没有分裂和分化能力，不能用来组培。

2) **(胚性)愈伤组织**：愈伤组织原指植物体受伤时产生于伤口周围的组织，**组培中的愈伤组织是指外植体脱分化形成的新生的薄壁细胞，分化程度低，排列疏松无规则，高度液泡化（指液泡多而小），无定形态**。愈伤组织有胚性和非胚性之分，组培中利用的是胚性愈伤组织，胚性愈伤组织才能再分化为植物体。所以中学教材中组培涉及的愈伤组织都是指胚性愈伤组织。

3）**胚状体（又称体细胞胚）：不是由受精卵发育，而是由体细胞发育成的胚**。由受精卵发育过来的胚称为合子胚。

4）**脱分化：即去分化，是分化的相反过程。再分化就是脱分化后再次分化**。在有光时，细胞往往容易形成维管组织，而不易形成愈伤组织，所以脱分化一般要避光；而当愈伤组织分化出芽和叶时，一定要有光照。叶绿素的合成也需要光照。但是在实际操作过程中，许多植物组培脱分化过程没有避光，这可能是因为不需要得到纯粹的愈伤组织，或者说脱分化不需要很彻底。

5）**植物组培的途径：经过胚状体的途径称为体细胞胚发生途径（又称胚状体发生途径、胚胎发生途径），不经过胚状体直接产生器官的途径称为器官发生途径**。

在体细胞胚发生途径中，不经过愈伤组织的途径称为直接体细胞胚发生途径，需要经过愈伤组织的途径称为间接体细胞胚发生途径。间接体细胞胚发生途径中，可以将愈伤组织直接再分化成胚状体，也可以将愈伤组织通过液体悬浮培养（需放摇床上振荡）分散成多个单细胞，每个细胞再分化成胚状体。明显，后一种能一次得到更多的胚状体。目前并非所有的植物都可以进行体细胞胚发生途径，此途径成功率相对较低。

在器官发生途径中，经过愈伤组织的途径称为间接器官发生途径，直接分化出器官而不经过愈伤组织的称为直接器官发生途径。在器官发生途径中，一般来说，先在生芽培养基（又称发芽培养基）中分化出芽的顶端分生组织（最后形成丛状苗，又称丛芽），然后将丛状苗分株培养在生根培养基中分化出根的顶端分生组织。但是，器官发生途径也可能先生根后生芽，或者两者一起发生。有些植物（如风信子）甚至能从愈伤组织直接分化出花器官。

浙科版的菊花组培方案中要求茎段带芽（腋芽），芽中存在分生组织。有人认为浙科版的方案属于直接器官发生途径，也有人认为这属于分生组织途径，还有人认为这属于一种微型扦插，不属于组织培养。不管如何界定，这种方案是很常见的。愈伤组织在进行体外培养的时候，遗传物质容易发生改变；而利用分生组织的组培途径中，遗传物质保持稳定。

具体采用何种途径因植物和目的而定。

［**知识扩展**］

生根培养基的浓度要比发芽（生芽）培养基低，这是因为 MS 培养基是高盐培养基，比土壤中的盐浓度高，对于一开始启动培养物的生长有好处，但是对于后期生根没有好处。人教版中，生根培养基是将 MS 培养基中的大量元素减半使用。

发芽培养基中含较多的 BA，较少的 NAA；生根培养基只含 NAA。可以这么理解，植物已经从发芽培养基中吸收了 BA，所以生根培养基中就不需要添加 BA 了。

6）炼苗：试管苗不能直接移栽入土，应先打开封口膜或瓶盖，培养几日，提高试管苗对外部环境的适应能力。这个步骤称为炼苗。人教版中是在培养箱内炼苗，浙科版中描述的则是在培养室外炼苗。育苗前需要用流动的清水洗掉根部的培养基，以免含有营养物质的培养基发霉引起烂根。关于育苗基质，人教版描述的是消过毒的蛭石或珍珠岩，浙科版则描述为高压蒸汽灭菌过的配比为1∶1的蛭石和珍珠岩。育苗时，覆盖保鲜膜以保湿，定期打开保鲜膜通气，待幼苗成活后除去保鲜膜。苗健壮后再移植土中。

［**知识扩展**］

旧浙科版提到，植物组培中有些细胞全能性会下降。

3. 植物组织培养的应用

1）试管苗的快速繁殖

植物组织培养的规模从理论上讲只取决于试管的数量，所以利用植物组织培养可以进行优良品种的快速繁殖。

2）无病毒植物的培育

长期进行无性繁殖的作物易积累感染病毒，导致产量降低，品质变差；而植物的分生区一般不会感染病毒，用分生区的细胞进行组织培养，就能得到大量的脱毒苗，如脱毒草莓和脱毒马铃薯。

3）提取次生代谢物

次生代谢物又称次级代谢产物，是次生代谢产生的细胞生命活动或植物生长发育正常运行的一类非必需的小分子有机化合物，其产生和分布通常有种属、器官、组织以及生长发育时期的特异性。植物往往用次生代谢物来抵抗病虫害侵入等逆境。利用植物细胞的培养，可实现人参皂苷和紫草宁（紫草素、紫草醌）等次生代谢产物的工业化生产，使产量大大增加。

［**知识扩展**］

初生代谢物又称初级代谢产物，是细胞生命活动所必需的代谢产物，如核苷酸、氨基酸等，任何组织细胞包括愈伤组织都会产生初生代谢产物。但是与初生代谢物不同，愈伤组织细胞是不会直接产生次生代谢产物的。愈伤组织细胞需要诱导、筛选成特定的细胞系，并添加某些外源物质后才会产生次生代谢产物。因此，有些教材和题目中说愈伤组织可以产生次生代谢物，有些则认为愈伤组织不会产生。

4）制作人工种子

用人工种皮包被胚状体或芽，可以制造人工种子。人工种子可以解决有些植物结子困难、发芽率低、繁殖困难等问题。人工种子比试管苗更方便储藏和运输。最常见的是用海藻酸钠包埋胚状体，然后滴入氯化钙溶液中使其凝固；有时还需要包埋人工胚乳。

5）单倍体育种

单倍体育种的花药离体培养需要应用组织培养技术；多倍体育种处理的对象则是幼苗或种子，不需要植物组培。

6）原生质体培养

原生质体是植物细胞除去壁后的部分。注意原生质体和原生质层的含义不同。

植物细胞 —(0.5～0.6mol/L甘露醇；纤维素酶、果胶酶)→ 球形的原生质体 —(组培)→ 植株

甘露醇是最常见的渗透压稳定剂。甘露醇和木糖醇一样，都没有羰基，不是糖，但是有甜味。另外，甘露醇可以作为微生物培养时的碳源，还可以作为人的利尿剂用于输液。此时，**较高渗透压（0.5～0.6mol/L）的甘露醇溶液使细胞处于微弱的质壁分离状态，这样有利于完整的原生质体的释放，防止原生质体吸水涨破**。甘露醇溶液会抑制原生质体分裂，当形成细胞壁后，降低甘露醇浓度有利于

细胞分裂和生长。一定浓度的蔗糖溶液也可以作为渗透压稳定剂。

酶处理得到含原生质体的液体后，还需要进行离心纯化。

7）植物体细胞杂交

植物体细胞杂交首先要用酶解法（使用纤维素酶、果胶酶）得到原生质体，然后进行原生质体融合，如下图。**植物原生质体融合方法有物理法，如离心、振动、电刺激等，和化学法，如聚乙二醇（PEG）融合法、高 Ca^{2+}-高 pH 融合法。原生质体的融合依赖于两部分生物膜能够融合，体现了生物膜的流动性。**

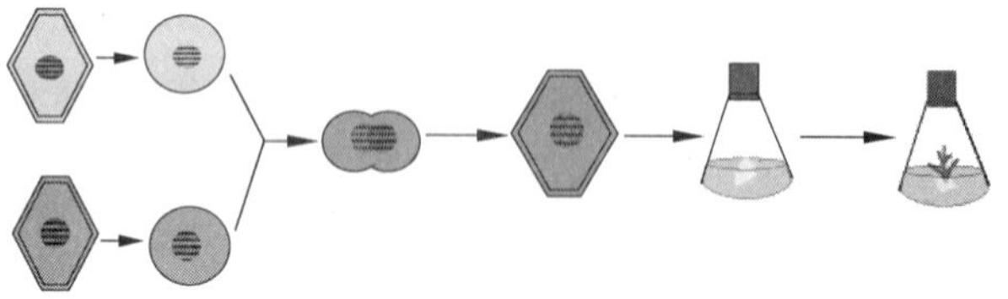

植物体细胞融合成功的标志是形成新的细胞壁。

植物体细胞杂交打破了不同种生物间的生殖隔离限制，即克服远缘杂交不亲和障碍，大大扩展了可用于杂交的亲本组合范围。

成功的案例有白菜和紫甘蓝体细胞杂交形成的新品种“白菜-甘蓝”。但是马铃薯-番茄没有像人们预想的那样地上长番茄、地下结马铃薯，主要原因是生物基因的表达不是孤立的，它们之间是相互调控、相互影响的。虽然马铃薯-番茄杂交植株的细胞中具备两个物种的遗传物质，但这些遗传物质的表达受到相互干扰，不能再像马铃薯或番茄植株中的遗传物质一样有序表达，杂交植株不能地上长番茄、地下结马铃薯就是很自然的了。

8）诱变育种

离体细胞处于不断分裂过程中，更容易诱变。

9）发展成植物细胞工程

植物组培与基因工程结合，发展成植物细胞工程。借助基因工程方法，将外源遗传物质导入受体细胞（包括原生质体受体）中，或通过细胞融合、显微注射等将不同来源的遗传物质重新组合，再对这些转基因细胞或重组细胞进行培养，进而获得具有特定性状的新植株。

第 4 节　细胞工程：动物细胞工程

本节知识框架：

1. 动物细胞的培养
2. 动物细胞的核移植技术
3. 动物细胞的融合技术
4. 动物胚胎工程

1. 动物细胞的培养

1）动物细胞培养、组织培养和器官培养

动物细胞培养是指将动物体内的相关组织取出，经由一定方法分散成单个细胞，然后在适宜条件下让这些细胞生长和增殖的技术。

除了动物细胞培养，还可以进行体外的组织培养和器官培养，组织和器官也都是由细胞构成，所以三者可以统称动物组织培养（组培）。

植物组织培养可以得到完整植物体，而动物组织培养不可以。因为特定的培养基只适合一种动物细胞，导致动物组织培养最终都是单一类型的细胞增殖。所以，**动物组织培养的原理和结果是细胞增殖。动物组织培养技术是其他动物细胞工程技术的基础。**

2）动物细胞体外培养的特点

正常的动物细胞在体外培养时，和体内一样，分裂次数都是有限的。在体外培养时，大多数正常细胞只有贴附于固相支持物（瓶壁）上才能生长增殖，称为贴壁生长（细胞贴壁、贴附生长）。贴壁细胞分裂生长到表面相互接触时，就会停止分裂增殖，这种现象称为细胞的接触抑制。来源于血液和淋巴组织的细胞可以悬浮生长，没有贴壁和接触抑制现象。肿瘤细胞可以无限分裂，体外培养时也没有贴壁生长和接触抑制的现象。

3）动物细胞培养的条件

（1）培养液和营养

动物细胞培养使用的是液体培养基（培养液）。因为动物细胞所需的营养物质尚未全部研究清楚，所以往往将天然培养基与人工培养基结合使用，如在合成培养基中添加一定比例的血清等天然成分。

血清中有胰岛素、生长激素等激素及多种生长因子，细胞生长因子能促进细胞的生长、增殖和贴附。细胞培养时，要保证细胞能够顺利生长和增殖，一般需添加10%～20%的血清，血清须用0.1μm孔径的无菌过滤器进行过滤灭菌。有时为了更好地控制营养成分，科学研究中也会采用无血清培养。

动物细胞培养液的主要成分是葡萄糖、氨基酸、水、无机盐、生长因子等。有些氨基酸（必需氨基酸）是动物细胞本身不能合成的，所以必须由培养液提供。

（2）温度、pH、渗透压等

动物细胞需要在CO_2培养箱中保温培养。多数动物细胞培养的适宜pH为7.2～7.4。培养箱能自动控制CO_2储气罐，使CO_2气体浓度保持在5%左右，CO_2气体与培养基中的碳酸氢钠处于平衡状态，从而达到pH相对稳定。

（3）无菌条件

动物细胞培养需要严格无菌环境，而且要向培养基中添加抗生素。

（4）饲养层细胞

当培养的动物细胞是单个或数量较少时（如细胞融合、细胞克隆时），必须加入一层其他活细胞才能使其生长繁殖，此层细胞称为饲养细胞、饲养层细胞或滋养细胞。但不要称为滋养层细胞，以免与囊胚最外层的滋养层细胞混淆。饲养层细胞能分泌的生长因子，以支持细胞分裂和生长。许多细胞都可以作为饲养层细胞，如经紫外线照射或有丝分裂阻断剂处理后失去繁殖能力的小鼠胚胎成纤维细胞。

4）动物细胞培养过程

培养前要将组织细胞分散成单个细胞，扩大细胞与培养液的接触面积，有利于细胞吸收营养。

动物组织细胞间隙中含有一定量的胶原纤维等蛋白质。用胰蛋白酶或胶原蛋白酶处理动物组织，可以使胶原纤维和细胞外的其他蛋白分解，获得单个细胞。

动物细胞或组织经过处理后的首次培养称为**原代培养**。**细胞培养瓶**中的空间是有限的，培养一段时间后，由于接触抑制、营养消耗、代谢废物等原因，需要进行分瓶操作。分瓶后的培养称为**传代培养**。分瓶时，需要再用胰蛋白酶处理一次，使细胞从瓶壁上脱离下来，然后加入新的培养液，将细胞分离稀释，并从原细胞培养瓶转接到新的细胞培养瓶(如下图所示)。

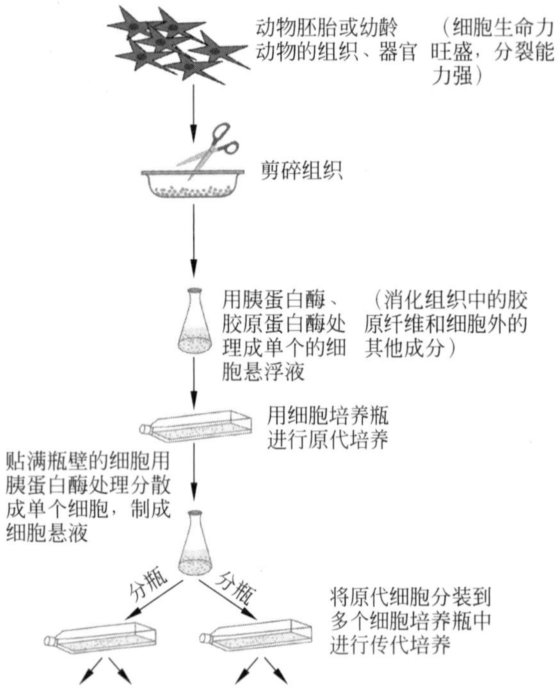

<知识细节>

动物细胞培养的最适 pH 为 7.2～7.4，胰蛋白酶作用的适宜 pH 为 7.2～8.4，胃蛋白酶适宜 pH 约为 2，因此胃蛋白酶在 pH 为 7.2～7.4 的动物细胞培养液中无活性。胰蛋白酶处理要控制好时间，处理时间过长会损伤细胞。胰蛋白酶在两个过程中有应用：消化组织的胶原纤维获得单个细胞；在分瓶时，使细胞从瓶壁上脱落下来。

5）细胞系和细胞株(浙科版)

细胞系泛指可传代的细胞。细胞株是具有特殊性质的细胞系，是通过一定的选择或纯合(克隆培养)方法，从原代培养物或细胞系中获得具有特殊性质的细胞。细胞株一般具有恒定的染色体组型、病毒敏感性或抗性和生化特性等。细胞系和细胞株都有有限和连续(无限)之分。

二倍体细胞通常为有限细胞系，连续细胞系可认为是发生了转化的细胞系。有的连续细胞系是恶性细胞系，具有异体致瘤性；有的连续细胞系保留了接触抑制现象，不致癌。

[知识扩展]

此处的转化是指细胞转化(细胞发生遗传物质改变而导致细胞永生)。某一基因型的细胞从周围介质中吸收来自另一基因型细胞的 DNA，而使它的基因型和表现型发生相应变化的现象，也称转化，如基因工程步骤中的将外源基因导入受体细胞和肺炎链球菌的转化实验。

<知识细节>

对植物愈伤组织进行液体悬浮培养得到单细胞(胚性细胞)，单细胞继续分裂形成性质相同的一群细胞，也可以称为细胞系。

6）克隆培养法(细胞克隆)

把一个单细胞从群体中分离出来单独培养，使之繁衍成一个新的细胞群体的技术，称为克隆培养法。因为来源于单个细胞，所以细胞群性状均一，便于科学研究。例如，若某细胞株缺少某种蛋白质，对比研究就可以发现正常细胞中此蛋白质的功能。

7）动物细胞培养技术的应用

(1) 用于蛋白质生物制品的生产，如病毒疫苗、干扰素、单克隆抗体。

(2) 应用于基因工程时，可培养动物细胞作受体细胞。

(3) 用于检测有毒物质，判断某种物质的毒性。许多致畸、致癌物质加入培养液后，培养细胞会发生染色体结构和数目的变异。根据变异细胞占全部培养细胞的百分数，可以判断某种物质的毒性。

(4) 用于细胞的生理、药理、病理研究，如用于筛选抗癌药物。

（5）为烧伤病人植皮。利用动物细胞培养技术中细胞的贴壁生长和接触抑制特点，可以用烧伤病人自己的健康皮肤细胞培养出大量的自身薄层皮肤细胞供植皮所需。

（6）用于基因定位。体外培养的动物细胞（包括融合细胞）会出现染色体丢失或染色体片段丢失，根据丧失的功能（蛋白质），可判断对应的基因在哪条染色体上。

2. 动物细胞的核移植技术

1）动物难以克隆的原因

除少数细胞外，高度分化的动物体细胞的细胞核和受精卵的细胞核一样，具有完整的遗传物质，差别在于体细胞中某些基因（奢侈基因）虽然存在，但是不能表达，影响了细胞全能性的实现。

细胞在分化过程中，某些基因表达产生了一些调控蛋白，这些调控蛋白在细胞质中合成后，对基因的选择性表达产生进一步影响，如使 DNA 甲基化，导致基因关闭。而受精卵中，没有这种限制全能性实现的调控蛋白，反而存在一些促进全能性实现的蛋白因子。因此科学家设想将体细胞的细胞质替换为受精卵的细胞质来实现动物细胞的克隆。事实上，在动物细胞克隆技术的早期，的确曾经使用过受精卵去核得到的细胞质。受精卵的细胞质绝大部分来源于卵的细胞质，所以卵细胞、卵母细胞也可为该技术提供细胞质。教材往往是采用后两种说法（人教版：卵母细胞；浙科版：卵细胞）。事实上，哺乳动物的细胞克隆普遍采用的是减Ⅱ期的卵母细胞。

2）动物的核移植实验和克隆繁殖

我国科学家童第周教授曾用黑斑蛙做实验。黑斑蛙的红细胞很不活跃，不但不分裂，而且代谢活动也很微弱。但是，将红细胞的核移植到了黑斑蛙的去核卵中，这个原来不活跃的细胞核在改换了的细胞质中又开始分裂，而这个换了核的卵也能发育成蝌蚪。

多莉羊[①]克隆是首例哺乳动物体细胞克隆的成功案例（如下图）。

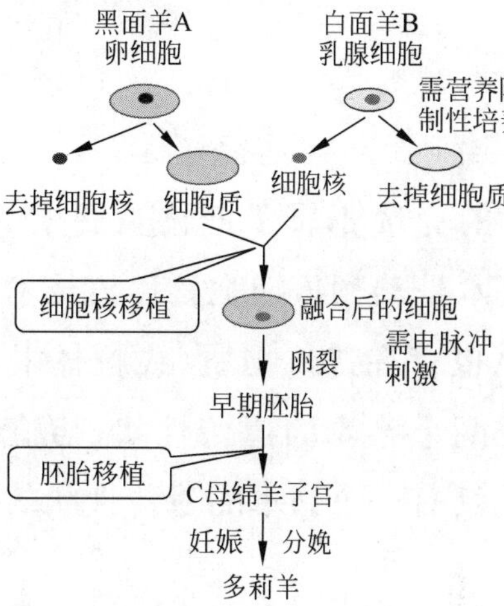

在核移植实验中，用于去核的卵细胞其实是减Ⅱ中期的次级卵母细胞，而非真正的卵细胞。可以使用紫外线破坏细胞核或显微操作去除核。另外，当时已经采用将整个体细胞注入卵母细胞内的方法，而不是提取体细胞核注入。

需要对核供体细胞（乳腺细胞）进行营养限制性培养，如调节（应该是降低）培养基中的牛血清浓度，以利于细胞核的一系列变化和细胞融合后基因表达的分子开关的启动（浙科版）。

需要用电脉冲刺激重组细胞，促进其分

① 多莉羊，更多的写法是多利羊，但是多莉羊的写法更能体现是一只雌性羊。

裂形成早期胚胎。重组细胞刚开始分裂时，细胞核内还存在原来从乳腺细胞细胞质进入的调节蛋白，这些调节蛋白阻止了基因的表达。随着细胞的分裂，这些调节蛋白被稀释，消失，同时，来自卵细胞的蛋白因子开始发挥作用，基因开始表达，早期胚胎进入正常胚胎发育模式。

＜版本差异＞

浙科版提到：在重组卵细胞开始第三次分裂时，原乳腺细胞的调节蛋白便全部被卵细胞细胞质中的蛋白因子替换了。因此应选择分裂三次时的细胞进行移植。

动物的克隆不属于严格意义上的克隆，其核心技术是动物体细胞核移植技术。因为细胞质中也存在遗传物质（线粒体中），子代具有的是两个亲本的遗传性状，与植物克隆的子代只具有一个亲本的遗传性状的情况明显不同。

提供细胞核的细胞，分化程度越低（分化潜能越强），核移植的成功率就越高。如胚胎细胞核的移植成功率远高于成体细胞。

3）生殖性克隆和治疗性克隆

生殖性克隆是指将克隆技术用于生育目的，即用于产生新生儿。治疗性克隆是指利用克隆技术产生特定的细胞和组织（皮肤、神经、肌肉等）用于治疗性移植。治疗性克隆的伦理问题尚存在争议，但是生殖性克隆严重违反人类伦理这点几乎没有争议。例如，克隆人冲击了现有的婚姻家庭和两性关系等传统的伦理道德观念；克隆人可能会因为身份出现心理问题；克隆技术尚不成熟，克隆人研究过程中产生畸形儿可能性大。另外，克隆动物在遗传角度上是完全相同的，一种特定的病原体感染可能带来严重灾难。当然，治疗性克隆也可能会造成“有钱人得到永生”等社会不公平现象。我国政府的态度是：**禁止生殖性克隆，允许治疗性克隆**。

3. 动物细胞的融合技术

动物细胞融合依赖于两部分生物膜能够融合，体现了生物膜具有流动性。

1）自然界中的动物细胞融合

细胞融合是自然界正常的生命活动，受精作用就是一种动物细胞融合。

2）诱导动物细胞融合的因素

（1）**生物法：灭活的病毒诱导融合。**

利用灭活的仙台病毒（紫外线处理灭活）是诱导动物细胞融合所特有的方法，植物原生质体融合没有此方法。这是利用病毒的磷脂外衣与动物细胞的膜十分相似的特点。病毒外壳上的某些糖蛋白可能还有促进细胞融合的功能。灭活的病毒能使细胞膜上的蛋白质分子和脂质分子重新排布，细胞膜打开，细胞发生融合。不灭活的话病毒会感染和破坏细胞，而不能诱导细胞融合。

（2）**化学法：聚乙二醇诱导融合。**

（3）**物理法：电刺激融合、失重。**

3）动物的细胞融合技术的应用——单克隆抗体

动物的细胞融合技术的最重要应用是利用杂交瘤技术制备单克隆抗体。

（1）单克隆抗体的制备原理

（效应）B淋巴细胞（产生一种抗体） + 骨髓瘤细胞（无限分裂） ——→ 杂交瘤细胞（产生单一抗体+无限分裂）

一个B细胞只会产生一种类型的抗体。由一个B细胞经过无性繁殖（克隆）形成基因选择性表达状况相同的细胞群，这一细胞群所产生的化学性质单一、特异性强的抗体称为单克隆抗体，简称单抗。

但是B细胞无法在体外无限增殖，而肿瘤细胞具有无限增殖的特性。利用细胞融合的技术将两种细胞融合，获得同时具有淋巴细胞和肿瘤细胞特性的杂交瘤细胞，然后利用动物细胞培养技术大量培养杂交瘤细胞，从而产生大量同种抗体。

(2) 单克隆抗体的制备过程

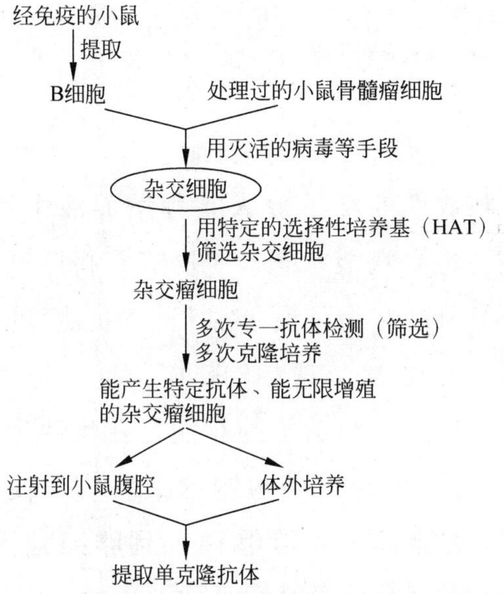

用于提取B细胞的小鼠需要经过免疫，否则针对特定抗原的淋巴细胞数量太少。

此过程需要筛选，因为小鼠体内一定已经进入过多种抗原，存在针对不同抗原的B细胞。另外，一个抗原往往有多个不同的抗原决定簇，一个抗原决定簇只能刺激机体产生一种抗体。因此，同一抗原刺激也能产生多种抗体。所以，如果不经过筛选，得到的是多克隆抗体；想要得到单克隆抗体，必须进行筛选。

有些细胞未发生融合，且杂交细胞可能是两个B细胞融合，也可能是两个瘤细胞融合，所以需要进行筛选以得到杂交瘤细胞。在此过程中需经过两种筛选：一是用HAT培养基在细胞群体中筛选出杂交瘤细胞，二是用抗体检测的方法筛选出产生特定抗体的杂交瘤细胞。

前一种筛选的原理是：细胞分裂前的DNA复制有两种途径，其主要途径在HAT培养基中被抑制，实验中次要途径可以进行。实验中使用的骨髓瘤细胞是由原始的骨髓瘤细胞经过诱变处理后筛选出来的，这种瘤细胞中与次要途径有关的基因被破坏，所以在HAT培养基中未整合或未杂交的骨髓瘤细胞会因为无法分裂而逐渐死亡。B细胞虽然含有与次要途径有关的基因，但是由于高度分化无法分裂或无法连续分裂也会逐渐死亡。而杂交瘤细胞因为既有相应基因，又有无限分裂的能力而存活下来。

筛选得到的杂交瘤细胞有很多种，需要用专一抗体检测的方法多次筛选和克隆培养得到能产生确定种类的特异性抗体的杂交瘤细胞群。同样地，杂交瘤细胞的培养需要饲养层细胞。

＜版本差异＞

与骨髓瘤细胞融合的淋巴细胞到底是脾中的效应B细胞还是成熟B细胞？教材上笼统地表述为B淋巴细胞，而很多教辅认为应该是效应B细胞。笔者认为两种都可以。实验表明，成熟B细胞在致敏后，向效应B细胞分化的过程中，与瘤细胞的融合效率最高。

免疫的小鼠和提供骨髓瘤的小鼠不会是同一个小鼠，但是属于同一个品系，否则影响融合。

(3) 单克隆抗体的应用

与常规抗体相比，单克隆抗体产量高，特

异性强，灵敏度高，优越性十分明显。

单克隆抗体可以作为诊断试剂（探针）。许多缺乏良好诊断手段的传染病、免疫性疾病、血液病、内分泌疾病和遗传病都可以用单克隆抗体作为诊断手段。单克隆抗体既可以用于体内诊断，如定位体内病灶，目前主要用于肿瘤追踪及心肌梗死的诊断；也可以进行体外诊断，如早早孕的检测用的是抗人绒毛膜促性腺激素单克隆抗体。

单克隆抗体自身也能用于治疗疾病，另外将单克隆抗体作为载体运载药物，即抗体-药物偶联物，形成“生物导弹”，可以用于治疗肿瘤等。

4）植物体细胞杂交和动物细胞融合的比较

比较项目	植物体细胞杂交	动物细胞融合
细胞融合原理	细胞膜的流动性	细胞膜的流动性
细胞融合的方法	去除细胞壁后诱导原生质体融合	使细胞分散后诱导细胞融合
诱导方法	物理（离心、振荡、电刺激）、化学（聚乙二醇）方法	物理、化学方法（同植物体细胞杂交）、灭活的病毒
用途	获得杂种植株	制备单克隆抗体

4. 动物胚胎工程

胚胎工程指各种胚胎操作技术。胚胎工程的对象主要限定于高等脊椎动物（哺乳动物）。胚胎工程的重点内容有体外受精、胚胎体外培养、胚胎移植、胚胎分割等。

1）体外受精

体外受精指采取雌性动物的卵细胞和雄性动物的精子，使其在试管中受精。

体外受精直至获得试管动物的过程如下图所示。

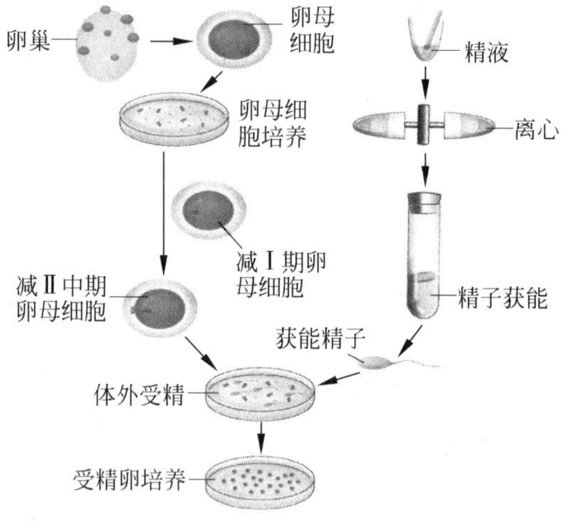

（1）精子的采集和获能

将成熟的精子放入某种培养液中培养，使精子达到获能状态。“成熟”是指已经完成了减数分裂和精子变形过程。“获能”的“能”是指与卵细胞受精的“能力”，而不是指“能量”。自然界中，精子的获能是在雌性生殖道内完成的，雌性生殖道内的某些物质使精子获能，**获能精子才能够穿入到卵细胞内部**。动物的精子往往是从附睾中取出的。

（2）采集卵细胞（卵母细胞）

可以从卵巢、输卵管或子宫采集卵细胞（其实是卵母细胞）。哺乳动物一次排卵的个数是有限的，需要注射外源**促性腺激素**等激素，进行**超数排卵处理**。能参与受精的是中期Ⅱ的次级卵母细胞，从卵巢采集到的卵母细胞还未达到此阶段，即未成熟，需要进行成熟培养。从输卵管、子宫采集到的卵母细胞则是已经成熟的。

<版本差异>

旧浙科版中描述为："最常用的方法是卵巢经超数排卵处理后，使用超声监视器确定卵泡的位置，插入穿刺针吸取卵泡液，取出卵母细胞。"

(3) 体外受精

获能的精子和成熟后的卵母细胞在体外合适的环境下共同培养一段时间，便可受精。

(4) 胚胎移植

受精后形成的受精卵需经早期发育培养，才能完成植入或着床。移植时间要恰当，不同动物的有所不同，但都不能太早，过早和过晚都无法着床。

(5) 分娩

经分娩产仔就得到"试管动物"。人类通过体外受精、胚胎移植诞生的婴儿称为"试管婴儿"。一定要注意，**"试管婴儿"并不是从试管中呱呱坠地的，目前的科研水平还无法在实验室中完全模拟哺乳动物的子宫条件，所以，哺乳动物培育到早期胚胎阶段(一般是囊胚期)就必须移植到代孕母体的子宫中去。**

2) 胚胎体外培养

胚胎体外培养是应用人工创造的类似于体内的环境，对获取的早期胚胎进行培养的方法。

由于胚胎不同发育时期生理代谢的需求不同，进行胚胎体外培养时，必须配制一系列含有不同成分的培养液，用以培养不同发育时期的胚胎。由于哺乳动物胚胎发育条件异常复杂，胚胎培养比组织培养和细胞培养困难得多。目前，只能对少数物种不同阶段的胚胎进行体外培养，尚无从受精卵到新生儿的全体外胚胎培养技术。

3) 胚胎移植

美国、欧洲等地的荷斯坦奶牛具有很大的产奶量，我国奶牛厂花了巨资引进，希望能够利用好这些昂贵的种牛。我们可以采用国外进口的奶牛与本地牛杂交的方法，但是奶牛的繁殖能力并不是很强，一般一生生育四五次，一胎产一头小牛。其实，奶牛的卵巢内卵母细胞的数量非常多，要充分利用好这么多数量的卵母细胞，就必须利用本地的一般品种的牛进行借腹怀胎。那么，同种生物不同品种的个体之间进行胚胎移植是否会发生免疫排斥呢？科学家通过实验发现**同种生物间的胚胎移植不会发生免疫排斥**[①]，所以不需考虑配型问题。借腹怀胎也不会改变胚胎的遗传物质，这一点可以从多莉羊的克隆实验中得到印证。

胚胎的来源可以为体内受精，也可以为体外受精。无论是哪种情况，都需要化解自然情况下母牛一次只产生一个卵细胞的困局，否则无法大幅提高优良母畜的繁殖率。这就需要使用超数排卵技术(主要使用促性腺激素)使母牛产生多个卵母细胞及卵细胞。

从母体内获取胚胎必须在胚胎发育早期，胚胎在子宫着床之前，也就是从输卵管或子宫角中获取。但是该方法效率低下，成本

---

① 人的角膜、大脑、软骨、妊娠的子宫等都能容忍外来的抗原蛋白而不产生排斥反应，这种现象在医学上称为"免疫赦免"，这些部位称为"免疫赦免区"。有些教辅认为子宫腔属于体外，所以不会发生免疫排斥，这个逻辑是错误的，因为胎儿与母体是相连通的，但是存在胎盘屏障。

较高。现在多采用体外受精和早期胚胎培养技术，这样能进一步提高成功率。

除此以外，受体母牛必须与供体母牛的发情周期一致，前后不宜超过一天，因为早期胚胎在子宫着床时，子宫需要刚好处于特定的生理周期。所以，同期发情的目的是使代孕子宫适合于胚胎的着床。促使母牛同期发情所用的激素为孕激素或前列腺素。

将早期胚胎移植到受体母牛的输卵管或子宫角，胚胎在受体的子宫着床并发育成供体的后代（如下图）。

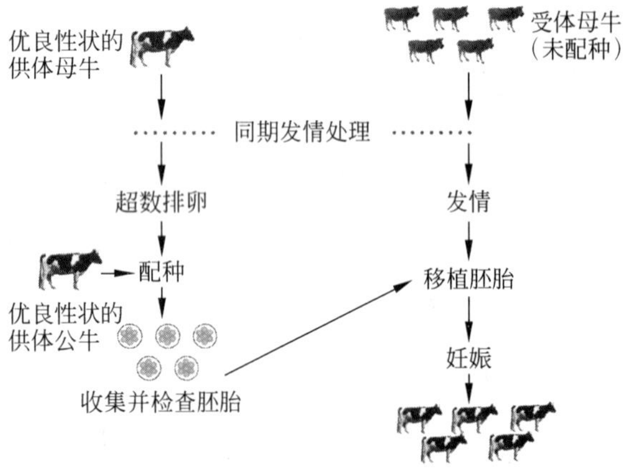

胚胎移植能把优良母畜从妊娠的负担中解放出来，充分发挥其的繁殖潜力。

在胚胎工程中通过任何一项技术，如转基因，核移植，体外受精等获得的胚胎，都必须移植给受体才能获得后代。因此，胚胎移植是胚胎工程其他技术的最后一道工序。**胚胎移植有可能是有性生殖，也可能是无性生殖，关键看胚胎本身是有性生殖还是无性生殖而来。**

4）胚胎分割

借助显微操作技术可以将早期胚胎切割成几等份，再移植到代孕母子宫中发育，产生同卵多仔后代，如下图。**胚胎分割属于无性生殖。**

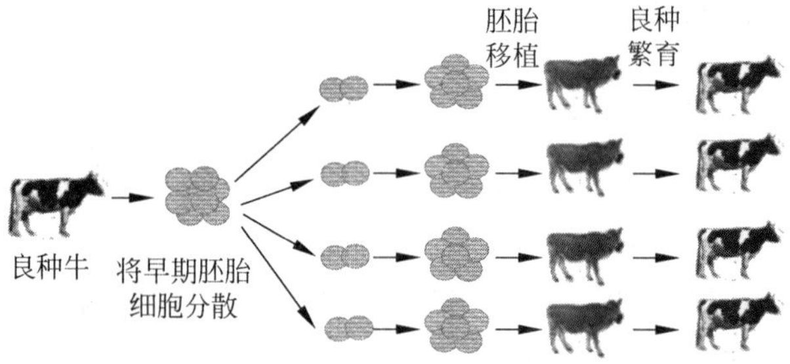

将发育良好的胚胎移入含有培养液的培养皿中，在显微镜下用切割针或切割刀把胚胎（可以是**卵裂球**、**桑葚胚**、**囊胚**）分割开。卵裂球时期的细胞还可以采用酶处理等方式分散开，但除了卵裂球时期，其他时期不适合用酶解法，因为酶解法产生的是单个细胞，卵裂球时期之后的胚胎中的单个细胞全能性已经减弱。人教版中没有提到酶解法。

胚胎分割以二分为主，最多四分，因为分割次数越多，成功率越低。三分也是极其少见的。

有教辅认为胚胎分割时，胚胎干细胞需要均等分割，滋养层则不需要。

＜知识细节＞

试管婴儿技术为有性生殖，胚胎分割移植为无性生殖。胚胎移植是有性生殖还是无性生殖取决于胚胎是由受精卵形成的还是核移植技术形成重组细胞发育而成的。

＜知识细节＞

胚胎分割必须在囊胚期或囊胚期以前完成（卵裂球、桑葚胚、囊胚都可以，但是受精卵不可以）。胚胎移植不能过早或过晚，否则影响着床。原肠胚时期已经发生高度分化，不能进行胚胎移植和胚胎分割。

第5节 基因工程：梗概和三个工具

本节知识框架：

1. 基因工程梗概
2. 工具：限制性内切核酸酶
3. 工具：DNA连接酶
4. 工具：基因的载体

1. 基因工程梗概

1) 基因工程的理论基础

基因工程，又叫重组DNA技术，本质上是一种基因重组。该技术是在生物体外，通过对DNA分子进行人工"剪切"和"拼接"，对生物的基因进行改造和重新组合，然后导入受体细胞内进行无性繁殖，使重组基因在受体细胞内表达，产生出人类所需要的基因产物。

遗传物质的发现、DNA双螺旋结构的确立、遗传信息传递与表达方式机制的阐明等，都为基因工程奠定了理论基础。

＜版本差异＞

基因工程日常生活中称为转基因技术，又称基因拼接技术，旧人教版中称DNA重组技术。

2) 基因工程的优点

(1) **打破了生物种属的界限，即克服远缘亲本不能杂交的缺点。**

(2) **在分子水平上定向改变生物的遗传特性。**

3) 基因工程的三个工具

基因的大小以纳米计算，要对它进行剪切、拼接等操作，没有非常精细的工具是不行的。**进行基因操作至少需要三种工具：限制性内切核酸酶、DNA连接酶和基因的载体。**前两个是工具酶，第三个是一种DNA。

2. 工具：限制性内切核酸酶

1) 来源：微生物。

限制性内切核酸酶是微生物体内的一种酶，由于这种酶的切割作用是在DNA分子内部进行的，故名限制性"内切"核酸酶，简称**限制酶**，但不能简称为内切酶。

限制性内切核酸酶主要从原核生物中分离得到。原核生物体内的这种酶能将外来的DNA切断，而对自己DNA无害，这样就保护了细胞原有遗传信息。真核生物一般有其他保护措施，但是酵母菌中也存在限制性内切核酸酶。

＜版本差异＞

以前的教科书称为限制性核酸内切酶，旧人教版称之为限制性内切酶。

2) 作用：**限制酶能特异性识别双链DNA分子中一小段特定的脱氧核苷酸序列，并且使其中特定部位的两个脱氧核苷酸之间的酯键断开**（更科学的说法是水解，切割、断开等说法不太科学，但是被广泛使用）。因此，限制酶可以比喻成"分子手术刀"。**限制酶无法识别和切割RNA。**

(1) 识别一小段特定的脱氧核苷酸序列

这种特殊的序列往往是短的回文序列，即两条链从5′→3′阅读的脱氧核苷酸序列完全相同（即中心对称，旋转对称）。

但是，有些限制酶的识别序列不一定是回文序列，甚至可能是奇数个碱基对。

(2) 断开特定部位的两个脱氧核苷酸之间的酯键

例如，大肠杆菌（*E. coli*）的一种限制酶

(*Eco*R Ⅰ)能识别 GAATTC 序列，并切开鸟嘌呤脱氧核糖核苷酸和腺嘌呤脱氧核糖核苷酸之间的酯键。有时将此过程简单地描述成“限制酶在 G 和 A 之间切开 DNA”，那么此处的 G 和 A 代表的是脱氧核糖核苷酸，而不能理解成鸟嘌呤和腺嘌呤，因为同一条链上两个碱基之间没有化学键和氢键。酯键断开后，氢键再断裂，形成黏性末端所需要断裂的氢键数目很少，故不需要酶的催化，如此例中只需断开 4 个 A—T 对之间共 8 个氢键。

画法一：

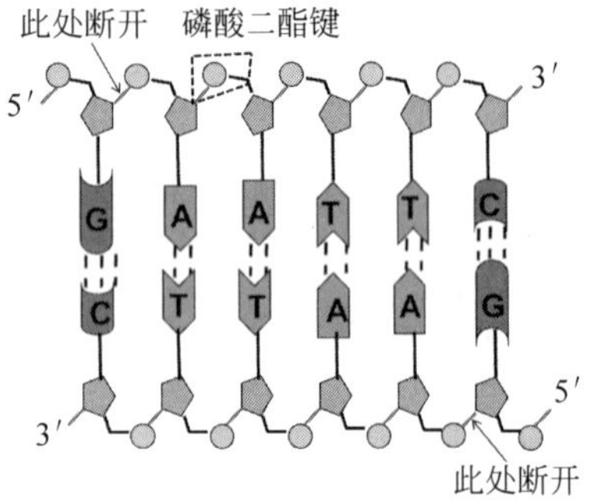

画法二：

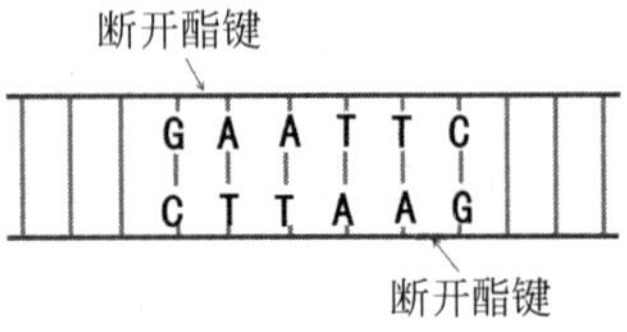

画法三：

现在已经从约 300 种微生物中分离出了约 4000 种限制酶。此处列举几种常用的限制酶及其识别和切割位点：

限制酶	识别、切割位点
*Eco*R Ⅰ	G↓AATTC CTTAA↑G
Hind Ⅲ	A↓AGCTT TTCGA↑A
Sma Ⅰ	CCC↓GGG GGG↑CCC
*Bam*H Ⅰ	G↓GATCC CCTAG↑G
Pst Ⅰ	CTGCA↓G G↑ACGTC

3）结果：根据在回文序列中切割位置的不同会形成两种末端：黏性末端和平末端。一般情况下限制酶切割形成的是黏性末端。

（1）产生一个切口，形成两个黏性末端：

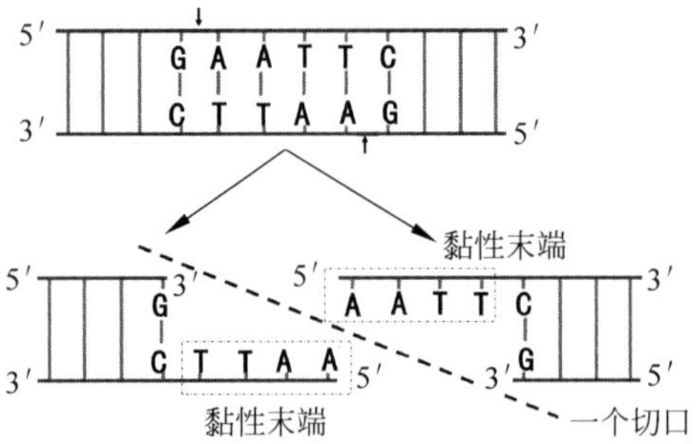

黏性末端应从凸出的一端读起，例如上图中的两个黏性末端都为 AATT。产生一个切口需要断裂两个酯键。

不同的限制酶也可能产生相同的黏性末端，如下图中的 E_1、E_2、E_3 三种酶都产生相同的黏性末端：

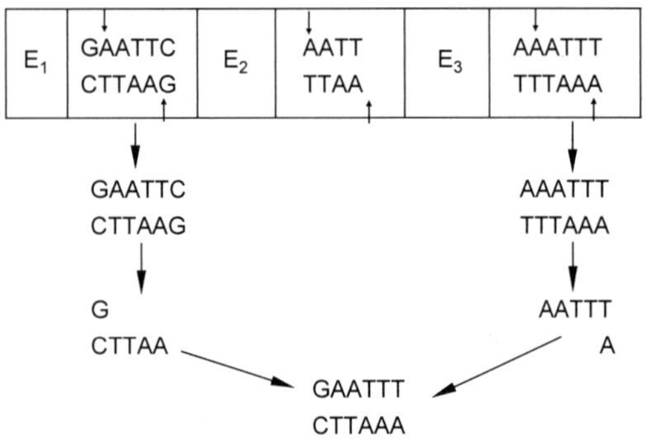

（2）产生一个切口，形成两个平末端：

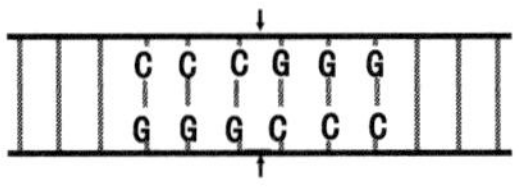

＜**思考与讨论**＞

要想获得某个特定性状的基因片段必须要用限制酶切几个切口？可产生几个黏性末端（或平末端）？

要想获得某个特定性状的基因，要切两个切口，产生四个黏性末端（或平末端）。

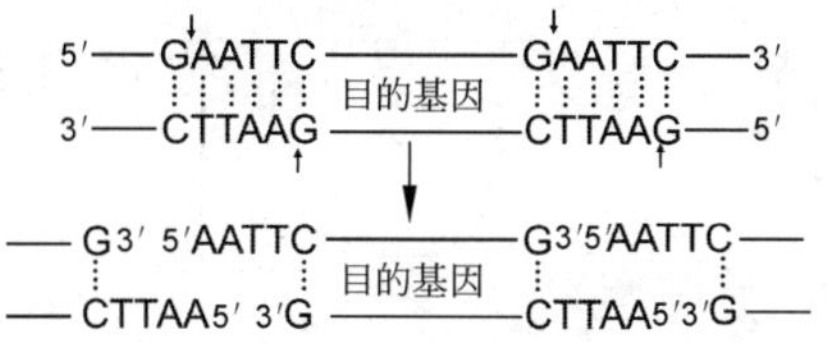

3. 工具：DNA 连接酶

DNA 连接酶能将两段 DNA 连接起来，形成酯键（说成磷酸二酯键是不确切的，因为磷酸二酯键应该包含两个酯键，而此处形成的是其中一个酯键）。**在 DNA 连接酶工作之前，黏性末端要先进行碱基互补配对（只有相同的黏性末端才能进行碱基互补配对，互补链之间形成氢键，氢键的形成不需要酶），然后再在连接酶作用下每条链上形成酯键**。因此，DNA 连接酶可以比喻成“分子缝合针”（如下图）。主要使用的 DNA 连接酶有两类：*E. coli* DNA 连接酶和 T4 DNA 连接酶。*E. coli* DNA 连接酶来源于大肠杆菌，只能用于连接黏性末端；T4 DNA 连接酶来源于 T4 噬菌体，可用于连接黏性末端和平末端，但连接平末端的效率较低。

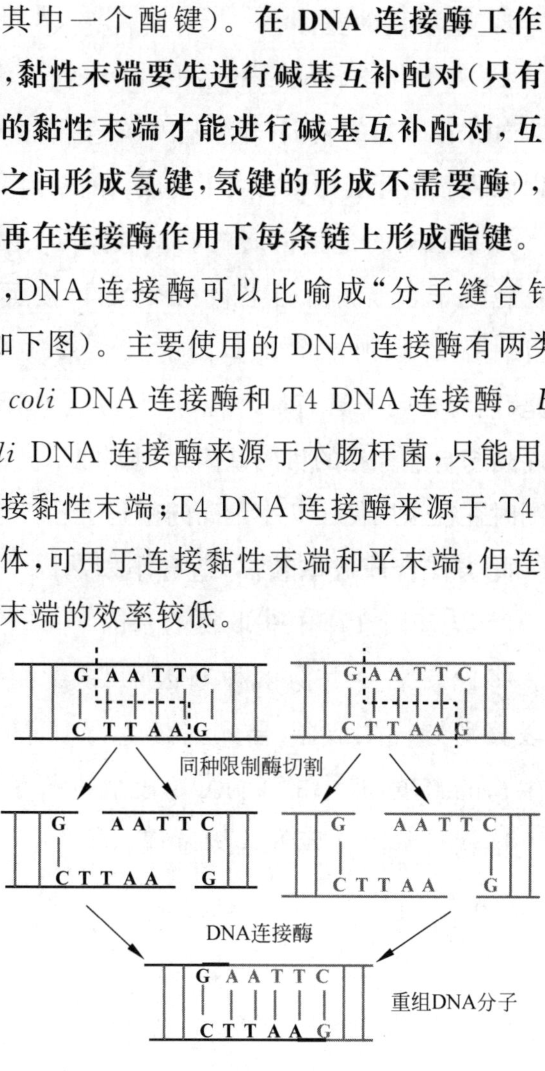

DNA 连接酶可以催化各种黏性末端（只要连接的两个黏性末端相同）和平末端的连接，但是因为连接的化学键只能是酯键，所以仍具有专一性；不过 DNA 连接酶的专一性远远低于限制酶。

＜**知识细节**＞

DNA 连接酶和 DNA 聚合酶的比较

比较项目	DNA 连接酶	DNA 聚合酶
作用实质	催化形成酯键	
是否需要模版	不需要	需要
连接 DNA 链数	双链	单链
作用过程	在两个 DNA 片段之间形成酯键	将单个游离的脱氧核苷酸一个个通过酯键连接起来
作用结果	重组的 DNA 双链	新的 DNA 子链

可以把 DNA 连接酶的作用比喻成把撕成两片的毛衣补起来，而 DNA 聚合酶的作用是从头开始、一针一线地织出毛衣。

＜**知识细节**＞

DNA 聚合酶、限制酶、DNA 连接酶、RNA 聚合酶、逆转录酶、DNA（水解）酶和 RNA（水解）酶都是处理酯键。

4. 工具：基因的载体

1）DNA 能作为基因的载体（或称基因的运载体）的必要条件

（1）具有复制原点（origin of replication，简称 ori），复制原点又称复制起点。具有复制原点的 DNA 能够在宿主细胞中自我复制，或整合到宿主细胞的 DNA 中，随着宿主 DNA 同步复制。

（2）**具有一个至多个限制酶识别和切割位点，以便与目的基因连接**。

（3）**能进入受体生物细胞并在受体生物细胞内复制并表达**。

(4) **具有某些标记基因，便于进行筛选。如抗生素抗性基因、使代谢产物具有颜色反应的基因。**

经常使用的载体有质粒(适用于植物基因工程、微生物基因工程①)、噬菌体(适用于微生物基因工程)和动植物病毒(适用于动植物基因工程)。

2) 质粒(plasmid)

原核细胞拟核内的DNA是大型环状DNA分子，而在**拟核外还存在能自主复制的小型环状DNA分子，称为质粒**。酵母菌的染色体外也会存在质粒。质粒上的基因控制细菌的抗药性、固氮、生成抗生素等性状，而没有关乎细菌在正常环境下生存的基因，所以说**质粒上无重要基因**。用于基因工程的质粒都是在天然质粒上经过人工改造获得的(如下图)。

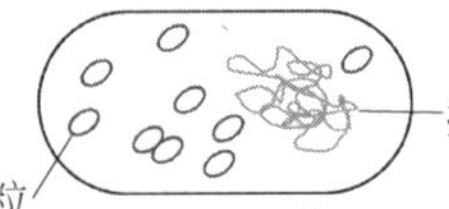

[**知识扩展**]

质粒、细菌拟核内的DNA、线粒体和叶绿体内的DNA是小型环状DNA(小是指这些DNA相对于真核的核DNA小)，染色体中的DNA是线性的。

[**知识扩展**]

抗生素以前叫做抗菌素。抗生素可以由放线菌、真菌(包括霉菌)和细菌产生，其中由放线菌产生的种类最多。青霉素是人类最早发现的抗生素。因为有细胞壁的存在，细菌不会发生吸水涨破；而在青霉素的作用下，细菌的细胞壁无法正常合成，所以会发生吸水涨破导致死亡。抗生素对病毒无杀伤作用，之所以医生有时会在病毒性感冒中使用抗生素，是因为被病毒感染的组织容易被细菌感染。注意区分抗生素基因和抗生素抗性基因。比如青霉菌(真菌)中含有青霉素基因(一种抗生素基因)，而能抵抗青霉素的细菌中含有青霉素抗性基因(一种抗生素抗性基因)。

第6节　基因工程：基本操作步骤

本节知识框架：

1. 获取目的基因
2. 建构重组DNA分子
3. 将重组DNA分子导入受体细胞
4. 检测目的基因及其表达产物

1. 获取目的基因

1) 人工化学合成目的基因

如果已知目的基因(外源基因)的全部序列，可以以脱氧核苷酸为原料人工合成目的基因。

如果已知的是蛋白质的氨基酸序列，则可根据密码子表推测出相应的mRNA，再按照碱基互补配对原则推测出基因的核苷酸序列。但是，因为密码子具有简并性，用此方法推测出的序列与自然存在的目的基因序列可能不同，故推测时往往采用使用频率最高的密码子。

此方法合成成本较高，适合小型基因。

2) 从基因文库中获取目的基因

将含有某种生物多种基因的许多DNA片段分别与载体结合，导入到微生物中，随着微生物的繁殖，其中的DNA片段也进行了增殖。这就是基因文库的建构过程。

① 虽然高中教辅一般认为质粒不能用于动物转基因，但是事实是经过人工改造的质粒是可以的。

基因文库分为基因组文库和部分基因文库。基因组文库相当于国家图书馆，含有本生物的所有基因；部分基因文库相当于地方图书馆，含有本生物的部分基因。从某些细胞中提取出来的mRNA经过逆转录形成cDNA，用cDNA建构的文库称为cDNA文库(complementary DNA)，这是一种部分基因文库。因为基因的选择性表达，同种生物的不同组织细胞、同种细胞在不同发育阶段细胞内的mRNA不同，所以建构的cDNA文库也有差异。

至于如何从基因文库中获取所需的目的基因则是非常复杂的事情，主要应用了DNA分子杂交技术。

＜**知识细节**＞

基因文库与种群基因库的比较

项　目	基因文库	种群基因库
范围	一个物种的全部或部分基因	一个种群的全部基因
存在	以微生物为存在载体	以这个种群的活体为存在载体
范畴	“基因工程”中出现的概念	“生物进化”中出现的概念

3) 利用聚合酶链式反应技术扩增目的基因

1985年，美国科学家穆里斯发明了聚合酶链式反应(polymerase chain reaction，PCR)技术，即在体外的小试管中通过酶促反应大量扩增特定DNA片段的技术。PCR技术本质上是对目的基因的扩增。在身份鉴定、亲子鉴定、新冠病毒核酸检测等中，技术人员获取的DNA的量太少，不足以进行正常的DNA序列分析，也需要用PCR进行基因扩增。

在PCR过程的每一次循环中都有变性、退火、延伸三个步骤。每循环一次，DNA增加一倍，如下图。

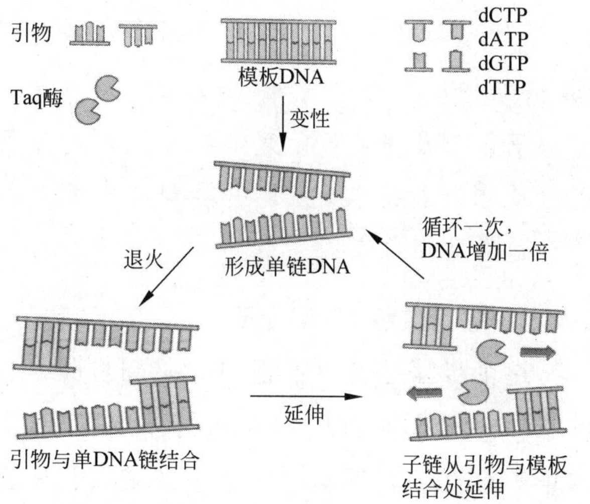

(1) 变性

双链DNA模板在90～95℃时变性为单链DNA。

(2) 退火

无论在细胞内还是体外，DNA聚合酶均不能催化DNA的从头合成，而需要一段核酸作为引物。在细胞中以小段RNA作为引物，PCR中则需要小段单链DNA。引物需要两条，一条与目的基因一条DNA模板链的3′端互补，另一条与另一条DNA模板链的3′端互补。所以，**必须知道目的基因两端的序列，才能设计出合适的引物**。

温度降低到50～60℃时，两个引物分别与两条单链DNA互补配对，形成氢键，称为退火。退火温度过高，不利于氢键形成，难以进行后续的延伸反应；退火温度过低，DNA错配率高，将得到较多的杂带。

(3) 延伸

温度上升到72℃时，以引物与模板配对形成的小段双链DNA区域为起点，Taq DNA聚合酶(Taq酶)开始催化子链的合成。Taq酶是从水生栖热菌中分离出的具有热稳定性的DNA聚合酶。

[**知识扩展**]

既要避免两种引物发生互补形成双链

（二聚体），也要避免引物内部形成二级结构（发夹结构）。

基因工程中，为了使扩增后的目的基因能与载体进行连接，引物中需含有或额外加上合适的酶切位点。

2. 建构重组 DNA 分子

这个步骤是基因工程中的核心步骤。目的基因一般不能直接导入到受体细胞中，因为单独存在的目的基因无法在宿主细胞中复制并稳定存在，无法进行高效的基因表达，所以目的基因必须与基因表达载体结合后才能导入受体细胞，如下图。

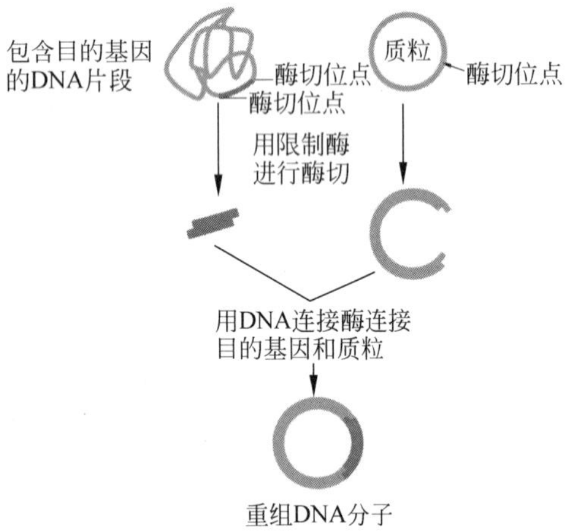

用限制酶切割 DNA 载体（如质粒），然后用同种限制酶或能产生相同末端的限制酶切割含有目的基因的 DNA 片段；再利用 DNA 连接酶将目的基因片段拼接到载体的切口处，形成重组 DNA 分子。

需要注意的是，经过切割的载体与目的基因片段混合后，两两连接的产物（重组 DNA 分子）可能有以下三种：目的基因与目的基因的连接物，载体与载体的连接物，目的基因与载体的连接物（重组质粒）。其中，只有第三种才是真正需要的重组 DNA 分子（重组质粒）。

如果切割目的基因和载体的限制酶为同一种，简称为单酶切，这种方法容易造成质粒和目的基因自身环化以及目的基因反向插入到载体的问题。若使用不同酶，但是会产生相同末端，也会造成上述问题。

单酶切法形成的目的基因自身环化的示意图如下。

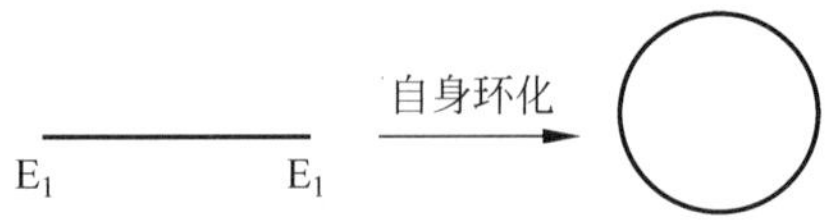

单酶切法形成的目的基因可能会反向插入载体中，转录出来的 mRNA 不仅不能正确翻译出目的蛋白，而且会与正常的 mRNA 形成双链 RNA，阻止正常 mRNA 的翻译。示意图如下。

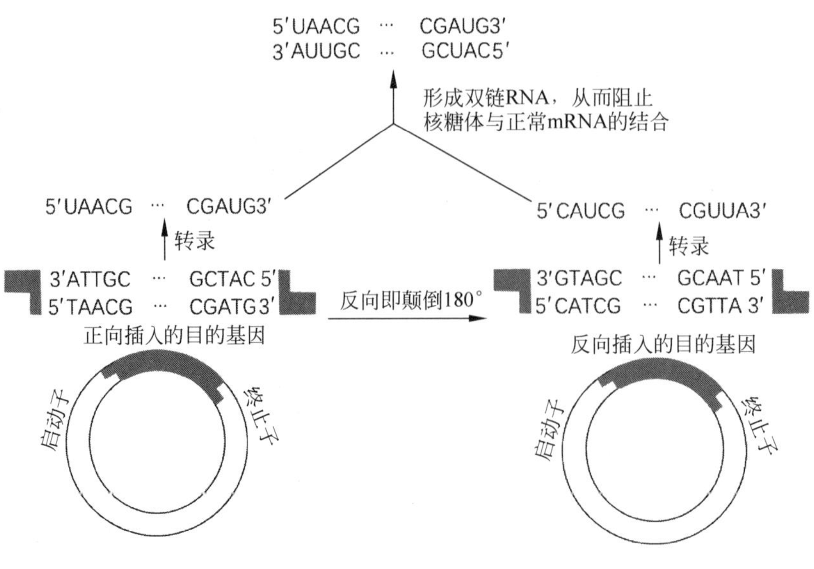

［知识扩展］

曾经有高考题误认为目的基因正向和反向插入后形成的重组DNA是同一种重组DNA。

如果用两种限制酶切割含目的基因的片段和载体，则形成具有两个不同末端的目的基因，质粒上切口两侧也具有不同的末端，可以避免单酶切法的两大缺点。这种方法简称为双酶切法。

3. 将重组DNA分子导入受体细胞

将目的基因导入受体细胞，其实是把包含目的基因的重组DNA导入到受体细胞，这个过程就是转化的过程。

1）植物转基因

植物转基因的受体细胞是愈伤组织的细胞。对愈伤组织进行组培，可以形成完整植株。

可采用的方法有（土壤）农杆菌转化法、基因枪法、花粉管通道法（中国科学家独创的一种方法，受体为受精卵或早期胚胎细胞）、显微注射法（受体为原生质体）、电击法（受体为原生质体）、聚乙二醇法（受体为原生质体）等。

农杆菌扩大培养和侵染离体的植物细胞时使用的培养基都是液体培养基。Ti质粒上至少需要两种抗生素抗性基因，一个位于T-DNA外部，用于筛选转入Ti质粒的农杆菌；另一个位于T-DNA内部，用于筛选转入T-DNA的植物细胞。侵染后，可能需要用抗生素（如青霉素）对愈伤组织进行脱菌处理，以除去农杆菌。接受重组质粒的农杆菌受体细胞与提供质粒的农杆菌不是同一种，作为受体的农杆菌细胞内没有这两种抗性基因。

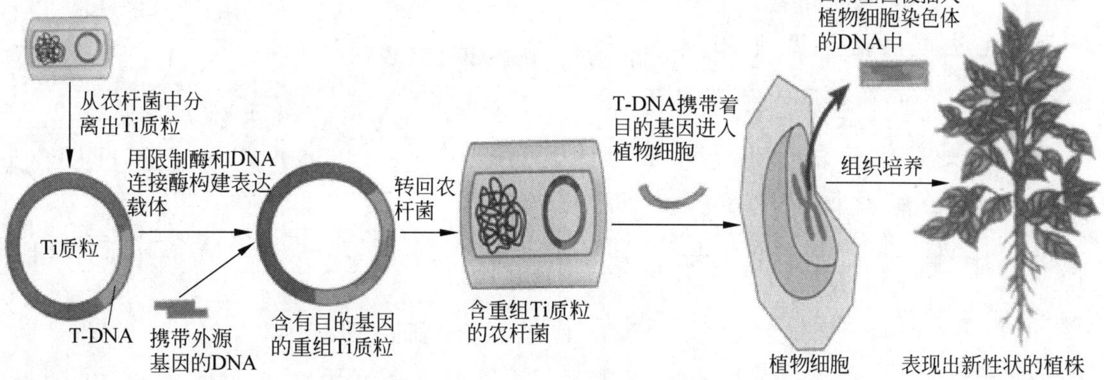

［知识扩展］

农杆菌主要有根癌农杆菌和发根农杆菌两种。根癌农杆菌的Ti质粒和发根农杆菌的Ri质粒上都有T-DNA（转移DNA）区、Vir区（致病区/毒性区/致瘤区）和复制区等（如下图）。植物受伤后，细胞壁破裂，细胞分泌某些化合物可以吸引农杆菌，并诱发Vir基因激活和表达。只有T-DNA（进入植物细胞的是T-DNA单链，是先从质粒复制后切割形成的）才能进入植物细胞，而Vir区控制着T-DNA的转移。

Ti质粒的T-DNA上有三套基因，其中两套基因分别控制合成植物生长素与分裂素，促使植物创伤组织无限制地生长与分裂，

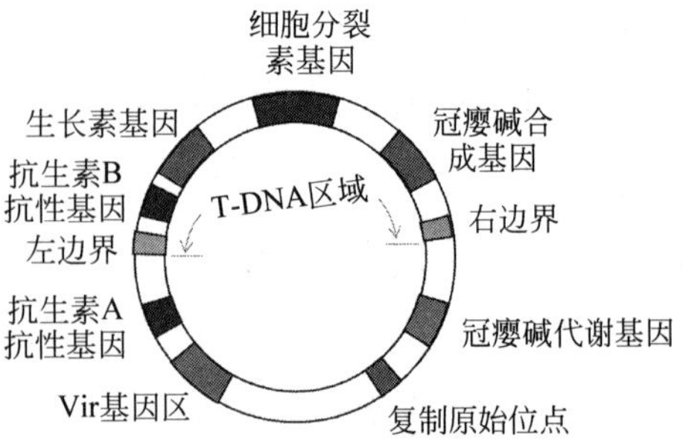

Ti质粒（抗生素抗性基因是人为插入的）

形成冠瘿瘤；第三套基因合成冠瘿碱。这三套基因只能在T-DNA插入植物基因组后表达。Ri质粒的T-DNA上还有rol基因，能控制毛根的形成。

农杆菌通过侵染植物伤口进入细胞后，可将T-DNA插入植物基因组中。因此，农杆菌是一种天然的植物遗传转化体系，被誉为“自然界最小的遗传工程师”。可以通过将目的基因插入到经过改造的T-DNA区，借助农杆菌的感染实现外源基因向植物细胞的转移和整合，然后通过细胞和组织培养技术得到转基因植物。

农杆菌转化法虽然操作简便、成本低、转化率高、多数只转入一个拷贝的外源基因（遗传稳定性好），但是较少应用于单子叶植物。这是因为，自然界中的农杆菌只侵染双子叶植物和裸子植物，而对单子叶植物不敏感。但是，在添加外源型物质如酚类后，农杆菌也可以应用于单子叶植物（如水稻、玉米等）转基因。基因枪法虽然转换率低、易转入多个拷贝的外源基因（遗传稳定性差）、成本高，但是应用范围更广。

＜版本差异＞

通过显微注射可以将外源基因导入到植物原生质体中，但是无法导入到具有细胞壁的完整植物细胞中。但因为旧浙科版没有提到基因枪法，只提到显微注射，所以浙江省以往的高考题中出现过用“显微注射”的方法将外源基因导入植物细胞（其实应该是植物原生质体）的表述。

2）动物转基因

将目的基因导入动物细胞一般用显微注射技术，受体细胞一般是受精卵。显微注射技术注射的是包含目的基因的重组DNA分子，而不是直接注射目的基因。

另一种常用的方法是逆转录病毒法，受体细胞可以为胚胎干细胞或成体干细胞，如严重联合免疫缺陷症的基因治疗。

＜知识细节＞

动植物转基因离不开动植物组织培养，所以动植物组织培养是动植物基因工程的技术基础。

＜知识细节＞

第一代转基因生物可以看作杂合子。

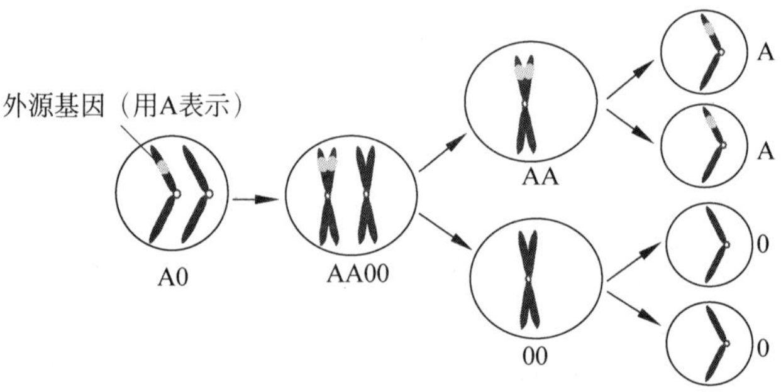

3）细菌转基因

将目的基因导入细菌，需要用$CaCl_2$处理受体细胞；处理后的细胞称为感受态细胞，能摄入周围环境中的DNA分子。低温和Ca^{2+}破坏了细胞膜的某些结构，还能引起一些其他效应。转化后，在离心管中加入液体培养基，置于摇床慢速培养一段时间，使$CaCl_2$处理过的细胞恢复细胞的正常状态。

受体细胞生长状态和密度、重组质粒的

质量和浓度、试剂的质量、杂菌和非目的DNA的污染等都会影响转化效率。

4. 检测目的基因及其表达产物

转化操作后，并不是所有的细胞都导入了目的基因，即使受体细胞导入了目的基因，目的基因不一定能复制并稳定存在，也不一定能表达。目的基因是否存在于受体细胞中，可以通过检测DNA（目的基因）来判断；目的基因是否表达可以通过检测对应的表达产物（RNA和蛋白质）以及个体水平的相应性状来判断。

1）DNA（目的基因）的检测

PCR、核酸分子杂交、电泳等技术和标记基因可以用于检测受体细胞中是否存在目的基因。其中，最关键的技术是核酸分子杂交。

（1）核酸分子杂交

核酸分子杂交是确定单链核酸碱基序列的技术，其基本原理是检测待测单链核酸是否能与已知序列的、带有标记的单链核酸通过碱基配对形成可检出的杂交分子（如下图）。

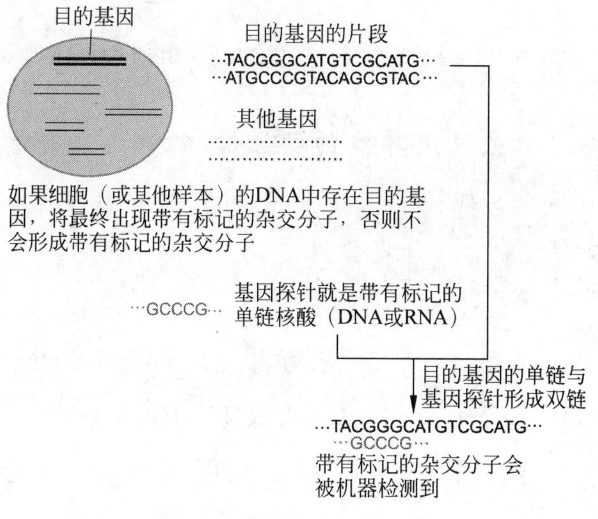

带有标记的单链核酸称为核酸探针，用于检测（目的基因）的称为基因探针。“基因探针是带标记的目的基因”是一种常见的错误说法。探针是单链核酸，如果是双链的，也需要变性为单链后使用。探针也不需要整个目的基因的长度，而只需要能与目的基因中一段特异性序列配对即可。探针以前采用放射性同位素^{32}P标记，现在还可以采用荧光等方法标记。

利用核酸分子杂交技术检测特异性DNA片段的方法最早由英国科学家萨瑟恩（Edwin Southern）发明，并以他的名字命名为Southern印迹。其步骤是：提取细胞中的DNA，用限制酶切成大量DNA片段；将变性成单链后的DNA固定在硝酸纤维素膜上；然后加入探针，探针与膜上互补的单链DNA配对；洗去未配对的探针，如果膜上有放射性或荧光等现象，说明此细胞中含有目的基因。

［**知识扩展**］

杂交DNA和重组DNA是两个完全不同的概念。

杂交DNA	重组DNA
杂交DNA是两条不同来源的DNA单链通过碱基互补配对形成一个双链DNA	重组DNA是两条来自不同个体或物种的双链DNA通过DNA连接酶的作用形成一个双链DNA

（2）标记基因

通过检测表达载体上含有标记基因的表达情况，可以间接推断受体细胞中是否导入了目的基因。

某些抗生素不只能杀死细菌，还可以杀死动植物细胞。在培育转基因植物的研究中，卡那霉素抗性基因和潮霉素抗性基因等常作为标记基因，因为它们不但可以杀死细菌,还可以杀死植物细胞。只有导入抗性基因的植物细胞才能在含这些抗生素的培养基上生长,从而起到筛选作用。有些抗生素抗性基因如新霉素抗性基因可以用于动物细胞的筛选。

表达质粒上往往含有两个以上的标记基因,其中一个标记基因会因为插入目的基因而失效。如某质粒上含有抗生素抗性基因和 *Lac* Z 两种标记基因。*Lac* Z 编码 β-半乳糖苷酶,能催化无色的 X-gal 形成蓝色的物质。在构建重组质粒时,酶切 *Lac* Z 并在其中插入目的基因。那么在含有抗生素和 X-gal 的培养基中,没有导入质粒的受体细胞死亡,导入空载质粒(即没有插入目的基因的质粒,*Lac* Z 基因完整)的受体细胞存活并显蓝色,导入重组质粒的受体细胞存活但不显蓝色,从而将导入了重组质粒的受体细胞筛选出来。

如果质粒上含有下图中两种抗性基因,其中抗生素 B 抗性基因会因为插入目的基因而被破坏,而抗生素 A 抗性基因始终保持完整。

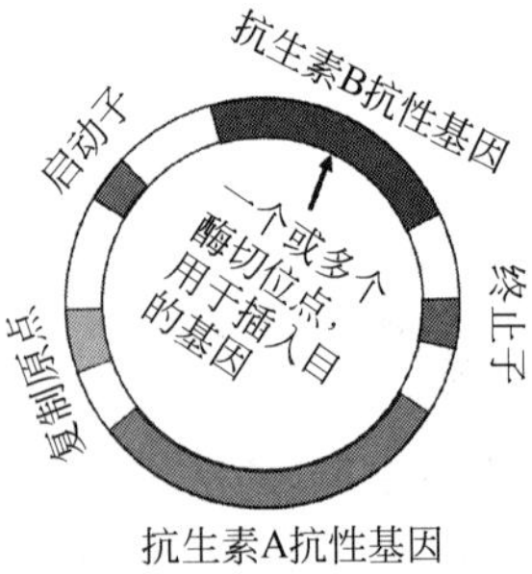

三种不同的细菌在不同培养基上存活情况不同,如下表所示。利用导入重组质粒的细菌能在抗生素 A 培养基中存活,但不能在抗生素 B 培养基中存活的特征,可将其筛选出来。

培养基种类	未导入质粒的细菌	导入空载质粒的细菌	导入重组质粒的细菌
抗生素 A 培养基	不能存活	能存活	能存活
抗生素 B 培养基	不能存活	能存活	不能存活

[**知识扩展**]

在题目中,筛选的顺序为先在抗生素 A 培养基中筛选,再在抗生素 B 培养基中培养。

先在抗生素 A 培养基中培养,那么导入重组质粒和空载质粒的两种菌能存活,而未导入质粒的细菌不能存活。存活的菌落数是很少的,有利于被选取出来。然后再用影印法从含抗生素 A 的培养基印到含抗生素 B 的培养基中,则含有重组质粒的菌落被杀死,只留下含空白载体的菌落。这样就可以确定含重组质粒的菌落在抗生素 A 培养基中的位置,便于把它们挑选出来。

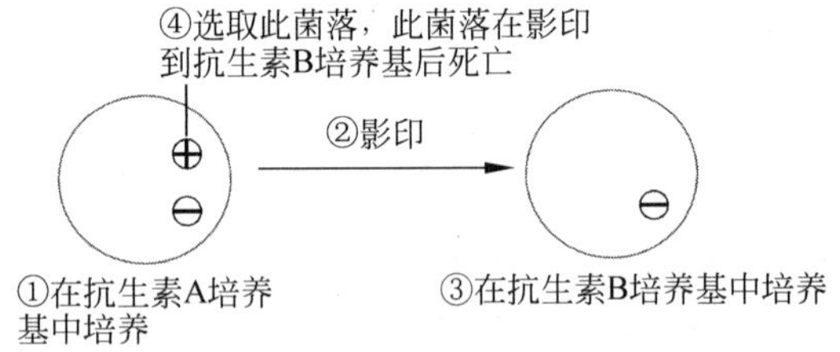

如果采用其他的筛选顺序,则会增加操作步骤;如需要先在不含抗生素的培养基上培养,也会增加操作难度。

2) mRNA 的检测

核酸分子杂交可以形成 DNA-DNA(DNA 分子杂交)、RNA-RNA、RNA-DNA 三种类型的杂交分子,所以也可以核酸分子杂交检测目的基因是否转录出 mRNA(Northern 印迹)。

3）蛋白质产物的检测

用抗原-抗体杂交技术可以检测目的基因是否成功表达成蛋白质，这项技术被命名为蛋白质免疫印迹（Western 印迹）。在检测开始前，须把外源基因所表达的蛋白质当作抗原，用杂交瘤技术制备单克隆抗体（一抗）。检测时，首先将从细胞中提取的蛋白质固定在膜上，然后用抗体（一抗）与之杂交，一般为了降低成本，一抗不具有放射性或荧光标记，而要再用带标记的抗体（二抗）与一抗结合，来间接检测蛋白质。

［**知识扩展**］

Southern 印迹由科学家姓名命名，但是 Northern 印迹和 Western 印迹是延续 Southern 印迹的命名，与科学家姓名无关。任何印迹技术都需要事先进行电泳以分离分子。

<版本差异>

浙科版中有“与抗原蛋白质结合的抗体带有标记”的表述，其实，在传统技术中，直接与目的蛋白结合的一抗没有标记，二抗才带有标记。

4）个体水平的检测

对 DNA、RNA 和蛋白质的检测都是分子水平上的检测，筛选受体细胞是细胞水平上的检测。但是，个体水平的检测才是动植物基因工程是否成功的最终判断标准。例如，科学家从苏云金芽孢杆菌中提取出 Bt 毒蛋白基因，并导入棉细胞内使之合成毒蛋白。用这种棉铃饲喂棉铃虫，如虫吃后不出现中毒症状，说明目的基因未成功导入或导入的目的基因未表达；**如虫吃后中毒死亡，则说明抗虫基因成功导入并得到表达**。

第7节 基因工程：应用

本节知识框架：

1. 基因工程与遗传育种
2. 基因工程与疾病治疗
3. 基因工程与生态环境保护

1. 基因工程与遗传育种

植物体细胞具有全能性，因此通常将外源基因导入植物体细胞。如转入了萤火虫的荧光素酶基因的烟草能发光。

外源基因导入动物受精卵，是因为受精卵的全能性最高。如将人的生长激素基因和牛的生长激素基因分别注射到小鼠受精卵中，得到的“超级小鼠”个头特别大。

2. 基因工程与疾病治疗

1）基因工程药物

已应用于临床实践的基因工程药物有胰岛素、干扰素、乙型肝炎疫苗等。**转基因动物的乳腺（乳腺生物反应器）是基因工程药物最理想的生产场所**。

［**知识扩展**］

直接研磨胰腺是得不到胰岛素的，需要通过结扎胰管、堵塞胰管使胰腺萎缩，或抑制胰蛋白酶活性后才能从动物胰腺中提取胰岛素。

2）人类基因组计划

人类基因组计划（human genome project，HGP）的目标是测定人类基因组的全部核苷酸（碱基）的序列，解读其中包含的遗传信息，**共需要测定 24 条染色体（22a＋XY）**[①]。人类基因组由 31.6 亿个碱基对组成，已发现的基因 3 万～3.5 万个，其中，**只有 1% 的序列可编码蛋白质，剩余 99% 是不编码的序列**。

HGP 的应用价值有追踪疾病基因、估计遗传风险、用于优生优育、建立个体 DNA 档案、用于基因治疗等诸多方面。

［**知识扩展**］

蛋白质工程是指通过改造或合成新基因，来产生特定的蛋白质。与基因工程不同，蛋白质工程能产生原本自然界不存在的蛋白质。

3）基因诊断

可以利用核酸分子杂交、DNA 凝胶电泳、基因测序等技术进行基因诊断。

个人进行基因检测，可以判定自己的身体健康状况，根据基因信息调整自己的生活习惯，避免与环境因素有关的遗传病发病等。但是基因信息被他人获取后，可能会引发**基因歧视**。

＜**生活情景**＞

单基因遗传病可以通过核酸杂交技术进行早期诊断。镰刀形细胞贫血症是一种在地中海地区发病率较高的单基因遗传病。已知红细胞正常个体的基因型为 BB、Bb，镰刀形细胞贫血症患者的基因型为 bb。有一对夫妇被检测出均为该致病基因的携带者，为了能生下健康的孩子，每次妊娠早期都进行产前诊断。下图为其产前核酸分子杂交诊断和结果示意图。

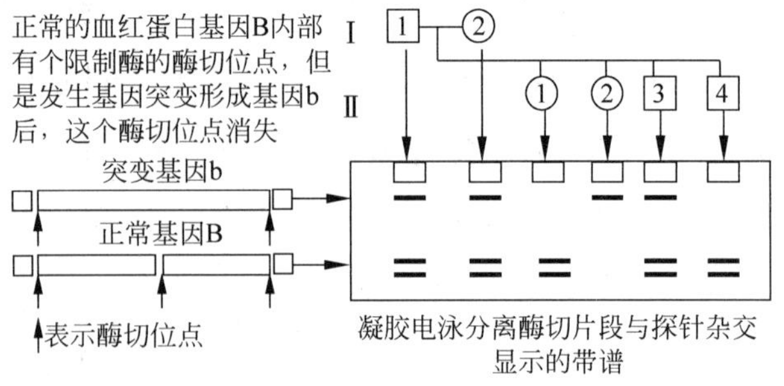

从图中可见，该基因突变是由于碱基对改变引起的。巧合的是，这个位点的突变使得原来正常基因的限制酶切割位点丢失。正常基因该区域上有三个酶切位点，突变基因上只有两个酶切位点，经限制酶切割后，用凝胶电泳分离酶切片段，并与探针杂交后可显示出不同的带谱，正常基因显示两条，突变基因显示一条。

根据凝胶电泳带谱分析可以确定胎儿是否会患有镰刀形细胞贫血症。由图可见，这对夫妇四次妊娠的胎儿Ⅱ-1～Ⅱ-4 中基因型为 BB 的个体是Ⅱ-1 和Ⅱ-4，Bb 的个体是Ⅱ-3，bb 的个体是Ⅱ-2。

4）基因治疗

基因治疗是为细胞补上丢失的基因或改变病变的基因，以达到治疗遗传病的目的。基因治疗分为体外基因治疗和体内基因治疗。

体外基因治疗是指从患者体内提取某种细胞进行培养，在体外完成基因转移，再重新输入患者体内。体内基因治疗是指直接向患者组织细胞中转移基因治疗疾病。

基因治疗技术理论上可以改造体细胞和生殖细胞，但是因为技术和伦理的限制，目前

① 因为 X、Y 存在非同源区段，需要分别测序。

只应用于改造体细胞。因为基因治疗没有改变生殖细胞的基因,所以体细胞的基因治疗的成果不能遗传给后代。目前阶段,基因治疗技术主要用于治疗隐性致病基因引起的血液类疾病,往往是向造血干细胞导入正常基因,而致病基因一般仍然是存在于细胞中的。

5)基因敲除

基因敲除是指利用同源重组的原理,破坏或替换原有的基因,使原有的产物(比如与器官排斥有关的糖蛋白)无法表达。基因敲除往往针对胚胎干细胞。

3. 基因工程与生态环境保护

1)环境监测

例如,用DNA探针可以检测饮用水中病毒的含量。此方法的特点是快速、灵敏,一吨水中有十个病毒也能检测出来。

2)被污染环境的净化

例如,通常一种细菌只能分解石油中的一种烃类,用基因工程将三种能分解烃类的假单孢杆菌的基因都转移到能分解另一种烃类的假单孢杆菌内,创造出了能同时分解四种烃类的"超级细菌"。

又例如,用基因工程培养出"吞噬"汞和降解土壤中DDT的细菌,以及能够净化镉污染的植物。

3)生产无污染的农药

例如,通过基因重组构建新的杀虫剂,取代生产过程中耗能多、易造成环境污染的农药,还可以尝试通过基因工程回收和利用工业废物。

第17章　生物学科中的实验设计

第1节　实验设计的原理

本节知识框架:

1. 探究性实验和验证性实验
2. 定性实验和定量实验
3. 自变量(X)、因变量(Y)和无关变量
4. 实验设计原则
5. 实验步骤的书写

1. 探究性实验和验证性实验

环　节	探究性实验	验证性实验
实验目的	探索研究对象的未知属性、特征以及与其他因素的关系	验证研究对象的已知属性、特征以及与其他因素的关系
实验假设	对所要研究的对象设想出一种或几种可能性的答案、解释	结论是已知的,因此不存在假设问题
实验现象	未知,有多种可能性	已知,应准确描述
实验结果预测	**对应假设,分类讨论:如果实验结果A则说明假设A;如果实验结果B则说明假设B;如果实验结果C则说明假设C**	
实验结论		**对应实验目的作出肯定结论**

2. 定性实验和定量实验

1)定性实验

定性实验是判断研究对象具有哪些性质,并判断某种成分、结构或鉴别某种因素是否存在,以及某些因素之间是否具有某种关系的一种实验方法。如探究生长素对促进生

根的影响，探究甲状腺激素对蝌蚪发育的影响。

2）定量实验

定量实验是研究观察对象的性质、组成和影响因素之间的数量关系的实验方法。如探究生长素浓度对促进生根的影响的实验，最好先去除枝条上的芽，或各组枝条留有相同数量的芽，以排除自身芽产生的内源生长素的影响；探究甲状腺激素浓度对蝌蚪发育的影响的实验，最好先割除甲状腺以排除原有的甲状腺激素的影响。

3. 自变量（*X*）、因变量（*Y*）和无关变量

实验变量（又称自变量，相当于数学表达式中的 *X*）：直接影响实验结果的因素，是人为可控的变量。在浙江高考题中经常称为可变因素。

无关变量（又称控制变量、条件变量、干扰变量）：不是实验研究目的的、可能会干扰实验结果的因素。各组实验中的无关变量需要控制一致，即单一变量原则。控制无关变量的方法有随机分组、设置对照、控制各组实验的条件适宜且相同、重复实验等。

反应变量（又称因变量，相当于数学表达式中的 *Y*）：由实验变量引起的变化，是观察记录的实验结果。

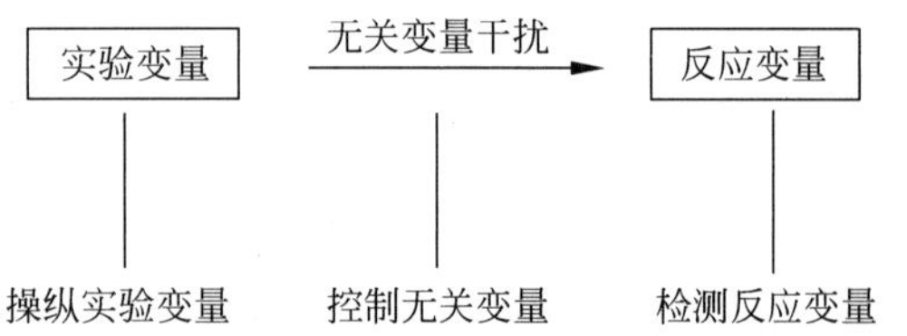

解答实验题的第一个步骤往往就是通过分析实验目的来明确自变量、因变量和无关变量。

当然并非所有的变量都属于这三种变量，比如“探究培养液中酵母菌种群数量的动态变化”中培养液中变化的乙醇含量。

4. 实验设计原则

1）单一变量原则

单一变量原则即单因子变量原则，是实验设计中最重要的原则。对照原则、平行重复原则、等量原则和随机性原则都是为了保证单一变量原则。只有遵循此原则，当实验组和对照组出现不同结果（反应变量）时，才能确定造成不同结果是由实验变量引起的，而不是由无关变量引起的。

在复杂的实验设计即多因素实验设计中，实验变量可能不止一个，这种实验其实相当于多个单因素实验组合在一起。如 2012 年浙江省高考题：

请根据以下提供的实验材料，完善生物制剂 W 对动物不同细胞的分裂具有促进作用的实验思路，并预测实验结果。实验材料：培养液、正常体细胞、癌细胞、生物制剂 W、胰蛋白酶。

可见，此实验的实验变量有两个：是否添加 W 和细胞种类。因此该实验应该分为四组：A 组培养液中加入正常体细胞；B 组培养液中加入正常体细胞，加入 W；C 组培养液中加入癌细胞；D 组培养液中加入癌细胞，加入 W。

2）对照实验原则

几乎所有的生物实验都需要设计对照实验。设计对照实验是将实验变量设计成不同水平，每一水平设置成一组实验，各组之间就是对照关系。**对照是实验控制的手段之一，通过设置对照实验，可消除无关变量对结果的影响，增加实验结果的可信度和说服力。**

对照按形式和内容不同,可分为空白对照、相互对照、自身对照和条件对照。

(1) 空白对照

空白对照指不做任何实验处理的对象组。

例如,在"生物组织中还原糖的鉴定"实验中,向甲试管溶液中加入本尼迪特试剂,而乙试管溶液中不加本尼迪特试剂,一起进行沸水浴,比较它们的变化。甲为实验组,乙为对照组,且乙为典型的空白对照。空白对照能明白地对比和衬托出实验组的变化和结果,增加了说服力。

(2) 相互对照

相互对照指不另设对照组,而是几个实验组相互对比对照。

如在"植物向光性"实验的设计中,如图所示,3 与 1 对照证明幼苗生长和弯曲离不开尖端,1、2、4 对照可证明感光部位在幼苗尖端。

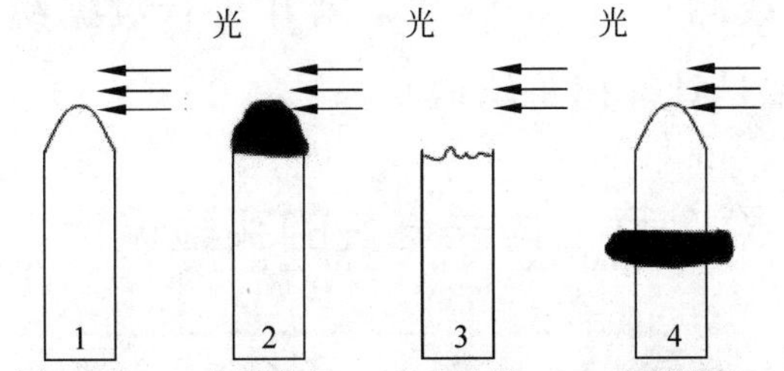

(3) 自身对照

自身对照又称二次对照,指实验与对照在同一对象上进行,即不另设对照。自身对照方法简便,关键是要看清楚实验处理前后现象变化的差异。实验处理前的对象状况为对照组,实验处理后的对象变化则为实验组。如果是定量实验,实验处理前的测量称为**前测**,实验处理后的测量称为**后测**。

如"植物细胞质壁分离和复原"实验和"公鸡睾丸的摘除和移植"实验都是典型的自身对照。

(4) 条件对照

条件对照指虽给对象施以某种实验处理,但这种处理是对照意义上的,或者说这种处理不具有实验假设所给定的实验变量意义。

例如,"动物激素饲喂小动物"实验的设计方案:甲组:饲喂适量的甲状腺激素(实验组);乙组:饲喂适量的甲状腺抑制剂(条件对照组);丙组:不饲喂药剂,饲喂等量的溶剂(空白对照组)。其中,乙组为条件对照。该实验既设置了条件对照,又设置了空白对照,通过比较、对照,更能充分说明实验变量——甲状腺激素——能促进蝌蚪的生长发育。如果是人服用药物的实验,则空白对照为服用等量的安慰剂,安慰剂不含药的有效成分,但是外观、味道和气味等与试验药物相同。

3) 平行重复原则

平行重复原则即控制某种因素的变化幅度,在同样的条件下重复实验,观察其对实验结果影响的程度。

实验组和对照组往往应设计多个组或多做几次综合得出结论,以减少或消除无关变量对因变量的影响。如饲养的小鼠,不应每组各为一只,而应为各组多只;培养的植株每组不应为一株,而应为生长状况相同、数量相等的多株植株。

4) 等量性原则

实验中要做到"单一变量",也应注意等量的原则。

(1) 生物材料要相同：即所用生物材料的数量、质量、长度、体积、来源和生理状况等方面要尽量相同或至少大致相同。

(2) 实验器具要相同：即试管、烧杯、水槽、广口瓶等器具的大小、型号、洁净度等要完全一样。

(3) 实验试剂要相同：即试剂的成分、浓度、体积要相同，尤其要注意体积上等量的问题。

(4) 处理方法要相同：保温或冷却，光照或黑暗，搅拌或振荡都要一致。**有时，尽管某种处理对对照组来说看似毫无意义，但还是要做。**

5) 随机性原则

实验研究的样本必须是从整体中随机抽取的，即要求整体中的每个部分都有同样被抽中的可能性。调查取样时不能有选择，应注意分布均匀与有代表性。多个实验材料分组时，应随机分配，不加人为干扰。

如题：选取同品种、同日龄的健康大鼠若干只，实施切除胰岛和垂体手术，一段时间后随机等分成四组，分别注射激素或生理盐水30天，以研究激素对小鼠生长的影响。

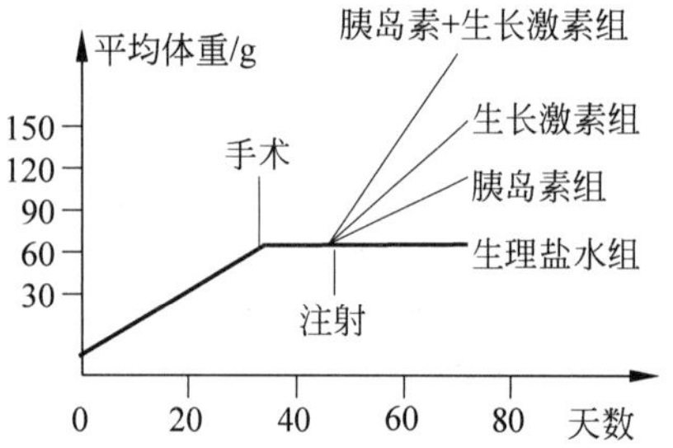

除以上几点外，还应遵循科学性原则和可行性原则。

5. 实验步骤的书写

高考实验题中步骤的书写一般分四个段落。

第一段包含实验前的准备：分组编号，控制无关变量。其中，选材的句式有“选取年龄、性别分配相同，健康且发育状况相同的同种动物”“选取长势相同的同种植物”等。分组的句式有“随机均分为 *X* 组”等。编号的句式有“编号为 A(甲、1)组、B(乙、2)组、……”。若为自身对照，则可能不必分组，但需要在后面的步骤中写明在处理前后分别观察与测量记录。

第二段为实验中的处理，施加实验变量，控制无关变量。

实验组“用适量的某溶液”处理，对照组“用等量的生理盐水(动物实验)”处理或“用等量的蒸馏水或清水(植物实验)”，且“每组都在相同且适宜的条件下培养(或饲养)”。

第三段需描述处理一段时间，或培养一段时间。

第四段为实验后的观测：观察(测量)、记录、统计因变量。可表述为一段时间后，观察现象或测量数据，做好记录并进行数据统计(往往是计算出平均值)。

第2节　有关遗传的实验设计

本节知识框架：

1. 判断是否符合分离定律和自由组合定律的实验设计
2. 判断性别决定类型的实验设计
3. 判断核基因显隐性的实验设计
4. 判断核基因所在位置的实验设计

1. 判断是否符合分离定律和自由组合定律的实验设计

在第10章学习分离定律和自由组合定

律时已叙述。

2. 判断性别决定类型的实验设计

1）某种蛙产下的雌性受精卵（即正常情况下发育为雌性个体的受精卵）在高温条件下发育成能正常生育的雄蛙，且遗传物质不受影响。利用此条件，设计实验探究该生物的性别决定方式是XY型，还是ZW型。

取此雄性个体与正常雌性个体进行交配。如果后代只有雌性，则该生物性别决定方式为XY型；如果后代中既有雌性又有雄性，比例为2∶1，则性别决定方式为ZW型。

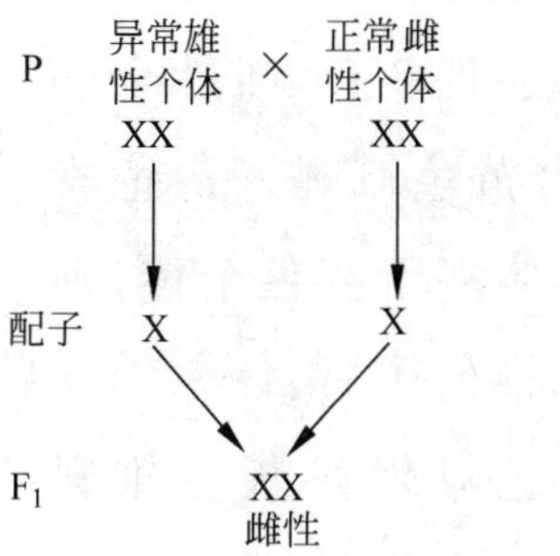

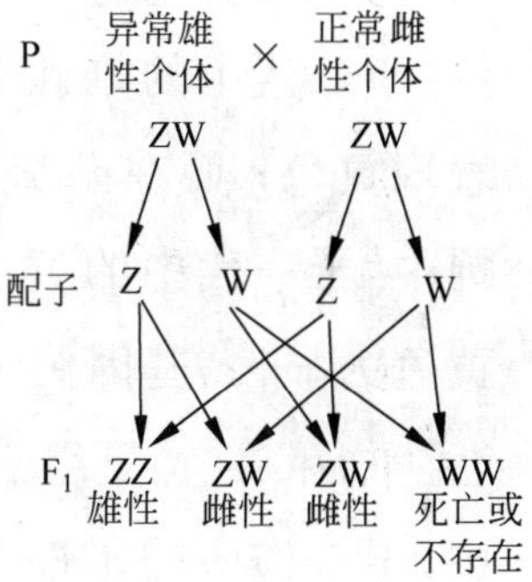

2）养鸡场为了多养母鸡、多得鸡蛋，提高经济效益，需要在早期根据雏鸡羽毛的特征把公鸡和母鸡分开，以便淘汰公鸡，保留母鸡。已知决定羽毛花色的基因B、b在性染色体（Z）上，且芦花基因B对非芦花基因b是显性。应该如何选择亲本进行杂交？

解析如下：

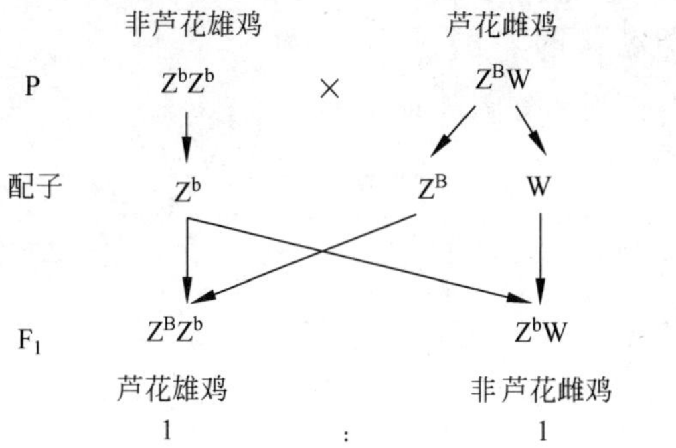

3. 判断核基因显隐性的实验设计

在第10章学习分离定律时已叙述。

4. 判断核基因所在位置的实验设计[①]

1）果蝇的红眼和白眼是一对相对性状，其隐性性状为白眼，雌雄个体中两种性状都存在。如何通过一次杂交，判断这对性状是否是X染色体遗传？

让白眼雌性与红眼雄性交配，图解分析：

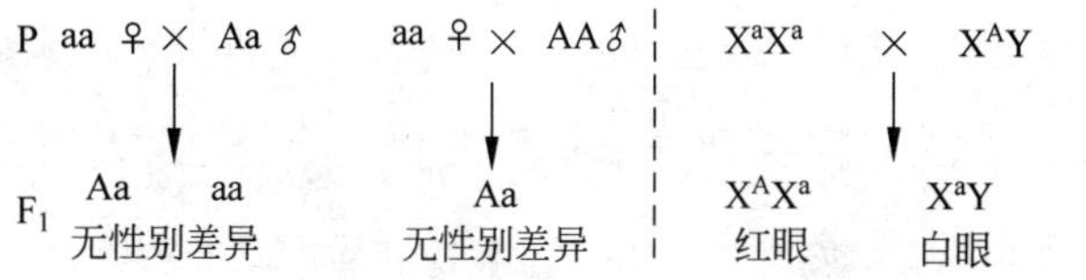

结果预测：

（1）子代中雌果蝇全部红眼，雄果蝇全部白眼，则这对基因位于X染色体上；

（2）子代中雌、雄果蝇全部红眼，则这对基因位于常染色体上；

（3）子代中雌、雄果蝇既有红眼又有白眼，则这对基因位于常染色体上。

2）果蝇的灰身和黑身是一对相对性状，如何判断这对性状是否是X染色体遗传？

让不同性状的雌雄果蝇进行正反交，图解分析：

（1）假设在常染色体上：

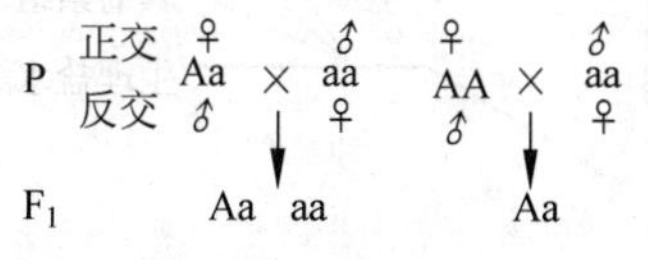

（2）假设在X染色体上：

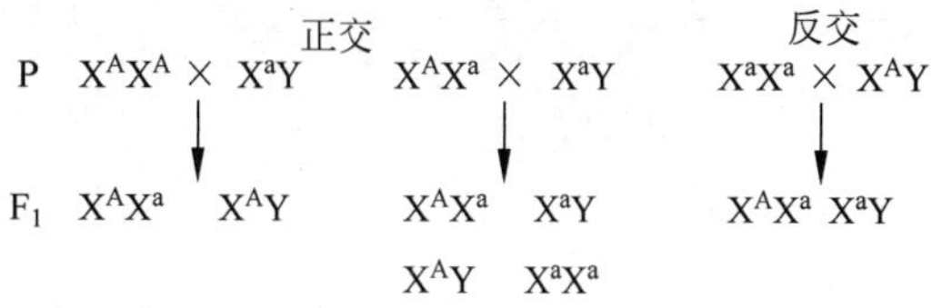

① 只考虑单基因遗传。

结果预测：

(1) 若正交和反交的结果是一样的，且没有性别差异，则在常染色体上；

(2) 若正交和反交结果不一样，则在X染色体上。

＜**知识细节**＞

判断是常染色体遗传还是伴X遗传的遗传设计技巧总结：

(1) 显隐性已知，用显性的雄性和隐性的雌性杂交(XY型)。

(2) 显隐性未知，用正反交。若正交和反交的结果是一样的，且没有性别差异，则为常染色体遗传；若正交和反交结果不一样，则为伴X遗传[①]。

3) 从一个自然果蝇种群中选出一部分未交配过的灰色和黄色两种体色的果蝇，使这两种体色的果蝇数量相等，且每种体色的果蝇雌雄各半。请设计一种杂交组合，只做一代杂交试验，每个杂交组合选用多对果蝇。推测杂交组合的子一代可能出现的性状，并以此为依据，对哪一种体色为显性性状，以及控制体色的基因位于X染色体上还是常染色体上进行判断。

设计思路为正反交：灰色雌蝇×黄色雄蝇、黄色雌蝇×灰色雄蝇，只做一代杂交试验，每个杂交组合选用多对果蝇。

如果两个杂交组合的子一代中都是黄色个体多于灰色个体，并且体色的遗传与性别无关，则黄色为显性，基因位于常染色体上。

如果两个杂交组合的子一代中都是灰色个体多于黄色个体，并且体色的遗传与性别无关，则灰色为显性，基因位于常染色体上。

如果在杂交组合灰色雌蝇×黄色雄蝇中，子一代中的雄性全部表现灰色，雌性全部表现黄色；而在杂交组合黄色雌蝇×灰色雄蝇中，子一代中的黄色个体多于灰色个体，则黄色为显性，基因位于X染色体上。

如果在杂交组合黄色雌蝇×灰色雄蝇中，子一代中的雄性全部表现黄色，雌性全部表现灰色；而在杂交组合灰色雌蝇×黄色雄蝇中，子一代中的灰色个体多于黄色个体，则灰色为显性，基因位于X染色体上。

① 此处不考虑细胞质遗传，细胞质遗传表现为母系遗传。

致　谢

非常感谢以下中学教师参与本书的审稿和编辑工作，同时感谢出于个人意愿不具名的各位教师。

陈　铮　浙江省宁波北仑中学

陈忠民　辽宁省建平县实验中学

何华军　浙江省松阳一中

黄志强　辽宁沈阳东北育才学校

柯建星　浙江温州中学

路　遥　北京市通州区第三中学

刘盛旺　安徽省郎溪县励志中学

刘琰锋　陕西省咸阳市西北工业大学咸阳启迪中学

刘丽娜　山东博兴第二中学

李煦煦　浙江省余姚梦麟中学

李彦鹏　吉林省大安市第一中学

浦仕奇　云南民族大学附属中学

邵丹玮　浙江省宁波滨海国际学校

温伟盛　广东省河源市连平县隆街第二中学

于宝民　辽宁省抚顺市清原满族自治县第一高级中学